LA FRANCE PITTORESQUE et ARTISTIQUE

LA NORMANDIE

Suivie d'un Guide

SOCIÉTÉ DES ÉDITIONS
LOUIS - MICHAUD
168, Bd SAINT-GERMAIN
PARIS

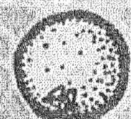

LA FRANCE PITTORESQUE ET ARTISTIQUE

LA NORMANDIE
Vue par les Écrivains et les Artistes

RECUEIL DE TEXTES ET DE DOCUMENTS
Publié avec une Préface, des Notes et accompagné de

CE QU'IL FAUT VOIR

Guide Pratique des Curiosités Artistiques et Naturelles de la Normandie

par

Ad. VAN BEVER

ORIGINES. — HISTOIRE GÉNÉRALE ET PITTORESQUE
ARCHÉOLOGIE. — EXCURSIONS
LITTÉRATURE ET TRADITIONS POPULAIRES. — CONTES ET LÉGENDES
POÉSIES LOCALES. — MUSIQUE. — PHILOLOGIE
MŒURS ET COUTUMES. — SOCIOLOGIE. — ARTS ET MÉTIERS
INDUSTRIE LOCALE ET COMMERCE, ETC.

Avec cent-dix Illustrations, une Carte et des Plans

PARIS
SOCIÉTÉ DES ÉDITIONS LOUIS-MICHAUD
168, Boulevard Saint-Germain, 168

LA NORMANDIE

DU MÊME AUTEUR

Les Poètes du terroir, du xve au xxe siècle.

Tome Ier. — *Alsace; Anjou; Auvergne; Béarn; Berry; Bourbonnais; Bourgogne; Bretagne; Champagne.*

Tome II. — *Dauphiné; Flandre; Franche-Comté; Gascogne; Guyenne; Ile-de-France; Limousin.*

Tome III. — *Languedoc et Comté de Foix; Lorraine; Lyonnais; Nivernais et Normandie.*

Tome IV. — (En préparation) *Maine et Orléanais; Picardie et Artois; Poitou; Provence et Comtat Venaissin; Roussillon; Saintonge; Aunis et Angoumois; Savoie; Touraine; Possessions françaises.*

PRÉFACE

A mon ami, Ch. Th. Féret.

C'EST ici le premier volume d'une collection qui a pour but de présenter, sous un aspect nouveau et récréatif, les pays de France.

En réunissant des textes variés, de la fin du moyen âge jusqu'à nos jours, nous ne nous dissimulons pas la difficulté qu'offre une telle entreprise. L'unité d'un livre — nul ne l'ignore — exige qu'on ne mêle point les sujets sans en avertir, au préalable, le lecteur. Mais s'agit-il d'unité lorsqu'on projette de créer une sorte de recueil encyclopédique? Au surplus, nous ne cherchons pas tant à fixer notre choix sur des pages susceptibles de flatter la mémoire ou le talent de leurs auteurs, qu'à caractériser la province par ses écrivains et ses artistes.

A l'heure où les ouvrages d'information, les guides, voire même les brochures des syndicats d'initiative, tendent à se multiplier, il nous a paru utile de fournir aux touristes, à ceux que la beauté de la terre française intéresse, un ouvrage plus haut, plus scientifique, si l'on veut, que ces derniers, et, partant, plus digne de les familiariser avec les lieux qui sollicitent leur présence.

On admettra alors que le souci littéraire n'ait pas été seul à nous diriger. Notre plan primitif — et c'est, après bien des objections que nous nous sommes faites, celui que nous avons adopté — consistait à recueillir en même temps que des études historiques et des récits traditionnels, dus à des écrivains autorisés, les témoignages les plus significatifs de l'activité humaine, et à représenter, pour ainsi dire, la province en travail et toute frémissante de souvenirs.

La Normandie étant, de nos divisions territoriales, l'une de celles qui offrent d'incomparables ressources, nous a paru, plus que toute autre, propre à illustrer notre méthode.

Telle est la genèse du présent livre.

On a tout dit de la Normandie, de son passé, de ses mœurs, de ses institutions, de ses industries locales, de ses monuments et de ses sites. Personne, néanmoins, n'a songé jusqu'à ce jour à réunir en un livre de format commode, portatif, ce que ses curiosités naturelles, ou autres, ont inspiré aux voyageurs, aux romanciers, aux poètes, aux historiens et aux savants ; en un mot, à mettre en valeur quelques-unes des richesses connues de son immense trésor bibliographique.

C'est là notre dessein.

Terre d'énergie que l'homme a conquise et fécondée selon son propre génie, — non sans que celle-ci, en retour, ait influencé la race, — terre d'aventuriers, d'agriculteurs, d'artisans et de marins, elle est bien placée pour donner à la nation anglaise, sa voisine d'Outre-Manche, une idée avantageuse du génie français.

Majestueuse, elle se pare, a-t-on dit, de forêts et de villes pittoresques, elle enfle ses rivières, elle projette, en de longues ondes, de magnifiques plaines et présente à sa rivale un tableau digne d'envie.

« Il y a là, observe Michelet, une émulation immense. Les deux rivages se haïssent et se ressemblent. Des deux côtés, dureté, avidité, esprit sérieux et laborieux.

« La vieille Normandie regarde obligeamment sa fille triomphante qui lui sourit avec insolence du haut de son bord. Elles existent pourtant encore les tables où se lisent les noms des Normands qui conquirent l'Angleterre.

« La conquête n'est-elle pas le point d'où celle-ci a pris l'essor ? Tout ce qu'elle a d'art, à qui le doit-elle ? Existaient-ils avant la conquête, ces monuments dont elle est si fière ? Les merveilleuses cathédrales anglaises que sont-elles, sinon une imitation, une exagération de l'architecture normande ? Les hommes eux-mêmes et la race, combien se sont-ils modifiés par le mélange français ? L'esprit guerrier et chicaneur, étranger aux Anglos-Saxons, qui a fait de l'Angleterre, après la conquête, une nation d'hommes d'armes et de scribes, c'est là le pur esprit normand. Cette sève acerbe est la même des deux côtés du détroit. Caen, la ville de Sapience, conserve le grand monument de la fiscalité anglo-normande, l'Echiquier de Guillaume-le-Conquérant. La Normandie n'a rien à envier ; les bonnes traditions s'y sont perpétuées. »

Province cent fois digne de notre admiration ! Son histoire, n'est-ce point celle de la nation entière, animée cependant par un souci d'in-

dépendance et une fièvre industrieuse que ne connurent pas souvent les populations du Sud de la Loire. Elle prête à toutes les manifestations de la vie économique contemporaine, cette même ardeur, ce même esprit de conquête qui, autrefois, la fit si aventureuse et si forte. Son attitude seule s'est modifiée au cours des ans. Ses vertus guerrières, muées en vertus familiales, lui ont ouvert de nouveaux champs d'exploits.

Si nous délaissons le domaine héroïque pour celui plus pacifique de l'art, il nous apparaît que là encore elle a brillé au premier rang, dotant la France d'une architecture dont ses églises, et jusqu'à ses vieilles maisons de bois, offrent des spécimens incomparables. Il n'est point jusqu'à ses paysages où l'homme n'ait mis la main pour suppléer, semble-t-il, à l'insuffisance de la création. Qui ne connaît ses prairies et ses opulents pâturages! Ici le type s'est si bien adapté au sol — et vice versa — que nous ne saurions les comprendre l'un sans l'autre.

Mais qu'est-ce à comparer à l'aspect imposant de ses cités et à la voie triomphale suivie par son fleuve symbolique, la Seine, depuis Mantes jusqu'à Rouen et à la mer?

Là, tout se combine pour nous ravir, et nous ne savons quoi admirer davantage de la beauté des rives ou de la richesse monumentale des villes. Voici Vernon, assoupie dans la verdure, les Andelys et leurs ruines imposantes du Château-Gaillard, puis Rouen, capitale de la Neustrie, ville-musée telle qu'on n'en rencontre pas de pareille dans l'Europe occidentale, foyer de civilisation; plus loin, la féerie se déroule, découvrant ses châteaux forts et ses abbayes en ruines : Jumièges, Saint-Wandrille, Tancarville, etc.; enfin, c'est le Havre, ville marchande et centre cosmopolite, dernière halte précédant l'aventure vers un monde nouveau.

Alors la terre se marie aux flots, présentant sa côte découpée capricieusement dans la falaise, échancrée dans la prairie.

Nulle province n'est plus séduisante ni plus variée. Qu'on passe du paysage maritime aux marécages du Cotentin, ou bien encore aux vallons accidentés et aux herbages de l'Orne, c'est sans cesse un mirage nouveau.

Loin d'éprouver cette lassitude, cette inséparable impression de tristesse que laissent certaines contrées du Midi ou de l'Est, nous sentons combien l'existence, en un tel lieu, est facile et généreuse. Ce n'est pas ici la terre des morts dont parle le poète, mais un pays riant, rebelle à la mélancolie, où la vie se perpétue, sans regret du passé, sans crainte de l'avenir. En d'autres termes, une province bienheureuse où les mœurs ont gardé encore quelque chose de cette franche naïveté d'autrefois, où la bonne chère ne nuit en rien aux grandes actions.

On comprendra qu'un guide est insuffisant à rendre le caractère d'un tel pays, et que pour mieux le pénétrer, il soit nécessaire de faire appel à quelques-uns des esprits d'élite qui ont glorifié cette petite patrie, exalté ce sol privilégié.

Nous sommes de ceux qui croient qu'on saisit mieux l'atmosphère de la terre normande dans un récit de Maupassant que dans les pages maussades, et parfois malveillantes, d'un Baedeker.

L'avenir se chargera de nous faire connaître si nous nous sommes trompés.

□ □

La Normandie vue par les écrivains et les artistes *est divisée en deux livres, embrassant, à la fois, l'histoire, l'archéologie, les traditions populaires, la littérature, les mœurs et les sciences sociales. Des notes et des notices accompagnent les textes classés à peu près chronologiquement dans chacune des parties, fournissant des éclaircissements et des renseignements biographiques sur les écrivains et les artistes qui participent au présent recueil. Le tout est suivi d'un manuel succint, mais précis, des curiosités de la province, de nombreuses références bibliographiques, et enrichi d'une carte, de plans et d'illustrations empruntées, pour la plupart, à l'œuvre des dessinateurs, des graveurs et des peintres normands.*

Remercions, pour finir, les personnes qui ont bien voulu faciliter notre tâche, et en particulier Le Touring-Club de France, *lequel, avec une entière bonne grâce, nous a communiqué quelques-uns de ses documents photographiques.*

Ad. B.

LITTÉRATURE ET TRADITIONS POPULAIRES

CONTES ET LÉGENDES. — POÉSIES. — NOUVELLES
CHANSONS LOCALES. — PHILOLOGIE, ETC.

LE METEL, SIEUR D'OUVILLE (1)

Contes Normands

I

D'UN HOMME QUI DÉROBA LE POURCEAU DE SON VOISIN
PAR UNE SUBTILE INVENTION

En un certain village de Normandie, il y avoit un laboureur qui fit tuer un cochon pour sa provision ; et, comme c'est la coutume au païs, quand on a tué, d'envoyer à ses voisins et amis de la saucisse et des boudins, du pied, de l'oreille et du foye, que lorsque les autres tuent, ils renvoyent de mêmes présens à ceux

---

(1) Antoine Le Metel, sieur d'Ouville, frère du fameux abbé de Boisrobert, vit le jour à Caen (sans que l'on sache exactement la date de sa naissance) et mourut vers l'année 1656, laissant, outre une tragédie (*Les Trahisons d'Arbiran*) et dix comédies : *L'Esprit follet, les Fausses vérités, Aimer sans savoir qui, la Coëffeuse à la mode*, etc., une série de contes, facéties, reparties, naïvetés, bons mots, gasconnades et autres qui, attribuées parfois à son frère, ont sauvé son nom de l'oubli. Le Metel d'Ouville, dont on appréciera ici la verve narquoise, est un conteur normand de la veine des nouvellistes italiens, mais qui a, sur ces derniers, le mérite appréciable de savoir abréger ses récits, afin d'arriver plus promptement au but. Publié d'abord en 1643, le recueil du sieur d'Ouville, intitulé *Contes aux heures perdues*, etc., a reparu en 1644, et en 1732, puis sous ce nouveau titre : *L'Élite des contes du sieur d'Ouville*, en 1680, en 1703. Il a été, de plus, réimprimé, avec des notes de G. Brunet, en 1883 (2 vol. in-8°).

Les contes, proprements dits, sont assez peu nombreux dans ce livre qui recueille surtout des historiettes et des bons mots appartenant au genre des anas ; mais il y a là une telle profusion de détails, de tableaux pittoresques, qu'on est tenté de considérer les meilleurs d'entre eux comme les plus sûrs témoins qui nous restent de la vie et des mœurs normandes au XVIIe siècle.

qui leur en ont envoyé, ce laboureur, qui en recevoit de tous ses voisins et qui ne tuoit qu'un cochon, étant bien empêché de ce qu'il devoit faire, se conseilla à un de ses voisins, qu'il croyait être de ses meilleurs amis, luy disant : « Compère, il y a plusieurs en cette paroisse qui m'envoyent tous les ans des présens quand ils tuent des cochons, de sorte que, maintenant que j'en tüe, je me trouve comme obligé de leur rendre, et je suis bien en peine de ce que je dois faire : car, si je veux rendre les présens à tous, ne tuant qu'un cochon, il ne suffiroit pas; c'est pourquoy je vous prie de me dire ce que je dois faire. » Luy dit ce voisin : « Si j'étois en vôtre place, je pendrois mon cochon à la fenêtre de ma chambre, et que chacun le vît aisément en prise des larrons, et le lendemain au matin je ferois croire à tout le monde que l'on me l'auroit dérobé; par ce moyen je m'exempterois de faire des présens à personne. — Je proteste, dit-il, que vous avez raison : je suis résolu de suivre votre conseil. » A quoy il ne manqua pas; il fait pendre son cochon comme celui-cy luy avoit conseillé, au lieu qu'il pouvoit être vu d'un chacun, et qu'il étoit en belle prise. Aussi celuy-là même qui lui avoit donné ce conseil ne manqua pas de se relever la nuit et de le luy dérober tout de bon. Le lendemain au matin, il fut bien étonné quand il ne trouva plus son cochon, et maudit à l'heure l'invention de son voisin, qu'il avoit tant approuvée le soir auparavant. Le premier qu'il rencontre fut ce même voisin, à qui il dit tout à l'heure : « Compère, pardy, tu ne sçais pas, on m'a cette nuit tout de bon dérobé mon cochon que je fis tuer hier. — Bon, lui dit son voisin, voilà comme il faut dire. — Ce n'est pas le tout, luy dit-il; je proteste que ce n'est point une feintise; tout de bon, on me l'a dérobé. — Voilà bien dit, répond l'autre; soûtenez-le toûjours, et tout le monde vous croira. » L'autre se mit à jurer et renier qu'il ne se moquoit point, et plus il juroit et plus l'autre luy disoit qu'il avoit raison : de sorte que voilà tout ce qu'il en put avoir.

11

D'UN CURÉ DE DOMFRONT

Domfront est une petite ville de la Basse-Normandie, qui a le renom d'avoir plus de faux témoins qu'en tout le reste de la province. Elle est du ressort de l'évêché du Mans, et, d'autant que les curez de ce diocese exigeoient de leurs paroissiens des sommes excessives pour leurs droits, l'évêque fit un règlement pour tous les droits des curez, pour les baptêmes, enterremens, mariages et confessions. Mais le curé de Domfront n'en vouloit baptiser aucun si on ne luy payoit quatre fois autant que l'évêque

be ... rendu par ce règlement, ce qui donna lieu
à ... l'Official, qui ordonna que ledit curé ne pou-
... charger, et que la taxe qui luy était enjointe par le règlement de l'evêque, et le condamne à restituer le surplus qu'il en
... sur peine de saisie de son temporel, dont il se porta
pour ... appel comme d'abus à la cour, devant laquelle ses parties
... sur l'abolition du règlement de l'évêque, et quantité de plaintes

DOMFRONT (Orne).
[Dessin de F. Bonnet, lith. de Bichebois et J. Coignet.]

... contre luy, par plusieurs desquels il avoit exigé
... À quoy il répondit : « Messieurs, je vous suplie de
... et je vous diray la raison qui m'oblige à n'obéir point
pour ce tenant aux règlements de monsieur mon évêque. Il est
... que celuy qui sert à l'autel vive de l'autel ; je les baptise
... et ne les enterre point ; on sçait qu'en enterrement nous
... que six baptêmes ; quand je les ai baptisez, sitôt qu'ils
sont grands, ils se vont tous faire pendre à Rouen pour faux
... tellement que je suis privé des droits des enterremens,
et je ... pour tout que le casuel de ma paroisse, car la disme appar-
... à monsieur l'abbé de Saint-Lô, de sorte que je leur fais

payer le baptême et l'enterrement quant et quant, m'obligeant quand ils seront morts, s'il y en a quelqu'un qui se fasse enterrer, luy rabattre le surplus sur les frais de l'enterrement. » Et, pour preuve de cela, il aporta une liste d'environ deux cens qu'il avoit baptisez, dont cent quatre-vingts et tant avoient été pendus. A quoy la cour ayant égard, elle trouva sa raison bonne, cassa la sentence de l'Official du Mans, et permit au curé de se faire payer de l'enterrement et du baptême aux conditions proposées par ledit curé.

III

D'UN NORMAND QUI FUT PENDU A LA CROIX DU TIROIR

Durant les avents de Noël on pendoit un Normand à Paris, à la Croix du Tiroir (1), dans la rue Saint-Honoré; étant à l'échelle, prest d'être jetté, le bourreau luy demanda s'il n'avoit plus rien à dire; il dit qu'il prioit l'assistance de luy chanter un *Salve Regina*. Le bourreau dit tout haut : « Messieurs, ce pauvre patient vous prie de luy chanter un *Salve Regina*. » Chacun ôte son chapeau, et se met à chanter le *Salve*. Quand ce fut fait, il luy demanda s'il n'avoit plus rien à dire; il dit qu'il voudroit bien parler à quelqu'un de son païs; il luy demanda de quel païs il étoit; il dit qu'il étoit de Falaise. Le bourreau, là-dessus, dit tout haut : « Messieurs, s'il y a quelqu'un de Falaise, qu'il lève la main; ce pauvre patient veut parler à luy. » De fortune il s'en rencontra un, qui s'aprochant de luy, le patient luy dit : « Etes-vous de Falaise, mon amy? — Oüy, dit-il, j'en suis. — Connoissez-vous bien, dit-il, Pierre un tel et Jacqueline une telle? » L'autre ayant dit que oüy : « Ah! Dieu! dit-il, c'est mon père et ma mère. Mon amy, luy dit-il, ils seront bien affligez quand ils sauront le malheur qui m'est arrivé, car il n'y a jamais eu de reproche à notre race, et je suis si malheureux que je suis le premier à les deshonorer. Mais je suis bien aise que tu sois présent à ma mort; quand tu les verras, tu les pourras consoler en les assûrant que, si je les deshonore d'un côté, je leur aporte bien de l'honneur de l'autre; tu pourras leur témoigner, mon amy, que je suis mort comme un saint, et qu'avant de mourir, comme tu viens de voir, j'ay fait un miracle, car j'ay bien fait chanter des cocus en hyver. » Si-tôt que le peuple l'eût entendu, chacun commença à crier: « Pendez! pendez! »

---

(1) Ou du Trahoir, au coin de la rue de l'Arbre-Sec.

ALENÇON. — NOTRE-DAME.
(Dessin de F. Benoist, lith. de Bachelier et J. Goldeau.)

IV

D'UN NORMAND QUI FUT PENDU POUR AVOIR DÉROBÉ UN LICOL

En un certain village de la Basse-Normandie, deux hommes se rencontrèrent qui, s'étans saluez, l'un d'eux demanda à l'autre

« Qu'as-tu, compère? tu es bien triste. » A quoy l'autre répondit qu'il étoit vray et qu'il en avoit bien du sujet. Étant enquis de quoy il se plaignoit, il dit qu'il avoit fait une grande perte, parce que le plus homme de bien de son village, et son meilleur amy, avoit été pendu depuis deux jours. L'autre s'enquêtant de ce qu'il avoit fait : « Ma foy, mon amy, luy répondit-il, il n'a rien fait que toy et moy n'eussions bien fait. Il a été pendu, dit-il, pour avoir ramassé un licol qu'il avoit rencontré sur son chemin. — Comment! dit l'autre, pour avoir seulement pris un licol! Voilà une chose étrange! — Il est vray, dit cet autre, qu'il y avoit un cheval attaché au bout, et sur ce cheval il y avoit des paniers où étoit l'argent du roy. »

V

D'UN NORMAND QUI GAGNA UN PROCÈS PAR GAGEURE

Il y a, à quatre lieües de Roüen, un petit bourg sur la rivière de Seine, nommé la Boüille, qui est le chemin pour venir de la Basse-Normandie à Roüen, d'où il part tous les jours trois ou quatre bateaux, où se mettent quantité de monde, parce qu'étans arrivés à la Boüille, ils se mettent dans ces bateaux pour se délasser, et sont pour deux sols portez à Roüen. Un jour, un gentilhomme, voulant laisser reposer son cheval, le fit entrer dans un bateau, et s'y mit aussi, et se trouva assis près d'un bon homme qui venoit de Basse-Normandie, à qui il demanda où il alloit; ce bon homme dit qu'il alloit à Roüen. « Et quoy faire? luy demanda ce gentilhomme. — Je m'en vay, dit-il, plaider, Monsieur. — Et contre qui? luy demanda-t-il. — Ma foy, répondit le bon homme, contre vous, si vous voulez, Monsieur. — Comment, contre moy? luy dit ce gentilhomme; que me pourrois-tu demander? — Ma foy, luy dit-il, je gageray que je vous feray bien un procez, et que je gagneray ma cause. » Ce que ce gentilhomme niant, ils gagèrent ensemble dix écus. Étant arrivés à Roüen, le païsan, étant descendu du bateau, suit le gentilhomme pour sçavoir où il étoit logé, et, ayant remarqué le logis, va trouver un sergent, à qui il donne deux sols pour lui aller faire un exploit : il entre avec luy, et trouve le gentilhomme à table, à qui le sergent dit : « Monsieur, voicy une assignation que je vous donne à comparoître devant monsieur le lieutenant, à la requeste de ce bon homme icy. » Ce que voyant, le gentilhomme dit au sergent : « Qu'est-ce qu'il me demande? — C'est pour un boisseau de pois, dit le sergent, qu'il prétend que vous luy devez. — Un boisseau de pois? dit ce gentilhomme, il rêve. — Ouy, Monsieur, dit le païsan, ne

vous souvient-il point de ce boisseau de pois que je vous ay prêté ? »
Ce gentilhomme en riant luy dit : « Va, va, mon amy, tu ne sçais
ce que tu dis, ce sont des fèves. » A quoy le païsan repartit tout
aussi-tôt : « Il est vray, Monsieur, ce sont des fèves; il ne m'en
souvenoit pas; ce fut nôtre femme qui vous les bailla. Monsieur
le sergent, je vous demande acte de sa déclaration. » Ce que fit le
sergent disant : « Ayant ajourné un tel parlant à sa personne, pour
un boisseau de pois prétendu par un tel, a répondu que c'étoit
des fèves, dont ledit tel est demeuré d'accord, et en demande
acte, que je lui ay délivré »; et par ce moyen le gentilhomme fut
condamné à payer le boisseau de fèves, et aux dépens, et si perdit
sa gageure.

VI

D'UN QUI EUT L'OREILLE COUPÉE

Un Normand franc coupeur de bourses, car il en est de toutes
les nations, se trouvant à Paris et voulant faire un tour de son
métier, fut pris sur le fait, qui fut cause qu'ayant été arrêté prisonnier, il fut condamné à avoir une oreille coupée. L'arrest
fut executé, et, ainsi essoreillé, il fut contraint de s'en retourner
à Roüen. Quelque tems après, quelqu'un de sa connaissance,
ayant envie d'aller à Paris, vint prendre congé de luy, luy demandant s'il y vouloit rien mander. « Quoy ! tu vas à Paris? luy dit-il;
prends garde à ce que tu fais : car en ce païs-là ils sont si friands
d'oreilles de Normands que tu ne feras pas peu si tu en rapportes
une des tiennes, comme j'ay fait; mais, quoy que fort subtil que
je sois, il a fallu y en laisser une », et il luy fit voir comme il étoit
essoreillé. Cela ne découragea point mon Normand qui y avoit
affaire; il se met en chemin, quoy qu'avec un peu de crainte.
Comme il arriva au fauxbourg Saint-Honoré toûjours avec cette
appréhension, il vit une herbière qui crioit : « A ma belle oreille »,
qui est de l'oseille que les menus gens prononcent ainsi, et en
Normandie on l'appelle de la surelle. Ce pauvre homme pensant
que ce fût un échec et mat qu'on fît sur son oreille, dans l'appréhension que luy avoit donnée son amy, s'en retourne sur ses pas et
s'en revient à Roüen, assurant son amy qu'il luy étoit redevable
d'une oreille pour le moins, et que, s'il fust passé outre, comme il
eût fait sans son avis, il couroit risque de n'en perdre pas seulement une, mais toutes les deux.

(*L'Elite des Contes du sieur d'Ouville*,
éd. G. BRUNET, Paris. Libr. des Bibliophiles, 1883, 2 vol. in-8º.)

OLIVIER BASSELIN (1)

L'Amour de Moy...

L'amour de moy sy est enclose
Dedans un joly jardinet,
Ou croist la rose et le muguet,
Et aussi faict la passerose *(bis)*.

---

(1) Cet ancêtre de la poésie normande — à qui l'on attribua pendant de longues années un grand nombre de pièces charmantes, composées par un autre poète, originaire du même lieu, Jean Le Houx, vivant après lui — naquit à Vire, vers la fin du XIVe siècle. Bien que les principaux faits de sa vie soient restés très obscurs, on suppose qu'il était propriétaire, à une courte distance de la ville (dans les Vaux-de-Vire), d'un petit moulin à fouler les draps, qu'une tradition du pays montre encore près du pont des Vaux. C'est là, dit-on, qu'entouré de ses amis, bons compagnons et francs buveurs comme lui, il composa non seulement ses chansons à boire et ses refrains d'amour, dénommés vaux-de-vire, mais encore des chants belliqueux contre les Anglais, oppresseurs de la Normandie. Mal lui en prit, car si l'on en croit une légende locale

LA MAISON D'OLIVIER BASSELIN, AUX VAUX-DE-VIRE.
(Dessin de T. de Jolimont, lith. de N. Pérraux)

Ce jardin est beau et plaisant ;
Il est garny de toute fleur ;
On y prend son esbatement.
Autant la nuict comme le jour (bis).

---

les ennemis lui firent « grand vergongne » et il périt les armes à la main peu de temps avant la bataille de Formigny (1450). Sa mort, véritable deuil public, fut déplorée par ses émules, avec des accents qui ne laissent point de doute sur le genre de popularité qu'il s'était acquise. Que reste-t-il de Basselin à l'heure actuelle, la critique lui ayant retiré la plupart de ses compositions pour les rendre à leur véritable auteur ? Un nombre assez restreint de couplets, parmi lesquels encore, il faut faire la part des productions de ses disciples. Ces couplets, extraits des Manuscrits dits de Bayeux et de Vire (conservés de nos jours à la Bibliothèque Nationale, N. F., 1274 et 5594, S. F.), ont fait l'objet d'un ouvrage publié par Armand Gasté, sous ce titre : *Olivier Basselin et le Vau-de-Vire* (Paris, Lemerre, 1887, in-12).

Helas ! il n'est si doulce chose
Que de ce doulx roussignolet
Qui chante au soir, au matinet :
Quand il est las, il se repose (*bis*).

Je la vy l'aultre jour cueillant,
La violette en ung verd pré,
Et me sembla si advenant
Et si très plaisante à mon gré (*bis*).

Je la regarday une pose :
Elle estoit blanche comme un laict,
Et douce comme un ung agnellet,
Vermeillette comme une rose (*bis*).

Chanson rustique

En despit des faulx envieux,
Qui font aux loyaulx amoureux
    Peine tres dure,
Nous irons jouer, vous et moy,
    Sur la verdure.

Margot, Biétris et Alison,
Jouenne, Jouen et Berthelet,
Vindrez-vous point ouïr le son du flageollet,
    Et dancer sus le muguet
    De si bon het (1)
    Sur la verdure ?

Ceulx qui sont en amours heureux
Des mesdisans et envieux
    Jamais n'ont cure :
Car leur esbat est en tous lieux
    A qui mieulx mieulx
    Sur la verdure.

(*Olivier Basselin et le Vau-de-Vire*,
par ARMAND GASTÉ, Paris, LEMERRE, 1887, in-12.)

JEAN LE HOUX (2)

Le Cidre à vil prix

Vous qui aimez mieux le cidre que le lait,
    Grands docteurs au jeu de palet,
Qui ne voulez jamais, en vos écots,
    Laisser le boire aux pots,

---

(1) De si bon matin.
(2) Jean LE HOUX, l'aimable auteur des fameux Vaux-de-Vire si longtemps attribués à Olivier Basselin, naquit à Vire, dans le courant

Vous, gentils cerveaux, bons garçons qui beuvez
    Tousjours sur l'argent que jouez,
Aux cabarets avecque peu d'argent
    Vous irez hardiment.

De cidre à deux sols le pot, il n'en est plus;
    Il ne vaut mais qu'un Karolus (1) :
Et néantmoins, prenant votre repas,
    Ne vous enivrez pas.

Vous qui aimez tant les tonneaux à vider,
    Apprenez à les relier;
Car ce qui est enclos dans les tonneaux
    Entre dans vos boyaux.

Les tonneliers sont maintenant bien requis,
    Ils sont plus rogues que marquis.
Les pressouriers, ô (2) leurs sabots de bois,
    Sont plus rogues que Rois.

Mais beuvons à eux, et faire les laissons
    Du bon breuvage aux bons garçons,
Et les prions qu'au marc et au cuveau
    Ils ne mettent de l'eau.

---

du XVIe siècle. Il exerça dans sa ville la profession d'avocat, mais il ne plaida guère, préférant à l'exercice de la chicane le séjour de la taverne, où, au milieu de compagnons de joviale humeur, il composa ses jolies chansons. Imprimés vers 1570, les Vaux-de-Vire de Jean Le Houx ne tardèrent pas à devenir populaires dans le Boccage, mais valurent, en raison de leur légèreté, mille désagréments à leur auteur. Persécuté pour son épicurisme, Jean le Houx renonça, par la suite, à faire connaître ses productions et mourut vers le milieu de l'année 1616, laissant, avec quelques pieux noëls, rimés peu avant sa fin, une œuvre en partie inédite. La première version que l'on possède des ouvrages de Jean Le Houx (l'édition de 1570 n'ayant pu être retrouvée jusqu'ici) a été publiée vers 1670, sans nom d'auteur, par un imprimeur Virois, sous ce titre: *Le Livre des Chants nouveaux de Vau-de-Vire, corrigé et augmenté outre la précédente impression*. Réimprimés plusieurs fois, au XIXe siècle, mais sans aucun mérite critique, les Vaux-de-Vire n'ont été publiés d'une manière satisfaisante qu'en 1875, par A. Gasté (*Les Vaux de Vire de Jean Le Houx,... avec une introduction et des notes*. Paris, Lemerre, in-18). Les *Noëls Virois*, du même auteur, ont paru, d'après le manuscrit de la Bibliothèque de Caen, avec des notes du même commentateur, chez Le Gost-Clerisse, à Caen, en 1862, in-8º. (Consultez: E. de Beaurepaire, *Olivier Basselin, J. Le Houx et le Vaudevire norm.* Caen. A. Hardel, 1858, in-8º; A. Gasté, *J. Le Houx et le Vau-de-Vire à la fin du XVIe s.* Paris, E. Thorin. et Caen, Vve Le Gost-Clerisse, 1874, in-8º; Ad. van Bever, *Les Poètes du terroir*, III. Paris, Delagrave, 1911, in-12.)
(1) Monnaie d'une valeur de dix deniers environ.
(2) Avec.

II

Les chants biberons

Voyant en ces valons virois
Des moulins fouleurs la ruine,
Où nos chantz prindrent origine,
Regrettant leur temps je disois :
« Où sont ces moulins, ô valons,
Source de nos chants biberons? »

Le traficq de nos pères vieux
Estoit jadis en drapperie.
Le bon Basselin, lors en vie,
Se resjouissoit avec eux.
Où sont ces moulins, ô valons,
Source de nos chants biberons?

Aux moulins qui fouloient leurs draps,
Sur ceste rivière jolie,
Beuvoit d'autant par drôlerie
Pommé qui valoit hypocras.
Où sont ces moulins, ô valons,
Source de nos chants biberons?

Basselin faisoit leurs chansons
Qu'on nomma partant Vaudevire,
Et leur enseignoit à les dire
En mille gentilles façons.
Où sont ces moulins, ô valons,
Source de nos chants biberons?

Or bien, ce bon temps est passé.
De toutes choses une pose !
Va dans mon cors et t'y repose;
Benoist soit-il qui t'a versé !
Où sont ces moulins, ô valons,
Source de nos chants biberons?

(*Les Vaux-de-Vire de Jean Le Houx*.
éd. A. GASTÉ. Paris, LEMERRE, 1875, in-12.)

ROBERT ANGOT (1)

A la forêt de Saint-Sever

Forest, l'unique objet de mes chères pensées,
Où misérable amant j'ay tant de fois passé
Lorsque d'un trait d'amour mortellement blessé
J'alloy voir le sujet de mes peines passées;

---

(1) Robert ANGOT, sieur de l'Esperonnière, né à Caen, dans les dernières années du XVe siècle, mort après 1540. On n'a point d'autres ren-

Bien qu'Amour ait ailleurs mes flames effacées
Et qu'il en ait mon cœur pour jamais divorcé,
Ce n'est pas ce qui fait que j'ay depuis laissé
Vos nombreuses beautez que j'ay tant caressées,

C'est un tas de plaideurs qui, pires que des lous,
Ont fait qu'un pauvre hermite est mort de faim chez vous,
Et que les Muses-sœurs s'en sont du tout excluses.

Il ne faut s'estonner s'elles vivent ailleurs:
Les Dieux ne sçauroient faire un Paradis de Muses
Où les hommes ont fait un enfer de plaideurs.

(*Les Nouveaux Satyres et Exercices gaillards de ce temps*, éd. de 1877.)

AMÉLIE BOSQUET (1)

Traditions et Légendes de la Haute-Normandie

I

LÉGENDES DE L'ABBAYE DE JUMIÈGES

La célèbre abbaye de Jumièges, assise sur les bords de la Seine, dans une contrée romantique et pittoresque, et dont les ruines

---

seignements sur ce poète que ceux qu'il prit, lui-même, la peine de consigner au cours de son œuvre. On sait seulement qu'il eut une existence traversée de procès et qu'après avoir incliné vers la satire, il montra sur la fin de ses jours un esprit porté vers les choses spirituelles. Il donna plusieurs recueils et opuscules dont les plus dignes d'être retenus sont : *Le Prélude poétique* (Paris, G. Lombard, ou G. Robinot, 1603, in-12); *Mélanges poétiques* (s. l., 1614, in-4º); *Bouquets poétiques ou remerciement à Messieurs du Présidial de Caen, sur la victoire d'un procès*, etc. (S. ind. de lieu et sans nom, 1632, in-4º, réimpr. par P. Blanchemain, à Rouen, chez Espérance Cagniard, 1873, in-4º); *Chef-d'Œuvre poétique* (A Caen, chez J. Brenouset et J. Le Boulanger, 1834, in-4º, réimpr. par P. Blanchemain, à Rouen, chez Henry Boissel, 1872, in-4º), et *Les Nouveaux Satyres et Exersices* (sic) *gaillards de ce temps* (A Rouen, chez Michel l'Allemant, 1637, in-8º, réimpr. par P. Blanchemain, Paris, A. Lemerre, 1877, in-12). Angot est un poète plein d'accent et doué d'une véritable originalité.

(1) Née à Rouen, le 1er juin 1815, morte à Neuilly-sur-Seine, le 26 mars 1904. Femme de lettres distinguée, collaboratrice à de nombreux journaux périodiques, notamment *la Revue de Rouen*, *la Revue de Paris*, *le Journal de Rouen*, *l'Opinion Nationale*, etc. On lui doit, outre cette intéressante contribution à l'étude du folklore normand, *La Normandie romanesque et merveilleuse* (Paris, Techener, 1845, in-8º), plusieurs romans historiques et divers travaux littéraires: *Rosemonde* (Paris, 1846, in-18, *Madame de Longueville* (Paris, 1847); *Une victime de Boileau* (Paris), 1847, in-18); *Une femme nulle* (Paris, 1818, in-18), etc.

majestueuses attirent encore, de nos jours, un si grand nombre de pélerins, fut fondée en 654, par saint Philibert. La légende particulière de ce saint présente peu d'événements merveilleux; aussi nous contenterons-nous d'en donner une rapide analyse, pour nous étendre ensuite davantage sur les fables pieusement singulières qui poétisent les souvenirs que les austères reclus de la terre gémétique ont laissés parmi nous.

Saint Philibert, né en Guienne, dans la ville d'Eauxe, passa sa première jeunesse à la cour de Dagobert. Son penchant pour la vie claustrale le détermina à se retirer dans le monastère de Rebais. Chassé de cette sainte demeure par une révolte de moines, le fervent abbé, car saint Philibert avait été élevé promptement à cette éminente dignité, parcourut plusieurs maisons religieuses de France et d'Italie. Il se dirigea ensuite vers la Neustrie, et chercha, dans notre province, un lieu de solitude pour s'y fixer. Il existait alors, sur le territoire de Jumièges, au bord de la Seine, un château fort, en partie détruit, qui remontait à une haute antiquité. Saint Philibert obtint de Clovis II et de la reine Bathilde la donation de ces ruines, sur lesquelles il jeta les fondements de l'abbaye de Jumièges. En peu de temps, trois églises furent bâties sous la direction du pieux cénobite; il fit venir ensuite à Jumièges soixante-dix religieux des divers monastères qu'il avait visités.

Quelques années après son établissement à Jumièges, saint Philibert eut de fâcheux démêlés avec Ebroïm, au sujet de saint Léger, évêque d'Autun. Le perfide ministre calomnia son ennemi auprès de saint Ouen, archevêque de Rouen, qui prêta son entremise pour emprisonner notre saint abbé dans la tour d'Alvarède (1).

Saint Philibert parvint cependant à sortir de prison, soit que saint Ouen eût reconnu l'innocence de son ancien ami, soit qu'il se fût laissé attendrir en sa faveur. Cependant, l'abbé de Jumièges n'obtint pas de retourner parmi ses frères; il se retira dans l'île de Hair, ou Herio, connue depuis sous le nom de Noirmoutiers, où il présida à l'érection d'un nouveau monastère. De là, il songeait encore à son troupeau abandonné, à qui il envoya saint Aicadre, à titre de pasteur spirituel. Après la mort d'Ebroïm, saint Philibert, réconcilié avec saint Ouen, revint à Jumièges, mais il y demeura peu de temps. Il érigea son nouveau monastère à Montivilliers, village du pays de Caux; puis il retourna mourir à Noir-

---

(1) La tour d'Alvarède fortifiait les remparts de Rouen; elle était située à l'endroit où est maintenant la rue de la Poterne. (Farin, *Histoire de la ville de Rouen*, t. I, p. 101.)

moutiers, dans la solitude qui lui avait été hospitalière au temps de ses disgrâces. Sa mort arriva le 20 août 684; il était âgé de soixante-huit ans.

C'est sous le gouvernement de saint Philibert, et pendant l'époque où il habitait encore Jumièges, que la plupart des auteurs ont placé l'existence d'un fait semi-historique, qui a acquis une grande popularité en Normandie, sous la dénomination de *Légende des Enervés*.

Voici, d'après les textes orginaux, l'analyse de cette légende. On se convaincra, par une lecture attentive, qu'elle offrait assez de points controversables pour mériter d'être mise, comme elle l'a été, au rang des fables, par nos plus sérieux historiens.

Clovis II avait succédé fort jeune à la couronne de France. Quelque temps après son avènement, sur les représentations de ses sujets, et particulièrement des seigneurs de sa cour, il se décida à contracter la sainte union du mariage. Il choisit pour épouse une très belle et très vertueuse fille, d'origine saxonne, nommée Bathilde ou Bauteuch, et en eut cinq enfants, dont les deux aînés étaient réservés à des aventures mémorables.

Au milieu du bonheur dont il jouissait auprès de la vertueuse Bathilde, une pieuse inspiration suggéra au roi le désir d'entreprendre un pèlerinage en Terre Sainte. Après avoir mûri sa résolution, il fit assembler les princes et les barons de son domaine et les consulta sur la formation du gouvernement qui devait régir le royaume pendant son absence. Les barons, songeant avec inquiétude aux dangers qui menaçaient le roi, dans l'entreprise d'un voyage aussi périlleux, lui insinuèrent qu'il serait à propos de couronner roi son fils aîné, *affin qu'il gardast la terre et le royaulme par le bon conseil de la saincte royne sa mère*. Le roi consentit à satisfaire le vœu général, puis se mit en route pour le pèlerinage que sa ferveur le pressait d'accomplir. La reine, délaissée de son soutien naturel, ne cessait d'implorer l'assistance du Seigneur, par jeûnes, aumônes et prières. D'abord, son cœur eut lieu de se réjouir, tant de la prospérité du royaume que de la pieuse soumission de ses enfants; mais cette tranquillité ne fut pas de longue durée : « *Ainssy advinst que, par l'admonestement de nostre ancien ennemy, que son aisné fils qui tenoit le royaulme, chéust en cy grant orgueil que le consceil de sa saincte mère la royne qu'il avoit part avent creur et garder, il desprisa en telle manière que toutes les choses qu'elle disposoit estre faictes, il faisoit le contraire, et tant admonesta son frère mineur qui, encores, se tenoit au consceil de sa mère, qu'il le fist accorder à sa voullanté.* »

Persuadée que la révolte de ses fils entraînait la ruine du royaume, Bathilde envoya un messager à son époux, afin de lui donner connaissance des tourments dont elle était assaillie. Le roi avait alors accompli son pélerinage près du Saint-Sépulcre; il prit l'avis des seigneurs qui l'accompagnaient, et résolut de retourner au plus tôt en France. Cependant la nouvelle de sa prochaine arrivée parvint assez promptement à ses enfants pour qu'ils eussent le temps de se mettre en défense contre lui. « *Les Françoys furent tous avecques eulx, les ungs à force, les aultres pour les grandz dons qu'ilz leur donnoient.* » Des hommes d'armes furent distribués dans les villes et les châteaux. Tous les passages furent gardés, toutes les portes défendues. Avant d'employer la force pour réduire tant d'orgueil, le roi, par un message plein de tendresse, tenta de ressusciter le sentiment filial dans ces cœurs endurcis; mais les fils de Clovis ne daignèrent même pas répondre aux messagers de leur père. Le roi s'avança alors avec sa troupe, et, quoique celle-ci ne fût composée que d'un petit nombre d'hommes, elle mit les révoltés en fuite, comme si tout ce grand appareil de guerre n'eût été que l'obstacle fragile d'une mutinerie d'enfants. Les fils de Clovis ayant été faits prisonniers, on les amena les mains liées en présence du roi. La reine Bathilde était venue rejoindre son époux, et tous deux délibérèrent ensemble sur le châtiment qu'il serait convenable d'infliger à leurs enfants; les seigneurs dont ils réclamaient l'avis se récusaient, à cet égard, parce qu'ils ne se reconnaissaient pas le droit de prononcer sur le sort de leurs souverains. Quand la sainte reine vit que les seigneurs ne consentiraient point à condamner les princes ses fils, mue par une inspiration divine, elle se leva et dit, en s'adressant à tous ceux qui étaient présents : « *Il convient que chascun porte la paine de son péché, soit en ce monde ou en l'austre. Et pour ce que les paines de ce monde sont plus petites que celles de l'austre, et aussy affin que les aultres filz de roy, ilz prenent exemple, et ce chastient de voulloir entreprandre si grand cryme contre père et mère, et pour ce mesme qu'ilz renyoient leur père, oyans tous, moy juge, ilz perderont à tousiours l'héritaige, telle qu'ilz debvroient avoir au royaulme. Et pour ce qu'ilz portèrent armes contre leur père, je juge qu'ils perderont la force et la vertu du corps.* » Le roi confirma le jugement de Bathilde; on amena, sur l'heure, les deux enfants, auxquels on fit brûler les jarrets, en présence de toute l'assemblée; mais, tandis que leurs membres étaient torturés, le repentir pénétrait dans leurs cœurs. Ils abandonnaient sans murmure leurs corps aux supplices, dans l'espoir de racheter leurs âmes des châtiments éternels. Depuis ce jour, ils se consacrèrent entièrement à la prière et aux bonnes œuvres. Cependant, chaque fois que le roi levait les yeux sur ses enfants, il était ému de pitié de voir que *nulle foys se levoient, mais tousiours se séoient.* Le roi consulta encore une fois Bathilde, pour savoir comment il éloignerait de sa présence ce pénible spectacle. Après avoir invoqué les lumières du ciel, *en continuelle oraison*, la reine conseilla à son époux de faire construire un bateau assez grand pour contenir une certaine quantité de provisions de bouche, du linge et des habits; de faire monter leurs enfants sur cette embarcation, et de les confier aux

RUINES DE L'ABBAYE DE JUMIÈGES (côté du Nord).
(Dessin de V. Lefranc, gravure romantique de Th. Delsol.)

flots, sans rames ni gouvernail, assistés seulement d'un serviteur qu'on leur donnerait comme compagnon. La proposition de la reine fut ponctuellement exécutée.

La barque fut mise à la Seine, mais, bercée par un courant doux et facile, elle arriva, sans accident, jusqu'en Neustrie, et toucha terre en un lieu marécageux, environné de coteaux élevés et verdoyants, qu'on appelait Jumièges, *où un sainct homme demeuroit, qui avoit nom Philibert, et tenoit illecques la reigle, luy et ung aultre moyne*. Lorsqu'il aperçut cette faible embarcation et le dépôt précieux dont elle était chargée, Philibert courut sur le rivage, interrogea les princes, apprit d'eux qui ils étaient, et, reconnaissant qu'ils avaient été guidés vers lui par une volonté providentielle, il leur offrit un refuge dans son monastère, où il prit à tâche de les instruire dans la discipline religieuse. Le serviteur qui avait accompagné les princes retourna près du roi et de la reine pour leur apprendre quelle avait été l'heureuse issue de son voyage. Ils ressentirent une très grande allégresse de savoir que leurs enfants étaient en sûreté et rentrés en grâce auprès du Seigneur. Sans plus tarder, ils se rendirent tous deux au monastère de Jumièges, et, pour manifester leur joie et donner en même temps un témoignage de leur parfaite réconciliation avec leurs enfants, ils accordèrent de grands privilèges à l'abbaye, et lui firent de magnifiques donations. Après un court séjour, le roi et la reine retournèrent dans le royaume de France; mais les princes demeurèrent à Jumièges; ils persévérèrent dans la pratique fidèle de tous les devoirs de la vie religieuse jusqu'au moment où une sainte mort couronna leur pénitence, *et que Notre-Seigneur reçust leurs ames en paradis.*

Nous avons dit que des raisons très concluantes devaient faire considérer cette légende comme apocryphe, et que, sur les points principaux, elle était en désaccord frappant avec l'histoire. On sait que Clovis II, l'un des plus faibles et des plus ineptes de nos rois fainéants, ne tenta jamais la moindre excursion hors de son royaume. Il mourut âgé de vingt et un à vingt-deux ans, selon quelques historiens, ou tout au plus de vingt-six à vingt-sept ans, selon d'autres auteurs. Quoi qu'il en soit, sa mort précoce donne un cachet d'invraisemblance aux faits supposés par la légende. D'ailleurs, il n'eut véritablement de la reine Bathilde que trois fils : Clotaire, Childéric et Thierry.

Cependant, la présence du tombeau des Enervés dans la principale église de l'abbaye, pourrait être invoquée comme un garant irrécusable de la véracité de la tradition propagée par les moines de Jumièges, si l'autorité de ce témoignage ne se trouvait annulée par l'âge même du monument. Il semble de toute impossibilité que ce tombeau, dont les restes précieux sont offerts encore de nos jours aux perspicaces observations des artistes et des savants, remonte à une époque antérieure aux irruptions des Normands, et qu'il ait échappé aux dévastations qui ruinèrent alors le monastère de Jumièges. E.-H. Langlois (1), bien digne de faire autorité en semblable matière, a établi que ce tombeau, par le style des

---

(1) *Essai sur les Enervés de Jumièges.* Rouen, 1838, in-8º.

figures qui le décorent, par le choix des ornements et des accessoires, dénote un monument du temps de saint Louis. Si l'on s'en tient à ces savantes observations, il faudra donc ranger dans la classe des fausses hypothèses la supposition émise par le savant Mabillon, que le tombeau, auquel les moines de Jumièges avaient attaché la légende des Énervés, devait renfermer les cendres de Tassillon, duc de Bavière, et de Théodon, son fils, qui, suivant quelques auteurs, avaient été confinés dans le monastère de Jumièges, après leur trahison envers Charlemagne. Cette remarque est applicable aussi à la conjecture de T. Duplessis, différente de celle de Mabillon, en ce qu'elle suppose que les figures, qui ont donné matière à tant de controverses scientifiques, sont les effigies des deux fils de Carloman, fils aîné de Charles Martel et frère de Pépin-le-Bref.

Nous ne nous arrêterons pas à discuter ces hypothèses plus ou moins plausibles. La question peut demeurer pendante longtemps encore, car le tombeau des Énervés n'est point un simple cénotaphe, comme le croyait E. H. Langlois, dont l'opinion, à cet égard, tranchait toute difficulté. On a découvert, sous ce monument sépulcral, deux squelettes couchés côte à côte, dont l'un, d'après l'examen des anatomistes, appartenait à un individu d'un âge avancé. Par quelle étrange anomalie se fait-il alors que les figures sculptées sur le tombeau représentent deux adolescents du même âge? Faudrait-il en revenir à l'opinion du savant Mabillon, et supposer que les figures que nous possédons maintenant sont une restauration du monument primitif qui ornait la tombe de Tassillon de Bavière et de son fils? Cette tombe, dont l'origine aurait été oubliée, serait cependant demeurée en honneur parmi les moines de Jumièges, aurait donné lieu à l'invention de la fable des Énervés, et par suite, à la composition des deux figures. Au reste, toutes ces suppositions ne peuvent avoir un degré de probabilité qu'en admettant, ainsi qu'il paraît résulter de quelques passages de certains chroniqueurs, entr'autres de Dudon de Saint-Quentin, que l'abbaye de Jumièges n'avait pas été complètement ruinée par les Normands, et qu'elle était demeurée habitable.

□ □

C'est encore de l'époque où vivait saint Philibert, que date une autre légende à laquelle on rattache l'origine de certaine fête que se célèbre à Jumièges, le jour de la Saint-Jean-Baptiste, avec un cérémonial fort bizarre, et à laquelle on a donné le surnom pittoresque de fête du Loup-Vert.

Saint Philibert, avant le temps de son exil, avait fondé un monastère de filles à Pavilly, auquel il avait donné, pour abbesse, sainte Austreberthe, prieure de l'abbaye du Port-en-Somme. Sainte Austreberthe et ses religieuses étaient de vigilantes épouses du Seigneur, pleines de zèle pour le service divin, et qui voulant contribuer, pour leur part, à la prospérité du monastère de Jumièges, s'étaient chargées de blanchir le linge de la sacristie. Pavilly n'est éloigné de Jumièges que de quatre lieues; un âne, dressé à ce charitable office, parcourait cette distance, allait et venait, transportant le linge d'un monastère à l'autre, sans qu'il fût besoin que personne lui servît de guide, et plus fidèle qu'aucun commissionnaire de meilleur entendement. Or, un jour à jamais néfaste, il arriva que le pauvre âne fit la rencontre d'un loup, loup d'ailleurs aussi sauvage que la forêt de Jumièges, théâtre du crime barbare dont il allait se rendre coupable. En effet, sans égard pour la modestie de l'âne, pour son obligeance, sans respect pour son droit inoffensif, et pour la charge bénite qui aurait dû servir à l'infortuné messager de sauvegarde inviolable, le loup vorace se jeta sur ce serviable animal et le dévora. La bête cruelle comptait fort s'en aller ensuite, au plus profond du bois, digérer en paix son forfait; il n'en fut pas ainsi : sainte Austreberthe s'était établie la grande officieuse de ses plus humbles subordonnés; seulement son système de police avait un fond de ressemblance, peut-être assez peu flatteuse, avec celui qu'on a reproché aux politiques de nos jours; c'est-à-dire qu'il consistait à laisser le crime s'exécuter sans entraves, pour se ménager l'occasion d'en tirer ensuite une vengeance exemplaire. Donc, après que l'âne eut été rongé jusqu'au dernier os, sainte Austreberthe apparut tout à coup sur le lieu du forfait; elle réprimanda messire loup de la manière la plus navrante, et conclut en le condamnant à remplir, à l'avenir, les fonctions dont sa victime s'acquittait naguère avec le zèle toujours égal de l'habitude. Le loup, confus, ne se le fit pas dire à deux reprises, et nous devons même ajouter, à la louange du pénitent, qu'il emprunta les douces vertus de l'âne, et sut accomplir sa tâche, jusqu'à la fin de ses jours, avec une exactitude, une soumission irréprochables. A tout prendre, l'intervention de sainte Austreberthe, et le miracle qui en fut la suite, ne sont point à dénigrer. En religion, comme en morale, une conversion équivaut à une résurrection.

Pour perpétuer l'impression de ce fait exemplaire, on construisit, dès le VIIe siècle, une chapelle commémorative dans la forêt de Jumièges, au lieu même où l'âne avait succombé sous la dent féroce du loup. Lorsque les années eurent ruiné ce monument, une simple croix de pierre le remplaça. Environ soixante ans avant la Révolution, la croix de pierre fut détruite, un chêne, voisin du lieu où elle avait été érigée, et dans lequel on plaça plusieurs statuettes de la Vierge, fut choisi à son tour pour abriter le naïf souvenir du miracle de sainte Austreberthe. Cet arbre est encore désigné aujourd'hui, par nos villageois, sous le nom de *Chêne-à-l'âne*.

La seconde période de l'histoire de Jumièges, c'est-à-dire celle qui date du rétablissement de l'abbaye, après sa ruine complète par la dévastation des Normands, nous offre, dès ses commencements, un trait important à citer, c'est l'aventure, sinon merveilleuse, au moins singulière, rapportée par Guillaume de Jumièges, et qui amena Guillaume Longue-Épée à prêter son aide à la réédification du monastère (1).

CASCADE DE MORTAIN.
LE SAUT DU PUITS (Manche).
(Dessin de F. Benoist, lith. de E. Ciceri.)

La tranquillité dont jouissait la Normandie, depuis le baptême

---

(1) Guillaume de Jumièges, en racontant cette histoire, se met en contradiction avec lui-même, puisqu'il avait dit précédemment, lib. II, ch. XVIII, que l'église de Saint-Pierre et Saint-Aicadre de Jumièges avait été désignée à Rollon, lors de son baptême, comme une de celles qui méritaient d'avoir part à sa munificence.

de Rollon, avait engagé deux religieux, autrefois habitants du monastère de Jumièges, et qui, lors de sa destruction, s'étaient réfugiés dans l'abbaye de Haspres, en Cambrésis, à revenir, à une époque déjà avancée de leur vieillesse, visiter le lieu de leur ancienne retraite. Ces deux religieux se nommaient Baudoin et Gondouin. Ils trouvèrent les ruines de leur monastère cachées sous les ronces ; mais, sans perdre courage, ils essayèrent de déblayer ce lieu dévasté, et parvinrent à découvrir un autel qu'ils dégagèrent du reste des décombres, et qu'ils protégèrent en l'ombrageant de rameaux. Grâce à l'assistance de quelques bons villageois, ils se construisirent ensuite une petite cabane pour s'y loger.

Cependant le duc Guillaume étant venu chasser dans la forêt de Jumièges, fut curieux de voir les ruines de la célèbre abbaye, Il rencontra les deux saints vieillards, qui lui offrirent l'hospitalité dans leur cabane, et lui présentèrent les seuls aliments qu'ils eussent à leur disposition : un pain d'orge noir et de l'eau, leur nourriture habituelle étant réduite au strict nécessaire. Le duc refusa avec dédain ce chétif repas, et, quittant les religieux, il alla continuer la chasse dans la forêt. Il n'avait fait encore que très peu de chemin, lorsqu'un sanglier, débouchant tout à coup, vint se jeter sur lui. Le duc essaya de se défendre à l'aide de l'épieu qu'il portait; mais le bois de cette arme se rompit. Alors, Guillaume se trouva renversé de son cheval, et perdit subitement connaissance. En revenant à lui, il ne sut point comment le sanglier l'avait épargné, mais il ne se sentit cependant aucune blessure dangereuse. Le duc, en réfléchissant à cette aventure, reconnut que la périlleuse rencontre qu'il venait de faire était une punition de Dieu à cause de l'offense dont il s'était rendu coupable envers les religieux, en méprisant leur offre hospitalière. Préoccupé de cette idée, le duc retourna près des bons pères, collationna avec eux, puis il leur promit son assistance pour le rétablissement de leur ancien monastère. Les ducs de Normandie ne savaient pas faillir à leur parole, lorsqu'il s'agissait d'une pieuse munificence; aussi Guillaume Longue-Épée n'oublia pas sa promesse : l'église de l'abbaye fut réédifiée, ainsi que les bâtiments principaux qui composaient le logement des moines.

L'historique de l'abbaye de Jumièges nous fournit encore le récit d'un de ces miracles dont la puérile invention sert à mettre en relief la crédulité ingénue de nos pères. L'église paroissiale de Jumièges, fondée, dans la première moitié du XIIe siècle, par les habitants du pays aidés de la générosité des moines, fut dédiée à saint Valentin. Comment ce saint avait-il mérité d'être choisi pour un si honorable patronage? Voilà ce qu'il est curieux de savoir. Une irruption de rats avait eu lieu à Jumièges; on n'indique point en quelle année fatale. Ces rats désolaient toute la péninsule; on avait, pour les détruire, mis en usage les moyens les plus extrêmes: les pièges, l'empoisonnement, les combats à outrance, tout avait manqué son effet. Les rats se multipliaient au point que la famine devenait imminente. Les religieux alarmés voulurent tenter un pieux effort pour le salut général : ils sortirent processionnellement, portant avec eux les reliques de

TORIGNI-SUR-VIRE
(Extrait de *Sites et Monuments*, du Touring-Club de France.)

saint Valentin. Chose étrange, à mesure qu'ils parcouraient ainsi le pays, les rats se réunissaient sur leur passage, se ralliaient en une immense armée, et lorsqu'ils furent au grand complet, ils se dirigèrent, par un chemin que l'on appelle maintenant le *Trou des Iles*, vers les bords de la Seine. Arrivés devant le fleuve, ils s'y précipitèrent les uns à la suite des autres, avec une vaillante résolution. Il n'est pas besoin d'ajouter que tout l'honneur de cette noyade revint de droit à saint Valentin.

II

MARIE ANSON, LA DAME DE PRÉAUX, LA CROIX PLEUREUSE

Le château d'Alençon fut élevé, dans le XIe siècle, par Yves de Criel, seigneur de Bellême; ses successeurs augmentèrent ensuite cette forteresse, qui fut pourvue d'un donjon par Henry Ier, roi d'Angleterre et duc de Normandie; on commença à la démolir sous Henry IV, et, depuis, les travaux de démolition furent repris à différentes époques. Il ne reste plus, maintenant, de cette ancienne construction, que trois tours, dont l'une, portant, à cause de sa forme, le nom de Tour couronnée, est célèbre par la tradition que nous allons raconter.

On prétend que la Tour couronnée fut jadis occupée par une dame châtelaine, nommée Marie Anson, dont cependant les chroniques locales n'ont jamais fait mention en aucune manière (1). Cette dame était mariée à un de ces jaloux despotes du moyen âge, pour qui le bourreau était un assez digne entremetteur d'amour, et le plus propre, selon eux, à raffermir une constance chancelante, à garantir une fidélité suspecte. Compromise, dans son honneur, par de fausses apparences, la malheureuse châtelaine ne pouvait espérer de pardon; elle fut condamnée par son brutal époux à être attachée à la queue d'un cheval indompté. L'animal, abandonné à sa fougue sauvage, traîna l'infortunée dans tous les détours du parc d'Alençon, et l'ordre de suspendre le supplice ne fut donné qu'au moment où la victime, brisée, déchirée, sanglante, était près de rendre le dernier soupir. Alors, non content d'avoir assouvi sa haine, le mari outragé voulut justifier sa vengeance, en arrachant à la coupable l'aveu de sa faute. Il se présenta devant sa femme mourante, et, l'abusant par un déguisement sacrilège, il réclama sa dernière confession, à titre de ministre du Seigneur; mais cette ruse n'eut pas le résultat qu'il en attendait; jusqu'à son dernier moment, la victime ne cessa point de protester de son innocence. Ne pouvant plus se refuser à reconnaître la vérité, ce barbare époux ressentit toute l'énormité de son injustice, toute l'horreur de sa cruauté; il s'abandonna à un désespoir sans mesure, et dans cette âme farouche, le remords se créa des tortures capables peut-être d'expier le crime.

Cependant depuis l'époque de sa mort, Marie Anson, surnommée aussi la Dame du Parc, n'est point demeurée paisible dans sa tombe; elle fait habituellement de vengeresses apparitions qui perpétuent l'odieux renom attaché à la mémoire de son époux. A l'heure de minuit, on distingue le blanc fantôme de la châtelaine, qui, après avoir fait le tour du sommet de la forteresse, jette un cri de douleur et disparaît.

Le souvenir de Marie Anson a été consacré dans une romance

---

(1) Voyez l'ouvrage de L. de la Sicotière : *La Légende de Marie Anson*, 1882, in-8°.

VUE DU CHATEAU ET DE LA VILLE D'ALENÇON, EN 1742
(Dessin de J.-J. Le Queu d'Alençon, gravé par Dupin père.)

populaires, où l'on trouve, ajoutés à l'histoire de cette infortunée, des détails intéressants que le récit traditionnel avait omis. On y apprend que l'époux, aussi crédule que jaloux et cruel, avait été séduit en erreur par un traître chevalier qui lui avait présenté trois anneaux, semblables à ceux que portait Marie Anson, et qui prétendait les avoir reçus d'elle comme gage d'amour(1).

Marianson, dame jolie,
Où est allé votre mari?
   Monsieur, il est allé en guerre;
Je ne sais quand il reviendra.

Marianson, dame jolie,
Prêtez-moi vos anneaux dorés.
Marianson, mal avisée,
Ses trois anneaux lui a prêtés.

Quand il a tint (tenu) les trois anneaux,
Chez l'argentier s'en est allé.
   Bel argentier, bel argentier,
Faites-moi trois anneaux dorés.

Qu'ils soient beaux, qu'ils soient aussi gros,
Comme ceux de Marianson.
Quand il a tint (tenu) les trois anneaux,
Sur son cheval il a monté.

Le premier qu'il a rencontré,
Fut le mari de Marianson.
   O Dieu te gard', franc chevalier!
Quell' nouvell' m'as-tu apporté?

_____
(1) On trouvera dans notre édition des *Poètes du Terroir*, tome III, une version quelque peu différente du texte de cette chanson.

— Marianson, dame jolie,
De moi elle a fait son ami.
— Tu as menti, franc chevalier;
Ma femme n'est pas débordée.

— Oh ! croyez-le ou non croyez,
En voilà les anneaux dorés.
Quand il a vu les trois anneaux,
Contre la terre il s'est jetté.

Il fut trois jours et puis trois nuits,
Sans boire, ni manger, ni dormir.
Au bout des trois jours et trois nuits,
Sur son cheval il remontit.

Sa mère étant sur les balcons,
Avisit son gendre venir.
— Vraiment, fille, ne savez pas,
Voici votre mari qui vient.

Il n'y vient pas en homme aimé,
Mais il y vient en courroucé.
— Montrez-lui votre petit-fils ;
Cela le pourra réjouir.

— Bonjour, mon fils, voilà ton fils,
Quel nom lui don'ras-tu, mon fils? —
A pris l'enfant par ses maillots
Et en a battu les carreaux,

Puis la mère par ses cheveux,
Et l'a attachée à son cheval.
N'y avait arbre ni buisson,
Qui n'eut sang de Marianson.

— Oh ! venez çà, rusé catin,
Où sont les anneaux de vos mains?
— Prenez les clefs du cabinet,
Mes trois anneaux vous trouverez.

Quand il a vu les trois anneaux,
Contre la terre il s'est jetté :
— N'est-il barbier, ni médecin,
Qui puisse mettre ton corps sain?

— Il n'est barbier ni médecin,
Qui puisse mettre mon corps sain;
Ne faut qu'une aiguille et du fil,
Et un drap pour m'ensevelir (1).

---

(1) Cité par Bouchaud, *Essai sur la Poésie rhytmique*, Paris, 1753. De nos jours, la complainte de Marie Anson a encore cours dans la littérature populaire, mais elle a changé de rédaction et de titre; elle est intitulée : *Adélaïde et Ferdinand, ou les Trois Anneaux*. Elle s'imprime

Une légende, semblable à celle de Marie Anson, se trouve au nombre des traditions de la Suisse. La femme d'un comte de Toggenburg, dont la forteresse s'élevait à peu de distance du lac de Zurich, en est l'héroïne; seulement, le fait se passa avec des circonstances moins révoltantes que dans la tradition normande : Un corbeau enlève l'anneau nuptial de la jeune épouse et le porte hors du château. Un écuyer trouve cette bague et la passe à son doigt. Le comte reconnaît l'anneau, et, dans un transport de fureur jalouse, il s'élance sur sa femme, la précipite du haut d'un rempart de la forteresse et fait attacher l'imprudent écuyer à la queue d'un cheval indompté (1).

Le fond de cette histoire romanesque subsiste encore, comme tradition locale, dans plusieurs autres endroits de la Normadie.

Aux environs de Caen, circulent beaucoup de récits fabuleux sur les violences qu'on attribuait à Guillaume-le-Conquérant envers la reine Mathilde, sa femme (2). On rattachait à cette tradition l'érection d'une croix, dite *Croix pleureuse*, qui s'élevait anciennement sur le territoire de Cormeilles, à l'embranchement du chemin de ce village avec la route de Caen à Falaise. Mathilde, disait-on, conseillée par le comte du Mans, avait demandé à Guillaume, lors de son arrivée d'Angleterre, qu'il consentît à lui laisser affecter à son profit l'impôt des bâtards. Le prince, bâtard lui-même, crut voir dans ces paroles l'intention d'une offense. Exaspéré par une furieuse indignation, il se saisit de Mathilde, l'attacha par les cheveux à la queue d'un cheval, et la traîna jusqu'au lieu où s'éleva depuis la Croix pleureuse. Guillaume, repentant, fit ériger cette croix comme monument de réparation honorable envers la reine Mathilde, dont le caractère inoffensif et bienveillant lui était trop connu pour qu'il pût être excusable de l'avoir suspecté. Ce monument a été détruit par les calvinistes, en 1562; reconstruit dans la suite, il a été abattu de nouveau en 1793 (3).

chez Pellerin, à Épinal, avec une gravure représentant le mari qui traîne son épouse par les cheveux, au galop de son cheval. L'époux a le costume d'un général en chef, le chapeau à la *Souvarow*, et de grosses épaulettes; les autres détails sont à l'avenant.

(1) Xavier Marmier, *Légendes et traditions de la Suisse*. Revue de Paris, t. XXXIII, p. 184.

(2) Voyez dans l'intéressant ouvrage de A. Madelaine : *Au bon vieux temps, récits, contes et légendes de l'ancien Bocage normand*, tome Ier (Caen, H. Delesque, 1907, in-18) le chapitre intitulé: La légende du « Cor nud ».

(3) VAULTIER, *Recherches sur l'ancien doyenné de Vaucelles* (Mém. de la Soc. des Antiq. de Normandie, IIe série, t. II, p. 47); HUET, *Origine de Caen*, p. 115. Matthieu de la Dangie de Ranchy, religieux bénédictin, a réfuté très solidement cette fable des excès de Guillaume contre sa

Les deux communes de Notre-Dame-de-Préaux et de Saint-Michel-de-Préaux formaient primitivement une seule circonscription, sous le nom de *Pratellum*. C'était là le domaine d'un seigneur franc, que des guerres lointaines appelèrent hors de son pays. A son retour, un bruit injurieux lui fit concevoir des soupçons sur la fidélité de sa femme. Sa colère jalouse ne lui permit pas d'examiner les motifs de l'accusation : il condamna aussitôt la prétendue coupable à être attachée à la queue d'un cheval vigoureux et emporté. Plus tard il se repentit de son crime, et, pour tâcher d'en obtenir le pardon, il fonda le monastère de Préaux, et s'y consacra, le reste de ses jours, à la pénitence (1). Une chapelle fut érigée à la place même où l'on avait retrouvé le cadavre de la victime.

Les religieuses de Saint-Léger-de-Préaux désiraient, à ce qu'il paraîtrait, participer à cette tradition, où, suivant elles, la fondation de leur abbaye aurait dû se trouver aussi indiquée. Pour arriver à cette fin, elles avaient donné, à la fable précédente, un tour tant soit peu vulgaire, mais non moins concluant, au point de vue de la morale. Elles racontaient que saint Benoît, étant encore mêlé à la vie du siècle, avait la déplorable habitude de battre sa femme. Dans la suite, revenu à des sentiments plus modérés, pour témoigner de son repentir, il avait fondé les deux monastères de Préaux, aux endroits où il avait le plus maltraité sa faible compagne.

A part l'intérêt que peuvent exciter toutes ces victimes injustement martyrisées, les traditions que nous venons de raconter, mises en regard de certains traits des mœurs actuelles, pourraient donner lieu à de piquants rapprochements.

Si aucun mari ne confie plus, de nos jours, à son cheval le châtiment de sa femme, au moins nous n'oserions répondre qu'il n'y ait pas encore quelques femmes persécutées et battues; mais assurément, il n'est personne, parmi les plus scrupuleux, qui se préoccupât de fonder une église, ou tout autre monument d'espèce semblable, pour expier les plus énormes contraventions aux lois pacifiques du mariage.

(*La Normandie romanesque et merveilleuse, traditions, légendes et superstitions popul. de cette province.* Paris, TECHENER, 1845, in-8º.)

femme, dans un écrit publié sur ce sujet. Une autre version, que nous avons négligée, comme tout à fait en désaccord avec les faits de l'histoire, voulait rattacher, à ce trait de la vie de Guillaume, la fondation du monastère de Saint-Etienne et de la Sainte-Trinité de Caen.

(1) Il est évident, dit M. Canel, à qui nous empruntons cette tradition, que cette origine franque du célèbre monastère de Préaux est fabuleuse. Néanmoins, cette abbaye existait dans une haute antiquité, puisqu'elle est mentionnée dans le testament d'Anségise, abbé de Fontenelle, mort en 883.

VAUQUELIN DE LA FRESNAYE (1)

Les Filles de Normandie

Nous sommes filles de village,
Les plus belles du voisinage,
Qui fuyons des gros villageois
Les amours lourds et malcourtois.

Sages amans, et qui sera-ce
D'entre vous de mauvaise grace,
Qui nos amours méprisera,
Qui nos amours refusera?

Ici l'or, les lys et les roses,
La nature les a décloses,
Et les a mises de ses mains,
A nos beaux chefs, à nos beaux seins.

Dès le matin, une fontaine,
Ou de rosée une main pleine,
Nous lave et relave les yeux,
La face et le front gracieux.

Nos beautés ne sont augmentées
Par quelques couleurs empruntées;
Nous n'usons en nostre réveil,
Ni de blanc fard, ni de vermeil :

---

(1) D'une famille qui fournit plusieurs illustrations à la province normande, Jean VAUQUELIN naquit au château de la Fresnaye-au-Sauvage, près de Falaise, en 1535 ou en 1538. Il fit ses études à Paris, et, de retour dans sa petite patrie devint avocat du roi, puis lieutenant général au Bailliage de Caen, après la démission de Charles de Bourgueville (l'auteur des *Recherches et antiquités de la province de Neustrie*) dont il avait épousé la fille, le 5 juillet 1560. Il conserva ses fonctions jusqu'en 1595, époque à laquelle il les transmit à son fils, Vauquelin des Yveteaux, poète comme lui. Il mourut en 1606, laissant : *Deux Premiers livres de Foresteries* (Poitiers, 1555, in-8°, réimpr. par Prosp. Blanchemain, ensuite par J. Travers en 1869, 2 vol. in-8°); un *Art Poétique* (réimpr. en 1862, in-16 et en 1885, in-18); des *Satyres françoises* (Caen, 1604, in-8°) et diverses pièces, idylles, odelettes pastorales, poèmes de circonstances, etc., réimpr. plusieurs fois. Voyez *Les Diverses Poésies du sieur de la Fresnaye Vauquelin*, Caen, 1605, 1612 in-12, et 1869, 2 vol. in-8° ; *Œuvres diverses* en prose et en vers, Caen, 1872, in 8°. Vauquelin a donné toute la mesure de son génie dans le genre bucolique. *Les Foresteries* qu'il rima pour illustrer, semble-t-il, ses premières aventures amoureuses, comptent parmi les plus gracieuses poésies qu'ait inspirées le goût du terroir. (Consultez : J. Pichon, *Notices biogr. et litt. sur Vauquelin de la Fresnaye et Vauquelin des Yveteaux*, Bulletin du Bibliophile 1846; J. Travers, *Essai sur la vie et les œuvres de V. de la Fresnaye*, 1872; P. Blanchemain, *Poètes et amoureuses*, 1877, in-8°).

Car nostre beauté naturelle
Par-dessus tous les fards excelle,
Et fait que l'aurore pâlit,
En nous voyant sortir du lit.

Nostre âme, pleine de franchise,
Ni nostre cœur ne se déguise :
Comme nostre face est sans fard,
Nostre parler est tout sans art.

Ici se trouve une amour franche,
Qui sans changer est toujours blanche,
Un cœur loyal, qui d'œil flateur,
A son amant, n'est point menteur,

Comme Sereines (1) nous ne sommes,
Qui par leurs chants pipent les hommes,
Puis, pour loyer de les aimer,
Trompeuses les font abismer.

Ne dédaignez donc, ô Jeunesse,
Pauvreté pour douce richesse :
Amour fidelle et chasteté,
Sont grands trésors en la beauté,

Ici la beauté n'est à vendre :
Pour aimer, il ne faut dépendre ;
Mais pour le prix d'un cœur donné,
Amour, d'amour est guerdonné (2).

(*Les Diverses Poésies*, éd. Julien Travers, t. II, *Idillies*, livre II.)

SEGRAIS (3)

Anecdotes normandes

Monsieur Colbert a eu la pensée d'ôter le Parlement à la Ville de Rouen et de le faire venir à Caen ; mais il changea d'avis. Cela

---

(1) Sirènes.
(2) *Guerdonné*, récompensé.
(3) Jean Regnauld, ou Renaud, sieur de Segrais, naquit à Caen, le 22 août 1624. D'abord destiné à la carrière ecclésiastique, il débuta dans les lettres par des poésies, plusieurs nouvelles, et donna ensuite un roman et une tragédie qui le firent remarquer de la société provinciale. Choisi comme secrétaire de Mademoiselle, fille de Gaston

auroit rendu la ville de Rouen beaucoup plus marchande, et elle
seroit devenue comme Hambourg, comme Lubec, et comme
Anvers; parce que les marchands n'auroient pas songé à faire
leurs enfants conseillers, ni à marier leurs filles à des gens de
Robe; et le Parlement se seroit bien trouvé dans la ville de Caen,
laquelle n'étant pas une ville de grand commerce, y auroit beaucoup profité. Il y avoit ici des marchands vendeurs de cartes,

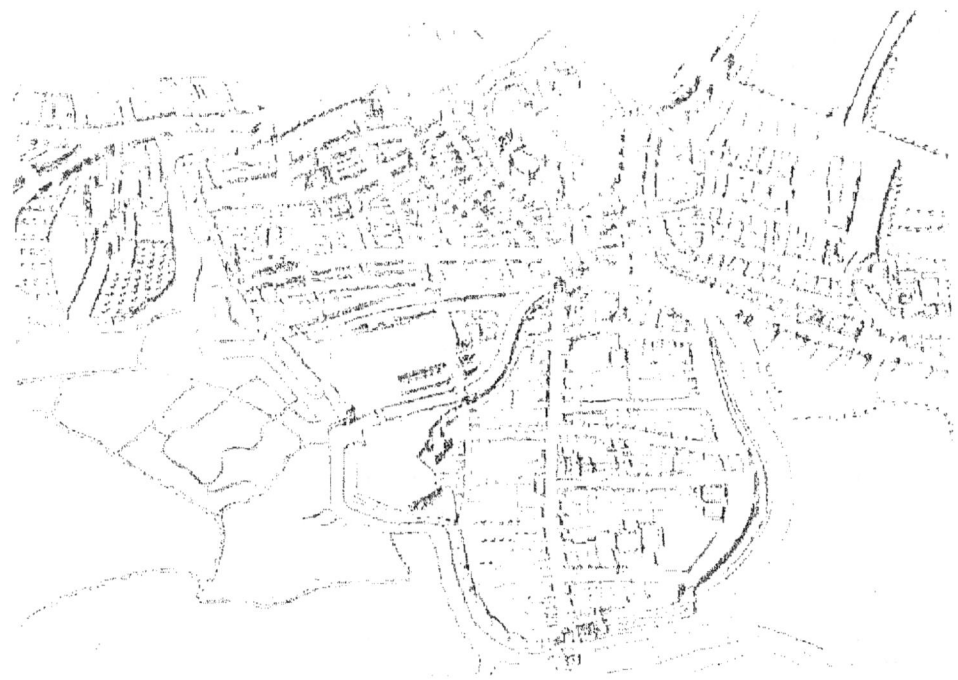

PLAN DE CAEN AU XVII° SIÈCLE.

qui en envoyoient en Espagne, en Italie, en Angleterre, et dans
tous les pays du Nord, et qui attiroient tous les ans plus d'un
million dans le Royaume : mais M. Colbert y ayant voulu mettre
un impôt, ils se sont retirés en Angleterre.

---

d'Orléans, il fut congédié, en 1672, pour sa franchise un peu brutale, et
dut accepter l'hospitalité de Mme de La Fayette. Il ne s'en montra point
ingrat, et participa à la composition de ces deux illustres romans: *Zaïde* et
la *Princesse de Clèves*, publiés sans cesse sous le nom de sa protectrice. Lassé
enfin de vivre dans un monde pour lequel il n'avait eu qu'un goût passa-
ger, il se retira à Caen, avec la résolution d'y terminer ses jours. Il y épousa
une riche héritière, sa parente, et ce mariage le mit à même de se faire un
établissement selon sa qualité et son mérite. Segrais avait été reçu de l'Académie française en 1662, et comme celle de Caen, au dire du P. Nicéron,
était restée sans protecteur depuis la mort de François de Matignon (1675), il

□ □

J'ai mis la première pierre à l'Église des Jésuites de Caen (1), étant premier échevin de notre ville. Elle est bâtie sur le modèle du Noviciat de Paris, mais elle a beaucoup plus d'apparence et elle est beaucoup plus spacieuse. C'est moi qui leur ai fait donner la place par la Ville. C'étoit un lieu où il se passoit mille infamies par les soldats, qui en faisoient un rendez-vous pour y faire venir des coureuses. J'eus beaucoup d'oppositions à soutenir, mais je les surmontai toutes, en représentant l'obligation que l'on avoit aux Jésuites, qui étoient cause que la Ville étoit augmentée de beaucoup depuis qu'ils y étaient établis; que l'Église qu'ils y faisoient bâtir y serviroit d'ornement, que tous les honnêtes gens, auxquels ils ne refuseroient pas l'entrée de leur jardin, tireroient un avantage de cet endroit-là, où ils ne pouvoient pas aller honnêtement auparavant. L'on voit présentement que j'avois raison et tout le monde en est fort content. L'église qui est si belle, a coûté peu de chose à bâtir par l'œconomie d'un de leurs Procureurs très entendu, qui l'entreprit lui-même sans le secours d'aucun architecte, et qui avoit acheté des charrettes et des chevaux pour transporter les pierres; de sorte qu'il en coûta beaucoup moins que s'il avoit fallu passer par les mains d'un entrepreneur.

---

en recueillit les membres chez lui, et il fit accommoder un appartement fort propre pour y tenir leurs assemblées. Il mourut le 25 mars 1701, laissant une œuvre fort riche et des plus variées. On a de lui: *Athys* (Paris, G. de Luyne, 1653, in-4º), pastorale que l'auteur écrivit en l'honneur de son pays; *Les Nouvelles françoises ou les Divertissements de la Princesse Aurélie* (Paris, A. de Sommaville, 1656-1657, 2 vol. in-8º, réimpr. en 1722, par G. Saugrain, 2 vol. in-12); *Diverses poésies* (Paris, A. de Sommaville, 1658, in-4º); *Histoire de la princesse de Paphlagonie* (Paris, 1659, in-8º); *L'Énéide de Virgile, trad. en vers françois*, t. Ier (Paris, C. Barbin, 1668, in-4º); *La même*, t. II (Paris, C. Barbin, 1681, in-4º); ce dernier ouvrage a reparu à Amsterdam, en 1700, et à Lyon, en 1719, 2 vol. in-8º; *Les Géorgiques de Virgile*, etc. (Paris, 1712, in-8º, réimp. à Lyon, 1719, in-8º); *Segraisiana, ou mélange d'Histoire et de Littérature, recueilli des entretiens de M. de Segrais. Les Eglogues et l'Amour guéri par le temps, Tragédie-Ballet du même auteur, non imprimée. Ensemble la Relation de l'Isle Imaginaire* et l'*Histoire de la Princesse de Paphlagonie*, etc. (La Haye, 1722, in-8º, réimpr. à Amsterdam, en 1723, in-8º).

Il y a cent particularités sur la vie de cet auteur. L'une des plus intéressantes est assurément celle qui fut relevée par le marquis de Paulmy dans son Catalogue, à propos de l'édition des *Œuvres diverses* (1723) de Segrais. « Ce dernier, dit-il en substance, conserva toute sa vie un accent normand très fort, quoiqu'il écrivit parfaitement le français. »

(1) Il s'agit ici de l'Eglise Notre-Dame ou de la *Gloriette*. Elle est située près de l'Hôtel de Ville. On y remarque un bel autel à baldaquin, du XVIIe siècle.

◻ ◻

M. de Brécourt étant en sa maison de campagne, et voyant Mademoiselle sa fille embarrassée de régaler la grande compagnie qui étoit survenue : « Il n'y a, dit-il, qu'à cueillir un dindon », par rapport à ce que les dindons nichoient sur les arbres pendant la nuit, chez lui et ailleurs.

◻ ◻

Un de nos paysans voulant m'exagérer un jour la bonne récolte qu'il y auroit, me disoit en son patois : « Il y a tant d'épis que l'un dit à l'autre : « Tire-té d'là que je m'y boute. »

◻ ◻

Messieurs d'Avranches, en parlant de M. Huet, qui est aujourd'hui évêque, disent : « Nous prierons le roi de nous donner un évêque qui ait fait ses études, car le nôtre étudie tous les jours. » En effet, quand ceux qui ont affaire à lui pour lui parler, vont chez lui, on les renvoie, en leur disant : « Monseigneur étudie. »

◻ ◻

Sarazin étoit du village d'Armanville (1), dans le voisinage de cette ville (Caen), où il avoit une terre de trente mille livres. Avec cela il avoit une charge de Trésorier de France, mais il la devoit. Il ne laissa pas d'aller à Paris, où il eut bientôt mangé ce qu'il

---

(1) Lisez Hermanville-sur-Mer, à 20 k. de Caen. On lira, page 44 du présent ouvrage, une courte notice sur ce personnage.

avoit. M. de Chavigny, qui le considéroit, avoit jeté les yeux sur lui, pour l'envoyer à Rome, auprès du Pape Urbain VIII, qui sçavoit les Belles-Lettres et qui avoit beaucoup d'esprit, dans la créance que M. de Sarazin s'insinueroit dans sa bienveillance par le bel esprit et par les belles connoissances qu'il avoit de son côté. Il lui fit donner quatre mille livres pour se mettre en équipage; mais, au lieu de les employer à l'usage pour lequel on les lui avoit données, il alla les manger avec une dame de la rue Quincampoix. M. de Chavigny ne laissa pas de le garder encore chez lui, mais avec beaucoup moins d'estime qu'auparavant.

☐ ☐

Des Yveteaux (1), précepteur de Louis XIII, étoit frère de M. de Vauquelin, mais ils ne s'aimoient pas; ils ont même eu de grands procès, à l'occasion desquels ils ont écrit mille indignités l'un contre l'autre. Des Yveteaux avoit épousé une mademoiselle du Puis, joueuse de harpe, qui étoit d'Étampes, et qui avoit son frère qui en jouoit par les cabarets. Souvent ils prenoient la houlette avec le chapeau et l'habillement des bergers, et chantoient ensemble les vers que des Yveteaux lui-même avait composés. Il étoit encore vivant, quand j'arrivai à Paris; mais je ne le vis pas. Il demeuroit au Faubourg Saint-Germain (2), où il recevoit grande compagnie sans aller voir personne; il mena cette vie molle près de trente-cinq ans avec sa femme. Le curé de Saint-Sulpice étant un jour allé lui faire des réprimandes sur sa manière de vivre peu chrétienne, il lui répondit sans s'émouvoir: « M. le Curé, il ne faut pas croire tout ce que l'on dit; il y a bien de la médisance. L'on me disoit, l'autre jour, que vous aimiez les garçons, mais je n'en voulus rien croire. » Étant prêt de mourir, il dit à sa femme : « Ma mie, jouez-moi, je vous prie, cette belle Allemande que vous savez, afin que je passe plus doucement. »

☐ ☐

Sarazin faisoit de son esprit ce qu'il vouloit. Quand Mme de Longueville lui disoit : *Sarazin, prêchez comme un Cordelier*, il prêchoit comme un cordelier; *Prêchez comme un Capucin*, il prêchoit comme un capucin. S'il y avoit eu de son temps un père Bourdaloue, et que Mme de Longueville lui eût dit : *Prêchez*

---

(1) Nicolas Vauquelin, sieur des Yveteaux, né en 1567, mort à Paris le 15 mars 1649. Il était fils, et non point frère, de Vauquelin de la Fresnaye. Sa mère se nommait Anne de Bourgueville.

(2) Rue des Marais-Saint-Germain, aujourd'hui rue Visconti. Voyez les *Historiettes* de Tallemant des Réaux.

comme le Père Bourdaloue, il auroit prêché de même. Néanmoins, il commençoit beaucoup de choses, mais il n'achevoit jamais rien.

□ □

Il faudroit dire *Vaudevire*, et non pas *Vaudeville*, parce que les Vaudevilles ont pris leur origine dans les vallées de Vire, rivière qui donne le nom à la ville du même nom, dans notre Basse-Normandie, et ces Vaux où les premiers Vaudevilles, avec le nom de Vaudevire, ont été faits, sont fort près de la même ville. Ces Vaux-de-Vire ayant été portés à Paris, où l'on ne savoit pas bien d'où ils venoient, furent appellés *Vaudevilles*, par corruption.

□ □

Le tableau du Grand-Autel de notre Paroisse de Saint-Jean, en cette ville de Caen, qui représente le Baptême de Notre-Seigneur, est de M. Le Brun. Il en faisoit une si grande estime, que peu d'années avant que de mourir, il offroit une somme très considérable, beaucoup au-dessus de ce qu'il en avoit reçu. Celui des Capucins de cette ville, qui représente l'adoration des Rois, est de M. de la Hire.

□ □

Un homme que l'on avoit pendu en cette ville de Caen, ayant donné quelques signes de vie, après avoir été enlevé de la potence, fut porté dans la maison d'un foulon, voisine du lieu où l'exécution s'en étoit faite. On le mit sur un lit. Des archers étant demeurés pour le garder, en attendant l'ordre de la Justice, se mirent à jouer aux cartes. L'homme cependant revint entièrement à lui; et comme il étoit rempli de l'exhortation du Confesseur qui l'avoit assisté, voyant que l'on jouoit aux cartes, il se demanda d'abord à lui-même si on y jouoit en Paradis où il croyoit être. C'est ce qu'il a raconté lui-même, étant entré dans un couvent où il prit l'habit, après s'être sauvé adroitement pendant que les archers jouoient.

□ □

On rit beaucoup à Caen. L'abbé de Franquetot, étant à Paris, disoit qu'il n'y rioit qu'avec ceux de Caen qu'il y rencontroit.

(*Mémoires et Anecdotes de M. de Segrais*
Paris, Durand, 1755, in-12.)

JEAN-FRANÇOIS SARASIN (1)

Ballade du Pays de Cocagne

Ne loüons l'Isle où Fortune jadis
Mist ses Tresors, ny la plaine Élisée
Ny de Mahom le noble Paradis;
Car chacun sçait que c'est billevesée.
Par nous plustost Cocagne soit prisée;

C'est bon Païs; l'Almanach point ne ment;
Où l'on le voit dépeint fort dignement;
Or pour sçavoir où gist cette campagne,
Je le diray disant *Pays* (2) en Normand :
Le pays de Caux est le Pays de Cocagne.

Tous les Mardys y sont de gras Mardys.
De ces Mardys l'année est composée.
Cailles y vont dans le plat dix à dix,
Et perdriaux tendres comme rosée.
Le fruit y pleut, si que c'est chose aisée
De le cueillir se baissant seulement:
Poissons au beurre y nagent largement,
Fleuves y sont du meilleur vin d'Espagne,
Et tout cela fait dire hardiment :
Le Pays de Caux est le Pays de Cocagne,

Pour les beautez de ces lieux, Amadis
Eust Oriane en son temps mesprisée;
Bien donnerois quatre maravadis
Si j'en avois une seule baisée;
Plus cointes sont que n'est une Espousée,
Et dans Palais s'esbatent noblement.
Près leur déduit et leur esbatement
Rien n'eust paru la Cour de Charlemagne,
Quoy de Turpin en escrive aultrement.
Le Pays de Caux est le Pays de Cocagne.

---

(1) Jean-François SARASIN (ou SARRAZIN) naquit à Hermanville-sur-Mer près de Caen, en 1604. Fils d'un trésorier de France, il vint à Paris, après avoir achevé ses études se fit rechercher dans la société, servit le prince de Conti, en qualité de secrétaire, et mourut empoisonné par un Catalan dont il avait séduit la femme, à Pézenas, le 15 déc. 1654. On a de lui un assez grand nombre de poésies, en partie publiées après sa mort, et

(Portrait dessiné par Nanteuil, gravé par Iogouf junior.)

ENVOI

Prince, je jure icy, foy de Normand,
Que mieux vaudroit estre, en Caux, un moment
Roy d'Yvetot qu'Empereur d'Allemagne;
Et la raison, c'est que certainement
Le Pays de Caux est le Pays de Cocagne.

(*Les Œuvres de M. Sarasin*, éd. de 1656.)

réimprimées plusieurs fois, savoir : *Les Œuvres de M. Sarasin*, Paris, A. Courbé, 1656, in-4º; *Les mêmes*, Rouen, 1658, 2 vol. in-12; et Paris, 1663, in-12; *Les Nouvelles Œuvres de M. Sarasin*, Paris, Barbin, 1674, 2 vol. in-12; *Les Œuvres*, etc., Paris, 1685, 2 vol. in-12; 1694, in-12; 1826, in-12, et 1877, in-12. Sarasin est un des plus aimables et des plus habiles poètes de son siècle. Bien qu'il n'ait pas la réputation de Voiture, il laisse loin derrière lui ce petit-maître du genre précieux.

(2 de la page 44) Prononcez : *Pais*.

DAVID FERRAND (1)

Chant Rial en langage purin

L'auteur considérant le malheureux estat du siècle, se complaint de ce que la Pauvreté est chassée, et la Richesse suyvie.

S'era-t-on toujours dans un temps aquatique?
Verron-j-en point la fin de nos tracas?
La loy de Dieu n'est pas mise en pratique,
Le pu hupé desormais ne s'applique
Qu'a chen qui fet amasser du goumas :
Qui monte en banque est Madame Richesse,
Chacun ly rit, la baise et la caresse,
La poureté no guigne de travers,
Et souz sa cherge est souvent oppressée.
Chela me fait escrire dans mes vers :
Richesse est prise et poureté laissée.

No ne connet rien de la Republique,
Des gens de bien no ne fet pu de cas,
O brelinquet, leu conseils no z'etrique,
Hors de leu lieu chacun leu fait la nique,
Faisant semblant ne les connestre pas.
Pour plaire o siècle y faut glumer sans cesse,
Estre sans foy, aver l'ymeur tygresse,
Le cœur masqué et l'ame de travers,
A tous partis choquer teiste bessée,
Chest chen qui rend comme o marchez ouvers
Richesse prise et poureté laissée.

Tel n'a vaillant seulement une brique,
Qui s'imagine attaindre o grands etatz ;
Pourveu qu'il ayt un chapiau fantastique,

---

(1) Le plus populaire des écrivains normands, David Ferrand naquit à Rouen, vers la fin du XVIᵉ siècle. Imprimeur et libraire, il composa un grand nombre de poèmes inspirés par les événements du temps et quelques-uns furent couronnés dans ces sortes de concours poétiques dénommés les Palinods. Son principal ouvrage, le plus curieux de tous ceux qui ont été écrits en patois normand, parut de 1622 à 1651, en vingt-sept parties différentes, sous ce titre collectif: *La Muse normande ou Recueil de plusieurs ouvrages facétieux, en langage purinique ou gros normand, recueilli par divers auteurs.* Réimprimé en 1655, ce recueil, dont on a donné, assez récemment, une nouvelle édition plus complète que les précédentes (Rouen, Cagniard, 1891-1894, 5 vol. pet. in-4°), est précieux à consulter pour qui veut connaître les mœurs et l'esprit du peuple rouennais, dans la première moitié du XVIIᵉ siècle.

Un mantel rouge, et un habit de crique,
Y s'estime ossi grand que Galas :
Ainchin qu'un poux nouviau remis en greffe,
Des lieux d'avis y va fendant la presse,
Es flagornant la queques capiaux vers
Qu'eront ailleurs leur z'écuelle drechée,
Y feront tant qu'en leu conseil divers
Richesse est prise et poureté laissée...

Ses gros milors montez su leu bourrique,
A qui la gourte enseigne maints helas !
Guignent de l'œil la poureté étique
Qui les supplie en sa faim famélique,
Et font semblant de ne l'entendre pas :
Dieu qui voulut l'éluire pour hostesse,
Tient en ses mains sen ire vengeresse,
Pour ceux qui ont voulu mettre à l'envers
La poureté de plusieurs embrassée,
Qui n'ont d'engain de vair qu'en l'univers,
Richesse est prise et poureté laissée.

(*La Muse Normande.*)

JULES LECŒUR (1)

Les Jeux populaires dans le Bocage normand

LA SOULE

Le Carnaval avait naguère, et il a encore, dans certaines communes, un singulier complément à ses longues et franches repues, un jeu traditionnel d'une brutale sauvagerie : la *Soule*, une mêlée furieuse, où les coups pleuvaient dru comme grêle, dont on se donnait le plaisir durant la relevée et le soir du mardi gras. Chacun s'amuse à sa manière, et des goûts et des couleurs il ne faut pas disputer.

La *soule* était une grosse balle de cuir, remplie de son, d'un pied de diamètre environ, qu'on lançait sur la place du village et que les gens des paroisses d'alentour se disputaient avec un acharne-

---

(1) De son vrai nom Louis-Jules Tirard. Né à Condé-sur-Noireau (Calvados), le 8 mai 1818, mort dans la même ville, le 21 février 1893. Ce publiciste, qui a laissé sur sa petite patrie des livres savoureux qu'il illustrait lui-même, n'avait reçu qu'une instruction primaire. D'abord

ment courageux, digne d'une meilleure cause. Elle appartenait à ceux qui parvenaient à s'en rendre maîtres, à lui faire franchir un cours d'eau et à l'entrer dans quelque maison de leur paroisse. On prétendait, autrefois, que le village victorieux devait être favorisé d'une plus abondante récolte de pommes; de là, par suite, plus d'efforts pour s'emparer de la *soule*.

C'est à Saint-Pierre-d'Entremont, sur la route de Condé à Tinchebray, que la *soule* provoquait par sa conquête les luttes les plus acharnées : de véritables batailles entre paroisses, qui souvent amenaient mort d'homme et occasionnaient toujours de nombreuses blessures.

Dès midi, la place du village était déjà toute grouillante de curieux, accourus des campagnes d'alentour, des villes et bourgs voisins : Condé, Flers, Tinchebray, Vassy, etc., qui entouraient les *souleurs* massés devant la maison d'où cette pomme de discorde devait être jetée entre ceux qui allaient se la disputer.

Saint-Pierre, Montilly, Caligny, Cerisy-Belle-Étoile, Montsecret, la Basoque, Condé même parfois, convoquaient pour la circonstance le ban et l'arrière-ban de leurs plus intrépides *souleurs*; de solides gâs, bien charpentés, prompts aux coups, ne redoutant ni plaies ni bosses, résolus à soutenir, à la force des poings et des pieds, l'honneur de leur paroisse. On arrivait de bonne heure; chacun des partis en présence se groupait à part, se comptait, se concertait, prenait ses dispositions de combat.

Ce jour-là se réveillaient les anciennes rivalités de clocher à clocher, ce jour-là allaient pouvoir se donner carrière les haines particulières. — « Toi, je te reverrai à la *soule* », avait dit précédemment plus d'un *souleur* à son ennemi ; et il tenait consciencieusement sa parole. De part et d'autre, l'ardeur était extrême,

---

petit clerc chez un notaire de sa ville natale (qu'il ne quitta jamais), puis huissier, il se forma lui-même, moins encore par le travail, — nous écrit M. Gaston Lavalley, — que par une observation scrupuleuse et méthodique. Dessinateur à l'*Illustration* et au *Magasin pittoresque*, il collabora, sous le pseudonyme de Jules Lecœur, au *Journal de Condé*, au *Moniteur du Calvados*, à l'*Ordre*, à la *Liberté*, à la *Revue normande*, au *Bulletin des Antiquaires de Normandie*, donnant des études sur les voies antiques de la Basse-Normandie et sur les travaux de fortification entrepris au Ve et au VIe siècle pour la défense des côtes. En librairie, il a publié surtout les *Esquisses du Bocage normand* (Caen, Impr. Adeline; Condé-sur-Noireau, libr. Morel, 1883-1887, 2 vol. in-8°), ouvrage qui, à lui seul, suffit à nous révéler en grande partie la Normandie pittoresque et traditionnelle. La plupart des vignettes qui ornent ce livre sont dues à son crayon aussi précis qu'élégant. Jules Tirard qui, en outre, fonda et dirigea l'*Almanach du Calvados* (années 1885-1892), était un simple, passionnément épris de son pays, de cet admirable Bocage auquel il a donné une place dans la géographie littéraire de la France.

et avant d'en venir aux mains les yeux s'allumaient, l'insulte était lancée aux adversaires, les poings démangeaient, le talon battait la terre avec impatience.

Vers midi, la *soule* arrivait, tout enrubannée, suspendue par un anneau à un *grossel* (branche) de chêne, dont les deux bouts reposaient sur les épaules de deux jeunes gens appartenant à la paroisse qui l'année précédente l'avait gagnée. Les *souleurs* et les conscrits de la paroisse l'escortaient chantant, poussant de joyeuses clameurs; la foule se pressait autour d'eux et les suivait jusqu'à l'auberge d'où la *soule* devait être lancée.

Un instant après, une des fenêtres du premier étage de l'auberge s'ouvrait, et la *soule* apparaissait, tenue à deux mains au-dessus de sa tête par celui auquel il avait été dévolu l'honneur insigne de

T. GÉRICAULT (Rouen 1791-1824),
d'après le médaillon de David d'Angers

la jeter, et qui l'exhibait ainsi à la multitude. De bruyantes acclamations s'élevaient alors de partout, dominées par les cris répétés : *La soule! la soule! jette la soule!* proférés par des centaines de voix. Cris inutiles; la *soule* rentrait, mais pour reparaître bientôt. Cette exhibition qui se renouvelait fréquemment enflammait au plus haut point la fougue batailleuse des belligérants, qui trépignaient, avaient peine à se contenir.

L'heure si ardemment attendue sonnait enfin; de nouveau, la *soule* était exhibée; le tumulte recommençait, mais cette fois, lancée par celui qui la tenait, elle tombait dans un étroit espace demeuré libre entre les antagonistes.

A peine avait-elle touché le sol que tous se ruaient dessus, se heurtant, se pressant, s'étreignant corps à corps, se bousculant, s'entre-frappant avec furie pour se l'arracher. C'était une indescriptible bagarre, d'où s'échappaient des clameurs furieuses, des imprécations, des cris de rage, mêlés aux gémissements de ceux qu'on étouffait ou qui étaient foulés aux pieds. Dans le flux et le reflux tumultueux, on voyait les poings fermés se lever et s'abattre comme les fléaux sur l'aire, pochant les yeux, écrasant les nez, martelant les crânes, faisant sauter les dents. Parfois une face pâle, marbrée de coups, surgissait de la foule, les yeux hagards, et s'y abîmait soudain. Puis c'était un souleur à demi assommé, essayant d'échapper à la bagarre et se traînant à quatre pattes entre les jambes qui le piétinaient, des éclopés, hors de combat, s'éloignaient, les vêtements déchirés et souillés de boue, pour aller à l'écart panser leurs plaies et leurs contusions; des retardataires accourant à toutes jambes, se lançant au plus fort de l'action et disparaissant dans le terrible tohu-bohu.

Si l'on se bûchait fort dans la mêlée, en dehors d'elle on ne s'épargnait guère. Là, deux adversaires se bourrent réciproquement de coups : une vieille haine qui s'assouvit à la soule. Ici, un vaincu, qui vient de s'abattre lourdement sur le sol, crie et demande grâce sous les coups qui lui labourent les côtes, lui défoncent la poitrine; un autre vaincu râle à côté, sous la main qui étreint la gorge, tandis que l'autre main le cogne dur sans relâche, et de sa figure ne fait qu'une plaie sanglante. *Væ victis*! Partout enfin des combats particuliers, sans pitié ni merci.

Des essaims de curieux craintifs assistent à la lutte, à distance respectueuse, s'approchant ou s'enfuyant selon que la masse des souleurs s'éloigne ou se rapproche d'eux. Ce sont encore des groupes de femmes et d'enfants en proie à une indicible anxiété, et suivant, les yeux en pleurs, les péripéties de la lutte, tremblant qui pour un père, qui pour un mari, un frère ou un fils.

Toutes ne sont pas aussi timorées; témoin cette vieille femme qui apostrophe ainsi son mari : « Ah! Jacques, est-ce que vous seriez assez lâche pour ne pas donner un coup de main aux gens de votre paroisse? » Que voulez-vous qu'il réponde? Et le pauvre vieux, rude souleur en son temps, ne voulant pas rester sous le coup de l'affront, ne se le fait pas dire deux fois, et, après avoir retroussé sa blouse, il court rejoindre ceux de sa paroisse.

Prise par les uns, reprise par les autres, la soule est déjà loin de son point de départ. La mêlée furieuse s'entasse et s'éparpille sans cesse, s'arrête, court et recommence à courir pour s'arrêter de nouveau, selon les chances diverses de la lutte, semant sur sa route chapeaux et bonnets, sabots, souliers et lambeaux de vêtements, épaves de la tempête. Mais, pour l'arrêter, et donner aux leurs, restés en arrière, le temps de les rejoindre, les souleurs d'une paroisse se mettent à crier : *A la rigolade! à la rigolade*! Et soudain une irrésistible poussée précipite dans un fossé profond du chemin ceux qui emportent le trophée, les gens de dessus écrasant de leur poids ceux qui sont tombés dessous. Le stratagème a réussi, et aux cris : *A relevailles ! à relevailles ! on ne tape plus !* la lutte cesse, chacun se dépêtre du tas comme il peut, se remet sur ses jambes et se replace parmi les siens.

Durant cette pause, les retardataires sont arrivés tout haletants. On retrousse les lambeaux de sa blouse; on se serre la ceinture avec son mouchoir, et après avoir essuyé le sang qui voile ses yeux et craché dans ses mains, on se rue de nouveau avec furie les uns sur les autres. Ce ne sont que coups portés, coups reçus et rendus avec usure; chacune des paroisses fait appel aux siens; et l'on entend hurler: *A mé, Caligny ! à mé, les gâs de Saint-Pierre ! Tape ! tape ! Tiens bon, Monsecret !* C'est un étourdissant brouhaha de cris, de vociférations, d'invectives, de jurons, et telle est la fièvre du combat, qu'on voit se dégager une chaude buée de la masse tumultueuse.

Bien diminuée en nombre (pochés, essoufflés et blessés étant restés égrenés en chemin), l'avalanche humaine continue à se précipiter aveuglément devant elle, comme une bande de bœufs affolés, faisant de larges trouées dans les haies, foulant aux pieds jardins, champs ensemencés, franchissant tous les obstacles. Lutte sauvage, où l'on s'entre-assomme à coups redoublés avec un implacable acharnement.

Mais dans leur course désordonnée, les souleurs sont arrivées au bord du Noineau, dont les eaux glacées, grossies par les pluies, coulent rapidement. Cet obstacle ne les arrête pas. Ceux qui courent en tête, emportant la soule, s'y précipitent résolument, suivis et rejoints par ceux qui les poursuivent. Le combat se continue dans la rivière, chacun ayant de l'eau jusqu'à mi-corps; puis la berge escaladée, on se lance à travers prés et ruisseaux, en continuant de se rouer réciproquement de coups.

Après des chances diverses, une des communes en présence l'emporte enfin sur les autres communes, malgré les efforts désespérés de ses adversaires dont les rangs s'éclaircissent. Un dernier *coup de collier est donné*, effort suprême qui décide de la victoire; la *soule* est conquise, les vaincus abandonnent la partie et tournent le dos, poursuivis par les huées et les insultes des vainqueurs.

Le trophée si glorieusement gagné est porté triomphalement chez un notable de la paroisse, et comme les cris de victoire ont été entendus des villages et hameaux d'alentour, c'est au milieu d'un cortège de deux ou trois cents personnes que les vainqueurs, en piteux état, tête nue, cheveux au vent, et à peine couverts des restes de leurs vêtements trempés d'eau glacée, font leur entrée dans la cour de l'habitation.

Le maître de céans remercie de l'honneur grand qui lui est

fait et dont peut-être il se fut bien passé ; puis il suspend la soule à l'endroit le plus apparent du principal appartement. Il s'agit maintenant de régaler ceux qui ont soutenu si vaillamment *l'honneur de la paroisse*, et la compagnie qui forme leur cortège dont le nombre grossit à chaque instant.

Un tonneau, du meilleur, est mis en perce, des victuailles sont rassemblées, distribuées, et toute la nuit durant on fait ripaille, on chante, on pousse des cris de triomphe ; les incidents divers de la lutte sont racontés, répétés, on montre avec fierté ses blessures, et l'on trinque fréquemment à la santé des vainqueurs, à la honte et à la confusion des vaincus.

La soule avait son épilogue obligé aux assemblées d'alentour, à celle de Saint-Pierre-d'Entremont, surtout. Les vieilles querelles qui n'avaient pu se régler le jour du mardi gras se soldaient par des coups à ces fêtes. La dernière année de la soule, un cabaret de Saint-Pierre devint le théâtre d'une « batterie » terrible. Les pieds et les poings ne pouvant suffire à la besogne, verres et bouteilles, tabourets et bancs brisés furent utilisés. On s'entre-écharpait avec furie, le sang ruisselait de toutes parts, et ce ne fut bientôt plus que têtes fendues ou pochées, membres cassés ou démis, plaies sanglantes. Fourvoyées dans la bagarre, des femmes, des filles, des enfants, se jetèrent aux fenêtres, affolés, criant au secours. C'est à l'aide d'échelles, et à grande peine, qu'on put les soustraire aux coups aveuglément portés.

⛝ ⛝

La soule n'était pas toujours le prix des plus vaillants, des poings les plus infatigables et les plus lourds. Il arrivait parfois qu'à la fin de l'action, alors qu'il ne restait plus qu'un petit nombre de souleurs emportant le prix de la lutte, les gens d'une paroisse qui n'avait pas donné tombaient à l'improviste sur les vainqueurs, en avaient facilement raison, et leur arrachaient la soule qu'à toutes jambes ils emportaient sur leur paroisse. Les bourgeois de Condé l'auraient ainsi gagnée, ou plutôt *volée*, prétendent les autres souleurs. Nous n'avons pas à nous prononcer sur ce point délicat, cependant il est reconnu qu'entre belligérants, la ruse est de bonne guerre. Quoiqu'il en soit, volée ou gagnée loyalement, la soule n'en était pas moins exposée dans le carrefour de Condé, les jours de marché, aux yeux des vaincus, qui étaient hués et accueillis par le vieux cri : *A la bouillie ! à la bouillie !* Il fallait se taire, dévorer l'affront en silence. Mais gare, si quelque Condéen isolé était plus tard rencontré hors de sa paroisse, celui-là payait pour tous.

C'est en 1852 que la soule de Saint-Pierre-d'Entremont fut supprimée, après plusieurs tentatives infructueuses. Il fallut l'intervention de quatre ou cinq brigades de gendarmerie pour empêcher les populations des paroisses circonvoisines de s'entre-assommer selon l'antique et traditionnel usage (1).

La soule que l'on jetait au Pont de Montilly, commune voisine

PONT-L'ÉVÊQUE, EN 1842.
(Dessin de Hubert, lithographie de Aug. Bry.)

de Condé, avait été proscrite en 1779, par M. d'Oilliamson. On prétend qu'elle aurait été autorisée par le roi Charles V, comme celle qu'on avait l'habitude de jeter à Condé, sur la place du carrefour, le jour de l'octave du Saint-Sacrement, et qui était appelée *éteu* ou *éteuf* (2).

---

(1) La passion des gens du pays pour le jeu de la soule était telle dans la contrée, qu'elle avait gagné jusqu'aux enfants. Un maître d'école de Caligny donnait ce divertissement à ses élèves le jour du mardi gras. Il les rassemblait sur la route, l'après-diner, et jetait au milieu d'eux une petite soule garnie de rubans, que les bambins se disputaient à force de coups et avec un acharnement digne des éloges des vrais souleurs. Cette *récréation* dura quinze ou vingt ans, puis elle cessa d'elle-même ou fut interdite.

(2) *Éteuf*, petite balle pour jouer à la longue paume. Ainsi appelée parce qu'elle était faite ou garnie d'étoffe. (Littré.)

Cependant, il convient de faire remarquer que, contrairement à cette assertion, une ordonnance de Charles V, de l'an 1369, met au rang des jeux qui sont défendus celui de la *Soule*. Cette ordonnance est ainsi conçue : « Défendons tous jeux de dez, de tables, de paulmes, de quilles, de palet, de *Soule*, de billes et autres jeux qui ne chéent point à exercer ni habiliter nos sujets à faits d'armes en la défense de notre royaume. »

La soule de la Lande-Patry était fournie par la dernière mariée qui, en revanche, avait l'honneur de la jeter. Le curé de la paroisse, maître Jacques Saillard, la fit interdire par un arrêt du Parlement de Rouen, en date du 27 janvier 1694 (1).

Interdire le jeu de la soule dans une paroisse ne suffisait pas toujours à le faire cesser; on le reprenait dans une paroisse voisine. C'est ainsi que la soule fut transférée à Saint-Pierre-d'Entremont, soit après sa suppression à la Lande-Patry, soit après que M. d'Oilliamson l'eut proscrite au Pont-de-Montilly. On a vu que les souleurs de Saint-Pierre n'avaient pas démérité des rudes souleurs de la Lande-Patry.

◻ ◻

A Bellou-en-Houlme, c'étaient les conscrits de l'année qui offraient la soule, que l'un d'eux lançait le mardi-gras, par une fenêtre donnant sur la place, vis-à-vis de l'église. Certaines années il n'y avait pas moins de cinq à six mille spectateurs venus de toutes les communes d'alentour; sept à huit cents habitants de tout âge s'engageaient dans la lutte. La paroisse de Bellou se divisait en deux partis, et chaque parti était soutenu

---

(1) Maître Saillard expose dans sa requête que : « Depuis quelques années, il s'est formé un jeu par les païsans de la paroisse et des paroisses circonvoisines, le jour du mardy-gras qu'ils appellent la *Soulle*, qui est une boule de cuir, que lesdits païsans font fournir par la femme dernière mariée. Lequel jeu n'est autorisé par aucun droict de seigneur, de fief, de gentilhomme ecclésiastique, ni par aucune autorité, et il se consiste à ce que la dernière mariée jette cette boule de cuir, et les peuples courent après à qui l'auroit, au nombre de six ou sept cents personnes, dont la plupart tombent les unes sur les autres, et dont plusieurs sont *estouffés*, et les autres *arrachés*, et s'estropient les bras et les jambes dans cette meslée, où il se glisse souvent quantité d'yvrognes, lesquels maltraitent à coups de bâton leurs ennemis quand ils les recognoissent dans la presse et plus souvent des personnes qui ne leur font rien, et qu'ils ne cognoissent même pas. Et quand l'exposant a voulu porter ses plaintes devant les juges des lieux pour de pauvres malheureux qui, les dernières années, eurent *les bras cassés*, les dits juges respondirent que *c'estoit des malheurs arrivés le mardy-gras*, comme sy ce jour autorisoit de telles violences et telz abus, qui n'a point de pareil dans la province, car ce même jour de mardy-gras, il se rassemble quelquefois en ce lieu de mil à douze cents personnes. Pourquoi demande le dict exposant, etc. »

non seulement par les siens, mais encore par les étrangers dont un grand nombre étaient heureux de prendre part au combat.

La soule de Bellou avait trois pieds de tour et pesait cinq à six kilos; elle était formée de son et de paille, et recouverte d'un cuir épais. Mais il arrivait fréquemment que le parti vaincu défonçait la soule à coups de couteau. Pour empêcher ce fait de se reproduire, elle fut, à partir de 1841, entourée d'une plaque de fer blanc, et le jour de la fête on y attachait une branche de laurier ornée de rubans.

Les combattants ne devaient garder que leur pantalon et leur chemise; la plupart se serraient la taille avec une ceinture de cuir. L'acharnement à la lutte était tel que, *si les fils eussent refusé de bouller* à côté de leur père, celui-ci leur eût, le soir, *refusé à souper*, les aurait déclarés indignes d'entrer dans sa maison.

Quelquefois ceux qui s'étaient emparés de la soule lui faisaient tarverser un étang voisin pour la soustraire aux efforts de leurs adversaires. Elle était poussée jusqu'à l'autre bord par les plus résolus, qui avaient de l'eau jusqu'au cou. Ils triomphaient, mais à quel prix!

En 1851, quatre brigades de gendarmerie, venues le matin du mardi gras à Bellou, empêchèrent d'y jeter la soule. Le dimanche suivant, elle fut lancée en cachette, mais il y eut peu d'entrain; il en fut ainsi durant deux ou trois années, puis le jeu cessa tout à fait.

On soulait à Briouze, Saint-André-de-Briouze, la Coulonche, et dans bien des localités de la rive gauche de l'Orne : Saint-Philibert, Saint-Aubert, la Forêt-Auvray, Sainte-Croix, etc. Maintenant, il n'en est plus ainsi; la soule a disparu partout; son diminutif, l'éteu, est seul resté en usage dans quelques communes. L'*éteu* est une petite balle que lance la dernière mariée, le deuxième dimanche qui suit son union.

□ □

Le jeu violent de la soule était en usage dans la Basse-Bretagne, le Berry, le Bourbonnais, la Picardie, etc.; il fut en un mot le dangereux passe-temps de toute la France jusqu'aux xvie et xviie siècles. Les ordonnances des rois de France et les statuts syndicaux en parlent souvent pour l'interdire. L'Écosse le connaissait également et il y était très goûté (1).

« En Bretagne et en Normandie, dit le *Dictionnaire de Trévoux*, les seigneurs de paroisse faisaient souvent jouer leurs vassaux à

---

(1) WALTER SCOTT, *Le Lai du dernier ménestrel*.

la pelote en diverses circonstances solennelles, comme fêtes et mariages. Pour exciter le zèle des amateurs, des prix destinés aux plus habiles avaient été fondés. La pelote était remplie de son graissé d'huile, et elle était lancée entre ceux qui devaient se la disputer; elle appartenait à celui qui parvenait à l'emporter sur une paroisse voisine. »

L'origine de ce jeu est fort incertaine. Un écrivain breton, Émile Souvestre, a voulu y voir un vestige du culte très hypothétique que les Celtes rendaient au soleil (1). Par sa forme sphérique, dit-il, la soule aurait représenté l'astre du jour, vers lequel on la lançait comme pour le lui faire toucher et qu'on se disputait ensuite comme un objet sacré.

Selon Souvestre, le nom de *soule* viendrait du celtique *Héaul* (soleil), dans lequel l'aspiration initiale aurait été changée en *s*, comme dans la plupart des mots étrangers adoptés par les Romains; ce qui aurait donné lieu à *seaul*, d'où le mot *soule* serait venu.

Dans son curieux travail sur les *Erreurs et Préjugés des Paysans* (2), M. Louis Laprode rapporte que le culte du démon a longtemps existé en Basse-Bretagne sous le nom de *Saint-Soul*, personnification populaire d'une divinité païenne, *soul*, le soleil, dont le culte symbolique a duré jusqu'au siècle dernier, malgré les ordonnances des Parlements et les anathèmes du clergé.

Pezron, La Tour-d'Auvergne et Le Bœuf prétendent que la soule avait été instituée en l'honneur du soleil.

La forme de l'instrument qui servait au jeu de la soule variait selon les lieux. Ici c'était un ballon rempli de son ou de foin; là une balle seulement; ailleurs une boule ou une bille de bois. Dans certains endroits on la lançait avec le pied ou avec un bâton recourbé; au lieu de dire *bouller* ou *souler*, on disait alors *crosser*. Deux prêtres du Bourbonnais, dans une lettre relative à quelques usages des paysans (3), avaient prétendu que « les peuples de leurs paroisses croyoient honorer saint Jean l'évangéliste ou saint Ursin, en courant la *Sole*. Cet exercice se faisoit dans une des paroisses le 27 décembre, le 29 dans l'autre. La Sole étoit un morceau de bois rond et plat, de la figure d'un petit palet, qu'un homme des plus forts jetoit en l'air et que le plus agile des contondants attrapoit, et gagnoit par ce moyen tout ce qui avoit été consigné dans l'année entre les mains d'un homme de la paroisse. Dans d'autres cantons, la sole a un pied de long; elle est de poignée, mais plus grosse par les deux bouts, qui sont

---

(1) *Derniers Bretons.*
(2) *Illustration*, t. XIX, p. 11.
(3) *Mercure de France*, année 1735, mars, p. 424.

sable comme de
autres boules, et
dans l'un des bouts
est renfermée une
pièce d'argent.

Y a-t-il quelque
rapport en-
tre le culte du soleil,
ses croyances, ses cou-
tumes superstitieuses
et le jeu de la soule ?
Nous ne prendrons
pas sur nous l'affir-
mer.

Un autre écrivain
prétend que la soule
rappelle les jeux lear-
partiques des Grecs
et le jeu sphéromo-
chique des Romains,
la *pila pagancia* ou
balle villageoise que
les *pagi* (bourgs,
peuple qui vivait en
1637, dit avoir été de
son temps en usage
en Italie. Enfin il
ajoute que Jean
Scheffer nous ap-
prend, dans son his-
toire de la Laponie,
que ce jeu existait

FEMMES DES ENVIRONS D'ARGENTAN.
(Dessin et lith. de H. Lalaisse.)

chez les nations du nord ; que le mot *soule* signifie une mêlée,
au combat, que l'islandais *Sull*, qui se prononçait *soul*, a la même
signification ; que l'Islande a été peuplée au IXe siècle par les Norvégiens ; et que le mot *Sull* signifie Norvégien.

II

Autrefois, la passion pour le jeu de la soule était si forte qu'elle
entraînait même les membres du clergé. On se livrait à ce jeu,
ou à ses diminutifs, dans les galeries des cloîtres, des églises, cathédrales, dans les églises mêmes. « A Auxerre, jusqu'en 1538, les
chanoines jouaient à la balle (*pelota*), le jour de Pâques, dans la

nef de la cathédrale. Le dernier chanoine fournissait la balle et la donnait au doyen (1). »

« Le 24 juillet (1556), dit le sire de Gouberville (2), le curé de Tourlaville s'en partit de céans au matin (c'était un dimanche), et alla dire la messe à Tourlaville, puys revint à vespré. *Il bastonna à la choule tout le reste du jour.* » La lutte s'établissait parfois entre deux camps composés : l'un de tous les gens mariés, et l'autre de tous les célibataires de l'assemblée.

On se disputait la soule avec un acharnement qui allait parfois jusqu'à la folie; des hommes périrent dans la mer en la cherchant ; et l'on fut obligé de l'interdire dans un canton de Bretagne, parce que quarante hommes s'étaient noyés dans l'étang de Pont-l'Abbé en s'y précipitant pour l'atteindre.

C'était toujours durant l'hiver que la soule était jetée, le premier de l'an, aux Rois, le mardi gras de préférence.

L'origine du mot *soule* n'est pas moins obscure que celle du jeu auquel il a donné son nom. Ce mot viendrait, selon les uns, de ce que l'on poussait le ballon ou la balle avec la semelle du soulier (*solea*). Les autres font dériver *sol* de *solde*, parce que ce mot rappelle une certaine somme que payaient ceux qui se mariaient dans l'année, et dont le total appartenait aux gens qui attrappaient la soule. L'étymologie de *soule* a été tirée aussi de *solidata* et de *solea*, à cause de la ressemblance de la soule (celle en forme du palet) avec une semelle de bois. Ducange, en donnant *solea* pour origine à soule, l'appelle aussi *choulla, houla, soula.*

En certains pays où le patois *chuintait*, ce jeu était connu sous les noms de *choole, choule,* d'où le verbe *chouller* ou *choller.* En Bretagne la soule est appelée *mellat*; on l'appelait aussi *soule* ou *soulette,* suivant qu'elle était plus ou moins grosse. Il est bon de faire remarquer qu'il ne faut pas confondre la soule avec le *ballon,* jeu différent de la soule.

(*Esquisses du Bocage Normand.*
Condé-sur-Noireau, Morel, 1887, in-8°).

(1) Millin, cité par Michelet, dans l'*Histoire de France*, t. II, p. 306.
(2) *Journal du sire de Gouberville,* publié par M. Tollemer.

SAINT-LÔ. — LES BORDS DE LA VIRE.
(Extraits de *Sites et Monuments*, du Touring-Club de France.)

PIERRE CORNEILLE (1)

Chanson

Si je perds bien des maîtresses,
J'en fais encor plus souvent,
Et mes vœux et mes promesses
Ne sont que feintes caresses :
Et mes vœux et mes promesses
Ne sont jamais que du vent.

---

(1) Fils d'un maître des Eaux et Forêts, PIERRE CORNEILLE naquit à Rouen, rue de la Pie (actuellement rue Pierre Corneille), le 6 juin 1606, et mourut à Paris, rue d'Argenteuil, le 1ᵉʳ octobre 1684. Il avait deux ans lorsqu'une épidémie de rougeole sévissant dans sa ville natale, son père acheta, pour y installer sa famille, cette modeste maison du Petit-Couronne qu'on montre encore comme une des curiosités de la Normandie

Quand je vois un beau visage,
Soudain je me fais de feu;
Mais longtemps lui faire hommage,
Ce n'est pas bien mon usage :
Mais longtemps lui faire hommage,
Ce n'est pas bien là mon jeu.

J'entre bien en complaisance
Tant que dure une heure ou deux,
Mais en perdant sa présence,
Adieu toute souvenance :
Mais en perdant sa présence,
Adieu soudain tous mes feux.

Plus inconstant que la Lune
Je ne veux plus jamais d'arrêt;
La blonde comme la brune,
En moins de rien m'importune :
La blonde comme la brune
En moins de rien me déplaît.

Si je feins un peu de braise
Alors que l'humeur m'en prend,
Qu'on me chasse, ou qu'on me baise,
Qu'on soit facile ou mauvaise,
Qu'on me chasse ou qu'on me baise,
Tout m'est fort indifférent.

---

et qui eut l'honneur d'abriter le grand poète à divers moments de sa vie. Ayant terminé ses études chez les Jésuites, Pierre Corneille se fit recevoir avocat; mais ne se sentant aucune vocation pour la chicane, il parvint à faire admettre aux siens son vif désir de se consacrer aux belles-lettres. De 1629 à 1674, il donna successivement les pièces suivantes, dont les titres sont dans toutes les mémoires et qui constituent son bagage tragique et comique : *Mélite, Clitandre, La Veuve, La Galerie du Palais, la Suivante, la Place Royale, l'Illusion comique, Médée, Le Cid, Horace, Cinna, Polyeucte, Le Menteur, Pompée, Rodogune, Héraclius, Andromède, Don Sanche d'Aragon, Nicomède, Pertharite, Othon, Agésilas, Attila, La Suite du Menteur, Théodore, Œdipe, Sertorius, Sophonisbe, Tite et Bérénice, Psyché, Pulchérie, Suréna*. On lui doit encore une traduction en vers de l'*Imitation de Jésus-Christ* et diverses poésies qui prouvent que Corneille ne fut pas exclusivement un écrivain tragique, mais aussi un poète lyrique dont les accents parviennent souvent à nous toucher plus vivement que les sentiments pathétiques de ses immortels héros. Pour la biographie et la bibliographie de Pierre Corneille on consultera, outre l'édition donnée dans la Collection des Grands Ecrivains: Fontenelle, *Vie de Corneille*; Guizot, *Corneille et son temps*; Viguier, *Anecdotes littéraires sur P. Corneille*; Taschereau, *Histoire de la vie et de ouvrages de P. Corneille*; Em. Picot, *Bibliographie Cornélienne* Roger le Brun, *Corneille devant trois siècles*, etc, etc.

STATUE DE PIERRE CORNEILLE, à Rouen.
d'après David d'Angers.

Mon usage est si commode,
On le trouve si charmant,
Que qui ne suit ma méthode,
N'est pas bien homme à la mode,
Que qui ne suit ma méthode
Passe pour un Allemand.

SAINT-AMANT (1)

Le Cidre

A M. le comte de Brionne.

Comte, puisqu'en la Normandie
Pomone fait honte à Bacchus,
Et qu'en cette glace arrondie
Brille une lumière esbaudie
De la couleur de nos escus,
Chantons, à la table où nous sommes,
A la table où le roy des hommes
Nous traite en chers et francs voisins,
Que le jus délicat des pommes
Surpasse le jus des raisins.

Je le confesse, qu'on le croye,
Saint-Amant le dit, c'est assez :
Mon cœur, mon poulmon et mon foye
A son esclat sautent de joye,
Et tous les soins en sont chassez :
C'est le doux honneur de septembre ;
Il m'attire dans cette chambre
Par une secrette vertu,
Et mon corps auprès de cet ambre
S'esmeut et passe pour festu.

Je ne puis me lasser d'en boire ;
Ma soif renaît en s'y noyant ;
Du muscat je perds la mémoire,
Et mon œil est comblé de gloire
De le voir ainsi flamboyant.

---

(1) Anthoine GÉRARD, dit Marc-Antoine de GÉRARD, sieur de SAINT-AMANT, fils d'un marchand armateur ou corsaire, né à Rouen, le 30 septembre 1594. Il fit ses études dans sa ville natale, vint à Paris, se lia avec tous les beaux esprits et les goinfres, fréquenta les cabarets à la mode, et débuta par des compositions bachiques qui depuis ont fait sa notoriété. Le reste de sa vie est un tissu d'aventures sans nombre et sans suite précise. Familiarisé avec quelques grands seigneurs, il pérégrina pendant de longues années, parcourut l'Europe, passa les mers et, après un court séjour à Rouen, vint mourir à Paris, dans un état voisin de la misère, à la fin de décembre 1661. Ses œuvres complètes qui consistent en poèmes divers, stances sonnets odes et pièces burlesques, ont fait l'objet d'un grand nombre d'éditions. Nous citerons les plus connues : *Les Œuvres du sieur de Saint-Amant*, Paris, de l'impr. de Robert Estienne,

Qu'il est frais ! qu'il est délectable !
De moy, je tiens pour véritable,
Lorsque j'en trinque une santé,
Que le seul cidre est l'or potable
Que l'alchymie a tant vanté.

Page, remply-moy ce grand verre,
Fourby de feuilles de figuier,
Afin que d'un son de tonnerre
Je m'escrie à toute la terre :
Masse à l'honneur du grand Seguier !
Je le revère, je l'admire !
Il m'a fait avec de la cire
Une fortune de cristal (1)
Que je feray briller et luire
Sur le marbre et sur le metal...

Mais cependant que je m'amuse
A caqueter de la façon,
Je ne voy pas que je m'abuse,
Que mon goust de longueur m'accuse,
Et que je fasche l'eschanson.
Baille-moy, baille-moy la couppe;
Or, sus donc, vertueuse trouppe !
Que d'un toppe gay, promt et clair,
On fende, on perce, en entre-couppe
Toutes les régions de l'air !

---

pour François Pomeray et T. Quinet, 1629, in-4°; *La même* (contrefaçon probable de la précédente), *ibid.*, 1629, in-4°; *La Suite des Œuvres de Saint-Amant*, Paris, F. Pomeray, 1631, in-4°; *Les Œuvres du sieur de de Saint-Amant*, Paris, de l'Impr. de Rob. Estiene (*sic*), pour Fr. Pomeray et T. Quinet, 1632, petit in-4°; *Les Œuvres et Suite des œuvres du sieur de Saint-Amant*, sec. éd., revue, corrigée et augm. de nouveau, Paris, Nicolas Trabouillet, 1633, in-8°. *Les mêmes*, Paris, T. Quinet, 1642, in-4°; *Les Œuvres du sieur de Saint-Amant, seconde partie*, Paris, T. Quinet, 1643, in-4°; *Les Œuvres du sieur de Saint-Amant*, augmentées de nouveau, dern. éd., Paris, N. Bessin, 1647, in-8°; *Les Œuvres du sieur de Saint-Amant, troisième partie*, Paris, T. Quinet, 1649, in-4°; *Les Œuvres de Saint-Amant*, Rouen, P. Daré, 1649, in-8° et 1651, in-4°; *Dernier Recueil de diverses poésies du sieur de Saint-Amant*, imprimé à Rouen et se vend à Paris, chez Antoine de Sommaville, 1658, in-4°; *Les Œuvres du sieur de Saint-Amant*, Paris, G. de Luyne, 1661, in-12; Rouen, 1668, in-12; *La Lune parlante*, Paris, Sercy, 1661, in-4° (réimpr. récemment par M. F. Lachevre) ; *Œuvres complètes*, etc., publ. par Ch. Livet, Paris, 1855, 2 vol. in-12; *Les plus belles pages de Saint-Amant*, publ. par R. de Gourmont, 1907, petit in-12. (Voyez : Paul Durand-Lapie, *Saint-Amant, son temps, sa vie, ses poésies*, Paris, Delagrave, 1898, in-8°.)

(1) Allusion au privilège d'une verrerie qu'avait obtenu Saint-Amant du chancelier Séguier.

> Ha! que ce bruit m'est agréable!
> Voilà respondu comme il faut;
> J'en esprouve une aise incroyable,
> Et nostre debauche est louable
> D'esclater pour un nom si haut.
> Aux graces qu'on desire en elle,
> La retenue est criminelle,
> La froideur offense Themis.
> Bref, pour la rendre solennelle,
> L'excez mesme nous est permis.
>
> O mon cher! ô mon rare Comte
> Dont les vertus charment les cœurs,
> Que doi-je dire, au bout du compte?
> On ne peut faire assez de conte
> De cette Reine des liqueurs;
> Elle est aux muses consacrée,
> Elle est douce, elle me recrée
> Mieux que la figue ou l'abricot;
> Et la nymphe la plus sucrée
> Pourroit estre de nostre escot.

(*Œuvres complètes*, etc., éd. Ch. Livet, 1855.)

FRÉDÉRIC PLUQUET (1)

Contes populaires de l'arrondissement de Bayeux

JEAN PATYE OU LA CHAINE PORTÉE PAR LE DIABLE

De temps immémorial, le chapitre de Bayeux était obligé, en réparation de je ne sais quel méfait, d'envoyer tous les ans un chanoine à Rome, pour y chanter l'épître de la haute messe de minuit; s'il y manquait, il devait payer une forte somme d'argent. Le tour de maître Jean Patye, chanoine de la prébende de Cam-

---

(1) Neveu de François-André-Adrien Pluquet, précepteur de l'abbé de Choiseul, Frédéric PLUQUET naquit à Bayeux (Calvados), le 19 sept. 1781 et mourut dans la même ville, le 3 septembre 1834. Très attaché à ses origines et curieux de tradition locale, il est l'auteur ou l'éditeur des ouvrages suivants, fort appréciés des bibliophiles : *Pièces pour servir à l'hist. du Bessin dans le moyen âge* (Caen, 1823, in-8°); *Extr. des observat. sur l'origine, la culture et l'usage de quelques plantes du Bessin*, etc.

bremer, arriva. Il fut averti, suivant l'usage, plusieurs mois auparavant; mais il s'en gêna si peu, que la veille de Noël de l'année 1537, il était encore à Bayeux. Ses confrères lui reprochèrent sa négligence; il leur répondit qu'ils ne s'inquiétassent point, qu'il irait à Rome, en reviendrait, et qu'ils seraient satisfaits.

Le chanoine se retira dans sa chambre, prit son grimoire, et fit venir le diable avec lequel il entretenait depuis longtemps des liaisons : « Il faut que tu me portes cette nuit à Rome, lui dit-il, et que tu m'y portes en *pensée de femme*, c'est-à-dire plus vite que le vent. Attends-moi sous les orgues, et au premier coup de neuf heures, je suis sur ton dos ». Après que le chanoine eut entonné le

JEUNE FILLE DE BAYEUX (1825).
(Dessin de Lante, gravé par Gatine.)

Domine labia de matines, il rejoignit sa monture. En un clin d'œil ils s'élevèrent dans les airs et se trouvèrent sur la mer; alors le tentateur conseilla au chanoine de faire le signe de la croix, en lui adressant ces vers :

(Caen, 1824, in-8°); *Contes pop., traditions, proverbes et dictons de l'arr. de Bayeux* (Caen, 1825, et Rouen, 1834, in-8°); *Mémoires hist. sur l'Hôtel-Dieu de Bayeux* (Caen, 1825, in-8°); *Le Roman du Rou et des Ducs de Normandie* (Rouen, 1827, 2 vol. in-8°); *Curiosités litt. concernant la prov.*

*Signa te signa temere me tangis et angis,
Roma tibi subito motibus ibit, amor.*

Peu touché du distique infernal, qui peut se lire de droite à gauche, ou de gauche à droite, sans changer de signification, Jean Patye répondit : « Allons toujours, ce qui est porté par le diable est bien porté. » Il arriva à Rome lorsqu'on chantait l'*Introït* de la messe de minuit; il laissa le diable sous le portail de l'église, et lui commanda de l'attendre. Il chanta l'épître, et en entrant dans la sacristie, il se fit représenter le titre original en vertu duquel le chapitre de Bayeux était tenu d'envoyer tous les ans un chanoine à Rome chanter l'épître de la messe de minuit; il fit semblant de l'examiner, et le jeta au feu, où il fut bientôt consumé.

Les prêtres romains restèrent stupéfaits en voyant l'action hardie du chanoine normand; il profita de leur surprise, sortit de la sacristie, et rejoignit sa monture. Il rentra dans la cathédrale de Bayeux lorsqu'on chantait *Laudes* dont il avait commencé *Matines*; de sorte qu'il ne fut que quatre heures parti.

Ses confrères, le voyant arriver à cette heure, crurent qu'il venait de dormir; mais il leur dit qu'il arrivait de Rome, qu'il avait chanté l'épître, et qu'ayant brûlé le titre qui les obligeait à cette pénible servitude, ils en étaient délivrés pour jamais.

Jean Patye ne fut pas longtemps sans reconnaître son péché. Le clergé de Bayeux fit une procession générale, à la suite de laquelle le chanoine marcha pieds nus et la corde au cou, pour obtenir son absolution, qui lui fut enfin accordée par le pape, à la prière d'Augustin de Trivulce, alors évêque de Bayeux.

Étienne Tabourot, dans ses *Bigarrures* (1) publiées sous le nom du Seigneur des Accords, rapporte que c'est à saint Antide que le diable, qui le portait à Rome sur son dos, adressa le distique latin dont il est question ci-dessus.

LA BÊTE SAINT-LOUP

Au commencement du ve siècle, un loup furieux ravageait les environs de Bayeux et pénétrait jusque dans les faubourgs. Saint

---

de Normandie (Caen, 1827, in-8°); *Essai histor. sur la ville de Bayeux* (Caen, 1829, in-8°); *Anecd. ecclés. du diocèse de Bayeux* (Caen, 1831, in-8°); *Notice sur les étabi. scient. et litt. de Bayeux* (Bayeux, 1834, in-8°); *Mém. sur les Trouvères Norm.* Bullet. de la Soc. des Antiq. de Normandie, 1824; *Coup d'œil sur la marche des Etudes hist. et arch. en Norm. depuis le moyen âge...* t. I, 1830, etc.

(1) *Les Bigarrures du Seigneur des Accords*. Bruxelles, 1866, 3 vol. in-12.

Loup, alors évêque de cette ville, eut pitié de ses diocésains; il s'avança courageusement vers la bête, dont le repaire était dans un bois, proche la porte Arborée. A l'approche du saint, elle resta immobile; il lui passa son étole au cou et la noya dans la rivière de Drôme. A certaines époques de l'année, cette bête revient encore rôder autour de l'église Saint-Loup. Si vous doutez de cette histoire, on vous montrera le lieu où saint Loup a jeté la bête, le bas-relief qui est sur la porte de l'église, et un tableau conservé dans l'intérieur qui représentent ce miracle.

Dans le siècle suivant, saint Vigor, aussi évêque de Bayeux, délivra le pays d'un serpent monstrueux, dont le souffle seul tuait les hommes et les animaux.

Tous ces loups, ces dragons, ces serpents monstrueux, dont on raconte l'histoire dans presque toutes les villes de France, me paraissent n'être qu'une allégorie relative à l'établissement du christianisme. C'est le triomphe de la foi sur le paganisme.

LA LÉGENDE DE SAINT GERBOLD

Saint Gerbold vivait dans le VIIe siècle; il demeurait en Angleterre, chez un riche seigneur, lorsqu'il lui arriva précisément le même aventure qu'à Joseph chez Putiphar. Son maître irrité lui fit attacher une meule de moulin au cou et le fit jeter à la mer. Aussitôt la pierre devint légère comme du liège; la corde se détacha, et le saint, placé sur sa meule, vogua paisiblement vers les côtes du Bessin. Il aborda à Ver, dans la saison la plus rigoureuse de l'année, et la verdure et les fleurs naquirent de tous côtés sous ses pas; c'est depuis ce temps que ce lieu a été appelé *Ver*.

Le saint s'établit à Crépon, sur les bords du ruisseau de Provence, où il se construisit un petit ermitage.

Sa sainteté, et surtout ses miracles le firent nommer à l'évêché de Bayeux. Lorsqu'il en prit possession, les rues par où il passa se trouvèrent miraculeusement jonchées des fleurs les plus rares et les plus odorantes. Malgré tout ce luxe de miracles, les Bayeusains ne tardèrent pas à se dégoûter de leur évêque et le chassèrent ignominieusement. Saint Gerbold jeta de dépit son anneau pastoral dans la mer, en disant qu'il ne reviendrait dans son diocèse que lorsqu'il l'aurait retrouvé. Pendant son absence, les habitants de Bayeux furent affligés de lienterie et d'hémorroïdes, ils ne tardèrent pas à reconnaître leur faute, et envoyèrent prier saint Gerbold de revenir parmi eux. Il eut pitié de leurs maux, retrouva son anneau pastoral dans le corps d'un poisson qu'on servait sur sa table, revint à Bayeux, et la maladie cessa.

Les gens de la campagne appellent encore les Bayeusains *clichards* ou *foireux*, et c'est à cette vieille tradition que Pathelin fait allusion dans la farce de ce nom :

> Hé dea, j'ai le mau Sainct-Garbot.
> Suis-je des foireux de Bayeux?
> Les playes Dieu ! Qu'esse qui s'ataque,
> A mon cul? Esse une vaque,
> Une môque ou un escarbot?
> Jehan du Opremin sera joyeux,
> Bée, par Sainct-Jehan, je berée
> Voulentiers à li une fée.

Dans le Supplément au Glossaire de Du Cange, au mot *Senescalcus* (sénéchal), on trouve l'épitaphe suivante, qui a aussi rapport à cette tradition :

> Cy gist l'Encal Cranctot,
> Ly fut qui cacha S. Gerbot;
> Leu mal le prit le jour de Paques,
> D'en peux son ventre n'ut relague.
> Ha Dieu ! Comment il chia !
> Dite po ly *Ave Maria*.

LES COULINES

La veille des Rois, dans les campagnes, on allume des torches de paille ou des tiges de molène enduites de goudron ; et les maîtres, les domestiques et les enfants courent les champs en chantant à gorge déployée :

> Couline vaut lolot,
> Pipe au pommier,
> Guerbe au boissey
> Men père bet bien,
> Ma mère oco mieux.
> Men père a guichonnée,
> Ma mère a caudronée,
> Et mei a terrinée (1).

> Adieu Noé,
> Il est passé,
> Couline vaut lolot,
> Guerbe au boissey,
> Pipe au pommier,

---

(1) Noël. La couline vaut du lait; qu'un seul pommier produise une pipe de cidre (700 litres), et une gerbe un boisseau. Mon père boit bien, ma mère encore mieux; mon père a guichonée (grande tasse de terre), ma mère a chaudronnée, et moi ai terrinée.

Bieurre et lait,
Tout à planté (1),
Taupes et mulots,
Sors de men clos
Ou je te casse les os.
Barbassioné (2),
Si tu viens dans men clos,
Je te brûle la barbe jusqu'aux os.

Adieu Noé,
Il est passé,
Noé s'en va,
Il reviendra.
Pipe au pommier,
Guerbe au boissey,
Bieurre et lait,
Tout à planté

Après avoir bien chanté, bien couru, et brûlé la mousse des pommiers, on revient se mettre à table ; le cidre coule à longs flots, et le repas se prolonge bien avant dans la nuit.

Les gens de la campagne croient que cette cérémonie, qui est évidemment un reste de druidisme, rend leurs champs fertiles.

Cet usage s'est également conservé en Angleterre, dans les comtés de Glocester et d'Hereford, sous le nom de *waissailing*. La cérémonie commence vers les six heures du soir, alors on allume douze feux dans la partie la plus élevée du champ ensemencé et un feu plus considérable dans le milieu (*Brand's Observations ou popular Antiquities*, t. I, p. 27).

(*Contes popul., préjugés, patois, proverbes, noms de lieux de l'arrêt de Bayeux*... Rouen, Ed. FRÈRE, 1834, in-8°)

ABBÉ DE CHAULIEU (3)

Sur la retraite

1698

La foule de Paris à présent m'importune ;
Les ans m'ont détrompé des manèges de cour ;
Je vois bien que j'y suis dupe de la fortune,
Autant que je l'étois autrefois de l'amour.

---

(1) En abondance.
(2) Génie malfaisant
(3) Fils d'un maître des Comptes à Rouen, Guillaume-Amfrye de CHAULIEU, abbé d'Aumale, au diocèse de Rouen, prieur de Saint-Georges,

Je rends graces au ciel, que l'esprit de retraite
Me presse, chaque jour, d'aller bientôt chercher
Celle que mes aïeux plus sages s'étoient faite,
L'où mes folles erreurs avoient sçu m'arracher.

C'est là que, jouissant de mon indépendance,
Je serai mon heros, mon souverain, mon roi;
Et de ce que je vaux la flatteuse ignorance
Ne me laissera voir rien au-dessus de moi.

Tout respire à la cour l'erreur et l'imposture.
Le sage avant sa mort doit voir la vérité.
Allons chercher des lieux où la simple nature,
Sans le secours de l'art, fait toute la beauté.

Là, pour ne point des ans ignorer les injures,
Je consulte souvent le crystal d'un ruisseau;
Mes rides s'y font voir : par ces vérités dures
J'accoutume mes sens à l'horreur du tombeau.

Malgré moi cependant un reste de foiblesse,
Rappellant quelquefois de tendres souvenirs,
En dépit des leçons que me fait la vieillesse,
Me laisse encor jouir de l'ombre des plaisirs.

Nos champs du siècle d'or conservent l'innocence;
Nous ne la devons point à la rigueur des loix;
La seule bonne foi nous met en assurance;
Et le guet ne fait point le calme de nos bois.

Ni le marbre, ni l'or ne borde nos fontaines;
La nature de fleurs en émaille le tour;
Mais le berger content, sans soucis et sans peines,
Au chant de sa bergère y danse tout le jour.

---

en l'île d'Oléron, naquit en 1639, au château de Fontenay, dans le Vexin normand. Il débuta dans les lettres, en donnant des vers galants où la verve la plus étincelante le disputait au désir de plaire et de flatter. Une fortune de trente mille livres qu'il préleva adroitement sur la fortune d'un de ses bienfaiteurs, le duc de Vendôme, lui permit, dit-on, de se livrer, avec la plus douce philosophie, à ses goûts de poète et à ses penchants d'épicurien. Bien qu'il ait été, durant de longues années, le fidèle convive de toutes les fêtes de son temps, il conserva son indépendance jusque dans un âge avancé et mourut à Paris, le 27 juin 1720, entouré de ceux qui, comme lui, unissaient l'amour intéressé des plaisirs au culte des lettres. Les poésies de l'abbé de Chaulieu imprimées, tout d'abord, avec celles du marquis de la Fare, en 1724, ont paru un grand nombre de fois. Les meilleures éditions que nous connaissions sont celles qui ont été données par Delaunay (Amsterdam, Z. Chatelain, 1733, 2 tomes in-8°), par M. de Saint-Marc (Paris, David, Prault et Durand, 1750 et 1757, 2 vol. in-12) et par Fouquet (La Haye et Paris, 1774 et 1777, 2 vol. in-8° et in-12).

Ma retraite aux neuf sœurs est toujours consacrée :
Elles m'y font encore entrevoir quelquefois
Vénus dansant au frais, des Grâces entourée,
Les Faunes, les Sylvains, et les Nymphes des bois.

Mais je connois bientôt que ma veine glacée
N'ose plus de la rime hazarder la prison;
Cette foule d'esprits, dont brilloit ma pensée,
Fait au plus maintenant un reste de raison.

Pour bannir loin de moi ces vaines rêveries,
J'examine le cours et l'ordre des saisons;
Et comment tous les ans, à l'émail des prairies,
Succèdent les trésors des fruits et des moissons.

Je contemple tantôt cet amas de lumière,
Ce brillant tourbillon, ce globe radieux,
Et cherche s'il parcourt en effet la carrière,
Ou si, sans se mouvoir, il éclaire les cieux.

Puis de là tout à coup élevant ma pensée
Vers cet être, du monde et maître et créateur,
Je me ris des erreurs d'une secte insensée,
Qui croit que le Hazard en peut être l'auteur.

Ainsi coulent mes jours sans soins et sans envie;
Je les vois commencer et je les vois finir;
Nul remords du passé n'empoisonne ma vie;
Satisfait du présent, je crains peu l'avenir.

Heureux qui, méprisant l'opinion commune
Que notre vanité peut seule autoriser,
Croit, comme moi, que c'est d'avoir fait sa fortune;
Que d'avoir, comme moi, bien sçu la mépriser.

(*Œuvres de Chaulieu*, éd. de 1757, t. II.)

FRANÇOIS-VICTOR HUGO (1)

Où est née la poésie française

Il y a près de sept cents ans, un enfant qui était né à Jersey, fut envoyé à Caen, ville capitale de la Basse-Normandie, pour

---

(1) Second fils de l'illustre auteur de la *Légende des Siècles*, FRANÇOIS-VICTOR HUGO, naquit à Paris, le 22 octobre 1828. Ses études terminées, il entra comme rédacteur à l'*Evénement*, fondé par son

y faire ses études. Cet enfant était un petit prodige. Il chantait, et ses chansons avaient une harmonie inconnue; il écrivait, et ses écrits avaient une forme étrange. L'enfant grandit et devint homme. Les bons clercs qui l'admiraient, voulurent l'attacher à l'Église, et demandèrent pour lui une prébende. Henri II, alors duc de Normandie et roi d'Angleterre, accorda à leur protégé la prébende de la cathédrale de Bayeux. Là, le jeune ecclésiastique put faire de la poésie et de la musique tout à son aise, et pour témoigner toute sa reconnaissance à son duc, il se mit à chanter la dynastie normande.

Il chanta la conquête de la Neustrie par les hommes du Nord et raconta, Homère naïf, l'Odyssée de Rollon. Il chanta les fils de Rollon, Guillaume *Longue-Epée*, Richard *Sans Peur*, Richard *le Bon*, Rober *le Magnifique*. Les vers de cette épopée, chose inouïe ! n'étaient pas des vers latins, et se répondaient tous par une sorte d'écho bizarre. Pour la première fois, les princes barbares s'entendaient chanter dans un autre rythme que les Césars.

> Willame Lunge Epée fu de haute estature.
> Gros fu par li espaules, greile par la cheinture,
> Gambes out lunges dreites, large la forchure.
> Nestoit mie sa chair embrunie ne oscure.
> Li tez porta hault, lunge out la chevelure,
> Oils dreits et apersout, et dulce regardeure,
> Mez a ses ennemiz sembla mult fiere e dure.
> Bel nez et bele bouche, et bele parleure.
> Fors fu comme Jehanz e hardie sans mesure.
> Ki son colp atendi, de sa vie nout cure.

Cette poésie nouvelle eut un succès immense. On en répéta les romances dans toutes les villes comme dans tous les châteaux. Les paysans la fredonnèrent dans leurs veillées. Le peuple, qui n'avait jamais pu comprendre la poésie, apprit celle-ci par cœur. Cela encouragea le jeune clerc dans ses hardiesses. Le voilà en quête de nouvelles rimes. Il chanta la grande épopée natio-

---

père en 1848, et fut chargé dans cette feuille de la politique étrangère. La violence de ses articles le fit condamner à la prison en 1851. Après le 2 décembre, il s'exila à Jersey. C'est là qu'il composa ce beau livre, *La Normandie inconnue* (Paris, Pagnerre, 1857, in-8º) dont nous extrayons aujourd'hui une des pages les plus significatives. Il donna ensuite l'admirable traduction de Shakespeare que tout le monde connaît et qui reste un modèle d'exactitude et d'élégance. Revenu en France après l'amnistie, François-Victor Hugo contribua à fonder le *Rappel* où il collabora jusqu'à la fin de sa vie. Il mourut à Paris, le 26 décembre 1873, laissant le souvenir d'un écrivain de haute valeur et d'un des plus nobles et des plus vigoureux adversaires de l'Empire.

BERNAY (Eure). — RUE DU COMMERCE ET ÉGLISE SAINTE-CROIX. Procession de la Fête-Dieu en 1850 (Dessin de F. Benoist, lith. de E. Ciceri et J. Gaildrau.)

nale, la conquête de l'Angleterre par Guillaume le Conquérant et la victoire de Hastings.

Ces chants apprirent aux Normands le patriotisme. On vit alors, comme aux temps antiques, toute la sauvagerie s'émouvoir. Les seigneurs sortirent de leurs tanières pour écouter le nouvel Orphée. Les guerriers en cottes de mailles accoururent de toutes parts pour visiter le paysan poète, et chacun voulait l'entraîner dans son château. Le bruit de ses chansons fut entendu par delà les fleuves lointains. La duchesse Éléonore lui envoya des ambassadeurs. Le poète partit pour la cour d'Aquitaine. Là, la poésie du Nord se mesura à la poésie du Midi, et le trouvère étonna les troubadours.

A son retour, le roi Henri lui demanda son amitié et l'invita au couronnement de son fils Richard, qui fut depuis nommé *Cœur-de-Lion*. La monarchie devinait déjà une puissance dans la poésie.

Quel était donc cet homme singulier qui, rien que par ses chants, avait acquis plus de renommée qu'on ne peut en avoir par les combats, et qui, né dans une chaumière, avait des princes pour courtisans? Son nom, il le dit lui-même dans un de ses poèmes :

> Je di et dirai ke je suis :
> Vaice de l'isle de Gersui,
> Ki est en mer vers l'Occident,
> Al fieu de Normandie apent.
> En l'isle de Gersui fui nez,
> A Caen fui petit portez,
> Illoques fui a letres mis,
> Puis fui longues en France apris.

Cet homme s'appelait en effet Robert Vace (1), Robert Vace qui fut en même temps le premier trouvère normand et le premier poète français (2).

Dans les quelques vers que je viens de citer, il y a toute une révolution, la fin du monde romain et le commencement du monde moderne.

---

(1) François-Victor Hugo appelle l'auteur du *Roman du Rou*, Vace. De nos jours on écrit : *Wace*. (*Note des Éditeurs*.)

(2) ROBERT VACE a laissé dix poèmes, dont un n'a pas moins de 12.000 vers. Voici les titres de ces dix poèmes dont la nomenclature est assez rare :

1º Le *Brut d'Angleterre*, qui contient 1.800 vers de huit syllabes — au *British Museum*. Vace traduisit ce poème du latin de Geoffroy de Montmouth, qui lui-même l'avait traduit de l'original bas-breton. Brut, arrière petit-fils d'Énée, fut le premier roi de Bretagne. Il eut pour fils le fameux Arthur, dont les Bretons attendent encore le retour comme les Juifs attendent le Messie.

2º L'Histoire de l'*Invasion de l'Angleterre* par les Normands, en vers de huit syllabes, à la Bibliothèque de Paris.

3º Le *Roman du Rou*, en vers alexandrins, à la Bibliothèque de Paris.

4º Le *Roman de Guillaume Longue-Epée*, à Paris.

5º Le *Roman du duc Richard Ier*, en vers de huit syllabes, au *British Museum*.

6º La continuation de l'*Histoire des ducs de Normandie*, comprenant 12.000 alexandrins, *ibid*.

7º L'*Histoire abrégée des ducs de Normandie*, à Paris.

8º L'*Origine et la feste de la Conception de li Vierge*, *ibid*..

9º *La Vie de Saint-Nicolas*, aux bibliothèques de Cambridge et d'Oxford,

10º Le *Roman du Chevalier au Lion*.

Après la conquête de la Neustrie par les Normands, la langue des vaincus s'était mêlée à la langue des vainqueurs : la langue de Rome s'était fondue dans la langue du Nord; de cette fusion sortit un idiome nouveau auquel la poésie naissante emprunta ses premiers mots.

Qui pourra dire ce qu'a coûté de déchirements et de désolations cette expression nouvelle de la pensée humaine? qui pourra dire ce que recèle de larmes chacun de ces verbes à peine formés? qu dira combien d'années de douleurs contient chacun de ces vers qu'une minute a suffi pour transcrire? qui dira ce qu'il a fallu verser de sang pour remplir l'encrier de la Muse moderne?

Cette langue que parle Robert Vace, c'est celle des trouvères, c'est la langue d'Oil.

Et la langue d'Oil a été l'œuvre lente de trois siècles. Elle s'est faite du IXe au XIIe siècle, par la défaite, par la spolation, par le massacre des populations gallo-romaines. Et pour que cet idiome nouveau remplaçât définitivement l'idiome latin, il avait fallu, avant la venue des Normands dans la Gaule, l'invasion des Huns, l'invasion des Bourguignons, l'invasion des Vandales, l'invasion des Goths, l'invasion des Francs Mérovingiens, l'invasion des Francs Carlovingiens. Pour préparer la chute de la langue romaine, il avait fallu quatre siècles d'extermination : il avait fallu Attila, Gondebaud, Alaric, Mérovée, Pépin ! Et la langue de Cicéron et de Virgile, de Tacite et de Juvénal résistait encore. Elle se crénelait dans les couvents. Elle forçait ses vainqueurs mêmes à la connaître, et elle envoyait Charlemagne à l'école.

Pour l'achever, cette suppliante sublime, il fallut le coup de hache de Rollon. Les Normands, une fois établis à Caen, à Rouen et aux îles de la Manche, la langue latine cessa d'être comprise, et la poésie, pour se faire entendre, eut besoin de parler patois.

Avant le triomphe de ces pirates, on parlait encore latin dans toutes les cours. Charlemagne avait donné l'exemple en demandant à l'Italien Pierre de Pise de lui apprendre la langue de Jules César. De son temps, les livres d'histoire, de théologie, de scolastique étaient en latin. Le latin était universellement employé par les écrivains les plus distingués de l'ère carlovingienne. Eginhard, Hincmar, Alcuin, Erigène, Leidrade, Watfried, Strabo, Gottschalk.

A société nouvelle, art nouveau, c'est-à-dire expression nouvelle.

Au XIIe siècle, tandis que sur les monuments l'ogive gothique succédait au cintre romain, la langue romaine cédait dans la pensée humaine la place à la langue d'Oil; le premier qui osa l'écrire, ce fut le fils d'un paysan de Jersey...

Aujourd'hui, les paysans de Jersey, de Guernesey, de Serk et d'Aurigny, parlent encore, sauf des modifications locales, le patois de Robert Vace. Dernièrement je me promenais dans la paroisse de Saint-Ouen, la plus sauvage et la plus normande parmi les douze paroisses de Jersey, celle où le patois s'est conservé le plus pur et où les revenants daignent encore parler aux vivants. Sur la route, assise sur un petit banc de pierre, à l'entrée d'une chaumière qui avait de la paille à son toit et de la dentelle à sa fenêtre, une vieille femme chantait. Je m'approchai. Ce n'était ni de l'anglais, ni du français qu'elle chantait; c'était une langue bizarre qui m'étonnait et qui pourtant n'était pas absolument nouvelle pour moi. Il y avait des mots que je comprenais, d'autres que je ne comprenais pas. Par instants, la phrase venait à moi; par instants, elle m'échappait. Ce que j'entendais était pour moi tantôt clair comme le jour, tantôt obscur comme la nuit. Cette obscurité, c'était l'ombre du moyen âge qui la faisait en passant.

La vieille femme chantait une chanson jersiaise, dont voici les couplets :

> Vos vlà, vaisine, à vos prom'ner,
> Ch'est miracl' que d'vos rencontrer !
> Non n'vos trouv' jamais par les rues,
> Comme est qu'i s'fait qu'nous v'os vait pus?
> — Ah ! ch'est qu'dépis que ma Nancy
> Est si pouôr'ment, j'nai peu sorti :
> Quand ou m'aidait, ch'toit ben ocquo;
> Mais à ch'teu, tout me chrait sus l'co !
> — Mon Doue ! Mon Doue ! ah ! la ! la ! la !
> Et qu'est donc qu'ou me contez la !

> Et qu'est qu'oulle a, chut' fille? — Hélah !
> Pour dire le vrai je ne l'sai pas.
> Les docteurs ne peuv'nt l'expliqui.
> I'li ont donné un tas de qui,
> Et boutillie sur boutillie.
> Pourtant on n'en chang' pou un'mie !
> Mais pustôt on n'fait qu'empiéri,
> Que j'en ai un divers souci.

> — Oh ! che n's'ra ren ! Bah ! bah ! bah ! bah !
> Les jeunes fill's ne meurent pas comm' chla !

> — Ou savez comben oull'tait guaie.
> On d'visoit tant qu'la dernié fois
> Qu'ou vîntes et qu'ou la vîtes siez nous
> Ou dites en riant, vos en r'app'l'ous?

JERSEY : SAINT-HÉLIER. — LE PORT.
(Phot. Neurdein frères)

« Chett'-là, beu sû, n'a pas l' filet! »
Chucoup ou n'diriez pas ditai:
Tout l' long du temps, ou n'ouvre pon
La bouoch', que pour dire oui ou non !

— Ah! qu'est qu'ou dites! Oh! la! la! la!
Il faut qu'oulle ait changi pour chla!

— Aut'fais, ch'toit une bouonn' gross' hardell
Fra'ch' comme une rose et aussi belle!
Ach' teu ch' n'est pus qu'un' pouôr' pâle' fache
Faillie et maigre comme un' hache.
Ma fé, ch'est pitié que d'la vais.
Je n' sais pon qui miracle ch'est!
Nou diroit qu'ou n'a pus d'idée!
Je croi qu'oulle est enchorchelée!

— Ah! qui dommage! Ah! lai! lai! lai!
Et qu'éroit jamai creu d'itai!

— Souvent s'ou crait que j'n'y sis pas,
Ou quitte tout d'un coup sans travà,
Et s' met l' visag' contre la table,
Et plieur' comme une pouôr' minsérable,
Ou fait des oh ! ou fait des ah ! —
De grands soupirs longs comm' le bras !
Et touân' les yiers en haut, quiqu' fais,
De vrai, que chla fait peue à vais.

— De vrai ! de vrai ! oh ! la ! la ! la !
Penser qu'oulle est dans ch't état-là !

— Au sé, dès qu' ne fais pu jeu,
Ou va s'pliaichi tout près du feu,
Et là, accliouquie dans un coin,
San menton app'yé sus sa main,
Ou reste ofut-che tout l'long du sé,
A r'garder les tisons brûler,
Sans pâler ou sans bouogi pus
Que si oulle'toit une imâ' nue !

— Ah ! quel état ! Mon père bénin !
Que tout chenna m'fait du chagrin !

Ach' t'eu, je crai, mai, que je d'vine
La maladie qui tant la mine,
Et si ou voulois prendre mon avis,
Je pens' qu'ou s'ra bétôt guérie !
— Ah ! s'ou le savois, vit', dites-le mai,
Car j' vos asseur' si nou trouvoit
A me la r'mettre comme oull' tait d'vant,
J'en bâdrais ben pus d'deux cents francs !

— Oh ! consol' ous ! Ah ! la ! la ! la !
Man r'mède ne couôt' pas tant comm' chla !

— Et qu'est-che que ch'est? — Écoutez-mai :
Quand Jean s'ra r'venu de la mé,
Qu'i li accatte un' belle bague en or,
(I'l' f'ra, ch'est un bouon sorte d'corps !)
Pis qu'un biau matin à l'église,
Bras d'ssus, bras d'ssous, i la condise,
Et là, i n'a qu'à l'y couler,
Dévant l' ministr', chut bague au doigt !

— Hô ! oh ! oh ! oh ! — Hah ! ha ! ha ! ha !
Ou verrois qu' chla la guérira !

Guernesey ne parle pas absolument le même patois que Jersey. Il semble qu'à Guernesey la langue d'Oïl soit restée plus entière et plus primitive. Elle m'a paru là beaucoup plus obscure encore qu'ici. J'en prends comme exemple cette chanson *des Faucheurs* que je trouve dans un recueil populaire intitulé *Rimes Guernesiaises*. Le lecteur pourra ainsi se faire une idée de la différence des deux patois.

> Dès q'lair du matin nous réville,
> Oyoûs (1) chantaïr, fiers et réjouis,
> Branlant l'faux émoulu qui brille,
> Les faucheux, le long d'nos courtis (2),
>   La jouaie au cœur,
>   A flieur (3) de bras
> Abattant le faïn, fauchant la flieur?
>   Houras !

> L'alouette, en chantant, fend la nue;
> L'cran (4) dans l' trèfle patuffle (5) adret,
> Et dans l'orme d'la verte nue,
> Trabé, l' teurt-co, s' lamente et brait.
>   La jouaie au cœur,
>   A flieur de bras,
> Abatton l' faïn, faûchon la flieur.
>   Houras !

> Au haut d' sen cercle l' soleil monte;
> D'ratelresses (6) v'chin un' troupé,
> Les bras nus, — j'en ai quasi honte, —
> Les iers (7) crastillant (8) sous leur chapé !
>   Allons Raché,
>   A flieur de bras,
> Suzon, Madlon, jouaïz du raté.
>   Houras !

> D' fumet d'faïn la tête ebcrzouie (9)
> L' terrien (10) r'garde sa diguedi (11)
> L'front russ'lant d'sueur, le faux manie,
> Et dit : Pense à ten rion (12), Judith !

(1) *Oyoûs*, c'est-à-dire *oyez-vous, entendez-vous?*
(2) *Courtis, champ entouré de haies*, en vieux français, *courtils*.
(3) *A fleur* de bras, pour à *force* de bras.
(4) La *fauvette*.
(5) Babille beaucoup.
(6) *Ratelresses*, femmes portant des rateaux.
(7) Yeux.
(8) Brillant comme une lampe; en vieux français, *crasset* signifie une petite lampe de fer à bec.
(9) *Ebezouir*, étourdir, corruption d'*abasourdir*.
(10) *Terrien*, cultivateur.
(11) *Diguedi*, ménagère; en bas breton, *dighez* veut dire femme de la maison. D'où le vieux refrain: *Belle diguedi, belle diguedaine, belle diguedon, don, don.*
(12) *Rion*, sillon.

Goulo charmant,
A flieur de bras,
Fai ta vieillotte (1) et n' ris pas tant.
Houras !

L'air est doux, la clôture est nette,
Un r'pas d'lait cauffai nou-zattend ;
Chacun, à côtaï d'sa mouisette (2),
Se r'pose à l'ombre, l'cœur content.
Quand l' ch'nas est pliain,
Hélas ! hélas !
L's éfants jouent à tuntin (3) sous l' faïn.
Houras !

L' queriot (4) a biau rouanaïr (5), qu'i' groune (6) ;
L'essieu crie, et dit : « J' n'en peux pus. »
L' pus joli flieuron d'la couronne,
Garçons, le v'là, pliantaïz-lé d'ssus !
Rien n'est si saïn,
Ah ! n' t'en pliains pas !
Q'd'être berchie au haut du faïn.
Houras !

La véture (7) est sous notre guerbière (8),
Efants, mellaïz l'faïn par dedans !
Non peut gniollaïr sans s'entre-gnière (9),
Badinaïr sans s'rompre les dents.
Gar au pignon
Du vier gal'tas !
N'défonçaïz pas l'ch'nas du foulon.
Houras !

Enfin vient l'pus bel de l'histouaire,
L' violon, la fifre et l'tabouarin ;
Après l'festin, j'écuron l'aire,
Cliappant (10) des mains jusqu'au matin.
Sus les rôtons (11)
Ou les soubas,
J'nou-z endormons coum des hann'tons.
Houras !

---

(1) *Vieillotte*, tas de foin nouvellement fauché ; en vieux français, *veillotte*.
(2) *Mouisette*, petit oiseau.
(3) *Tuntin*, collin-maillard ; en espagnol, *tonto*.
(4) *L'queriot*, le chariot.
(5) *Rouanaïr*, gémir.
(6) *Groune*, grogne.
(7) *Véture*, voiture.
(8) *Guerbière*, endroit où l'on met les gerbes.
(9) S'amuser sans se faire de mal, sans s'entre-nuire.
(10) *Cliappant*, du vieux français *clapper*, d'où le mot clapotement.
(11) *Rotons*, c'est-à-dire les trognons.

VUE DU PORT DE CHERBOURG, AU DÉBUT DU XIXᵉ SIÈCLE
(D'après une aquatinte de J. Garneray.)

Ainsi dans les champs de Jersey et de Guernesey, les paysans fredonnent encore la vieille langue des trouvères, de même que dans les champs du midi de la France, ils répètent encore les refrains des troubadours. Mais, si elle est vivante encore dans les campagnes, la langue d'Oil est morte pour les villes. A Saint-Hélier, comme à Saint-Pierre, on oublie le patois, non pour apprendre la langue française, mais pour apprendre une langue étrangère.

O vous tous ! braves Normands des îles de la Manche, qui rougissez de parler comme ont parlé vos pères, et qui faites enseigner l'anglais à vos fils, vous qui ôtez à vos rues leurs vieux noms français pour leur donner des noms britanniques, vous qui transformez avec tant de zèle la chaumière de vos aïeux en cottage saxon, sachez-le, votre patois est vénérable; votre patois est sacré; car c'est de votre patois qu'est sortie, comme la fleur de la racine, cette langue française qui demain sera la langue de l'Europe.

Votre patois, vos pères de Normandie sont morts pour le répandre en Angleterre, en Sicile, en Judée, à Londres, à Naples et jusque sur le tombeau du Christ. Car ils savaient que perdre sa langue, c'est perdre sa nationalité, et qu'en apportant leur idiome, ils portaient avec eux la patrie.

Oui, votre patois est vénérable, car le premier poète qui l'a parlé a été le premier des poètes français.

> Je di e dirai ke je sui
> Vaice de l'isle de Gersui.

C'est à Jersey, dans votre petite île qui *est en mer vers l'Occident*, qu'est née cette grande poésie française. C'est devant les mystérieux monuments dont le druidisme a jonché votre sol, c'est sous les longues ogives de vos allées, c'est au sommet de ces rochers que l'Océan bat de ses plus hautes marées, c'est à l'ombre de vos grottes sinistres, c'est sur vos tapis de fleurs, couvrant le parquet de granit, c'est au sein de cette nature si pleine de contrastes, et tour à tour si souriante et si terrible, entre un rayon de soleil et l'éclair d'une tempête, entre une chanson d'oiseau et un chant d'orage, que la poésie française a fait son premier pas et poussé son premier cri. Berceau sublime où Dieu a fait bercer par la mer infinie la poésie naissante !

(*La Normandie inconnue.*
Paris, PAGNERRE, 1857, in-8°).

CHÊNEDOLLÉ (1)

Le Val de Vire

Vallon délicieux, fraîche et riche verdure,
Bondissante cascade à l'éternel murmure,
Doux prés, rians coteaux, magnifiques vergers,
Parés d'arbres en fleurs, rivaux des orangers ;
Vous, sauvages beautés, pittoresques abîmes,
Et vous, dont si souvent je gravissais les cimes,
Vieux rochers au front chauve, ou couronné de bois,
Après dix ans d'absence, enfin je vous revois !
Aux terrres de l'exil j'emportai votre image ;
Votre cher souvenir, de rivage en rivage,
M'accompagnant partout, sur des bords étrangers,
Vint m'y charmer souvent au milieu des dangers.
Mais que mon cœur ému bat à votre présence !
Quels doux trésors de paix, de joie et d'innocence,
Après des maux si longs je retrouve en ces lieux !
Là, tout plaît à mon âme et tout rit à mes yeux.
Voilà les bois, les rocs, le pieux monastère
Où, sous l'œil vigilant du cénobite austère,
S'envolèrent, sans bruit, sur les ailes du Temps,
De mes premiers beaux jours les rapides instants.
Jours trop tôt écoulés ! Là, dans la solitude,
S'aplanirent pour moi les sentiers de l'étude ;
Et, sous le calme abri de ces ombrages verts,
Ma muse, encore enfant, essaya quelque vers.
Là tout est inspirant, et tout est poétique :
Le rocher, la cascade et l'abbaye antique.

---

(1) Charles-Julien Lioult de CHÊNEDOLLÉ, né à Vire, le 4 novembre 1769 mort sur sa terre du Croisel, le 2 décembre 1833. Emigré en 1791, il fit deux campagnes dans l'armée des princes, résida en Hollande, puis en Allemagne, se lia avec Klopstok, et emprunta à ce dernier les éléments d'une poésie nouvelle. Bien qu'on l'ait désigné parfois comme un pur disciple de Chénier, il n'a, en effet, cessé de faire valoir des qualités germaniques dans ses moindres productions. Une ode, intitulée l'*Invention*, qu'il publia à Hambourg en 1795, marqua ses débuts et lui valut, en retour, l'affection du vieux maître allemand. Rentré en France, Chênedollé se lia avec les écrivains les plus en vue et fut nommé professeur de littérature à Rouen (1810), puis inspecteur de l'Académie de Caen (1812). Il n'a dû de survivre dans la mémoire de ses compatriotes normands, que parce qu'il composa plusieurs poèmes sur sa province natale. Ce sont des pièces assez médiocres et qui ne valent que par leur expression surannée. *Les Œuvres complètes* de Chênedollé ont paru en 1864, chez Didot, avec une préface de Sainte-Beuve.

Je ne m'étonne point qu'en ce val enchanté
Basselin, sur son luth, autrefois ait chanté.
Là ce vieux troubadour créa le vaudeville;
Là, dans l'essor heureux d'une verve facile,
Sans modèle et sans art il trouva ces chansons
Qui d'une langue informe adoucirent les sons.
Voilà son toit modeste et son humble héritage,
Toit simple et dédaigné des hommes de notre âge,
Mais que l'ami des vers se plaît à visiter.
C'est là, c'est dans ce lieu que j'aime à m'arrêter.
Combien de fois, assis sur le roc qui domine
De ce vieux ménestrel la cabane en ruine,
J'ai passé de longs jours à voir tous ces torrents,
A grand bruit, sous mes pieds, briser leurs flots errants.
J'aimais à contempler ces longs amphithéâtres
De collines, de bois et de rochers noirâtres,
Où les nombreux foulons, au travail excités,
Sèchent ces longs tissus par leurs mains apprêtés.
J'admirais ces sapins qu'un vent léger balance,
Ces hêtres dont le front jusques aux cieux s'élance,
Et ces prés verdoyants, empire des troupeaux,
Qu'arrose et que nourrit un luxe de ruisseaux,
Ces tortueux vallons, ces fraîches cascatelles,
Que l'oiseau dans ses jeux effleure de ses ailes,
Et sous leurs froments d'or ces coteaux éclatants,
Et ce donjon témoin des combats du vieux temps,
Qui, du sein rembruni des masses de verdure,
Fait sortir sa sauvage et noire architecture...
Mais lorsque la colline, où l'ombre vient s'asseoir,
S'efface doucement dans les vapeurs du soir,
J'aime alors à descendre au fond de ces vallées,
Où les herbes, les fleurs, en parfums exhalées,
Embaument l'odorat et pénètrent les sens,
Surtout quand Philomèle, aux magiques accens,
Traînant en longs soupirs sa voix mélodieuse.
Semble enchanter au loin la nuit harmonieuse!
Que de fois aux accords du poétique oiseau,
A pas lents, égaré le long de ce ruisseau,
Qui tombe d'un rocher et fuit dans la prairie,
J'entretins une utile et longue rêverie!
Et que de fois encore, au rayon de Phébé,
Un Virgile à la main, en moi-même absorbé,
Je suis venu m'asseoir, pensif et solitaire,
Sur le tronc abattu d'un chêne centenaire!

(*Etudes poétiques*, 1820.)

STENDHAL (1)

Un voyage au Havre en 1830

Ce matin, à onze heures, j'ai pris passage sur un magnifique bateau à vapeur; après cinq quarts d'heure il nous a débarqués au Havre. J'aurais voulu qu'une si aimable traversée durât toute la journée.

Ce n'est pas une petite affaire que de se loger au Havre. Il y a de fort bons hôtels; mais tous exigent qu'on mange à table d'hôte ou qu'on se fasse servir dans sa chambre. Ce dernier parti me semble triste, et, quand au dîner à table d'hôte, outre qu'il dure une heure et demie, on se trouve là vis-à-vis des trente ou quarante figures américaines ou anglaises, dont les yeux mornes et les lèvres *primes* me jettent dans le découragement. Une heure de la vue forcée d'un ennuyeux m'empoisonne toute une soirée.

J'ai pris à l'hôtel de l'Amirauté (2) une belle chambre au second étage avec vue sur le port, qui par bonheur se trouvait vacante. Je ne suis séparé de la mer, c'est-à-dire du port, que par un petit quai fort étroit; je vois partir et arriver tous les bateaux à vapeur. Je viens de voir arriver *Rotterdam* et partir *Londres*; un immense bâtiment, nommé *le Courrier*, entre et sort à tout moment pendant le peu d'heures qu'il y a de l'eau dans le port, il remorque les nombreux bâtiments à voile qui arrivent et qui partent. Comme vous savez, l'entrée du Havre est assez difficile, il faut passer contre la Tour-Ronde bâtie par François Ier. Quand j'ai pris possession de ma chambre, le port, sous ma fenêtre, et l'atmosphère jusque par-dessus les toits, étaient entièrement remplis par la fumée bistre des bateaux à vapeur. Les gros tourbillons de cette fumée se mêlent avec les jets de vapeur blanche qui s'élancent en sifflant de la soupape des machines. Cette profonde obscurité causée par la fumée du charbon m'a rappelé Londres, et en vérité avec plaisir, dans ce moment où je suis saturé de petitesses bour-

---

(1) De son vrai nom Henri BEYLE, né à Grenoble, le 23 janvier 1783, mort d'apoplexie, à Paris, le mercredi 23 mars 1842. Stendhal n'a pas consacré que cette seule page à la province qui fait l'objet du présent ouvrage. On trouvera encore dans son œuvre (indépendamment d'un autre morceau sur Granville et sur Rouen, inséré dans *Les Mémoires d'un Touriste*), un roman posthume, *Lamiel*, publié par M. Casimir Stryienski (Paris, Quantin, 1889, in-18), dont l'action, les personnages et le décor appartiennent à la Normandie.
(2) Cet hôtel existe encore. (*Note des Éditeurs.*)

geoises et mesquines de l'intérieur de la France. Tout ce qui est activité me plaît, et, dans ce genre, le Havre est la plus exacte copie de l'Angleterre que la France puisse montrer. Toutefois, la douane de Liverpool expédie cent cinquante bâtiments en un jour, et la douane du Havre ne sait où donner de la tête si, dans la même journée, elle doit opérer sur douze ou quinze navires; c'est un effet de l'urbanité française. En Angleterre pas une parole inutile. Tous les commis sont nichés dans des loges qui donnent sur une grande salle; on va de l'une à l'autre sans ôter son chapeau et même sans parler. Le directeur a son bureau au premier étage, mais il faut que le cas soit bien grave pour qu'un commis vous dise : *Up stairs, sir* (Montez, monsieur).

Ma première sortie a été pour la plate-forme de la tour de François Ier; le public peut y arriver librement, sans avoir à subir de colloque avec aucun portier; j'en éprouve un vif sentiment de reconnaissance pour l'administration.

En faisant le tour de l'horizon avec ma lorgnette, j'ai découvert le charmant coteau d'Ingouville que j'avais parfaitement oublié; il y a plus de sept ans que je ne suis venu en ce pays.

J'ai descendu deux à deux les marches de l'escalier de la tour, et c'est avec un plaisir d'enfant que j'ai parcouru la belle *rue de Paris* qui conduit droit à Ingouville. Tout respire l'activité et l'amour exclusif de l'argent dans cette belle rue; on trouve là des figures comme celles de Genève : elle conduit à une place qui est, ce me semble, l'une des plus belles de France. D'abord, de trois côtés, elle est dessinée par de belles maisons en pierres de taille, absolument comme celles que nous voyons construire tous les jours à Paris. Le quatrième côté, à droite, est composé de mâts et de navires. Là se trouve un immense bassin rempli de bâtiments tellement serrés entre eux, qu'en cas de besoin on pourrait traverser le bassin en sautant de l'un à l'autre.

Vis-à-vis, sur la gauche du promeneur, ce sont deux jolis massifs de jeunes arbres, et au delà, une belle salle de spectacle, style de la Renaissance, et une promenade à couvert à droite et à gauche, malheureusement trop peu étendue. Au nord, car la *rue de Paris* est nord et sud, et large au moins comme la rue de la Paix, à Paris, on aperçoit fort bien cette admirable colline d'Ingouville chargée de grands arbres et de belles maisons de campagne (1). C'est l'architecture anglaise.

---

(1) Voici ce qu'écrivait, un peu plus tard (en 1844), Honoré de Balzac, de ce joli site. Le morceau est extrait de *Modeste Mignon* : « Ingouville est au Havre ce que Montmartre est à Paris, une haute colline, au pied de laquelle la ville s'étale, à cette différence près que la mer et la Seine

Toutes les rues de ce quartier neuf sont vastes et bien aérées. Derrière la salle de spectacle, on finit de bâtir une belle place plantée d'arbres ; mais on a eu la singulière idée de placer au milieu un obélisque composé de plusieurs morceaux de pierre, et qui ressemble en laid à une cheminée de machine à vapeur. C'est adroit, dans un pays où l'on voit de toutes parts l'air obscurci par de telles cheminées. Mais il ne faut pas en demander davantage à des négociants venus au Havre, de toutes les parties du monde, pour *bâcler* une fortune. C'est déjà beaucoup qu'ils aient renoncé *à vendre* le terrain sur lequel on a dessiné la place. Tôt ou tard ce *tuyau de cheminée* sera vendu, et l'on mettra à sa place a statue de Guillaume, duc de Normandie.

C'est un fort joli chemin que celui qui suit la crête du coteau d'Ingouville. A gauche, on plonge sur l'Océan dans toute son immense étendue ; à droite, ce sont de jolies maisons d'une propreté anglaise avec quelques arbres de cinquante pieds, suffisamment vieux. A l'extrémité du coteau, vers les phares, j'ai admiré un verger normand, que je tremble de voir envahir par les maisons déjà un grand écriteau annonce qu'il est à vendre par lots. C'est donc pour la dernière fois probablement que j'y suis entré ; il est planté de vieux pommiers, et entouré de sa digue de terre couverte d'ormeaux, dont la verdure l'enclôt de tous côtés, et lui cache la vue admirable. Un homme de goût qui l'achèterait n'y changerait rien, et, au milieu, implanterait une jolie maison comme celles de la Brenta.

A gauche donc on a la mer ; derrière soi c'est l'embouchure de

---

entourent la ville et la colline, que le Havre se voit fatalement circonscrit par d'étroites fortifications, et qu'enfin l'embouchure du fleuve, le port, les bassins, présentent un spectacle tout autre que celui des cinquante mille maisons de Paris. Au bas de Montmartre, un océan d'ardoises montre ses lames bleues figées ; à Ingouville, on voit comme des toits mobiles agités par les vents. Cette éminence, qui, depuis Rouen jusqu'à la mer, côtoie le fleuve en laissant une marge plus ou moins resserrée entre elle et les eaux, mais qui certes contient des trésors de pittoresque avec ses villes, ses gorges, ses vallons, ses prairies, acquit une immense valeur à Ingouville depuis 1816, époque à laquelle commença la prospérité du Havre. Cette commune devint l'Auteuil, le Ville-d'Avray, le Montmorency des commerçants, qui se bâtirent des villas étagées sur cet amphithéâtre pour y respirer l'air de la mer parfumé par les fleurs de leurs somptueux jardins. Ces hardis spéculateurs s'y reposent des fatigues de leurs comptoirs et de l'atmosphère de leurs maisons serrées les unes contre les autres, sans espace, souvent sans cour, comme les font et l'accroissement de la population du Havre, et la ligne inflexible de ses remparts, et l'agrandissement des bassins. En effet, quelle tristesse au cœur du Havre, et quelle joie à Ingouville ! La loi du développement social a fait éclore comme un champignon le faubourg de Graville, aujourd'hui plus considérable que le Havre, et qui s'étend au bas de la côte, la Seine, large de quatre lieues, et au delà, la côte de Normandie, au couchant d'Honfleur, où je me promenais hier; cette côte, chargée de verdure, occupe à peu près le tiers de l'horizon. Pour le reste, c'est le redoutable Océan couvert de navires arrivant d'Amérique, et qui attendent la marée haute pour entrer au port.

Le moins joli de cette vue, selon moi, c'est ce que les nigauds en admirent, c'est le Havre que l'on a devant soi, et dans les rues duquel on plonge. Il est à cinquante toises en contre-bas. Il semble que l'on pourrait jeter une pierre dans ces rues, dont on n'est séparé que par sa belle ceinture de fortifications à la Vauban. Ce hasard d'être fortifiée va forcer cette ville marchande à être une des plus jolies de France. Elle s'agrandit avec une rapidité merveilleuse; mais le génie ne permet de bâtir qu'au delà des fortifications, de façon que dans vingt ans le Havre sera divisé en deux par une magnifique prairie de cent cinquante toises de large. Il y a plus, la partie du Havre que l'on bâtit en ce moment a le bonheur d'être violentée par une grande route royale, qui n'a pas permis à la cupidité de construire des rues comme la rue Godot-de-Mauroy à Paris. Cette seconde moitié du Havre s'appelle Graville, et a l'avantage de former une commune séparée. De façon que, lorsque la mauvaise humeur de M. le maire du Havre ou l'intrigue d'une coterie proscrivent une invention utile, elle se réfugie à Graville. C'est ce qui arrive journellement à Londres, qui jouit aussi du bonheur de former deux ou trois communes séparées.

Cette belle prairie qui divisera le Havre en deux parties est

---

comme un serpent. A sa crête, Ingouville n'a qu'une rue; et, comme dans toutes ces positions, les maisons qui regardent la Seine ont nécessairement un immense avantage sur celles de l'autre côté du chemin auxquelles elles masquent cette vue, mais qui se dressent, comme des spectateurs, sur la pointe des pieds, afin de voir par-dessus les toits. Néanmoins il existe là, comme partout, des servitudes. Quelques maisons assises au sommet occupent une position supérieure ou jouissent d'un droit de vue qui oblige le voisin à tenir ses constructions à une hauteur voulue. Puis la roche capricieuse est creusée par des chemins qui rendent son amphithéâtre praticable; et, par ces échappées, quelques propriétés peuvent apercevoir, ou la ville, ou le fleuve, ou la mer. Sans être coupée à pic, la colline finit assez brusquement en falaise. Au bout de la rue qui serpente au sommet, on aperçoit les gorges où sont situés quelques villages, Sainte-Adresse, deux ou trois Saints-je-ne-sais-qui, et les criques où mugit l'Océan. Ce côté presque désert d'Ingouville forme un contraste frappant avec les belles villas qui regardent la vallée de la Seine. Craint-on les coups de vent pour la végétation? les négociants reculent-ils devant les dépenses qu'exigent ces terrains en pente?... Quoi qu'il en soit, le touriste des bateaux à vapeur est tout étonné de trouver la côte nue et ravinée à l'ouest d'Ingouville. un pauvre en haillons à côté d'un riche somptueusement vêtu, parfumé. »

LE HAVRE
D'après J.-M.-W. Turner (gravure de James B. Allen).

coupée, en ce moment, par un fossé rempli d'eau extrêmement fétide, ce qui n'empêche pas de gagner de l'argent, et, sans doute, est fort indifférent aux négociants de la ville. Mais la mauvaise odeur est tellement forte, qu'il est à espérer qu'elle fera naître bientôt quelque bonne petite contagion, qui fera doubler le prix des journées parmi les ouvriers du port. Alors on découvrira qu'avec un moulin à vent faisant tourner une roue ou une petite machine à vapeur, on peut établir un courant dans cet abominable fossé, même à marée basse.

Ma promenade a été interrompue par la fatale nécessité de rentrer à cinq heures pour le dîner à table d'hôte. J'ai pris place à une table en fer à cheval, j'ai choisi la partie située près de la porte et où l'on pouvait espérer un peu d'air. Il y avait à cette table trente-deux Américains mâchant avec une rapidité extra-ordinaire, et trois fats français à raie de chair irréprochable. J'avais vis-à-vis de moi trois jeunes femmes assez jolies et à l'air emprunté, arrivées la veille d'outre mer et parlant timidement des événements de la traversée. Leurs maris, placés à côté d'elles, ne disaient mot, et avaient des cheveux beaucoup trop longs; de temps à autre leurs femmes les regardaient avec crainte.

J'ai voulu m'attirer la considération générale, j'ai demandé une bouteille de vin de Champagne frappée de glace, et j'ai grondé avec humeur parce que la glace n'était pas divisée en assez petits morceaux. Tous les yeux se sont tournés vers moi, et, après un petit moment d'admiration, tous les riches de la bande, que j'ai reconnus à leur air important, ont demandé aussi des vins de France.

Ce n'est qu'après une heure et un quart de patience que j'ai laissé cet ennuyeux dîner; on n'était pas encore au dessert. La salle à manger est fort basse, et j'étouffais.

Pour finir la soirée, je suis entré à la jolie salle de spectacle. Le sort m'a placé auprès de deux Espagnoles, pâles et assez belles, arrivées aussi par le paquebot de la veille; elles étaient là avec leur père, et, ce me semble, leurs deux prétendus. Ce n'était point la majesté d'une femme de Rome, c'était toute la pétulance, et, si j'ose le dire, toute la coquetterie apparente de la race ibère. Bientôt le père s'est fâché tout rouge; on jouait *Antony*; il voulait absolument emmener ses filles. Les jeunes Espagnoles, dont les yeux étincelaient du plaisir de voir une salle française, faisaient signe aux jeunes gens de tâcher d'obtenir que l'on restât. Mais, au troisième ou quatrième acte, arrive quelque chose d'un peu vif ; le père a mis brusquement son chapeau et s'est levé en s'écriant: « Immoral ! vraiment honteux ! » Et les pauvres filles ont été obligées de le suivre.

Je les ai trouvées, cinq minutes après, prenant des glaces au café de la promenade couverte : il n'y avait là que de jeunes Allemands ; ce sont les commis des maisons du Havre, dont beaucoup ne sont pas françaises. J'ai aperçu de loin des négociants de ma connaissance, et, comme mon incognito dure encore, j'ai pris la fuite.

A la seconde pièce, c'était *Théophile ou Ma vocation*, jouée par Arnal ; les jeunes Espagnoles, plus sémillantes que jamais sont revenues prendre leurs places. Je pense qu'elles ne comprenaient pas ce que disait Arnal ; jamais je n'ai tant ri. Je ne conçois pas comment ce vaudeville n'a pas été outrageusement repoussé à Paris par la morale publique : c'est une plaisanterie cruelle, et d'autant plus cruelle qu'elle est scintillante de vérité, contre le retour à la dévotion tellement prescrit par la mode. Le héros, joué avec tout l'esprit possible par Arnal, est un jeune élève de séminaire qui tient constamment le langage de Tartufe, et dont la vertu finit par succomber scandaleusement. Je regardais les jeunes Espagnoles ; le père dormait, leurs amants ne faisaient pas attention à elles, et elles regardaient leurs voisins français qui tous pleuraient à force de rire.

Si le vieux Espagnol est un voyageur philosophe comme Babouc, tirant des conséquences des choses qu'il rencontre, il va nous prendre pour un peuple de mœurs fort dissolues, et plus impie encore qu'au temps de Voltaire.

Les dames du Havre sortent rarement, mais par fierté : elles trouvent *peuple* de venir au spectacle. Elles regardent le Havre comme une colonie, comme un lieu d'exil où l'on fait sa fortune, et qu'il faut ensuite quitter bien vite pour revenir prendre un appartement dans la rue du Faubourg-Poissonnière.

Voilà tout ce que j'ai pu tirer de la conversation d'un négociant de mes amis, avec lequel je me suis rencontré face à face au sortir du spectacle. Je l'ai prié de ne pas parler de moi, et je n'ai pas même voulu être mené au cercle, de façon que je suis réduit aux deux seuls journaux que reçoit le café. Pendant qu'un commis allemand apprend par cœur les *Débats*, je prends le *Journal du Havre*, que je trouve parfaitement bien fait : on voit qu'un homme de sens relit même les petites nouvelles, données d'une façon si burlesque dans les journaux de Paris.

Je demande la permission de présenter, comme échantillon des choses tristes que je ne publie pas, cette vérité douloureuse : j'ai vu un hôpital célèbre, où l'on reçoit, pour le reste de leurs jours, des personnes âgées et malades. On commence par leur ôter le gilet de flanelle auquel elles sont accoutumées depuis longtemps, parce que, dit l'économe, *la flanelle est trop longue à laver et à faire sécher*. En 1837, sur dix-neuf maladies de poitrine, cet hôpital a eu dix-neuf décès. Voilà un trait impossible en Allemagne.

On me raconte qu'au Havre le pouvoir est aux mains d'une coterie toute puissante et bien unie...

(*Mémoires d'un Touriste*, t. I.)

CASIMIR DELAVIGNE (1)

Adieu à la Madeleine (de Vernonnet)

Adieu, Madeleine chérie,
Qui te réfléchis dans les eaux,
Comme une fleur dans la prairie
Se mire au cristal des ruisseaux.
Ta colline, où j'ai vu paraître
Un beau jour qui s'est éclipsé,
J'ai rêvé que j'en étais maître.
Adieu, ce doux rêve est passé.

Assis sur la rive opposée,
Je te vois, lorsque le soleil
Sur tes gazons boit la rosée,
Sourire encor à ton réveil,
Et d'un brouillard pâle entourée,
Quand le jour meurt, avec le bruit,
Blanchir comme une ombre adorée
Qui nous apparaît dans la nuit.

---

(1) Jean-François-Casimir DELAVIGNE, né au Havre, le 4 avril 1793. Il fut, avec Ponsard, le représentant de la littérature poncive et du lyrisme bourgeois. On sait qu'il habita la Madeleine, cette jolie campagne des bords de la Seine, près de Vernon, où il composa la comédie de *Don Juan d'Autriche*, son dernier succès. Lorsque la maladie l'obligea à rechercher, sous un autre ciel, un climat favorable au rétablissement de sa santé, il lui adressa cet adieu touchant qu'on lira ici, et qui compte parmi ses meilleures productions. Il mourut en cours de route, à Lyon, le 11 déc. 1843. Ses œuvres complètes furent réunies et publiées par son frère en 1845, 6 vol. in-8°. Sa statue a été édifiée au Havre, sa ville natale, en 1852. (Voyez sur cet auteur: Franchier-Delavigne, *C. Delavigne intime*. Paris, 1907, in-8°.)

LE PETIT ANDELY. — LE CHATEAU-GAILLARD EN 1850.
(Dessin de F. Benoist, lith. de F. Benoist et Ollivand.)

Doux trésors de ma moisson mûre,
De vos épis un autre est roi;
Tilleuls dont j'aimais le murmure,
Vous n'aurez plus d'ombre pour moi.
Ton coq peut tourner à sa guise,
Clocher que je fuis sans retour :
Ce n'est plus pour moi que la brise
Lui dit d'annoncer un beau jour.

Cette fenêtre était la tienne,
Hirondelle, qui vins loger
Bien des printemps dans ma persienne,
Où je n'osais te déranger;
Dès que la feuille était fanée.
Tu partais la première, et moi,
Avant toi, je pars cette année :
Mais reviendrai-je comme toi?

Qu'ils soient l'amour d'un autre maître,
Ces pêchers dont j'ouvris les bras!
Leurs fruits verts, je les ai vus naître;
Rougir je ne les verrai pas.
J'ai vu des bosquets que je quitte
Sous l'été les roses mourir;
J'y vois planter la marguerite,
Je ne l'y verrai pas fleurir.

Ainsi tout passe, et l'on délaisse
Les lieux où l'on s'est répété :
« Ici luira sur ma vieillesse
L'azur de mon dernier été. »
Heureux, quand on les abandonne,
Si l'on part en se comptant tous,
Si l'on part sans laisser personne
Sous l'herbe qui n'est plus à vous.

Adieu, prairie où sur la brune,
Lorsque tout dort, jusqu'aux roseaux,
J'entendais rire au clair de lune
Les lutins des bois et des eaux,
Qui, sous ses clartés taciturnes,
Du trône disputant l'honneur,
Se livraient des assauts nocturnes
Autour des meules du faneur.

Adieu, mystérieux ombrage,
Sombre fraîcheur, calme inspirant;
Mère de Dieu, de qui l'image
Consacre ce vieux tronc mourant,

Où, quand son heure est arrivée,
Le passereau, loin des larcins,
Vient cacher sa jeune couvée
Dans les plis de tes voiles saints.

Adieu, chapelle qui protège
Le pauvre contre ses douleurs;
Avenue où, foulant la neige
De mes acacias en fleurs,
Lorsque le vent l'avait semée
Du haut de ces rameaux tremblants,
Je suivais quelque trace aimée,
Empreinte sur ces flocons blancs.

Adieu, flots dont le cours tranquille,
Couvert de berceaux verdoyants,
A ma nacelle, d'île en île,
Ouvrait mille sentiers fuyants,
Quand, rêveuse, elle allait sans guide
Me perdre en suivant vos détours
Dans l'ombre d'un dédale humide
Où je me retrouvais toujours.

Adieu, chers témoins de ma peine,
Forêt, jardin, flots que j'aimais!
Adieu, ma fraîche Madeleine!
Madeleine, adieu pour jamais!
Je pars, il le faut, et je cède;
Mais le cœur me saigne en partant.
Qu'un plus riche qui te possède
Soit heureux où nous l'étions tant!

(Derniers Chants.)

A. FLOQUET (1)

La boise de Saint-Nicaise

Anecdote normande

...Hélas! notre bonne ville de Rouen eut aussi jadis ses guerres de paroisses! Aurait-on jamais fini, par exemple, si l'on voulait

---

(1) Pierre-Amable Floquet, né à Rouen, le 9 juillet 1797, mort à Formentin (Calvados), le 6 août 1881. Fils d'un greffier au tribunal civil, il suivit à Caen les cours de l'Ecole de Droit, puis entra à l'Ecole des Chartes qui venait de s'ouvrir. Attaché, par la suite, au cabinet des manuscrits de la Bibliothèque Royale, il quitta Paris en 1828 et devint

raconter les longs démêlés qui eurent lieu, au XVIIe siècle, entre la paroisse de Saint-Nicaise et celle de Saint-Godard?

Elle tenait à bien des causes, l'antipathie qui divisait les habitants de ces deux quartiers. A Saint-Godard étaient les praticiens les riches, les heureux du siècle, les somptueux hôtels qui étalaient à leurs fronstipices les armoiries des nobles familles. Dans ces demeures, peu éloignées du palais, ce n'étaient que magistrats du Parlement, de la Chambre des Comptes, de la Cour des Aides et du Bailliage.

Combien, à Saint-Nicaise, on était éloigné de cette élégance! Là, point d'hôtels, point d'armoiries, de grands personnages, ni de grands noms; point de doux loisirs non plus; mais, dans d'étroits et pauvres réduits, dans des caves humides et malsaines, le travail, un travail continuel, pénible et toutefois peu rétribué; c'étaient les ouvriers de la draperie, les tisserands, les laneurs, les éplucheurs, les tondeurs; sauf dans les rues les plus hautes, qu'habitaient des jardiniers, des marchands de fleurs, de fruits et de légumes. Là, en un mot, s'accomplissait à la lettre, et sans cesse, cet arrêt prononcé naguère à l'homme : *Tu mangeras ton pain à la sueur de ton front.*

Et si ces deux quartiers différaient tant par la fortune, ils ne se ressemblaient guère plus par les habitudes et le langage.

A Saint-Godard, on se ressentait quelque peu de ce mouvement des esprits, si marqué dès lors, et qui annonçait le grand siècle. On savait Malherbe par cœur; on s'arrachait les premiers essais d'un jeune homme de la ville, nommé Pierre Corneille, fils du maître particulier des Eaux-et-Forêts. Quelques connais-

---

greffier en chef de la Cour Royale de Rouen. Cette charge nouvelle, à laquelle s'adjoignit plus tard celle d'archiviste de la Seine-Inférieure, décida de son avenir. Tirant des registres manuscrits, confiés à sa garde, de précieux éléments pour ses travaux, il se prit à reconstituer le passé de sa province et donna cette belle histoire du *Parlement de Normandie* (Rouen, 1840-1842, 7 vol. in-8°), qui a maintenu jusqu'ici sa réputation. On lui doit encore : *Histoire du privilège de Saint-Romain* (Rouen, 1833, 2 vol. in-8°); *La Charte aux Normands* (*Ibid.*, 1842, in-8°); *Diaire ou Journal du Chancelier Séguier, en Normandie, après la Sédition des Nu-Pieds,* 1639 (*Ibid.*, 1842, in-8°), etc., etc. Floquet, qui a consacré plusieurs années de sa vie à des études sur Bossuet (voyez son ouvrage sur *la Vie de Bossuet jusqu'à son entrée en fonctions, en qualité de Précepteur du Dauphin.* Paris, 1855, 3 vol. in-8°), a donné, de plus, ce livre savoureux, écrit, semble-t-il, pour charmer ses heures de loisirs : *Anecdotes Normandes*, Rouen, Impr. N. Périaux 1838 in-8° (réimpr. en 1883, avec une bonne notice sur l'auteur par E. Robillard de Beaurepaire). C'est dans cet ouvrage recherché, à juste titre, des bibliophiles rouennais, et qui abonde en légendes inspirées par l'histoire locale, que nous avons extrait le curieux récit qu'on lira ici.

seurs juraient bien leurs grands dieux que ce poète n'irait pas loin, mais, au dire du plus grand nombre, ce jeune écrivain ne manquait pas d'un certain mérite : à la vérité, il ne vaudrait jamais M. de Mont-Chrestien; mais quoi! est-il donné à tous d'aller à Corinthe? Et puis il ne faut pas décourager les commençants. Imaginez, je vous prie, les dédains de ce monde délicat et poli

ROUEN EN 1836.
(D'après un dessin de Joly.)

pour le dialecte de Saint-Nicaise. A ne point mentir, c'était une langue étrange que celle qui se parlait sur Saint-Nicaise, Saint-Vivien et autres provinces adjacentes : une langue, mélange de celtique, de français, de roman, de termes et de métaphores de métier, dont l'ensemble formait quelque chose de bizarre; patois intelligible seulement pour quiconque habitait entre la rue *Poitron* et le *Pont-de-l'Arquet*; patois bien digne, après tout, de cette Béotie qui, pour toute littérature, vivait de Noëls et de complaintes. Et puis, maintenant, qu'entre un monde si riche et un monde si pauvre, il n'y eût point un peu de mépris d'un côté, de l'autre un peu d'envie; que deux peuples voisins, dans des conditions si diverses, parlant deux idiomes si différents, ne se regardassent pas comme étrangers et ennemis au besoin, c'eût été merveille. A Saint-Godard, on ne tarissait point en plaisanteries sur le dialecte étrange des Nicaisiens et sur leur argot *purin*; car c'était ainsi que l'ironie avait qualifié la langue en usage entre la rue de la *Pomme-d'Or* et celle des *Deux-Anges*.

Les habitants de Saint-Nicaise n'enduraient point patiemment ces dédains, ces railleries, ces grands airs, et de cette mutuelle antipathie étaient nées deux locutions proverbiales particulières à notre ville. L'église de Saint-Nicaise, bâtie à mi-côte, se voyait d'assez loin; et, en apercevant le comble passablement élevé du chœur de la modeste église, un bel esprit de Saint-Godard s'était avisé de dire que les habitants de Saint-Nicaise avaient le *cœur* (chœur) *haut et la fortune basse*.

Ce mauvais brocard avait fait fortune et était parvenu aux habitants de Saint-Nicaise; mais ils avaient vivement riposté, en disant qu'*aux enfants de Saint-Godard l'esprit ne venait qu'à trente ans*. C'est que, sur la paroisse de Saint-Nicaise, rendus de bonne heure industrieux par le besoin, les enfants s'évertuaient presque au sortir du berceau, et, bien jeunes encore, secondaient leurs pères et mères. A Saint-Godard, au contraire, dans ces grands hôtels, au milieu du luxe, de l'abondance et des plaisirs, pourquoi ces enfants de bonne maison se seraient-ils inquiétés si tôt d'une fortune toute faite et d'un avenir assuré? Le mot frappait juste, il faut en convenir, et, cette fois, Saint-Nicaise avait parlé français.

Et puis comme s'il n'eût point existé, entre les deux paroisses, un éloignement assez prononcé, la Ligue était venue anciennement aigrir encore les esprits. Au milieu de tous ces troubles, les quartiers populeux, qui avaient tout à gagner, rien à perdre, avaient cru fermement à Mayenne et à Villars, qui, comme on dit, leur promettaient plus de beurre que de pain. Ces bonnes gens avaient failli élever une chapelle au bienheureux saint Jacques Clément, jacobin et martyr. Les gros bonnets de Saint-Godard, au contraire, plus fidèles ou plus avisés, avaient tenu bon pour les vieux rois et les vieux saints. Bien leur en avait pris, et, longtemps après la réduction de la province, le désappointement de leurs pauvres concitoyens était encore pour eux l'inépuisable texte de railleries qui ne pouvaient finir.

Il aurait fallu que les curés des deux paroisses tentassent quelques efforts pour rapprocher les deux peuples ennemis. Dans ce temps-là, les troupeaux obéissaient assez volontiers aux pasteurs ; quelques petits coups de houlette, donnés doucement à propos, eussent pu empêcher leurs ouailles de se heurter au front ; mais, hommes de biens tous les deux, et bons ecclésiastiques au fond, encore nos deux curés n'étaient-ils pas des anges. Né d'une famille noble et riche, le curé de Saint-Godard, bien venu, désiré chez les grands, regardait quelque peu en pitié son confrère de Saint-Nicaise, pauvre, simple comme ses paroissiens, et ne parlant guère mieux. Ce dernier s'en apercevait de reste, et en tenait bon compte à son confrère. Bref, ils étaient froids, et alors on regardait de trop près ces curés pour ne pas apercevoir ces nuages.

Deux peuples ainsi disposés l'un envers l'autre, et abandonnés à leur humeur, eussent-ils été séparés par un bras de mer, encore n'eût-ce pas été chose facile que de les maintenir en paix. Mais par-dessus tout cela, le malheur voulut qu'il n'y eût entre eux qu'un tout petit ruisseau, un filet d'eau, limite des deux républiques ennemies. La brillante Athènes d'un côté ; de l'autre, l'austère, laborieuse et pauvre Lacédémone.

Deux fois par an, le même jour, à la même heure, dans une occasion solennelle, on voyait deux cortèges descendre lentement la rue limitrophe, non sans se coudoyer un peu, soit à cause de la presse, soit autrement. Et qu'ils étaient différents, ces deux cortèges ! D'un côté, des croix d'or, de brillantes étoles, des ornements splendides où l'or se relevait en bosse ; puis, derrière toutes ces pompes, de grandes dames richement parées, des magistrats en robe rouge, et des laquais en livrée qui leur portaient la queue, A gauche, au contraire, à la suite d'un clergé simple et modeste, un peuple en veste, en sabots ou en galoches.

Avec des éléments si combustibles, il ne fallait qu'une étincelle pour allumer un grand incendie.

En 1632, le clergé de Saint-Godard défilait, précédé cette fois d'une magnifique bannière, donnée, la veille, par la présidente de Grémonville. Sur le plus beau velours cramoisi, au milieu de larges galons et de crépines d'or, paraissait, dans sa gloire, saint Godard, la mitre en tête, avec sa croix patriarcale aux deux croisillons transversaux. Aussi, paroissiens et clergé, comme tout ce monde se rengorgeait ! Comme ils regardaient en pitié la pauvre bannière de Saint-Nicaise, en simple taffetas, dont encore la couleur rose-pêche était un peu passée ! Mais, ô vanité ! ne voilà-t-il pas qu'au plus beau de leur triomphe, soudain un coup de vent, de guet-apens, avec préméditation, et sans aucune sommation préalable, s'attaque avec furie à la bannière de Saint-Godard, l'enlève violemment, et va la jeter dans le ruisseau, où elle fut souillée de manière à n'oser plus se montrer jamais. Cependant, le vexillaire était resté debout, ferme comme un roc ; et n'en était que plus plaisant à voir, sérieux, résolu, l'air intrépide et héroïque, tenant fermement le bâton nu de sa bannière, fier, ma foi! comme un capitaine qui aurait sauvé son drapeau.

La solennité de l'action put-elle empêcher que l'on entendît, dans le camp ennemi, je ne sais quels petits bruits confus, extrêmement semblables à des rires étouffés? Je ne l'oserais dire, les mémoires d'après lesquels j'écris me donneraient un démenti. Même le soir, au presbytère de Saint-Godard, trois marguilliers se plaignirent fort du curé de Saint-Nicaise et jurèrent leurs grands dieux qu'ils l'avaient vu rire.

Mais il avait fallu prendre patience, et rentrer à Saint-Godard, sinon sans croix, du moins sans bannière, et la tête plus basse, de moitié, que l'on n'en était sorti. A Saint-Nicaise, au contraire, après vêpres et salut, il y eut grande liesse par les rues; et, comme il n'est joie telle que de pauvres gens, il y fut ri à gogo, il y fut ri à fer émoulu; il y fut sauté, ballé et dansé en rond, comme à la Saint-Jean. Hélas! tous ces transports devaient être cher payés; et comment ces bonnes gens étaient-ils assez aveugles pour ne point apercevoir les apprêts de la noire vengeance que se promettait la jeunesse de Saint-Godard? Comme Troie, Saint-Nicaise avait son *palladium*, auquel semblaient attachées ses destinées : il était menacé ce *palladium*, et les Troyens, trop confiants, ne s'en doutaient pas le moins du monde. Imaginez une poutre immense, aux proportions atlantiques, une maîtresse poutre, dont Gargantua eût voulu faire le sommier de la plus grande salle de son palais; c'est ce que l'on appelait *la boise de Saint-Nicaise*. Elle leur était bien chère apparemment, cette boise immense, car ils l'avaient scellée avec des barres de fer dans le cimetière, près de l'église. A la vérité, cette boise était vieille comme le temps, et c'était à travers bien des hasards qu'elle était parvenue jusqu'à eux. Trois fois, depuis deux cent vingt ans, Rouen avait été assiégé, la première fois par des Anglais, puis, chose lamentable! deux fois par des Français; et toujours la boise de Saint-Nicaise avait été respectée. Même deux vieux savetiers, docteurs de la rue des *Maîtresses*, voulaient qu'elle remontât au déluge; mais comme ils étaient seuls de leur bord, cette opinion n'était que *probable*. Chère par son antiquité, combien plus elle l'était pour sa destination! C'était là, que de temps immémorial, les anciens du métier siégeaient magistralement, le bonnet de laine en tête, graves et renfrognés comme des sénateurs; et, de toutes parts, c'était à qui viendrait soumettre à ces *prud'hommes* les différends de la draperie, soit entre maîtres et ouvriers, soit entre les ouvriers eux-mêmes. Les vieux patriarches qui avaient vu bien des mauvais jours, bien des guerres, bien des pestes, bien des famines,

ROUEN. — L'ÉGLISE SAINT-OUEN (côté Sud.)

arbitres équitables et infaillibles, délibéraient avec maturité prononçaient souverainement sur ces bisbilles sans cesse renaissantes ; et, ma foi ! leurs sentences étaient autant et plus respectées que si le Parlement tout entier y eût passé en robes rouges.

Bref, c'était leur tribunal que cette boise, leur *forum*, leur conclave, leur grand'chambre, où ils tenaient conseil, en plein air, sur les affaires épineuses de la république. Et puis elle était aussi le bureau des nouvelles : les dimanches et fêtes, après les offices, dans les soirées d'été, c'était plaisir que de voir ces anciens, assis gravement sur la boise, non plus pour juger, mais pour deviser entre eux, endoctriner les jeunes gens qui les écoutaient bouche béante, et leur donner, à leur manière, quelques notions élémentaires d'histoire, de législation criminelle et de droit public. Quels doctes entretiens ! quelles théories ! Dieu le sait. Après le procès de tous les pendus, la prise d'Amiens, le siège de Casal par les Espagnols, la belle défense de Rouen par M. de Villars était le thème le plus ordinaire de ces doctes leçons. Il y avait là tel vieux cordonnier inébranlable dans ses convictions, qui soupirait encore tout bas au nom de feu MM. de Guise et de Mayenne, encore bien que tout cela fût déjà presque de l'histoire ancienne. La gaudriole y était aussi de mise, et, quand on en était sur Saint-Godard, sur ses pompes, *bobans* et vanités, les six canons du Vieux-Palais auraient tonné tous ensemble, et *Georges d'Amboise* sonné en volée, que, ma foi ! ils s'en seraient souciés comme de la mouche qui vole. Combien il y avait été ri lors de la déconvenue de la magnifique bannière, vous l'avez vu tout à l'heure. Finalement, c'était sur cette boise qu'il avait été résolu, chambres assemblées, et par forme de règlement, qu'aux jeunes gens de Saint-Godard l'esprit ne venait qu'à trente ans.

Et puis, étonnez-vous que les jeunes gens de Saint-Godard détestassent cette boise comme la peste. « Oh ! se disaient-ils entre eux, si nous pouvions l'avoir, cette boise maudite, quel coup de partie ! Ce serait enlever aux Troyens leur *palladium* ; ce serait ravir à Samson sa chevelure et sa vertu. »

Mais le moyen, je vous prie, d'aller engager une lutte, à force ouverte, contre des milliers d'ouvriers robustes, aguerris par un travail de chaque jour ? Certes, le jeu n'eût pas été sûr. C'est qu'ils devenaient, parfois, passablement redoutables, ces purins, si bonnes gens pour l'ordinaire. Quelle indignation et quelle énergie on les avait vu montrer, un jour qu'il venait d'entrer au port un gros navire rempli de draps anglais que l'on apportait à Rouen pour les vendre ! « On veut donc, s'étaient-ils écriés, nous ravir le pain ! Allons, en route ! » Et, en un instant, ouvriers, femmes, enfants, l'œil enflammé, se levant comme un seul homme, descendant par milliers, fondant sur les quais, avaient brûlé des ballots qui venaient d'être débarqués ; puis, se jetant dans les chaloupes, avaient gagné le navire : et vous eussiez vu ce peuple furieux, mettant en pièces des marchandises ahborrées, jetant à l'eau les lambeaux des étoffes déchirées ; puis, lorsque tout avait été anéanti, ils s'étaient retirés, calmes, sans commettre aucun autre désordre ; et, depuis lors, vous pouvez m'en croire, notre quai n'avait plus revu de navire chargé de marchandise du dehors.

Cette action avait fait du bruit : les mémoires du temps l'appellent la *descente des reîtres* (1).

Tels étaient les bons habitants de Saint-Nicaise : en temps de paix, doux comme des agneaux ; mais, en guerre, fiers comme des lions, terribles comme des léopards. Avec de telles gens, aller faire du scrupuleux, comme voulait je ne sais quel rêveur romain, leur envoyer des hérauts ou féciaux, pour dénoncer solennellement, en cérémonie, que tel jour, à telle heure et tant de minutes sans faute, on leur courrait sus, qu'ainsi ils se tinssent prêts et fissent bon dos, assurément on n'en aurait pas été bon marchand. Donc, ce que l'on n'osait faire à force ouverte, il fallait l'essayer par la ruse.

Un soir que le tour du quartier de Saint-Godard était venu d'aller monter la garde à la porte de Saint-Hilaire, on vit la jeunesse de cette paroisse, tambour battant, trompette sonnante, enseigne déployée, s'y rendre plus nombreuse et plus fière que de coutume ; pas un n'avait manqué à l'appel ; sur la figure de tous, vous eussiez vu cet air inspiré, triomphant, qui promet la victoire. La nuit, soixante des plus jeunes et des plus forts se détachèrent comme pour aller en patrouille ; le plus âgé d'entre eux n'avait pas vingt-cinq ans.

Où allaient ces jeunes gens ? que firent-ils, favorisés par la nuit la plus obscure que l'on ait vue de longtemps ? Nul autre qu'eux ne le sut pour l'heure ; seulement, quelques voisins du cimetière de Saint-Nicaise confessèrent, depuis, qu'un assez grand bruit s'était fait entendre vers minuit ; mais s'imaginant, dirent-ils, que c'était une rixe entre gens ivres, ils étaient restés cois, de peur du serein, des coups, ou autre accident ; sécurité funeste, et qu'ils devaient déplorer longtemps. Le lendemain, quelle fut la stupéfaction des habitants de Saint-Nicaise, lorsque, le matin, ils ne retrouvèrent plus à sa place cette boise qui leur était si chère ! Alors on s'avisa, mais trop tard, du bruit de la nuit ; il se trouva que ce bruit s'était fait entendre partout, depuis le cimetière jusqu'à la porte de *Sainte-Hilaire*, en passant par la *Croix-de-Pierre*. On le suivit à la trace : et, à Saint-Hilaire, quel spectacle s'offrit aux yeux des pauvres diables ! Les restes fumants de leur boise, et les enfants de Saint-Godard dansant, ballant à l'entour, se chauffant à l'envi, se gaudissant et riant à gorge déployée, à l'aspect de la mine piteuse des habitants de Saint-Nicaise. —

---

(1) On trouvera la confirmation de ce fait dans l'ouvrage de A. Le Corbeiller : *Histoire du Port de Rouen et de son commerce depuis les temps les plus reculés jusqu'à nos jours*. Rouen, Schneider, 1902, in-8º, p. 80-81. (*Note des Éditeurs.*)

« Par Dieu ! mes anciens, leur dit le plus fanfaron de la bande, il n'y en a pas un de nous qui ait vu vingt-cinq hivers, et puis dites maintenant que l'esprit ne nous vient qu'à trente ans. Or, sus ! allez à vos métiers, mes maîtres, et, puisque vous faisiez tant de cas de votre boise défunte, allez baiser la place où nous l'avons prise; mais, sur toutes choses, priez pour les trépassés. »

La stupeur et l'indignation des purins, pendant cette fatale journée, ne auraient se peindre. Dans tous les ateliers, dans toutes les caves où il y avait des métiers, il ne fut question que de la boise si traîtreusement enlevée. De quelle autre chose ces pauvres diables auraient-ils pu parler? On ne tarissait point sur les éloges de la défunte, sur son antiquité, immémoriale, reconnue désormais, sans contredit, contemporaine du déluge; sur ses miracles, car elle avait fait des miracles : surtout son horreur, pour la dissimulation était telle, que si quelqu'un, assis sur elle venait à hasarder un mensonge, n'y pouvant plus tenir, elle s'entr'ouvrait aussitôt, pour ne se refermer qu'après le départ du menteur, ou lorsque la vérité était vengée.

N'en va-t-il pas ainsi des hommes de tous les temps? Naguère, après la ruine d'Ilion, les Troyens éperdus, pleurant leur merveilleuse statue de Pallas, ne juraient-ils pas l'avoir vue cent fois, aux beaux jours de Troie, rouler les yeux et brandir sa lance?

Cependant, au milieu de tous ces récits enthousiastes, les têtes s'étaient échauffées; il se formait mille projets de vengeance; même les plus pressés voulaient, sur l'heure, se mettre à l'œuvre. Le soir donc, vers huit heures, au moment où la garde allait être relevée, avertis que les Nicaisiens étaient postés à tous les coins pour leur souhaiter la bienvenue, les braves de Saint-Godard prirent le parti de revenir sans bruit par la rue *Saint-Vivien*. Mais, au premier vent qu'en avaient eu ceux de Saint-Nicaise, ils s'étaient précipités au bas de la rue de *l'Épée*; et, au moment du passage, il y eut une escarmouche assez vive. Force horions furent distribués de part et d'autre; et, pour ne point mentir, ceux de Saint-Godard en eurent si clairement la meilleure part, qu'en bonne justice, et selon la loi des partages, c'était le cas de rapporter à la masse. C'est qu'après la ruse, la force avait son tour. Toutefois, le carnage n'avait pas été si grand qu'on aurait pu le croire; et, après un dénombrement scrupuleux des tués et des blessés, il ne se trouva personne de mort, ni même en danger. Seulement, les enfants de Saint-Godard revinrent à la place d'armes un peu moins droits, un peu moins fiers qu'ils n'en étaient partis. La nuit, disaient-ils, avait été si froide ! Ce n'étaient que rhumatismes à gagner ! Mais quel remède ! Il fallait bien veiller au salut de la ville.

ROUEN. — L'ÉGLISE SAINT-MACLOU.

Ce n'était là, au surplus, que des préliminaires : les gens de Saint-Nicaise n'avaient fait que piétoler en attendant partie. Ils en promettaient bien d'autres à leurs ennemis ; et, gens de parole, comme on les connaissait, il n'était guère possible qu'il ne se jouât, à la fin, quelque tragédie. Force fut donc au Parlement de s'en mêler et de rendre arrêts sur arrêts. De son côté, le duc de Longueville, gouverneur de la province, s'était empressé de faire placer dans le cimetière de Saint-Nicaise une belle boise, toute neuve, plus gigantesque encore que l'ancienne. A la vérité, elle ne faisait point de miracles; elle était aussi plus endurante pour le mensonge, et le *Menteur*, en personne, aurait pu y raconter ses hauts faits et ses prouesses, que, ma foi! elle ne se serait pas entr'ouverte d'un travers de doigt. Mais quoi! le neuf vaut-il jamais le vieux? Toutefois, cette attention délicate avait un peu modéré le courroux des Nicaisiens; ce fut aux deux curés de se charger du reste. Ils n'avaient guère songé jusqu'alors à jeter de l'eau sur le feu, les dignes gens; mais, dès le dimanche qui suivit la bataille, il fit beau les entendre prêcher, à qui mieux mieux, la paix, l'union, la concorde; c'était à fendre le cœur des plus endurcis.

« Mes petits-fils, disaient-ils, *filioli*, aimez-vous les uns les autres, et, sur toutes choses, évitez les jeux de main. A votre échauffourée dernière, qu'y avez-vous profité? Les uns y ont perdu leur boise, les autres y ont gagné force bourrades. Ainsi en va-t-il de toutes les guerres. » Bref, ce furent de petits chefs-d'œuvre que ces prônes, des projets de paix perpétuelle, à l'usage des paroisses. O vénérable abbé de Saint-Pierre! homme de bien, qui sus si bien rêver, que n'étais-tu de ce monde alors, et que n'entendais-tu ces harangues? Comme tu aurais bien su t'en aider pour bâtir ton système de paix éternelle, à l'usage des nations! C'est qu'à le bien prendre, voyez-vous, paroisse ou royaume, en somme, ce sont toujours des hommes; et, toutes proportions gardées, ce qui est bon pour les unes, peut, en beaucoup de points, être bon pour les autres.

Le principal était de savoir comment l'archevêque de Rouen, messire François de Harlai, prendrait l'affaire, d'autant que ce prélat ne riait pas tous les jours. Le soir même du dimanche où ils avaient si bien prêché, les deux curés étaient à l'archevêché, appréhendant grandement quelque verte semonce, qu'en conscience ils avaient un peu méritée, mais que, toutefois, ils aimaient mieux aller chercher que de l'attendre. Par fortune, M. de Harlai était dans ses bonnes humeurs; et, avisant les deux pauvres curés dans un coin de la salle des États, bien empêchés à admirer d'anciens portraits et peu empressés de se produire au grand jour, il s'approcha d'eux, en présence de tous, et les regardant, non sans rire sous barbe : « M. de Saint-Godard, et vous, M. de Saint-Nicaise, leur dit-il, j'ai de vos nouvelles, et sais pour certain que, ce matin, vous avez parlé d'or, tous les deux, à vos paroissiens, et fait merveille, au jugement de tous; mais, puisque vous aviez de si bonnes paroles à dire, par Saint-Romain! que ne les disiez-vous plus tôt? »

(*Anecdotes Normandes*. Rouen. CAGNARD, 1883, in-8º).

Ma Normandie

PAR

FRÉDÉRIC BÉRAT (1)

FRÉDÉRIC BÉRAT
(Lithographie de Benjamin.)

Quand tout renaît à l'espérance,
Et que l'hiver fuit loin de nous,
Sous le beau ciel de notre France,
Quand le soleil revient plus doux ;
Quand la nature est reverdie,
Quand l'hirondelle est de retour,
J'aime à revoir ma Normandie,
C'est le pays qui m'a donné le jour !

---

(1) Frédéric BÉRAT, chansonnier normand, né à Rouen en 1801, mort le 2 déc. 1855. On lui doit un recueil jadis fort recherché : *Chansons*, paroles et musique, ill. de T. Johannot, Raffet, Bida, Gendron, Lancelot, Mouilleron, C. Nanteuil, etc. Paris, Curmer, s. d. (1855), in-8°.

J'ai vu les champs de l'Helvétie,
Et ses chalets et ses glaciers;
J'ai vu le ciel de l'Italie,
Et Venise et ses gondoliers.
En saluant chaque patrie,
Je me disais : « Aucun séjour
N'est plus beau que ma Normandie,
C'est le pays qui m'a donné le jour ! »

Il est un âge, dans la vie,
Où chaque rêve doit finir;
Un âge où l'âme recueillie
A besoin de se souvenir.
Lorsque ma muse refroidie
Aura fini ses chants d'amour,
J'irai revoir ma Normandie,
C'est le pays qui m'a donné le jour !

VICTOR HUGO

Les Iles de la Manche (1)

Ces îles, autrefois redoutables, se sont adoucies. Elles étaient écueils, elles sont refuges. Ces lieux de détresse sont devenus des points de sauvetage. Qui sort du désastre, émerge là. Tous les naufragés y viennent, celui-ci des tempêtes, celui-là des révolutions. Ces hommes, le marin et le proscrit, mouillés d'écumes diverses, se sèchent ensemble à ce tiède soleil. Chateaubriand, jeune, pauvre, obscur, sans patrie, s'est assis sur une pierre du vieux quai de Guernesey. Une bonne femme lui a dit : *Que désirez-vous, mon ami?* C'est une grande douceur pour le banni français, et presque un apaisement mystérieux, de retrouver dans les Channel's Islands cet idiome qui est la civilisation même, ces

---

(1) Le morceau qu'on lira ici, extrait d'un recueil de notations et de tableaux pittoresques, évoque quelques-unes des heures les plus émouvantes de la vie de leur auteur. On sait que Victor Hugo, exilé en 1851, chercha un refuge en Belgique et dans les îles de la Manche. Il le trouva à Jersey, puis à Guernesey. Et c'est en souvenir des longs jours passés sur la terre étrangère, plus hospitalière au poète que sa propre patrie, qu'il écrivit, en manière de gratitude, les pages qui constituent cet admirable livre: *L'Archipel de la Manche* (Paris, Calmann-Lévy, 1883, in-8º.)

accents de nos provinces, ces cris de nos ports, ces refrains de nos rues et de nos campagnes. *Reminiscitur Argos.* Louis XIV a jeté dans cette antique peuplade normande un contingent utile de braves Français parlant purement; la révocation de l'édit de Nantes a ravitaillé dans les îles la langue française. Les Français hors de France vont volontiers faire leur temps dans cet archipel de la Manche; ils promènent dans ces rochers leur rêverie d'hommes qui attendent; ce choix s'explique par le charme d'y retrouver l'idiome natal. Le marquis de Rivière, le même à qui Charles X disait : *A propos, j'ai oublié de te dire que je t'avais fait duc,* pleurait devant les pommiers de Jersey et préférait le Pier'road de Saint-Hélier à l'Oxford street de Londres. C'est dans ce Pier'road que logeait le duc d'Anville, qui était Rohan de La Rochefoucauld. Un jour, M. d'Anville, qui avait un vieux basset de chasse, eut à consulter pour sa santé un médecin de Saint-Hélier, qu'il trouva bon aussi pour son chien. Il demanda au médecin jersiais une ordonnance pour son basset. Le chien n'était même pas malade, et c'était une gaîté de grand seigneur. Le docteur donna son avis. Le lendemain le duc reçut du docteur une note ainsi conçue :

« Deux consultations :

« 1º Pour M. le duc, un louis.

« 2º Pour son chien, dix louis. »

Ces îles ont été des lieux d'abri de la destinée; toutes les formes de la fatalité les ont traversées, depuis Charles II, sortant de Cromwell, jusqu'au duc de Berry, allant à Louvel. Il y a deux mille ans, César, promis à Brutus, y était venu. A dater du XVIIᵉ siècle, ces îles ont été fraternelles au monde entier; l'hospitalité est leur gloire. Elles ont l'impartialité de l'asile. Royalistes, elles accueillent la république vaincue; huguenotes, elles admettent le catholicisme émigré. Elles lui font même cette politesse, nous l'avons dit, de haïr, autant que lui, Voltaire. Et comme, selon beaucoup de gens, et surtout selon les religions d'État, haïr nos ennemis, c'est la meilleure manière de nous aimer, le catholicisme doit se trouver fort aimé dans les îles de la Manche.

Pour le nouveau venu sorti d'un naufrage et faisant là un stage dans la destinée inconnue, quelquefois l'accablement de ces solitudes est profond; il y a du désespoir dans l'air; et tout à coup on y sent une caresse, un souffle passe qui vous relève. Qu'est ce souffle? Une note, un mot, un soupir, rien. Ce rien suffit. Qui n'a senti en ce monde la puissance de ceci : un rien !

Il y a dix ou douze ans, un Français, débarqué depuis peu à Guernesey, rôdait sur une des grèves de l'ouest, seul, triste, amer, songeant à la patrie perdue. A Paris on flâne; à Guernesey on rôde

Cette île lui apparaissait lugubre. La brume couvrait tout, la côte sonnait sous la vague, la mer faisait sur les rochers d'immenses décharges d'écume, le ciel était hostile et noir. On était pourtant au printemps; mais le printemps de la mer a un nom farouche, il s'appelle équinoxe. Il est plus volontiers ouragan que zéphyr, et l'on pourrait citer un jour de mai où l'écume, sous ce souffle, a sauté vingt pieds au-dessus de la pointe du mât de signal qui est sur la plus haute plate-forme du château Cornet. Ce Français avait le sentiment qu'il était en Angleterre; il ne savait pas un mot d'anglais; il voyait un vieil Unionjack, déchiré par le vent, flotter sur une tour ruinée au bout d'un cap désert; deux ou trois chaumières étaient là; au loin tout était sable, bruyère, lande, ajoncs épineux; quelques batteries rasantes, à larges embrasures, montraient leurs angles; les pierres taillées par l'homme avaient la même tristesse que les rochers maniés par la mer. Le Français sentait poindre en lui cet épaississement du deuil intérieur qui commence la nostalgie; il regardait, il écoutait; pas un rayon; des cormorans en chasse, des nuages en fuite; partout sur l'horizon une pesanteur de plomb; un vaste rideau livide tombant du zénith; le spectre du spleen dans le linceul des tempêtes; rien nulle part qui ressemblât à l'espérance, et rien qui ressemblât à la patrie. Le Français songeait, de plus en plus assombri; tout à coup il releva la tête; une voix sortait d'une des chaumières entr'ouvertes, une voix claire, fraîche, délicate, une voix d'enfant, et cette voix chantait :

   La clef des champs, la clef des bois,
   La clef des amourettes !

      (*L'Archipel de la Manche*.
    Paris, CALMANN-LÉVY, 1883, in-8º.)

GUSTAVE LE VAVASSEUR (1)

Les Tripes

   Nos villes de quelque renom
   Sont fières chacune d'un nom
    Superbe.

---

(1) Poète, romancier, conteur et critique, Gustave LE VAVASSEUR naquit à Argentan, le 9 novembre 1819. Ses études terminées, il vint à Paris pour faire son droit et se lia avec Ernest Prarond et Charles Baudelaire.

Vire à BASSELIN correspond,
Rouen dit : CORNEILLE, Caen répond :
MALHERBE.

Ces cités du pays Normand
En mangeaille ont également
　　Leurs types :
Rouen, son sucre doux et croquant,
Vire, ses andouilles, et Caen,
　　Ses tripes.

Un instant on put croire qu'une fructueuse collaboration unirait ces trois jeunes hommes à leur début, mais il n'en fut rien et Le Vavasseur fit presque seul alors une entrée peu sensationnelle dans la littérature. Il ne s'en découragea pas et, poursuivant la carrière pour laquelle il se sentait doué, il ne tarda pas à réaliser quelques-unes des meilleures pages de son bagage de poète. Passionné pour notre ancienne littérature, Le Vavasseur avait acquis cette surprenante érudition que révèlent sa *Vie de Pierre Corneille* et maintes études sur les vieux écrivains normands. Sain, vigoureux, jovial, malicieux parfois, il possédait « ce cœur exquis, tout trempé de rudesse délicate et forte, pleine de pudeur aussi », qu'il garda jusqu'à la fin. Son labeur fut considérable. Pendant près de cinquante années il a produit et mis au jour une œuvre variée, où viendront puiser sans cesse les curieux, les lettrés et les bibliophiles attachés à nos fastes provinciaux. En 1848, Gustave Le Vavasseur avait regagné sa Normandie pour ne plus la quitter. Il habitait une petite maison rose de la Lande de Lougé, près de la Fresnaye, où avait vécu Vauquelin, en plein Bocage normand. C'est là que la mort vint le surprendre, tout occupé « de ses fruits, de ses ruches et de ses vers », le 9 septembre 1896. On a donné une copieuse bibliographie de son œuvre. Nous en détacherons les titres suivants : *La Vie de Pierre Corneille* (Paris, Debécourt, 1843, in-16) ; *Poésies fugitives* (Paris, Dentu, 1846, in-18) ; *Dix Mois de Révolution. Sylves politiques* (Paris, M. Lévy, 1849, in-32) ; *Farces et Moralités* (*Ibid.*, 1850, in-18) ; *Notice sur les trois frères Eudes : Jean Eudes, François Eudes de Mézeray et Charles Eudes*, etc. (Paris, Dumoulin, 1855, in-8º) ; *Etudes d'après nature. Caractères et Portr. rustiques* (Paris, M. Lévy, 1865, in-18) ; *Croquis à la plume. Esquisses picardes* (Amiens, Lenoel-Hérouart, 1866, in-8º) ; *Inter Amicos* (Paris, Plon, 1866, in-18) ; *De quelques petits poètes normands, contempor. de Malherbe* (Caen, Le Blanc-Hardel, 1868, in-8º) ; *Les Tripes*, par deux Normands (en Normandie, chez tous les libr., 1873, in-8º) ; *Locutions normandes, tirées de divers auteurs* (Alençon, E. de Broise, 1874, in-8º ; réimp. sous le titre : *Remarques sur quelques expressions usitées en Normandie*, etc., nouv. éd., augm., Caen, Le Blanc-Hardel, 1878, in-8º) ; *Etude sur le rôle de quelques poètes pend. les guerres de religion* (Caen, Le Blanc-Hardel, 1874, in-8º) ; *Dans les Herbages*, nouvelles (Paris, E. Plon, 1877, in-18) ; *Chansons de gestes et légendes* (Caen, Le Blanc-Hardel, 1880, in-8º) ; *Commencement de la lutte entre les Anciens et les Modernes. Les Dramaturges normands* (Caen, Delesque, 1891, in-8º) ; *Bertaut* (Alençon, Renaut de Broise, 1891, in-8º) ; *Les Dramatiques Ornais* (*Ibid.*, 1892, in-8º) ; *Hortense des Jardins* (*Ibid.*, 1893, in-8º) ; *Œuvres choisies*, avec une notice de Ch. Baudelaire (Paris, Lemerre, 1895, in-18), etc. Les *Poésies complètes de Gustave Le Vavasseur* (éd. entièrement revue et corrigée) ont été publiées de 1888 à 1896, par l'éditeur Lemerre ; elles forment 5 volumes gr. in-8º.

Le premier qui tripe engloutit
Était un goinfre d'appétit
  Vorace;
Il fut aidé d'un cuisinier
Plus hardi que le marinier
  D'Horace.

Héros obscurs, j'ai, mais en vain,
Cherché vos noms dans plus de vingt
  Ouvrages;
Du brun ragoût qui nous séduit
Le berceau se perd dans la nuit
  Des âges.

Les Grecs, voilà bien trois mille ans,
Obéissaient à d'excellents
  Principes
En mettant la broche en plein vent
Et se régalaient fort souvent
  De tripes.

Au commencement des festins,
Ils savouraient des intestins
  La graisse;
Homère, en son livre premier,
Parle de ce fait coutumier
  En Grèce.

Ce poète, en détails fécond,
A la fin du livre second
  Redouble,
Et Virgile qui le traduit
Nous fait manger au livre huit,
  Gras-double.

Athénée en parle, dit-on,
Dans son *Dipnosophisticon*;
  Je trouve
Dans *Gargantua* mention
De certaine indigestion
  Qui prouve

Que les tripes sont bonnes, mais
Que gaudebillaux ne sont mets
  De femme.
Si Gargamelle eût pu prévoir!
Pauvre dame! Dieu veuille avoir
  Son âme!

Le bon tricot Rabelaisien
Met quelquefois le Parisien
    En joie,
Il charme le Normand subtil.
Comment et par où nous vient-il
    De Troie?

LA TOUCHE. — *Décembre.*
(Musée de Rouen)

En Béotie, aux fins palais,
Tentait-il les vieillards et les
    Ephèbes,
Et dans notre pays Normand
Est-il venu directement
    De Thèbes?

Pour moi, je pense que Cadmus,
Ayant dérobé de Comus
    Le Code,
En fondant la ville de Caen,
Nous en apporta quant et quant
    La mode.

S'il a les tripes inventé,
Normands, vidons à sa santé
　　Nos pipes !
La sève du pommier Normand
Est faite pour l'arrosement
　　Des tripes.

Et, tant que tripes nous aurons,
De cidre nous arroserons
　　Nos ventres.
Dieu nous en donne à grand'planté !
Nous le boirons à la santé
　　Des chantres !

　　　　(*Poésies complètes*, éd. de 1888-1896, t. I.)

BARBEY D'AUREVILLY (1)

Notes sur la Normandie

9 octobre 1871.

> Bois ton sang, Beaumanoir ! dit la légende bretonne.
> Bois le sang de ton pays ! Une dernière gorgée ! — dit mon cœur.

J'ai quitté Saint-Sauveur... Qui sait? peut-être pour toujours. Des voyages, en passant, ne sont pas des séjours... Les terres de mon père ont été vendues pour payer ses dettes, comme les terres

---

(1) L'un des plus illustres représentants de la littérature contemporaine, Jules-Amédée BARBEY D'AUREVILLY, né à Saint-Sauveur-le-Vicomte, le 2 novembre 1808, mort à Paris, le 25 avril 1889. Il appartenait à la vieille race normande et, par sa mère, Ernestine Ango, descendait du fameux armateur dieppois de ce nom. On connaît sa vie. Barbey commença ses études dans sa ville natale et les acheva à Paris. De retour en Basse-Normandie, il fit son droit à Caen et se destina à la carrière des lettres. De l'œuvre touffue de ce grand travailleur, on a tout dit, mais, ce qu'il conviendrait d'étudier, à travers la cinquantaine de volumes qu'il a laissés, ce sont ses pages normandes. Elles sont nombreuses et le choix en serait facile à faire, tant dans ses romans, ses contes, ses poésies, ses études, que dans sa correspondance. On ne saurait oublier que l'*Ensorcelée* débute par une magnifique description de la fameuse lande de Lessay et que le *Chevalier des Touches*, évoque avec intensité la vieille

de sa mère, bien plus considérables que les siennes, ont été vendues pour payer les dettes de sa mère. Nous étions nés pour être riches ; nous n'avons plus que le morceau de pain qui donne l'indépendance à la fierté. Et c'est tout ! Des trois maisons que nous avions à Saint-Sauveur et dans lesquelles a passé le rêve turbulent de nos enfances, il n'y a plus une poutre à nous, sous laquelle nous puissions nous abriter. Il n'est pas probable que le vent du soir de la vie, qui va souffler, rapporte la feuille arrachée que je suis au tronc qui ne lui appartient plus.

Heureusement dans le malheur de quitter un pays où je n'ai plus un grain de poussière qui soit à moi, il y a encore ce tonique amer de la consolation, c'est que ce pays est de moins en moins mon pays. Ils me l'ont gâté. Il est venu là des races (race est un bien grand mot pour eux !) de Parisiens à pièces de cent sous qui se sont établis sur les tombes des vieux terriens de la terre natale, et qui les souillent de leurs ordures et de leurs idées parisiennes. A part quelques vieillards qui m'ont fait jouer dans mon enfance, plus personne ! Les bois de la *Plaise* sont coupés, ce manteau de verdure sur les épaules de Saint-Sauveur ! La tourelle de l'entrée du château de Nehou est abattue. Les vieilles halles noires, trapues, qui portaient sur leurs piliers écrasés le pouce puissant du moyen âge, sont rasées, on ne sait pourquoi. Ils sont capables de détruire le Donjon qui n'est plus aimé que des corbeaux et de moi.

---

cité de Valognes et le Champ de foire d'Avranches. Mises à jour, ces pages admirables de pittoresque, ainsi que d'autres, non moins caractéristiques, tirées des *Diaboliques*, d'*Une histoire sans nom*, d'*Une vieille maîtresse*, etc., permettraient de vérifier, une fois de plus, que les meilleures productions des écrivains du xixe siècle furent presque toujours consacrées à l'exaltation du terroir. Le morceau qu'on trouvera ici, extrait d'un livre de notes, en partie publié par l'*Amitié de France* (nov.-déc. 1908-janv. 1909), appartient au même domaine. Nous le réimprimons intégralement, grâce à la bienveillante autorisation de Mlle Read, à qui nous adressons l'expression de notre respectueuse gratitude. — On consultera utilement sur Barbey d'Aurevilly, l'écrivain et l'œuvre, les ouvrages suivants : : A. Dusolier, *Nos gens de lettres*, Paris, 1864, in-18 ; Ch. Buet, *Médaillons et Camées*, Paris, 1885, in-18 ; *Barbey d'Aurevilly*, Paris, 1891, in-18° ; Laporte, *Barbey d'A., étude bibliogr.*, Paris, 1884, in-12 ; P. Festugière, *Un Ecrivain normand*, Caen, Jouan, 1898, in-16 ; E. Grelé, *Barbey d'Aurevilly, sa vie, son œuvre*, etc., Caen, Jouan, 1902-1904, 2 vol. in-8° ; Du Boscq de Beaumont, *Les Origines de B. d'A.*, Mémoires de la Société d'Agric., d'Arch. et d'Hist. nat. de la Manche, 1903 ; R. de Gourmont, *Promenades littér.*, Paris, Mercure de France, 1904, in-18 ; Baron J. Angot des Rotours, *Un Gentilh. de lettres bas-normand*, etc., Revue Hebdomadaire, 1er juin 1907 ; F. Clerget, *Barbey d'Aurevilly*, Paris, Falque, 1909, in-18 ; P. de Crisenoy, *Essai sur J.-A. Barbey d'Aurevilly*, Paris, Bibl. des « Entretiens idéalistes », s. d. (1908) ; J. de Biez, *Louis XV et Barbey d'Aurevilly*, Paris, Stock, 1909, in-18 ; Ad. van Bever, *Les Poètes du terroir*, t. III (Bibliographie).

Au déclin de l'été de cette année d'adieu, j'en ai bien vu deux mille coiffer comme d'un capuchon noir la plate-forme, où le dernier des Clamorgan Taillefer valsa, comme le Ryno de Vellini (1), — mais sans Vellini, — pour épouvanter (et s'attester qu'elle l'aimait, sans doute) sa belle fiancée (Mlle de Crenneville), qui s'évanouit au bas de la tour.

Et il n'y a pas que les choses de l'homme dont l'homme fasse des ruines ou des néants. Le Mont de Rauville, qui s'élève en face du Donjon de Néel, est éventré par des chercheurs de pierres pour raccorder les routes, et bientôt il sera tout dévoré par le cancer de l'industrie et de l'exploitation. La rivière (la Douve, la profonde) est toujours la même, elle! Mais s'ils avaient la moindre raison d'intérêt pour la mettre en bouteille, ils l'y mettraient; et il ne resterait pas un bout de ce long et sinueux ruban bleuâtre, strié d'argent, qui semble avoir été oublié par une fée rêveuse dans la vallée.

C'est jeudi que je suis arrivé à Valognes, — non moins cher pour moi que Saint-Sauveur. Il est moins changé, quoique le grand aspect de la rue de Poterie n'existe plus. Ses deux larges ruisseaux bouillonnant d'une eau pure comme de l'eau de source, dans lesquels on lavait autrefois du linge qu'on battait au bord sur des pierres polies, ces deux ruisseaux, qui ressemblaient à deux rivières et qu'on passait sur de petits ponts de bois mobiles, ont été détournés de leur cours. La merveilleuse originalité de cette rue, aux hôtels blancs, est restée, du coup, sur la place... Les hôtels blancs y sont toujours! mais devant eux il n'y a plus qu'un maigre filet d'eau qui coule; seulement il a une manière de couler, en frissonnant, et l'eau est si bien *de la pureté que j'ai connue*, que je me suis tout à l'heure arrêté à voir frissonner cette pureté... C'étaient mes souvenirs que je regardais frissonner dans cette eau transparente et fuyante. Les gens qui revenaient des vêpres m'y ont surpris.

— Un temps doux et gris, entremêlé d'un soleil pâle. Hier, avant-hier, des pluies furieuses et des vents fous. La nature ressemblait à une Hamadryade qui crie... Je suis resté, au coin du feu, dans ma chambre d'auberge, allant de temps en temps lever le coin du rideau pour voir les pavés flagellés par ces pluies qui ressemblent à des poignées de verges! — En face, un charmant hôtel, un élégant et blanc sépulcre comme en a ici toute cette pauvre aristocratie mourante, est fermé et dort sous ses volets fermés... Rien de plus triste... Il est vrai que je me noie ici, depuis que j'y suis, de mélancolie.

---

(1) Nom d' « Une vieille maîtresse ».

— Le jour que je suis arrivé, l'après-midi fut automnalement superbe. De la rue de Poterie j'entrai dans ce qu'on appelle en langage du pays *la chasse Gréville*, que je n'avais jamais remontée. Je découvris alors tout un Valognes que je ne connaissais pas. Je connaissais le Valogne aristocratique, le Valognes aîné, le Valognes de *mon oncle*, le plus majestueux maire de ville qui fut jamais. Mais le second Valognes, le Valognes de la paroisse cadette, qui s'appelle *Allaume*, j'en connaissais la délicieuse église, mais c'était tout. Dans une gamme tout autre, c'est un Valognes très différent du premier, — non moins charmant, mais de tout autre charme... (je vais l'étudier, celui-là). Cette *chasse Gréville* qui est très longue, — et légèrement serpentine, — est une ruelle entre deux murs de jardins, hauts et fermants, de la plus placide et de la plus expressive des solitudes. Ni bruit, ni figures. A une place, on trouve une de ces jolies petites maisons à volets blancs et à rideaux blancs, — des nids à bonheur, si les bonheurs ont des nids. — puis un peu plus loin une autre chasse, du

BARBEY D'AUREVILLY
(Collection de Mlle L. Read.)

même caractère, qui *fait fourche* avec la première, et ce n'est pas la fourche du diable, je vous en réponds, et toujours ainsi, jusqu'à l'angle d'une rue qui coupe la *chasse Gréville* et descend vers Valognes. Or, précisément à cet angle, et posée de biais, est une maison que je n'ai vue que par le dernier étage, — elle doit n'en avoir que deux, — et par le toit, dentelé comme à l'emporte-pièce; et c'est une vraie nostalgie *de ne pas la connaître et de ne pas l'avoir à soi*, c'est une nostalgie qu'elle vous donne, cette scélérate de maison!!

Elle appartient (m'a-t-on dit) à une vieille femme très riche, du beau nom d'*Heurtevent*, un nom qui n'a pas heurté (je ne suis pas le vent !) mais caressé mes oreilles dès ma prime jeunesse, car je le trouvais admirable. Il y avait plusieurs Heurtevent en ce temps-là, entre autres un capitaine de vaisseau auquel son nom allait diablement bien, et le *crochu* Heurtevent, à qui le vent semblait avoir rendu son heurt d'une formidable manière, car sa jambe ressemblait à un arc courbé et brisé par le noir esprit des tempêtes lui-même. Tout cela est mort maintenant, oublié, fini, et on en déterrerait les os qu'on ne reconnaîtrait peut-être que l'os tordu et cassé de celui que, de son vivant, on appelait insolemment *le crochu* ! Cette dame Heurtevent est probablement une parente. Et qu'importe du reste ! il ne s'agit que de sa maison, vue de l'extrémité du dernier étage, et du toit ! pas même de sa maison ! mais d'un bout de sa maison !

FOLK-LORE NORMAND (1)

Les fées normandes sont des travailleuses. Eles chantent la nuit, à la porte des chaumières :

> Prêtez-nous vos timons,
> Vos timons,
> Vos charrues
> Comme elles iront.

Le laboureur ne manque pas de leur répondre qu'elles peuvent prendre tout, bien sûr que le lendemain tout sera en ordre à la place accoutumée, et réparé s'il y avait quelque dommage. Ceux qui refuseraient seraient punis par le bégayement ou la perte d'un membre.

Les fées affectionnent le clair de lune. C'est alors qu'elles prennent les chevaux à l'enclos, les montent, les font caracoler et les conduisent, en une nuit quelquefois, dans les contrées les plus éloignées, et sans qu'on s'en aperçoive autrement que par les crins noués de certaines façons pour leur *servir* d'étriers... Alors elles mêlent leurs chants à celui des grenouilles lointaines, — dansent en rond sur des pelouses dont elles dessèchent le gazon... C'est alors qu'on les entend s'appeler des hauteurs avec des dénominations bizarres : *Madame à longues oreilles, Madame à longues*

---

(1) Ces notes sont, sur le registre qui les contient manuscrites, séparées par des dessins enluminés dont le sujet est ordinairement emprunté à une idée du texte : une charrue, un berceau surmonté d'une croix, un profil du Dante, etc.

mamelles, venez à mes noces ! — Elles suivent les lois ordinaires des êtres humainement organisés... ont des amours, — des mariages — et le sein tellement volumineux qu'elles donnent à leurs enfants à téter par-dessus l'épaule.

Les enfants des fées ou *fayeteaux*, élevés par elles avec le plus grand soin. Très avides de les faire baptiser ou même de les substituer, — et veillant également sur l'enfant substitué et sur le leur. Quelquefois l'enfant est trouvé hors de son berceau. La fée n'a pu l'enlever. — Ne réussissent à l'enlever que quand la mère a oublié le signe de croix sur le berceau.

Les grottes des fées nombreuses. Voir celle de la montagne du Roule.

Au milieu du chant des fées, on entend parfois des cris aigus et répétés. C'est la chasse Hélechien ou Heleqchien.

Non seulement en Normandie, mais en Scandinavie, les uns disent : C'est le mauvais riche qui chasse avec sa suite. — D'autres encore : Un chasseur qui s'est donné au diable pour chasser après sa mort. Du reste nous trouvons dans notre plus vieille comédie, *Li jus Adam* ou de la feuillée, 1262 :

> Guillois. — J'oïs la maisnie (maisonnée, les gens) Héleqhin !
> Mien ensiant qui vient devant
> Et mainte clokete sonnant.
> Si croi bien qu'ils soient chi près,
> La grosse femme. — Venront dont les fées après ?
> Guilos. — Si maït Diex, je crois l'oïl.

V. dans l'*Histoire de Normandie*, par Orderic Vital (t. III, p. 222, Guizot), une apparition de la *Mesgnie Hellequin*. En 1191, l'apparition à Gauchelin, prêtre de Lisieux. Il y a des détails superbes dans cette apparition. Gauchelin revient de visiter un malade, entend comme le bruit d'une armée, pense que c'est les gens de Robert de Bellesme qui vont en hâte assiéger Courcy, se met derrière quatre néfliers, et voit de là la procession terrible. D'abord une masse d'hommes emportant des bestiaux et des meubles sur leurs épaules, comme des bandits. Reconnaît des voisins morts récemment. Tous se lamentent et souffrent. Ils sont damnés. — Puis des porte-morts avec des cercueils. (Il y en a 50.) Sur ces cercueils des nains assis, avec des têtes grosses comme des tonneaux. Un démon assis sur un cadavre vivant et le labourant avec des éperons enflammés. Ensuite, une multitude de femmes à cheval, sur des selles à clous rouges et brûlants. Le vent les soulève à la hauteur d'une coudée et les fait retomber sur ces selles à clous de feu. Le prêtre reconnaît les mortes et voit les chevaux sellés de quelques femmes qui vivaient encore. Enfin des prêtres, des moines, des évêques avec leurs crosses, et, encore, une armée noire, aux feux scintillants et aux chevaux gigantesques. Je n'avais pas voulu le croire, — se dit Gauchelin, — mais je le vois... et pour donner des preuves, il prend par la bride un cheval sans maître qui lui souffle un nuage par les naseaux et disparaît ! En prend un autre, veut le monter, mais l'étrier lui brûle le pied... et la main qui tient la bride est prise d'un froid qui pénètre jusqu'aux entrailles...

Conversation comme dans le Dante. « Écoutez-moi, dit un chevalier, et allez dire à ma femme. — Je ne sais qui vous êtes, dit le prêtre, et je ne connais pas votre épouse. — Je suis Guillaume de Glos et j'ai commis toutes sortes de crimes et de rapines... J'ai fait l'usure. J'ai prêté sur le gage d'un moulin et mes héritiers l'ont gardé. Vous voyez que j'ai à la bouche un fer rouge de moulin, plus pesant que la tour de Rouen. Que mes frères me soulagent en restituant le moulin. » Mais Gauchelin ne veut pas se charger de la commission. Alors le chevalier le prend à la gorge. Il est délivré de cette étreinte de flamme par son frère, qui fait partie de cette sombre et surnaturelle compagnie. « Vous auriez dû mourir à bon droit, dit-il au prêtre, pour avoir mis la main sur des objets appartenant aux morts, mais la messe que vous avez chantée aujourd'hui vous a sauvé. » Gauchelin remarque au talon de son frère une espèce de grumeau de sang de la forme d'une tête humaine. » Ce n'est pas du sang, mais du feu, dit le frère, et j'en ai là un poids énorme en punition de ce que j'ai porté des éperons précieux et très pointus pour *aller plus vite répandre le sang.* »

Évidemment, c'est là du Dante anticipé.

Plusieurs écrivains danois et anglais voient l'origine de la mesnie Hellequin dans la Mort (en scandinave *Hela*) qui chasse sur ses terres pour voir ceux-là qu'elle doit frapper, mais l'idée première s'est fondue dans le catholicisme du moyen âge.

Une autre transformation, c'est la chasse aérienne.

Les Normands ont, comme tous les peuples celtiques, leurs Goblins ou Goublins. Tantôt le matou noir qui parle, le lièvre ferré qui passe sur le pont, le cheval blanc dans le pré et qui disparaît. Très doux quand il y a de la lumière, mais quand il n'y en a plus très moqueurs... Souvent mis là pour garder un trésor... Qui le lève meurt dans l'année. Voilà pourquoi on le fait lever par un vieux cheval.

Une vision en Normandie, c'est *la Bière* : enveloppée d'un drap blanc, dans les environs des cimetières. Mais n'est pas d'un mauvais présage, si on la retourne *bout pour bout*.

Les Milleloraines — rôdeuses blanches et lavandières, d'une

CHATEAU DE TOURLAVILLE, PRÈS DE CHERBOURG, EN 1850.
(Dessin de F. Benoist, lith. de E. Ciceri, Ph. Benoist et Bayot.)

taille humaine ordinaire, vues de loin, mais grandissant à mesure qu'on s'approche d'elles et immenses, disparaissent en agitant les arbres avec un bruit d'ouragan.

Il y a encore des têtes de taureau vomissant des flammes, qui poursuivent, en hurlant à travers les haies, des têtes humaines sur les murs, des mains qui marchent.

Beaucoup de landes dans la Hague s'appellent *Landes à la Dame*. Une femme y revient.

Du vivant d'un seigneur de Tonneville, il y eut procès entre deux paroisses pour la propriété d'une lande, et la *demoiselle* de la maison de Tonneville prit la chose avec tant de passion qu'elle dit : « Si j'avais un pied dans le ciel et l'autre dans l'enfer, je retirerais celui du ciel pour avoir la lande tout entière. » Un tel mot fut un scandale.. Elle vécut et mourut pourtant de vie et de mort naturelles. Mais quand les porteurs prirent son cercueil, ils ne purent le lever. On appela les plus robustes de l'endroit. On attela des chevaux à la bière. Le cercueil pesait trop et on renonça à l'enterrer en terre sainte.

Depuis ce temps-là, les landes de Tonneville et de Flottemanville sont hantées par la *demoiselle* qui s'y promène, en grande robe blanche, épiant les passants pour les jeter dans les fossés, avec de grands éclats de rire. Une fois un laboureur attardé entendait une voix en ces landes qui disait : « Où coucherai-je cette nuit ? » Impatienté et narquois, il répondit : « Avec moi ! » Aussitôt une belle demoiselle s'élance sur la croupe de son cheval, l'enlace de ses bras ; le cheval prend le mors aux dents et se précipite dans l'étang du bas de la lande. Heureusement l'eau n'était pas assez profonde pour noyer l'homme. Quant à la *demoiselle*, elle disparut dès que le cheval entra dans l'eau.

Le *moine de Saire*, beaucoup plus connu. Le moine de la vallée au bord de la mer attire et engloutit. On le voit avec sa robe de moine au bord du rivage. C'est l'éternelle histoire du pacte avec le diable. Le moine était l'amant de la femme de son seigneur. Il avait des comptes à rendre et avait tout dépensé. Le diable le tira d'embarras, pour son âme. De là l'*errance*, la nuit, caractère de ceux qui appartiennent au diable et qui se trouvent mal dans l'enfer.

Le *Varou*, c'est le diable, qui, lui-même, court les chemins de Noël à la Chandeleur. Il est à dos d'homme, qu'il fouaille à tous les carrefours. C'est la juste punition de l'homme qui a été excommunié trois fois... Le diable le vient prendre *subito*, quoi qu'il fasse, au lit, à table avec ses amis, avec sa femme, avec sa maîtresse, le monte et fouette ! par les halliers, les étangs, les montagnes, les bois, etc. C'est un échevèlement ! A chaque carre four, sept coups, en croix ! Il ne s'agirait pour le délivrer que de lui *faire du sang entre les deux yeux.* Le lendemain, ceux qui ont porté le *varou* ont l'air harassé, les vêtements en lambeaux et couverts de fange. Voilà pourquoi on dit : *Il est crotté comme s'il avait porté le varou.*

GASTON LAVALLEY (1)

Un épisode des Insurrections normandes

LE COMPTE DE L'ADJUDANT

I

Il y a quelques années, avant la démolition des tourelles qui défendaient la *Porte-de-Secours du château de Caen,* un touriste s'était assis sur un tronc d'arbre abattu par le vent, pour dessiner, de là, ce spécimen curieux d'architecture militaire. Un vieillard, qui se reposait sur le même banc rustique, suivait des yeux les progrès du croquis et approuvait silencieusement de la tête. Le brave homme paraissait heureux de voir reproduire fidèlement sur le papier un site qui lui était familier. Peu à peu il s'enhardit et se rapprocha de l'artiste, auquel il donna quelques renseigne-

---

(1) Romancier, conteur, historien, érudit et poète, M. Gaston Lavalley, issu d'une famille normande, est né à Vouilly, le 29 nov. 1834. Ses études terminées, il fit son droit, et, se sentant une vocation irrésistible pour les lettres, débuta en collaborant à divers journaux et en donnant plusieurs ouvrages qui appelèrent l'attention du public sur son nom. De ces derniers nous retiendrons : *Une première cause* (Caen, 1857, in-18); *Le Maître de l'Œuvre de Norrey* (Caen, 1858, in-18, réimpr. à Paris, pour Ch. Mendel, 1896 in-8°); *L'Hôtel fortuné* (Caen, 1859, in-18); *Eux,* drame en un acte (Caen 1860, in-18), etc. Bibliothécaire, puis conservateur de la Bibliothèque de Caen, membre de l'Académie de Belles-Lettres et de la Société des Beaux-Arts de Caen, ancien collaborateur à la *Réforme littéraire,* à la *Gironde,* à la *Revue de l'Instruction publique,* à la *Nouvelle Revue,* au *Petit Journal,* à la *Grande Encyclopédie,* à la *Normandie pittoresque et monumentale,* etc., M. Gaston Lavalley n'a cessé jusqu'à ce jour de consacrer ses loisirs et son talent à la glorification de sa province natale. Il a donné successivement: *Le Droit de l'Epée* (Paris, Hachette, 18866, in-18); *Légendes Normandes (Ibid.,* 1867, in-18); *Les Balayeuses,* satires (Caen, Le Blanc-Hardel, 1871, in-18); *Après l'autodafé Ibid.,* 1871, in-18); *La Jeanne Hachette normande* (Paris, Hachette, 1872.

ments sur la forteresse, dont les fondements avaient été jetés par Guillaume le Conquérant.

L'étranger s'interrompit dans son travail pour examiner de près un détail de la vieille construction. Le soin qu'il mit à observer la disposition des rangs de pierres indiquait très clairement que, chez lui, l'artiste était doublé d'un archéologue. Il enleva même des mousses avec la pointe de son couteau, comme s'il eût cherché sur le mur, noirci par le temps, quelque trace d'inscription.

Témoin de ses recherches inutiles, le vieillard se leva et s'approcha lentement, comme à regret, de la muraille.

— Ce ne sont pas des lettres, monsieur ! fit-il avec tristesse ; ce sont des traces de balles.

Le dessinateur eut un geste d'incrédulité. Le vieux fouilla alors dans son gousset et en tira une petite boîte en ivoire, qu'il ouvrit avec une émotion visible. D'une main qui tremblait, moins par l'effet de l'âge que par l'impression subitement réveillée d'un souvenir, il présenta à l'étranger un morceau de plomb aplati, large comme une pièce de cinq francs.

— Vérifiez ! dit-il en montrant du doigt un trou creusé dans une des pierres de taille.

L'étranger prit la balle et constata, non sans surprise, qu'elle s'adaptait au creux comme une pièce fondue à son moule.

— Que s'est-il donc passé ici ? demanda-t-il au vieillard en lui rendant le morceau de plomb ; un crime ?

— Hélas ! oui, monsieur, fit le brave homme à voix basse ; et le plus grand de tous, car il a été commis par la justice.

---

in-18); *Les Carabots*, roman (Paris, Dentu, 1874, in-18); *Caen, son hist., ses monum.* (Caen, Valin, 1877, in-18; *Caen démoli* (Caen, Le Blanc-Hardel, 1878, in-8º); *Catal. des Ms. de la Bibl. de Caen* (Caen, 1880, in-8º); *Les Poésies françaises de Daniel Huet* (Paris, Dentu, 1881, in-12); *Les Compagnies du Pageguay...* (Paris, 1882, in-18); *Les Grands Cœurs* (Paris, Charavay, 1882, in-18); *Le Général Nu-Pieds* (Caen, L. Brunet, s. d., in-18); *Napoléon et la disette de 1812* (Paris, Picard, s. d., in-8º); *Le Duc d'Aumont et les Cent jours en Normandie* (Ibid. s. d., in-8º); *Arromanches et ses environs* (Caen, Le Blanc-Hardel, s. d., in-8º); *Le Peintre et aquar. L. Le Pippre...* (Caen, Jouan, s. d., in-8º); *Le peintre Robert Lefèvre* (Ibid., s. d., in-8º); *L'Epreuve du Fer chaud* (Ibid., s. d., in-18); enfin cet inestimable répertoire, destiné à compléter la *Bibliographie Normande* de Frère : *Catalogue des Ouvrages Normands de la Biblioth. municip. de Caen* (Ibid., 1910, 1911, 2 vol. parus). Bien qu'un peu méconnu de la génération actuelle, M. Gaston Lavalley est un des plus respectables représentants de la littérature normande de ce temps. Des pages comme celles qu'il donna dans les *Légendes Normandes*, *l'Epreuve du Fer chaud*, etc., et qu'eussent admirées Barbey d'Aurevilly et Gustave Flaubert, mériteraient d'être plus répandues, car non seulement elles valent parmi les meilleures productions du roman contemporain, mais elles prêtent une signification à quelques événements encore mal expliqués de notre Histoire provinciale.

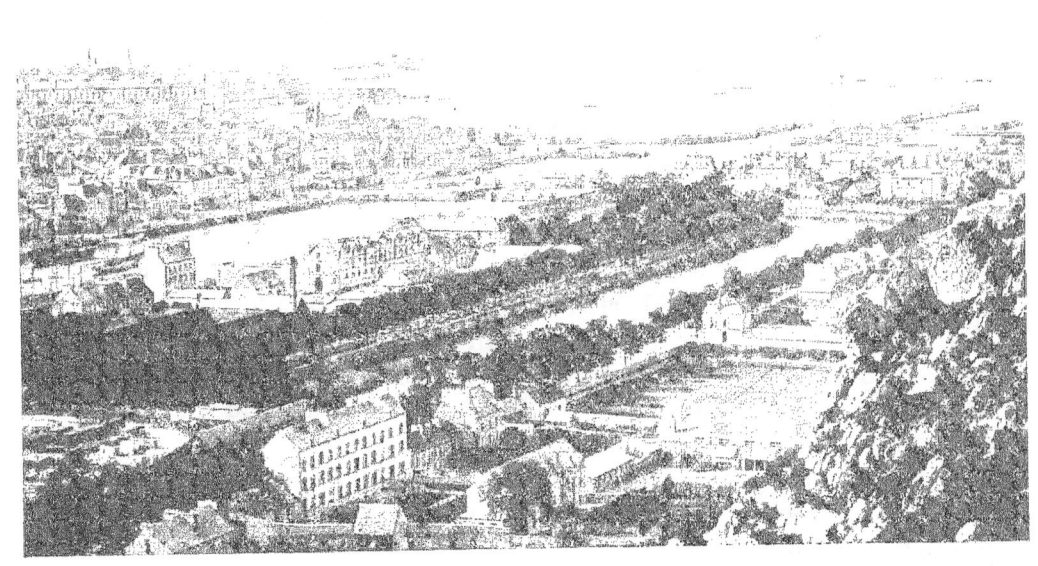
VUE GÉNÉRALE DE CHERBOURG.

Comme s'il eût été effrayé de ce qu'il avait osé dire, il regarda autour de lui pour s'assurer qu'il n'avait pas été entendu. L'étranger fut frappé de l'expression de terreur qui se peignait sur ses traits.

— Vous avez donc assisté à cette exécution? lui demanda-t-il.
— J'ai tout vu !
— Et vous avez conservé pieusement cette balle comme une relique?
— C'est bien le mot, monsieur; car la principale victime, le sixième, qui fut tué là sous mes yeux, était un vrai martyr !... Je la garde aussi comme une leçon, plus que cela... comme une expiation !
— Vous avez donc été pour quelque chose dans la mort de ce malheureux?
— Pour beaucoup, monsieur ! Et ce qui me mettait à la torture, c'était l'impossibilité de parler, de me justifier... Ah ! si vous aviez vu la ville de Caen à ce moment-là ! Personne dans les rues; on n'osait plus sortir. Tout le monde tremblait; chacun craignait d'être arrêté. On se serait cru aux plus mauvais jours de la Terreur.
— Maintenant, fit le touriste dont la curiosité était vivement surexcitée, vous n'avez plus rien à craindre. Rien ne vous empêche de parler. Peut-être sera-ce un soulagement de pouvoir vous justifier, devant un auditeur impartial, de la participation que vous avez prise malgré vous au drame qui a ensanglanté cette solitude.

Le vieillard se laissa convaincre. Il retourna à sa première place, s'assit auprès de l'artiste, qui avait repris ses crayons, et commença ainsi son récit.

II

Au commencement de 1812, il y eut à Caen une sorte de disette qui causa de grandes souffrances dans la classe ouvrière. Le blé se vendait 68 francs l'hectolitre, environ le double du prix ordinaire. On dut organiser des secours pour venir en aide aux malheureux. Chaque jour, on voyait une longue file de gens déguenillés traverser la ville pour se rendre au dépôt de mendicité, où l'on distribuait des soupes. Il n'y en avait malheureusement jamais assez pour contenter les affamés. Malgré cela, le peuple des faubourgs se tenait tranquille. On n'entendait parler ni d'attroupements, ni de tentatives de rébellion contre les agents des subsistances.

Cependant, dans la matinée du lundi 2 mars, jour de marché,

l'administration fut informée par la rumeur publique que des troubles devaient avoir lieu à la Halle aux blés. J'étais alors employé dans les bureaux de la préfecture du Calvados, où je remarquai un mouvement inaccoutumé. C'était un va-et-vient continuel d'agents de police qui entraient dans le cabinet du préfet.

Nous le vîmes sortir de son hôtel avec le maire de la ville. Tous les deux étaient en grand uniforme, l'épée au côté. Deux gendarmes et un commissaire de police leur servaient d'escorte.

La jeunesse aime le bruit, le mouvement, ce qui rompt l'uniformité de la vie. J'étais jeune alors et j'avoue qu'à ce moment-là je n'étais pas très éloigné de bénir les émeutiers qui, en troublant la rue, jetaient du même coup une sorte de désarroi dans nos bureaux. Personne ne songeait au travail, même les plus vieux. On regardait aux fenêtres, on écoutait au loin le grondement sourd de la foule, on faisait des commentaires. Mais on se lassa bientôt de parler dans le vide. On voulut avoir des nouvelles. Obligés de rester à leur poste, mais non moins curieux que leurs subalternes, les chefs et sous-chefs de division autorisèrent quelques-uns d'entre nous à sortir pour aller aux informations.

Quand j'arrivai sur la place Saint-Sauveur, devant le portail de l'ancienne église transformée en halle aux grains, une foule plus nombreuse qu'à l'ordinaire avait envahi l'édifice. Des groupes bruyants s'agitaient entre les piliers de la nef; et, par-dessus le murmure de la multitude, on entendait distinctement la voix d'un homme autour duquel on faisait cercle. Je m'approchai et reconnus l'orateur, un certain maître d'école sans élève, à la parole facile, qui déclamait contre les fermiers et les trafiquants de grains. Le peuple applaudissait et criait : « A bas les accapareurs ! »

A ce moment, le préfet approcha du groupe et essaya, par des paroles conciliantes, d'apaiser les séditieux. Peut-être aurait-il réussi à démontrer aux plus raisonnables que les scènes de désordre n'auraient d'autre résultat que d'éloigner les cultivateurs de la halle et, par suite, de faire monter le prix du blé. Mais tout fut gâté par l'intervention du maire, petit homme, dont les vêtements démodés prêtaient à rire. Une femme de la halle l'ayant poussé du coude, il perdit l'équilibre et tomba sur un sac de blé. Alors des huées et des plaisanteries de haut goût. Le drame tournait à la comédie; on ne prenait plus au sérieux les représentants de l'autorité. Devant les quolibets populaires, le préfet perdit contenance et gagna la porte de la halle en jetant des pièces de monnaie aux perturbateurs. Protégé par quelques gendarmes, il sortit et chercha un refuge, avec le maire, dans la maison du premier président, qui était située à quelques pas de là, sur la place Saint-Sauveur.

Ce fut tout. Pas un vol n'avait été commis. Il paraît même que les sacs de blé, abandonnés au commencement du désordre par les cultivateurs, furent retrouvés intacts à la halle suivante. Je vous avouerai que je fus désappointé. Venu en curieux, avec l'espoir d'assister à une émeute, je trouvais que le spectacle était manqué. Cependant la foule continuait à stationner sur la place, houleuse et bruyante. C'était le lundi, jour où les ouvriers ont l'habitude de chômer, et je pensai qu'ils ne se sépareraient pas avant d'avoir entrepris quelque tapage plus sérieux. Ne voulant pas rentrer dans les bureaux sans apporter aux camarades quelque nouvelle à sensation, je montai dans la chambre que j'habitais alors, dans la rue même de la Préfecture, pour y attendre les événements.

Comme je me penchais à la fenêtre pour écouter les bruits lointains, de l'autre côté de la rue, dans une petite boutique occupée par un blanchisseur, une querelle de ménage attira mon attention. Là demeurait un certain Jacques Vesdy, ancien frère servant au séminaire des Eudistes avant la Révolution. Très attaché aux moines qu'il avait servis, le pauvre diable, dont la dévotion allait jusqu'au fanatisme, n'avait pu se résigner à voir les religieux privés de leur mobilier par le décret qui attribuait à la nation les biens des congrégations religieuses. Il avait détourné plusieurs objets en argent et encouru, pour ce fait, une condamnation à quatre ans de prison. Jamais l'idée ne lui était venue de tirer un bénéfice de ce détournement; on le regardait généralement comme un illuminé, qui avait cru se venger ainsi de la Révolution et du gouvernement qui en était issu.

Cependant, depuis son élargissement, Vesdy sentait peser sur lui cette vague suspicion qui s'attache à tout homme condamné, même injustement. Cette situation aurait achevé de troubler sa cervelle, s'il n'avait eu la bonne fortune de rencontrer sur son chemin un cœur compatissant. Une femme, de pauvre condition comme lui, fut témoin de ses tortures morales et en eut pitié. Elle l'épousa et devint en quelque sorte le guide de cette existence désorientée. Elle le suivait pas à pas, le surveillait, le calmant et tâchant d'éloigner de lui tout ce qui pouvait lui rappeler les mauvais jours. En un mot, pour ce malheureux, presque irresponsable, elle avait la tendresse d'une femme et les soins prévoyants d'une mère.

Ce jour-là, dès qu'elle avait entendu les premières rumeurs de l'émeute, elle avait fait tous ses efforts pour retenir son mari à la maison. Mais les propos des voisins, qui parlaient de l'affaire, avaient enflammé l'imagination du pauvre exalté. Celui-ci voulut sortir malgré les supplications de sa femme. Quand j'ouvris ma fenêtre, je l'aperçus sur le seuil de sa porte, exhalant sa haine contre le gouvernement en propos incohérents.

A l'entrée de la rue, je vis en même temps un homme revêtu d'un uniforme, qui s'avançait en courant, poursuivi par les huées

CHATEAU DE CAEN. — PORTE DE SECOURS, EN 1851.
(Dessin de F. Benoist, lith. de E. Ciceri, Ph. Benoist et Bayot.)

d'une bande de gamins et de forcenés. Je me rejetai précipitamment en arrière pour ne pas être aperçu, car je venais de reconnaître le préfet qui essayait de regagner son hôtel. Lorsqu'il passa sous ma fenêtre, mon voisin Vesdy lui montra le poing en criant : « Qu'est-ce que veulent tous ces jacobins-là ? » Poursuivi sans cesse par les souvenirs de la Révolution, qui lui avaient troublé la cervelle, le pauvre diable ne voyait partout que des jacobins, même dans les fonctionnaires les plus dévoués à l'Empire. Sa femme eut beaucoup de peine à le faire rentrer dans la maison et à l'empêcher de se joindre aux perturbateurs.

A la faveur du désordre, je rentrai dans les bureaux, où je racontai à mes camarades tout ce que j'avais vu ou entendu. Après avoir brisé quelques vitres à l'hôtel de la Préfecture, les mutins se dirigèrent vers la promenade du Grand-Cours qui longe la rivière d'Orne. Le jour tirait à sa fin. En route, la bande rencontra une autre troupe qui l'entraîna vers le moulin d'un certain Mottelay, meunier de son état, qui passait, non sans quelque raison, pour un accapareur. On envahit l'usine, on brisa des meubles, on vida sur les planchers quelques sacs de farine d'orge, et, avec de grands éclats de rire, on jeta à la rivière un porc, sur le dos duquel on avait attaché un falot allumé.

L'émeute, d'abord menaçante, se terminait par une gaminerie. Le lendemain et les jours suivants, tout fut tranquille. On pensait que l'affaire n'aurait pas de suites, ou qu'elle se terminerait, par quelques condamnations devant la police correctionnelle.

En ville tout paraissait oublié; les employés eux-mêmes de la préfecture ne parlaient déjà plus de l'événement, lorsque je fus appelé dans le cabinet du préfet. Celui-ci m'interrogea d'un ton sévère et m'obligea à signer une pièce dans laquelle j'attestais avoir entendu le propos tenu par Vesdy, mon voisin, le jour de l'émeute. Dans la soirée, je fus témoin de l'arrestation du malheureux et du désespoir de sa femme. A la même heure, 200 hommes du 133e de ligne, en garnison à Cherbourg, arrivaient à Caen après une marche forcée.

Le lendemain 6 mars, à neuf heures du matin, le bruit du canon, qui partait des remparts du château, mit toute la ville en émoi. C'était le général Durosnel, aide de camp de l'empereur, qui faisait son entrée solennelle. Il était accompagné de vingt-deux gendarmes d'élite.

Quelques heures après, arrivèrent de forts détachements de grenadiers de la garde commandés par un colonel en grand uniforme, de dragons de l'impératrice, et de lanciers rouges, commandés également par des officiers supérieurs. Toutes ces troupes, en tenue de combat, traversèrent la ville et s'arrêtèrent devant l'hôtel de ville, où elle furent passées en revue par leurs chefs.

Pendant toute la nuit, on entendit le bruit des patrouilles. Au matin seulement on eut l'explication de ce déploiement inaccoutumé de force armée. Une lettre du préfet, affichée sur tous les murs, rappelait aux maires du département les troubles du 2 mars, et leur annonçait l'arrivée d'une commission militaire chargée de juger les coupables.

Le ton menaçant de cette lettre m'effraya, moins peut-être que les exagérations volontaires qu'elle renfermait.

« On a vu dans le pillage, disait le préfet en parlant de l'affaire du moulin de Montaigu, des hommes qui se disaient affamés jeter la farine en l'air; des hommes qui se disaient affamés *égorgeaient des bestiaux* et les jetaient dans la rivière. »

Quand je vis qu'on représentait sous des couleurs si sombres une simple gaminerie de la foule, j'eus des pressentiments sinistres. Le bon sens populaire en fut frappé aussi; et il y eut dans la ville une véritable consternation.

Ceux qui avaient l'un des leurs compromis dans l'affaire étaient particulièrement terrifiés. La femme de Vesdy vint me trouver et me supplia de faire tout mon possible pour obtenir la mise en liberté de son mari. Me sachant employé à la préfecture, elle me croyait naïvement une puissance.

La douleur de cette femme faisait peine à voir. Et ce qui rendait ma position plus pénible encore, c'était la pensée que j'avais été la cause, bien involontaire, de l'arrestation de Vesdy. Oh ! comme je regrettais alors le propos imprudent que j'avais tenu devant mes camarades ! Je tâchai de rassurer la pauvre femme. Mais elle avait l'esprit frappé. Elle était convaincue, disait-elle, qu'on n'avait pas envoyé tous ces soldats-là pour rendre la justice, mais pour tirer vengeance des malheureux qui avaient troublé l'ordre. Des gens, qui en savaient long, lui avaient affirmé que le général Durosnel était venu à Caen avec un jugement tout fait dans sa poche, et qu'on lui avait commandé au moins huit condamnations à mort.

Elle faisait sans doute allusion aux agents de la police secrète, qui avaient précédé ou accompagné l'aide de camp de l'empereur. On en voyait, dans les rues et dans les cabarets, qui ne se contentaient pas de prêter l'oreille. Ils parlaient beaucoup et ne dissimulaient pas qu'on voulait faire un grand exemple. On était à la veille de la campagne de Russie, et, avant de quitter Paris, l'empereur avait résolu d'étouffer tout esprit de révolte par une répression impitoyable.

Des postes de lanciers rouges, placés au coin des rues, aux abords du château, obligeaient les passants à circuler. Et lorsque les voisins se montraient à leurs fenêtres, ou sur le seuil de leurs portes, les officiers leur ordonnaient d'un ton rude de rentrer dans leur maison.

Les gens du peuple, qui se sentaient plus particulièrement menacés, n'osaient plus sortir. Les rares passants qu'on apercevait dans les rues appartenait tous à la classe aisée. Ils ne formaient aucun groupe. Si deux personnes se rencontraient, elles échangeaient à voix basse quelques paroles et se séparaient aussitôt, en jetant autour d'elles des regards inquiets.

Au milieu de ce grand silence, pendant la nuit du 14 mars, les habitants de la rue Saint-Pierre furent tout à coup réveillés par un bruit de pas, sourd et régulier. C'étaient les soixante et un prisonniers, détenus jusque-là dans la prison civile, qu'on transférait au château. Des pelotons de soldats ouvraient et fermaient la marche. Au centre se trouvaient les prévenus, éclairés par des torches que portaient des agents de police. Chacun des prisonniers était tenu au bout d'une corde par un soldat, qui avait à l'autre main un sabre nu. Sur le parcours du lugubre cortège, plus d'une fenêtre s'ouvrit, pour se refermer aussitôt après une brutale injonction des officiers qui commandaient l'escorte.

J'avais reçu une assignation pour comparaître devant la commission militaire, qui devait prendre séance au château le 14, à huit heures du matin. Je m'y rendis tout tremblant, tout ému encore par le passage des prisonniers que j'avais aperçus de ma fenêtre. J'entrai dans l'enceinte de la place et me dirigeai vers les bâtiments où siégeait la commission. Je rencontrai peu de curieux. Les abords du conseil de guerre étaient occupés surtout par des militaires, qui entraient et sortaient, affairés, paraissant agir pour le service. On s'écartait, quand ils passaient, comme si leur contact eût été un danger.

Dans la salle des témoins où j'entrai, je ne vis guère que des agents de police ou des gendarmes. Je sus plus tard que le capitaine rapporteur, qui avait instruit l'affaire, avait eu toutes les peines du monde à trouver quelques rares témoins. On dut se contenter des déclarations des agents de la force publique, qui avaient opéré les arrestations.

Lorsque je fus entré dans la salle d'audience, même absence de public. A peine apercevait-on, au milieu des uniformes, sept ou huit habits civils. Parmi ces curieux, une femme. Je la reconnus aussitôt; c'était ma voisine, la femme de Jacques Vesdy. Sa présence me troubla profondément. Que penserait de moi cette malheureuse quand elle m'entendrait témoigner contre son mari? Elle me prendrait pour un traître!

Quand je fis ma déposition, je fus en effet interrompu tout à coup par une sourde clameur, qui semblait partir de l'enceinte réservée au public.

— Est-ce qu'on se permet de vous menacer? demanda le major qui présidait, en jetant un regard terrible du côté du public.

J'avais parfaitement reconnu la voix de la femme de Vesdy et remarqué le regard, à la fois méprisant et furieux, qu'elle m'avait adressé. Après un vaillant effort pour me remettre, j'assurai donc au président que je ne me connaissais pas d'ennemi dans l'auditoire et que mon témoignage serait entièrement libre.

Surprise de me voir figurer au procès comme témoin à charge

CHATEAU DE FONTAINE-HENRY (Calvados).
(Dessin de F. Benoist, lith. de Fichot.)

contre son mari, la malheureuse s'imagina sans doute que je l'avais lâchement trahie. Ce n'était pas le moment de me justifier à ses yeux. Il s'agissait de la sauver d'un véritable danger; car elle s'exposait à être arrêtée sur-le-champ.

Ma déposition s'acheva sans autre incident, et j'assistai à la suite des débats. Dix-huit heures suffirent à la commission militaire pour interroger soixante et un prévenus, entendre séparément les témoins, le rapporteur en ses conclusions, les avocats dans leurs moyens de défense. Vers deux heures du matin, on fit sortir les prisonniers, et le président se retira avec les membres de la commission dans une pièce voisine, pour délibérer. La délibération fut menée comme le reste, tambour battant.

Cependant les minutes me parurent longues comme des heures. L'aspect lugubre de la salle éclairée par quelques lampes, le silence morne qui régnait parmi les assistants, les figures inquiètes de tous ceux qui attendaient l'issue du procès, tout semblait présager un dénouement sinistre. Pour moi, j'étais tout à la fois torturé par la peur et par le remords. Je ne me pardonnais pas les paroles imprudentes que j'avais prononcées devant mes camarades, et qui m'avaient amené malgré moi sur le banc des témoins. Vesdy n'avait commis aucun acte matériel; on ne pouvait lui reprocher que quelques mots incohérents. Mais j'avais beau me faire mille raisonnements pour rassurer ma conscience, je ne parvenais pas à me calmer. Que pouvait-on attendre d'un tribunal qui foulait aux pieds les formalités les plus élémentaires de la justice? Pour n'en citer qu'une, c'était un simple gendarme, un illettré peut-être, qui remplissait les fonctions de greffier.

Lorsque les membres de la commission militaire rentrèrent dans la salle, pour proclamer le résultat de leurs délibérations, j'étais si troublé que je n'aurais pu dire à quels accusés s'appliquaient les condamnations. Je n'avais qu'un nom dans la tête, celui de Vesdy, que je craignais toujours d'entendre l'un des premiers. Tout ce que je compris d'abord, c'est qu'il y avait six condamnations à mort; et Vesdy n'était pas parmi ces malheureux ! Puis vinrent les travaux forcés; il n'y figurait pas encore. Je commençais presque à espérer pour lui un acquittement. Mais, hélas ! je l'entendis bientôt nommer parmi ceux qui étaient condamnés à cinq ans de réclusion.

Il y eut un instant de tumulte dans la partie de la salle réservée au public; c'était une femme qu'on emportait évanouie. Cela me serra le cœur. Mais je ne fus pas longtemps livré au supplice de ma propre pensée. Les noms des condamnés furent rapidement épuisés.

Aussitôt la commission militaire, composée principalement

d'officiers appartenant à la garde impériale, leva séance sans avoir ni rédigé, ni signé le jugement. Une simple note, portant le nom des condamnés, fut remise par un gendarme à l'adjudant de place, chargé de procéder à l'exécution.

On fit évacuer la salle d'audience, et tout ce qui était étranger à l'armée, témoins et curieux, fut rejeté en dehors de l'enceinte du château. Aucune patrouille ne troublait la solitude des rues. La terreur y suppléait; on eût dit que le drapeau noir flottait sur la ville.

III

Si personne ne se hasardait sur la voie publique, derrière chaque persienne ou chaque contrevent entre-bâillé, il y avait un curieux qui écoutait et observait. Je me rendis chez un de mes amis, qui occupait une chambre dans une haute maison située près des remparts du château. De là on pouvait apercevoir une partie de l'enceinte de la forteresse. Nous y passâmes toute la nuit.

Vers trois heures du matin, il y eut un sourd roulement de tambour, suivi d'un mouvement de troupes, que nous ne voyions pas, mais dont nous entendîmes le pas cadencé. Sur les murs de la vieille église du château nous apercevions des lueurs qui ressemblaient à des reflets d'incendie. Nous sûmes le lendemain que c'était la lumière des torches qui éclairaient la garde, assemblée sous les armes, pendant la lecture du jugement aux condamnés. Quelques instants après, il y eut des cris et des appels déchirants. Tous les locataires de la maison, pâles et tremblants, montèrent à l'étage supérieur que nous occupions. Ils croyaient qu'on égorgeait les prisonniers.

La terreur était si grande, qu'on acceptait sans contrôle les suppositions les plus atroces. Les hurlements diminuèrent ou, du moins, parurent s'éloigner. Ils étaient comme assourdis. Ceux d'entre nous qui avaient conservé un peu de sang-froid, pensèrent que les condamnés à mort avaient été tout simplement, après la lecture de leur sentence, réintégrés dans leur prison.

— Les malheureux ont encore vingt-quatre heures de tortures à endurer, dis-je à mes compagnons; car on ne peut, suivant la loi, les exécuter avant ce délai.

— La loi! fit mon ami en haussant les épaules... Il s'agit bien de cela! Je parie qu'on va les exécuter, au petit jour, dans les fossés. On prétend bien épouvanter les habitants, pour leur apprendre à se tenir calmes pendant l'absence de l'empereur, qui va partir pour la campagne de Russie; mais on veut aussi se cacher pour faire sa vilaine besogne. On ne tient pas à avoir de témoins.

— Ils en auront malgré eux, si cela doit se passer ainsi ! m'écriai-je avec un air indigné qui masquait fort à propos, je le confesse, un sentiment de curiosité peu avouable.

Tout le monde fut de mon avis ; et nous sortîmes de la maison séparément, en nous donnant rendez-vous près de la *Porte-de-Secours*, à l'endroit même où nous sommes.

Lorsqu'il est éclairé, comme aujourd'hui, par le soleil, ce terrain, situé entre les murs noirs du château et une campagne déserte, n'a rien de réjouissant. Vous devinez donc facilement quel aspect lugubre il devait avoir à la fin d'une nuit de mars, quand les buissons, qui bordent les fossés, y répandaient encore une ombre sinistre.

Lorsque j'arrivai devant la *Porte-de-Secours*, j'aperçus une forme humaine qui rôdait au pied des remparts. Quelques instants après, des pierres roulèrent au fond du fossé, des branches s'agitèrent et une femme sauta sur l'esplanade. Je la reconnus aussitôt : c'était la femme de Vesdy, de ce malheureux qu'on avait si rigoureusement condamné à cinq ans de réclusion pour un propos inoffensif. Elle avait les cheveux dénoués, les vêtements déchirés par les ronces. Je supposai que, depuis qu'on l'avait mise à la porte du château, l'infortunée avait tourné autour des remparts, cherchant quelque ouverture, soit pour essayer d'y rentrer, soit pour tenter de communiquer avec Vesdy, dont elle avait peut-être reconnu la voix au milieu des cris des condamnés.

Quelques-uns de mes compagnons arrivèrent et je m'empressai de les rejoindre, dans l'espoir d'échapper aux regards de la femme de Vesdy. Car je tremblais à sa vue comme un coupable. Précaution bien inutile. La malheureuse ne songeait guère à moi. Son attention était ailleurs.

On venait en effet d'entendre un grincement de chaînes qui se tendaient. Le pont-levis s'abaissa ; les deux énormes battants de la *Porte-de-Secours* s'ouvrirent, et l'on vit s'avancer sur le pont un piquet de soldats, l'arme au bras.

Après cette troupe venaient quatre hommes et deux femmes du peuple, tête nue, les mains liées derrière le dos. Ces malheureux étaient escortés par des gendarmes et suivis d'un autre piquet d'environ cinquante hommes, composé de dragons de la garde.

Au moment où le cortège, après avoir dépassé la barrière qui s'ouvrait entre deux des tours crénelées, déboucha sur l'esplanade, on entendit un cri perçant, cri de douleur et d'indignation. Nous vîmes alors une femme qui se faisait violemment un passage

VUE DU PORT DE CAEN, AU DÉBUT DU XIXᵉ SIÈCLE.
(D'après une aquatinte de J. Garneray.)

entre les gens de l'escorte. Elle eut même l'audace et la force de pénétrer jusqu'auprès de l'adjudant de place, qui commandait les douze soldats chargés de l'exécution.

Elle allait s'élancer vers l'un des prisonniers, lorsqu'elle fut arrêtée par l'adjudant, un vieil officier à mine farouche.

— Que viens-tu faire là? lui dit-il en la secouant rudement.

— Vous réclamer mon mari, que vous n'avez pas le droit de tuer avec les autres... Car il n'a pas été condamné à mort, lui !

— Comment l'appelles-tu, ton mari?

— Jacques Vesdy.

En s'entendant appeler, en reconnaissant la voix de cette femme qui l'avait tant aimé, qui avait eu pitié de sa condition misérable, qui l'avait protégé contre les égarements de sa raison. l'infortuné, accablé sous le poids de son malheur, sembla se réveiller et renaître à l'espérance. Oh ! je n'oublierai jamais le regard qu'il échangea avec celle qui s'était constituée la gardienne passionnée du pauvre fou.

Pendant ce temps-là, l'adjudant parcourait la note qu'il tenait à la main.

— On m'a donné six condamnés à mort à exécuter, dit-il à la femme d'un air furieux, et le nom de ton mari est bien sur la liste.

La malheureuse se jeta aux genoux de l'adjudant.

— Je vous jure qu'il y a erreur, fit-elle en joignant les mains. J'ai entendu le jugement, au conseil de guerre. Mon mari n'a été condamné qu'à cinq ans de réclusion.

— Je ne connais que mon compte! répondit brutalement le vieil officier. J'en ai six à exécuter, et ton mari en est!

Il empoigna la femme par le bras et l'obligea à se relever.

— Mais que faut-il donc faire pour vous convaincre? s'écria la femme Vesdy en promenant autour d'elle un regard affolé.

Ses yeux rencontrèrent les miens, et il y eut aussitôt comme un rayonnement d'espérance sur son visage livide.

— Ah ! fit-elle en me désignant, voici le témoin qui a fait condamner mon mari à cinq ans de réclusion. Il vous affirmera si ce que je dis est vrai.

— Oui, m'écriai-je en m'avançant de quelques pas, cette femme a raison. Vesdy n'a pas été condamné à mort.

Ma voix fut couverte par un horrible juron, que suivit aussitôt cette menace :

— Pas un mot de plus, ou toi et ton témoin, je vous fais coller au mur avec les autres !

Au même instant, la femme de Vesdy fut saisie, malgré sa résistance, et placée au centre d'un piquet de soldats.

Des grenadiers, la baïonnette en avant, firent reculer les

curieux. Pendant cette manœuvre, les prisonniers furent conduits contre le mur, en face du peloton d'exécution.

Consterné, brisé par l'émotion, je fermai instinctivement les yeux pour ne pas assister à l'horrible boucherie. Une violente détonation m'avertit que tout était fini. Et je vis alors emporter précipitamment les corps des six victimes, qu'on entassa dans une petite charrette placée près de la *Porte-de-Secours*, dans l'enceinte du château.

L'adjudant avait son compte !... Les troupes rentrèrent dans la place, après avoir refermé la porte sur la femme, la veuve maintenant de l'infortuné Vesdy !

La malheureuse essaya d'abord d'ébranler la porte pour suivre le corps de son mari; puis elle parut se résigner, ou plutôt changer d'idée.

Elle traversa rapidement l'esplanade, s'approcha du mur ensanglanté et s'agenouilla, comme si elle eût voulu faire une prière, à la place où Vesdy était tombé.

Nous nous éloignâmes sans échanger un mot. Il était environ huit heures du matin. L'affreuse détonation avait été entendue des quartiers les plus rapprochés du château; et cependant on ne voyait que quelques rares passants dans les rues. On avait compris, et l'on avait peur !

Je m'empressai de gagner l'hôtel de la préfecture. Tout le monde connaissait l'événement de la matinée; mais la terreur était si grande que là, comme dans la ville, personne n'osait communiquer ses impressions. Les employés, race bavarde entre toutes, gardaient le silence, et l'on n'entendait dans les bureaux que le bruit des plumes qui criaient sur le papier.

J'avais plus de raison que les autres de me taire, et je travaillais depuis longtemps devant mon bureau, lorsque le secrétaire général de la préfecture entra. Il vint à moi et me présenta d'une main tremblante des épreuves d'imprimerie.

— Courez vite chez l'imprimeur, me dit-il. Vous lui remettrez ce placard, avec ordre d'exécuter immédiatement les corrections indiquées.

Je partis aussitôt et, en route, poussé par le démon de la curiosité, je parcourus le placard dont j'étais porteur. C'étaient les épreuves de la minute du jugement de la commission militaire, qu'on avait rédigé et donné à l'imprimeur dans la nuit. Sur ces épreuves, le nom du sixième condamné à mort venait d'être biffé et remplacé par celui de Jacques Vesdy.

C'était la rectification du compte de l'adjudant.

Je frissonnai en pensant à quel danger m'exposerait la moindre parole imprudente, et je ne m'ouvris à personne de l'affreuse découverte que j'avais faite. Mais le secret transpira et fit, avec la rapidité des mauvaises nouvelles, le tour de la ville.

Informé des bruits qui circulaient, le général Durosnel, qui avait été envoyé par l'empereur pour sévir contre les émeutiers, ordonna de placarder sur les murs une affiche où il avertissait le public qu'il ferait arrêter sur-le-champ tout fonctionnaire public, ou tout particulier, qui se permettrait des propos inconvenants sur les opérations de la commission militaire. Pour donner plus de poids à ses menaces, de nombreuses patrouilles parcoururent la ville dans tous les sens. Ces détachements devaient prêter main-forte aux agents de la police secrète, qui étaient aux écoutes.

Je jugeai prudent de rentrer chez moi. Au moment où je fermais ma fenêtre, la femme de Vesdy, que je revoyais pour la première fois, me lança, du milieu de la rue, un projectile qui brisa une des vitres.

— Voilà un souvenir de Jacques! me cria-t-elle avec une indicible expression de haine. Garde-le... il t'appartient!

Tandis que je ramassais le projectile, des agents de police, attirés par le bruit du verre brisé, accoururent avec quelques soldats et s'emparèrent de la femme de Vesdy.

Un sous-officier de la garde impériale monta précipitamment les marches de mon escalier et entra dans ma chambre. Comprenant ce qu'il venait faire, je m'empressai de cacher la balle ensanglantée, que j'avais ramassée sur le plancher.

— Une femme du peuple, me dit-il avec un air terrible, vient de jeter une pierre dans votre fenêtre?

— Non, répondis-je avec un sang-froid dont je ne me croyais pas capable. C'est moi-même qui me suis blessé en brisant une vitre accidentellement.

Et je lui montrai ma main, où la balle avait laissé des traces de sang.

Par ce mensonge, j'avais probablement sauvé la vie à une malheureuse que la douleur rendait folle. Je ne sais si je lui avais rendu service; mais il me sembla que j'avais ainsi diminué le poids du remords qui m'accablait depuis l'exécution de Vesdy.

(*L'Epreuve du fer chaud*,
Caen, JOUAN, s. d., in-18).

HENRI DE RÉGNIER (1)

Le beau Pays

Je ne suis pas le fils des îles lumineuses
Qui parfument la mer d'un éternel printemps,
Et je n'ai pas connu leurs nuits mystérieuses,
Car je ne suis pas né sous leurs cieux éclatans.

J'ai vécu les premiers des jours que j'eus à vivre
Dans l'étroite maison tournée au vent du Nord,
Écoutant, à travers la vitre où luit le givre,
La rumeur de la rue et les sifflets du port.

Les barques qui partaient, hissant leurs blanches voiles
Dans l'aube pâle encore ou dans le clair matin,
S'en revenaient toujours aux premières étoiles,
Et leur voyage prompt n'était jamais lointain.

Elles ne rapportaient de leur course voisine
Ni les fleurs, ni les fruits d'un rivage inconnu,
Ni, prise ruisselante à l'écume divine,
Dans leur filet marin, la Sirène au sein nu,

Elles n'avaient vu poindre en quelque ardente aurore
Ni Charybde aboyant ni le rauque Scylla,
Ni salué de loin, au cap, debout encore,
Quelque temple en ruine et pourtant toujours là.

---

(1) M. Henri-François de RÉGNIER, de l'Académie française; né à Honfleur, le 28 septembre 1864. Il appartient à une famille mi-picarde, mi-bourguignonne. Poète, romancier et conteur, il est l'auteur de ces beaux livres : *Poèmes*, 1887-1892 (Paris, Mercure de France. 1895, in-18); *Les Jeux rustiques et divins* (Ibid., 1897, in-18); *La Canne de Jaspe* (Ibid., 1897, in-18); *Premiers poèmes* (Ibid., 1899, in-18); *La Double maîtresse* (Ibid., 1900, in-18); *Les Médailles d'argile* (Ibid., 1900, in-18); *Figures et Caractères* (Ibid., 1901, in-18); *Les Amants singuliers* (Ibid., 1901, in-18); *Le Bon plaisir* (Ibid., 1901, in-18); *La Cité des Eaux* (Ibid., 1902, in-18); *Le Mariage de minuit* (Ibid., 1903, in-18); *Le Passé Vivant* (Ibid., 1905, in-18); *La Sandale ailée* (Ibid., 1906, in-18); *La Peur de l'amour* (Ibid., 1907, in-18); *L'Amphisbène* (Ibid., 1912, in-18); *Contes de France et d'Italie* (Paris, Crès, 1912, in-18), etc. Bien que l'œuvre de M. Henri de Régnier n'ait rien de régional, elle contient néanmoins une jolie page sur Honfleur et les impressions d'enfance du poète. Voyez dans le recueil publié en 1908, sous ce titre : *Couleur du Temps*, le conte de la *Côte Verte*.

Cependant, à mes yeux d'enfant qui rit et joue
Et dont le cœur pensif bat d'un désir obscur,
La voile la plus rude et la plus humble proue
Évoquaient des pays de musique et d'azur.

Beau pays ! ton mirage enivra ma jeunesse,
Et mon cœur a connu tes aubes et tes nuits ;
Devant moi, ta Sirène a dénoué sa tresse,
Et j'ai goûté tes fleurs, tes sources et tes fruits.

O toi, dont nul regret n'a terni le mensonge,
Parce qu'il me suffit que je ferme les yeux
Pour sentir en mon rêve et pour voir en mon songe
Ta forme, ton parfum, ta lumière et tes Dieux !

(Le Miroir des Heures,
Paris, Mercure de France, 1911, in-18.)

GUSTAVE FLAUBERT (1

Une Noce normande vers 1850

...Les conviés arrivèrent de bonne heure dans des voitures, carrioles à un cheval, chars à bancs à deux roues, vieux cabriolets sans capote, tapissières à rideaux de cuir, et les jeunes gens des villages les plus voisins dans des charrettes où ils se tenaient debout

---

(1) Fils d'un champenois chirurgien en chef de l'Hôtel-Dieu de Rouen, et d'une normande, Gustave Flaubert naquit dans cette ville, le 12 décembre 1821. Toutes les circonstances de sa vie, ainsi que son œuvre, sont connues. Il fit ses études à Rouen, commença son droit à Paris, voyagea, en compagnie de Maxime du Camp, visita l'Orient, Tunis et Carthage et revint s'installer à Croisset, près de son lieu natal. C'est là qu'il conçut ou composa la plupart de ses admirables livres et qu'il mourut dans un âge peu avancé, le 8 mai 1880. On lui doit : *Madame Bovary* (Paris, 1857, in-12); *Salammbô* (Paris, 1862. in-8°); *L'Education sentimentale* (Paris, 1869, 2 vol. in-18); *Le Candidat*, comédie (Paris, 1874. in-16): *La Tentation de Saint-Antoine* (*Ibid.*, in-18); *Trois Contes* (Paris, 1877, in-18); *Bouvard et Pécuchet* (Paris, 1881, in-18); *Correspondance* (Paris, 1884-1892, 4 vol. in-18); *Par les champs et par les grèves* (Paris, 1885, in-18); *Lettres de Flaubert à sa nièce Caroline*, etc. Tous ces ouvrages se trouvent à la librairie Fasquelle. Les *Œuvres complètes* de Gustave Flaubert ont paru, en outre, chez les éditeurs Quentin et Conard. (On consultera utilement sur cet écrivain : Ch. Baudelaire, *L'Art romantique* ; Sainte Beuve, *Nouv. lundis*, t. IV; Em. Zola, *Romanciers naturalistes* ; A. France, *La vie littéraire*, III; G. de Maupassant, *Notice* en tête de la *Correspondance*; Caroline Comanville, *Souvenirs sur Flaubert*, Paris, 1895; R. Dumesnil, *Flaubert, son hérédité, son milieu, sa méthode*, Paris, 1905).

en rang, les mains appuyées sur les ridelles pour ne pas tomber, allant au trot et secoués dur. Il en vint de dix lieues loin, de Goderville, de Normanville et de Cany. On avait invité tous les parents des deux familles, on s'était raccommodé avec les amis brouillés, on avait écrit à des connaissances perdues de vue depuis longtemps.

De temps à autre, on entendait des coups de fouet derrière la haie; bientôt la barrière s'ouvrait; c'était une carriole qui entrait. Galopant jusqu'à la première marche du perron, elle s'y arrêtait court, et vidait son monde qui sortait par tous les côtés en se frottant les genoux et en s'étirant les bras. Les dames, en bonnet, avaient des robes à la façon de la ville, des chaînes de montre en or, des pèlerines à bouts croisés dans la ceinture, ou des petits fichus de couleur attachés dans le dos avec une épingle, et qui leur découvraient le cou, par derrière. Les gamins, vêtus pareillement à leurs papas, semblaient incommodés par leurs habits neufs (beaucoup même étrennèrent ce jour-là la première paire de bottes de leur existence), et l'on voyait à côté d'eux, ne soufflant mot dans la robe blanche de sa première communion, rallongée pour la circonstance, quelque grande fillette de quatorze à seize ans, leur cousine ou leur sœur aînée sans doute, rougeaude, ahurie, les cheveux gras de pommade à la rose et ayant bien peur de salir ses gants. Comme il n'y avait point assez de valets d'écurie pour dételer toutes les voitures, les messieurs retroussaient leurs manches et s'y mettaient eux-mêmes. Suivant leur position sociale différente, ils avaient des habits, des redingotes, des vestes, des habits-vestes : — bons habits, entourés de toute la considération d'une famille, et qui ne sortaient de l'armoire que pour les solennités; redingotes à grandes basques flottant au vent, à collet cylindrique, à poches larges comme des sacs; vestes de gros draps, qui accompagnaient ordinairement quelque casquette, cerclée de cuivre à sa visière; habits-vestes très courts, ayant dans le dos deux boutons rapprochés comme une paire d'yeux, et dont les pans semblaient avoir été coupés à même un seul bloc, par la hache du charpentier. Quelques-uns encore (mais ceux-là, bien sûr, devaient dîner au bas bout de la table) portaient des blouses de cérémonie, c'est-à-dire dont le col était rabattu sur les épaules, le dos froncé à petits plis et la taille attachée très bas par une ceinture cousue.

Et les chemises sur les poitrines bombaient comme des cuirasses. Tout le monde était tondu à neuf, les oreilles s'écartaient des têtes, on était rasé de près; quelques-uns même qui s'étaient levés dès avant l'aube, n'ayant pas vu clair à se faire la barbe, avaient des balafres en diagonale sous le nez, ou le long des mâchoires, des pelures d'épiderme larges comme des écus de trois francs, et qu'avait enflammées le grand air pendant la route, ce qui marbrait un peu de plaques roses toutes ces grosses faces blanches épanouies.

La mairie se trouvant à une demi-lieue de la ferme, on s'y rendit à pied, et l'on revint de même, une fois la cérémonie faite à l'église. Le cortège, d'abord uni comme une seule écharpe de couleurs, qui ondulait dans la campagne, le long de l'étroit sentier serpentant entre les blés verts, s'allongea bientôt et se coupa en groupes différents, qui s'attardaient à causer. Le ménétrier allait en tête, avec son violon empanaché de rubans à la coquille, les mariés ensuite, les parents, les amis tout au hasard, et les enfants restaient derrière, s'amusant à arracher les clochettes des brins d'avoine, ou à se jouer entre eux sans qu'on les vît. La robe d'Emma, trop longue, traînait un peu par le bas; de temps à autre elle s'arrêtait pour la tirer, et alors délicatement, de ses doigts gantés, elle enlevait les herbes rudes avec les petits dards des chardons, pendant que Charles, les mains vides, attendait qu'elle eût fini. Le père Rouault, un chapeau de soie neuf sur la tête et les parements de son habit noir lui couvrant les mains jusqu'aux ongles, donnait le bras à Mme Bovary mère. Quant à M. Bovary père, qui, méprisant au fond tout ce monde-là, était venu simplement avec une redingote à un rang de boutons, d'une coupe militaire, il débitait des galanteries d'estaminet à une jeune paysanne blonde. Elle saluait, rougissait, ne savait que répondre. Les autres gens de la noce causaient de leurs affaires ou se faisaient des niches dans le dos, s'excitant d'avance à la gaieté; et, en y prêtant l'oreille, on entendait toujours le crincrin du ménétrier qui continuait à jouer dans la campagne. Quand il s'apercevait que l'on était loin derrière lui, il s'arrêtait à reprendre haleine, cirait longuement de colophane son archet, afin que les cordes grinçassent mieux, et puis il se remettait à marcher, abaissant et levant tour à tour le manche de son violon, pour se bien marquer la mesure, à lui-même. Le bruit de l'instrument faisait partir de loin les petits oiseaux.

C'était sous le hangar de la charretterie que la table était dressée. Il y avait dessus quatre aloyaux, six fricassées de poulet, du veau à la casserole, trois gigots, et au milieu, un joli cochon de lait rôti, flanqué de quatre andouilles à l'oseille. Aux angles, se dressait l'eau-de-vie dans des carafes. Le cidre doux en bouteille, poussait sa mousse épaisse alentour des bouchons, et tous les verres, d'avance, avaient été remplis de vin jusqu'au bord. De grands plats de crème jaune, qui flottaient d'eux-mêmes au moindre choc de la table, présentaient, dessinés sur leur surface unie, les chiffres des nouveaux époux en arabesques de nonpareille. On avait été chercher un pâtissier à Yvetot, pour les tourtes et les nougats. Comme il débutait dans le pays, il avait soigné les choses; et il apporta, lui-même, au dessert, une pièce montée qui fit pousser des cris. A la base d'abord, c'était un carré de carton bleu figurant un temple, avec portiques, colonnades et statuettes de stuc tout autour, dans des niches constellées d'étoiles en papier doré; puis, se tenait au second étage un donjon en gâteau de Savoie, entouré de menues fortifications en angéliques, amandes, raisins secs, quartiers d'orange, et enfin, sur la plateforme supérieure, qui était une prairie verte où il y avait des rochers avec des lacs de confitures et des bateaux en écales de noisettes, on voyait un petit Amour, se balançant à une escarpolette de chocolat, dont les deux poteaux étaient terminés par deux boutons de rose naturelle, en guise de boules, au sommet.

Jusqu'au soir on mangea. Quand on était trop fatigué

GUSTAVE FLAUBERT
(Phot. Nadar.)

d'être assis, on allait se promener dans les cours ou jouer une partie de bouchon dans la grange; puis l'on revenait à table. Quelques-uns vers la fin s'y endormirent, et ronflèrent. Mais au café tout se ranima; alors on entama des chansons, on fit des tours de force, on portait des poids, on passait sous son pouce, on essayait à soulever les charrettes sur ses épaules, on dit des gaudrioles, on embrassait les dames. Le soir, pour partir, les chevaux, gorgés d'avoine jusqu'aux naseaux, eurent du mal à entrer dans les brancards; ils ruaient, se cabraient, les harnais se cassaient, leurs maîtres juraient ou riaient; et toute la nuit, au clair de lune, par les routes du pays, il y eut des carrioles emportées qui couraient au grand galop, bondissant dans les saignées, sautant par-dessus les mètres de caillou, s'accrochant aux talus, avec des femmes qui se penchaient en dehors de la portière pour saisir les guides...

Ceux qui restèrent aux Bertaux passèrent la nuit à boire dans la cuisine. Les enfants s'étaient endormis sous les bancs.

(*Madame Bovary*. Paris, FASQUELLE, éditeur.)

GUY DE MAUPASSANT (1)

UN CONTE NORMAND

La Ficelle

A Harry Alix.

Sur toutes les routes autour de Goderville, les paysans et leurs femmes s'en venaient vers le bourg; car c'était jour de marché. Les mâles allaient, à pas tranquilles, tout le corps en avant à chaque mouvement de leurs longues jambes torses, déformées par les rudes travaux, par la pesée sur la charrue qui fait en même temps monter l'épaule gauche et dévier la taille, par le fauchage des blés qui fait écarter les genoux pour prendre un aplomb solide, par toutes les besognes lentes et pénibles de la campagne. Leur blouse bleue, empesée, brillante, comme vernie,

---

(1) Henri-René-Albert Guy de MAUPASSANT, né le 5 août 1850, au château de Miromesnil, commune de Tourville-sur-Arques (Seine-Inférieure), mort à Paris, chez le Dr Blanche, le 6 juillet 1893. Elevé par sa mère, femme d'un esprit élevé, appartenant à une vieille famille normande, il eut une jeunesse indépendante qui contribua plus encore que ses dons naturels, à la formation de son tempérament d'artiste. Employé successivement aux Ministères de la Marine et de l'Instruction publique, il débuta sous les auspices de Gustave Flaubert, dont il fut un peu l'élève, en donnant des nouvelles et des vers. Son premier récit, *Boule de Suif* (1880), inspiré par un dramatique épisode de l'occupation allemande en Normandie, en le rendant célèbre, donna la mesure de son talent original. Guy de Maupassant publia ensuite : *La Maison Tellier* (Paris, 1881, in-18); *Une Vie* (*Ibid.*, 1883, in-18); *Mlle Fifi* (*Ibid.*, 1883, in-18); *Contes de la Bécasse* (*Ibid.*, 1883, in-18); *Clair de Lune* (*Ibid.*, 1884, in-18); *Miss Harriett* (*Ibid.*, 1884, in-18); *Bel Ami* (*Ibid.*, 1885,

ornée au col et aux poignets d'un petit dessin de fil blanc, gonflée autour de leur torse osseux, semblait un ballon prêt à s'envoler, d'où sortaient une tête, deux bras et deux pieds.

Les uns tiraient au bout d'une corde une vache, un veau. Et leurs femmes, derrière l'animal, lui fouettaient les reins d'une branche encore garnie de feuilles, pour hâter sa marche. Elles portaient au bras de larges paniers d'où sortaient des têtes de poulets par-ci, des têtes de canards par-là. Et elles marchaient d'un pas plus court et plus vif que leurs hommes, la taille sèche, droite et drapée dans un petit châle étriqué, épinglé sur leur poitrine plate, la tête enveloppée d'un linge blanc collé sur les cheveux et surmontée d'un bonnet.

Puis, un char à bancs passait, au trot saccadé d'un bidet, secouant étrangement deux hommes assis côte à côte et une femme dans le fond du véhicule, dont elle tenait le bord pour atténuer les durs cahots.

Sur la place de Goderville, c'était une foule, une cohue d'humains et de bêtes mélangés. Les cornes des bœufs, les hauts chapeaux à longs poils des paysans riches et les coiffes des paysannes émergeaient à la surface de l'assemblée. Et les voix criardes, aiguës, glapissantes, formaient une clameur continue et sauvage que dominait parfois un grand éclat poussé par la robuste poitrine d'un campagnard en gaieté, ou le long meuglement d'une vache attachée au mur d'une maison.

---

in-18); *Contes du jour et de la nuit* (*Ibid.*, 1885, in-18); *Contes et nouvelles* (*Ibid.*, 1885, in-18); *La petite Roque* (*Ibid.*, 1886, in-18); *Toine* (*Ibid.*, 1886, in-18); *Mont-Oriol* (*Ibid.*, 1887, in-18); *Le Horla* (*Ibid.*, 1887, in-18); *Sur l'eau* (*Ibid.*, 1888, in-18); *Pierre et Jean* (*Ibid.*, 1888, in-18); *L'Héritage* (*Ibid.*, 1888, in-18); *Fort comme la mort* (*Ibid.*, 1889, in-18); *La main gauche* (*Ibid.*, 1889, in-18); *Hist. d'une fille de ferme* (*Ibid.*, 1889, in-18); *La vie errante* (*Ibid.*, 1889, in-18); *Notre cœur* (*Ibid.*, 1890, in-18); *L'Inutile beauté* (*Ibid.*, 1890, in-18); *Musotte* (*Ibid.*, 1891, in-18) et quelques autres volumes qui le classèrent aux premiers rangs de nos conteurs. La critique a tout dit, semble-t-il, du génie puissant de Maupassant, de la richesse de son invention et de la simplicité de ses moyens, mais elle n'a peut-être pas assez observé combien son œuvre est étroitement liée à la vie provinciale. Nul n'a, comme lui, peint les sites, représenté les scènes tantôt joyeuses, tantôt tragiques, de nos campagnes et décrit le caractère et les mœurs des paysans de la Haute-Normandie. Son intérêt pour tous les événements dont il fut le témoin dans sa première jeunesse est si frappant, son talent à les décrire, en une langue sobre, si émouvant que s'il nous fallait ajouter un nom à ceux des maîtres dont nos admirables littératures régionales s'énorgueillissent, nous n'hésiterions pas à citer après Balzac, Flaubert et Erckmann-Chatrian, l'auteur des *Contes de la Bécasse* et de la *Maison Tellier*. (On consultera sur Guy de Maupassant et son œuvre : A. Lombroso, *Souvenirs sur Maupassant*, Paris 1905, in-8°, et Ed. Maynial, *La Vie et l'Œuvre de Guy de Maupassant*, Paris 1907, in-18).

Tout cela sentait l'étable, le lait et le fumier, le foin et la sueur, dégageait cette saveur aigre, affreuse, humaine et bestiale, particulière aux gens des champs.

Maître Hauchecorne, de Bréauté, venait d'arriver à Goderville et il se dirigeait vers la place, quand il aperçut par terre un petit bout de ficelle. Maître Hauchecorne, économe en vrai normand, pensa que tout était bon à ramasser qui peut servir; et il se baissa péniblement, car il souffrait de rhumatismes. Il prit, par terre, le morceau de corde mince, et il se disposait à le rouler avec soin, quand il remarqua, sur le seuil de sa porte, maître Malandain, le bourrelier, qui le regardait. Ils avaient eu des affaires ensemble au sujet d'un licol, autrefois, et ils étaient restés fâchés, étant rancuniers tous les deux. Maître Hauchecorne fut pris d'une sorte de honte d'être vu ainsi, par son ennemi, cherchant dans la crotte un bout de ficelle. Il cacha brusquement sa trouvaille sous sa blouse, puis dans la poche de sa culotte; puis il fit semblant de chercher encore par terre quelque chose qu'il ne trouvait point, et il s'en alla vers le marché, la tête en avant, courbé en deux par ses douleurs.

Il se perdit aussitôt dans la foule criarde et lente, agitée par les interminables marchandages. Les paysans tâtaient les vaches, s'en allaient, revenaient perplexes, toujours dans la crainte d'être mis dedans, n'osant jamais se décider, épiant l'œil du vendeur, cherchant sans fin à découvrir la ruse de l'homme et le défaut de la bête.

Les femmes, ayant posé à leurs pieds leurs grands paniers, en avaient tiré leurs volailles qui gisaient par terre, liées par les pattes, l'œil effaré, la crête écarlate.

Elles écoutaient les propositions, maintenaient leurs prix, l'air sec, le visage impassible, ou bien tout à coup, se décidant au rabais proposé, criaient au client qui s'éloignait lentement :

— C'est dit, maît' Anthime. J'vous le donne.

Puis, peu à peu, la place se dépeupla, et l'*Angelus* sonnant midi, ceux qui demeuraient trop loin se répandirent dans les auberges.

Chez Jourdain, la grande salle était pleine de mangeurs, comme la vaste cour était pleine de véhicules de toute race, charrettes, cabriolets, chars à bancs, tilburys, carrioles innombrables, jaunes de crotte, déformées, rapiécées, levant au ciel, comme deux bras, leurs brancards, ou bien le nez par terre et le derrière en l'air.

Tout contre les dîneurs attablés, l'immense cheminée, pleine de flamme claire, jetait une chaleur vive dans le dos de la rangée de droite. Trois broches tournaient, chargées de poulets, de pigeons et de gigots; et une délectable odeur de viande rôtie et de jus ruisselant sur la peau rissolée, s'envolait de l'âtre, allumait les gaietés, mouillait les bouches.

Toute l'aristocratie de la charrue mangeait là, chez maît' Jourdain, aubergiste et maquignon, un malin qui avait des écus.

Les plats passaient, se vidaient comme les brocs de cidre jaune. Chacun racontait ses affaires, ses achats et ses ventes. On prenait des nouvelles des récoltes. Le temps était bon pour les verts, mais un peu mucre pour les blés.

Tout à coup, le tambour roula, dans la cour, devant la maison. Tout le monde aussitôt fut debout, sauf quelques indifférents, et on courut à la porte, aux fenêtres, la bouche encore pleine et la serviette à la main.

Après qu'il eut terminé son roulement, le crieur public lança d'une voix saccadée, scandant ses phrases à contretemps :

— Il est fait assavoir aux habitants de Goderville, et en général à toutes les personnes présentes au marché, qu'il a été perdu ce matin sur la route de Beuzeville, entre

BUSTE DE GUY DE MAUPASSANT, A ROUEN.
par Verlet.

neuf heures et dix heures, un portefeuille en cuir noir, contenant cinq cents francs et des papiers d'affaires. On est prié de le rapporter à la mairie incontinent, ou chez Maître Fortuné Houlbrèque, de Manneville. Il y aura vingt francs de récompense.

Puis l'homme s'en alla. On entendit encore une fois les battements de l'instrument et la voix affaiblie du crieur.

Alors on se mit à parler de cet événement en énumérant les

chances qu'avait maître Houlbrèque de retrouver ou de ne pas retrouver son portefeuille.

Et le repas s'acheva.

On finissait le café quand le brigadier de gendarmerie parut sur le seuil.

Il demanda.

— Maître Hauchecorne, de Bréauté, est-il ici?

Maître Hauchecorne, assis à l'autre bout de la table, répondit:

— Me v'là.

Et le brigadier reprit :

— Maître Hauchecorne, voulez-vous avoir la complaisance de m'accompagner à la mairie. M. le maire voudrait vous parler.

Le paysan surpris, inquiet, avala d'un coup son petit verre, se leva, et plus courbé encore que le matin, car les premiers pas après chaque repas étaient particulièrement difficiles, il se mit en route en répétant :

— Me v'là, me v'là.

Et il suivit le brigadier.

Le maire l'attendait, assis dans un fauteuil. C'était le notaire de l'endroit, homme gros, grave, à phrases pompeuses.

— Maître Hauchecorne, dit-il, on vous a vu ce matin ramasser, sur la route de Beuzeville, le portefeuille perdu par maître Houlbrèque de Manneville.

Le campagnard, interdit, regardait le maire, apeuré déjà par ce soupçon qui pesait sur lui, sans qu'il comprît pourquoi.

— Mé, mé, j'ai ramassé çu portafeuille?

— Oui, vous-même.

— Parole d'honneur, je n'en ai seulement point eu connaissance.

— On vous a vu.

— On m'a vu mé? Qui ça qui m'a vu?

— M. Malandain, le bourrelier.

Alors le vieux se rappela, comprit et, rougissant de colère:

— Ah! i m'a vu, çu manant! I m'a vu ramasser c'te ficelle-là, tenez, m'sieu le maire.

Et fouillant au fond de sa poche, il en retira le petit bout de corde.

Mais le maire, incrédule, remuait la tête.

— Vous ne me ferez pas accroire, maître Hauchecorne, que M. Malandain, qui est un homme digne de foi, a pris ce fil pour un portefeuille.

Le paysan, furieux, leva la main, cracha de côté pour attester son honneur, répétant :

— C'est pourtant la vérité du bon Dieu, la sainte vérité, m'sieu le maire. Là, sur mon âme et mon salut, je l'répète.

Le maire reprit :

— Après avoir ramassé l'objet, vous avez même encore cherché longtemps dans la boue, si quelque pièce de monnaie ne s'en était pas échappée.

Le bonhomme suffoquait d'indignation et de peur.

— Si on peut dire !... si on peut dire... des menteries comme ça pour dénaturer un honnête homme ! Si on peut dire !...

Il eut beau protester, on ne le crut pas.

Il fut confronté avec M. Malandain, qui répéta et soutint son affirmation. Ils s'injurièrent une heure durant. On fouilla, sur sa demande, maître Hauchecorne. On ne trouva rien sur lui.

Enfin le maire fort perplexe, le renvoya, en le prévenant qu'il allait aviser le parquet et demander des ordres.

La nouvelle s'était répandue. A sa sortie de la mairie, le vieux fut entouré, interrogé avec une curiosité sérieuse ou goguenarde, mais où n'entrait aucune indignation. Et il se mit à raconter l'histoire de la ficelle. On ne le crut pas. On riait.

Il allait, arrêté par tous, arrêtant ses connaissances, recommençant sans fin son récit et ses protestations, montrant ses poches retournées, pour prouver qu'il n'avait rien.

On lui disait :

— Vieux malin, va !

Et il se fâchait, s'exaspérant, enfiévré, désolé de n'être pas cru, ne sachant que faire, et contant toujours son histoire.

La nuit vint. Il fallait partir. Il se mit en route avec trois voisins à qui il montra la place où il avait ramassé le bout de corde ; et tout le long du chemin il parla de son aventure.

Le soir, il fit une tournée dans le village de Bréauté, afin de la dire à tout le monde. Il ne rencontra que des incrédules.

Il en fut malade toute la nuit.

Le lendemain, vers une heure de l'après-midi, Marius Paumelle, valet de ferme de maître Breton, cultivateur à Ymauville, rendait le portefeuille et son contenu à maître Houlbrèque, de Manneville.

Cet homme prétendait avoir, en effet, trouvé l'objet sur la route ; mais, ne sachant pas lire, il l'avait rapporté à la maison et donné à son patron.

La nouvelle se répandit aux environs. Maître Hauchecorne en fut informé. Il se mit aussitôt en tournée et commença à narrer son histoire complétée du dénouement. Il triomphait.

— C'qui m'faisait deuil, disait-il, c'est point tant la chose, comprenez-vous ; mais c'est la menterie. Y a rien qui vous nuit comme d'être en réprobation pour une menterie.

Tout le jour il parlait de son aventure, il la contait sur les routes aux gens qui passaient, au cabaret aux gens qui buvaient, à la sortie de l'église, le dimanche suivant. Il arrêtait des inconnus pour la leur dire. Maintenant, il était tranquille, et pourtant quelque chose le gênait sans qu'il sût au juste ce que c'était. On avait l'air de plaisanter en l'écoutant. On ne paraissait pas convaincu. Il lui semblait sentir des propos derrière son dos.

Le mardi de l'autre semaine, il se rendit au marché de Goderville, uniquement poussé par le besoin de conter son cas.

Malandain, debout sur sa porte, se mit à rire en le voyant passer. Pourquoi?

Il aborda un fermier de Criquetot, qui ne le laissa pas achever, et lui jetant une tape dans le creux de son ventre, lui cria par la figure : — Gros malin, va ! Puis lui tourna les talons.

Maître Hauchecorne demeura interdit et de plus en plus inquiet. Pourquoi l'avait-on appelé « gros malin. »?

Quand il fut assis à table, dans l'auberge de Jourdain, il se remit à expliquer l'affaire.

Un maquignon de Montivilliers lui cria :

— Allons, allons, vieille pratique, je la connais ta ficelle!

Hauchecorne balbutia :

— Puisqu'on l'a retrouvé, çu portafeuille !

Mais l'autre reprit :

— Tais té, mon pé, y en a un qui trouve, et y en a un qui r'porte. Ni vu, ni connu, je t'embrouille.

Le paysan resta suffoqué. Il comprenait enfin. On l'accusait d'avoir fait reporter le portefeuille par un compère, par un complice.

Il voulut protester. Toute la table se mit à rire.

Il ne put achever son dîner et s'en alla, au milieu des moqueries.

Il rentra chez lui honteux et indigné, étranglé par la colère, par la confusion, d'autant plus atterré qu'il était capable, avec sa finauderie de Normand, de faire ce dont on l'accusait, et même de s'en vanter comme d'un bon tour. Son innocence lui apparaissait confusément comme impossible à prouver, sa malice étant connue. Et il se sentait frappé au cœur par l'injustice du soupçon.

Alors il recommença à conter l'aventure, en allongeant chaque jour son récit, ajoutant chaque fois des raisons nouvelles, des protestations plus énergiques, des serments plus solennels qu'il imaginait, qu'il préparait dans ses heures de solitude, l'esprit uniquement occupé de l'histoire de la ficelle. On le croyait d'autant moins que sa défense était plus compliquée et son argumentation plus subtile.

PONT-AUDEMER. — MAISONS SUR LA RISLE.
(Extrait de *Sites et Monuments* du Touring-Club de France.)

— Ça, c'est des raisons d'menteux, disait-on derrière son dos.

Il le sentait, se rongeait les sangs, s'épuisait en efforts inutiles. Il dépérissait à vue d'œil.

Les plaisants maintenant lui faisaient conter « la Ficelle » pour s'amuser, comme on fait conter sa bataille au soldat qui a fait campagne. Son esprit, atteint à fond, s'affaiblissait.

Vers la fin de décembre il s'alita.

Il mourut dans les premiers jours de janvier, et dans le délire de l'agonie, il attestait son innocence, répétant :

— Une tite ficelle... une tite ficelle... t'nez, la voilà, m'sieu le maire.   (*Contes et Nouvelles*. Paris, CHARPENTIER, 1885, petit in-12)

F.-A. BOIELDIEU (Rouen, 1775-1834).
(Portrait peint par Boilly, gravé par J. Desjardins.)

F.-A. BOIELDIEU

JEAN LORRAIN (1)

La Marjolaine

Ce conte-là, c'est une vieille chanson de mon enfance, dont j'ai tant bien que mal essayé de rétablir le rythme et les rimes ; je crois entendre encore les voix traînardes des servantes qui la chantaient, non plus chez ma grand'mère, mais chez mes parents ; ah ! il y a longtemps de cela, dans la petite ville de la côte où j'ai passé mes toutes premières années. On la chantait à la veillée de Noël, en attendant la messe de minuit, et c'est dans la cuisine de la maison paternelle qu'elle émerveilla pour la première fois mon imagination de gosse amoureux de légendes, toujours échappé du salon pour venir me blottir entre les jupes des filles de service et les entendre poétiser, dans de vagues refrains populaires, leurs espérances et leurs terreurs.

Or, entre tant de chimériques sornettes, je l'aimais d'une affection toute particulière, l'histoire de cette belle fille emportée, les jupes sans dessus dessous, sous la nue glacée par ce terrible vent du Nord, ce vent de *Noroué* (2) que pendant le récit même nous entendions gémir là-bas sous les falaises.

---

(1) Fils unique d'un armateur, Jean LORRAIN, de son vrai nom Paul Alexandre-Martin Duval, naquit à Fécamp, le 9 août 1856, et mourut à Paris, le 30 juin 1906. Il fit ses études chez les Dominicains d'Arcueil et après une crise de mysticisme, s'engagea au 12e régim. de hussards, d'où il passa ensuite aux spahis de Biskra. Plus tard, il revit sa ville natale et vint se fixer à Paris. Sa carrière littéraire fut étroitement liée à sa vie intime. Poète, journaliste, conteur, romancier, auteur dramatique, Jean Lorrain a abordé tous les genres avec une égale maîtrise et pendant plus de vingt-cinq ans à retenu l'attention du public lettré. On connaît la liste copieuse de ses œuvres, mais l'on ignore généralement qu'en fils instinctif de la terre normande, et à l'égal de Flaubert, de Maupassant et d'Octave Mirbeau, ses compatriotes, il a parfois emprunté le décor de son pays natal, afin d'y situer quelques-unes de ses plus troublantes fictions. C'est ainsi qu'il écrivit *Les Lepillier* (Paris, Giraud, 1885, in-18), livre destiné à peindre les mœurs de Fécamp; *Très Russe* (*Ibid.*, 1886, in-18), roman dont l'action se passe à Yport, et ce charmant petit recueil: *Contes pour lire à la chandelle* (Paris, Mercure de France, 1897, in-12) où les impressions d'enfance et les évocations surannées se mêlent à je ne sais quelle reminiscence de folklore. (On consultera utilement sur Jean Lorrain, les ouvrages suivants: E. Gaubert, *J. Lorrain* (Bibliographie par Ad. B.), 1905; G. Normandy, *J. Lorrain*, 1855-1906, Paris, Biblioth. génér. d'éd., 1907, in-18; Ad. van Bever et P. Léautaud, *Poètes d'aujourd'hui*, t. I.)

(2) Noroué, pour Nord-Ouest.

On dansait sur le pont du Nord
Et la bise y soufflait si fort
Qu'elle enleva la Marjolaine,

La Marjolaine et la futaine
De sa jupe et ses bas de laine;
Et le nuage en son essor

La frôlait, et loin de la ville
La pauvre fille vole et file
Toujours plus dru, toujours plus fort.

Elle tourbillonne et s'écrie :
« Jésus et Madame Marie,
« Puisque je vogue vers la mort,

« Faites qu'aussitôt étourdie
« De ma chute, j'entre brandie
« Dans votre ciel étoilé d'or. »

Et sous la nue âpre et glacée,
Voilà la prière exaucée :
Au clocher de Saint-Évremond,

La Marjolaine, âme éperdue,
Reste tout à coup suspendue
Par un accroc de son jupon.

Par la nuit froide et pluvieuse
La gargouille silencieuse
Prend soudain parole et lui dit :

« Peu résistante est la futaine,
Songe à ton heure, hélas ! prochaine,
Entends-tu rire le Maudit? »

Et sous le vent rageur d'automne,
La belle s'épeure et frissonne
Au-dessus du vide entr'ouvert.

Elle compte dans la nuit brune
Les toits bleuissants sous la lune
Et les saints du parvis désert.

Et le Maudit déjà ricane,
Quand un parfum monte et s'émane,
De benjoin, d'encens et de nards,

Et portant à la main des palmes,
Dans l'espace et sous le ciel calmes
Ascensionnent de grands vieillards;

ÉTRETAT. — LA MANNEPORTE.
(Extrait de *Sites et Monuments* du Touring-Club de France.)

De grands vieillards en robe blanche,
Dont le front chauve oscille et penche
Sur des chapes de lourds brocarts,

Et puis ce sont par théories
Des vierges en robes fleuries
D'étoiles et de lys épars.

Les fronts sont nimbés d'auréoles,
De longs archanges en étoles
Font cortège, et de purs regards

D'azur sombre, où l'on sent des âmes,
Sillonnent de grands traits de flamme
La nuit, la lune et ses brouillards.

> Et cela monte avec des psaumes
> Et des noëls, anges, fantômes
> De vierges saintes et d'élus,
>
> Et conduit en cérémonie
> La Marjolaine à l'agonie
> Dans le paradis de Jésus.

Cette Marjolaine, je me la figurais en tous points semblable aux robustes et belles Normandes qui servaient chez ma mère; c'était le même costume, bas de laine et jupes de futaine, comme dans la chanson, et dans mon imagination précoce, c'était ma bonne Héloïse, celle qui s'occupait de moi, qu'il me semblait voir tourbillonner comme une toupie au-dessus des jetées toutes ruisselantes d'écume, déjà loin, bien loin de ce fameux pont du Nord de la ballade, que je confondais à la fois avec le pont d'Avignon et la passerelle du port jetée juste devant notre maison.

C'est au clocher de Saint-Étienne, notre paroisse, que je la suspendais par l'accroc de son jupon; mais, chose étrange, c'est sur les tours de Saint-Ouen, toutes hérissées de figures grimaçantes, guivres, tarasques et grenouilles ailées, que je plaçais le funeste entretien des gargouilles. Par la nuit froide et pluvieuse

> La gargouille silencieuse
> Prend soudain parole et lui dit...

Oh! ce colloque lapidaire de la gargouille enchantée sous le bain de vif-argent de la lune, de quelle délicieuse épouvante il me faisait frissonner!

Je voyais la bête de granit darder hors de ses orbites ses aveugles prunelles sculptées; elle avait un peu redressé son long col écailleux comme un gorgerin; des plis de pierre immuablement durcie semblaient frémir sous son ventre et des lueurs de lune coulaient, comme une bave, entre ses mâchoires de lézard.

Ce monstre héraldique, je l'avais remarqué, noté dans ma mémoire d'enfant lors de mon ascension sur les tours de Saint-Ouen, à un déjà lointain voyage à Rouen, et, par une bizarre association de souvenirs, ce sont les toits, les clochers, tout le panorama de la vieille ville normande que j'évoquais sous les yeux éperdus de la Marjolaine, demeurée accrochée au clocher de Saint-Évremond.

> Et sous le vent rageur d'automne,
> La belle s'épeure et frissonne
> Au-dessus du vide entr'ouvert.

Elle compte dans la nuit brune
Les toits bleuissants sous la lune,
Et les saints du parvis désert.

Une cuisse de femme serrée au-dessus du genou d'une jarretière bleue obsédait aussi mon souvenir. Je partageais encore la chambre de ma bonne et il m'était arrivé souvent de la guetter se déshabiller alors que la brave fille se gênait un peu moins, me croyant endormi ; ce coin de chair entrevu me hantait et me faisait rougir, et c'est la robuste nudité d'Héloïse que je prêtais à la Marjolaine suspendue frissonnante au-dessus des toits assiégés par l'hiver.

Des psaumes et des musiques s'élevant dans la nuit autour de la fille mourante, c'était pour moi l'*adeste fideles* que j'allais entendre à la messe prochaine ; les vitraux de l'église m'avaient familiarisé avec les patriarches à longues barbes fleuries et les saintes en longues robes ramagées du cortège libérateur ; les enfants de chœur personnifiaient pour moi la juvénile théorie des anges ; et, au sortir de la messe de minuit, encore tout grisé de cantiques et d'encens, il m'arrivait de m'arrêter à quelques pas du porche et de regarder en l'air si l'ascension des évêques et des vierges de la légende déroulait ses spirales autour du clocher de Saint-Étienne.

Mais la neige et le clair de lune hantaient seuls la vieille tour romane, où ne veillait aucune gargouille ; et j'avais rêvé éveillé, bercé au ronronnement de rouet de ce vieux conte flamand, devenu dans ma cervelle un conte pieux de Noël.

(*Contes pour lire à la chandelle*
(Paris, MERCURE DE FRANCE, 1897, petit in-18.)

REMY DE GOURMONT (1)

Le Mont-Saint-Michel

J'ai enfin trouvé, dans un journal scientifique, *la Nature*, une bonne étude sur cette question de la digue du Mont-Saint-Michel

---

(1) M. Remy de GOURMONT est né le 4 avril 1858, au château de la Motte, à Bazoches-en-Houlme (Orne). Il appartient à une vieille famille, du Cotentin de laquelle sont issus quelques imprimeurs célèbres des xve et xvie siècles et le peintre Jean de Gourmont. Sa grand'mère maternelle,

qui, tous les ans, inspire à des artistes et à des littérateurs bien intentionnés tant de propos inutiles. Je connais d'ailleurs assez bien le problème et je suis, depuis mon enfance, familier avec l'ancienne île de pierres sculptées. Vers 1856, une concession de 2.800 hectares fut accordée à une société dans la baie du Mont-Saint-Michel. Ces hectares n'étaient pas même du sable un peu consistant, un peu rassis, mais alternativement de l'eau et des sables mouvants. Ils formaient un triangle dont la base idéale, touchant au mont isolé, partait de l'embouchure de la Sélune, au-dessous d'Avranches, pour se diriger à travers presque toute la baie vers la chapelle Sainte-Anne, au-dessus de Dol. Ses deux côtés, fort irréguliers, avaient leur sommet à la jonction du rivage et de la rivière de Couesnon, au nord de Pontorson. Il s'agissait de chasser la mer de ce vaste espace, d'y instituer un sol, d'y faire pousser de l'herbe. Pour cela on entreprit la construction, non pas d'une digue, mais de deux digues, l'une maintenant le cours rectifié du Couesnon et se dirigeant du rivage sud vers le mont, l'autre rejetant vers le nord les deux capricieuses rivières la Sélune et la Sée, qui, à l'est, se jettent dans la baie par d'assez profonds estuaires. Ce fut un travail prodigieux qui, après plus de cinquante-cinq ans, n'a pas encore donné tous ses résultats, mais il ne s'en faut guère. En brisant le flot de la marée montante, les dunes précipitent le dépôt de ce limon, appelé *tangue*, que la

---

une Malherbe, le rattache à la famille du poète de ce nom et confirme ses origines normandes. Venu à Paris, en 1883, il entra à la Bibliothèque Nationale. Il fut révoqué quelques années après, pour avoir écrit un article, *Le joujou patriotique*, qui fut jugé subversif dans les milieux officiels. M. Remy de Gourmont se consacra depuis aux lettres, collaborant aux journaux et aux principales revues de ce temps, et touchant, avec une égale maîtrise, à tous les sujets de l'activité humaine. Il a donné jusqu'ici plus de cinquante volumes, parmi lesquels il faut citer: *Sixtine* (1890), *Le Latin mystique* (1892), *Lilith* (1892 et 1901), *Le Fantôme* (1893), *Théodat* (1893), *Histoires magiques* (1894), *Le Pèlerin du Silence* (1896), *Le Livre des Masques* et le *Livre IIe des Masques* (1896-1898), *Esthétique de la langue française* (1899), *Le Songe d'une femme* (1899), *La Culture des idées* (1900), *Simone* (1901), *Le Chemin de velours* (1902), *Le Problème du style* (1902), *Epilogues* (I, II et III, 1903-1904 et 1905), *Physique de l'amour* (1903, *Promenades littéraires* (I, II, III, 1904, 1906 et 1909), *Promenades philosophiques* (I, II, III, 1905, 1908 et 1909). *Une Nuit au Luxembourg* (1906), *Un Cœur virginal* (1907), *Dialogues des amateurs* (I, II, 1905-1907), *Divertissements* (1912), etc. Normand de race, M. Remy de Gourmont s'est rappelé souvent sa province. Ses poèmes, ses articles, voire même ses livres sont pleins de notations savoureuses où ses compatriotes peuvent surprendre comme un air du pays. (Voyez: P. de Querlon, *Remy de Gourmont*, etc., Paris, Sansot, 1903, in-18; Ad. van Bever et P. Léautaud, *Poètes d'aujourd'hui*, t. I; P. Delior, *Remy de Gourmont et son œuvre*, Paris, Mercure de France, 1909, in-16.)

mer balaye sur de larges espaces, apporte avec elle et, avant les digues, remportait en grande partie avec son mouvement de reflux. Il est pourtant certain, car c'est un phénomène visible sur toutes ces côtes, que les digues n'ont été qu'un adjuvant au travail naturel des marées. Si l'homme n'avait pas touché à la géographie de la baie, sa transformation en plaine herbeuse eût été très lente, mais elle se serait faite néanmoins au cours des siècles. Les digues ont seulement hâté une modification géologique heureusement, inévitable, et qui semble n'être qu'une des phases de la grande marée qui, alternativement, couvre et découvre, le long des siècles, les rivages de la France. Jadis, et il y en a encore des souvenirs et des traces, la baie du Mont-Saint-Michel était infiniment plus vaste qu'avant 1855; elle devait s'avancer jusque vers les premières maisons de Pontorson, peut-être jusqu'au Mont-Dol, qui pourrait bien avoir été, dans les temps passés, une île dominant de larges espaces marins, jusque vers Saint-Malo.

Quand les Hollandais, qui ont déjà conquis une partie de leur pays sur la mer, parlent de dessécher le Zuider-Zée, on trouve cela admirable, mais quand les Français tentent de solidifier la baie du Mont-Saint-Michel, ils ne recueillent que des injures !

Les entreprises sont cependant du même ordre. Toutes les deux ont intelligentes et avantageuses, quoique dans des proportions

REMY DE GOURMONT
(Gravure sur bois de P.-E. Vibert. Collection des « Maîtres du Livre » (G. Crès, éditeur.)

différentes. Quelle est donc la cause de telles divergences? L'ancien nom du Mont-Saint-Michel « au péril de la mer », tout simplement. On souffre que l'île magique soit, dès à présent, devenue une presqu'île, on redoute que les moutons, qui déjà paissent à trois cents mètres des remparts, n'entourent bientôt la merveille de leur flot monotone et utilitaire. « Si aucune mesure efficace n'intervient, dit M. Bernard, dans l'article cité plus haut, il est facile de calculer que, dans une vingtaine d'années, le problème, posé en 1156, sera complètement résolu et le Mont-Saint-Michel s'élèvera entouré de champs cultivés. » Voilà donc le désastre. Mais si au lieu de vingt ans, on disait : « Dans cinq ou six siècles... », en serions-nous aussi vivement touchés? C'est peu probable. Disons-nous donc, encore une fois, que la compagnie des polders n'a fait que nous rendre contemporains d'un événement qui devait arriver dans la suite des temps, par nécessité géologique, et n'y pensons plus. Quand on connaît les côtes basses du littoral de la Manche, on se rend compte que les gains de la terre sur la mer se font partout, autour de l'embouchure des petites rivières; partout la mer se retire et partout les sables qu'elle a délaissés se couvrent d'herbes et de moutons, de champs d'avoine, de champs de pommes de terre. C'est une compensation aux falaises que, plus au nord, elle dévore avec un appétit fort régulier.

Cela n'empêche pas de se reporter au temps passé et de rêver du vieux Mont-Saint-Michel. Je l'ai connu avant que la digue de Pontorson fût commencée, alors que celle de la Roche-Lodin se débattait encore contre les premières difficultés ; je l'ai connu avant les restaurations, avant les touristes, avant les hôtels, quand il se dressait nu et inconnu dans les grèves et dans les flots, quand c'était une expédition que d'aller là, quand il fallait louer une voiture et un guide qui vous faisait peur des sables mouvants, quand cela valait la peine, enfin. Le Mont-Saint-Michel, j'en ai fait le tour en barque, au clair de la lune, avec des marins qui chantaient des complaintes bretonnes, et je nommais par leur nom les tours et les poternes à mesure qu'elles passaient sous nos yeux. Si quelqu'un devait regretter le vieux Mont-Saint-Michel, c'est moi, mais je ne regrette jamais rien. J'ai trop de philosophie : les choses comme les hommes doivent subir leur destinée. Seulement, je n'y vais plus, depuis que tout le monde y va. Est-ce que je retrouverais ma vieille chambre qui ouvrait sur les remparts, où je pouvais me promener une partie de la nuit et regarder le flot monter d'une poussée rapide et entourer en quelques instants les murailles qui sonnaient sous ses coups !

J'ai vu les ruines du vieux cloître où poussaient des herbes folles, le vieux cloître dolent si gracieusement refait en sucre blanc, comme par un confiseur, la rude salle des chevaliers aux peintures effacées (maintenant elles sont toutes neuves), le cachot de Barbès, grand comme une cage, la Merveille froide et nue, où les siècles sommeillaient dans le silence !

Pour moi le Mont-Saint-Michel n'est plus qu'une vision. La première fois que j'y suis allé, c'était à pied, à travers les grèves,

MONT SAINT-MICHEL. — GRANDE-RUE EN 1842.
(Dessin de Séchan, lith. de E. Ciceri.)

Au moindre bruit, à la moindre flaque d'eau miroitant au loin, on croyait voir le flot se gonfler. On consultait sa montre pour se rassurer. La dernière fois, c'était par la digue où les rails déjà étaient posés. Entre ces deux étapes, j'y ai passé bien des jours, même l'hiver, dans la tempête. Je ne le reverrai plus, et c'est beaucoup moins la digue, après tout commode, qui m'en éloigne, que l'amas et la stupidité des touristes. Il est triste qu'une belle chose n'acquière toute sa beauté que par l'admiration des hommes, et que cette admiration créatrice devienne si vite indiscrète. Mais tout est contradictoire. C'est une nécessité de vie. La foule gâte le Mont Saint-Michel et sans la foule il vivrait à peine (1).

OCTAVE MIRBEAU (2)

Hé! Père Nicolas!

Il y avait deux longues heures que nous marchions dans les champs, sous le soleil qui tombait du ciel comme une pluie de feu; la sueur ruisselait sur mon corps et la soif, une soif ardente, me dévorait. En vain, j'avais cherché un ru, dont l'eau fraîche chante sous les feuilles, ou bien une source, comme il s'en trouve pourtant beaucoup dans le pays, une petite source qui dort dans sa niche de terre moussue, pareille aux niches où nichent les saints campagnards. Et je me désespérais, la langue desséchée et la gorge brûlante.

— Allons jusqu'à la Heurtaudière, cette ferme que vous voyez là-bas, me dit mon compagnon; le père Nicolas nous donnera du bon lait.

Nous traversâmes un large guéret dont les mottes crevaient

---

(1) *La Dépêche*, de Toulouse, 23 janvier 1911.
(2) Né à Trévières, près d'Isigny, en plein Calvados, le 16 février 1850, Octave MIRBEAU appartient à une vieille famille normande. Après avoir achevé ses études chez les jésuites, il fit ses débuts dans le journalisme et publia ce livre expressif : *Lettres de ma Chaumière* (Paris, Laurent 1886, in-12), qui, réimprimé en partie sous ce titre : *Contes de la Chaumière* (Paris, Fasquelle, 1894, in-32), exhale une forte odeur de terroir. Il a donné depuis, des romans : *Le Calvaire* (Paris, Ollendorff, 1887, in-18; *L'Abbé Jules* (ibid, 1888, in-18); *Sébastien Roch* (Paris, Fasquelle, 1890, in-18); *Le Jardin des Supplices* (ibid, 1899, in-8°); *Le Journal d'une femme de Chambre* (Paris, Ed. de la Rev. Blanche, 1901, in-18); *Les Vingt-et-un jours d'un neurasthénique* (Paris, Fasquelle, 1902, in-8°), des études diverses, enfin des pièces de théâtre qui firent grand bruit : *Les Mauvais Bergers* (Théâtre de la Renaissance, 1897); *Les Affaires sont les Affaires* (Théâtre Français, 1903); *Le Foyer*, (ibid. 1910), etc., etc. Romancier original, auteur dramatique émouvant, conteur au style âpre, et pittoresque, journaliste véhément et satirique, mais dépourvu le plus souvent de lyrisme, Octave Mirbeau appartient à cette race des écrivains normands contemporains qui a déjà donné à la littérature française les noms de Flaubert, Barbey d'Aurevilly, Maupassant, Lorrain, Remy de Gourmont, etc.

sous nos pas en poussière rouge; puis, ayant longé un champ d'avoine, que la brise légère moirait de reflets bleuâtres, nous arrivâmes en un verger où des vaches, à la robe bringelée, dormaient couchées à l'ombre des pommiers. Au bout du verger était la ferme. Il n'y avait dans la cour, formée par quatre pauvres bâtiments, aucun être vivant, sinon les poules picorant le fumier qui, tout près de la bergerie, baignait dans un lit immonde de purin. Après avoir inutilement essayé d'ouvrir les portes fermées et barricadées, mon compagnon dit :

— Sans doute que le monde est aux champs.

Pourtant il héla :
— Père Nicolas ! Hé ! père Nicolas !

Aucune voix ne répondit :
— Hé ! père Nicolas !

Ce second appel n'eut pour résultat que d'effaroucher les poules qui s'égaillèrent en gloussant et en battant de l'aile.

— Père Nicolas !

Très désappointé, je pensais sérieusement à aller traire moi-même les vaches du verger, quand une tête de vieille femme revêche, ridée et toute rouge, apparut à la porte entrebâillée d'un grenier.

FEMMES DE COUTANCES ET D'AVRANCHES.
(Dessin et lith. de H. Lalaisse.)

— Quen? s'écria la paysanne, c'est-y vous, monsieur Joseph? J'vous avions point remis, ben sû, tout d'suite. Faites excuses et la compagnie.

Elle se montra tout à fait. Un bonnet de coton, dont la mèche était ramenée sur le front, enserrait sa tête; une partie des épaules et le cou, qu'on eût dit de brique, tant ils avaient été cuits et recuits par le soleil, sortaient décharnés, ravinés, des plis flottants de la chemise de grosse toile que rattachait, aux hanches, un jupon court d'enfant à rayures noires et grises. Des sabots grossièrement taillés à même le tronc d'un hêtre, servaient de chaussures à ses pieds nus, violets et gercés comme un vieux morceau de cuir.

La paysanne ferma la porte du grenier, assujettit l'échelle par où l'on descendait; mais avant de mettre le pied sur le premier barreau, elle demanda à mon compagnon :

— C'est-y vous qu'avions hélé après le père Nicolas, moun homme?

— Oui, la mère, c'est moi.

— Qué qu'vous l'y v'lez, au père Nicolas?

— Il fait chaud, nous avions soif, et nous voulions lui demander une jatte de lait.

— Espérez-mé, monsieur Joseph; j'vas à quant vous.

Elle descendit le long de l'échelle, lentement, en faisant claquer ses sabots.

— Le père Nicolas n'est donc point là? interrogea mon compagnon.

— Faites excuses, répondit la vieille, il est là. Ah! pargué si! y est, le pauv'bonhomme, pas prêt à démarrer, pour sû! On l'a mis en bière à c'matin.

Elle était tout à fait descendue. Après s'être essuyé le front, où la sueur coulait par larges gouttes, elle ajouta :

— Oui, monsieur Joseph, il est mô, le père Nicolas. Ça y est arrivé hier dans la soirant.

Comme nous prenions une mine contristée :

— Ça ne fait ren, ren en tout, dit-elle, v'allez entrer vous rafraîchi un brin, et vous met' à vout' aise, attendiment que j'vas qu'ri ce qui vous faut.

Elle ouvrit la porte de l'habitation, fermée à double tour.

— Entrez, messieurs, et n'vous gênez point... faites comme cheux vous... T'nez, l'v'la, l'père Nicolas.

Sous les poutres enfumées au fond de la grande pièce sombre, entre les deux lits, drapés d'indienne, sur deux chaises était posé un cercueil de bois blanc, à demi recouvert d'une nappe de toile écrue qu'ornaient seulement le crucifix de cuivre et le rameau de buis bénit. Au pied du cercueil, on avait apporté une petite table sur laquelle une chandelle coulante, en guise de cierge, achevait de se consumer tristement. Tout près, s'étalait un pot de terre brune, plein d'eau bénite, avec un mince balai de genêts servant d'aspergeoir. Ayant fait le signe de la croix, nous jetâmes un peu d'eau sur la bière, et, sans rien dire, nous nous assîmes devant la grande table, en nous regardant ahuris.

La mère Nicolas ne tarda pas à rentrer. Elle apportait avec précaution une vaste jatte de lait qu'elle déposa sur la table en disant :

— Vous pouvez ben en boire tout vout' saou, allez ! Y en a pas de pus bon et de pus frais.

Pendant qu'elle disposait les bols et qu'elle tirait de la huche la bonne miche de pain bis, mon compagnon lui demanda :

— Était-il malade depuis longtemps, le père Nicolas ?

— Point en tout, monsieur Joseph, répondit la vieille. Pour dire, d'pis queuque temps, y n'était pas vaillant, vaillant. Ça le tracassait dans les pomons ; l'sang, à c'que

FEMMES DE LUC-SUR-MER (Calvados).
VERS 1850.
(Dessin et lith. de H. Lalaisse.)

j'créais. Deux coups, il était v'nu blanc, pis violet, pis noir, pis il était chu, quasiment mô.

— Vous n'avez donc pas été chercher le médecin ?

— Ben sûr non, monsieur Joseph, qu'j'ons point été l'qu'ri, l'médecin. Pour malade y n'était point malade pour dire. Ça ne l'empêchait point d'aller à droite, à gauche, de virer partout avé les gars. Hier, j'vas au marché ; quand je reviens, v'là-t-y pas que l'père Nicolas était assis, la tête cont' la table, les bras ballants, et qui ne bougeait pas pus qu'eune pierre. « Moun homme ! » qu'j'y dis. Ren. « Père Nicolas, moun homme ! » qu' j'y dis cont' l'oreille. Ren, ren, ren en tout. Alors, j'l'bouge comme ça. Mais v'l'à-t-y pas qu'y s'met à branler, pis qu'y chute su l'plancher, pis qu'y reste sans seulement mouver eune patte, et noir, noir quasiment comme du charbon. «Bon sens, qu'j'dis, l'père Nicolas qu'est mô ! » Et il était mô, monsieur Joseph, tout à fait mô... Mais vous n'buvez point... Ne v'gênez pas... j'en ai cor, allez... Et pis j'faisons point le beurre en c'moment...

— C'est un grand malheur, dis-je.

— Qué qu'vous v'lez ! répondit la paysanne. C'est l'bon Dieu qui l'veut, ben sûr.

— Vous n'avez donc personne pour le veiller? interrompit mon compagnon. Et vos enfants?

— Oh ! y a pas de danger qu'y s'en aille, le pauv' bonhomme. Et pis les gars sont aux champs, à rentrer les foins. Faut pas qu'la besogne chôme pour ça... Ça n' l' f'rait point r'veni, dites, pis qu'il est mô !

Nous avions fini de boire notre lait. Après quelques remerciements, nous quittâmes la mère Nicolas, troublés, ne sachant pas s'il fallait admirer ou maudire cette insensibilité du paysan, dans la mort, la mort qui pourtant fait japper douloureusement les chiens dans le chenil vide, et qui met comme un sanglot et comme une plainte au chant des oiseaux, près des nids dévastés.

(*Contes de la Chimière*. Paris, CHARPENTIER. 1894. in-24.)

CH. TH. FÉRET (1)

L'ancien cimetière de Quillebeuf

Avant que la mer s'en allât,
L'ancien cimetière était là,
Dans l'ombre des arceaux gothiques,
Dernier havre où les vieux Danois
Jetaient l'ancre, après les tournois
Sur l'Océan et les Baltiques.

(1) D'une vieille famille originaire du Cotentin, Charles-Théophile FÉRET, est né à Quillebeuf, dans l'estuaire séquanien, en 1859. Il compte

Des pans du mur de Concini,
Une échauguette de granit
Qu'un boulet de la Ligue échancre,
Des créneaux de ronces ourlés,
Vieux débris dans l'herbe croulés,
Parlaient encor du marquis d'Ancre.

Dans la mer au rauque juron
La falaise entrait l'éperon
Cornu d'un Drakkar scandinave.
Mais submergé comme une nef,
Le cap fut maintes fois le fief
Sonore et glauque de l'Epave.

Même un jour le portail roman
Du flot vit l'épouvantement.
Le pâle troupeau des dévotes
Clamait son angoisse aux cieux sourds.
Le vent jetait aux piliers lourds
Comme à des mâts ses cris despotes.

De petits navires votifs
Pendaient aux voûtes. Ces captifs
Surent le roulis de la lame ;
Et le sacrilège courroux
De la vague parut jaloux
De les reprendre à Notre-Dame

---

parmi ses ancêtres des imprimeurs de Caen, des avocats au Parlement de Normandie, puis des chouans tués à Quiberon, à Granville, ou à Verneuil, lors des insurrections normandes. Quelques-uns ont déterminé en lui cet amour du terroir qui l'a porté tout naturellement à exalter son pays. On lui doit une série d'ouvrages très remarqués, parmi lesquels nous citerons des recueils de poèmes : *La Normandie exaltée* (Paris, E. Dumont, 1902, in-8º); *Le Verger des Muses* (Paris, Dumont, 1911, in-12); des contes « de Quillebeuf et du Roumois » : *Frère de Norvège* (Paris, Dumont, 1899, in-8º); *Le Sixième Précepte* (Paris, Jehlen, 1899, in-8º); *La Fille du menuisier* (Tours, impr. P. Bousrez, 1901, in-8º); *Les Chauffeurs* (Alençon, Herpin, 1901, in-8º); *L'Enfant de Mlle Dousse* (Ibid., 1902, in-8º); *Sœur Barbue* (Le Havre, à « La Gerbe », 1904, in-8º); *L'Imaigier de Jumièges, en vieil langaige françoys* (Evreux, « Au Pays. Normand », 1907, in-8º); des études critiques : *Les Origines de François Villon* (Paris, Floury, 1904, in-18); *Les Poétesses normandes. Du Bidet au Pégase* (Paris, Rey, 1907, in-18), enfin un drame admirable, en cinq actes, *Maître François Villon* (Paris, Daragon, 1908, in-12). Ecrivain pittoresque, poète original, M. Ch. Th. Féret est un des représentants les plus caractéristiques de la littérature provinciale de ce temps. Nul n'a mieux que lui décrit les mœurs et les coutumes, peint les types des anciennes cités du pays normand.

Contre nous de la Médicis
Et du comte d'Harcourt, Thétis
Semblait encore épouser l'ire,
Défonçant les ais des cercueils,
Et bavant son écume aux seuils
Que nos genoux aimaient élire.

On fit un tas des pauvres os
Qui restaient toujours les vassaux
De la tourmente, hors la vie !
Et sur le plateau roumoisan
Un cimetière paysan
Fut ton hôte, ô Scandinavie !

Dans l'ancien champ du fossoyeur,
L'Oubli, mauvaise herbe du cœur,
Verdit sur les dalles désertes.
Puis le tertre s'est effacé,
Mer lisse où le vent a cessé
De bossuer des tombes vertes.

La horde aux cris clairs des bambins
Y culbute *annui* les lambins
Es jeux de la *cligne-muchette*;
Et l'on dit que plus d'une en mai
A son beau pilote pâmé
Y donne sa bouche en cachette.

De mon temps, les vieux matelots,
S'ils passaient au funèbre enclos,
Découvraient leurs fronts gris. Les femmes
Faisaient le signe de la croix,
Tremblant, par les sentiers étroits,
De marcher sur les pauvres âmes.

Oh ! j'évoque ma mère, allant
L'air cérémonieux et lent,
Sa main pâle au livre de messe.
Que de fois, en passant par là,
Sa voix éteinte me parla...
« Charles, fais-moi cette promesse.

« Ne cours point là. Ne cueille ici
Ni pâquerette ni souci.
Laisse sa fleurette à la tombe.
Tant de coffres chers là-dessous
Sonnèrent au heurt des cailloux
L'adieu qui sur le cœur retombe.

« Les meilleurs partent les premiers.
Tiens, où gémissent ces ramiers,
Ce qui fut mes frères habite.
Ma mère dort sous ces bluets,
Comme si ses yeux violets
Jaillissaient en fleurs de l'orbite. »

Et le doigt de cire tremblant
Ressuscitait un peuple blanc
Pour l'enfant mystique et livide.
Des sombres Walhallas venus,
Les pâles aïeux, reconnus,
Lui dardaient leur prunelle vide.

Si les jeunes ont oublié
Et s'ils ne savent plus plier
Les genoux, jamais ne s'est tue,
Voix de la Race et du Passé,
La Saga du scalde inlassé,
O Poète, ta voix têtue.

D'un fiord brumeux des Faroër
Cinglèrent les Rois de la Mer,
L'aile des Dragons pour frégates.
Ici leurs rouges pavillons
Ont fait régner les Trois Lions :
Respect aux tombes des Pirates

Le Retour au Pays

Etape sur la Route

SAINTE-OPPORTUNE

En pleurs, le Passé goutte à goutte
Bruine sur mon cœur frileux.
J'ai sous les pommiers de la route
Là-bas reconnu les toits bleus !...

Sainte-Opportune, la charrue
Efface au sillon des guérets
La vieille route disparue
Qui nous mena vers le marais.

On m'a dit qu'en cette chaumière,
Moins haut que ces coquelicots,
Tout nu sous la blonde lumière
Je me battais avec les coqs.

Puis sur la lande violette,
Barbouillé de Virgile, j'ai
Traduit dans ma prime odelette
Tityre, harmonieux berger.

Ici la gardeuse de dindes
M'apparut Nymphe, et les pivers
Sur ces monts que je crus des Pindes
Ont dû siffler mes premiers vers.

Ormes du Passé, dont les faîtes
Ne tressaillent point à mes pas,
Ah! quels grands oublieux vous faites.
Suis-je donc si changé? — Vous pas.

Rappelez-vous donc mes airs nices,
Mes yeux ingénus et lointains,
Effarés comme des génisses
Sur l'herbe des premiers matins.

Sur la diligence qui grince,
Saluez-vous, rameaux touffus,
Quelque autre enfant au trousseau mince,
Ivre d'azur comme je fus?

Vous restez; nous passons, débiles
Et fous d'un effort vagabond.
Raillez-nous, Juges immobiles!
Courir, puisqu'on meurt, à quoi bon?

CATHÉDRALE DE COUTANCES

Bayeux

LA TAPISSERIE DE LA REINE MATHILDE

C'est la Geste normande écrite avec la laine !
Sur des feux d'Iliade on grille les taureaux ;
Voici les longs Archers, les Serfs en courts sarraux,
Les focs enflés sur les beauprés à la poulaine ;

Le pennon du Bâtard sur Hastings ! Et la plaine,
Où les nefs de conquête ont vomi les héros,
Ondule sous le vol meurtrier des carreaux.
Là gît Harold. Le fer lui tremble encor dans l'aine.

L'Ost barbare surgit avec ses gonfalons,
Le casque aigu, la cotte, et les boucliers longs.
Certes, l'Aiguille a bien mérité de l'Epée.

Sculpte au marbre, Ymaigier; Wace, prends ton vélin.
L'Epouse, elle, a voulu coudre ici sur le lin
Ce que l'Epoux taillait d'estoc dans l'Epopée.

Le Point d'Alençon

Trace au vélin ta tâche; enlace les méandres
Où l'aiguille bâtit les réseaux à six pans.
Puis, sur la maille claire et transparente, épands
Les fleurs opaques pour le jabot des Léandres.

Prends un fil comme octobre en étire aux filandres,
Un lin de rêve ! Tords les annelets pimpants,
Lutte en blanc frêle avec l'or ocellé des paons,
Fais Alençon rival de Venise et des Flandres.

Qu'importe si, fronçant ta dentelle en canons,
Ils t'ignorent, le beau Marquis des Trianons,
Et le sein vaporeux sous ta gaze, à Versailles !

Vends, Manon ; et t'achète au denier esterlin
La croix à la Jeannette, une coiffe de lin,
Et — beaux doigts diligents, — l'anneau de fiançailles !

(*La Normandie exaltée*, 1902.)

Poésies populaires de la Normandie

I

NOEL (1).

Venez, gentils bergers,
Hastez vos pas légers,
Accourez en liesse,
Venez voir l'enfançon,
Son ris et sa façon
Remplie d'alégresse.

Cest enfant qui est né,
C'est le Verbe incarné
En la saison promise.
Si Dieu et l'homme en paix
Sont unis désormais,
C'est par son entremise.

Il ne vient pas armé
D'un flambeau alumé,
Ni de traicts ni de flèches :
Cet amour, qui est Dieu,
Commandant en tout lieu,
Est nud dans une crèche.

---

(1) La pièce qu'on lira ici est extraite de l'ouvrage suivant : *Noëls Normands publiés avec musique gravée, introduction et notes, d'après deux manuscrits appartenant à M. le Marquis des Roys*, par Christophe Allard. (Rouen, imp. Cagniard, 1895, in-8°.)

Libres il a les yeux
Pour regarder les cieux
Et voir nostre misère.
Il ne saurait voler
Et ne s'en doit aler
Que le monde il n'éclère.

Trop ingrat est celuy
Qui n'a le cœur pour luy
Embrasé de ses flammes,
Car cet Emmanuel
Çà bas ne s'est fait tel
Que pour sauver nos âmes.

II

PROCESSION DU LOUP-VERD, RONDE DE LA SAINT-JEAN

A JUMIÈGES (1)

Voici la Saint-Jean,
L'heureuse journée
Que nos amoureux
Vont à l'assemblée.
Marchons, joli cœur,
La lune est levée.

(1) Cette chanson traditionnelle de la Seine-Inférieure a été publiée dans l'intéressant ouvrage de G.-Hyacinthe Langlois : *Essai sur les Enervés de Jumièges... suivi du Miracle de Sainte-Bautheuch*. Rouen, Ed. Frère, 1832, in-8º.

Que nos amoureux
Vont à l'assemblée.
Le mien y sera,
J'en suis assurée.
Marchons joli cœur,
La lune est levée.

Le mien y sera,
J'en suis assurée.
Il *m'a apporté*
Ceinture dorée.
Marchons, joli cœur,
La lune est levée.

Il *m'a apporté*
Ceinture dorée.
Je voudrais, ma foi,
Qu'elle fût brûlée.
Marchons, joli cœur,
La lune est levée.

Je voudrais, ma foi,
Qu'elle fût brûlée,
Et moi dans mon lit
Avec lui couchée.
Marchons, joli cœur,
La lune est levée.

Et moi dans mon lit
Avec lui couchée.
De l'attendre ici
Je suis ennuyée.
Marchons, joli cœur,
La lune est levée.

III

LA FEMME QUI A PERDU SON MARI (1)

Men pouer (2) Jean est biein malade,
Biein malade, Du (3) merci ! (*bis*).
Men p'tit Jean m'a demandie
La milleur' ché (4) d'Paris !
J'l'aimais tant, chu (5) pouer Jean !

---

(1) Cette pièce est extraite de l'ouvrage suivant : *Littérature orale de la Basse-Normandie*, par Jean Fleury (Paris, Maisonneuve, 1883, in·12)
(2) Pauvre, *pouer*, n'a qu'une syllabe.
(3) Dieu.
(4) Chair.
(5) Ce.

Men p'tit Jean m'a demandie
La milleur' ché de Paris (*bis*).
Mais j'n'avions pues qu'une vueille catte
Qui n'savait pues hapae (1) d'soueris
  J'l'aimais tant, etc.

Mais j'n'avions pues qu'une vueille catte
Qui n'savait pues hapae d'soueris (*bis*).
Men p'tit Jean m'a demandie
Le milleur' vin de Paris.
  J'l'aimais tant, etc.

Men p'tit Jean m'a demandie
Le milleur' vin de Paris (*bis*).
Mais j' n'avions pues qu'un' vueille mare
Où qu'no (2) met le lin à roui.
  J'l'aimais tant, etc.

Mais j'n'avions pues qu'un' vueille mare
Où qu'no met le lin à roui (*bis*).
Men p'tit Jean m'a demandie
Le milleur' mechtchin (3) de Paris.
  J' l'aimais tant, etc.

J' mis ma coueffe (4) et ma cape naire.
A Paris j'men fus le q'ri (5).
  J' l'aimais tant, etc.

J' m'en étai allaée à Paque,
Je revins à la Saint D'nis.
  J' l'aimais tant, etc.

Quand je fus sus not' montagne,
J'entendis sounaé pouer li...
  J' l'aimais tant, etc...

Quand j'arrivis dans la chambre,
No m'dit qu'tout était fini.
  J'l'aimais tant, etc.

Dans treize aoun's d'la pu bell' taile
No l'avait enseuveli...
  J' l'aimais tant, etc.

---

(1) Happer, attraper.
(2) On.
(3) Médecin.
(4) Coiffe.
(5) Quérir, chercher.

J' prins mes cisiaoux à point's feines,
Poin à poin je l'découesis.
  J' l'aimais tant, etc.

Quand j'arrive à ses ollières (1),
J'avais poues (2) qu'i n'm'entendît.
  J'l'aimais tant, etc.

Quand j'arrive à sa grand' goule,
J'avais poues qui n'me mordît...
  J' l'aimais tant, etc.

Quand j'arrive à ses gross's pattes,
J'avais pouer qui n'me battît...
  J'l'aimais tant, etc.

Je l'prins par les deux ollières,
Par-dessus l'mu je l' jetis...
J' l'aimais tant, tant et tant
J' l'aimais tant, chu pouer Jean !

IV

JEANNETON (3)

---

(1) Oreilles.
(2) Peur.
(3) *Recueil de Chansons popul. rec. par E. Rolland*, Paris, Maisonneuve, 1883, t, I et II.

Par-là vinrent à passer
Trois chevaliers de renom;
Le premier, un peu timide,
P'tit garçon, p'tit air mignon.
Hélas! pourquoi s'endormit-elle,
   La petite Jeanneton!

L'second un peu plus hardi
Lui mit la main sous l'menton;
Mais ce que fit le troisième
N'est pas mis dans la chanson.
Hélas! pourquoi s'endormit-elle,
   La petite Jeanneton!

Si vous l'saviez, mesd'moiselles,
Vous iriez couper des joncs;
Vous aimeriez qu'on vous fît
Comme l'on fit à Jeanneton.
Hélas! pourquoi s'endormit-elle,
   La petite Jeanneton!

V

RENAUD OU LE RETOUR DU MARI MORTELLEMENT BLESSÉ

Quand Renaud de la guerr' revint,
Il en revint triste et chagrin.
— Tenez, ma mère, mes boyaux
Qui sont dessus mes deux chevaux.

— Bonjour, Renaud, bonjour, mon fils,
Ta femme est accouchée d'un fils.
— Ni de ma femme, ni de mon fils
Je ne saurais me réjoui.

Qu'on me fasse vite un lit blanc
Pour que je m'y couche dedans. —
Et quand ce vint sur le minuit
Le beau Renaud rendit l'esprit.

— Dites-moi, ma mère, ma mie,
Qu'est-ce que j'entends pleurer ici?
— C'est un p'tit pag' qu'on a fouetté
Pour un plat d'or qu'est égaré.

— Dites-moi, ma mère, ma mie,
Qu'est-ce que j'entends cogner ici?
— Ma fille, ce sont les maçons
Qui raccommodent la maison.

— Dites-moi, ma mère, ma mie,
Qu'est-ce que j'entends sonner ici?
— C'est le p'tit Dauphin nouveau-né
Dont le baptême est retardé.

— Dites-moi, ma mère, ma mie,
Qu'est-ce que j'entends chanter ici?
— Ma fille, ce sont les processions
Qui sortent pour les Rogations.

— Dites-moi, ma mère, ma mie,
Quelle robe mettrai-je aujourd'hui?
— Mettez le blanc, mettez le gris
Mettez le noir pour mieux choisi

— Dites-moi, ma mère, ma mie.
Qu'est-ce que ce noir-là signifie?
— Tout'femme qui relève d'un fils,
Du drap de saint Maur doit se vêti.

— Dites-moi, ma mère, ma mie,
Irai-je à la messe aujourd'hui?
— Ma fille, attendez à demain
Et vous irez pour le certain. —

Quand ell' fut dans les champs allée
Trois p'tits garçons s' sont écrié :
— Voilà la femm' de ce seigneur
Qu'on enterra hier à trois heures. —

Quand elle fut dans l'église entrée
D'l'eau bénite on y a présenté,
Et puis levant les yeux en haut
Ell' aperçut un grand tombeau.

— Dites-moi, ma mère, ma mie,
Qu'est-ce que ce tombeau signifie?
— Ma fille, je ne puis vous l'cacher,
C'est vot' mari qu'est trépassé.

— Renaud, Renaud, mon réconfort, (bis)
Te voilà donc au rang des morts ! —

Elle se fit dire trois messes :
A la premièr' ell' se confesse;
A la second' elle communie,
A la troisième, elle expira (1).

---

(1) Chanson recueillie à Rouen, par M. Ed. Jue, *Poésies populaires de la France*, Manuscrits de la Bibliothèque Nationale, t. III, f° 100.

PAUL VAUTIER (1)

Un conte du pays de Caux

EN DILIGENCE

La portière ouverte, le père Masire monta le premier. C'était un homme de constitution robuste, à figure épanouie et rosée, à barbe blanche, jaunie sous le nez, aux petits yeux bleus mouillés comme ceux d'un chien. A voir son chapeau brun, de mode ancienne, sa jaquette grise bien brossée et sa cravate noire, on le supposait volontiers petit rentier, posé, pondéré. Ayant épousseté, avec son mouchoir à carreaux, un coin de la banquette de droite, mouchetée ainsi qu'une peau de jaguar, il s'y assit avec une grave lenteur, les deux mains sur sa canne.

Un ventre rebondi, majestueusement paré d'une chaîne d'or, entra dans la voiture, grâce à deux mains qui se cramponnaient de chaque côté de la portière; l'homme, gros, mais petit, coiffé d'un haut de forme, écarlate de figure et grisonnant, releva les pans de sa redingote et souffla longuement avant de s'asseoir. Ce dernier s'appelait Lelièvre.

Sa femme monta ensuite. Alerte et maigre, elle fut bientôt assise. Trois choux bruns s'épanouissaient sur le devant de sa coiffure et elle portait un corsage noir avec un tour de cou d'argent. Elle paraissait sévère, revêche.

Les deux hommes, l'oreille en l'air, écoutaient le fracas sourd des bagages sur l'impériale et contemplaient les souliers ferrés

---

(1) Né le 20 mai 1884, à Caudebec-en-Caux. On lui doit ce recueil unique: *Au Pays de Maupassant*, en lequel revit non point seulement—ainsi qu'on pourrait le croire—l'âme du grand conteur, mais le décor propre à ses plus savoureux récits et quelques-uns de ses types familiers. Scènes de mœurs, paysages pittoresques et traditions locales, revivent dans ce livre d'une manière saisissante, formant le tableau le plus fidèle, le plus complet, le plus comique parfois, que nous connaissions de la vie cauchoise de ce temps. Aussi est-ce avec un sentiment exact du talent de l'auteur, qu'on peut dire qu'il s'est montré, à son début, le fils instinctif des maîtres du terroir normand.

du conducteur qui montait à l'échelle appliquée au-dessus des vitres, un petit fût sur son épaule.

Lelièvre, alors, ôtant son gibus, cria par le vasistas :

— Eh ! veillez-y, à mon petit fût. Mettez-le sous la bâche... C'est ça... entendu !

Il se rassit lourdement et expliqua à Masire :

— C'est un petit fût que je porte à la noce de ma nièce. C'est du cidre, vous savez, à couper au couteau, du pur jus !

Et il cligna de l'œil.

Sa femme le poussa du coude : « As-tu besoin de le dire ! »

Lelièvre baissa le vasistas une seconde fois :

— Dites donc, cocher, dites donc, vous feriez peut-être bien de l'amarrer ou de le caler entre deux caisses, si vous en avez.

Sa femme le tira par sa redingote : « Mais il le sait bien, voyons, tu le lui as déjà dit. »

— Surtout, insista Lelièvre, mettez-y la bâche !

Quand il se fut rassis, il se fit un silence.

La voiture tardait à partir, et, à la fin, la mère Lelièvre s'impatienta. Elle dit : « On s'ennuie, quand on espère ! »

Alors, toujours grave, Masire prit la parole :

— Nous irions à pied, j'estime que nous irions plus vite !

— A mon âge, objecta Lelièvre, on ne peut plus seulement mettre un pied devant l'autre. Dans le temps, quand j'étais jeune...

— Vous n'êtes pas vieux, vous, monsieur, interrompit Masire, j'estime que vous n'avez pas plus de cinquante-quatre ans.

— Puis cinq avec !

— Vous plaisantez ! Vous n'avez pas cinquante-neuf ans. Moi je suis de 44.

— Moi, je suis de 48.

— Eh bien ! c'est ça, vous êtes moins vieux que moi.

— Oui !... Celui qui est de 1830 est plus vieux que vous ?

— Bien entendu.

Ce dialogue s'arrêta là. Un chapeau de paille, à cerises et rubans de velours, qui coiffait une grande jeune fille à robe bleu ciel, se montra à la portière. Derrière elle, on entendait la mère qui disait : « Allons, monte, Catherine ; voyons, Léonce, aide ta sœur ! »

Cet ordre s'adressait à un jeune villageois, vêtu comme à la ville, mais dont un melon huileux écartait les oreilles. Une fois assis, il balança ses jambes sous la banquette, et comme sa mère lui demandait la main, il l'aida à monter. Elle paraissait être une riche fermière, à en juger par sa figure luisante de santé, ses bijoux et sa robe de soie violette. Une raie divisait ses cheveux lisses que surmontait un bonnet noir, surmonté lui-même d'un oiseau à bec jaune qui, les ailes ouvertes, avait l'air prêt à s'envoler.

Elle souffla et dit à sa fille qui humait un énorme bouquet de roses :

— Mon Dieu ! qu'il fait chaud !

Sa fille répondit : « On étouffe ! »

— Oui, approuva Lelièvre ; enfin, c'est un bon temps. Faut pas se plaindre ! Madame est de la noce aussi, tout probable?

— Mais oui, monsieur, fit la dame en s'inclinant, de la noce au fils Canu !

La mère Lelièvre dit d'un air froid :

— Nous y allons aussi, mais je ne vous connaissais pas.

— Vous êtes du côté de la mariée, peut-être?

— Oui.

Alors, se penchant vers sa fille, la fermière lui dit : « Cette dame-là est du côté de la mariée ! »

L'ébranlement subit de la diligence partant d'Yvetot interrompit la conversation. Ce fut sur les pavés de la rue des Victoires un fracas de vitres s'entrechoquant et un continuel roulis. La fermière et sa fille envoyaient des salutations sans fin à des connaissances par la portière. Masire et Lelièvre regardaient de coin les deux chevaux trottant par petits sauts qui secouaient les grelots du collier pointu, et dont la croupière, en se soulevant, laissait voir une peau peluchée et meurtrie. Leurs longues têtes résignées se rapprochaient souvent par les naseaux qui fumaient déjà.

Quand on atteignit la grand'route, le fracas disparut. On put entendre alors Masire qui demandait :

— Vous êtes dans la culture, peut-être?

— Non, répondit Lelièvre, dans l'épicerie.

— Le commerce ne va pas fort !

— Comment?

— Je dis que le commerce ne va pas fort ! Ce n'était point comme ça, autrefois.

— Qui que vous dites?

— Je dis qu'autrefois ce n'était point comme ça !

— Pardié !

Et le père Masire, pour se faire entendre mieux, se pencha vers Lelièvre, en tenant son chapeau sur l'oreille :

— Dans le temps, celui qui était rangé, pis économe, pouvait mettre de côté, sans se nuire, puis se retirer. Au jour d'aujourd'hui, comprenez-vous, les affaires sont malaisées, les besoins sont plus grands. J'estime... je vais plus loin, j'estime qu'on voyage plus qu'autrefois. Ce n'est plus la même chose !

Et il se recula sur la banquette.

— Oui, dit Lefèvre, et puis, autrefois, on buvait peut-être moins, je crois; on s'entr'aidait mieux. A c'theure, chacun ne vit que pour soi. Ça ne facilite point l's affaires. Je suis de votre avis !

Encouragé, Maxire reprit plus fort :

— Je vous le dis entre nous : j'avais un petit commerce de mercerie. J'ai cédé mon fonds à un nommé Poulain, que son père était perruquier à Louviers, que son frère s'était marié dans le moment d'une demoiselle... d'une demoiselle... Ah! je n'ai plus ma mémoire de vingt ans. Alors, très bien, je disais donc que je suis retiré depuis voilà bientôt dix ans. Eh bien! monsieur, — et il ôta son chapeau, — je n'ai jamais rien demandé à personne!

Il se recouvrit bruyamment. Un coup de canne au plancher suivit.

Puis, s'étant recueilli un instant, Maxire poursuivit sur un ton différent : « Vous, qui êtes dans l'équipage, monsieur, vous

CAUCHOISE DE SAINT-VALÉRY,
ancien costume.
(Dessin de Lanté, gravé par Gatine.)

n'êtes pas sans avoir entendu causer d'un petit objet que je vais vous montrer et qui vous intéressera, j'en suis certain... »

Et tout en développant un paquet, il ajouta :

— C'est un nouveau modèle de chantepleure...

— Ce n'est pas la peine, fit Lelièvre, refroidi subitement.

— Voilà cinq ans que je représente la maison, mes clients en ont toujours eu pleine satisfaction. Tenez, monsieur, son prix est très doux..., malgré la hausse sur le bois... je...

La mère Lelièvre, qui épiait de l'œil Masire, répondit d'un ton rogue : « Je n'avons besoin de rien ! » comme elle eût dit à un mendiant : « On ne donne pas ! »

Dès lors, ne rencontrant plus que des visages hostiles et sentant le vent tourné contre lui, Masire renveloppa brusquement son échantillon, s'appuya sur sa canne, pinça les lèvres et ne dit plus mot.

On l'observait avec méfiance.

Le jeune garçon ricanait en dessous; Masire le regarda sévèrement.

Lelièvre fit alors des remarques vagues sur la température, en s'adressant aux dames. On examina la campagne qui défilait dans les vitres, comme une série de petits tableaux encadrés par les châssis vernis : chaumière avec une fumée bleue montant au travers des hêtres; larges tapis de trèfles et de coquelicots mêlés, découpés par les vaches; chemin fuyant entre des arbres bleutés que dominait le clocher d'Auzebosc. Par la portière, une carriole apparaissait tout à coup, qui, parfois, dépassait la diligence; mais quand celle-ci accélérait son allure, on voyait la carriole reparaître. Son cheval semblait reculer et les piétons marquer le pas.

Au delà des plaines se dressait l'église d'Yvetot, et, au bord d'un chemin herbu, en plein soleil, une vieille femme, qui tenait un panier à deux couvercles, faisait des signaux désespérés au conducteur avec son parapluie bleu. Non loin d'elle, à travers les blés, un paysan accourait.

La diligence s'arrêta.

La vieille ouvrit la portière et dit : « Excusez. »

— N'y a pas d'offense ! répondit la fermière, qui avait de l'usage.

La vieille, poussant devant elle son panier, expliqua : « J'vas l'mâter d'bout... J'ons couru, l'temps d'm'appareiller, de v'ni... Queu chaleu ! Pis m'n homme qui n'vient point ! » Et se retournant sur le marchepied, elle cria, comme en plein champ : « Mouveté, veyons, galope, qui qu' chest donc ? »

L'homme, qui portait une double blaude, la neuve en dessous, arriva tout en sueur et demanda, à bout de souffle : « Y a-t-i co eune p'tite plache ? »

— Y a pus d' place pour té, fit la vieille; juque-té sus le haut !

Mais Masire, qui, ayant perdu son prestige, se trouvait gêné dans la voiture, proposa :

— Tenez, ma brave femme, prenez ma place, je vais monter au premier ! » et, sans songer qu'il allait détruire tout l'effet de sa galanterie, il ajouta : « J'aime autant être à l'air, je vais fumer une pipe. »

Quand la portière fut refermée, Lelièvre déclara : « Hein ! Le voilà parti tout de même ! Vaut toujours mieux se méfier de ceux qu'on ne connaît point, j'ai appris ça dans mon métier ! »

— Personne ne te forçait de lui causer, repartit sa femme; quand le monde vous déplaît, on ne lui cause point !

La fermière demanda : « Qui que c'est que cet homme-là? »

Le paysan avança la tête et dit :

— Ça peut être, si je ne me trompe, un nommé Masire, qui n'a pé réussi dans l' temps, à ce qu'on m'a dit. Y passe quequ'fais par cheux nous. J' sais pé trop c' qui vend, mais je m'fie pé à leux inventions toujou pus belles que d'autres !

— A c'theu, dit la vieille, j'ai toujou sa place !

◻ ◻

Sur l'impériale, Masire, sa pipe allumée, s'installa sur une caisse. Il dominait la campagne, ce qui l'amena à entretenir le conducteur indifférent du bon état des terres : « J'estime, lui disait-il, qu'il y a vingt-cinq ans, les fils de cultivateurs n'abandonnaient pas leur village comme aujourd'hui », et il lui expliqua pourquoi.

Mais, à force de parler, il écumait comme les chevaux de la diligence. Ayant remis sa pipe dans sa poche, il épongea son front ruisselant de sueur. Il paraissait beaucoup souffrir. Il avait soif.

En découvrant la bâche pour se garantir les jambes du soleil, un petit fût frappa sa vue, le petit fût de cidre de Lelièvre.

— Tiens, ça tombe bien, se dit-il; une idée !

Il examina la bonde et atteignit son couteau.

Mais un scrupule l'arrêta.

— Bah ! après tout, songea Masire, ces gens-là n'auront que ce qu'ils méritent !

La poussière de la route lui desséchait le palais. La tentation était irrésistible.

Il recula donc le fût, le retourna, plaça l'ouverture à la hauteur de ses lèvres, tira la bonde. Elle partit si rapidement qu'un jet énorme jaillit qui aspergea la figure du maladroit, le désaltéra à loisir, mais l'aveugla tout à fait.

Le fût lui en tomba des mains. Vite il chercha à boucher le trou, d'abord avec son chapeau, ensuite avec les pans de sa jaquette et finalement avec la bonde.

Le cidre jaune ruisselait autour des malles, comme dans un pressoir, formant de petites mares sur la bâche.

Masire dissimula du mieux qu'il put les traces de l'accident, jurant, s'accablant de malédictions, se démenant à tel point que le conducteur, qui somnolait, courbé sous la chaleur, se retourna surpris :

— Qué qu'vos faites? dit-il.

— Rien, répondit Masire, qui perdait une seconde fois son prestige, je... je poussais une caisse... Je n'étais pas assis comme il faut !...

□ □

A l'intérieur, la vieille paysanne, coiffée d'un mouchoir à carreaux bleus, ses mains rugueuses posées sur son panier, remarqua que des gouttes coulaient le long des vitres :

— Tiens, v'là qui pleut !

— Est pas possible ! fit le paysan, en se retournant, de ce beau temps-là?

— J' te dis qui pleut, mé !

La mère Lelièvre dit à son tour : « Le temps est orageux, dà ! Le temps est débauché depuis deux jours. »

Et son mari : « Je le disais à ma femme ce matin : nous aurons de l'eau ; dès qu'il vient un peu de chaleur, c'est souvent ce qui arrive ; mais ça ne va pas durer. »

— Catherine, commanda la fermière, ouvre la croisée !

Et la jeune fille tendit sa main au dehors.

— Ça tombe bien, dit-elle, et des grosses gouttes !

Alors, on soupira : « Ah ! écoutez, s'il fait ce temps-là pour la noce ! »

— Un p'tieu d'iau n'ferait pas d'tort aux récoltes, exposa le paysan, et pis les mares sont sèques ; mais, pour mé, j'crais pas qui pleuve !

Il disait cela quand les gouttes, de larges gouttes suspendues un instant aux interstices du plafond, tombèrent une à une dans le cou des dames qui poussèrent des cris.

— Allons, bon ! s'écria Lelièvre, ça, c'est trop fort ! Si on ne peut plus être à l'abri en voiture ! Si on paye sa place pour être arrosé ! Je vais porter plainte !

— Tenez, madame, dit la mère Lelièvre à sa voisine, guettez votre robe, pis votre corsage, mademoiselle...

— Puis mon chapeau tout mouillé ! Misère !

— Puis vos gants de peau !

— Dans quel état que vous allez être ! Votre crocheux ne voudra pas de vous !

Paysans normands, par Ch. Léandre (1).

— Mé, dit la vieille, j'vas toujou ouvri man parapluie !

La diligence s'arrêta près de la forge de Louvetot où stationnait une voiture semblable, allant vers Yvetot. Les conducteurs

---

(1) Ch. Léandre, peintre, lithographe et dessinateur, né à Champsecret (Orne), le 23 juillet 1862. Élève de Cabanel, à l'école des Beaux-Arts, membre du Jury au Salon des Artistes Français, membre de la Société des Pastellistes français (depuis 1894). Président de la Société des Dessinateurs humoristes. Vice-Président de la Société des Peintres-lithographes, etc. On lui doit un grand nombre de tableaux : peintures à l'huile, pastels, lithographies, dessins, caricatures, etc. Charles Léandre,

changèrent de siège, pour ne faire chacun que la moitié de la route, aller et retour, suivant l'usage. Une fois qu'ils se furent lancé leur fouet d'une voiture à l'autre, on s'en alla. Le paysan remarqua alors que sur la bâche poussiéreuse de la diligence qui s'éloignait, il n'y avait aucune trace de pluie. Le ciel semblait d'un bleu très pur; d'ailleurs, les hirondelles volaient haut et la route n'était nullement mouillée.

— Qui qu'cha veut dire, cha? s'écriait-il, mais qui qu'cha veut dire?

Or, soudain, la mère Lelièvre poussa une exclamation.

— Oh! I me vient une idée! Ça ne serait t'y point notre fût?

Lelièvre, à ces mots, tressaillit :

— Comment, notre fût? Notre fût qui coulerait, bouché comme il est?

— Vous dites que vous avez un fût, demanda le paysan, un fût d'cidre, béhasard? Eh bé, ma'chez, l'homme qu'est au-dessus serait bé d'taille à l'vider. Il a toujou soif, c'ty-là!

Ce fut alors dans la voiture une révolte soudaine. On se levait, on se rasseyait, impuissant à faire quoi que ce soit, sauf à éviter les gouttes qui diminuaient peu à peu.

Lelièvre, lésé dans ses intérêts et se faisant l'interprète du courroux commun, frappa de grands coups de poing dans la vitre; mais le conducteur, dont on ne voyait que les pieds, ne pouvait l'entendre.

— Ne casse pas les carreaux, lui recommanda sa femme, on te les ferait payer!

On se lamenta de plus belle, en songeant que c'était du cidre qui tachait les toilettes de noce.

Le jeune garçon, lui, riait de l'aventure, et quand des gouttes tombaient du plafond, il plaçait dessous le bouquet de roses, pour l'arroser.

On était arrivé à Maulévrier. La diligence s'arrêta comme d'habitude devant le débit.

Au conducteur qui se présentait à la portière, debout sur le marchepied, pour recevoir l'argent des voyageurs, Lelièvre ordonna :

---

qui a illustré quelques ouvrages contemporains (Voyez: *La Vie de Bohême*, de Henri Murger; *La Famille Cardinal*, de Lud. Halévy; *Les Mémoires des autres*, de Jules Simon; *Facino Cane*, de H. de Balzac, etc.) et collaboré au *Rire*, à l'*Illustration*, au *Journal Amusant*, etc., est un des artistes les plus intéressants de ce temps. Maître lithographe fort apprécié, il a donné dans ce genre une foule de petits chefs-d'œuvre qui font époque et qui lui vaudront une place à part dans l'histoire de l'art français. Voyez son *Album de dessins et caricatures* (Paris, Juven, 1908, in-4°).

— Dites donc à l'homme de l'impériale qui descende un peu ; j'ai besoin de lui parler.

— Ah ! mais, dit le conducteur, il est d'chendu... Ah ! bé, t'nez, le v'là justement là-bas, sur la route.

Lelièvre voulut courir après lui, mais sa corpulence lui refusant la souplesse indispensable en pareil cas, il se contenta de crier par le vasistas :

— Eh ! là-bas, t'as beau te sauver, je te rattraperai. Eh ! là-bas ! Eh !...

— Quitte-le, lui dit sa femme ; si tu crois qui t'entend !

— On te reverra, poursuivit Lelièvre, qui s'égosillait à menacer Masire de la police ; je porterai plainte !...

Sa femme répéta : « Quitte-le, voyons ! » Mais comme la fermière et sa fille descendaient, elle-même mit pied à terre, et de leurs voix aiguës les trois femmes s'épuisèrent à l'appeler :

— Faut-il aller vous chercher ; voulez-vous venir, manant que vous êtes, voulez-vous venir ?

— Vas-y, Léonce, dit la fermière.

Mais le jeune garçon dut courir après son chapeau qui roulait dans la poussière.

— J'irai devant le juge de paix, criait Lelièvre, exaspéré. Un fût entamé, tout de même !... Ivrogne... malhonnête !

Or, pas plus la menace du juge de paix que les insultes ne faisaient se retourner Masire qui, la canne à la main, paraissait jouir infiniment de la fraîcheur des bois, pour disparaître, sans se hâter, au tournant du chemin.

— Bé quoi, dit le conducteur, allez-vous remonter ?

La bonne du cabaret était sortie, les poings sur les hanches, demandant : « Qui qu'y a, qui qu'y a donc avec çu fût ? »

Le paysan, durant cette scène, demeurait paisiblement assis dans la voiture. Il dit à la vieille :

— Assis-té, veyons, ne te mêle point d'cha, j'serons en r'tard à Caudebec pour la batelée !

Et le conducteur, ennuyé, dit : « Allez-vous me payer vos places, oui ou non ? Je ne m'occupe pas de vot' fût. I m'faut m' n'argent ! »

Chacun s'étant enfin rassis dans la voiture, il se fit un grand calme, plein de soupirs. On se pencha vers son voisin ou sa voisine pour sortir son argent de sa poche. Il était d'usage d'ajouter un pourboire pour le garçon, avec lequel il entrait au débit prendre un verre, toujours versé d'avance.

Mais la vieille, qui avait enveloppé son argent dans un coin de son mouchoir, en sortit vingt-cinq sous et dit au conducteur :

— Tenez, y a rien pour vous ! ça vous apprendra. V'là man parapluie tout perdu d' cidre à c' theu !

Le conducteur objecta : « J'en suis-ti l'auteur? »

— Puis moi, ma robe !

— Puis moi, mon chapeau !

— J'en suis-ti l'auteur? Alors, vous ne donnez rien au garçon?

La mère Lelièvre répondit :

— Estimez-vous heureux qu'on vous paye nos places !

— Deux litres de cidre de perdus, au bas mot, renchérit Lelièvre. Allez-vous-en offrir un fût entamé ! Un cadeau de noce, encore ! Je porterai plainte !

— J'en suis-ti l'auteur, tout de même ! Puisque que j'viens de monter à Louvetot !

— No sait bien que de c'té chaleu-là, insinua le paysan, ça vos eût fait appaux de n'point bé un coup !

La bonne du débit, qui a entendu, murmura :

— Si c'est permis !... Venez-vous, voyons, votre verre vous attend.

Mais, rouge de colère, exaspéré, le conducteur claqua la portière, grimpa aussitôt sur son siège en maugréant, tellement furieux qu'il oublia de serrer les freins de la diligence qui descendit, ballottée comme une carriole, la longue côte de Maulévrier.

(*Au Pays de Maupassant.*)

ÉDOUARD LE HÉRICHER (1)

Du Dialecte normand

La Normandie était entourée de trois langues ou dialectes : le breton, le picard, le français.

La Bretagne, la plus fortement individualisée de nos provinces, renferme une race, un idiome, une littérature ; mais l'homme normand, doué de plus d'expansion, a envahi une large bande

---

(1) Edouard LE HÉRICHER, né à Valognes, le 24 avril 1812. Après avoir été maître répétiteur au lycée de Caen, il fut nommé professeur à Bayeux, puis au collège d'Avranches. L'accueil qu'il reçut dans cette dernière ville, en flattant son goût, naturellement porté vers nos antiquités nationales, décida de son avenir. Fils adoptif de l'Avran-

de ses marches ou frontières, et le celtique recule sans cesse devant le flot montant du normand et du français. Ce n'est pas d'ailleurs d'aujourd'hui que le roman s'est introduit dans le celtique. En ce moment même, c'est le pur français, qui, par les écoles, se substitue au breton, lequel s'en va comme le gallois devant

LE TRÉPORT. — LE PORT.
(Extrait de *Sites et Monuments* du Touring-Club de France.)

l'anglais, et disparaîtra comme a disparu le dialecte de la Cornouaille d'Angleterre.

Le dialecte picard a eu sur la langue française une influence que M. Fallot appelle immense, grâce aux vers de ses trouvères,

---

chin, qu'il ne devait plus quitter, et qu'il connut mieux que personne, il mourut en 1890, laissant une œuvre considérable. On lui doit: *L'Avranchin monumental et pittoresque* (Avranches, 1845-1846, 3 vol. in-8°); *Le Mont Saint-Michel monumental et historique* (Avranches, 1846-1857, 2 vol. in-8°); *Histoire et description du Mont Saint-Michel* (Caen, 1848, in-fol.); *Essai sur la Flore popul. de Normandie et d'Angleterre* (Avranches, 1857, in-8°); *Principes de litt. et d'hist. littér.* (Avranches, 1857, in-8°); *Normandie scandinave ou Glossaire des éléments scandinaves du patois normand* (Avranches, 1861, in-8°); *Jersey monumental et histor.* (Saint-Hélier, 1862, in-16); *Philologie topographique de la Normandie* (Caen, 1863, in-4°); *Glossaire étymologique des noms propres*

et à leur génie franc et ouvert. Rivarol (1) croit que le génie clair et méthodique de ce *jargon* et sa prononciation un peu sourde dominent aujourd'hui dans la langue française. L'existence de ce dialecte était bien constante au moyen âge, puisque dans le XII⁰ siècle, des moines boulonais se plaignaient de dépendre d'une abbaye du Poitou : « *Propter linguarum differentiam.* » (Achery, *Spicil.*, T. IX, p. 430). Vers le même temps, Quesnes de Béthune disait dans une de ses chansons :

> « Encor ne soit ma parole françoise,
> Si la puet on bien entendre en françois,
> Ne cil sont bien appris ne cortois
> Qui m'on repris, si j'ai dit mot d'Artois,
> Car je ne fus pas norriz à Pontoise. »

Et dans la chanson même, où il a la prétention de parler français, on remarque, avec M. Paulin Pâris, des formes picardes, *encoir* pour encor, *desois* pour dessous, *fiex* pour fils.

Roger Bacon, dans le XIII⁰ siècle, reconnaissait le picard comme un des idiomes français : « *Quod proprie dicitur in idiomate Picardorum horrescit apud Burgundios, imo apud Gallos viciniores.* » (*Opus majus*). (Voyez: Ed. du Méril. *Préf. du Dict. du Patois normand.*) Il y a plus : dans le siècle suivant, en 1348, on traduisit en patois picard des actes royaux, rédigés en dialecte de l'Ile-de-France. Un titre signé de Charles VII parle « de la langue picarde »; et, en 1349, Math. de Montmorency prenait le titre

---

de France et d'Angleterre, etc. (Caen, 1870, in-4⁰); *Histoire et glossaire du Normand, de l'Anglais et de la Langue française* (Avranches et Paris, 1862, 3 vol. in-8⁰); *Philologie de la Flore scientif. et popul. de Normandie et d'Angleterre* (Coutances, 1880, in-8⁰); *Etymologies familières de noms de lieux de la Manche* (Avranches, 1881, in-8⁰); *Glossaire germanique, scandinave et hébraïque* (Avranches, 1884, in-8⁰); *Littérat. popul. de Normandie* (Avranches, 1884, in-8⁰); *Glossaire anglo-normand...* (Avranches, 1885, in-8⁰), etc. Philologue, historien, ethnographe, Edouard Le Héricher, qui fut président de la Société archéologique d'Avranches, ne s'est pas contenté, comme tant d'autres savants de son pays, d'accumuler mémoire sur mémoire et de rédiger des communications indigestes aux sociétés locales. Curieux de connaître toutes les manifestations de la vie provinciale, aux diverses époques de notre histoire, il a tout vu et tout décrit, visitant à pied la région, rappelant les légendes du crû, recueillant avec les expressions et les termes patois, les traditions orales, notant, afin d'élargir son sujet, les vieilles chansons du terroir. Grâce à lui, l'Avranchin a désormais son histoire, une histoire riche en documents et en souvenirs pittoresques. (On consultera sur cet écrivain laborieux et sincère, une excellente notice d'Eug. de Beaurepaire, publiée à Caen, chez Delesque, en 1903, in-8⁰.)

(1) *De l'Universalité de la langue française*, discours qui a remporté le prix de l'Académie de Berlin en 1784, sec. édition. A Berlin, et se trouve à Paris, chez Prault, 1785, in-12.

de « Gouverneur général pour le Roy sur les frontières de Flandres en toute langue picarde ». Un homme doué d'un remarquable sens philosophique. M. Fallot, faisait du picard, du normand et du bourguignon les trois grands dialectes du nord de la France. « Le picard, dit M. Corblet, se distingue par sa tendance constante, dès le XIIe siècle, à syncoper les mots, par la permutation du C doux en Ch et Ch français en K, et par une prononciation pleine, lourd, et sonore. Les formes dominantes du romano-picard sont les diphtongues *eu* et *oi* qu'on prononçait *oe, ouai*, comme actuellement. » (*Glossaire du patois picard. Préf.*) Ce qui lui donne encore une physionomie remarquable, ce sont ses verbes nombreux terminés en *Fiquer* et sa métathèse de *De* en *Ed* au commencement des mots. Par son système de métathèse il ne fait pas de différence entre *Le* et *La*, et il dit : « *El* femme, el effant.* » Il admet souvent un génitif, comme le vieux français dont il nous est resté *Hôtel-Dieu*. Sauf ces particularités, il a beaucoup de rapport avec le normand, auquel il s'unit par l'intermédiaire du brayon : « Le pays de Bray, contrée bâtarde, où le langage est sans accentuation comme le paysage sans caractère. » (G. Flaubert, *Mme Bovary*, t. Ier, p.100.) On peut juger de ce dialecte assez pâle dans le *Dictionnaire du pays de Bray*, de M. Decorde. D'après ces rapports, on ne s'étonnera pas que le dicton picard, qui termine une des fables de La Fontaine, se trouve être à peu près normand :

> Biaux chires leups, n'écoutez mie
> Mere tenchant chen fieux qui crie.

Le dialecte usité dans l'Ile-de-France, ou le français, celui qui a absorbé les autres pour former la langue nationale, avait un caractère assez tranché pour que, dans le XIIe siècle, Quesnes de Béthune fût l'objet des railleries pour son langage étranger au français :

> Si mon langage ont blasmé li François.

Dès le XIIIe siècle, il avait un grand nombre des formes qui existent aujourd'hui. Ainsi un manuscrit du *Brut*, de la première partie de ce siècle, copié à Paris, rue Saint-Victor, cité par M. Leroux de Lincy, offre des mots écrits à peu près comme aujourd'hui : *chargée* et non pas *chargie*, *règne* et non pas *rène*, *ura* et non *ara*, *chétif* et non *caitif*. La vivacité, l'élégance, la délicatesse de ce dialecte, jointes à l'esprit, à l'expansion sympathique de la population qui le parlait, noyau et type de la France actuelle, lui assurèrent la prédominance sur tous les autres. La raillerie est un des traits du Français; dans tout le *Roman de Rou* les Français sont représentés comme aimant à *gaber*. Les Normands maniaient mieux d'autres armes que celles de la plaisanterie, et l'on a vu le calembourg méchant que les Français trouvaient dans leur nom. Cette raillerie française, qui se détachait entre la rudesse lourde et chuintante du Normand, la franchise picarde et la bonhomie railleuse champenoise, retarda la fusion avec les Normands qui se méfiaient des *tricheries* des Français.

> Les boisdies de France ne sont mie à céler;
> Toz tems voudrent Francheiz Normanz deshériter,
> E toz tems se penerent d'eis veincre e d'elso grever,
> E quant Francheiz nes poient par force sormonter,
> Par plusors triceries les solent agraver.
> (Beneois. *Chron. des Ducs de Norm.*)

Mais les trouvères travaillaient à cette fusion, et l'on sait que Wace, de Jersey, élevé à Caen, vécut plusieurs années à la cour de France, ce qui rend difficile la détermination des formes de son langage, nécessairement mélangé des deux dialectes. Il nous apprend lui-même qu'une bonne partie de son éducation avait été française :

> En l'isle de Gersui fu nez,
> A Caem fu petis portez,
> Illuec fu à leitres mis,
> Puis fu lungues en France appris.
> Quant de France je repairai,
> A Caem lunges conversai. (*Roman du Rou.*)

Toutefois cette influence ne fut pas considérable, quoiqu'elle ait été mise en lumière dans un Mémoire de G. Brynjufsson, à la *Soc. des Antiq. du Nord*, sur l'ancien roman-français et l'influence exercée sur son développement par les Normands. L'influence contraire est beaucoup plus certaine.

Le normand qui, pour ses formes grammaticales, avait beaucoup d'affinité avec le français et le picard, s'en distinguait par sa prononciation et son vocabulaire, par sa prononciation très ouverte, aspirée, lourde, rude, et énergique, comme l'anglais, par son vocabulaire où les langues du nord, germanique et scandinave, avaient laissé un dépôt considérable, et pour une large part faite à l'onomatopée. Il était assez distinct pour qu'un poète du xiiie siècle, Richard de Lison, dît dans sa *Branche du Renard* :

> Qu'il est Normanz; s'il a mespris,
> Il n'en doit jà estre repris
> Se il y a de son langage.

ARGENTAN. — L'ÉGLISE SAINT-GERMAIN.
(Dessin et lithogr. romantiques de F. Benoist et J. Gaildrau.)

L'originalité du dialecte était beaucoup plus fortement marquée dans la Basse-Normandie, à laquelle ce poète appartenait, et cette empreinte y est encore plus profonde aujourd'hui que dans la Haute-Normandie, où les formes patoises ont beaucoup d'affinités avec le picard et le français. Aussi il y avait un parler bas-normand que l'auteur du poème sur Elie de Biville appelle le dialecte de la Hague, le *Hague langage*. Ce terme même, qui révèle une construction septentrionale, annonce un parler où doit dominer l'influence germanique, le saxon et le scandinave.

En portant leur langue en Angleterre, les Normands, sous plusieurs rapports, ne faisaient que rapprocher des langues, et réunir du saxon à du saxon, du scandinave à du scandinave. Cette langue normande, qui était celle des conquérants, et, pendant plusieurs siècles, celle de l'aristocratie et des actes publics, était reconnue comme inférieure au français, ou, comme on disait, au français de Paris. Ainsi Luce du Gast disait, dans son roman du *Saint Greal* : « (Entre) preng a translater (du) latin en français une partie de cele estoire non mie pour que je sache grantment (de) françois; ainz appartient plus ma langue et ma parleure a la manière d'Engleterre que a cele de France, comme cis qui fu en Engleterre nez. » C'est la même pensée qu'exprime Wilhelm de Wadington, auteur du XIII⁰ siècle :

> De le Franceis vile ne del rimer
> Ne me deit nuls hom blamer;
> Kar en Engleterre fu né
> E norri, e ordiné, e alevé.
> O veit du bord de Dieppe.

Le véritable asile du pur normand est la presqu'île de la Manche, à partir des Ponts-d'Ouve, où l'accent est plus roulant et plus chuinté, partie que l'on pourrait appeler, d'un mot caractéristique, *Chenna*, *Tchenna*, le Pays de Chenna. Toutefois, sa dernière retraite, son sanctuaire, est l'extrémité de la presqu'île, l'ancien archidiaconé de la Hague, coupé par le fossé scandinave dit le *Hague-Dike*, et où l'on parle un dialecte fortement septentrionalisé, appelé le *Hagard* ou le *Hagais*. C'est la transition à l'anglais, comme sa race haute, blonde ou rouge, sobre et dure, où la femme elle-même a quelque chose de fier et de viril, rappelle les contrées scandinaves, dont la langue est fortement empreinte dans les noms des diverses parties de ses rivages où les *vicks* sont abondants. Là, prédomine l'ancienne finale normande : on y dit, comme dans le val de Saire, j'*aimeros*, je *diros*, *ramontot*, *ecartot*, comme Wace disait : *Hontos*, il *pot*, il *ot*, il *gardoent*. L'accentuation s'y marque fortement sur la première syllabe, comme en anglais : « L'accent gascon est un accent aigu. L'accent normand, au contraire, est un accent émoussé, grossier et pesant, qui assomme les oreilles », dit l'auteur des *Mélanges d'Histoire et de Littérature* (1), qui était Bas-Normand (T. II, pag. 241). Le français glisse sur les syllabes, le normand les accuse; le français violente l'organe, le normand lui obéit. Ainsi, par exemple, le français se sert souvent de son pénible U, que l'anglais ne connaît

---

(1) Vigneul-Marville.

pas, et que le normand admet très peu ; mais le normand aggrave encore la nasalité de *On*, ce son peu musical, caractéristique de la prononciation du français, là seule langue qui le connaisse, et où, toutefois, le gascon la fait rentrer, sous ce rapport, dans la communion universelle. L'anglais lui-même, qui a le son clair pour cette lettre, porte la trace de l'influence normande dans quelques mots, comme *young, long, wrong*, etc.

(*Histoire et glossaire du Normand, de l'Anglais et de la Langue française*, Paris, AUBRY, 1862, I, in-8º).

HISTOIRE GÉNÉRALE ET PITTORESQUE

EXCURSIONS ET VOYAGES

JEAN NAGEREL (1)

Chroniques Normandes

Du baptistere du duc Raoul, et erogation de biens et œuvres charitables exercées par luy aux Eglises de Rouen, Bayeux, Jumièges, Mont Saint-Michel, Saint-Denis en France et autres (2).

Adonc Rou (3) dit à l'Archevesque : « Ainçois que je devise terre à mes gens, je veux donner de mon conquest pour l'amour de Dieu à ses Églises que vous avez nommées. » Le premier jour donna à Dieu et à l'Église de Rouen ses prebendes que les chanoines ont encore sur l'eauë d'Aulne. Le deuxième jour donna rentes et possessions à l'Église de Bayeux. Le troisième jour donna à l'Église d'Évreux. Le quatrième jour à l'Église du mont Sainct-Michel. Au cinquième jour, à l'Église Sainct-Pierre de Jumièges. Au sixième jour, à Sainct-Pierre et Sainct-Ouen de Rouen. Au septième jour, à Sainct-Denis, en France, il donna Benneval, près de Dieppe et toutes les appartenances. Le huitième jour fut baptisé. Après la feste Rou chevaucha par son pays, et à ses gens qui

---

(1) Jean NAGEREL, chanoine, archidiacre de la cathédrale de Rouen, né à Rouen, dans les premières années du XVIe siècle. Mort dans cette ville, le 2 juin 1570, il fut inhumé dans la chapelle de la Vierge. Nagerel a laissé un ouvrage unique: *Description du Pays et Duché de Normandie*, publié tout d'abord à Rouen, chez Martin le Mégissier, en 1578, in-8°, puis réimprimé, avec des additions, à la suite de la *Chronique des ducs de Normandie*, en 1581-1589 et en 1610, in-8°. C'est un livre d'une forme à la fois plaisante et naïve, et qui, pour représenter les menus faits des premiers siècles de l'histoire normande, abonde en détails savoureux. Le sens du pittoresque y est même, il faut le dire, plus souvent observé que l'exactitude historique.

(2) Chap. XXV.
(3) Roll, ou Rollon, premier duc de Normandie.

CHATEAU DE GISORS. — VUE PRISE SUR LES REMPARTS, EN 1848.
(Dessin de Félix Benoist, lith. de E. Ciceri, Ph. Benoist et J. Guildrau.)

l'avoyent servy (voulant estre chrestiens), donna terres, chacun selon son estat : entre autres donna argent, chevaux et harnois. Puis establit loix et coustumes au pays, et tint si bonne justice, que tant qu'il regna, les laboureurs laissoient leurs charuës aux champs, et leurs autres outils à labourer : et s'ils leur estoient emblez (1), il leur rendoit la valeur, et faisoit faire information sur le cas. Lors eut un laboureur à Longueville à qui sa femme embla ses fers à charuë, sans son sçeu, et le bon homme vint à Rou querir l'argent desdicts fers. Rou lui bailla 5 sols. Après, quand le bon homme fut retourné, sa femme lui reballa ses fers, et luy dit : « Je vous ay faict ce profit. » Le bon homme cela la chose, et ne rapporta point l'argent, mais retint l'un et l'autre. Rou en eut la cognoissance et fit pendre l'homme et la femme. Une fois advint que deux chevaliers vindrent à Rouen, de par le Roy, vers la duchesse, sa fille, et s'y logerent, et y furent longuement. Rou en eut la cognoissance, et il les manda et leur demanda pourquoy ils estoyent là venus, et qu'ils queroyent, et pour ce qu'ils ne s'excuserent pas raisonnablement, il leur fit couper les testes et pendre au viel marché comme espions : pourquoy le Roy lui sçeut mal gré ; mais les barons de France en firent la paix. La duchesse s'en courrouça si fort qu'elle en mourut, sans laisser enfans pour lui succeder. En son tems furent barons espouventez en toute Normandie, que toute la terre en demoura puis longuement en bonne paix, telle que longtemps apres ne fut trouvé qui emblast, ne tollist. Une fois le duc chevauchoit par le pays de Normandie, et sur un grand chemin passant aupres d'une mare, il fit pendre les anneaux d'or qui estoient en ses doigts, en une potence, où l'on pouvoit aisément attaindre, et là furent longtemps qu'oncques ne furent ostez. Et encore a nom le lieu, la Mare-aux-Anneaux, et le village Roumare. Au temps dudit Rou vint à Rouen par-dessus l'eau de Saine un homme sur un cheval comme par seiche terre. Grand nombre de citoyens de Rouen qui sur la rivière s'estoyent venus esbattre le veirent, ainsi qu'il approcha d'eux, il parlerent à luy, et luy demandèrent qui il estoit, et dont il venoit. Il repondit qu'il estoit un homme, et estoit le matin party de Rennes en Bretagne, où il avoit geust (2) celle nuict, et avoit disné à Avrenches, où il avoit oublié son cousteau chez son hoste. A quoy ceux qui là estoyent luy dirent qu'il ne se pouvoit faire. Et il respondit, s'ils ne le vouloyent croire, qu'ils allassent sçavoir chez son hoste, et leur nomma le nom de l'hostel, et l'enseigne : a tant se partit, et alla loger en

---

(1) Ravis, dérobés.
(2) Il avait couché.

la ville. La nouvelle fut incontinent espanduë, et luy tint son hoste compagnie à souper et moult luy enquist de plusieurs choses. Il donna à son hoste la guaine de son cousteau, qu'il avoit laissé à Avrenches : et moult estoit de merveilleuse façon. Apres qu'ils eurent souppé et estoyent devant le feu, l'hoste lui demanda si la ligne du duc Rou dureroit longuement. Il ne respondit rien : mais print un baston et fit aux cendres neuf rayes, et supposa-t-on que c'estoit à entendre, que la ligne du duc Rou devoit durer jusques à neuf degrez. Le duc Rou ouït parler de ceste chose et le demanda à son logis, et parlerent les gens du duc à luy, luy faisant défense qu'il ne partist de la ville sans avoir parlé au duc. Ausquels il fit response qu'il ne partiroit jusques à lendemain heure de prime matin. Le duc envoya le lendemain matin environ sept heures, mais l'homme estoit party. Parquoy le duc estima de luy que c'estoit un fantosme. L'hoste où avoit logé ledict homme fut mandé venir parler au duc, auquel il monstra la guaine que l'homme avoit laissé en son hostel : laquelle fut baillée par le duc à deux chevaucheurs qui la portèrent en diligence à Avrenches, où ils trouvèrent le cousteau propre à icelle, au lieu assigné, ce qui les asseura de verité. Aucuns dirent au duc que cest homme estrange entendoit par l'heure de Prime à Soleil levant, et partant n'avoit point failly de promesse. Le duc Rou fut moult aimé, honoré, et redouté pres et loing, pour sa grande justice, et vesquit de puis qu'il fut Chrestien moult vertueusement. Le Roy Charles, dict le Simple, luy voulut donner l'hommage du pays de Flandres ce que refusa : mais bien demanda la souveraineté de Bretaigne, que le Roy lui accorda. Et pour ce, Alain et Berengier, comtes de Bretaigne, luy vindrent faire hommage de leurs terres. Apres le décès de Gille, fille du Roy de France, Rou espousa Popée, fille du comte de Bessin et de Bayeux, laquelle il avait euë et tenuë comme sa femme avant qu'il fust chrestien : et d'icelle avoit eu un fils nommé Guillaume Longue Espée et une fille nommée Gerlote. Quand Rou l'eut espousée, il manda les barons et seigneurs de Bretaigne et Normandie venir à luy à Rouen, où il leur commanda faire serments de fidélité et hommage audict Guillaume, son fils. Les bourgeois de Rouen prierent un jour le duc Rou estre moyen envers le Roy de France, que le corps de sainct Oüen, jadis Archevesque de Rouen, et Chancelier de France, en l'an six cens trente cinq, fût rapporté du lieu de France, où il avoit été transporté, pour la fureur des Normans ; et pour ce faire il envoya Ambassadeur au Roy, lequel en fit aucun refus. Rou de rechef luy manda que s'il ne luy envoyoit son prestre, ainsi appeloit-il sainct Oüen, qu'il yroit lui rompre la teste jusques au lieu où il seroit. Le Roy, pour ceste menace, ne l'osa esconduire : ains (1) permit le dit corps estre enlevé par ceux qui estoient là venus pour cest effort. Et fut honnestement apporté jusques à Dernetal, au lieu à present nommé Longpaon. Les religieux et Abbé de Sainct Pierre Sainct Paul lez Rouen furent au devant pour l'accompagner reveremment jusques en leur abbaye. Mais ne peurent mouvoir le corps sainct, jusqu'à ce que le duc Rou y fût allé nuds pieds, accompagné de l'Archevesque Francques, de tout le clergé, et la pluspart des bourgeois de la ville : ausquel le duc Rou donna grand blasme qu'ils n'y étoient allez avec ledict Abbé et religieux. Ledict corps sainct fut apporté par iceux en ladicte Abbaye, tousjours chantans hymnes et litanies, depuis le lieu où il s'arresta, qui de lors fut nommé Longpaon : c'est à dire, comme qui diroit Longpean : c'est à dire longue loüenge donnée à Dieu, et à l'honneur de Dieu et dudict sainct. Le duc Rou donna à ladite Abbaye tout le territoire qui s'estend dudit lieu de Longpaon, jusques aux portes de Rouen.

Cinq ans vesquit le duc Rou, doüé de puissance humaine, et de loüables vertus, et fina ses jours à Rouen, comme bon catholique : où il fut inhumé en l'Église nostre Dame dudit Rouen, au costé du midy, où souloit estre la chapelle de Sainct Romain, l'an et jour IX cens XVII. Pour la bonne paix et justice qu'il maintint en son duché les subjects prindrent une coustume, tant de son vivant comme apres sa mort, que quand on leur faisoit force ou violence, ils criyoient au Rou, et faloit que l'offendant et l'offensé cistassent en jugement pour ouïr droict, ou baillassent caution, sinon qu'ils allassent prisonniers, et qui estoit trouvé en faute, payoit l'amende, avec despens et interests. Laquelle coustume est encores de ce jour pratiquée en Normandie...

(*L'Histoire et Chronique de Normandie... finissant au Roy tres-chrestien Henry troisième de ce nom...* Rouen, Martin LE MÉGISSIER. 1610, in-12.)

AUGUSTIN THIERRY (2)

La Conquête du Sol

ROLLON ET LES INVASIONS SCANDINAVES EN NORMANDIE

Il y avait à la cour du roi Harald, parmi les iarles, ou chefs du premier rang, un certain Rognvald, que le roi aimait beaucoup

---

(1) Mais.
(2) Jacques-Nicolas-Augustin THIERRY, historien, membre de l'académie des Inscriptions et Belles-Lettres, puis de l'Académie française né à Blois, le 10 mai 1795, mort à Paris, le 22 mai 1856. Son nom est trop illustre, et son œuvre trop répandue, pour que nous lui consa-

L'AIGLE. — ÉGLISE SAINT-MARTIN.
(Dessin de F. Benoist, lith. de Monthelier et J. Gaildrau.)

crions ici une notice. Rappelons seulement que l'*Histoire de la Conquête d'Angleterre*, le plus populaire de ses ouvrages, parut en 1825 et fut maintes fois réimprimé. Augustin Thierry est un historien romantique, dans le mauvais sens du terme; son style agréable et sa verve facile ne parviennent point à faire oublier l'insuffisance de sa documentation. On s'en rendra compte en lisant la page que nous donnons ci-dessus, page empruntée, en quelque sorte, aux récits des vieux chroniqueurs et aux travaux du consciencieux Depping.

et qui l'avait servi avec zèle dans toutes ses expéditions. Rognvald avait plusieurs fils, tous connus pour leur bravoure, et dont l'aîné, appelé Rolf (1), était d'une taille si haute que, ne trouvant dans la petite race du pays aucun cheval à son usage, il cheminait toujours à pied, ce qui le faisait surnommer *Gang-Rolf*, c'est-à-dire Rolf le Marcheur. Un jour que le fils de Rognvald, avec de nombreux compagnons, revenait d'une croisière dans la Baltique, avant d'aborder en Norvège il relâcha dans la province de Vighen et là, soit par besoin de vivres, soit pour profiter de l'occasion, il exerça le *strandhug*. Le hasard voulut que le roi Harald se trouvât dans les environs et reçût les plaintes des paysans; sans considérer quel était l'auteur du délit, il fit assembler aussitôt un *thing*, ou conseil de justice, pour juger Rolf d'après la loi. Avant que l'accusé parût devant l'assemblée qui devait lui appliquer la peine du bannissement, sa mère courut auprès du roi et lui demanda grâce; mais Harald fut inexorable. Alors cette femme, inspirée par la colère et par le sentiment maternel, se mit à improviser, comme il arrivait souvent aux Scandinaves quand ils étaient vivement émus. S'adressant au roi, elle lui dit en vers : « Tu chasses « du pays et tu traites en ennemi un homme de noble race; « écoute donc ce que je t'annonce; il est dangereux d'attaquer « le loup, et, quand on l'a une fois mis en colère, gare aux trou- « peaux qui vont dans la forêt ! »

Malgré ces menaces poétiques, la sentence fut prononcée, et Rolf, se voyant banni à perpétuité, assembla quelques vaisseaux et cingla vers les Hébrides. Ces îles avaient servi de refuge à une partie des Norvégiens émigrés par suite des conquêtes du roi Harald. Presque tous étaient des gens de haute naissance et d'une grande réputation militaire. Le nouvel exilé s'associa avec eux pour des entreprises de piraterie; ils réunirent tout ce qu'ils avaient de vaisseaux, et en formèrent une flotte assez nombreuse, qui n'obéissait point à un seul chef, mais à tous les confédérés, et où Rolf n'avait d'autre prééminence que celle de son mérite et de son nom (2).

Partie des Hébrides, la flotte doubla la pointe de l'Écosse, et se dirigeant vers le sud-est, pénétra en Gaule par l'embouchure de l'Escaut; mais comme la contrée, naturellement pauvre et déjà dévastée à différentes reprises, offrait peu de choses à prendre, les pirates se remirent bientôt en mer. Ayant marché au sud, ils entrèrent dans la Seine et la remontèrent jusqu'à Jumièges, à cinq lieues de Rouen : c'était le temps où les limites du royaume

---

(1) Dans l'ancienne langue scandivave, l'orthographe est *Gangu-Rolfr*.
(2) Depping, *Hist. des expéd. maritim. des Normands*, t. II, p. 68. On sait qu'Augustin Thierry doit beaucoup à cet historien (*Note des Editeurs*).

de France venaient d'être définitivement fixées, et resserrée entre la Loire et la Meuse. Aux longues révolutions territoriales qui avaient déchiré ce royaume succédait une révolution politique, dont le but, réalisé un siècle plus tard, était l'expulsion de la seconde dynastie des rois franks. Le roi des Français, descendant de Karl le Grand, et nommé Karl comme son aïeul, seule ressemblance qu'il eût avec lui, disputait alors la couronne à un compétiteur dont les ancêtres ne l'avaient jamais portée. Tout à tour vainqueurs ou vaincus, le roi d'ancienne race et le roi par élection étaient maîtres alternativement; mais ni l'un ni l'autre n'avaient assez de pouvoir pour protéger le pays contre une invasion étrangère : toutes les forces du royaume étaient employées, de part et d'autre, à soutenir la guerre civile; aussi aucune armée ne se présenta pour arrêter les nouveaux pirates et les empêcher de piller et d'incendier les deux rives de la Seine.

Le bruit de leurs dévastations parvint bientôt à Rouen et y jeta la terreur. Les habitants n'attendaient aucun secours et désespéraient de pouvoir défendre leurs murailles, ruinées dans les invasions précédentes. Au milieu de ce découragement général, l'archevêque de Rouen, homme prudent et ferme, prit sur lui de sauver la ville, en capitulant avec l'ennemi avant la première attaque (1). Sans s'inquiéter de la haine souvent cruelle que les païens du Nord témoignaient pour le clergé chrétien, l'archevêque se rendit au camp près de Jumièges, et parla au chef normand avec le secours d'un interprète. Il dit et fit si bien, dit un vieux chroniqueur, tant promit et tant donna, qu'il conclut une trêve avec Rolf et ses compagnons, leur garantissant l'entrée dans la ville, et recevant d'eux, en retour, l'assurance de n'y faire aucun mal (2). Ce fut près de l'église de Saint-Morin, à l'un des ports de la Seine, que les Norvégiens abordèrent d'une façon toute pacifique. Ayant amarré leurs vaisseaux, tous les chefs parcoururent la ville, en différents sens; ils en examinèrent avec attention les remparts, les quais, les fontaines, et, la trouvant à leur gré, ils résolurent d'en faire leur place d'armes et le chef-lieu de leur nouvel établissement (3).

---

(1)   Frankes, un archeveske, ki à Roem esteit...
(Wace, *Roman de Rou*, t. I, p. 57.)
L'auteur se trompe sur le nom de l'archevêque, qui était Gui, le prédécesseur de Frank ou Francon.
(2) *Roman de Rou*, t. I, p. 57.
(3)   E Rou esgarda la vile e lunge et lée,
E dehorz e dedenz l'a sovent esgardée;
Bone li semble e bele, mult li plest e agrée,
E li compaignoz l'ont a Rou mult loée.
(Wace, *Roman de Rou*, t. I, p. 60.)

Après cette prise de possession, les chefs normands, avec leur principal corps de troupes, continuèrent de remonter la Seine. A l'endroit où ce fleuve reçoit la rivière d'Eure, ils établirent un camp fortifié pour attendre l'arrivée d'une armée française qui se dirigeait alors contre eux. Le roi Karl, ou Charles, comme on disait en langue romane, se voyant un moment seul maître du royaume, voulait tenter un grand effort et repousser la nouvelle invasion; les troupes, conduites par un certain Raghenold, ou Regnauld, qui avait le titre de duc de France, prirent position sur la rive droite de l'Eure, à quelque distance du camp des Normands. Parmi les comtes qui avaient levé bannière pour obéir aux ordres du roi et combattre les païens, se trouvait un païen converti, le fameux roi de mer Hasting. Vingt ans auparavant, las de courir les aventures, il avait fait sa paix avec le royaume de France, en acceptant le comté de Chartres. Dans le conseil que tinrent les Français pour savoir ce que l'on devait faire, Hasting, consulté à son tour, fut d'avis de parlementer avec l'ennemi, avant de risquer une bataille; quoique cet avis fût suspect à plusieurs des chefs de l'armée, il prévalut; et Hasting partit avec deux personnes qui savaient la langue danoise, pour aller parler aux Normands.

Les trois envoyés suivirent le cours de l'Eure jusqu'en face de l'endroit où les confédérés avaient élevé leurs retranchements. Là, s'arrêtant et élevant la voix de manière à être entendu sur l'autre bord : « Holà, cria le comte de Chartres, braves guerriers, « quel est le nom de votre seigneur? — Nous n'avons point de « seigneur, répondirent les Normands; nous sommes tous égaux. « — Mais pourquoi êtes-vous venus dans ce pays, et qu'y vous- « lez-vous faire? — En chasser les habitants ou les soumettre à « notre puissance, et nous faire une patrie. Mais qui es-tu, toi « qui parles si bien notre langue? » Le comte reprit : « N'avez- « vous pas entendu parler de Hasting, le fameux pirate, qui « courut les mers avec tant de vaisseaux et fit tant de mal à ce « royaume? — Sans doute, répliquèrent les Normands. Hasting « a bien commencé; mais il a fait une mauvaise fin. — N'avez- « vous donc pas envie de vous soumettre au roi Charles, qui vous « offre des fiefs et des honneurs, sous condition de foi et de service? « — Nullement, nullement; nous ne nous soumettrons à per- « sonne et tout ce que nous pourrons conquérir nous appartiendra « sans réserve. Va le dire au roi, si tu veux. »

De retour au camp, Hasting apporta cette réponse, et, dans la délibération qui suivit, il conseilla de ne point s'aventurer à forcer les retranchements des païens. « Voilà un conseil de traître », s'écria un seigneur nommé Rolland; et plusieurs autres répétèrent

LISIEUX. — ÉGLISE SAINT-JEAN, VERS 1810.
(Dessin de Maret, lith. de Monthelier.)

le même cri. Le vieux roi de mer, soit par indignation, soit qu'il ne fût pas tout à fait sans reproche, quitta aussitôt l'armée, et abandonna même son comté de Chartres, sans qu'on sût où il était allé. Mais ses prédictions se vérifièrent : à l'attaque du camp retranché, les troupes furent entièrement défaites, et le duc de Frennes périt de la main d'un pêcheur de Rouen, qui servait dans l'armée norvégienne.

Libres de naviguer sur la Seine, Rolf et ses compagnons la

remontèrent jusqu'à Paris, et firent le siège de cette ville, sans pouvoir s'en emparer. Un des principaux chefs ayant été pris par les assiégés, pour le racheter ils conclurent avec le roi Charles une trêve d'un an, durant laquelle ils allèrent ravager les provinces du Nord, qui avaient cessé d'être françaises. A l'expiration de la trêve ils retournèrent en hâte vers Rouen, et, partant de cette ville, allèrent surprendre Bayeux, qu'ils enlevèrent d'assaut et dont ils tuèrent le comte avec une partie des habitants. Ce comte, nommé Béranger, avait une fille d'une grande beauté, qui, dans le partage du butin, échut à Rolf, et que le Scandinave prit pour femme, suivant les rites de sa religion et la loi de son pays.

Évreux et plusieurs autres villes voisines tombèrent ensuite au pouvoir des Normands, qui étendirent ainsi leur domination sur la plus grande partie du territoire auquel on donnait le vieux nom de Neustrie. Guidés par un certain bon sens politique, ils cessaient de se montrer cruels lorsqu'ils ne trouvaient plus de résistance, et se contentaient d'un tribut levé régulièrement sur les villes et sur les campagnes. Le même bon sens les détermina à créer un chef suprême, investi d'une autorité permanente; le choix des confédérés tomba sur Rolf, « dont ils firent leur roi », dit un ancien chroniqueur; mais ce titre, qu'on lui donnait peut-être dans la langue du Nord, ne tarda pas à être remplacé par les titres français de duc ou de comte. Tout païen qu'il était, le nouveau duc se rendit populaire auprès des habitants indigènes. Après l'avoir maudit comme un pirate, ils l'aimèrent comme un protecteur, dont le pouvoir les garantissait à la fois de nouvelles attaques par mer et des maux que la guerre civile causait dans le reste de la France.

Devenus puissance territoriale, les Normands firent aux Français une guerre mieux soutenue, et, pour ainsi dire, plus méthodique. Ils se liguèrent avec d'autres Scandinaves, probablement Danois d'origine, qui occupaient l'embouchure de la Loire, et convinrent de piller simultanément tout le territoire compris entre ce fleuve et la Seine. La dévastation s'étendit jusqu'en Bourgogne et en Auvergne. Paris, attaqué pour la seconde fois, résista, ainsi que Chartres, Dijon et d'autres lieux forts; mais une foule de villes ouvertes furent détruites ou saccagées. Enfin, en l'année 912, seize ans après l'occupation de Rouen, les Français de tout état, harassés de ces continuelles hostilités, commencèrent à se plaindre et à demander que la guerre finît à quelque prix que ce fût; les évêques, les comtes et les barons faisaient au roi des remontrances; les bourgeois et les paysans criaient merci sur son passage.

Un vieil auteur nous a conservé l'expression des murmures populaires : « Que voit-on en tout lieu? Des églises brûlées, des « gens tués; par la faute du roi et sa faiblesse, les Normands font ce « qu'ils veulent dans le royaume; de Blois à Senlis, pas un arpent « de blé, et nul n'ose labourer, ni en prés, ni en vignes. A moins « que cette guerre ne finisse, nous aurons disette et cherté (1). » Le roi Charles, qu'on surnommait le Simple ou le Sot, et à qui l'histoire a conservé le premier de ces noms, eut assez de bon sens dans cette occasion pour écouter la voix du peuple; peut-être aussi, en y cédant, crut-il faire un coup de politique et s'assurer, par l'alliance des Normands, un appui contre les intrigues puissantes qui tendaient à le détrôner. Il convoqua en grande assemblée ses barons et ses évêques, et leur demanda *aide* et *conseil*, suivant la formule du temps. Tous furent d'avis de conclure une trêve et de négocier pour la paix.

L'homme le plus capable de mener à bien cette négociation était l'archevêque de Rouen, qui, malgré la différence de religion, exerçait sur Rolf le même genre d'influence que les évêques du Ve siècle avaient obtenu sur les conquérants de l'empire romain. Ses relations avec les autres évêques et avec les seigneurs de France n'avaient point été interrompues; peut-être même assista-t-il à leurs délibérations, mais, présent ou absent, il se chargea volontiers de porter et de faire valoir leurs offres de paix. L'archevêque alla donc trouver le fils de Rognvald, et lui dit : « Le roi Charles vous offre sa fille en mariage, avec la seigneurie « héréditaire de tout le pays situé entre la rivière d'Epte et la « Bretagne, si vous consentez à devenir chrétien et à vivre en « paix avec le royaume. »

Le Normand ne répondit point, cette fois : « Nous ne voulons obéir à personne »; d'autres idées, une autre ambition que celle d'un coureur d'aventures, lui étaient venues, depuis qu'il gouvernait, non plus une bande de pirates, mais un vaste territoire. Le christianisme, sans lequel il ne pouvait marcher l'égal des grands seigneurs de France, avait cessé de lui répugner, et l'habitude de vivre au milieu des chrétiens avait éteint le fanatisme du plus grand nombre de ses compagnons. Quant au mariage, il se croyait libre d'en contracter un nouveau, et, devenant chrétien, de renvoyer la femme qu'il avait épousée avec des céré-

---

1)   N'a ne boef, ne charrue, ne vilain en arée,
    Ne vigne provignié, ne coulture semée;
    Mainte iglise i a jà essilie e gastée;
    Se ceste guerre dure, la terre iert dégastée.
    (*Roman de Rou*, t. I, p. 73.)

monies païennes. « Les paroles du roi sont bonnes, dit-il à l'arche-
« vêque, mais la terre qu'il m'offre ne me suffit pas ; elle est inculte
« et appauvrie ; mes gens n'y auraient pas de quoi vivre en paix. »
L'archevêque retourna vers le roi, qui le chargea d'offrir en son
nom la Flandre, quoiqu'il n'eût réellement sur ce pays d'autres
droits qu'une prétention contestée ; mais Rolf n'accepta point
cette nouvelle proposition, disant que la Flandre était un mauvais pays, boueux et plein de marécages. Alors, ne sachant plus
que donner, Charles le Simple fit dire au chef normand que, s'il
voulait, il aurait en fief la Bretagne, conjointement avec la Neustrie. C'était une offre du même genre que la précédente ; car la
Bretagne était un État libre ; la suzeraineté des rois de France
ne s'y étendait guère que sur les comtés de Nantes et de Rennes,
enlevés aux Français par les princes bretons un demi-siècle auparavant. Mais Rolf fit peu d'attention ; il ne s'aperçut pas qu'on
lui donnait encore autre chose qu'une vieille querelle à débattre
et l'arrangement fut accepté.

Afin de ratifier le traité de la manière la plus solennelle, le roi
de France et le chef des Normands se rendirent, chacun de son
côté, au village de Saint-Clair-sur-Epte. Tous les deux étaient
accompagnés d'une suite nombreuse ; les Français plantèrent
leurs tentes sur l'un des bords de la rivière, et les Normands
sur l'autre. A l'heure fixée pour l'entrevue, Rolf s'approcha du
roi, et, demeurant debout, mit ses deux mains entre les siennes
en prononçant la formule : « Dorénavant je suis votre féal et votre
« homme, et je jure de conserver fidèlement votre vie, vos
« membres et votre honneur royal. » Ensuite le roi et les barons
donnèrent au chef normand le titre de comte, et jurèrent de lui
conserver sa vie, ses membres, son honneur, et tout le territoire
désigné dans le traité de paix (1).

La cérémonie semblait terminée, et le nouveau comte allait se
retirer, lorsque les Français lui dirent : « Il est convenable que
« celui qui reçoit un pareil don s'agenouille devant le roi et lui
« baise le pied. » Mais le Normand répondit : « Jamais je ne plierai
« le genou devant aucun homme, ni ne baiserai le pied d'aucun
« homme. » Les seigneurs insistèrent sur cette formalité, qui était
un dernier reste de l'étiquette observée jadis à la cour des empe-
reurs franks ; et Rolf, avec une simplicité malicieuse, fit signe à
l'un de ses gens de venir et de baiser pour lui le pied du roi. Le
soldat norvégien, se courbant sans plier le genou, prit le pied du
roi, et le leva si haut pour le porter à sa bouche que le roi tomba

---

(1) Willelm. Gemet., *Ibid.*

VERNEUIL. — MAISONS DU XVIᵉ SIÈCLE.
(D'après la lithographie de D. Lancelot.)

à la renverse. Peu habitués aux convenances du cérémonial, les pirates firent de grands éclats de rire, et il y eut un moment de tumulte; mais ce bizarre incident ne produisit rien de fâcheux.

Deux clauses du traité restaient à remplir, la conversion du nouveau comte ou duc de Normandie, et son mariage avec la fille du roi; il fut convenu que cette double cérémonie aurait lieu à Rouen, et plusieurs des hauts barons de France s'y rendirent pour accompagner la fiancée. Après une courte instruction, le fils de Rognvald reçut le baptême des mains de l'archevêque, dont il écouta les conseils avec une grande docilité. Au sortir des fonts baptismaux, le néophyte s'enquit du nom des églises les plus célèbres et des saints les plus révérés dans son nouveau pays. L'archevêque lui nomma six églises et trois saints, la Vierge, saint Michel et saint Pierre. — « Et dans le voisinage, reprit le « duc, quel est le plus puissant protecteur? — C'est saint Denis, « répondit l'archevêque. — Eh bien! avant de partager ma terre « entre mes compagnons, j'en veux donner une part à Dieu, à « sainte Marie et aux autres saints que vous venez de me nom-« mer. » En effet, durant sept jours qu'il porta l'habit blanc des nouveaux baptisés, chaque jour il fit présent d'une terre à l'une des sept églises qu'on lui avait désignées. Ayant repris ses vêtements ordinaires, il s'occupa d'affaires politiques et du grand partage de la Normandie entre les émigrés norvégiens.

Le pays fut divisé au cordeau, disent les anciens chroniqueurs: c'était la manière d'arpenter usitée en Scandinavie. Toutes les terres désertes ou cultivées, à l'exception de celles des églises, furent partagées de nouveau, sans égard aux droits des indigènes. Les compagnons de Rolf, chefs ou soldats, devinrent, selon leur grade, seigneurs des villes et des campagnes, propriétaires souverains de domaines grands ou petits — les anciens propriétaires contraints de s'accommoder à la volonté des nouveaux venus, de leur céder la place s'ils l'exigeaient, ou de tenir d'eux leur propre domaine à ferme ou en vasselage. Ainsi les serfs du pays changèrent de maîtres, et beaucoup d'hommes libres tombèrent dans la servitude de la glèbe. De nouvelles dénominations géographiques résultèrent de cette répartition de la propriété territoriale, et l'usage attacha dès lors à un grand nombre de domaines les noms propres des guerriers scandinaves qui les avaient reçus en lot.

Quoique l'état des gens de métiers et des paysans différât peu en Normandie de ce qu'il était en France, l'espoir d'une plus complète sécurité, et le mouvement de vie sociale qui accompagne d'ordinaire une domination naissante, engagèrent beaucoup d'artisans et de laboureurs à émigrer pour aller s'établir sous le gouvernement du duc Rolf. Son nom, que les indigènes de la Neustrie et les Français leurs voisins prononçaient Rou, devint populaire au loin ; il passait pour le plus grand ennemi des voleurs et le plus grand justicier de son temps (1).

Bien que la plupart des Norvégiens, à l'exemple de leur chef, eussent accepté le baptême avec empressement, il paraît qu'un certain nombre d'entre eux s'y refusèrent et résolurent de conserver les usages de leurs ancêtres. Les dissidents se réunirent pour former une sorte de colonie à part, et se fixèrent aux environs de Bayeux. Peut-être furent-ils attirés de ce côté par les mœurs et le langage des habitants de Bayeux, qui, Saxons d'origine, parlaient encore au xe siècle un dialecte germanique. Dans ce canton de la Normandie, l'idiome norvégien, différant peu du langage populaire, se confondit avec lui et l'épura, en quelque sorte, de manière à le rendre intelligible pour les Danois et les autres Scandinaves. Lorsque, après quelques générations, la répugnance des barons normands du Bessin et du Cotentin pour le christianisme eut cédé à l'entraînement de l'exemple, l'empreinte du caractère scandinave se retrouvait encore chez eux d'une manière prononcée. Ils se faisaient remarquer, entre les autres seigneurs et chevaliers de la Normandie, par leur extrême turbulence, et par une hostilité presque permanente contre le gouvernement des ducs ; quelques-uns même affectèrent longtemps de porter sur leurs armes des devises païennes, et d'opposer le vieux cri de guerre des Scandinaves : *Thor aide !* à celui de *Dieu aide !* qui était le cri de Normandie.

(*Histoire de la Conquête de l'Angleterre*, livre II.)

Supplice et mort de Jeanne d'Arc à Rouen (1)

Le 30 mai, dès le lever du jour, Jeanne vit arriver dans sa prison frère Martin l'Advenu, qui avait assisté au procès, et l'un de ceux qui l'avaient toujours consolée dans sa captivité. Il venait

---

(1) Les anciens poèmes et les chroniques de Normandie portent *Rous* au nominatif, et *Rou*, par exception, au lieu de *Rouf*, aux cas obliques. Les historiens en langue latine écrivent, sans qu'on puisse dire pourquoi, au lieu de *Rolfus*, *Rollo*, dont les modernes ont fait *Rollon*.

(2) Le morceau qu'on lira ici est extrait d'une notice précédant une série de documents sur Jeanne d'Arc publiée, sans nom d'auteur, par Michaud et Poujoulat, dans la *Nouvelle Collection des Mémoires pouvant servir à l'histoire de France*. Nous le donnons préférablement à tout autre, parce qu'il offre un tableau succinct et précis de la terrible tragédie qui eut pour théâtre la ville de Rouen, le 30 mai 1431.

pour lui annoncer sa mort prochaine et pour l'induire à vraie *contrition et pénitence*. Quand il eut annoncé « à la pauvre femme », dit un témoin, « la mort de quoi elle devoit mourir ce jour-là, elle commença à s'écrier doloreusement et piteusement, à se destendre et s'arracher les cheveux... — « Comment me traite-t-on si
« cruellement, que mon corps, que j'ai conservé net et pur, soit
« aujourd'hui consumé par le feu et réduit en cendres !... Ah !
« j'aimerois mieux être descapitée sept fois que d'estre ainsi bruslée !
« Hélas ! si j'eusse été en la prison ecclésiastique, et que j'eusse
« esté gardée par des gens d'église, non par mes ennemis, il ne me
« fust pas si misérablement *mescheus*. Oh ! j'en appelle à Dieu,
« le grand juge des grands torts et ingravances qu'on me fait. »

. . . .

La plupart de ceux qui étaient venus dans la prison se retirèrent ; il était neuf heures du matin ; le quadrige ou char à quatre chevaux qui devait conduire Jeanne au lieu du supplice l'attendait dans la cour du château. Elle n'avait plus autour d'elle que ses gardes, qui redoublaient de surveillance, et trois personnes compatissantes qui l'avaient toujours soutenue dans ses tribulations. Le frère Martin l'Advenu et frère Isambart La Pierre ne la quittèrent point à ses derniers moments. Le frère Martin l'Advenu, un des assesseurs du procès, était du nombre de ceux qui avaient averti la Pucelle de se soumettre au pape et au concile de Bâle, et qui fut pour cela en danger de sa vie ; le frère Isambart avait siégé aussi parmi les assesseurs ; lorsqu'on interrogeait Jeanne, il se plaçait quelquefois auprès d'elle, et l'avertissait *par des signes ou en la poussant* qu'elle prît garde à ses réponses, ce qui lui avait attiré la colère du comte de Warwick et l'avait mis en grand péril d'être jeté dans la Seine... Il restait encore à la Pucelle, dans ce monde, un troisième ami, c'était l'appariteur Massieu... Pendant tout le temps que Jeanne fut interrogée, Jean Massieu était chargé de la conduire de la prison devant ses juges et de la ramener ensuite dans la prison.

Il allait remplir la dernière des fonctions de son ministère en accompagnant Jeanne sur la place où elle devait mourir au milieu des flammes. Quand l'heure fut venue, Jeanne quitta sa prison et prit place sur le quadrige, couverte sans doute de cette longue robe de deuil qu'elle avait demandée au procès, et portant sur sa tête la mitre de l'Inquisition, où étaient écrits ces mots : *apostate, hérétique, sorcière*, etc. Martin l'Advenu et l'appariteur Massieu se placèrent à ses côtés ; frère Isambart la suivait à pied ; le char funèbre était entouré de plus de huit cents hommes de guerre, armés de haches, de glaives et de lances. On remarqua que Jeanne avait le visage baigné de pleurs ; quelques historiens ont vu dans cette douleur une faiblesse qu'ils ont voulu justifier. On peut s'étonner quelquefois de voir pleurer un héros, mais les larmes ne sauraient ternir l'héroïsme d'une femme. Tous ceux qui voyaient son abattement pleuraient. Dans la multitude des spectateurs, un homme fut remarqué qui paraissait plus affligé, plus consterné que tous les autres; c'était ce même Nicolas Loiseleur, qu'on avait chargé d'épier et de tromper Jeanne, et qui voyait enfin où la pauvre fille avait été conduite par ses perfides conseils; poussé tout à coup par la violence de ses remords, il fend la foule des gardes et se précipite vers le quadrige sur lequel Jeanne était placée. Il s'accuse tout haut de ses trahisons; il en demande pardon à Dieu et à Jeanne. Vaines expressions d'un repentir tardif! Loiseleur fut repoussé violemment par les hommes d'armes, et si le comte de Warwick n'était venu à son secours, il eût été tué sur l'heure. Le quadrige funèbre poursuivit lentement sa route jusqu'à la place du vieux marché. On avait élevé trois échafauds: le premier destiné aux juges et assesseurs, le second

ÉVREUX. — UN BRAS DE L'ITON.

à plusieurs évêques et prélats, le troisième pour l'exécution. Une grande multitude couvrait la place. Quand Jeanne vit tous ces apprêts, elle *parut assez troublée* et s'écria d'une voix émue : « *Rouen! Rouen! mourrai-je donc ici?* » Arrivée devant l'échafaud où étaient les juges, elle y monta avec frère Martin l'Advenu, qui ne la quittait point. Beaucoup de gens se retirèrent alors comme saisis d'effroi, et ne voulant pas, disaient-ils, assister à la dernière scène de cette tragédie. Nicolas Midi, un des assesseurs, adressa aussitôt à Jeanne une *admonition* pour la préparer à entendre son jugement; il avait pris pour texte de son discours ces paroles de saint Paul : *Si l'un des membres souffre, les autres souffrent également.* L'orateur, en terminant sa prédication, s'adressa à Jeanne et lui dit : « Jeanne, allez en paix, l'église ne peut plus vous défendre et vous laisse en la main séculière. »

On rapporte qu'à ces dernières paroles, Jeanne tomba à genoux et se mit en prières, invoquant la Trinité, la Vierge Marie, saint Michel, sainte Catherine, tous les saints et saintes du paradis.

Dans ses *piteuses* lamentations, disent les historiens du temps, elle s'adressa à *outes manières de gens* de quelque *condition* ou *estat qu'ils fussent, tant de son parti que d'autre,* les conjurant de prier pour elle, leur demandant *merci* pour le mal qu'elle avait pu leur faire, et pardonnant le mal qu'on lui avait fait. Jeanne resta ainsi à peu près une demi-heure; les juges prélats et tous les autres assistants *furent provoqués à grands pleurs,* de lui voir faire ses *pitoyables regrets et douloureuses complaintes.* Tous ceux qui la regardaient, en grande multitude, pleuraient à chaudes larmes, tellement que le cardinal d'Angleterre et plusieurs Anglais furent contraints de *plourer* aussi, *et en avoient très-grande compassion.* Jeanne supplia tous les prêtres qui étaient présents de vouloir dire chacun une messe pour le salut de son âme; dans ce moment terrible, elle n'oublia pas le roi de France, pour lequel elle mourait et déclara que la responsabilité de ses faits et dits ne pouvait jamais retomber sur Charles VII, soit qu'elle eût bien ou mal fait. Alors l'évêque de Beauvais, s'adressant à Jeanne, lui lut la sentence fatale. Cette sentence commençait par ces mots : « *In nomine Domini, amen,* nous Pierre, par la miséricorde divine, évêque de Beauvais, et nous, frère Jean Lemaître, vicaire de l'inquisiteur de la foi, juges compétents en cette partie... » Les juges, dans cette condamnation, rappelaient d'abord à la Pucelle qu'elle était retombée dans les erreurs et *crimes de schisme, d'hérésie, d'idolâtrye, d'invocation de diable, et plusieurs autres méfaits* qui lui avaient été pardonnés... « Tu es revenue, ajoutent-ils, malgré tes promesses, aux erreurs et méfaits qui t'avaient retranchée de la sainte église, *semblable au chien qui a coutume de retourner à son vomir, ce que nous disons à grande douleur.* Pour quelle cause, nous te déclarons avoir encouru derechef les sentences d'excommunication prononcées contre toi, et te *déclarons hérétique;* séants au siège et tribunal de justice, *proférons que comme membre pourri,* nous t'avons *déboutée* et rejetée de l'unité de l'Église, et t'avons livrée à la justice séculière, *laquelle nous prions* de le traiter doucement et humainement, soit en perdition de vie ou d'aucuns membres. »

Quand cette sentence eut été prononcée, la malheureuse Jeanne *à grande dévotion voulut avoir une croix*; un Anglais, qui était près de là, coupa son bâton en deux et en fit une croix qu'il lui donna : *très-dévotement* elle la prit, elle la baisa, et après beaucoup de prières, mit *icelle croix en son sein, entre sa chair et ses vêtements*; ce signe de la Rédemption était sa dernière consolation, et l'image des souffrances d'un Dieu l'aidait à supporter les injustices et grandes peines qu'elle souffrait. Elle demanda *humblement* à à Jean Massieu, et à frère Isambart de la Pierre, *qui estaient près d'elle en sa fin*, qu'ils allassent en l'église prochaine et lui apportassent la croix que les desservants montraient aux fidèles. Quand cette croix eut été apportée, elle *l'embrassa moult étroitement et longuement*, en se recommandant à Dieu et à tous les saints. Pendant qu'elle faisait *les dites dévotions*, les Anglais et plusieurs capitaines, qui avaient mission d'assister au supplice de Jeanne, se montraient très impatients de la voir mourir; ils s'adressèrent à Jean Massieu qui la réconfortait : « *Comment, prêtre, nous ferez-vous dîner ici?* » Puis ils voulaient l'entraîner vers le bûcher et criaient au maître de l'œuvre : « *Fais ton office.* »

Tous les historiens s'accordent à dire qu'aucun jugement de la justice séculaire ne fut prononcé; après la lecture de la sentence ecclésiastique, l'évêque de Beauvais, qui jouait dans cette affaire le rôle de Pilate, était descendu de l'échafaud avec le vicaire de l'Inquisition, laissant Jeanne avec ses juges séculiers, c'est-à-dire ceux qui devaient la faire exécuter. Il n'est que trop constaté que le bailli de Rouen et son lieutenant ne prononcèrent aucune sentence; dans l'horrible confusion, on n'entendit que ces mots du bailli : « Menez-la, menez-la... »

Pour obéir à l'ordre du bailli, deux sergents d'armes s'approchèrent et contraignirent Jeanne à descendre de l'échafaud où elle était avec ses juges. Elle salua les assistants, et descendit, accompagnée du frère Martin l'Advenu; des hommes d'armes anglais la saisirent en ce moment et l'entraînèrent vers le lieu du supplice avec une grande violence. Pendant qu'on la conduisait ainsi, elle faisait entendre des lamentations pieuses; elle évoquait le nom du Sauveur des hommes, et mêlant à ses prières quelques regrets pour cette vie : « *Rouen*, s'écriait-elle, *Rouen, seras-tu ma dernière demeure!* »

Jeanne monta sur le bûcher et fut attachée au poteau avec une chaîne de fer; avant d'être ainsi liée, elle embrassa de nouveau la croix; obligée de s'en séparer, elle la remit au frère Isambart, et voulut qu'il la tînt élevée devant ses yeux *jusqu'au pas de la mort,* afin que cette croix *où Dieu pendit,* fût, pendant que *son cœur battait encore, continuellement devant sa vue.* En voyant le feu s'allumer elle s'écria : *Jésus ! Jésus !* Comme le frère Martin, qui était près d'elle, ne s'aperçut pas que la flamme gagnait, Jeanne l'en avertit et le pria de se retirer, et de rester au bas de l'échafaud, pour la soutenir encore par ses saintes exhortations. L'évêque de Beauvais et quelques ecclésiastiques de l'église de Rouen s'étant approchés pour la voir : « Hélas ! dit-elle en s'adressant au prélat, je meurs par vous ; car si vous m'eussiez donnée en garde aux prisons de l'Église, je ne serois pas ici. » Elle ne voulut rien révoquer de ce qu'elle avait dit et fait pour sa mission venue de Dieu, et dans la persuasion où elle était que Dieu maudirait un jour ses juges, elle répéta hautement ces paroles : « *Ah ! Rouen, j'ai bien peur que tu n'aies à souffrir de ma mort !* »

Beaucoup de gens disaient que Jeanne était injustement condamnée, et ils s'affligeaient de ce que cette horrible scène se passait dans la ville de Rouen. Pour qu'il ne manquât rien à ce qu'un pareil drame pouvait avoir de sinistre et comme si les hôtes mêmes de l'enfer avaient été appelés à y jouer un rôle, on remarqua dans la foule des figures qui riaient. Cependant la tristesse était générale parmi les spectateurs, même parmi les juges ; Jean Fabry, l'un des assesseurs, ne croyait pas qu'il y eût un homme assez dur pour ne pas être ému jusqu'aux larmes ; l'évêque de Boulogne s'abandonnait à sa profonde douleur, et cette douleur fut remarquée de tous ceux qui étaient présents. Des ecclésiastiques qui avaient été témoins de ce spectacle disaient qu'ils avaient pleuré sur le sort de la pauvre Jeanne plus qu'ils n'avaient jamais pleuré pour *malheur qui personnellement leur advint.* Quelques-uns de ceux-là mêmes qui avaient désiré ardemment la mort de la Pucelle, saisis tout à coup de compassion, pressés par le remords, s'enfuirent de la place sans savoir où ils allaient et répétant tout haut : « Nous sommes perdus, car une bonne et sainte fille expire dans les flammes. » Nous ne voyons pas dans l'histoire qu'aucune femme ait assisté à ce terrible spectacle, et l'absence des femmes en cette occasion nous montre quelle sympathie les portait vers cette jeune héroïne qu'elles regardaient comme leur plus belle gloire, et qui, bien qu'on eût cherché à calomnier son caractère et sa conduite, mourait avec tous les sentiments et toutes les vertus de son sexe. Cependant l'exécution allait lentement ; pour que tout le monde pût voir la Pucelle, et s'assurer de sa mort, les Anglais avaient fait construire sur le bûcher même un grand échafaudage de plâtre où la victime était enchaînée ; la flamme avait de la peine à monter jusqu'à elle ; *de quoi le bourreau,* disent plusieurs témoins *était marri, et avait grande compassion de la forme et manière cruelle*

JEANNE D'ARC, d'après une ancienne estampe.

dont on la faisoit mourir. Quand le feu et la fumée commencèrent à l'envelopper, on l'entendit invoquer encore saint Michel et proférer le nom de Jésus-Christ ; elle mourut à l'heure où expira le divin rédempteur, et le dernier mot qui s'exhala de sa bouche et qui sortit du sein des flammes, fut le mot *Jésus*. Quelques spectateurs virent, dit-on, le nom de Jésus écrit dans les tourbillons de feu qui s'élevaient du bûcher ; d'autres crurent voir une blanche colombe qui sortait de la flamme et s'envolait vers les cieux.

Quand la Pucelle eut rendu le dernier soupir, ceux qui présidaient à cette exécution commandèrent au bourreau de retirer un peu de feu, afin que tous les assistants pussent la voir morte. « Alors, dit une chronique contemporaine, fut le feu tiré arrière, « et Jeanne fut vue avec sa robe *arse* (brûlée) et tous les secrets « qui peuvent ou doivent être en femme, pour oster les doutes « du peuple. Quand ils l'eurent vue assez à leur gré, le bourreau « remit le feu sur son corps, qui bientôt fut mis en cendres. » On se rappelle que Jeanne d'Arc, lorsqu'elle était malade dans sa prison, demanda à ses juges qu'on l'ensevelît en terre sainte, si elle venait à mourir ; mais sa mort ne rassurait pas les Anglais qui ne voulurent pas même qu'elle eût un sépulcre. Après l'exécution, le cardinal d'Angleterre ordonna que les cendres, les os, tout ce qui restait de l'héroïne fût jeté dans la Seine.

Ainsi mourut, n'ayant pas atteint sa vingtième année, la bergère de Domrémy, après avoir passé un an et plus à la cour du roi et dans les armées, et plus de treize mois dans les angoisses et les tourments de la prison et d'une procédure criminelle...

THÉODORE LICQUET (1)

Caractère des Normands

« Les Normands, fait-on dire à Guillaume-le-Conquérant au lit de mort, les Normands sont un peuple généreux s'ils sont

---

(1) Isidore-François-Théodore LICQUET, né à Caudebec-en-Caux, le 19 juin 1787, mort à Rouen, le 1er novembre 1839. Il occupa d'abord de modestes fonctions à la Mairie de Rouen, puis succéda à Dom Gourdin comme conservateur de la Bibliothèque de cette ville. Antiquaire, bibliophile et historien, il est l'auteur, ou l'éditeur, d'un grand nombre d'ouvrages parmi lesquels nous citerons : *Voyage bibliogr. en France*, trad. de l'anglais de Th. Fr. Dibdin (Paris, 1825, 4 vol. in-8°) ; *Recherches sur l'histoire religieuse, morale et littér. de Rouen* (Rouen, 1826, in-8°) ; *Rouen, précis de son histoire, son commerce, son industrie, ses monuments,* etc. (Rouen, 1827, in-12 et in-8°) ; *Catalogue de la Biblioth. de Rouen* (Rouen, 1830-1833, 2 vol. in-8°) ; *Histoire de Normandie depuis les temps les plus reculés jusqu'à la conquête de l'Angleterre en 1066* (Rouen, 1835, 2 vol. in-8°). etc.

gouvernés avec justice et fermeté (1). Ils triomphent des plus grands obstacles, ils excellent sur tous les peuples; ils déploient plus de valeur dans les combats, et montrent aussi plus d'ardeur pour la victoire. Qu'on les soumette à une domination d'une autre nature, ils se déchirent entre eux, et consument leurs forces dans les factions intestines. La révolte et la sédition deviennent pour eux un attrait; ils vont s'abandonner à tous les excès. Il faut donc tenir, d'une main vigoureuse et impartiale, le frein de discipline qui les forcera de marcher dans le chemin de la justice. Qu'on les laisse aller au gré de leur volonté comme un coursier débarrassé du joug, eux et leurs princes tomberont dans la misère, la confusion et la honte. » Guillaume parlait ainsi en 1087.

Depuis, un moine sicilien, Geoffroi Malaterra (2), a tracé au XIIe siècle un autre portrait moins flatteur, où l'on retrouve quelquefois, cependant, *un faux air* de ressemblance avec les Normands d'aujourd'hui.

« Il est une nation très rusée (3), vindicative, qui méprisa le champ paternel dans l'espoir de trouver ailleurs plus de profit; avide de richesses et de puissance; dissimulant toujours (4), tenant un certain milieu entre la profusion et l'avarice (5), quoique ses princes recherchent la renommée que donnent les grandes largesses. Ce peuple connaît l'art de flatter; il s'applique avec tant de soin à l'éloquence, que les enfants du pays pourraient passer eux-mêmes pour des rhéteurs (6). Cette nation est des plus effrénées, si on ne la contient sous le joug de la justice. Elle souffre, au besoin, sans se plaindre, la fatigue, la faim et le froid. Elle aime l'exercice du cheval, l'attirail militaire et le luxe dans les habits, etc. »

---

(1) *Orderic Vital, apud Duchesne*, p. 656; *Normanni, si hono rigidoque dominatu reguntur*, etc.
(2) *Apud Muratori*, t., V p. 550. *Est quippe gens astutissima, injuriarum ultrix*, etc.
(3) Les paysans de Basse-Normandie sont encore connus par leur esprit malin. L'anecdote suivante trouve ici sa place : Louis XVI, revenant de Cherbourg en 1786, traversait la vallée d'Auge. La voiture du roi allait doucement; un paysan la suivait en chantant : « Ta chanson me plaît, dit le roi, *bis*. — Qu'est-ce que cela veut dire? reprit le paysan. — Cela veut dire que je te prie de *recommencer* », ajouta le monarque. Et le paysan de chanter une seconde fois à gorge déployée. « C'est très bien, dit le roi; tiens, voilà pour ta chanson » et il donna plusieurs pièces d'or au virtuose. « *Bis* ! » s'écria aussitôt le rusé Bas-Normand, en tendant l'autre main. Louis XVI rit beaucoup, et *recommença*.
(4) Il n'y a pas encore longtemps qu'on prétendait que les Normands ne disaient jamais ni oui ni non, ni *vère* ni *nenni*.
(5) Ceci est encore vrai aujourd'hui.
(6) La Normandie est encore appelée *pays de sapience*.

Le temps a sans doute apporté de grandes modifications dans le caractère normand ; mais il n'a point effacé toutes les traces primitives. Un de nos savants compatriotes, que nous ne nommerons pas ici, parce qu'il ne s'est point nommé lui-même, trace ainsi le tableau des mœurs normandes actuelles. Le portrait nous paraît d'une ressemblance parfaite.

« Il y a dans toute cette race normande, un grand aplomb, une faculté de compréhension très étendue, et, ce qui est remarquable, à la fois beaucoup de chaleur dans la discussion des intérêts publics. Ce n'est jamais que par la force de l'inertie qu'on y résiste à l'autorité et aux entraînements de toute espèce ; mais cette force est immense. On se prévient peu en Normandie, soit pour les choses nouvelles, soit pour les hommes nouveaux. Chaque étranger qui arrive avec l'intention de s'y établir, est soumis à un examen scrupuleux à son entrée à la Bourse ou dans la société, et malheur à lui, s'il a cherché à en imposer sur rien de ce qui le concerne. Des dehors modestes, des procédés soutenus, de la régularité dans toutes les affaires et les habitudes de la vie, peu de dispositions à prendre des engagements, et beaucoup d'exactitude à les tenir, voilà ce qu'il faut pour réussir en Normandie. Si nous voulons enfin peindre les Normands d'un seul mot, nous dirons que leur province est la patrie par excellence de cette faculté si précieuse partout, si rare ailleurs, qu'on est convenu d'appeler le *bon sens* ; qu'il y court les rues comme l'esprit à Paris ou l'imagination dans le midi de la France ; et que, combiné avec une persévérance qui va quelquefois jusqu'à la ténacité, il suffit pour rendre compte de tout ce qui compose le caractère local, lorsqu'on l'examine dans les salons et dans les comptoirs, au théâtre ou au barreau, au sein des grandes villes ou des modestes hameaux. Nulle part, en Normandie, vous ne trouverez ni la taciturnité des Anglais, ni l'élégante frivolité des Parisiens, ni la loquacité ou l'entraînement des Méridionaux ; mais une manière de parler et de raisonner qui va droit au fait, l'examine avec calme, en rend compte souvent avec adresse, et presque toujours avec cette propriété d'expressions qui prodigue le sens et compte les paroles. »

Une vieille tradition veut que les Normands soient perfides et processifs (1) ; notre savant confrère réfute très bien cette opinion.

---

(1) Sous ce dernier rapport, notre réputation était déjà faite au XIIe siècle. Robert Wace, qui terminason *Roman de Rou*, en 1160, fait dire à Guillaume-le-Conquérant, parlant des Normands :
  « Foler et plaisier lor convient. »
  Ils aiment à faire des folies et à plaire.

ROUEN. — PORTE ET FONTAINE DE LA GROSSE-HORLOGE.

« Les Normands, dit-il, ne sont point assez empressés auprès des étrangers, assez avides de communications rapides pour pouvoir souvent abuser de la confiance qu'on leur accorderait. Leur commerce est toujours réservé; comme ils ne révèlent point légèrement leurs secrets, ils ne peuvent avoir beaucoup de prétentions sur ceux des autres, ni par conséquent beaucoup d'occasions de les dévoiler, ou de s'en servir indiscrètement. Les Normands ont bien, généralement, de l'adresse et de la finesse dans le caractère; mais comme ils ne se livrent point aux autres, les autres n'ont pas nons plus de motifs pour se livrer à eux, et ne doivent s'en prendre qu'à leur propre indiscrétion, s'ils ont quelque occasion de s'en repentir. »

Quant à l'humeur processive reprochée aux Normands, nous regardons cette imputation comme moins dénuée de fondement surtout si elle ne s'applique qu'aux classes inférieures de la société. Le paysan bas-normand montre, toutes les fois que l'occasion s'en présente, un attachement à ses intérêts et à ses droits qui l'entraîne souvent devant les tribunaux, mais cette fièvre de la chicane n'est endémique, quoi qu'on en dise, que dans certaines localités et dans certaines classes fort circonscrites. Partout ailleurs les lumières du siècle et le bon sens du peuple en ont depuis longtemps triomphé. Cependant, il y a encore plus de procès en Normandie que dans la plupart des autres provinces; mais cela tient au choc des intérêts, plus fréquent et plus violent que partout ailleurs, dans un pays où se presse et se croise une population à la fois agricole, commerciale et manufacturière; où il n'y a point de cours d'eau que ne se disputent les usines et les prairies; point de village sans industrie, sans spéculations, sans circulation d'effets de commerce. Avec tant d'éléments de discussions il ne faut pas, s'il y a beaucoup de procès en Normandie, aller en chercher la cause dans une disposition particulière des Normands de nos jours, mais y reconnaître une des nécessités imposées à toutes les sociétés actives et avancées.

(*Rouen, précis de son histoire, son commerce, son industrie, ses manufactures, ses monuments*, etc., Rouen, FRÈRE, 1827, in-12.)

ABBÉ DÉSIRÉ COCHET (1)

Usages funéraires et croyances religieuses des païens en Normandie

A quoi servait l'abondante vaisselle qui entoure les morts anciens? A quoi servaient ces vases sans nombre qui pullulent dans les cimetières gallo-romains? Pourquoi cette poterie légère, ce verre fragile, ce plomb épais, ce bronze travaillé, ce fin cristal? Pourquoi ces flûtes, ces miroirs, ces fibules, ces pinces à épiler, ces perles, ces bracelets, ces colliers, avec des cadavres livrés

---

(1) Jean-Benoît-Désiré Cochet, ecclésiastique et archéologue, né à Sanvic (Seine-Inférieure), le 7 mars 1812. Ordonné prêtre en 1836, l'abbé Cochet exerça d'abord son ministère au Havre et à Dieppe, puis devint aumônier du Lycée de Rouen et garda son ministère jusqu'en 1846. Ce fut à partir de cette époque qu'il se fit connaître dans le monde savant, en donnant de nombreux travaux touchant l'archéologie et l'histoire locale. Chercheur infatigable, il explora, village par village, la Seine-Inférieure, faisant pratiquer des fouilles, afin de retrouver les vestiges des sociétés disparues. Peu d'antiquaires déployèrent au XIXe siècle autant d'activité dans la découverte des monuments d'un autre âge et d'érudition dans la connaissance des vieilles églises normandes. Nommé, en 1849, inspecteur des monuments historiques de la Seine-Inférieure et, en 1864, correspondant de l'Académie des Inscriptions et Belles-Lettres, l'abbé Cochet mourut à Rouen, le 1er juin 1875, laissant une œuvre considérable. On trouvera une bibliographie totale de ses ouvrages dans le *Polybiblion* de 1875 (t. XIII). Nous en détachons les titres suivants : *Eglises de l'arr. du Havre*, Ingouville, 1846, 2 vol. in-8º ; *Eglises de l'arr. de Dieppe*, Dieppe, 1850, 2 vol. in-8º ; *Eglises de l'arr. d'Yvetot*, Dieppe, 1852 et 1854-1857, 2 vol. in-8º; *La Normandie souterraine*, Dieppe, 1854, 2 vol. in-8º et 1855, 2 vol. in-8º; *Galerie Dieppoise*, Dieppe, 1862, in-8º; *La Seine-Inférieure histor. et archéolog.*, Dieppe, 1864, in-4º et Rouen, 1866, in-4º ; *Etretat et ses environs*, Le Havre, 1839, in-8º; *Essai histor. et descript. sur l'abbaye de Graville*, Le Havre, 1840, in-8º; *L'Etretat souterrain*, 1re série, fouilles de 1835 à 1842. Rouen, 1842, in-8º; *Croisade monumentale en Normandie au XIIe siècle*, Dieppe, 1843, in-8º; *Anciennes industries de la Seine-Inférieure. Les Salines*, Dieppe, 1843, in-8º; *L'Etretat souterrain*, 2e série, fouilles de 1843, in-8º; *Culture de la vigne en Normandie*, Rouen, 1844, in-8º; *Hist. de l'imprimerie à Dieppe*, Dieppe, 1848, in-8º; *Etretat, son passé... son avenir*, Dieppe, 1850, in-8º, réimpr. en 1853, 1857, 1862 et et 1869, in-8º; *Epigraphie de la Seine-Inférieure... jusqu'au milieu du XIVe s.*, Caen, 1855, in-8º; *La Seine-Inférieure au temps des Gaulois*, Rouen, 1860, in-8º; *Notice histor. et arch. sur la ville, l'abbaye et l'église du Tréport*, Dieppe, 1861, in-8º; *La Seine-Inférieure au temps des Romains*, Rouen, 1861, in-8º; *Découvreurs et pionniers normands, Pierre Blain d'Esnambuc*. Le Havre, 1862, in-12; *Plan et descript. de la ville de Dieppe au XIVe s.* (en collab. avec M. Méry). Dieppe, 1865, in-4º; *Les Origines de Rouen d'après l'hist. et l'arch.*, Rouen, 1865, in-8º; etc., etc. (Voyez N. Oursel : *Nouvelle biographie normande*, 1876, t. I.); Briançon, l'abbé Cochet, 1877.

aux vers, avec des cendres que le vent emporte? Pourquoi ces baguettes de verre, ces boucles, ces anneaux, ces médailles pour des mains glacées qui ne peuvent plus remuer, pour des doigts desséchés qui font horreur? Qui nous révélera le secret de ces offrandes de la piété antique?...

Montfaucon et plusieurs savants interprètes disent que les plus petits vases servaient à recueillir les larmes répandues par les parents ou par les pleureuses qu'on louait pour les funérailles. C'est pour cela qu'on les appelait *lacrymatoires* : *cum lacrymis et apobalsamo*. On y déposait aussi des parfums et ceux-là prenaient le nom de *guttus* ou de *lecythus*. Nous sommes d'autant plus porté à nous ranger à cette opinion, que notre flacon de verre en forme de poire était rempli d'une liqueur grasse et onctueuse, et que le flacon de bronze exhalait encore l'odeur d'un parfum vieilli.

Quand aux vases de plus grande dimension, il faut en distinguer de deux sortes; les uns étaient vides comme les cruches et les barillets; ceux-là paraissaient avoir contenu un liquide parfois sec, comme le vin et le lait, parfois gras et onctueux, comme l'huile et le miel. Les autres étaient pleins de terre, comme les écuelles et les assiettes. Il est malaisé de dire ce qu'ils pouvaient contenir. On est naturellement amené à penser qu'ils renfermaient des viandes et des nourritures chères aux défunts. Mais à quoi pouvaient servir ces parfums, ce lait et ce miel, ces viandes et ces boissons? Ces parfums, c'était l'emblème du souvenir, qui embaume l'absent, le lait et le miel, c'étaient des libations faites à l'ombre des morts. Le vin et la viande, c'était le viatique ou les provisions de voyage; car il ne faut pas oublier que, dans l'opinion des anciens, les ombres mangeaient, et qu'elles aimaient encore à se nourrir, à se vêtir, à s'entourer des choses qu'elles avaient recherchées sur la terre. Voilà pourquoi, à Neuville, nous avons retrouvé des *pèlerines*, des huîtres et des moules qui étaient encore fermées. Voilà pourquoi, à Cany, on a rencontré des vases remplis d'une liqueur blanche comme le lait; et ces biberons donnés aux enfants de Dieppe, de Gièvres, de Soing, d'Evreux, de Lillebonne, de Bordeaux, de Lisieux et de Cany, n'est-ce pas la plus forte preuve que la sollicitude maternelle ne se croyait pas quitte par le trépas, et qu'elle se croyait obligée de poursuivre au delà du tombeau l'objet de ses soins et de son amour ?

On a longtemps douté de la destination vraie et précise de ces tétines de terre ou de verre que l'on rencontre dans les cimetières romains des premiers siècles. Plusieurs antiquaires, comme MM. de Caumont et de Formeville, n'ont pas balancé à en faire des biberons pour l'allaitement des enfants, et accompagnant

PALAIS DE JUSTICE DE ROUEN.
L'Entrée de la Salle des Procureurs, d'après une estampe de 1774, qui représente Jésus chassant les marchands du temple.

dans la tombe les jeunes nourrissons auxquels ils avaient été destinés pendant la vie. Quelques hommes éminents dans la science n'ont pas cru devoir partager cette opinion qui est la nôtre. Nous pensons qu'ils seront convaincus par les découvertes de Cany et de Lillebonne; car ici les circonstances sont parlantes et n'admettent pas d'ambiguïté. A Neuville, comme dans les cimetières à ustion, il est malaisé de définir et de préciser l'usage de certains objets, attendu que les cendres et les os brûlés ne laissent plus distinguer l'âge, ni le sexe, ni les autres caractères du sujet. On craint de prendre un homme pour une femme, un enfant pour un vieillard ; mais il n'en est pas de même dans l'inhumation. Là, les sujets sont conservés dans leur entier, et il est aisé, même après deux mille ans, d'apprécier leurs formes primitives, et de lire, sur leurs débris, le sexe et l'âge. La tombe est un miroir de vérité qui ne sait pas mentir ; c'est une charte qui ne laisse pas altérer son texte ; c'est un livre qui ne supporte pas la contrefaçon. Or, à Cany et à Lillebonne, grâce aux médecins et aux anatomistes, nous avons pu reconnaître avec certitude, au sein des tombeaux, des sujets de dix à douze mois, des enfants dans les langes, des nourrissons à la mamelle ; leurs os tendres et chétifs le proclament beaucoup mieux que le trépied, la marmite, le biberon et les joujoux.

Ce dernier trait d'enfants inhumés avec leur petit mobilier nous conduit à une autre déduction qui est celle-ci : c'est que les vases rencontrés avec les morts sont ceux qui leur ont servi pendant la vie. Pour peu que l'on ait observé les vases des cimetières et qu'on les ait confrontés avec ceux des maisons, on restera convaincu qu'il n'y avait point de différence entre les vases de la vie et ceux de la mort. Les écuelles, les assiettes, les verres trouvés dans les villas d'Étretat, de Bordeaux, de Brotonne et de Maulévrier, sont exactement les mêmes que ceux qui ont été extraits des cimetières de Dieppe, de Lillebonne, de Cany, de Lisieux, de Tiétreville et de Barentin. C'est la même terre, le même vernis, la même forme ; ce sont les mêmes noms de potiers et de verriers. Pour le Gallo-Romain, la mort n'était qu'une suite de la vie ; il n'y avait de changement que dans la manière d'être ; c'était un déménagement et une transformation. Il croyait vivre dans la tombe comme dans une autre demeure. Aussi lui servait-on à manger dans les mêmes plats et les mêmes assiettes, à boire dans les mêmes cruchons et les mêmes verres ; il portait les mêmes ornements et se servait des mêmes monnaies.

(*La Normandie souterraine ou notices sur des cimetières romains et des cimetières francs explorés en Normandie*, Rouen, LEBRUMENT, 1854, in-8º.)

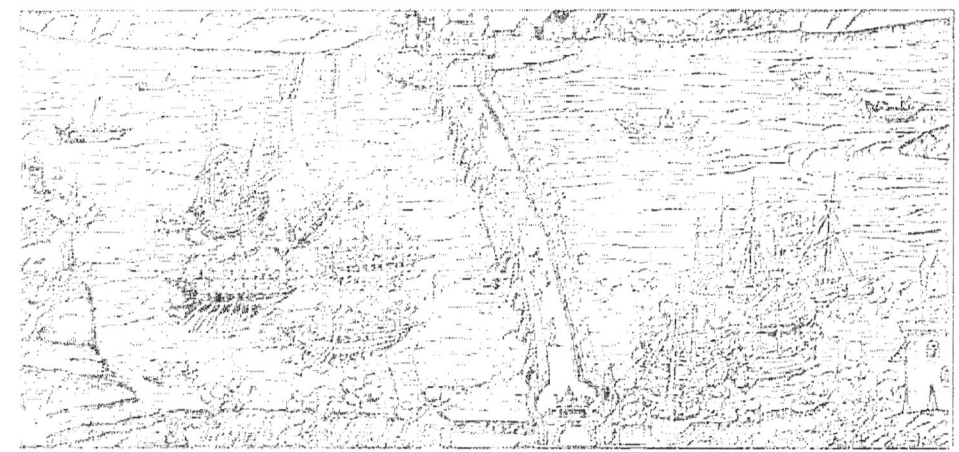

NOËL TAILLEPIED [1]

Du Pont de Seine, et d'autres petits Ponts de la Ville de Rouen

Pour charger et descharger lesdictes marchandises, il y a sur le bord de la rivière de Seine, une grande place qu'on appelle le Quay, qui est divisée en deux par le moyen du Pont qui traverse d'un bout à l'autre costé de la terre. La place d'en bas s'appelle le Quay des Navires, et l'autre, le Quay de Paris, où abordent les bateaux de Seine, chargez communément de vins, plastre, fer, et autres marchandises pour transporter tant en la ville qu'aux estranges nations.

[1] Religieux de l'ordre de saint François, puis capucin, né vers 1540, dans le diocèse de Rouen, selon les uns, à Pontoise, selon les autres; mort à Angers, en 1589. Historien et théologien. Noël TAILLEPIED a laissé non seulement le plus ancien recueil dit des *Antiquités et singularités de la ville de Rouen* (Rouen, Raphaël du Petit-Val, 1587, et Rouen, Martin Le Mégissier, 1587, 1588 et 1589, in-8°), — nous en extrayons une page caractéristique, — mais encore une foule d'ouvrages savants, parmi lesquels il faut citer : *Histoire des vies, mœurs, actes, doctrine et mort de Martin Luther, André Carlostad et Pierre Martir* (Paris, J. Parent, 1577, in-8°); *Histoire de la vie, mœurs, actes et doctrine de Th. de Bèze* (Paris, 1577, in-8°); *Histoire de l'Estat et République des Druides, Eubages, Sarronides, Bardes, Vacies, anciens François, gouverneurs du Pays des Gaules, depuis le déluge jusques à Jésus-Christ* (Paris, 1585, in-8°); *L'antiquité de Pontoise* (Rouen, 1587, in-8°), etc., etc. (Voyez Moreri, *Dictionn.* et La Croix du Maine, *Bibliothèque française*, éd. de 1772, t. II, p. 195.)

Le Pont qui va à travers de ladicte rivière est l'un des plus beaux édifices, et des plus admirables de France, tant pour sa hauteur que pour la profondité de son assiette, tout fait de fortes pierres de taille fondées sur pilotis de bois et cailloux; mesme combien qu'il soit estendu de sa longueur depuis la ville jusques au fauxbourg de Sainct-Sever, n'a toutefois que douze ou treize arcades très larges, desquelles le première, vers la ville, est tarie depuis peu de temps. Il est bien vray que rarement on permect les charettes et chariots passer par-dessus estant chargez, pour cause des frais et despens qui sont grands, quand il s'y faict quelques demolitions et ruines; pour lesquelles preserver, dessus dudict Pont il y a en l'eau deux barcs longs et larges, pour passer lesdicts harnois chargez de marchandise.

Sur ces petites rivières qui passent par dedans la ville, il y a des ponts qui servent commodément pour passer de ruë en autre, assavoir le Pont de Robec, le pont d'Aubette, le pont Dame Renaulde, et le pont de Taritaine.

On a veu de nostre temps retrancher les eauës de ces petites rivières, qu'on fit tomber au quay du Chelier, tout le long des murailles de la ville, qui causa que les moulins ne pourroyent tourner pour la commodité des marchans. Cecy advint dernièrement, l'an mil cinq cent soixante et deux, lors que la ville fut prinse par les Protestans, et assiégée en après par le camp du Roy, qui se campa premièrement sur le mont Sainte-Catherine, et puis après aux fourches de Bihorel, au mont de la Justice, et au mont aux Malades : lesquelles places, à la vérité, commandent à la ville; et n'y a nul moyen de pouvoir empescher qu'on ne face les approches par les vallées Dyonville et de Dernetal, combien que il semble à veoir que le Chasteau de la ville, le vieil Palais, et la tour de Colombier soyent trois places et forteresses imprenables. Mais qui tient, en cas de force, le mont de Saincte-Catherine, tient toute la ville en sa main, au temps de guerre, si toutesfois y avoit de bonne eau et vivres à commandement : car qu'est-ce que d'une ville et lieu de forteresse s'il n'y a de bonnes eauës?

(*Les Antiquités et Singularités de la Ville de Rouen*, réimprimé avec une introd. et des notes par l'abbé A. TOUGARD. Rouen, Impr. L. GY, pour la Soc. des Bibliophiles Normands, 1901, in-8º).

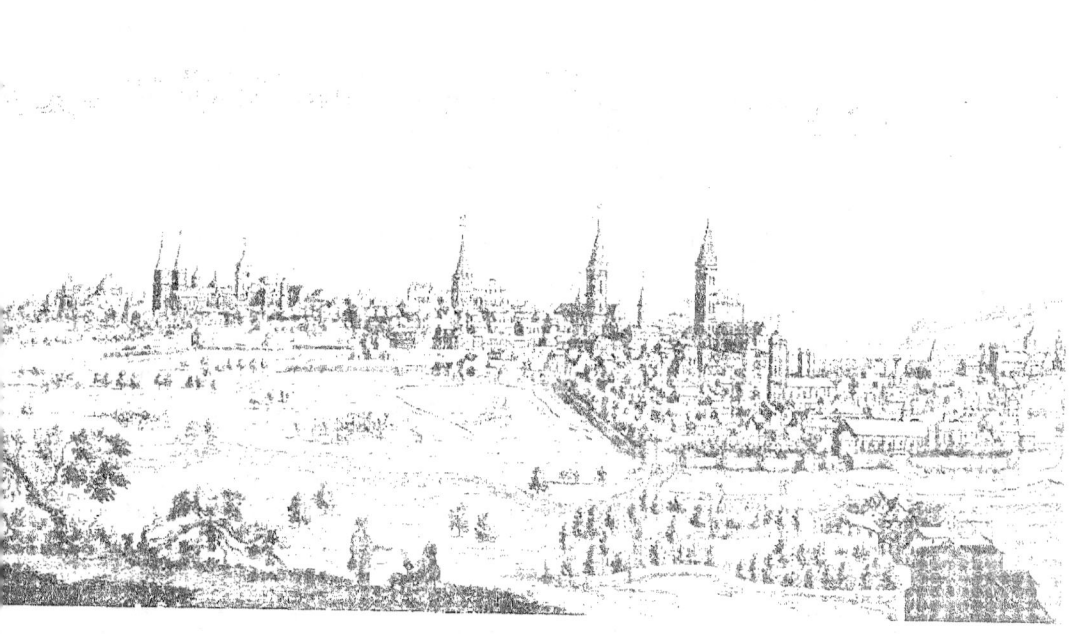

CAEN AU XVIIe SIÈCLE. (Gravure de Jollain)

CHARLES DE BOURGUEVILLE (1)

La Cité de Caen au xvie siècle

Le dernier jour d'avril audit an 1512, le sieur de la Trémouille qui étoit un grand capitaine, député par le Roi pour voir les places de frontière, fit son entrée en cette ville, au-devant duquel sortirent M. de Marboué, capitaine de Caen, lequel conduisoit un bon nombre de jeunes gens à cheval; et après que ledit seigneur de la Trémouille eut visité le chateau et ville avec aucuns ingenieurs, il ordonna être fait ce Boulevard de la Chaussée Saint-Jacques, sur la grande prairie, auquel il fit dresser quatre grands espaces vides, soutenus de sommiers et gîtes pour y planter le canon à batterie sur la dite prairie, contre ceux qui voudroient assaillir la ville de cette part-là. Il n'y a pas longtemps que les dites canonnières et ouvertures y étoient qu'on a fait emplir, pour ce que les pauvres et malades s'y retiroient, ce qui donnoit crainte à ceux qui passaient, s'il survenoit bruit d'un siège, il seroit facile de refaire lesdites ouvertures, dont je fais avertissement, et que tels amas de terre furent faits à l'occasion que dessus. Et d'autant que tant de personnes font bruit de la venue et du passage des

---

(1) Charles de BOURGUEVILLE, sieur de BRAS, né à Caen, le 6 mars 1504, mort dans cette ville, le 5 nov. 1593. Magistrat fort attaché à la personne de François Ier, qu'il accompagna dans ses voyages, et de Charles IX, il obtint, grâce à la faveur de ses maîtres, la charge de lieutenant général du Bailliage de Caen. Très sensible aux belles-lettres, qu'il cultiva toute sa vie, il montra un goôt fort vif pour les antiquités de sa province. On a de lui : *Version française de Darès de Phrygie*. Caen, 1573, in-8°; *L'Athéomachie et discours de l'immortalité de l'âme et résurrection des corps*. Paris, 1579, in-4°; *Les Discours de l'Eglise, Religion et de la Justice*. Paris, 1579, in-4°; *L'Histoire véritable de la Guerre des Grecs et des Troyens, non moins se rapportant à ce temps que ressentant la docte et pure antiquité*. Caen, 1572, in-4°; enfin ce livre précieux à consulter, tant pour l'histoire de la terre normande que pour les origines de la principale ville du Calvados: *Les Recherches et Antiquités de la province de Neustrie, à présent duché de Normandie, comme des villes remarquables d'icelle : mais plus spécialement de la ville et Université de Caen* (A Caen, de l'Imprim. de Jean de Feure, 1588, in-4°; réimpr. à Rouen, 1705, in-4°. et à Caen, Imprim. T. Chalopin, 1833, in-8°). Ecrivain naïf et sentencieux, observateur souriant et érudit, Charles de Bourgueville est considéré avec raison comme l'un des plus curieux historiens de nos provinces. « Son ouvrage, quelque défectueux qu'il soit, à dit Huet, — le savant auteur des *Origines de Caen*, — est un trésor qui nous conserve une infinité de choses sérieuses de notre patrie, qui, sans ce travail, seraient restées dans l'oubli. »

lansquenets en cette ville, sans entendre l'occasion pourquoi ils y furent fait venir, et aussi d'une sédition qui advint en cette ville de ce temps-là, j'ai bien voulu en faire mention en cet endroit, et que ce fut par l'ordonnance du Roi Louis douzième, pour empêcher que le Roi anglois fît descente en cette Normandie, et en aidoit au Duc de Suffort qu'on disoit pretendre droit au Royaume d'Angleterre; ils arrivèrent en cette ville la semaine sainte 1513. Et pour leur conduite, l'on garda tel ordre (comme il m'en souvient tout jeune que j'étois), c'est que en la porte Millet, il y avoit un corps de garde d'un bon nombre d'hommes en armes, et de deux maisons en deux maisons le long des rues par où ils passoient jusques au Bourg l'Abbé, où étoient leurs étapes dressées, y avoit un homme armé portant hallebarde, sur le pont autre corps de garde, et à Froide rue, et saint Sauveur, et entrèrent les dits lansquenets jusques à six mille, avecques tambourins et fifres cinq cents à cinq cents, et ne s'ensuivit aucun débat pour lors, voyant tant d'hommes de la ville armés; mais après qu'ils furent tous passés, et qu'on estimoit qu'ils se contenteroient de leurs étapes, ils rentrèrent confusément dedans la ville, et se logèrent où bon leur sembla. Et ainsi qu'ils partirent de la dite ville le mercredi des fériers de Pâques, et qu'ils faisoient refus de payer aucuns artisans, le peuple de la ville s'esmeut, fait sonner le tocsin de l'horloge de la ville, et se rue impétueusement sur ces ivrognes de lansquenets, qui furent si effrayés qu'il en fut tué deux ou trois cents, et ne fut tué de cette ville qu'un seul homme qui s'appeloit Vaillant, du métier de fondeur, en fermant sa boutique en la rue de Froide rue. Il avoit une femme assez hommasse qui s'appeloit Vaillante, laquelle, en vengeance de la mort de son mari, tua — ainsi que l'on disait — plusieurs de ces lansquenets, lesquels voyant un tel mutinement par tout le corps de la ville, ils se mirent en bataille en la place du vieil marché, rompirent les portes de la Grosse Tour, où pour lors l'artillerie et munitions de poudres et boulets de la ville étoient. Toutefois le sieur Duc de Suffort, Robert de Fontenay, sieur de Breteuille, Lieutenant du Chasteau, les juges et gens du Roi donnèrent tel ordre que le tumulte cessa. J'ai bien voulu faire mémoire de ces choses, dont tant de gens parlent jusques à présent disant: ce fut devant ou du temps des lansquenets, et aussi, afin qu'on prévoie à donner un bon ordre quand un grand nombre d'hommes de guerre passeront en armes par cette ville. Tels lansquenets sont ivrognes et buvoient dans des pots de terre, vin, cidre, bières, et après se donnoient à la table, et ne s'en servent nos Rois que pour faire nombre et qui gardent assez bon ordre en un camp, comme aussi pour empêcher qu'un Roi adversaire ne les prenne pour s'en fortifier, et pour épargner les hommes de sa nation, car ils sont à qui plus leur donne.

Cette Grosse Tour où ces lansquenets se retirèrent, que l'on appelle de Chastimoine, pour ce qu'elle est apposée vis-à-vis de l'Abbaye, fut faite depuis l'an 1450, parce que celle qui y étoit lorsque le Roi Charles septième réduisit cette ville à son obeïssance fut ruinée. Cette Grosse Tour est l'un des plus superbes bâtiments que l'on puisse voir, tant en grosseur, hauteur qu'épaisseur, où sont quatre hauts étages qui sont tous soutenus sur un seul gros pilier étant ou parmi, et celui étage d'en haut est une plate-forme de douze ou quinze pieds d'épaisseur à plusieurs ouvertures pour planter le canon, lesquelles plate-forme et ouvertures d'en haut ont été faites de mon temps, vers l'an 1518 ou 1520...

De ce temps-là, la jeunesse s'exerçoit à plusieurs passe-temps aux mois d'avril, mai et juin, les uns à tirer de l'arc, de l'arbalète, aux papegaux et à la butte, en danses, mômeries de jour que l'on appelle à présent mascarades. Une fois je vis danser les petits chevaux qui étoient de toiles peintes et sembloit que ceux qui dansoient fussent dessus, et avoient des monuments pour bonne industrie; autre fois les divers cas qui étoient dix accoutrés de vert tétière, pattes et queues de chats, de faucheurs qui vouloient couper de leurs faux les fausses langues qu'ils faisoient conduire peintes et pourtraites devant eux, ce qu'ils ne pouvoient faire, et en dansant faisoient une pause disant et chantant : « Fausses langues, nous faucherons », et s'efforçoient les faucher; et encore disoient : Par le corbieu ! nous ne pourrons, les racines en sont trop fortes. » Puis à quelques autres années j'y vis représenter les triomphes de César avec une morisque devant lui, dont les accoutrements étoient bleus, semés de paillettes d'étain, et y avoit plus de cent personnes masquées, ce qui donnoit grand contentement à la vue, qu'on appeloit lors faux visages, portant chacun quelque triomphe. J'y vis une autre fois courir les personnes qui faisoient de folles entreprises, et portoient de petites enseignes où elles étoient peintes avec des écriteaux: l'un vouloit manger les charrettes ferrées, un autre toucher la lune avec le doigt, un qui regardoit le soleil sans ciller l'œil, l'autre qui vouloit rompre l'anguille avec le genou, un qui tâchoit à étouper les quatre vents, un autre qui vouloit monter au ciel tout chauffé et tout vêtu, un autre porter une meule et un moulin, un autre qui entreprenoit faire taire les femmes qui lavent la buée, et un grand nombre de telles entreprises. Vrai que les accoutrements de ceux qui représentoient ces passe-temps n'étoient de velours, satin ni soies, mais de toiles peintes, avec de faux or et

COUTANCES
(D'après le dessin de Chapuy, gravé sur acier par Ransonnette.)

de faux argent, et les façons de leurs accoutrements étoient versifiées selon les personnages, aussi l'on ne faisoit point décréter leurs terres pour leurs dettes, et donnoient autant de plaisir que ceux qui sont plus bravement en point.

L'on jouoit aussi fort souvent des mystères des saints et saintes, comme de Saint Sébastien, Sainte Honorine, de Abraham et Isaac, et autres histoires.

Aussi audit temps les vivres et toutes marchandises étoient à prix comptants, le bon vin François et de Bourgogne n'étoit vendu que deux sols le pot, et le plus excellent de Beaune et d'Orléans deux sols six deniers, ou trois sols au plus, et encore les artisans et mécaniques n'en buvoient aucunement. Le septier de pommes n'étoit vendu que quatre francs et cent sols, et les artisans qui avoient nombre de serviteurs se fournissoient chaque samedi d'un hambour de bière, qui est comme un quartan de pipe, qui étoit porté sur des traines, car il y avoit grand nombre de brasseries en cette ville et ne revenoit le pot de ladite bière qu'à quatre deniers. Il étoit si grande abondance de blé que le froment ne se vendoit que deux ou trois sols le boisseau, l'orge dix-huit deniers et vingt deniers, et à tel prix s'en faisoient les défalcations aux décrets d'héritage; même il étoit permis d'acheter les rentes des blés au prix des susdits qui se payoient en essence de grain, et conséquemment les autres vivres étoient à vil prix: la dînée à l'homme cheval, aux plus fameuses hôtelleries, ne coûtoit que quatre à cinq sols, la nuitée, sept sols et sept sols six deniers au plus, et étoient les hôtes passants trop mieux traités qu'ils ne sont de présent.

L'aune de bon velours noir ne coûtoit que cent sols et six livres, satin et damas, soixante sols, tafetas trente-cinq et quarante sols, la bonne écarlate cent sols, les autres meilleurs draps, soixante et soixante-dix sols, la lingette, vingt-cinq et trente sols, les toiles de hollande vingt et vingt-cinq sols, les communes toiles ne passoient point dix et douze sols. Je vis vendre le millier de beurre quarante et cinquante francs; la façon d'un accoutrement ne coûtoit que quatre et cinq sols, les bonnets, sept sols six deniers, les chapeaux quatre sols, les souliers à hommes, sept et huit sols, la journée de l'homme deux sols et de la femme dix-huit et vingt deniers, et le chapon deux sols, et conséquemment toutes choses à prix compétent; l'écu sol ne valoit que trente-six sols, et le teston dix sols. Le corps de la taille, du vivant du bon roi Louis douzième, que l'on titroit père du peuple, ne se montoit par toute la France que douze cent mille livres et y sont, de cette heure, à plus de quatre ou cinq millions sans les gabelles, quatrièmes, décimes, ventes d'officier, qui sont de cette heure alternatifs ainsi que autres parties casuelles, et étoient les gages des officiers et gens d'armerie mieux payés qu'ils ne sont de présent; le plus riche paysan ne payoit que cent sols ou dix livres de taille. Au plus, de pouvoir dire les causes de ces vissicitudes et mutation, je ne puis les connaître, sinon que je pense que nos péchés et la mutation de religion en sont la cause, et que chacun est de présent si corrompu en sa vie que l'on ne voit aucune apparence d'amendement. Dieu par sa grâce y veuille pourvoir, car il est tout apparent qu'il est fort et justement irrité contre son peuple, parce que les saisons ne font plus leurs effets accoutumés.

Audit temps les habits des seigneurs, dames et damoiselles étoient fort honorables, sans superfluité comme de présent; le marchand bourgeois, portoit robe d'un fin drap noir ou tanné, à larges et longues manches ouvertes, à paremens de damas, la barette ou toque à l'arbalete, qui étoit une toque à rabat par derrière, ou étoit attaché un ruban de soie sur la carre de devant; les dames et bourgeoises de villes, pour leurs bonnes robes de mariage, étoient d'écarlate rouge doublée de velours, par les larges manches et la queue de satin, les collets de velours ; j'ai mémoire d'en avoir vu qui portoient chaperons de la même écarlate rouge, et pour le temps n'y avoit que peu de damoiselles aux villes qui portassent chaperons de velours...

(*Les Recherches et Antiquités de la province de Neustrie... et plus spécialement de la ville et université de Caen.* Caen, 1588, L. II, pp. 79 et ss.)

FRANÇOIS FARIN (1)

Divers usages touchant les Moulins, les Boulangers, les Marchands de blés, etc., de la ville de Rouen au XVIe siècle

Il est dû aux religieux de S. Oüen, à prendre sur les moulins de la Ville, 80 livres de rente, comme je diray ensuite ; mais aussi ils doivent tous les ans, à la maison de Ville, *deux pains Chevalier, un Oison bridé*, c'est-à-dire ayant au col et aux aisles des rubans de soye, marchant par la ruë, et conduit par deux hommes et par deux violons depuis l'Église de S. Oüen jusques au grand moulin,

(1) Né à Rouen, le 17 mai 1604, mort dans cette ville, le 8 sept. 1665. Titulaire de la Chapelle de N.-D. du Val, près Veules (Seine-Inf^{re}), ensuite desservant de Saint-Godard de Rouen, puis organiste et clerc matriculier de cette même paroisse, François FARIN est considéré, à juste titre, comme le plus curieux des anciens historiens de sa ville natale. On lui doit les ouvrages suivants : *La Normandie chrestienne ou l'Histoire des Archevesques de Rouen qui sont au Catalogue des Saints, contenant une agréable diversité des Antiquitez de Roüen non encor veües, et plusieurs autres recherches curieuses,* avec un *Ample discours du Privilège de Saint-Romain et de plusieurs choses remarquables qui se sont passées dans la Pratique de ses Cérémonies* (A Roüen, chez Louys du Mesnil, 1659, in-4°); *Histoire de la Ville de Rouen divisée en trois parties. La première contient sa fondation, ses accroissemens, ses privilèges... La seconde, l'origine de ses églises paroissiales et collégiales, chapelles et hôpitaux... La troisième, les fondations et antiquitez de ses monastères et autres communautez* (A Rouen, chez Jacques Herault, 1668, 3 vol., in-12; réimp. en 1710, avec additions, corrections et augmentations de Jean Le Lorrain, chapelain de la Cathédrale de Rouen, et Jacques Amyot, libraire, 3 vol. in-12). *La même,* divisée en six parties (Rouen, Louis du Souillet, 1731, 3 vol. in-4°); *Le Château fortifié. Eclaircissements de Farin sur un chapitre de sa Normandie chrétienne,* publiés pour la première fois par J. Félix (Rouen, Impr. E. Cagniard, 1884, in-4°). — Consultez sur cet auteur : Frère : *Manuel du Bibliogr. Norm.*; Abbé Loth : *Farin, historien de Rouen,* 1876.

qu'ils doivent livrer aux Fermiers de la Ville avec *deux cruches pleines de vin, deux gros poulets, deux plats de bignets, avec les pièces de bœuf et de lard,* ce qui se doit faire le dimanche d'après la Feste de S. Barthelemy.

L'an 1602, le 7 septembre, par Sentence du Bailly, ces mêmes religieux ont été dispensez de la conduite de l'Oison et des violons, et ont été condamnez à livrer cet Oison avec deux aulnes de ruban de soye, et de doubler les mêmes redevances, à sçavoir 4 *pains Chevalier*, 4 *pintes de vin dans* 4 *cruches*, 4 *poulets*, 4 *mets de bœuf*, 4 *mets de lard, et* 4 *plats de bignets.*

Il y a un clerc Siegé aux moulins de la ville qui a esté installé pour prendre garde aux abus, aux désordres et aux malversations qui se peuvent commettre par les Boulangers, par les Pâtissiers et par d'autres qui sont obligez de moudre à ces mêmes moulins, et de leur faire payer mouture, de leur donner rang pour moudre et de tenir registre fidelle de tous les bleds qu'on fait moudre à ces moulins; lequel registre il doit apporter au bureau de la Ville, et l'état du bled toutesfois et quant il en est requis; il doit aussi prendre garde que les moutures appartenant à la Ville, soient prises fidellement du bled qui sera moulu à ces mêmes moulins.

Par composition faite entre les Fermiers de la Ville et le Boulanger de l'Hôtel-Dieu, ce Boulanger se soumet de faire moudre aux moulins de la Ville *un muid de bled par semaine* pour la nourriture des pauvres de l'Hôtel-Dieu, outre le bled que ce même Boulanger fera moudre pour faire le pain qu'il vendra en sa boutique, et pour droit de moulin, il est quitte en faveur des pauvres d'une mine (1) par muid.

Les marchands de grains sont au nombre de cent et leurs noms doivent être enregistrés au Greffe du Bailliage. Ces mêmes marchands sont nommés et pourvus par la Ville, à la charge de tenir la Halle fournie de bled : à cette fin ils sont obligez d'aller toutes les semaines aux quatre marchez d'*Andely*, de *Caudebec*, de *Ducler* (2) et d'*Ellebœuf*, ordonnez pour la fourniture de Roüen, sans qu'il soit permis d'y acheter des grains pour les transporter ailleurs. Il y a pour ce sujet des voitures establies par l'autorité du Roy.

Il y a 24 Mesureurs de grains qui prêtent serment devant le Bailly ou son Lieutenant, de bien et deuëment exercer leur Office.

Il y a 80 maistres Boulangers qui peuvent moudre par jour trois mines de bled à blanc, et une à bis. Les pauvres Boulangers se

---

(1) Ancienne mesure de capacité contenant un demi-setier, soit 78 livres environ.

(2) Lisez : *Duclair.*

plaignent que les riches occupent les moulins plusieurs jours suivans, et moulent quelquefois plus de cent mines de suite, bien qu'il ne soit permis d'en moudre que quatre, chacun à son tour. En outre, il y a six maisons nommées *franches-aires*, qui par privilège très ancien peuvent tenir boulangerie sans que ceux qui les occupent soient passez maîtres, et ils sont banniers au moulin de S. Oüen, en payant seulement *huit deniers par mine*, de mouture, parce qu'ils sont obligez de faire leur pain de *deux onces* pour livre plus pesant que celuy des autres Boulangers.

Le bled à blanc qui est moulu aux moulins de la Ville, doit être bled froment, à trois sols près du meilleur de la Halle : le fermier n'en doit point recevoir d'autre, et se doit faire payer avant que les Boulangers engrènent.

Il y a six sortes de bled, à sçavoir: *bled froment à blanc*, dont la ville doit estre payée; *bled bourgeois, petit bled*, pour pain bis de boulanger, *bled champart, bon méteil, petit méteil*. Les Boulangers ne doivent point cuire des trois derniers bleds.

Il y a trois greniers de la Ville au Grand et au Petit moulin, et au moulin du Petit Paon; il faut que les fermiers mettent le bled à blanc dans un grenier séparé, et le bis dans un autre.

Il est déffendu aux Boulangers de mettre le bled en grenier sans congé de la Ville et du Clerc Siégé des moulins, de peur qu'ils n'aillent moudre ailleurs qu'aux moulins de la Ville.

Il y a des brancars aux moulins de la Ville pour faire peser le bled, avant que de l'engrener, et il faut le faire représenter quand il est moulu.

La mine de bled pese ordinairement 130 livres compris le sac; estant moulu 116 livres, le sac une livre trois quarterons, ainsi il y auroit à la mine 114 livres de farine. Pour l'essay d'une mine de bled, il faut considérer la valeur de la mine, le port au moulin, le droit de mouture, le rapport de la farine, le levain, le bois, et la chandelle.

(*Histoire de la Ville de Rouen*, Rouen, J. Hérault, 1668, t.I.)

CAEN. — VUE PRISE DES CARRIÈRES DE VAUCELLES.
(Gravée par F. Bignon, 1672.)

DANIEL HUET (1)

Des Foires et des Marchés de Caen au XVIIe siècle

La *Foire du Pré* était établie à Caen long tems avant les deux foires accordées par Loüis XI. Elle commençait à la Saint-Denys, et duroit huit jours. On la tenoit dans ce pré, qui de là fut nommé la *Foire du Pré*, et où l'on a depuis bâti l'Hôpital Général. Elle fut supprimée par l'établissement de ces deux Foires de Loüis XI. Nous ne voyons point le tems de son établissement.

La foire de Saint-Michel est fort ancienne. L'an 1431, les Anglais, qui étoient maîtres de Caen, tenant cette Foire, ils y furent surpris par Ambroise de Loré, Chevalier Normand, Baron d'Yvry, Conseiller et Chambellan du Roy, et ensuite Prévost de Paris, vaillant homme, actif, entreprenant, et qui rendit des services très importans au Roy Charles VII, contre les Anglais. L'Histoire, qui a

---

(1) Pierre-Daniel HUET, prélat et érudit célèbre, né à Caen, le 8 fév. 1630. Il fut l'un des fondateurs de l'Académie de Caen. Adjoint, le 4 déc. 1670, à Bossuet, avec le titre de sous-précepteur du Dauphin, il entreprit et surveilla l'édition des classiques latins *ad usum Delphini*. Ordonné prêtre en 1676, Huet fut successivement abbé d'Aulnay (1679), évêque de Soissons (1685), puis d'Avranches (1692). Mais il ne remplit pas longtemps les fonctions de l'épiscopat, tant, a-t-on dit, son goût pour l'étude lui faisait désirer l'indépendance. Démissionnaire en 1699, il reçut l'abbaye de Fontenay, près de Caen, et se retira dans la maison professe des Jésuites de Paris, où il mourut le 26 janvier 1721. Il occupait à l'Académie française le fauteuil laissé vacant, en 1674, par le sieur de Gomberville. Ses livres, qu'il avait légués aux Jésuites, appartiennent aujourd'hui à la Bibliothèque Nationale. On doit à cet auteur, qui ne fut pas seulement un exégète et un savant, mais un écrivain plein de goût et d'esprit et parfois même un aimable poète, une foule d'ouvrages sur différents sujets parmi lesquels nous citerons : *Iter suecicum*, 1652, in-8° (Récit d'un voyage en Suède, entrepris pendant la jeunesse de l'auteur); *Vitis, Eclogæ*, Caen, 1653, in-4°. *De*

rendu justice à son mérite, marque qu'il y fit trois mille prisonniers, qu'il conduisit dans sa forteresse de Saint-Celerin, près d'Alençon, après avoir renvoyé les gens d'Eglise, les vieillards, les femmes, les enfans, et les laboureurs. Il enleva toutes les marchandises de la Foire, et fit un très grand butin. Outre que le succès de cette entreprise fit voir qu'elle était digne de celuy qui la conçut et qui l'exécuta, il semble qu'il y fut porté par un ressentiment particulier. Jean Falstoff, Anglois, qui commandoit alors dans Caen, avoit attaqué quelques années auparavant le Château de Sainte-Suzanne au Maine, dont Loré étoit capitaine pour le duc d'Alençon ; et tout récemment les Anglois avoient fait quelque tentative sur le Château de Saint-Celerin, que Loré avait pris soin de fortifier et de munir. Il semble qu'il ait cherché à les faire repentir de l'inquiétude qu'ils luy avoient donnée. La Foire de Saint-Michel se tenoit alors, comme maintenant, au Bourg-l'Abbé, le jour de Saint-Michel. Les droits en appartiennent à l'Abbaye de Saint-Estienne. On l'appelle communément la *Foire aux Oignons*, à cause de la grande quantité d'oignons qui s'y débite.

Les droits de la *Foire des Innocents* appartiennent aussi à la même Abbaye. On la tient, comme la précédente, dans le Bourg-l'Abbé, devant l'Abbaye, à la Fête des Saints-Innocents.

Interpretatione libri duo, quorum prior est de optimo genere interpretandi, alter de Claris interpretibus. Paris, 1664, in-4º ; Stade, 1668, La Haye, 1683, in-8º ; *Origenis in sacras scripturas commentaria quæcunque græce reperiri polverunt.* Rouen, 1668, 2 vol. in-fol. ; *Lettre sur l'origine des Romans*, Paris, 1670, 1722, in-12, etc. ; *Demonstratio evangelica...* Paris, 1679, in-4º ; 1687, 1690, Amsterdam et Naples, 1731 ; *Censura philosophiæ cortesianæ*, Paris, 1689 et 1694, in-12 ; *de la Situation du Paradis terrestre.* Paris, 1691, in-12, et en latin, Amsterdam, 1698 et 1701, in-8º ; *Nouveau Mémoire pour servir à l'histoire du Cartésianisme*, Paris, 1692, in-8º et Amsterdam, 1698, in-12 ; *Statuts synodaux pour le diocèse d'Avranches*, Caen, 1693, in-8º ; *Trois supplém. aux dits Statuts synodaux*, Caen, 1693, in-8º ; *Carmina*, grec. et latin. Utrecht, 1700, in-8º, Paris, 1709 et 1729, in-12 ; *Histoire du Commerce et de la Navigation des Anciens.* Lyon, 1703, in-8º ; *Les Origines de la Ville de Caen*, Rouen, 1702 et 1706, in-8º ; *Huetiana, ou Pensées diverses de M. Huet* (publ. par l'Abbé d'Olivet). Paris, 1722, in-12 ; *Diane de Castro ou le Faux Incas*, roman. Paris, 1728, in-12 ; *Les Poésies françaises de Daniel Huet, évêque d'Avranches*, d'après des doc. inédits, par Gaston Lavalley. Paris, E. Dentu, et Caen, E. Valin, s. d., petit in-12, etc. La correspondance de Huet, qui n'a jamais été complètement imprimée, a fait l'objet de plusieurs publications. (Voyez sur cet écrivain : Nicéron : *Mémoires*, t. I et X ; Gournay : *Huet, sa vie et ses œuvres*, etc. ; D'Alembert : *Eloge de Huet* (*Hist. des membres de l'Acad. fr. morts depuis 1700*, III, p. 465) ; Vicomte de Blangy : *Daniel Huet et Pierre Daniel Huet...* Caen, impr. Le Blanc-Hardel, 1883, in-4º ; Jul. Travers : *Le Bréviaire de P.-D. Huet.* Caen, impr. Hardel, 1858, in-18, etc.)

Ce fut au mois de Novembre, de l'an 1470, que Loüis XI fit expédier des Lettres Patentes, pour l'érection des deux Foires à Caen. La première se tenoit le premier mercredy d'après la fête de Pentecôte; et l'autre, le premier mercredy d'après la Notre-Dame de Septembre. Chacune duroit quinze jours. Peu de jours après, le Roy accorda, par d'autres Lettres aux Echevins de Caen, la faculté de pourvoir à tous les offices nécessaires pour l'augmentation de ces foires. La vérification de ces Lettres se fit au Parlement de Paris et dans l'Echiquier de Normandie, et la publication s'en fit par tous les marchez des principales Villes du Royaume. Ces Foires se tenoient dans la Rue des Quays, et dans les cinq rues qui y aboutissent, pour éviter un grand transport de marchandises venües par mer. L'on voit encore dans les murs de ces rues plusieurs marques des boutiques et des magasins qui servoient à l'usage de ces Foires. Et lorsqu'on travailla aux canaux qui conduisent l'eau des fontaines et des lavoirs des Ursulines dans la rivière, près de la Tour au Massacre, on trouva vers la rue Frémentel, un pied au-dessous du rais de chaussée, des rues pavées, et les fondemens de plusieurs maisons, des salles même, et des boutiques, dont les décombres fournirent une partie de la pierre dont les Ursulines firent bâtir les murs de leur jardin. Le succès de l'établissement de ces Foires fut si grand, que la ville de Roüen s'en trouva préjudiciée dans son trafic. Et sur ses remontrances, le même Roy Loüis XI, les transféra à Roüen au mois de May 1477. Et ce qui augmenta le dommage que Caen souffrit de ce changement, c'est que la Foire du Pré, qui avoit été supprimée en considération de ces deux Foires, ne fut pas rétablie lors qu'on les abrogea.

Cette perte fut en partie réparée par Henry IV, lors qu'il rétablit à Caen la *Foire Franche*, par ses Lettres Patentes du mois de May 1594. Cette Foire fut accordée à la Ville, à la requête des Bourgeois, pour être tenüe tous les ans à Caen, à commencer le premier juillet, pendant quinze jours ouvrables entiers, et sans intermission, conformément à la Foire de Guibray, et avec les mêmes privilèges. Le Bailly de Caen ou son Lieutenant, les Gens du Roy du Bailliage, et les Échevins, furent établis Conservateurs des privilèges et Juges des affaires de la Foire, jusqu'à la somme de trois cens livres, sous le ressort du Parlement. Mais les Bourgeois de Falaise s'étant plaints au Conseil du préjudice que cette Foire faisoit à celle de Guibray, pour la trop grande proximité du tems et du lieu, le Roy, par ses Lettres du 23 juillet 1598, changea le tems de la Foire de Caen, et le transféra à la première semaine du Carême, sans rien changer au surplus des premières Lettres. Mais parce que ce terme se trouvait trop proche de la

RUINES DE L'ABBAYE DE SAINT-WANDRILLE.
(Extrait de *Sites et Monuments*, du Touring-Club de France.)

Chandeleur, qui étoit le tems d'une autre Foire de Roüen, il fut encore changé six mois après, à la requête des États de Normandie, tenus à Roüen, et transféré au lendemain du Dimanche de Quasimodo, par des nouvelles Lettres du 23 janvier 1599. Et enfin, sur une nouvelle requête des habitans de Caen, le Roy transféra la Foire au second Lundy d'après la Quasimodo, par les Lettres du 6 juillet 1601 : peut-être à cause de la comparution que les Magistrats de Caen doivent au Parlement dans la semaine de Quasimodo. Peut-être aussi considéra-t-on que ce tems de Quasimodo, si proche de Pâques, obligeoit les marchands éloignez de se mettre en chemin pendant les fêtes, et les empêchoit de satisfaire aux devoirs de leur conscience. La durée de la Foire fut réduite à huit jours francs de tenüe, quatre jours avant la Foire pour l'entrée des marchandises, et trois jours pour la sortie. Le tout composant quinze jours accordez par les lettres précédentes.

Si-tôt que le Privilège de cette Foire fut obtenu en 1594, on pensa à l'établir dans quelque place commode. L'on n'en trouva point de plus propre à cet usage que le champ de la Cercle, qui appartenoit aux Pères Jacobins. On l'acheta d'eux, par contract du 16 septembre 1595, pour le prix de deux cens trente-trois écus et un tiers de rente; et il y a apparence que la Foire s'y tint aussitôt. Mais les loges ne furent bâties que quelques années après. La vente des fonds pour bâtir fut publiée, et les adjudications faites à l'Hôtel de Ville, dans le mois d'avril 1599. Le prix fut pour chaque toise de vingt sols de rente annuelle envers l'Hôtel de Ville, pour quelques métiers et marchandises; et deux écus d'entrée, payables une fois seulement par chaque toise, en ouverture de boutique; et pour quelques autres métiers de quinze sols de rente par toise, et un écu d'entrée. Les adjudicataires s'obligèrent de bâtir des loges suivant les allignemens et les mesures qui leur furent prescrites. L'on ne peut pas douter que le *Pont de bois de la Foire* n'ait été bâti dans ce même tems, pour la commodité publique, et particulièrement de ceux des quartiers du Bourg-l'Abbé, de Saint-Sauveur, et de Saint-Estienne.

L'on tient une Foire à la Maladrerie, le jour de Saint Simon et Saint Jude, qu'on appelle communément *La Foire de Saint Simon et Saint Jude*, ou *de la Maladrerie*.

Le Lundy qui suit la Fête de la Sainte-Trinité, l'on tient une *Foire devant l'Abbaye de Sainte-Trinité*, dont les droits luy appartiennent. Elle ne dure qu'un jour. C'est à quoy elle a été réduite : car dans un aveu que rendit cette Abbaye à la Chambre des Comptes de Paris, l'an 1493, elle reconnoît tenir *une Foire commençante chaque an le Vendredy avant la fête de Sainte-Trinité, heure de Vêpres, et finissante le Lundy ensuivant en icelle propre heure, et séante auprès de ladite Abbaye; pendant lequel tems d'icelle Foire, avoir les coûtumes, acquits, barrages, peages, trépas, lavernages, par toute ladite Ville et fauxbourgs d'icelle.*

Nous voyons par la Chartre de fondation de l'Abbaye de Saint-Estienne, que le Duc Guillaume luy accorda une *Foire de trois jours* dans le territoire de Caen, avec cette condition que lors qu'un de ces trois jours se rencontreroit dans un Lundy, tout le droit du marché de la Ville, qui se tenoit ce jour-là, appartiendroit à l'Abbaye; et Henri II, Roy d'Angleterre, dans la Chartre de

Confirmation de la fondation de l'Abbaye de Saint-Estienne, déclare qu'il accorde au Bourg, où est bâti ce Monastère, les mêmes droits, franchises et coûtumes, dont il joüit dans son Bourg, c'est-à-dire dans Caen. Car, dans tous ces vieux titres, le Bourg où est situé l'Abbaye est nommé *le Bourg des Moines*, et *le Bourg de l'Abbaye*, et Caen est nommé *Le grand Bourg*, et *Le Bourg de Caen*. Non pas, comme se sont imaginez quelques-uns, que Caen ne fût pas alors une ville, mais seulement un bourg ; mais parce que ce terme signifioit alors indifféremment une ville et un bourg. Et sur cela il est encore à remarquer, que la Chartre de fondation de cette Abbaye marque expressément que le bourg où elle est placée étoit dans le bourg de Caen.

Les Chartres nous apprennent que ce Marché du Lundy étoit établi à Caen avant la fondation de l'Abbaye de Saint-Estienne, et qu'en ce jour il y avoit un grand abord de marchands forains. Caen s'est toujours maintenu depuis dans ce droit de marché du Lundy de chaque semaine. Et la description qu'en fait M. de Bras donne lieu de croire que le trafic, qui s'y faisoit de son tems, étoit bien plus riche qu'il n'a été depuis. Mais il a été encore fort affaibli depuis peu d'années par le transport qu'on a fait du trafic des bestiaux, au Vendredy de chaque semaine, pour s'accommoder avec le Marché qui s'en faisoit à Sceaux, proche de Paris, et qui a été rétabli à Poissy, comme auparavant. Il y a apparence que c'est ce même Marché de Caen, qui est désigné dans la Chartre de Richard III, Duc de Normandie, contenant les donations qu'il fit, l'an 1206, en épousant Adelle sa femme.

(*Les Origines de la Ville de Caen*, sec. édition. Rouen, Maury, 1706- in-8º.)

CHARLOTTE CORDAY (1)

Lettre à Barbaroux

Aux prisons de l'Abbaye, dans la ci-devant chambre de Brissot, le second jour de la préparation à la Paix.

Vous avés désiré, citoyen, le détail de mon voyage. Je ne vous ferai point grâce de la moindre anecdote. J'étais avec des bons

---

(1) Marie-Anne Charlotte de CORDAY d'Armont, née le 27 juillet 1768 à la ferme du Ronceray, sur le territoire de Saint-Mathurin de Ligneries, aujourd'hui commune des Champeaux, arr^t. d'Argentan ; morte sur l'échafaud révolutionnaire, le 17 juillet 1793. De vieille noblesse normande, arrière-petite-fille de Corneille, elle demeure une des plus hautes figures de notre histoire. Nous ne rappellerons pas sa vie, que tout le

montagnards que je laissai parler tout leur content, et leurs propos aussi sots que leurs personnes étant désagréables, ne servirent pas peu à m'endormir; je ne me réveillai pour ainsi dire qu'à Paris. Un de nos voyageurs, qui aime sans doute les femmes dormantes, me prit pour la fille d'un de ses anciens amis, me supposa une fortune que je n'ai pas, me donna un nom que je n'avais jamais entendu et enfin m'offrit sa fortune et sa main. Quand je fus ennuyée de son propos : « Nous jouons parfaitement la comédie, lui dis-je; il est malheureux, avec autant de talent, de n'avoir point de spectateur; je vais chercher nos compagnons de voyage, pour qu'ils prennent leur part de divertissement. » Je le laissai de bien mauvaise humeur. La nuit il chanta des chansons plaintives, propres à exciter le sommeil; je le quittai enfin à Paris, refusant de lui donner mon adresse ny celle de mon père à qui il voulait me demander; il me quitta de bien mauvaise humeur. J'ignorais que ces Messieurs eussent interrogé les voyageurs, et je soutins ne les connaître aucuns pour ne point leur donner le désagrément de s'expliquer. Je suivais en cela mon oracle Raynal, qui dit qu'on ne doit pas la vérité à ses tyrans. C'est par la voyageuse qui était avec moi que l'on a su que je vous connaissais et que j'avais parlé à Duperret. Vous connaissez l'âme ferme de Duperret, il leur a répondu l'exacte vérité. J'ai confirmé sa déposition par la mienne; il n'y a rien contre lui, mais sa fermeté est un crime. Je craignais, je l'avoüe, qu'on ne découvrît que je lui avais parlé; je m'en repentis trop tard; je voulu (sic) le réparer en l'engageant à vous aller retrouver; il est trop décidé pour se laisser engager. Sûre de son innocence et de celle de tout le monde, je me décidai à l'exécution de mon projet. Le croiriez-vous, Fauchet est en prison comme mon complice, lui qui ignorait mon existence; mais on n'est guère content de n'avoir qu'une femme sans conséquence à offrir aux mânes de ce grand homme. — Pardon, ô humains, ce mot déshonore votre espèce; c'était une bête féroce qui allait dévorer le reste de la France par le feu de la guerre civile; maintenant vive la Paix ! Grâce au ciel il n'était pas né Français (1). Quatre membres se trouvèrent à mon premier

---

monde connaît, et qui a été parfaitement écrite par M. Eug. Defrance (*Charlotte Corday et la Mort de Marat*. Paris, *Mercure de France*, 1909, in-18), ni l'acte d'héroïsme qui, en débarrassant la nation d'un fou sanguinaire, lui valut une immortelle renommée. Nous nous contenterons simplement de réimprimer ici la belle lettre qu'elle écrivit, de sa prison, à Barbaroux, afin de lui donner le récit de son voyage à Paris.

(1) Jean-Paul Marat était en effet un sujet suisse, comme Rousseau, né le 24 Mai 1744, à Boudry, selon les uns, à Neufchatel ou à Genève, selon les autres.

interrogatoire; Chabot avait l'air d'un fou. Le Gendre voulait m'avoir vue le matin chez lui; moi qui n'ai jamais songé à cet homme; je ne lui crois pas d'assez grands moyens pour être le tyran de son pays et je ne prétendais pas punir tant de monde. Tous ceux qui me voyaient pour la première fois, prétendaient me connaître de longtemps. Je crois que l'on a imprimé les dernières paroles de Marat; je doute qu'il en ait proférées; mais voilà les dernières qu'il m'a dites. Après avoir écrit vos noms à tous, et ceux des administrateurs du Calvados qui sont à Évreux, il me dit, pour me consoler, que dans peu de jours il vous ferait tous guillotiner à Paris. Ces derniers mots décidèrent de son sort. Si le département met sa figure vis-à-vis de celle de Saint-Fargeau, il pourra faire graver ses paroles en lettres d'or. Je ne vous ferai aucun détail sur ce grand événement, les journaux vous en parleront. J'avoue que ce qui m'a décidée tout à fait, c'est le courage

CHARLOTTE CORDAY
(Dessin de Maurin, lith. de Villain.)

avec lequel nos volontaires se sont enrôlés dimanche 7 juillet; vous vous souvenez comme j'en étais charmée, et je me promettais bien de faire repentir Petion des soupçons qu'il manifesta sur mes sentiments. « Est-ce que vous seriez fâchée s'ils ne partaient pas », me dit-il? Enfin donc, j'ai considéré que tant de braves gens venant pour voir la tête d'un seul homme qu'ils auraient manqué, ou qui aurait entraîné dans sa perte beaucoup de bons citoyens, il ne méritait pas tant d'honneur, suffisait de la main d'une femme. J'avouë que j'ai employé un artifice perfide pour l'attirer à me recevoir; tous les moyens sont bons dans une telle circonstance. Je comptais en partant de Caen le sacrifier sur la cime de sa Montagne; mais il n'allait plus à la Convention. Je voudrais avoir conservé votre lettre; on aurait mieux connu que je n'avais pas de complice; enfin cela s'éclaircira. Nous sommes si bons républicains à Paris que l'on ne conçoit pas comment une femme inutile, dont la plus longue vie serait bonne à rien, peut se sacrifier de sang froid pour sauver tout son pays. Je m'attendais bien à mourir dans l'instant; des hommes courageux et vraiment au-dessus de tout éloge m'ont préservée de la fureur bien excusable des malheureux que j'avais faits. Comme j'étais vraiment de sang froid, je souffris des cris de quelques femmes; mais qui sauve la Patrie ne s'aperçoit point de ce qu'il en coûte. Puisse la Paix s'établir aussitôt que je la désire; voilà un grand préliminaire, sans cela nous ne l'aurions jamais eue. Je jouis délicieusement de la Paix depuis deux jours; le bonheur de mon pays fait le mien. Il n'est point de dévouement dont on ne retire plus de jouissance qu'il n'en coûte à s'y décider. Je ne doute pas que l'on ne tourmente un peu mon père qui a déjà bien assez de ma perte pour l'affliger. Si l'on y trouve mes lettres, la plupart sont vos portraits. S'il s'y trouvait quelques plaisanteries sur votre compte, je vous prie de me la passer; je suivais la légèreté de mon caractère. Dans ma dernière lettre, je faisais croire que, redoutant les horreurs de la guerre civile, je me retirais en Angleterre. Alors mon projet était de garder l'incognito, de tuer Marat publiquement et, mourant aussitôt, laisser les Parisiens chercher inutilement mon nom. Je vous prie, citoyen, vous et vos collègues, de prendre la défense de mes parens et amis si on les inquiète; je ne dis rien à mes chers amis Aristocrates, je conserve leur souvenir dans mon cœur. Je n'ai jamais haï qu'un seul être et j'ai fait voir avec quelle violence; mais il en est mille que j'aime encore plus que je ne le haïssais. Une imagination vive, un cœur sensible, promettent une vie orageuse; je prie ceux qui me regretteraient de le considérer et ils se réjouiront de me voir jouir du repos dans les Champs-Élysées avec Brutus et quelques anciens. Pour les modernes, il est peu de vrais patriotes qui sachent mourir pour leur pays presque tout d'égoïsme. Quel triste peuple pour fonder une République! Il faut du moins fonder la Paix et le gouvernement viendra comme il pourra; du moins ce ne sera pas la Montagne qui régnera, si l'on m'en croit. Je suis on ne peut mieux dans ma prison; les concierges sont les meilleurs gens possibles. On m'a donné des gens d'armes pour me préserver de l'ennui : j'ai trouvé cela fort bien pour le jour et fort mal pour la nuit. Je ne sais plainte de cette indécence, le Comité n'a pas jugé à propos d'y faire attention. Je crois que c'est de l'invention de Chabot ; il n'y a qu'un capucin qui puisse avoir de telles idées. Je passe mon temps à écrire des chansons ; je donne le dernier couplet de celle de Valady à tous ceux qui le veulent. Je promets à tous les Parisiens que nous ne prenons les armes que contre l'anarchie, ce qui est exactement vrai.

SIÈGE DE GRANVILLE, EN 1793.
(Dessin de Swebach-Desfontaines, gravé par Duplessis-Bertaux.)

L. DE LA SICOTIÈRE (1)

Un Épisode des Insurrections normandes

LE SIÈGE DE GRANVILLE

1793

Les chefs royalistes espéraient, en se rendant maîtres d'un port de mer, se mettre en relation avec l'Angleterre ; de là, leur marche sur Granville, contrairement à l'opinion de La Rochejaquelein

---

(1) Pierre-François-Léon Duchesne de LA SICOTIÈRE, né à Valframbert (Orne), le 3 février 1812, mort à Alençon, le 28 février 1895. Avocat au barreau d'Alençon, conseiller général, représentant de l'Orne à l'Assemblée Nationale (8 fév. 1871), puis sénateur de l'Orne (1877 et 1883). Président de la Société des Antiquaires de Normandie, membre

et de plusieurs autres qui auraient préféré de se jeter en Bretagne. Avec un port, ils pourraient recevoir des munitions, de l'argent, des hommes; ils pourraient aussi évacuer en lieu sûr les blessés, les malades, les femmes, les enfants, les vieillards qu'ils traînaient après eux au nombre de près de cent mille. Un signe de reconnaissance avait été concerté avec les agents anglais : Granville pris, on arborerait un drapeau blanc entre deux drapeaux noirs. La difficulté d'emporter une place forte avec le peu de matériel de siège qu'ils avaient à leur disposition n'arrêta pas les Vendéens. A distance, elle paraissait moins redoutable; on comptait sur l'élan des soldats, sur le concours par mer d'une flotte anglaise.

La place de Granville est de peu d'étendue. Elle est assise sur un promontoire élevé qui s'incline vers le nord-ouest, qui tient au continent du côté de l'est. L'isthme qui la relie à la terre est étroit et dominé par les remparts. En dehors des fortifications, dont il est séparé par la petite rivière du Bosc, se trouve le faubourg Saint-Nicolas, dont le sommet des maisons atteignait la hauteur des parapets de la place. Toutes les routes aboutissaient à l'entrée du faubourg et conduisaient à une porte donnant accès dans la forteresse.

Elle était défendue par environ quatre mille hommes, auxquels étaient venus se joindre les débris de l'armée battue à Fougères. Le conventionnel Lecarpentier y avait, en outre, réuni tous les volontaires des environs, de vingt-cinq à trente ans; tous les hommes valides des communes voisines s'y étaient retirés; enfin, elle avait sa garde nationale; neuf à dix mille défenseurs au total.

Le général Peyre commandait toutes ces forces. Il s'était porté

---

de la Société de l'Histoire de Normandie, de la Société historique et archéologique de l'Orne, de la Société des Beaux-Arts de Caen, etc. etc. Léon de la Sicotière ne fut pas seulement un homme politique distingué et un érudit porté vers l'étude des manifestations locales, mais encore un écrivain dans toute la force du terme. Quelques-uns de ses ouvrages et, en particulier, ses travaux historiques font autorité. On nous saura gré de citer parmi ces derniers : *Notes sur l'arr. de Mortagne.* Caen, 1837, in-8°; *Hist. du Collège d'Alençon.* Caen, 1842, in-8°; *La Cour de la Reine de Navarre à Alençon.* Caen, 1844, in-8°; *Le Département de l'Orne archéol. et pittor.* (en collab. avec Poulet-Malassis). Laigle, 1845, in-8°; *Charlotte Corday, nouveaux détails*, Caen 1846, in-12; *Notes statistiques sur le Départ. de l'Orne.* Alençon, 1851, in-12; *Monanteuil, dessinateur et peintre.* Caen, 1865, in-8°; *Doc. pour servir à l'Hist. des Elections aux Etats généraux de 1789 dans la Généralité d'Alençon.* Alençon, 1866, in-8°; *Charlotte Corday et Fualdès.* Paris, 1867, in-8°; *Notice biogr... sur Georges Mancel, conservat. de la Bibl. de Caen.* Caen, 1870, in-8°; *La Mort de Jean Thouan et sa prétendue postérité*, 1877, in-8°; *La Légende de Marie Anson*, 1882, in-8°; *Une Muse normande inconnue.* Mlle Cosnard de Seez, 1884, in-8°; *Les Rosières en Basse-Normandie*, 1884, in-8°; *Louis Frotté et les Insurrections normandes (1793-1832)*, Paris, 1889, in-8° etc.

GRANVILLE EN 1850. (Dessin de F. Benoist, lith. de Sabatier et J. Gaildrau.)

avec deux mille hommes, quelques hussards et des gendarmes, sur les routes d'Avranches et de Villedieu, à l'embranchement desquelles il laissa un corps de réserve. Il avait près de lui le conventionnel Lecarpentier. L'adjudant Vachot, commandait l'avant-garde. Un détachement, à droite, protégeait la grève.

Le 14 novembre, à huit heures du matin, l'avant-garde vendéenne parut en vue, Stofflet en tête, selon son usage, les soldats du centre suivant, puis la Rochejaquelein avec le reste de l'armée et le matériel. Stofflet engagea vivement l'action. Ses cavaliers tournèrent bientôt Vachot et débouchèrent sur la grève. Peyre, craignant d'être enveloppé, se rejeta dans la place et occupa l'isthme, l'esplanade et les remparts. Les royalistes à sa poursuite s'emparèrent du faubourg Saint-Nicolas. Leur premier élan fut tel qu'un cavalier vendéen pénétra dans la ville à la suite des fuyards et, plutôt que de se rendre, se précipita, lui et son cheval, du haut du rempart.

Maîtres du faubourg, les royalistes s'approchèrent, de maison en maison et en perçant les clôtures, jusqu'aux fossés de la place.

Une sommation qu'ils envoyèrent par deux prisonniers au commandant de la place et aux officiers municipaux resta sans réponse. Le feu recommença bientôt des deux côtés.

Les assiégeants, abrités dans les maisons, faisaient pleuvoir une grêle de balles dans les rues les plus voisines et sur les remparts; mais leur artillerie de campagne ne parvenait ni à faire brèche dans les murailles, ni même à écrêter les parapets ou à entamer les revêtements. Les assiégés se défendaient avec une énergie admirable. Aux cris de : *Vive Louis XVII!* ils répondaient en montrant leurs pièces : *Voilà du dix-huit!* Cette population de corsaires manœuvrait les canons comme de vieux artilleurs. Les femmes, si charmantes d'ordinaire dans leur costume d'une élégance espagnole, montraient un courage égal à celui des hommes. L'une d'elles, « La Vigoureuse », était frappée mortellement. Clément Desmaisons, officier municipal, revêtu de son écharpe, était tué au poste le plus périlleux, où il soutenait le courage des soldats.

Le soir, et sous l'impulsion de La Rochejaquelein, impassible au milieu de la mitraille, une poignée de braves voulut tenter l'assaut. Sur quel point particulier? On ne le sait plus au juste, tant l'oubli est prompt à jeter son voile sur les faits les plus héroïques. Forestier, Allard, le chouan *Jambe d'argent*, et quelques autres enlèvent les ouvrages avancés, descendent dans le fossé, appliquent des échelles le long des fortifications; mais ces échelles sont trop courtes. Ils piquent alors leurs baïonnettes dans les murs, les lient avec des cordes et façonnent ainsi, sous le feu de l'ennemi, des espèces d'échelles à l'aide desquelles quelques-uns parviennent jusque sur les parapets. Ils sont trop peu nombreux. Forestier est culbuté dans le fossé où il reste longtemps évanoui. Un déserteur crie à la trahison ! Allard lui brûle la cervelle, mais le mouvement de recul est donné et il entraîne les plus braves des assaillants.

Les faubourgs leur servant de retraite et d'abri, Lecarpentier ordonne d'y mettre le feu. Des boulets rouges et des chemises soufrées allument l'incendie ; Vachot, avec quelques hommes intrépides, armés de torches, fait une sortie et le propage ; il se communique aux maisons de la ville, et les assiégés, désolés, mais toujours courageux, ont à combattre deux ennemis à la fois.

Le lendemain, nouvel et furieux assaut du côté de l'isthme et par la grève, la marée étant basse et la place plus accessible de côté ; mais deux chaloupes canonnières, venues de Saint-Malo, couvrent les quais de mitraille, démontent les batteries vendéennes et balayent avec des boulets enchaînés les paysans qui se sont avancés sur la chaussée. En vain des prêtres, la croix à la main, et l'évêque d'Agra lui-même, sentant à l'attitude des chefs que sa fraude était découverte, et cherchant soit à reconquérir leur confiance, soit à bien mourir, essayent de les ramener au feu ; en vain la Rochejaquelein et d'autres officiers s'exposent avec une intrépidité héroïque ; les vivres manquent ; les munitions vont manquer ; les vaisseaux attendus n'apparaissent point sur la mer vide ; mille ou douze cents braves ont été tués ou mis hors de combat. Il faut se décider à la retraite.

L'attaque avait duré trente heures entières.

La flotte anglaise n'avait pas paru.

(*Louis de Frotté et les Insurrections normandes*, 1793-1832. Paris, Plon, 1889, in-8°).

THOMAS DIBDIN (1)

Voyage d'un Anglais à Rouen, en 1820

... Après vous avoir informé en peu de mots que j'ai visité le fameux laboratoire chimique de M. Vitalis, rue Beauvoisine, et l'établissement plus curieux encore de M. Lemire, où le bois de

---

(1) Le curieux fragment de lettre qu'on lira ci-dessus, est extrait du *Voyage bibliographique archéologique et pittoresque en France*, de Thomas Dibdin, trad. par Théodore Licquet (Paris, Crapelet, 1825,

toute nature est scié en planches de toutes dimensions, au moyen d'un appareil hydraulique (1), je vous conduirai pendant quelques minutes sur les quais. On y voit le commencement d'une façade de maisons, qui présentera l'un des plus beaux aspects de l'Europe, quand elle sera terminée, d'après le plan qui en a été dressé. Autant qu'il m'en souvienne, cette façade en pierre a été commencée sous Louis XV (2), mais les capitaux nécessaires à l'achèvement complet des travaux ne pourront être réunis qu'après beaucoup d'années et de prospérité pour le commerce et les arts. Ces quais sont longs, larges: théâtre d'un mouvement perpétuel. Dans quelques-unes des places voisines sont étalés de pesants ballots de marchandises, des schalls, des étoffes et des toiles, pour attirer les regards des passants. Au milieu de cette scène vive et animée, se promène un *personnage bien connu*; il est coiffé d'un grand chapeau à cornes; il porte sur son dos une machine de fer-blanc, remplie de limonade ou de café, et surmontée d'une clochette qu'il sonne incessamment pour appeler les chalands.

En vous promenant ainsi le long de la Seine rapide, vers le pont de bateaux (3), vous apercevez de temps en temps les vieilles

---

4 vol. in-8°). Thomas Frognall DIBDIN, célèbre bibliographe et écrivain anglais, naquit à Calcutta, en 1776. D'abord bibliothécaire de Lord Spencer, il fonda, en 1812, une société pour la réimpression des vieux livres anglais. Pasteur protestant depuis 1804, Dibdin devint, par la suite, chapelain royal à Kensington et prébendier de la paroisse Sainte-Marie. Il mourut le 18 novembre 1847, laissant plusieurs ouvrages fort appréciés des bibliophiles, entre autres : *Bibliomania* (1809, 1811, 1842 et 1876); *Bibliographical Decameron* (1817, 3 vol., in-8°); *Bibliographical Antiquarian and Picturesque Tour in France and Germany* (1821, 3 vol., in-8°), ce dernier traduit (en partie), ainsi qu'on vient de le voir, par T. Licquet. Les publications de Thomas Dibdin eurent une grande vogue, justifiée par l'érudition plaisante et le talent facile de leur auteur, mais on peut dire qu'aucune de celles qui contribuèrent le plus à sa notoriété n'égala, par l'esprit d'à propos, l'humour et l'originalité, les pages relatives à la Normandie dans le *Voyage bibliographique*. A les lire, on oublie volontiers les puérils bavardages, sur nos provinces françaises, de cet autre voyageur anglais, sir William Young.

(1) C'est le vent qui met toute la machine en jeu.
(2) Ces maisons furent construites sur l'emplacement du *Vieux Palais* qui a été démoli pendant la Révolution.
(3) La communication avec le pays du sud de Rouen a lieu au moyen d'un pont de bois, d'environ deux cents pas de long. Il aboutit, du côté de la ville, vers le milieu du quai, de l'autre, au faubourg Saint-Sever. Les habitants en parlent comme d'un chef-d'œuvre. Il fut commencé en 1626, et se compose de dix-neuf bateaux, qui haussent et baissent avec la marée. Quand un bâtiment doit passer, une partie du tablier s'avance sur la partie voisine, sans que l'une ou l'autre se trouve endommagée, au moyen de rouleaux de fer mis en jeu par le cabestan. J'appris encore qu'il offrait cet autre avantage, de pouvoir être démonté en peu d'heures, dans le cas où la rupture des glaces ferait appréhender quelque danger. L'entretien de ce pont flottant occasionne une dépense

ROUEN. — PONT DE BATEAUX.
(Dessin et grav. de E.-H. Langlois, 1828.)

rues étroites qui font angle droit avec le quai. Les maisons sont couvertes d'innombrables petites planches en forme de tuiles, et semblables à des écailles de poisson qu'on aurait appliquées sur les solives; du reste, on dirait qu'elles vont tomber à chaque coup de vent. Le rétrécissement et l'obscurité de ces rues, les

---

considérable, attendu que les bateaux qui le supportent éprouvent de fréquentes avaries, aussi bien que le reste de la machine. Les frais de réparation, année commune, s'élèvent, dit-on, à 10,000 francs de France, plus de 400 liv. sterling. Un peu en aval se voient les ruines de cet antique et superbe pont de pierre, composé de treize arches, et bâti par l'impératrice Mathilde, fille de Henri Ier, roi d'Angleterre. L'assiette de ce vieux pont paraissait mieux choisie que celle du pont actuel, puisqu'il se prolongeait, sur une ligne droite, vis-à-vis de la rue principale, comme aujourd'hui sous le nom de rue Grand-Pont. Trois ou quatre siècles de durée compromirent enfin sa solidité. Le 22 août 1502, trois arches se rompirent, et deux autres en 1533. On y remédia par des travaux en charpente, mais, peu d'années après, de nouvelles arches étant ouvertes, la fréquentation du pont devint tellement dangereuse pour les voitures, et même pour les gens de pied, que le passage fut entièrement abandonné; on l'effectua depuis au moyen de deux bacs. (En 1564, observe Licquet.) C'est depuis ce temps que l'ancienne porte Saint-Caude fut appelée *porte du Bac* (Voyez Farin, tome Ier, Ire partie, p. 164, in-4º.) Depuis on essaya plusieurs fois de réparer le vieux pont; d'ignorants architectes déclarèrent à l'unanimité, « qu'attendu la profondeur du lit et la rapidité des eaux, il était impossible de reconstruire un pont en cet endroit. » (Ducarel, pag. 35, 36). J'ajouterai que Bonaparte a jeté les fondements d'un nouveau pont de pierre. Les deux culées seulement, avec une ou deux piles au milieu, étaient exécutées à l'époque

saillies menaçantes des étages supérieurs et des pignons, établissent un contraste frappant avec le tableau mouvant du port, où le soleil brille dans toute sa liberté, si je puis le dire, où d'éclatants pavillons, flottant sur des mâts innombrables proclament en quelque sorte la richesse et la prospérité de la ville. Par un beau jour, vous pouvez consacrer une demi-matinée à contempler cette scène intéressante, et à vous mêler aux personnages qui la composent.

Nous avons eu de fréquents orages ces jours derniers. Tout en me promenant, dimanche soir, sur les hauteurs au delà des boulevards de l'ouest, vers le faubourg Cauchoise, j'arrivai sur les bords escarpés d'une sablière, d'où je découvris tout à coup la ville au-dessous de moi. Un nuage immense se développait majestueusement sur la cité, sans ombrager la Seine, dont les eaux brillantes se déroulaient toujours comme un large ruban d'argent. Les roches stériles que traverse la route de Caen, s'obscurcissaient par degrés sous l'épais nuage, d'où la pluie s'échappait en torrents. La flèche de la cathédrale et la couronne de la tour de Saint-Ouen ne se montraient qu'à peine, à travers ce voile obscur dont les couvrait la tempête; tandis que la partie basse de la tour et la nef entière de chaque édifice semblaient nager dans des flots de lumière, en réfléchissant les rayons d'or que l'astre puissant du jour dardait encore à son coucher. Quelques instants de plus, le soir avait étendu sur cette scène magique sa teinte uniforme et sévère; mais je vois toujours ce riche manteau de pourpre, chargé de rubis et d'opales, dont le soleil s'enveloppait en quittant l'horizon. Je descendis, profondément ému de ce spectacle enchanteur, et distrait, chemin faisant, par l'aimable murmure de mille petits ruisseaux, enfants du dernier orage, qui couraient précipitamment se jeter dans la Seine.

Parmi les différents genres de commerce, surtout de commerce

---

de mon séjour. Je doute que le pont de bateaux actuel, l'une des plus vilaines choses qu'on puisse imaginer, dure encore deux douzaines d'années. La partie centrale, réservée aux voitures, est terriblement délabrée. Un jour que je m'y promenais au moment où la diligence de Caen venait de passer, je crus que tout l'échafaudage allait tomber dans la rivière. De l'esplanade élevée d'un beau pont de pierre, la Seine, les nombreux navires et la ville formeraient un coup d'œil enchanteur. J'ai vu à Paris, dans une collection de planches relatives à la Normandie, trois jolies gravures, par Israël Sylvestre, des ruines de l'ancien pont de pierre. Sylvestre florissait en 1650-1660. Evelyn parle ainsi de ces ruines, en 1644 : « On y voit encore les ruines d'un magnifique pont de pierre qui n'a été remplacé jusqu'à ce moment que par un pont de bateaux. Le bassin reçoit des navires d'un tonnage considérable. » (*Mémoires d'Evelyn*). Tome I, page 50, édition de 1818.)

en détail, qui se font à Rouen avec le plus de succès, celui qui se lie aux manufactures de coton ne peut manquer de fixer notre attention. Je vis aux fenêtres de plusieurs boutiques des schalls et des robes qui me semblèrent pouvoir rivaliser avec nos productions de Manchester et de Norwich. J'appris, néanmoins, que les Français préféraient de beaucoup les produits de fabrique anglaise. Ils recherchent nos bas de coton, nos mousselines de couleur et nos guingans avec autant d'empressement que nous recherchons leurs linons et leurs dentelles. On tire de Paris les meilleurs articles en montres, pendules, argenterie et colifichets. Sous le rapport de l'ameublement, je dois aux Rouennais la justice d'avouer que je n'ai jamais rien vu de comparable à leurs *escritoires* et autres meubles en noyer. Il y a de ces hautes *escritoires*, ou secrétaires, dans presque toutes les chambres à coucher des principaux hôtels; mais une fois déposés à demeure dans l'auberge, ils perdent leur poli, attendu que l'art du frotteur, ou ce que nous appelons chez nous *elbow-grease* (1), est pour ainsi dire inconnu sur les deux rives de la Seine. Vous seriez charmé d'avoir un de ces chiffonniers ou secrétaires, en beau bois de noyer, et confectionné par un de leurs meilleurs ébénistes. Ces secrétaires ont cinq à six pieds de haut. Le poli et la couleur en sont également agréables; on dirait d'un meuble en bois de rose; mais ils offrent quelque chose de plus gai à la vue. Les ornements *d'or moulu* sont bien entendus. Quant à la forme et aux contours de la plupart des meubles, je les ai trouvés de mauvais goût.

Quiconque veut jouir d'un spectacle *commercial*, étonnant par sa singularité, doit se promener, lentement, dans la rue du Robec; c'est assurément le plus étrange tableau, d'autres diraient peut-être le plus repoussant, qu'on puisse imaginer; et, cependant l'homme raisonnablement curieux peut-il résister au désir de faire cette promenade? C'est le quartier des teinturiers. Au milieu de la rue coule, rapidement, la rivière de *Robec* (2), aujourd'hui d'un noir presque de jais, demain d'un rouge écarlate, le troisième jour bleue, le quatrième jaune, recevant enfin des couleurs de toutes nuances. Elle disparaît, de temps en temps, sous de petits pont qui établissent les communications avec les manufactures, c'est-à-dire avec le côté de la rue où sont les ouvriers. Le tout présente un aspect désagréable et hideux, particulière-

---

(1) Littéralement, *huile de coude*, pour exprimer un travail rude.
(2) Bourgueville décrit cette rivière au XVIe siècle, comme étant « aucune fois jaulne, autre fois rouge, verte, bleuë, violée, et autres couleurs, selon qu'un grand nombre de teinturiers qui sont dessus, la diversifient par intervalles, en faisant leurs manœuvres. » (*Antiquités de Caen*, p. 36.)

ment dans le mauvais temps; mais allez jusqu'à l'extrémité nord de cette rue (car je crois qu'elle court du nord au sud) (1), observez ses pentes inégales, ses maisons surplombées, cette multitude de petits ponts, les différentes étoffes teintes qui pendent des fenêtres ou des perches, le mouvement des hommes, des femmes et des enfants qui traversent incessamment les ponts, enfin, et au-dessous de vous, ce rapide *caméléon* de Robec, vous serez forcé de convenir que ce tableau est un des plus bizarres, des plus grotesques et des plus extraordinaires que puisse offrir cette ville à miracles...

... Je ne dois pas oublier de vous dire que notre vieil ami, le cardinal d'Amboise 1er, a conduit les eaux de Robec à l'intérieur de Rouen, en les prenant à leur source dans une petite vallée, près *Saint-Martin-du-Vivier*. Anciennement, la tribu des teinturiers était beaucoup plus nombreuse sur l'eau de Robec; mais ils ont été chercher, depuis peu, des locaux plus spacieux dans les faubourgs *Saint-Hilaire* et *Martainville*. La petite rivière d'Aubette a la même destination que sa voisine; mais je ne me souviens pas en ce moment si elle a, comme cette dernière, l'honneur de mettre en mouvement quelques moulins à blé, avant de s'aller perdre dans la Seine. Ce que je n'oublierai pas facilement, c'est le tic-tac bruyant de l'un de ces moulins, établi sur Robec, aux environs de l'église Saint-Maclou. Vous voyez maintenant de combien d'éléments divers, singuliers et bizarres, la ville de Rouen se compose : agitation, bruit, vie et activité, au milieu d'une atmosphère que n'obscurcit point la fumée de charbon de terre; la joie, le bonheur sur tous les visages; l'élégante bourgeoise, la domestique avec sa mauvaise jupe cramoisi brun ou bleu foncé; tout cela passe devant vous comme des ombres chinoises; on dirait que la peine et le malheur vous sont inconnus à Rouen.

(*Voyage Bibliographique, Archéologique et pittoresque en France*, trad. par Th. Licquet. Paris, Crapelet, 1825, I, lettre VII).

LUDOVIC VITET (2)

Dieppe en 1832

ANCIENS USAGES ET MŒURS DES POLLETAIS

...Je ne sais si j'obéis à des impressions d'enfance, car c'est dans ce petit port que j'ai vu la mer pour la première fois; mais

---

(1) De l'est à l'ouest.
(2) Ludovic VITET, né à Paris, le 18 octobre 1802, mort dans cette ville,

ROUEN. — HÔTEL DU BOURGTHÉROULDE

pour moi le type du véritable homme de mer, c'est le marin dieppois. Dans les ports de guerre, le matelot est une espèce de soldat, dans les ports de commerce, il est presque un commis; ici, au contraire, il est purement marin; c'est un homme qui passe ses nuits et ses jours seul, ou presque seul, dans sa barque, naviguant pour son compte, à ses risques et périls, luttant corps à corps avec les flots. Cette indépendance, cet isolement, donnent à son âme une trempe plus forte. Il est navigateur, non par devoir et par discipline, mais par plaisir, par instinct, par nature : aussi sa physionomie, ses allures, ses habitudes, tout en lui est amphibie, pour ainsi dire ; ce n'est pas un homme, c'est un loup de mer.

Le costume de ces matelots dieppois est presque aussi particulier que leur personne, et contribue à les distinguer des marins de toutes les autres côtes de France. Ils portent par-dessus leurs culottes une large *cotte* ou cotillon plissé qui descend à peu près jusqu'aux genoux. Cette cotte est faite en grosse toile de navire; les dimanches et jours de fête, elle est de toile blanche. Leur veste est une espèce de camisole à grandes manches, en gros drap bleu pluché, taillée carrément et ornée par devant de deux rangs de larges boutons de corne noire. Enfin, pour coiffure, ils ont ordinairement un gros bonnet de laine bleue et blanche, quelquefois rouge. Depuis quelque temps ce bonnet est souvent remplacé par le vulgaire chapeau ciré.

Les Polletais sont vêtus à peu près de la même façon. Jadis ils se distinguaient des Dieppois au moins autant par leur costume que par leurs mœurs et leur langage. J'ai déjà dit que pendant longtemps la ville et le faubourg n'avaient pas vécu en très bonne amitié. C'était plus que de la rivalité, plus qu'une jalousie de voisinage; la mésintelligence semblait provenir d'une vieille antipathie. Peut-être ces Polletais sont-ils originaires de quelque rive étrangère; peut-être se seront-ils établis sur le territoire de Dieppe, de gré ou de force, soit dès la naissance de la ville, au

---

le 5 juin 1873. Il abandonna la carrière de l'enseignement pour les lettres, voyagea en Italie et en Suisse, puis débuta au journal *Le Globe*. Nommé, en 1830, inspecteur des monuments historiques, Vitet, qui s'était montré un des plus chauds partisans du romantisme, résolut alors de se consacrer exclusivement à la critique et à l'histoire. Il a donné dans ce genre un certain nombre de travaux, mais son meilleur livre est son *Histoire de Dieppe*, publiée d'abord en 1833 et réimprimée en 1844. Ludovic Vitet, fut un des hommes les plus en vue de son temps. Député en 1834, membre du Conseil d'Etat en 1845, il avait été élu successivement à l'Académie française et à l'Académie des Inscriptions et Belles-Lettres. Orateur timide et homme politique d'un caractère peu défini, Vitet n'a guère laissé que le souvenir d'un écrivain consciencieux et élégant.

xɪᵉ siècle, soit après sa ruine en 1195. Ceux qui soutiennent cette dernière hypothèse supposent qu'on ne trouve aucune trace de l'existence du Pollet avant la fin du xɪɪɪᵉ siècle. Ils affirment même que la première fois qu'il en soit fait mention, c'est dans des lettres patentes de Philippe III, datées de mars 1283 (1). Mais il existe à la bibliothèque de Dieppe un registre de l'ancien prieuré de Longueville, dans lequel se trouve transcrite une charte du duc Henri II (2) qui cite le *Polet* et l'église de Neuville. Ainsi l'existence du *Pollet* est antérieure au xɪɪɪᵉ siècle; il y a même lieu de croire, d'après quelques documents consignés dans ce même registre du prieuré de Longueville, qu'une chapelle dite du Pollet fut fondée au xɪᵉ siècle

Quoi qu'il en soit, cette population polletaise est, selon toute apparence, une colonie étrangère, peut-être même y a-t-il lieu de supposer qu'elle est d'origine vénitienne (3).

D'abord l'ancien costume polletais était complètement méridional, casaque de drap bleu ou rouge, garnie sur toutes les cou-

---

(1) Par ces lettres-patentes, Philippe III cède à l'archevêque de Rouen tout ce qu'il possédait au Pollet, *quid aquid in dictâ VILLA DE POLETO cum altâ justitiâ, et focagio, cum hortis et jardinis habebamus.*

Quant à l'étymologie du mot Pollet, Dom Duplessis, et d'après lui presque tous ceux qui ont écrit sur Dieppe, veulent la trouver dans ces mots : *Port d'Est*. Ils disent, ce qui est vrai, que l'ancien port était à l'ouest; que lorsque la rivière se fut ouvert un nouveau lit de l'autre côté de la vallée, on distingua deux ports: l'ancien, sous le nom de *Port d'Ouest*, le nouveau sous celui de *Port d'Est*, et que peu à peu on prononça *Pordest*, puis *Pordet*, puis enfin *Polet*.

Mais comment trouverions-nous, dès 1283, ces mots, *villa de Poleto*, si une prononciation défectueuse avait seule mis en usage le nom de Polet? Remarquez que ce n'est qu'en *français* que *port d'est* peut avoir une analogie éloignée avec *polet*; en latin, il n'y a plus aucune ressemblance. Or, en 1283, il n'y avait pas assez longtemps qu'on parlait français pour qu'on eût perdu la trace de cette altération, et pour qu'on traduisît *port d'est* par *villa de Poleto*. Il y a donc lieu de croire que cette étymologie a été faite après coup et n'a aucun fondement.

Je suppose plutôt que Pollet est un mot par lequel on aura désigné la nouvelle colonie, soit que ce fût un sobriquet sans signification, soit qu'il eût un sens dans la langue des colons ou dans celle des indigènes. Ainsi les Vénitiens ont probablement importé à Dieppe l'usage de la boussole. Le mot *polo*, pôle, a pour diminutif, en italien, *poletto*, petit pôle. On peut avoir désigné ainsi dans l'origine cet instrument destiné à indiquer le pôle, et le nom peut en être resté à ceux qui avaient enseigné à se servir de cet instrument. Ceci n'est qu'une pure hypothèse, mais ce que je crois certain, c'est que le mot qu'on traduisait en 1283 par ceux-ci : *villa de Poleto*, était un mot *sui generis*, et non pas une composition de mots altérés par la prononciation.

(2) L'existence de cette charte m'a été signalée par M. Méry.

(3) Cette conjecture n'est peut-être pas aussi hasardée qu'elle en a l'air: nous ne la donnons cependant qu'avec réserve. A moins de décou-

tures d'un large galon de soie blanc ou bleu clair; toque de velours noir, surmontée d'une aigrette en verre filé; cravate à glands d'argent; veste à grandes fleurs brodées; bas de soie; souliers de drap à boucle d'argent; puis à la veste, au gilet, à la culotte, des nœuds et des flocons de rubans. Ce clinquant, ce bariolage a-t-il pu être imaginé par des hommes du nord? Il y a là quelque chose du goût espagnol ou italien. Or, bien que, dès le XIe siècle, les Normands naviguassent sur les côtes d'Espagne et de Portugal, il est à peu près certain que ni Castillans ni Portugais ne parurent dans les ports de Normandie avant le XVe siècle, c'est-à-dire avant qu'ils fussent entrés dans la carrière du commerce. Au contraire, il est prouvé que les Vénitiens, notamment aux XIIe et XIIIe siècles, à l'époque où la colonie du Pollet semble avoir dû se former, entretenaient avec les Normands des rapports journaliers, et même qu'ils avaient coutume de relâcher à Dieppe quand ils allaient en Hollande ou dans la Baltique. Voilà déjà un premier motif pour que ce soit aux Vénitiens, plutôt qu'à tout autre peuple méridional, qu'il faille attribuer l'origine de ce faubourg du Pollet (1). Une autre raison qui peut confirmer cette conjecture, et qui me l'a même suggérée, c'est la prononciation molle, efféminée et pour ainsi dire toute vénitienne, de ces rustiques Polletais. Ils suppriment toutes les doubles consonnes, modifient et adoucissent tous les sons durs; enfin ils *blèsent* comme certains enfants; les j et les g sont prononcés par eux comme des z. Or, on sait que tels sont précisément les caractères de l'idiome vénitien; le z s'y reproduit presque à chaque mot.

Voici, comme échantillon du parler polletais, une chanson qui

---

vrir des monuments jusqu'ici inconnus, on ne pourra jamais rien affirmer à cet égard. Mais si l'hypothèse était vraie, quel singulier jeu de la fortune: ces Vénitiens réduits au modeste rôle de pêcheurs; la colonie finissant comme la mère patrie avait commencé.

Selon M. Féret, les Polletais ne sont pas des colons étrangers; il voit en eux les descendants, les successeurs directs des gallo-romains qui étaient établis au pied du coteau de Neuville et qui, selon toute apparence, étaient des pêcheurs. Dans toutes les fouilles pratiquées de ce côté, et même dans les ravins et excavations naturelles, on trouve des hameçons de bronze. Or, les Polletais sont encore aujourd'hui excellents dans la pêche à l'hameçon, c'est leur spécialité. J'avoue que cette coïncidence ne suffit pas pour me convaincre. Qu'il y ait eu sur ce rivage des pêcheurs gallo-romains, nul doute. Mais il y en avait aussi sur un grand nombre d'autres points de la côte. Or, à moins de supposer que ceux-là seuls qui étaient établis au pied du coteau de Neuville aient eu des descendants, des successeurs directs, comment expliquer ces mœurs, ce langage, ces habitudes particulières aux seuls Polletais?

(1) Les Vénitiens avaient fondé des établissements à Bruges et dans presque toutes les villes du nord avec lesquelles ils commerçaient.

EU. — L'ÉGLISE ET LE CHATEAU. (Dessin de F. Benoist, lith. de Bachelier et J. Gaildrau.)

n'est pas brillante de poésie, mais qui peint au naturel l'aspect du port de Dieppe, quand les bateaux reviennent de la pêche :

> Ching o six mélangueux (1)
> Ce fem' et cé fillettes
> Chan vouz au-devant d'eux,
> Priant la boun' maraie (2)
> Que Dieu leuz a baillaie ;
> Chinq o six man' a l'hôme
> Qui chan vont démâqai (3).
>
> Vos veyez frère Blaise
> Avec chan cocluçon (4)
> Carecher cé Poltaises
> Pour aveir du peisson ;
> Mais moi, *ze* fais ma ronde
> En Poltais racourchi (5),
> Et tout au bout du compte
> Ze n'ai qu'un mêlan ouït. (6)
>
> A vos, zeune fillette,
> Qui veut se mariai,
> Quant un Poltais s'embarque
> I faut lé vitaillai (7)
> Sa bouteille à la caode (8)
> Et pi chan cicotin (9),
> Sa fricassé tout' caode
> Et pi chan bout d'boudin.

On rencontre dans cette chanson quelques exemples de cette singulière manière de substituer le *z* au *j* et au *g* ; mais pour bien juger du rapprochement qu'on peut trouver entre la prononcia-

---

(1) Les Polletais appelaient *mélangueux* les bateaux qui vont à la pêche du merlan. Ils élident l'*r* et disent mêlan au lieu de merlan.

(2) *Priant*, c'est-à-dire *remerciant Dieu* de la bonne marée qu'il leur a baillée.

(3) La *man'* est un panier. *Démâqai* veut dire détacher le poisson des hameçons. Ainsi ces deux vers signifient : « Ces femmes et ces fillettes qui s'en vont détacher assez de poisson pour remplir cinq ou six paniers par homme dans chaque bateau. » On partage le poisson ; il y a une part pour le propriétaire de la barque, puis autant de parts que de matelots, mais en proportion de leur âge et de leur talent comme pêcheurs ; leur part est aussi plus forte de moitié en sus quand ils ont un filet.

(4) *Cocluçon*, coqueluchen, capuchon de capucin. Les capucins devaient souvent rôder sur les quais du Pollet, car leur couvent était situé dans ce faubourg.

(5) *Racourchi*. Ce mot se peut traduire par *pauvre diable*.

(6) *Ouït*, pourri.

(7) *Vitaillai*, approvisionner.

(8) La *caode*, la chaude, c'est-à-dire l'eau-de-vie.

(9) *Cicotin*, tabac à chiquer.

tion polletaise et celle des Vénitiens, mieux vaudrait causer seulement cinq minutes avec un Polletais. Vous trouveriez dans son accent, et même dans ses tournures de phrases, je ne sais quelle analogie éloignée avec le dialecte du Rialto. Au reste, il en est du langage des Polletais comme de leur costume ; il se perd et s'efface chaque jour. Cette chanson elle-même, quoique faite il y a soixante ans, c'est déjà du polletais francisé. Quand le vieux costume était encore dans sa pureté native, c'est-à-dire au commencement du dernier siècle, il était presque impossible d'entendre cette langue bizarre, aussi différente du patois normand que du bon français, et dans laquelle n'entraient pas plus de trois à quatre cents mots de notre langue. Vivant toujours sur leurs barques, se mariant entre eux, conservant religieusement leurs mœurs et leurs habits, les Polletais étaient restés pendant ces quatre ou cinq siècles en état de colonie. Nos lois, nos usages, les progrès des connaissances, les changements survenus dans la société, la marche de la civilisation, en un mot, tout ce qui se passait autour d'eux sur le sol français était pour eux lettre close. Ainsi, quoique naturellement spirituels, pleins de sens et même de malice, ils étaient, dans le commerce de la vie, de la plus incroyable simplicité. Chrétiens et pieux jusqu'à la ferveur, ils n'en ignoraient pas moins les premières notions des choses religieuses, et commettaient les plus grandes impiétés par excès de zèle et de foi. Ainsi, par exemple, leurs curés avaient beau leur faire des remontrances sur leur habitude d'ajouter presque à chaque mot un jurement en guise d'épithète, jamais ils ne purent s'en corriger. Ils s'en accusaient bien à confesse, mais en *jurant* de ne plus recommencer.

Il advint un jour que l'archevêque de Rouen, M. d'Aubigné, crut devoir interdire les vicaires et autres prêtres de la paroisse du Pollet pour punir le curé, qui témoignait quelque penchant aux nouveautés schismatiques. Ce pauvre curé, sans l'aide de ses vicaires, ne pouvait plus suffire à un troupeau si nombreux ; et les Polletais, privés de leur contingent de sacrements, juraient, tempêtaient, comme des diables. M. d'Aubigné, croyant pouvoir leur faire entendre raison, prit le parti de venir à Dieppe tenir la calende. Les Polletais, instruits de l'arrivée de Monseigneur, ne s'embarquent pas pour la pêche ce jour-là, et s'en vont en foule à Saint-Rémy, où ils savaient que M. d'Aubigné devait présider une assemblée d'ecclésiastiques. Hommes, femmes, enfants, se précipitent dans l'église, criant qu'ils veulent que leurs vicaires et leurs prêtres les confessent comme par le passé. L'archevêque se préparait à les pérorer, lorsque, les voyant escalader la grille du chœur et hurler contre lui comme une troupe de taureaux furieux, il se hâta prudemment de prendre une porte de derrière.

Mais, quand les Polletais n'aperçurent plus dans le chœur sa soutane violette, changeant aussitôt de résolution, ils s'élancent hors de l'église, en jurant par tous les saints qu'ils vont jeter le monseigneur à la mer, puisqu'il ne veut pas les laisser se confesser. Heureusement, M. d'Aubigné apprit qu'ils l'attendaient sur le pont du Pollet, par où il devait passer pour se rendre à la ville d'Eu. Ne se souciant point de faire un saut dans la mer, il sortit par la porte de La Barre, et, après un long détour, rejoignit son chemin.

Quoique à demi civilisés, les Polletais d'aujourd'hui seraient, je crois, encore capables de noyer leur archevêque, pour lui apprendre à censurer leur curé. On me racontait qu'il y a quelques années un pauvre pêcheur du Pollet, relevant de maladie, se traîna comme il put jusqu'à Neuville pour rendre grâces à Dieu de sa guérison dans l'église paroissiale. Il était à genoux devant le jubé, lorsqu'un grand crucifix, suspendu à la voûte, se détacha de ses gonds, et en tombant cassa le bras à notre convalescent. Le pauvre homme, transporté dans sa cabane, fut bientôt si souffrant que le curé crut devoir l'administrer; il lui présenta selon l'usage, un crucifix à baiser. « Pour toi, dit le malade au crucifix, « ze veux bien; ze t'en veux pas; mais pour ton... grand coquin « de frère, Dieu me damne si ze le baise zamais! »

C'est à l'église, pendant les offices, qu'il faut voir les Polletais pour avoir idée de leur religion et de leur simplicité. Ils sont dans l'attitude d'une piété profonde, s'agenouillant sur la pierre et remuant gravement leur chapelet entre leurs doigts; mais, quand vient le moment de chanter pour répondre à l'officiant, c'est le bruit du tonnerre, le mugissement des flots. Jamais je n'ai entendu musique plus sauvage, plus effrayante. Ces pauvres gens semblent croire que plus ils crieront, mieux leurs prières seront entendues. Ils parlent à Dieu comme à leurs mousses, et chantent les psaumes comme ils commandent la manœuvre.

Leur douleur est moins bruyante que leur piété. L'enterrement d'un Polletais est un spectacle sublime de silence, de recueillement et de résignation. Ils disent adieu à ceux qu'ils perdent avec une touchante simplicité des anciens âges. Je vis, pendant mon dernier séjour à Dieppe, porter à la chapelle des Grèves un brave maître de bateau qu'on estimait dans le port, qu'on adorait au Pollet, sa patrie et sa demeure. La veille au soir, il revenait de la pêche; le lendemain, il avait succombé au choléra. Cette mort foudroyante était un deuil public : tous les matelots du faubourg assistaient à ce convoi. Le porte-croix marchait en tête. Il était suivi de deux prêtres disant des prières à voix basse. Ensuite venait le corps, porté à bras par six matelots, amis ou parents du

ROUEN. — EAU DE REBEC, PRÈS LA RUE SAINT-DENIS (1830).
(Lithographie de Eug. Isabey.)

capitaine. On voyait ensuite ses deux fils, et derrière eux ses amis et la longue file des pêcheurs marchant deux à deux. Enfin, après les hommes, venait, à petite distance, le cortège des femmes, conduit par la fille et les sœurs du défunt. Elles étaient toutes enveloppées d'une grande mante noire, la tête couverte d'un capuchon. On ne saurait imaginer quel effet lugubre et déchirant produisait la présence de ces femmes, leur costume, leur silence, l'ordre religieux qui présidait à toute la cérémonie, et qui semblait provenir d'une communauté de sentiments, d'une unité de douleur, que l'égoïsme de la civilisation semble avoir bannies de nos villes. Jamais je n'oublierai le spectacle de ce convoi, jamais je n'en saurais exprimer les touchantes beautés.

L'ancienne mésintelligence entre Polletais et Dieppois est presque entièrement éteinte aujourd'hui ; il s'est fait comme un compromis entre les deux races. Les Dieppois ont pris quelque chose du costume et même du langage des Polletais, les Polletais, de leur côté, sont à peu près devenus Dieppois. Il est difficile à présent de les distinguer les uns des autres, non seulement sur terre, mais sur mer. Leur manière de naviguer, la forme de leurs barques, leurs instruments de pêche sont presque semblables, et, s'il s'y trouve encore des différences, un œil très exercé peut seul les saisir (1).

J'ai vu quelquefois prendre en pitié ce port de Dieppe, où l'on ne voit, me disait-on, que des *barques* et des *bateaux*. En effet, si vous arrivez de Brest, de Toulon ou seulement du Havre, vous êtes tenté de demander où sont les navires ; de même qu'un Parisien sortant de nos habitations à quatre ou cinq étages, pourrait dans certains villages demander, en levant la tête où sont les maisons, où sont les cheminées. Dans ce port de Dieppe, presque point de mâts de hune, entés les uns sur les autres jusqu'à la hauteur de cent ou deux cents pieds ; les mâts n'ont en général qu'un *étage* ; ils ne portent qu'un seul rang de voiles, rarement deux ; ces voiles sont robustes, épaisses, et toutes noires de goudron. Rien de moins élégant, de moins léger, de moins finement dessiné que ces embarcations ; elles ont plutôt la forme d'un sabot que d'un navire ; leur voilure est lourde et disgracieuse ; vous diriez les *barges* du moyen âge, telles qu'elles sont figurées dans les vieux écussons de la ville (2). Eh bien, soit ; mais sortez du port, allez sur la jetée, et regardez ces lourdes barques courir et louvoyer dans la rade : vous les prendrez pour des hirondelles de mer, tantôt glissant d'une aile agile, tantôt se balançant avec grâce sur les flots. Une fois gonflées par le vent, ces voiles grossières prennent les formes les plus délicates, et leurs profils se diversifient à l'infini, selon la direction que suit chaque bateau, selon qu'il prend le vent en poupe ou en flanc, selon qu'il file ou qu'il louvoie.

Je conçois que des marins accoutumés aux grandes manœuvres

---

(1) Il est à remarquer cependant que les bateaux de Dieppe sont en général des barques *chalutières*, tandis que le Pollet n'en admet pas. (*Note de L. Vitet.*)

(2) Les armes de Dieppe sont une barge ou navire dans un écu parti d'azur et de gueules.

d'un vaisseau de guerre, initiés aux découvertes modernes de la science nautique, prennent fort peu d'intérêt aux évolutions de cette flottille de pêcheurs ; j'avoue même qu'il est tout autrement imposant de voir s'avancer à pleine voiles quelques majestueuses frégates servant de cortège à un immense navire à trois ponts : ce spectacle sublime grandit l'homme à ses yeux, lui révèle la force et l'étendue de son esprit, mais l'enfance de l'art a bien aussi ses charmes ; j'aime ces barques rustiques, je leur sais gré de leur agilité et de leur adresse, précisément parce qu'elles ne sont ni compliquées, ni savamment construites ; il me semble que ce soient ces pêcheurs eux-mêmes qui nagent et volent sur les ondes ; plus les agrès sont simples, plus la part de l'homme l'emporte sur celle de la mécanique, plus il y a de poésie, de cette poésie simple, primitive, sans art et sans calcul. La vue d'une rade sillonnée par de grands vaisseaux, c'est une magnifique épopée : contempler la rade de Dieppe et les barques qui la couvrent, c'est lire de vieux fabliaux, c'est écouter d'anciennes ballades, d'anciens chants populaires.

L'aspect du port, soit au départ, soit au retour des pêcheurs, offre aussi les scènes les plus pittoresques, les tableaux les plus variés. Ici ce sont les femmes, les enfants, les vieux marins infirmes qui halent les bateaux (1), marchant en cadence, le corps penché et comme attelés à ces longues *amarres*. Plus loin on débarque le poisson, on l'entasse en monceaux, on le transporte dans de petites hottes ; c'est un mouvement, une bigarrure de couleurs, un cliquetis de paroles qu'il est impossible d'imaginer.

Mais on se lasse vite de ce bruit, de cette agitation, tandis qu'il y a toujours un attrait nouveau dans le spectacle de la jetée, dans la vue de la rade et de l'entrée du port. On ne connaît pas cette jetée de Dieppe, on ne pourra pas comprendre le charme que j'y trouve, si deux ou trois fois, par hasard, on est allé s'y promener ; il faut avoir séjourné dans la ville, et chaque jour, au moment de la marée, être venu passer quelques heures sur ces pierres et sur ces vieilles poutres de bois rongées par la mer. Comme l'heure de la marée change continuellement, ce sera chaque jour un tableau nouveau ; vous connaîtrez toutes les nuances

---

(1) Les bateaux sont forcés de se laisser haler aussi bien pour entrer que pour sortir, parce que le port étant abrité d'un côté par la falaise du Pollet, de l'autre par les maisons de la ville, le vent n'y pénètre jamais Aussi, même au fort de la tempête, les vaisseaux amarrés aux quais sont en repos ; il suffit de très faibles câbles pour les tenir, tandis que, dans la plupart des autres ports, au moindre vent, les vaisseaux s'entrechoquent, et les câbles se rompent. Sous ce rapport, Dieppe est un des ports les plus sûrs de la Manche.

diverses de la mer et de l'atmosphère, depuis la vapeur légère et transparente du matin jusqu'à l'éclat pourpre du soleil couchant, lorsque son disque de feu s'éclipse par degrés dans les flots, les accidents de la lumière, le jeu fantastique des nuages, leur forme bizarre, le caprice des vents, tantôt frémissants et impétueux, tantôt légers et caressants, tout vous attache, tout vous captive; vous suivez de l'œil et de la pensée ces vagues, toujours les mêmes et toujours diverses, condamnées à suivre un mouvement uniforme, et semblant n'obéir à cette loi qu'avec liberté, et chacune à sa manière. Admirable monotonie sur laquelle plane une infinie variété; symbole de la beauté de ce monde, de la beauté telle que la veut notre esprit, telle que la cherchent nos yeux.

Et quand, sur ce magnifique théâtre, les acteurs viennent tout à coup jeter le charme de la vie et de l'individualité, quand vous êtes tiré de votre rêverie par ces innombrables barques qui courent et se jouent sur la plaine immense, alors dites-moi si cette jetée n'est pas un lieu de magie et de séduction ! Tout à l'heure, en arrivant, vous comptiez à l'horizon vingt, trente, cinquante points noirs; maintenant ce sont autant de navires qui se pressent à l'entrée du chenal, et s'y introduient tour à tour, chacun avec une allure, une pose, une physionomie différente. Puis, quand tout le cortège est rentré, un autre spectacle commence : ceux qui sont restés dans le port profitent, pour en sortir, de la marée qui va baisser. Vous les voyez alors s'avancer lentement, traînés, tirés par des cordes comme de pauvres chariots embourbés : leurs voiles sont détendues et flottantes; vous diriez une procession de malades, les bras tombants, les joues décharnées, se traînant à pas lents pour aller prendre le bon air; mais à peine ont-ils doublé la pointe du chenal, ce bon air, ce vent de mer les saisit, les ranime; leurs voiles se tendent et se gonflent, ils semblent retrouver spontanément leur énergie, et tout à coup, bondissant de vigueur et de santé, ils s'élancent et atteignent l'horizon. En moins d'une heure ce sont eux qui à leur tour deviennent de petits points noirs, jusqu'à ce qu'enfin votre œil renonce à les suivre et les perde dans l'immensité.

Quelque beau que soit ce spectacle, les bourgeois de Dieppe viennent rarement en jouir; s'ils sortent de leurs boutiques et de leurs maisons, ce n'est pas vers la mer qu'ils portent leurs pas. Mais de vieux matelots que leur âge ou leurs blessures condamnent à ne plus naviguer, s'en viennent tous les matins s'asseoir sur ces bancs de bois, et passent leur journée à contempler d'un œil d'amour et de regret cette mer qui a fait divorce avec eux. Ils viennent chercher des illusions, entendre le bruit des vagues,

CHATEAU D'ARQUES, PRÈS DE DIEPPE
(Dessin de F. Benoist, lith. de E. Ciceri.)

humer l'air salin; c'est presque comme s'ils étaient encore à bord. Approchez-vous d'eux; vous les rendrez si heureux en écoutant leurs longues histoires! Peut-être même ne vous plaindrez-vous pas de les avoir embauchés. Mais causez surtout avec Bouzard, leur chef, leur modèle, le maître-pilote, le capitaine de la jetée. Bouzard est le gardien du phare, le gardien des approches et de l'entrée du port. Quand la mer est assez haute pour qu'on puisse sans danger entrer dans le chenal, Bouzard en donne avis aux bâtiments qui sont en rade, en hissant un pavillon s'il fait jour, en allumant son phare si c'est la nuit. Survient-il un gros temps, Bouzard prend son porte-voix, s'attache, pour n'être pas emporté par la mer, à ce gros poteau de bronze planté sur le parapet à l'extrémité de la jetée, et de là, malgré les vagues qui le fouettent et le couvrent d'écume, il essaie de se faire entendre des navires que le vent pousse à la côte, il leur signale le chemin qu'ils doivent suivre pour se sauver. Combien de malheureux n'a-t-il pas arrachés à la mort, soit du haut de ce poste périlleux, soit en se jetant lui-même à la mer. Il y a plus de cent ans que, de père en fils, les

Bouzard sont gardiens de phare (1), toujours debout, toujours l'œil sur la mer, la nuit et le jour, l'hiver comme l'été, au fort de la tempête comme par les beaux temps. Le Bouzard d'aujourd'hui est un marin de bonne mine, pilote habile et vénéré dans le port (2). Il parle à la polletaise : sa physionomie, quoique défigurée par des blessures, est agréable à force de bonté ; son costume est original : il porte, comme beaucoup de matelots dieppois, des boucles d'oreilles d'or longues de deux pouces ; jamais à son humeur on ne devinerait la rude vie qu'il mène ; il est aussi gai qu'intrépide.

Vers les derniers jours d'août 1832, je le voyais sans cesse braquer sa lunette du côté du couchant. « Que cherchez-vous, Bouzard ? — Les *Terre-Neuviers*, me dit-il, il y a plus de cinq mois qu'ils sont partis ; ils devraient être ici. » Le lendemain sa figure était rayonnante. « Voyez-vous, là-bas, à la hauteur du cap d'Ailly ? Voilà le premier, il rentrera ce soir. » En effet, en suivant la direction que m'indiquait son doigt, j'aperçus à cinq ou six lieues en mer un beau brick sur ses ancres. Une chaloupe, vivement poussée par six rameurs, sortait en ce moment du chenal ; elle conduisait, selon l'usage, un pilote chargé d'apprendre au capitaine du brick ce qui s'était passé dans la ville depuis son départ, et d'instruire au retour le capitaine du port des morts ou maladies survenues à bord pendant la traversée. Qu'on juge comme le cœur doit battre à ces pauvres matelots quand ils voient approcher la chaloupe du pilote ! Leurs pères, leurs mères, leurs enfants, vivent-ils encore ? Depuis cinq mois, que de choses ont pu se passer ! Toutefois, la discipline leur défend d'adresser des questions au pilote ; le capitaine le conduit dans sa cabine, s'entretient un instant avec lui, à voix basse, puis le reconduit à la chaloupe, toujours en silence. Si par malheur un des hommes de l'équipage a de tristes nouvelles qui l'attendent, le capitaine se réserve le soin de les lui faire savoir.

Le mer ne devant être pleine qu'entre huit et neuf heures, le brick resta sur ses ancres toute la journée ; mais au coucher du soleil on le vit décarguer ses voiles, puis grandir peu à peu et entrer enfin dans le chenal d'un air svelte et triomphant. Quoiqu'il fît nuit close, les deux jetées étaient couvertes de monde ; tous les

---

(1) Non loin de la jetée, on voit une maison que la reconnaissance publique a consacrée à cette famille ; elle a été bâtie aux frais de la ville pour le père Bouzard, lequel avait, je crois, sauvé onze personnes dans divers naufrages. Il fut récompensé par Louis XVI, et sous l'Empire il reçut la croix d'honneur.

(2) Il est mort en 1832. Il avait été, en 1825, décoré, comme son père, de la croix d'honneur.

pêcheurs, tous les matelots et leurs femmes souhaitaient la bienvenue à ces pauvres camarades partis depuis si longtemps. La pêche avait été bonne; l'équipage du *Jeune-Henri*, c'était le nom du navire, poussait des cris de joie, des cris de bonheur, et chantait à pleine voix une chanson d'un rythme bizarre, d'une mélodie sévère, singulièrement accentuée, et qui, répétée par les échos de la falaise et accompagnée, pour ainsi dire, par le frémissement de la foule, produisait un effet aussi solennel que la plus belle musique d'église. La scène était éclairée de temps en temps par la lune glissant au travers des nuages; mais alors on voyait à sa clarté, sur le pont du navire, au milieu des autres matelots chantant, criant, hissant les voiles, travaillant aux cordages, un jeune homme

FEMME DU POLET.
(Dessin de Lanté, gravé par Gatine.)

de quinze à vingt ans, l'air morne et abattu, appuyé tristement contre de vieux barils : lui seul ne chantait ni ne travaillait; le capitaine l'avait averti que son père était mort du choléra et que sa mère et ses huit frères en bas âge n'avaient plus que lui pour les nourrir. « Pauvre garçon, disait une femme à mes côtés, dans la foule : il était si gai en partant ! *C'est qu'il faut toujours attendre avant de savoir si on rit d'un bon rire* », ajouta-t-elle en faisant un gros soupir. Cette réflexion ne m'étonna plus quand on m'eut dit que cette femme avait aussi ses trois fils au bord d'un *Terre-Neuvier*.

Dans les ports de guerre ou de grand commerce, c'est un hasard si vous rencontrez parfois de ces scènes touchantes ; les hommes n'y sont pour ainsi dire que des chiffres ; accidents, morts, naufrages, tout cela est froidement porté au compte des profits et pertes. Dans un port de pêche, au contraire, l'humanité conserve ses droits ; ces pêcheurs ne sont endurcis qu'aux fatigues, leurs âmes sont jeunes, naïves, accessibles à tous les sentiments de famille, à toutes les émotions généreuses ; aussi, je le répète, si vous voulez exalter votre imagination, s'il vous faut des spectacles grandioses, allez à Brest, allez au Havre ; mais venez vivre avec ces Polletais et ces Dieppois, si vous voulez connaître la vie de mer dans ce qu'elle a d'intime et de touchant, si vous avez moins besoin d'admirer que d'être ému !

(*Histoire de Dieppe*, Paris, Gosselin, 1844, in-12, IIIe partie.)

JULES JANIN (1)

Notes sur la Normandie

Le Diocèse de Bayeux

LA CATHÉDRALE DE BAYEUX. — LA TAPISSERIE DE LA REINE MATHILDE. — FALAISE ET LA LÉGENDE D'ARLETTE

Le véritable représentant du moyen âge à Bayeux, c'est la cathédrale. Elle fut bâtie au XIe siècle sur l'emplacement d'une vieille église ; à la dédicace du pieux monument, assistaient Guillaume et Mathilde, et ses fils Guillaume et Robert, Lanfranc de Cantorbéry, Thomas, archevêque d'York. Depuis ces premiers

---

(1) Jules-Gabriel JANIN, l'auteur de ce beau livre, injustement oublié : *L'Ane mort ou la femme guillotinée* (Paris, 1830, in-8°). Né à Saint-Étienne (Loire), le 16 février 1804. Fils d'un avoué, il commença ses études au collège communal de Saint-Étienne et les termina à Paris, au collège Louis-Le-Grand. Journaliste notoire, il succéda à Duviquet dans la critique littéraire au *Journal des Débats*, et, pendant quarante-et-un ans, se fit l'écho des succès du jour. Romancier, poète, critique,

FRAGMENT DE LA TAPISSERIE DE LA REINE MATHILDE.
(Musée de Bayeux.)

jours, le sol s'est exhaussé, et dans cette œuvre où l'on entrait de plain-pied, il faut descendre. Une peinture du XVe siècle sur les murailles de la chapelle souterraine, les bustes de quelques évêques à la voûte du chœur, les bas-reliefs des portes, tels sont les ornements principaux de cette basilique « que le poli des pierres décore à l'intérieur, pendant qu'au dehors elle se distingue par les sculptures de ses statues ». Les sculptures nouvellement retrouvées sont en effet un spécimen très intéressant du XIe siècle. Ici un homme à genoux tenant un singe attaché à une chaîne; là un évêque dans ses habits pontificaux, écrasant un serpent sous ses pieds; plus loin un oiseau, un lion, un évêque, un griffon à tête d'aigle : c'est encore un symbole, un mystère. La cathédrale a ses hiéroglyphes tout comme les temples de Memphis et de Thèbes. Eh bien ! ce monument historique tout en pierres, ces peintures, ces sculptures, ces inscriptions, ces tombeaux, voilà quelque chose de plus durable et de plus fin : une tapisserie, l'œuvre d'une aiguille patiente, l'histoire du Conquérant écrite par sa femme Mathilde, témoin oculaire, témoin modeste de tant de gloire. Ni vos titres, ni vos livres, ni vos poèmes, ni vos parchemins ne valent, pour l'authenticité et la naïveté de cette histoire de la conquête, ces images tracées d'une main naïve et ferme par Mathilde, la grande reine. Depuis tantôt huit cents ans, ce précieux monument de l'amour et de l'admiration d'une femme

---

voire même traducteur d'Horace, il a donné plus de soixante volumes, parmi lesquels on lit encore *La Normandie* (Paris, Bourdin, 1844, gr. in-8°) et la *Bretagne historique* (*Ibid*). Ce sont des ouvrages écrits dans un style rapide, lâche et sans aucun souci d'élégance, mais qui abondent en notes pittoresques et nous fournissent sur nos provinces septentrionales des renseignements très étendus. Reçu au fauteuil de Sainte-Beuve, à l'Académie française, le 9 nov. 1871, Jules Janin mourut à Paris, rue de la Pompe, n° 11, le 19 juin 1874, et fut inhumé à Évreux, dans cette terre normande qu'il avait si généreusement célébrée. Ses œuvres diverses, publiées sous la direction de A. de la Fizelière, ont paru de 1876 à 1883, en 20 vol. in-8°.

est resté fidèle à la ville de Bayeux. Le château avait été bâti par Richard 1er; il a été démoli; les fortifications ont suivi la destinée du château. La ville est encore remplie de petites maisons sculptées du xive siècle, maisons curieuses qui expliquent toute l'époque. Une salle basse : la cheminée est large et profonde, la muraille est tapissée d'images; la table est à la fois une table, un pétrin; coffres et lits en bois de chêne; bahuts garnis de cuir; bois de cerf où pendent des bonnets, chapeaux et le chapelet à patenôtres; sur le dressoir, la Bible en langue française, *les Quatre Fils Aymon, Ogier le Danois, Merlin, le Calendrier des Bergiers, le Roman de la Rose.* Derrière la porte, un arc et son carquois plein de flèches, épée courte et large, hallebarde, pique, cotte de mailles. Le banc du maître, et sous le banc, la paille fraîche pour coucher les chiens; dans la cheminée, de beau gros bois vert *entrelardé* de fagots secs. La ville est bâtie sur la rivière d'Aure, qui la partage dans toute sa longueur. — L'évêché de Bayeux est le plus ancien de la province. Au temps féodal, toute la terre de la banlieue était un bien de *franc-alleu*, c'est-à-dire libre de tout droit seigneurial. — La pêche miraculeuse! Dans le moyen âge, on a pêché des baleines sur les côtes du Calvados. Encore aujourd'hui on y pêche le thon, la raie, la conque, le bard, la morue, le hareng, le rouget, la plie, la limande, le saumon, l'esturgeon. — Les belles filles du Bessin, quand elles entendent les intérêts de leur beauté, portent encore pour coiffure les longues bandes de batiste blanche et le jupon rouge, et la croix d'ambre. Si nous avions le temps nous donnerions quelque bel échantillon du langage normand : *Aclabo*, acclamation; *agrioter* cacher; *agonir*, accabler; *agraco*, hagrda; *brumen*, un nouveau marié; *besin*, à demi ivre; *benilhel*, le duvet d'un jeune oiseau; *banée*, caprice; *bleu-bleu*, bluet; *crique*, le point du jour; *souliban*, gourmand; *huar*, lutin; *lurer*, conter sornettes; *muzette*, la mésange; *mirou*, merveilleux; *noës*, cours d'eau; *ohe*, défaut; *picot*, dindon; *pétra*, homme grossier; *quéleine*, pommes tombées avant d'être mûres; *riolet*, petit ruisseau; *tinterelle*, petit clocher, *tezi-lezant*, tout doucement. Aimable et naïf argot des opulentes campagnes! Tant il est vrai que la langue a sa physionomie, comme les hommes; honnêtement parlée, elle a toutes les apparences honnêtes, elle est élégante, accorte, bienveillante, elle sent bon. Comparez, par exemple, à l'argot normand l'affreux argot des cachots et des bagnes, horribles paroles malsaines, hideuses, borgnes, écloppées, pantelantes; notre argot normand, au contraire, il vous rappelle toutes les émotions de la campagne, les joies du village, les bonheurs de l'automne, les fraîches inspirations du printemps. Voici quelques petits proverbes, car la sagesse des *nations* est chère au Normand; il aime

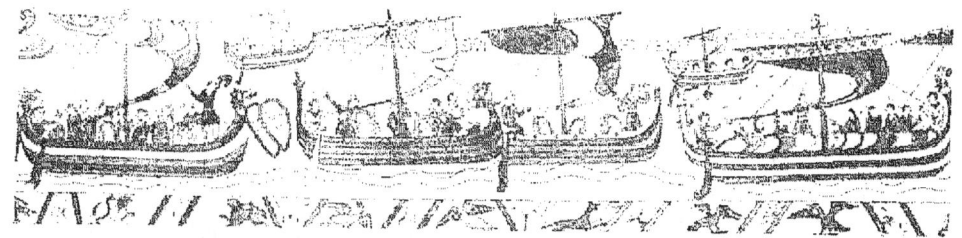

FRAGMENT DE LA TAPISSERIE DE LA REINE MATHILDE.
(Musée de Bayeux.)

cette façon nette et vive de dire une bonne chose : volontiers il se met à l'abri derrière une sentence. Comme il n'est pas grand parleur, il n'est pas fâché de dire beaucoup en peu de mots :

> Année venteuse,
> Année pommeuse.

> Quand il y a du crottin,
> Il y a du lapin.

> Petit paquet et long chemin
> Fatiguent le pèlerin.

> Prêtres et bergers
> Sont tous sorciers.

Voulez-vous un échantillon du style normand? Lisez la parabole de l'enfant prodigue : « Un homme aveit deux éfans dont le pu ptiot li dit un jour : « Men père, bayey mei la part ed bien « qui m'rvient », et le père leux en fit le partage. — Deux trois jouours apreux, le pu jeune des deux éfans ayant prins s'en cas s'n'allit fère un viage dans les pouis étrangés où y mongit tout s'en cas en liqueris et en bombances ! » Quel dommage que nous n'en puissions citer davantage !...

Au bon temps, le Normand dînait à midi, il soupait à huit heures : l'oie, l'épaule de mouton, le cochon de lait, le lard bouilli, la soupe aux choux, le paon pour les jours de fêtes, faisaient les honneurs du festin. On buvait beaucoup, on choquait le verre, on chantait la petite chanson. Étiez-vous de noce? vous étiez servi par le *brumen*, le marié. Après la messe de minuit, on faisait réveillon : à la dernière gerbe de blé, on faisait la *replanelle*. Qui avait gagné son procès, se promenait dans les rues avec une branche de laurier chargée de rubans. Beaucoup de fleurs en toute circonstance : la jeune mariée offre des fleurs aux magistrats le premier jour de mai; des fleurs aux pèlerins, aux voyageurs, à ceux qui ont obtenu un emploi ; dans les maisons, dans les festins dans les temples, dans les rues, aux jours solennels. Les fêtes s'appellent des *assemblées*...

Rien n'est frais et joli comme le golfe d'Isigny et ses douces campagnes ; tout au rebours. Lilleri se recommande par ses mines de houille, Marigny par ses pierres de taille. Voici Falaise. Cette fois, nous laissons de côté les Anglais, les Normands, les sièges, les batailles, les rois qui passent, et même les seigneurs qui possèdent. « Assis sur les rochers qui contemplent tes ruines féodales, ô Falaise, quel charme dans tous mes souvenirs ! Le donjon percé de fenêtres, la brèche ouverte, la mousse, tapis de ruines, la cloche et son bruit de fête, et tes blanches filles au costume simplet et charmant, tout me rappelait les jours d'Arlette, fille d'artisan, mère d'un roi ! » Telle est l'exclamation d'un touriste anglais dont l'enthousiasme pourrait être plus modéré. Falaise est un pêle-mêle pittoresque de pâturages, jardins, vergers, bruyères, futaies et taillis, étangs et manoirs. Le château dont nous parlons s'élève à la pointe la plus escarpée de la vieille cité ; la situation était bien choisie. Le donjon était fortement bâti, en carré long ; un des angles de ce carré se termine en pointe vers le midi ; les remparts de l'ouest et du midi sont flanqués de hautes tours ; la forteresse domine tout le vallon. — On n'entre plus au premier étage ; au second étage, qui se ressent de la rudesse du Xe siècle, vous pourrez voir encore la salle de *Talbot*, au pied de la chapelle Saint-Prix. Découvrez-vous en touchant le seuil de cette niche à l'angle du nord, car c'est peut-être dans cette chambre que Guillaume, le plus grand des Normands, a vu le jour. Un peu plus loin, le cachot d'Albret, duc de Bretagne : sombres murailles, tourelles, meurtrières, ponts, herse, planchers, voûte de pierre, escaliers tournant pratiqués dans les murs, en puits profond, doubles créneaux, souterrains. Sombre majesté de la guerre ! Et pourtant, c'est de là que le père de Guillaume entrevit cette belle fille, Arlette, à demi-nue, qui, d'un pied timide, interrogeait l'eau de la fontaine, Elle était seule, l'eau était claire, le ciel était bleu ; elle ne savait pas qu'on la regardait de si haut, et encore quand elle l'eût su ! « Mais, disent les critiques, vous qui parlez, verriez-vous de si loin une belle fille qui se baigne ? Nous en doutons. » A quoi je répondrai que je ne suis pas le duc Richard. Arlette, c'est l'histoire de l'empereur Napoléon et de son État. « Vois-tu mon étoile ? disait-il en montrant le ciel. — Non, disait l'homme. — Eh bien ! moi, je la vois », reprenait l'empereur.

Cette douce image d'Arlette plane encore sur toutes ces campagnes. Le temps et les hommes ont brisé le donjon ; la jeune et gracieuse beauté de cette belle fille a gardé tout l'éclat printannier des jeunes amours. Blonde, svelte, la couleur d'une fleur d'églantier, ouverte et franche, ni fière, ni humble, belle fille accorte, avenante et de bon port. Le duc la vit, le duc l'aima; il voulut la voir, elle vint; elle vint toute parée, robe fraîche et séante à sa taille, beauté relevée par la crainte, l'espoir, un peu de honte, et qui sait? un brin d'amour! L'ami du prince vint chercher Arlette en grand mystère. « Mettez cette cape, damoiselle, afin qu'on ne vous voie. » Mais elle, la brillante et l'honnête : « Fi ! dit-elle, je ne me cache pas, j'y vais franchement ; on se cache quand on se vend, on se montre quand on se donne ! Allons donc, et devant tous amenez votre haquenée, et qu'on me voie. Après tout, je suis fille de *prud'homme*, et qui me verra passer, me saluera. » Et comme elle avait dit, elle fit. Elle montait une blanche haquenée, tenue par les serviteurs du duc Richard; fin corsage, fine et blanche chemise, pelisse grise, robe flottante et non lacée, séante à sa taille, séante à son teint, manteau nouvel et de bon goût, longs cheveux mal arrêtés par un réseau de fin argent; belle s'il en fut, éloquente du regard, du geste, de l'âme. Un sien parent, le bon ermite du bois de Gouffern, la bénissait en lui disant: « Va, ma fille ! » Son père et sa mère la regardaient partir, les yeux pleins de larmes; elle alors, dans un doux sourire, elle versa une larme, une seule; et puis : « Adieu, père! adieu, mère ! » C'est qu'elle sentait dans son cœur que depuis Hector, ce preux de Troie, qui fut fils de Priam, jamais plus belle jeune

GUILLAUME LE CONQUÉRANT
(Bibliothèque Nationale, Cabinet des estampes.)

fille n'avait mis au monde un enfant pareil à l'enfant qui fut fait cette nuit-là.

(*La Normandie*, Paris, Bourdin, 1844, gr. in-8º.)

A.-M. GUILBERT (1)

La Légende des Rois d'Yvetot

Il y a d'heureuses associations d'idées qui font qu'une petite ville qui n'a joué aucun rôle dans l'histoire nous intéresse plus que telle grande cité qui a figuré avec beaucoup d'éclat dans le monde. Ainsi d'Yvetot. Son nom nous plaît comme celui d'une île ou d'une ville fabuleuse des Mille et Une Nuits. Il parle à notre imagination. C'est une histoire qui commence comme celle des contes des fées : *il était une fois un roi*. Mais qui était ce roi dont le royaume ne dépassait pas les limites d'une des plus belles plaines du pays de Caux? ce roi, dont Yvetot était l'unique capitale et la seule ville? ce roi d'un si rare esprit de modération, qu'on ne dit pas qu'il se soit senti mal à l'aise dans son petit État, ni qu'il ait jamais fait la guerre pour l'agrandir? ce roi légitime, enfin, qui n'était qu'un roi de théâtre? Aucun auteur ne nous l'apprend. Il y a peu de questions historiques sur lesquelles on ait plus disserté, et il n'en est point qui soit demeurée plus obscure. Tel est, du reste, l'effet assez ordinaire des dissertations des savants.

Les commencements de la ville d'Yvetot ne nous sont pas mieux connus que l'origine de sa royauté. En décomposant son nom, on reconnaît qu'il est formé du mot tudesque *tôt*, lequel signifie l'emplacement d'une habitation, et d'*Yvo*, nom propre d'homme. Quel était cet Yvo qui, sans s'en douter, fonda la capitale d'un royaume? Comment son champ se trouva-t-il transformé en

---

(1) Aristide-Mathieu GUILBERT, né à Rouen, le 21 février 1804, mort le 21 juin 1863. Pendant un long séjour en Angleterre, il donna des articles dans les journaux anglais et fit paraître : *Philosophial observation* ou *the different modes of worshipping the deity* (1821). De retour en France, après la Révolution de juillet 1830, il publia divers ouvrages, entre autres : *De la Colonisation du Nord de l'Afrique* (1839), puis cet admirable recueil de textes: *Histoire des Villes de France* (Paris, 1844-1848, 6 vol. in-8º), dû à la collaboration d'un groupe de savants et d'écrivains tels que Benjamin Guérard, Mérimée, Marmier, A. Chéruel, J. de Vaucelles, A. de Tocqueville etc., etc., et qui constitue le plus riche répertoire historique que le XIXe siècle ait donné sur nos provinces françaises. Aristide Guilbert a lui-même contribué largement à la rédaction de ce livre.

bourgade et la bourgade en ville? Il n'est fait aucune mention du seigneur ni de la terre d'Yvetot, dans les anciens titres, antérieurement au milieu du XIe siècle. C'était alors un fief dont le domaine relevait en totalité ou en partie des ducs de Normandie, selon la coutume du pays, et qui, par conséquent, leur devait le *service de l'ost*. Nous voyons, vers ce temps, Guillaume-le-Bâtard donner à l'abbaye de Saint-Wandrille un manse situé à Yvetot (*apud Yvetot mansum unum*). Du XIe au XIVe siècle, plusieurs personnages historiques prennent le nom de cette bourgade; mais en sont-ils propriétaires ou seulement originaires ? C'est ce qu'il nous est impossible de déterminer pour la plupart d'entre eux. Dès l'année 1066, un sieur d'Yvetot figure au nombre des seigneurs qui suivent Guillaume-le-Bâtard en Angleterre et qui combattent sous ses ordres à la fameuse journée d'Hastings. Un autre sire d'Yvetot paraît sur la liste des croisés avec lesquels le duc Robert s'embarque, en 1099, pour la Terre-Sainte. Plus tard, un Robert d'Yvetot est mentionné parmi les représentants des familles nobles, qui, dans le XIIe ou le XIIIe siècle, possédèrent des fiefs militaires en Normandie; et, au commencement du XIVe, un Jean d'Yvetot se trouve compris dans le nombre des gentilshommes que Philippe-le-Bel nomme chevaliers à Paris, de compagnie avec ses trois fils, en présence de son hôte Édouard II, roi d'Angleterre (3 juin 1313).

Si tous ces personnages furent rois d'Yvetot, comment n'en prirent-ils point le titre? Dira-t-on que leur prétendue royauté ne datait pas de si loin? Ce serait une erreur, puisqu'au dire de la tradition locale, elle remonterait presque à l'origine de la monarchie française. Voici comment deux chroniqueurs racontent la création du royaume d'Yvetot. Le roi des Franks, Clothaire 1er, avait pour chambellan un certain Walter ou Gauthier, seigneur d'Yvetot. Celui-ci, on ne sait pour quelles raison, encourut la disgrâce de son maître; soit qu'il en redoutât les conséquences, soit qu'il fût d'un esprit aventureux, il alla guerroyer dans les pays étrangers. On dit que, durant l'espace de dix années, il y combattit les *ennemis de la foi*. Mais la religion chrétienne n'avait pas alors d'autres ennemis que les chrétiens qui en violaient les préceptes : Mahomet n'avait point encore soulevé contre elle les peuples de l'Arabie. Après ses dix années de croisade, le bon Gauthier, espèce de don Quichotte de la Manche anticipé, s'en alla à Rome, où il fut accueilli, selon ses mérites, par le pape Agapet. Le pontife, apprenant que le seigneur neustrien se propose de repasser les Alpes, lui donne des lettres de recommandation pour le roi Clothaire. Voilà donc Gauthier qui s'achemine vers la cour de France. Il se flatte que le temps aura amorti la colère de son ancien maître, et compte particulièrement sur l'intervention du pape en sa faveur. Le seigneur d'Yvetot se rend droit à Soissons, où Clothaire se trouve alors : il y arrive un vendredi saint de l'année 536, le rejoint à l'église et se jette à ses pieds. Mais le roi, à sa vue, est saisi de fureur. Sans tenir compte de la solennité du jour, sans s'inquiéter de la sainteté du lieu, il lui passe son épée au travers du corps. L'indignation d'Agapet fut grande, comme on le pense bien, à la nouvelle de ce meurtre. Il menaça le roi frank de le frapper des foudres de l'Église, s'il ne se hâtait de réparer sa faute. Clothaire eut peur. Il n'imagina rien de mieux pour donner satisfaction au pape que d'ériger la terre d'Yvetot en royaume, en faveur des héritiers du pauvre chambellan.

Nous ne nous amuserons pas à réfuter ce conte; ce serait peine perdue. Si les rois de France de la première et de la seconde race eussent été contraints d'ériger en royaumes les terres de tous les seigneurs proscrits ou tués par eux, ils auraient eu beaucoup à faire. L'exception serait devenue la règle générale et l'empire frank aurait compté autant de royautés en sous-ordre que de fiefs. Faut-il ajouter qu'aucun historien contemporain ne parle du meurtre de Gauthier? qu'en l'année à laquelle on rapporte ce fait, Clothaire ne régnait pas encore sur la Neustrie, puisqu'elle appartenait alors à son frère Childebert? qu'on ne peut admettre que, dès cette époque, la terre d'Yvetot ait été un fief héréditaire? et que le 21 mars 536, jour du meurtre supposé du seigneur neustrien, se trouve si rapproché du 22 avril, date de la mort d'Agapet, à Constantinople, qu'il est matériellement presque impossible que le pape en ait été instruit? Ces objections et beaucoup d'autres encore, tout aussi concluantes, ont été savamment exposées par l'abbé de Vertot. Il ressort clairement de son mémoire, selon nous, que si l'existence du royaume d'Yvetot n'est pas une fable, il n'en est pas moins vrai qu'elle repose sur une fable.

Mais comment cette royauté, si contestable, des seigneurs d'Yvetot, a-t-elle fini par être consacrée par l'autorité de l'usage, par des jugements authentiques, et par le témoignage même de l'histoire? Apparemment la croyance traditionnelle du pays aura insensiblement passé dans les meilleurs esprits : quoiqu'elle ne s'appuyât sur aucun titre, elle aura été admise sans examen. Le merveilleux, à défaut de science, expliquait tout alors, et un fait paraissait d'autant plus croyable qu'il était plus absurde. Les franchises souveraines, attachées on ne sait trop pourquoi à la terre d'Yvetot, auront d'ailleurs été considérées comme une preuve décisive de son érection en royaume indépendant. Ne pouvant passer de la cause à l'effet, on aura conclu de l'effet à la cause. Un poète normand du xve ou du xvie siècle s'est fait l'écho, dans

FALAISE. — LE CHATEAU.
(Dessin de E. Sagot, lith. de Eug. Ciceri.)

ces quatre vers, d'une opinion commune à tous les hommes de son temps :

> Au noble pays de Caux
> Y a quatre abbaïes roiaux,
> Six prieurés conventuaux,
> Et six barons de grand aroi,
> Quatre comtes, trois ducs, UN ROI.

Il existe un arrêt de l'échiquier de Normandie, portant la date de l'année 1392, qui donne à un seigneur d'Yvetot le titre de roi. L'histoire même du meurtre de Gauthier est consignée dans le procès-verbal de l'évaluation de cette terre, dressé en 1428, à la demande de l'anglais John Holland, son seigneur. Elle est de nouveau confirmée dans l'information faite par témoins, en 1461, à la poursuite de Guillaume Chenu, autre prince d'Yvetot.

Dans la première de ces enquêtes, soixante-dix habitants du pays furent entendus; dans la seconde trente-sept, dont les moins âgés comptaient de soixante-dix à quatre-vingt-douze ans. Il résulte de ces témoignages divers « que la terre d'Yvetot étoit franche de foi et hommage, et de toute autre servitude; que cet affranchissement avoit été donné à cause des excès qu'un roi de France avoit commis à l'endroit d'un seigneur d'Yvetot; que c'étoit la créance commune des gens du pays, pour l'avoir ainsi ouy dire à leurs pères; qu'un certain jour le roi de France étant entré dans la terre d'Yvetot, avoit dit *qu'il n'y avoit plus de roy en France*; que ses seigneurs avoient autrefois battu monnoye; qu'ils tenoient leur haulte-justice, sans ressort, et que les sergents royaux n'y venoient point exploiter; qu'enfin eux seuls avoient le droit d'imposer leurs subjets, le roy de France ne pouvant en exiger aucuns aydes, taille, subside, ni quatrième. » Les deux premiers chroniqueurs qui aient recueilli l'histoire du prétendu meurtre de Gauthier par Clothaire auront, sans nul doute, puisé cette fable dans les procès-verbaux des deux enquêtes. Ce fut d'abord Nicole Gilles, le docte trésorier de Louis XII, qui, dans ses *Chroniques de France*, publiées en 1492, révéla au monde la curieuse origine du royaume d'Yvetot; puis, cinq années après, le général des Mathurins, Robert Gaguin, qui amplifia le même récit dans son *Compendium de Francorum gestis*. Tous deux, d'accord sur le fait, ne diffèrent que pour la date, celui-là le rapportant à l'année 533, celui-ci à l'année 536...

(*Histoire des villes de France*, t. V.)

P.-A. CHÉRUEL (1)

Le Mont Saint-Michel

Sur les confins de la Normandie et de la Bretagne s'élève un des plus anciens et des plus célèbres monuments de la France; c'est le Mont-Saint-Michel-*en-péril-de-mer*, comme l'appellent les anciennes chroniques. Le rocher, taillé à pic, est surmonté de flèches dentelées, de légères galeries ogivales; il cache dans ses flancs des salles immenses, soutenues par de lourds piliers et contrastant avec l'architecture gracieuse et élancée de ses colonnettes. Ce précieux débris de l'architecture gothique n'était primitivement qu'un rocher solitaire, battu des vagues de l'Océan, asile mystérieux des Druides, selon les uns, tombeau consacré par la vénération populaire, selon d'autres. Cette dernière opinion paraît plus probable, d'après l'ancien nom du rocher, *Mons Tumba*.

Ce fut au commencement du VIIIe siècle que la religion vint enlever cet asile aux superstitions païennes. Des miracles entourèrent le berceau du monastère. L'évêque d'Avranches, saint Aubert, fut plusieurs fois averti par l'archange saint Michel de fonder un couvent sur le mont *Tumba*; et lorsque, en 709, il y conduisit une colonie de Bénédictins, une empreinte merveilleuse indiqua le lieu où l'abbaye devait s'élever; des signes célestes en déterminèrent l'enceinte; une source jaillit pour fournir aux moines l'eau refusée à ces roches arides. Bientôt arrivèrent d'une île lointaine, que les légendaires placent au delà de l'Irlande

---

(1) Pierre-Adolphe CHÉRUEL, né à Rouen, le 17 janvier 1809, mort en 1891. D'abord professeur d'histoire au lycée de Rouen, il publia, dans les recueils des Sociétés savantes de Normandie, un certain nombre de travaux intéressant l'histoire locale, et donna deux ouvrages en lesquels s'affirmaient, presque coup sur coup, ses remarquables qualités de critique et d'historien : *Histoire de Rouen sous la domination anglaise au XVe siècle*, Rouen, 1840, in-8°; *Histoire de Rouen pendant l'époque communale*, 1150-1382 (*Ibid*, 1843-1844, 2 vol. in-8°). Appelé à suppléer Wallon, en qualité de maître de conférences à l'Ecole Normale, Chéruel devint successivement inspecteur général de l'Instruction publique et recteur des Académies de Strasbourg et de Poitiers. Nommé inspecteur général honoraire de l'Enseignement secondaire, il fut élu, en 1884, membre de l'Académie des sciences morales, au fauteuil laissé vacant par la mort de Henri Martin. Son œuvre forme un ensemble considérable. On lui doit, outre les ouvrages signalés plus haut : *De l'Administration de Louis XIV, 1661-1672, d'après les mém. inéd. d'Olivier d'Ormesson* (Paris, 1850, in-8°); *Histoire de l'administration monarchique en France depuis l'avènem. de Philippe-Auguste jusqu'à la mort de Louis XIV* (Paris, 1855, 2 vol. in-8°);

des prêtres qui déposèrent dans le monastère le glaive et le bouclier de saint Michel. L'archange des batailles venait de délivrer leur pays d'un affreux serpent, et il avait laissé ces trophées de sa victoire qui furent consacrés dans le nouveau temple élevé en son honneur.

L'histoire du Mont-Saint-Michel se réduit, pendant plusieurs siècles, à ces légendes. Dans les IXe et Xe siècles, les ravages des pirates scandinaves chassèrent les moines de leur asile, jusqu'au jour où Rollon devenu chrétien leur rendit leurs biens et en ajouta de nouveaux (925). L'exemple du premier duc de Normandie fut suivi par ses successeurs, Guillaume-Longue-Épée et Richard Ier. Dès cette époque, le Mont-Saint-Michel était devenu un lieu célèbre de pèlerinage ; plusieurs ducs de Normandie le visitèrent et l'enrichirent de leurs donations. Un incendie ayant dévoré les bâtiments de l'abbaye, vers 991, le duc Richard Ier la fit rebâtir avec plus de grandeur et de magnificence. Il n'y a pas jusqu'au duc Robert, que la tradition a surnommé le *diable*, qui n'ait ajouté aux richesses de l'abbaye. Il eut au Mont-Saint-Michel une entrevue avec Alain de Bretagne, son ancien ennemi. Les deux ducs y signèrent la paix et comblèrent de biens le monastère, témoin de leur réconciliation (1034).

Au XIe siècle, la vie monastique prit un rapide essor en Normandie, et cette province fut, selon l'expression de Guillaume de Poitiers, une nouvelle Thébaïde. Le Bec, Sainte-Catherine-lès-Rouen, Saint-Amand et beaucoup d'autres couvents furent fondés. Les anciennes abbayes rivalisèrent de zèle avec les nouvelles ; le Mont-Saint-Michel resta toujours au premier rang. Ce fut vers 1060 que l'on acheva la nef de l'église et que l'on commença la grande tour. En 1065, l'abbé Renaud reçut le duc de Normandie, Guillaume-le-Bâtard, et l'Anglo-Saxon Harold, qui devait bientôt lui disputer la couronne d'Angleterre. Ils étaient

---

Dictionn. histor. des Institutions, mœurs et coutumes de la France (Paris, 1855, 2 vol. in-8°); *Marie-Stuart et Catherine de Médicis*, etc. (Paris, 1858, in-8°); *Mémoires sur la vie publique et privée de Fouquet*, etc. (Paris. 1864, 2 vol. in-8°); *Saint-Simon considéré comme historien de Louis XIV*. (Paris, 1865, in-8°); *Histoire de France pendant la minorité de Louis XIV*. (Paris, 1882, in-8°), etc., etc. Ad. Chéruel, qui a consacré de nombreuses recherches à l'étude de la Normandie, sa patrie, a été l'un des éditeurs des *Mémoires du Duc de Saint-Simon*. Il joignait, a dit M. Abel Lefranc, à un talent réel d'exposition, à une critique singulièrement sagace, une grande justesse de vues et une constante impartialité d'appréciation. Son style qui manque quelquefois de chaleur et d'éclat est néanmoins si clair, si exact, la somme de ses connaissances est si sûre et sa méthode si rigoureuse, que l'ensemble de ses qualités lui assure un avenir. durable. — On consultera: F. Bouquet: *Notice sur M. Chéruel*, etc. Rouen, 1891, in-8°; Vapereau ; *Dict. des Contempor.*; *La Grande Encyclopédie*, etc.

alors étroitement unis et marchaient de concert contre le duc de Bretagne Conan. L'année suivante, le Mont-Saint-Michel équipa ses navires pour la conquête de l'Angleterre. Aussi, lorsque vint le partage des dépouilles, l'abbaye fut richement dotée. Bientôt, Guillaume-le-Conquérant et ses fils la comblèrent de biens; elle eut les paroisses de Mesnilrainfray, de Tonchel, de Juvigny, de Saint-Martin de Landelles, etc. Elle disputa aux chanoines de l'église de Mortain les morts de cette ville. L'affaire ne fut jugée que dans le siècle suivant, par le roi d'Angleterre,

LE MONT-SAINT-MICHEL. — L'ILE, LE ROCHER, LE CHÂTEAU ET L'ABBAYE.
(Dessiné et gravé par N. de Fer, 1705.)

Henri II; après avoir entendu les parties, il décida que les morts de la ville appartiendraient au chapitre de Mortain, mais que les religieux auraient l'avantage de porter à leur église ceux qui mourraient hors des murs (1154).

À la mort de Guillaume-le-Conquérant, en 1087, le Mont-Saint-Michel passa au plus jeune de ses fils, Henri, comte de Mortain. Ce prince y fut attaqué, en 1091, par ses deux frères, Robert-Courte-Heuse et Guillaume-le-Roux. Mais la résistance énergique des assiégés contraignit les agresseurs de changer le siège en blocus et enfin de le lever. Au XII siècle, le Mont-Saint-Michel dut son principal éclat à l'abbé Robert de Thorigny, plus connu sous le nom de Robert du Mont. Ce dernier entra au monastère, en 1128, devint bientôt après prieur claustral, et, en 1154, abbé de Saint-Michel. Il réunit une riche collection de manuscrits, et le couvent en prit le nom de *Cité des Livres*. Lui-même transcrivit ou composa plus de cent quarante volumes. Son principal ouvrage est une histoire du XIIe siècle qui s'étend jusqu'en 1186. Un autre moine, Guillaume de Saint-Pair, écrivait à la même époque la chronique de l'abbaye en vers français. La médecine était cultivée par les religieux ; la liturgie devenait une science. Les pèlerins arrivaient en foule et campaient pendant plusieurs jours autour du monastère. Robert de Thorigny ajouta de nouvelles fortifications aux anciennes, et c'est pendant son administration que le Mont-Saint-Michel atteignit son plus haut point de splendeur. Henri II y vint, en 1157, et fonda un prieuré à Pontorson, en faveur du monastère ; il donna à l'abbé Robert le gouvernement du château annexé au couvent. En 1158, il le chargea d'établir dans le comté de Bretagne Geoffroi Plantagenet, un de ses fils. Le roi de France, Louis VII, fit aussi, en 1160, un pèlerinage au Mont-Saint-Michel et déposa sur l'autel de riches présents.

L'abbé Robert mourut, en 1186, et peu de temps après commencèrent les désastres de l'abbaye. Jean-Sans-Terre venait d'assassiner son neveu Arthur (1203) ; le beau-père de la victime, Gui de Thouars, s'allia avec Philippe-Auguste pour attaquer la Normandie, passa le Couesnon qui la sépare de la Bretagne et vint assiéger le Mont-Saint-Michel. L'historien contemporain, Guillaume-le-Breton, décrit le rocher tel que nous le voyons encore aujourd'hui. « Il s'élève, dit-il, au milieu des flots, qui tantôt s'en éloignent et le laissent au milieu de grèves desséchées, tantôt le battent de leurs vagues écumantes. Au sommet, une église d'un travail merveilleux est consacrée à l'archange saint Michel ; on y monte par une pente escarpée ; sur les flancs du rocher sont suspendues de nombreuses habitations. » Les Bretons, qui accompagnaient Gui de Thouars, commencèrent par brûler ces maisons des vassaux de l'abbaye et massacrèrent les habitants. Ne pouvant pénétrer dans le couvent, ils y mirent le feu, et les flammes enveloppant le monastère dévorèrent tous les bâtiments ; les murs seuls restèrent debout. Philippe-Auguste, devenu maître de la Normandie, contribua à relever de ses ruines l'abbaye du Mont-Saint-Michel ; il bâtit même une forteresse sur un rocher voisin, nommé Tombelaine, afin de protéger le monastère.

En 1227, au moment de la révolte féodale contre Louis IX et sa mère Blanche, un seigneur de l'Avranchin, Foulques Paisnel, appela les Anglais en Normandie ; ils prirent Pontorson et s'approchèrent du Mont-Saint-Michel, mais ils n'osèrent pas en tenter le siège. Saint Louis, au retour de la croisade, visita l'abbaye, et déposa sur l'autel une somme d'argent destinée à augmenter les fortifications de la place et du château (1254). Vers le même temps, le Mont-Saint-Michel reçut l'archevêque de Rouen, Eudes Rigault, qui travaillait à la réforme des églises et couvents placés sous sa juridiction. Rigault trouva dans l'abbaye trente-huit religieux qui avaient cinq mille livres de revenu. Il prescrivit une observation rigoureuse de la discipline ecclésiastique et revint souvent visiter le Mont-Saint-Michel, une fois, entre autres, au mois de

LE MONT SAINT-MICHEL
La digue avant l'établissement de la voie ferrée.

mai 1263. Il y avait alors quarante moines, dont trente-cinq étaient prêtres; les revenus étaient considérables et sous la direction de l'abbaye. Les soins temporels finirent par l'emporter sur les devoirs religieux, et le côté ecclésiastique s'effaça de plus en plus dans l'histoire du Mont-Saint-Michel. Au commencement du XIVe siècle, Philippe-le-Bel accorde à l'abbaye la pêche des esturgeons et de la baleine dans toute la baronnie de Genest; en 1310, il établit une foire au Mont-Saint-Michel; en 1311, il y vient lui-même en pèlerinage. A cette époque, les abbés Jean de la Porte et Nicolas-le-Vitrier font dresser un inventaire de tous les biens du couvent et des droits de péage qu'il percevait à Jersey. Tout à coup les moines furent effrayés par l'apparition du *feu Saint-Michel*. Lorsque cette clarté menaçante éclairait le rocher, elle annonçait d'affreux malheurs : on était alors en 1333, et trois ans plus tard commençait la guerre de Cent Ans.

Le Mont-Saint-Michel ne fut pas même menacé dans les premières hostilités. La résistance de Saint-James-de-Beuvron, dont les Anglais furent contraints de lever le siège, les détourna de nouvelles attaques dans cette partie de la Normandie. Du haut de leur rocher, les moines virent la province déchirée par la guerre étrangère et la guerre civile, sans en ressentir les atteintes. En 1394, ils reçurent Charles VI, qui venait implorer le secours de l'archange saint Michel pour le rétablissement de sa santé. Ces vœux, comme on le sait, ne furent pas exaucés, et la fin du règne de Charles VI fut troublée par la folie du roi et par d'horribles calamités. Les Anglais envahirent de nouveau la France, et, en 1419, se rendirent maîtres d'Avranches ; mais le Mont-Saint-Michel leur opposa une invincible résistance. Jean de Harcourt et ensuite Louis d'Estouteville s'y fortifièrent ; et, à la tête des plus intrépides guerriers de la Normandie, ils bravèrent pendant plus d'une année tous les efforts des assiégeants.

Quinze mille Anglais conduits par le sire de Scales étaient venus camper sur les grèves en face du Mont-Saint-Michel, pendant qu'une flotte cernait le rocher du côté de la mer et le battait de ses canons. Ce fut au mois d'octobre 1423 que commença le siège. Un héraut d'armes vint sommer Louis d'Estouteville de mettre bas les armes. « Rapportez à votre maître, lui répondit le capitaine normand, que nous sommes résolus à conserver cette place à notre légitime souverain, ou à nous ensevelir sous ses débris. » L'attaque commença immédiatement. L'artillerie des Anglais ouvrit une brèche par laquelle ils s'élancèrent au cri de *Saint-Georges !* Les chevaliers normands répondirent par le cri de France : *Montjoie ! Saint-Denis !* On fit des deux côtés des prodiges de valeur ; enfin l'avantage resta aux Normands. Les Anglais tentèrent une nouvelle attaque du côté de la mer ; mais une tempête, excitée par l'archange saint Michel, disent les chroniques, souleva les flots, brisa les barques anglaises contre les rochers et précipita à la mer un grand nombre de guerriers. Une troisième attaque du côté de la terre parut d'abord plus heureuse. Les Anglais ruinèrent une partie des murs de la citadelle et de l'abbaye ; mais les moines se joignirent aux chevaliers normands et parvinrent à repousser les Anglais. Le siège fut alors converti en blocus ; les Anglais, maîtres de Tombelaine, cantonnés dans des postes fortifiés qui interceptaient tous les passages, espéraient réduire par la famine les intrépides défenseurs du Mont-Saint-Michel. En effet, les vivres commençaient à manquer. Mais les Bretons vinrent au secours de ces braves Normands. Une expédition, dirigée par Briant de Châteaubriand, pénétra dans le Mont-Saint-Michel et ravitailla la place (1423).

Les Anglais, contraints de battre en retraite, se bornèrent à laisser une garnison à Tombelaine pour inquiéter le Mont-Saint-

MONT SAINT-MICHEL. — LE CLOITRE.
(Extrait de *Sites et Monuments*, du Touring-Club de France.)

Michel. Les vainqueurs suspendirent leurs trophées en l'honneur de l'archange auquel ils attribuaient le succès de leurs armes. Boulets lancés par les Anglais, pièces de canon, armures de héros, subsistent encore comme d'impérissables monuments de cette victoire. On a conservé les noms de cent dix-neuf des intrépides défenseurs de la forteresse. Charles VII, qui envoya Dunois féliciter les vainqueurs du Mont-Saint-Michel, conçut dès lors la pensée d'un ordre militaire placé sous l'invocation de ce saint; mais la guerre l'empêcha d'exécuter son projet. Les Anglais

s'étaient établis à Granville pour tenir en échec le Mont-Saint-Michel. Mais, en 1444, la garnison, commandée par Louis d'Estouteville, s'empara de cette position; elle enleva également aux ennemis Saint-James-de-Beuvron et Tombelaine. Enfin, en 1450, Avranches fut repris et les Anglais chassés de toute cette contrée. Louis XI put alors réaliser la pensée conçue par son père. Le 1er août 1469, il institua l'ordre de Saint-Michel et se rendit à l'abbaye pour y tenir le premier chapitre. L'ordre ne devait comprendre que trente-six chevaliers; la première promotion fut de quinze. Louis XI leur remit lui-même le collier d'or, semé de coquilles, avec une médaille de l'archange saint Michel suspendue sur la poitrine. Dans la suite, le nombre de chevaliers fut porté à cent; enfin, l'ordre fut tellement prodigué qu'on finit par l'appeler *un collier à toutes bêtes*.

Pendant quelque temps, le Mont-Saint-Michel ne retentit que du bruit des fêtes à l'occasion de l'institution de l'ordre. Les chevaliers, portant un chaperon de velours cramoisi, un long manteau de damas blanc fourré d'hermine et brodé d'or, prirent séance dans la vaste salle qu'on désigne encore aujourd'hui sous le nom de *salle des chevaliers*. Plusieurs rois suivirent l'exemple de Louis XI et vinrent au Mont-Saint-Michel tenir chapitre. On cite principalement François Ier, qui, en 1527, se rendit à l'abbaye et en confirma les privilèges. Sous le règne de ce prince, la renaissance littéraire fut favorisée par l'évêque d'Avranches, Robert Cenalis ou Cenau, auteur d'une histoire de France et de plusieurs traités. Son exemple inspira de nombreux écrivains : Guillaume-le-Moine; Jean Vitel, auquel on doit un poëme sur le siège du Mont-Saint-Michel; Laurent Mortain, qui a donné une édition de l'Apologétique de Tertullien; le médecin Thomas Forster; et surtout le savant Guillaume Postel, qui embrassa toutes les sciences, philologie, mathématiques, philosophie, théologie, etc. Les moines du Mont-Saint-Michel ne rivalisèrent pas avec ces savants. Les douceurs d'une vie molle et oisive corrompaient là, comme partout, l'institution monastique. Les abus des couvents et l'affaiblissement de la discipline ecclésiastique contribuèrent à propager les opinions hétérodoxes qui commençaient à se répandre dans le diocèse d'Avranches. Elles firent explosion, en 1562, et les protestants, conduits par Montgommery, prirent les armes; Avranches tomba entre leurs mains (mars 1562), et, l'année suivante, Montgommery tenta de s'emparer du Mont-Saint-Michel. Mais la forteresse fut vigoureusement défendue par le capitaine Larchant, qui repoussa Montgommery. En 1577, le capitaine huguenot Touchet fit une nouvelle tentative. Vingt-neuf de ses hommes s'introduisirent au Mont-Saint-Michel, déguisés en pèlerins, et se saisirent du corps de garde. Touchet se tenait caché à quelque distance et attendait le signal convenu. Il ne tarda pas à paraître avec ses cavaliers ; la porte du château était fermée, et l'arrivée du capitaine de Vicques, qui tenait pour la cause catholique, sauva le Mont-Saint-Michel. Quelques années plus tard, en 1589, au moment où Henri III venait de succomber, trois partisans de Henri IV, de Lorges, Corboson et de La Coudraye, surprirent le Mont-Saint-Michel et en restèrent maîtres pendant quatre jours ; mais le gouverneur de Vicques étant rentré dans la place par une voie inconnue aux protestants, les expulsa de la forteresse. Les huguenots eurent recours à plusieurs stratagèmes pour s'emparer du Mont-Saint-Michel, mais toujours en vain. La forteresse ne se soumit qu'après la conversion de Henri IV, en 1595.

Au XVIIe siècle, les désordres de l'abbaye appelèrent une réforme. En 1615, le cardinal de Bérulle, chargé de cette difficile mission, envoya un prêtre de l'Oratoire au Mont-Saint-Michel. Celui-ci remplaça les anciens bénédictins par des moines de la congrégation de Saint-Maur, qui se distinguèrent par une discipline plus régulière, mais sans présenter dans l'abbaye du Mont-Saint-Michel aucun de ces exemples illustres d'érudition qui ont fait la gloire de Saint-Germain-des-Prés et de quelques autres monastères. L'insurrection des *Nu-pieds*, en 1639, ensanglanta Avranches et le territoire du Mont-Saint-Michel ; elle fut écrasée par Gassion. Le monastère eut aussi sa révolte, en 1647 ; il ferma ses portes à l'évêque d'Avranches, Roger d'Aumont, qui lança contre les moines une sentence d'excommunication : de là procès et arrêt du grand conseil qui leva l'anathème, mais reconnut à l'évêque d'Avranches le droit de vister les parties du monastère qui n'étaient pas soumises à la clôture régulière.

La destruction des fortifications de Tombelaine, en 1666, la garde de la citadelle rendue aux religieux à la même époque, l'épiscopat de Daniel Huet, qui dura de 1689 à 1699, sont les seuls faits importants de l'histoire du Mont-Saint-Michel, à la fin du XVIIe siècle. Peu de temps avant la Révolution, le comte d'Artois et le duc de Chartres visitèrent l'abbaye. Mme de Genlis, qui accompagnait le duc de Chartres, retrace en ces termes le voyage du prince : « Pour arriver au Mont-Saint-Michel, dans de certains temps et plus communément, il faut saisir le moment de la marée, où la mer abandonne cette plage ; mais, dans le moment où nous étions en marche, la mer s'était retirée depuis quelques heures. Nous arrivâmes à la nuit tout à fait fermée : c'était un spectacle surprenant que les approches de ce fort au milieu de la nuit, sur cette terre sablonneuse et nue, avec des guides portant des flambeaux et poussant des cris horribles pour nous faire éviter des trous profonds et des endroits dangereux, de manière qu'il fallait faire mille et mille détours avant d'arriver. On voyait ce fort qui était tout illuminé dans l'attente des princes ; on croyait qu'on y touchait, et l'on tournait toujours sans l'atteindre. Nous entendions un bruit lugubre de cloches qu'on sonnait en l'honneur des princes, et cette triste mélodie ajoutait à l'impression mélancolique que nous causaient tous ces objets nouveaux. »

Les abords n'ont pas changé : il faut toujours traverser les grèves où les guides signalent de nombreux désastres. A l'intérieur, on trouve encore des escaliers raides et hauts, puis la salle des chevaliers où se tenaient les chapitres de l'ordre de Saint-Michel ; enfin, le cloître entouré de délicates galeries en ogives ; mais l'église est en grande partie transformée en réfectoire pour les prisonniers ; le chœur seul a été réservé pour les cérémonies religieuses. Le Mont-Saint-Michel était déjà avant 1789 une prison d'État. Louis XIV y avait, selon le bruit public, fait enfermer dans une cage un gazetier hollandais coupable d'avoir écrit quelques articles contre lui ; un secrétaire de l'abbé de Broglie y fut aussi emprisonné sous Louis XV ; l'abbé de Chauvelin, conseiller au parlement de Paris, subit le même châtiment pour s'être associé activement aux remontrances de ce corps. La cage existait encore à l'époque où Mme de Genlis visita le Mont-Saint-Michel. « Je questionnai, dit-elle, les religieux sur la fameuse cage de fer ; ils m'apprirent qu'elle n'était point de fer, mais de bois, formée avec d'énormes bûches, laissant entre elles des intervalles de jour, de la largeur de trois à quatre doigts. Il y avait environ quinze ans qu'on y avait mis des prisonniers à demeure. » Mme de Genlis raconte ensuite qu'elle descendit par beaucoup d'escaliers, et parvint à une affreuse cave, où était l'abominable cage : ce sont ses expressions. Le duc de Chartres porta le premier coup de hache, et la cage fut détruite aux acclamations des prisonniers. Aujourd'hui, la prison d'État a tout envahi, monastère et château ; elle donne un aspect plus lugubre encore à ces salles obscures dont d'énormes piliers soutiennent les voûtes. Ce château amphibie, comme l'appelle Mme de Genlis, réunit les deux caractères qui frappent le plus vivement l'imagination, l'immensité de la mer et la poésie des souvenirs qui s'attachent à ces rochers et à ces constructions gigantesques. L'homme et la nature paraissent là dans toute leur grandeur.

(*Histoire des Villes de France*, Paris, 1848, V.)

LISIEUX. — LA CATHÉDRALE, EN 1850.
(Dessin de F. Benoist, lith. de Monthelier et J. Gaildrau.)

Une Vieille Cité Normande (1)

LISIEUX

La ville de Lisieux, située au confluent de la Touque et du ruisseau d'Orbec, est une des plus anciennes cités de Normandie. Du temps de César, les *Lexovii* formaient une confédération qui avait pour chef un *Vergobreth*. Leur capitale était *Noviomagus Lexoviorum*. Les Lexoviens furent un des peuples qui résistèrent avec le plus d'énergie aux Romains. Soumis une première fois par un lieutenant de César, Titus Crassus, ils reprirent bientôt les armes pour soutenir les Vénètes (peuple de Vannes). Leur sénat voulut sainement s'opposer à cette révolte : ils l'égorgèrent; mais ils furent battus par Q. Titurius Sabinus que César avait envoyé contre eux. La soumission définitive des Lexoviens date de l'année 52 avant J.-C. La domination romaine s'établit solidement dans leur pays, et quarante ans plus tard la ville des Lexoviens figure parmi les soixante cités de la Gaule Lyonnaise qui élevèrent une statue à Auguste. Peu à peu, l'usage de désigner la ville des Lexoviens par le nom de la tribu l'emporta, et *Noviomagus Lexoviorum* devint *Lexovium* (Lisieux).

L'ancienne ville fut détruite par les Barbares au Ve siècle; la nouvelle s'éleva à peu de distance et devint, au VIe siècle, une des places du royaume de Neustrie et le siège d'un évêché. Charlemagne, après avoir dompté les Saxons, établit une colonie de ce peuple dans le diocèse de Lisieux. Peu de temps après la mort du conquérant, en 825, un écrivain sorti de l'*Ecole palatine*, Fréculfe, gouverna le diocèse, y multiplia les écoles et composa une *histoire universelle*, chef-d'œuvre de science pour cette époque. Les dernières années du prélat historien furent attristées par les invasions des pirates scandinaves. Les Normands pillèrent Lisieux, en 877, et, en 898, la célèbre abbaye de Saint-Évroul, au pays d'Ouche. Lorsque le traité de Saint-Clair-sur-Epte eut constitué le duché de Normandie au profit de Rollon, la ville de Lisieux s'y trouva comprise selon quelques écrivains. Grâce au gouver-

(1) La page que nous donnons ici est extraite de l'ouvrage suivant : *Histoire des Villes de France* (Paris, 1848, t. V). Elle ne porte pas de nom d'auteur.

nement sage et vigoureux du nouveau duc, la Neustrie sortit de ses ruines. Le clergé surtout profita de ce changement. Rollon le dota richement, fonda des abbayes, et investit l'évêque de Lisieux de l'autorité temporelle comme comte de la ville et du diocèse. C'est du moins l'époque où se place le plus naturellement cette invasion du spirituel sur le temporel. Les chanoines eurent une part des privilèges accordés à l'autorité épiscopale. Tous les ans, la veille et le jour de la fête de Saint-Ursin, deux chanoines étaient élus comtes par le chapitre. Ils allaient à cheval, en surplis, avec des guirlandes de fleurs, des bouquets à la main, précédés de vingt-cinq hommes armés de toutes pièces, et suivis des officiers de la haute justice à cheval. Ils prenaient possession des portes de la ville, et pendant deux jours, la justice criminelle et civile, ainsi que la nomination aux bénéfices, leur appartenaient; ils donnaient à chacun de leurs confrères un pain et quatre bouteilles de vin.

Cette féodalité ecclésiastique fut favorable à la construction de monuments religieux. Vers 1055, l'évêque Herbert commença à élever la cathédrale de Lisieux; dix ans plus tard, l'évêque Hugues en fit la dédicace et la plaça sous l'invocation de saint Pierre. La même année 1055 se tint le premier concile de Lisieux; on y déposa l'archevêque de Rouen, Mauger. Du même siècle datent les abbayes de Saint-Pierre-sur-Dive (1045), de Grétain (1050), de Saint-Léger-de-Préaux (1060), de Beaumont-en-Auge (1060), et de Cormeilles (1060). Guillaume-le-Bâtard gouvernait alors la Normandie, comprimait les factions et donnait l'impulsion aux arts. Après sa mort (1087), la guerre entre ses fils et la révolte des seigneurs féodaux désolant la Normandie, deux assemblées se tinrent à Lisieux pour mettre un terme à ces désastres : la première en 1106, la seconde en 1108. Leurs décisions contribuèrent à affermir l'autorité du troisième fils de Guillaume, Henri Beau-Clerc, qui venait de triompher de son frère Robert-Courte-Heuse. Mais en 1119, et surtout en 1123, une coalition de barons normands, parmi lesquels figuraient plusieurs seigneurs du Lieuvin, prit les armes en faveur de Guillaume Cliton, fils de Robert-Courte-Heuse. Les rebelles furent vaincus à la bataille du Bourg-Théroulde (1124). Jusqu'en 1135, Henri Beau-Clerc contint les factions; sa mort ralluma la guerre civile en Normandie. Dès 1135, Jean Ier, évêque de Lisieux, se déclara en faveur d'Étienne de Blois. Aussitôt le mari de Mathilde, Geoffroy Plantagenet, marcha sur Lisieux et en fit le siège (29 septembre 1135). La ville fut vigoureusement défendue par une troupe de Bretons; la garnison prit la résolution extrême d'y mettre le feu pour repousser l'ennemi. L'évêque Jean répara les ruines de Lisieux, entoura la ville de nouvelles fortifications, et la mit à l'abri de la guerre qui sévit pendant de longues années; enfin, en 1141, il traita avec Geoffroi Plantagenet auquel il rendit Lisieux. Telle fut l'horreur de la famine enfantée par cette longue lutte, qu'on vendit publiquement de la chair humaine dans le Lieuvin : on y pendit un homme qui se livrait à cet affreux trafic.

Au milieu de tant de misères, le clergé du diocèse de Lisieux cultivait les lettres. L'évêque Jean était un savant prélat qui éleva plusieurs monuments dans sa ville épiscopale. Le moine Orderic Vital écrivait alors, dans l'abbaye de Saint-Évroul, non loin de Lisieux, son *Histoire ecclésiastique* de Normandie, vive image de l'époque, tableau des violences féodales et des mœurs étranges du moyen âge. La fondation du monastère de Saint-Évroul, de l'ordre de saint Benoît, remontait à l'année 567. Il s'était appelé primitivement Saint-Pierre, nom qu'il échangea bientôt pour celui de son principal fondateur (*sanctus Ebrulfus*.) Le couvent de Saint-Évroul n'était, dans le principe, qu'un amas de chaumières; mais sa réputation s'étendit si rapidement, qu'en peu d'années il devint le chef de quinze autres monastères et d'une colonie de quinze cents religieux. Brûlé par les Normands, en 841 et 898, il ne comptait plus, en 946, que trente moines. Il se releva, dans le XIe siècle, grâce à la puissante protection de Guillaume Giroie, seigneur d'Echaufour. La nouvelle église du monastère, commencée en 1050, fut dédiée, en 1099, par Gislebert, évêque de Lisieux. L'historien Orderic Vital assista à cette cérémonie. Le monastère de Saint-Évroul, où il passa de longues années, lui doit son principal éclat.

L'église épiscopale du Lieuvin n'était nullement en arrière de ses filles aînées dans la culture des lettres. Un docteur, dont le nom est une autorité imposante au XIIe siècle, Jean Petit, plus connu sous le nom de Jean de Salisbury, écrivait en 1150 que Lisieux était une ville merveilleuse pour l'éloquence. Le nouvel évêque, Arnould ou Arnulphe, se montra digne de la haute réputation de son église. Il a mérité les éloges de saint Bernard et laissé plusieurs ouvrages estimés. C'est à Lisieux que fut célébré le mariage de Henri II, fils de Mathilde et d'Éléonore de Guienne (1162). Thomas Becket y résida quelque temps, en 1169. A partir de ce moment, Lisieux s'efface de l'histoire pendant près de trente années. En 1199, une discussion s'éleva entre le duc de Normandie, Jean-Sans-Terre, et l'évêque comte de Lisieux, Guillaume de Rupierre, sur la limite des droits seigneuriaux. Il fut reconnu qu'au duc appartenait, dans la ville de Lisieux, le *plaid de l'épée, placitum spatæ*, nom sous lequel on comprenait le droit de battre monnaie, de recevoir l'appel des jugements et de faire loger des troupes dans la ville. Cette autorité du suzerain laissait encore à l'évêque une vaste puissance. Quant à la bourgeoisie, qui s'émancipait dans la plupart des villes, il n'en est pas question à Lisieux; ce n'est que beaucoup plus tard qu'elle obtint une part assez faible dans l'administration municipale.

Philippe - Auguste s'empara de Lisieux, en 1203. A la conquête de la Normandie succéda une longue paix. Sous la domination française, l'évêque - comte de Lisieux conserva son autorité. L'archevêque de Rouen, Eudes Rigaut, visita plusieurs fois cette ville, au XIIIe siècle, et y remit en vigueur la discipline ecclésiastique. En 1330, l'évêque Guy de Harcourt, fonda à

LISIEUX
VIEILLES MAISONS DE LA RUE AUX FÈVES.
(Extrait de *Sites et Monuments* du Touring-Club de France.)

Paris le collège de Lisieux. Il légua à cet établissement mille livres pour vingt-quatre pauvres écoliers de son diocèse. Trois frères de la puissante maison d'Estouteville, dont l'un, Guillaume d'Estouteville, fut évêque de Lisieux (1382-1414), instituèrent à Paris un second collège de ce nom. Les deux établissements furent réunis, en 1422, et reçurent de nouveaux statuts de l'évêque Thomas Basin.

Le Lieuvin n'échappa pas aux désastres de la guerre de Cent ans. Il fut envahi et saccagé par les Anglais, en 1346. A la guerre étrangère se joignit la guerre civile, et, malgré les nouvelles fortifications élevées par l'évêque-comte, Guillaume Guitard, le roi de Navarre s'empara de Lisieux, en 1368, et le livra au pillage. Le calme ne reparut que sous Charles V, qui donna pour évêque au diocèse un de ses conseillers intimes, Nicolas Oresme (1377). Ce théologien célèbre a laissé des traductions d'Aristote, des sermons et des traités qui expliquent la réputation que lui fit son siècle. Il mourut deux ans après Charles V (1382). Le règne de Charles VI, si fécond en calamités, s'ouvrit, pour le Lieuvin, par un procès scandaleux et tragique : Marguerite de Tibouville, femme de Jean de Carrouges, fut attaquée dans son manoir de Capoménil, non loin de Lisieux, et victime d'un odieux attentat (14 janvier 1386). Elle accusa Jacques le Gris, écuyer de Pierre III, duc d'Alençon, L'affaire fut portée au parlement de Paris, qui décerna le duel judiciaire entre Jean de Carrouges et Jacques le Gris. Le combat eut lieu en présence du roi, de la cour et de la dame de Carrouges, vêtue de deuil. Carrouges fut blessé ; mais profitant d'une chute de son rival, il lui enfonça son épée dans le cœur. Peu de temps après, le véritable coupable avoua son crime. Cependant le barbare usage du duel judiciaire ne disparut de la coutume de Normandie que vers la fin du xvie siècle.

La folie de Charles VI et les guerres civiles des Armagnacs et des Bourguignons livrèrent la Normandie à l'invasion étrangère. Henri V, roi d'Angleterre, vint débarquer à l'embouchure de la Touque, prit et saccagea Lisieux, en 1417; les Anglais restèrent maîtres de cette ville jusqu'au mois d'août 1449. Pendant cette domination étrangère, l'histoire reste muette sur le compte de Lisieux; on y distingue seulement quelques évêques remarquables par leurs talents ou leurs vices. Le cardinal Branda de Castiglione, nommé en 1420 à l'évêché d'Évreux par le pape Martin V, fonda à l'université de Pavie plusieurs bourses pour de jeunes Normands que devait désigner le chapitre de Rouen. Un des premiers clercs qui profita de la fondation de Branda de Castiglione, fut Thomas Basin, natif de Caudebec et célèbre par ses écrits. Un des successeurs de Branda de Castiglione, Pierre Cauchon, s'est rendu honteusement fameux par le procès de la Pucelle. Enfin Thomas Basin dut à sa réputation de science et de talent sa promotion à l'évêché de Lisieux, en 1447. Il fut un des signataires de la capitulation qui livra cette ville aux capitaines de Charles VII, le 16 août 1449. Les privilèges de Lisieux furent garantis, et l'on convint que l'évêque, les bourgeois et le capitaine du roi garderaient chacun une des trois portes de la ville. La bourgeoisie figure ici pour la première fois avec un caractère particulier et des droits spéciaux. En 1447, l'évêque lui avait accordé quelques privilèges; les magistrats municipaux appelés les *ménagers*, administraient les revenus de la ville sous la direction du sous-sénéchal de l'évêque; mais la juridiction et l'autorité politique étaient toujours réservées aux officiers du prélat.

L'influence de Thomas Basin était telle que le despotisme de Louis XI ne pouvait s'en accommoder; il disgracia l'évêque presque aussitôt après son avènement à la couronne (1461), et blessa le clergé de Normandie, dont Thomas Basin était l'honneur. D'un autre côté, la noblesse s'irrita de l'atteinte portée à ses droits de chasse, et surtout des recherches de Raimond de Montfaut qui avaient pour but de mettre à la taille les usurpateurs de titres nobiliaires dans le Lieuvin (1463). Enfin les impôts excessifs jetèrent aussi le tiers-état dans l'opposition. L'évêque de Lisieux fut un des principaux instigateurs de la ligue du *Bien-Public*. Lorsque le frère de Louis XI, Charles, vint recevoir à Rouen la couronne ducale (1465), ce fut Thomas Basin qui lui mit au doigt l'anneau, signe de son union avec la Normandie. Mais cette réaction féodale fut bientôt comprimée. Dès le mois de décembre 1465, Lisieux ouvrit ses portes aux troupes royales. Thomas Basin s'enfuit à Rome et se démit de son évêché, en 1474; il vécut successivement à Liége et à Utrecht, où il mourut en 1491... Depuis les troubles de la *Ligue du Bien-Public* jusqu'aux guerres de religion, Lisieux jouit d'un siècle de repos, pendant lequel prospérèrent le commerce, les arts et les lettres.

Dès 1547, on avait brûlé à Lisieux plusieurs hérétiques. Les protestants s'en vengèrent, au mois de mai 1562, s'emparèrent de la ville épiscopale et pillèrent la cathédrale; les châsses furent brisées, les reliques profanées, et le clergé maltraité. Cependant l'évêque, qui était alors Jean le Hennuyer, parvint à se maintenir à Lisieux et finit même par y prendre la supériorité. Le capitaine Fervaques, qui avait toléré les outrages des huguenots, fut remplacé par Fumichon, et la cité recouvra le repos. Elle échappa même aux horreurs de la Saint-Barthelemy (1572). L'honneur en revient-il à l'évêque Jean le Hennuyer que la tradition représente couvrant de sa protection les calvinistes de Lisieux? Faut-il attribuer leur salut à Fumichon et à l'administration municipale? Cette dernière opinion paraît victorieusement établie par divers ouvrages de Louis Dubois, et, entre autres, par un appendice de son *Histoire de Lisieux*. En 1585, la ville de Lisieux se déclara pour la Ligue, mais sans se laisser emporter aux excès démagogiques. Les bandes de paysans armés qui se réunirent à la Chapelle-Gautier, près d'Orbec, en 1589, et qu'on désigna sous le nom de *Gautiers*, jetèrent d'abord l'épouvante dans Lisieux. Mais François de Bourbon, duc de Montpensier et gouverneur de Normandie, les vainquit et les dispersa. Peu de temps après, le 22 janvier 1590, Lisieux ouvrit ses portes à Henri IV, tandis que plusieurs villes voisines, parmi lesquelles Pont-Audemer et Honfleur, tinrent pour la Ligue jusqu'en 1594.

Au XVIIe siècle, l'histoire de Lisieux perd tout intérêt. L'évêque, Léonor de Matignon, entraîna un instant cette ville dans le parti de la Fronde (1650); mais elle ne tarda pas à se soumettre au duc d'Harcourt. En 1692, Claude de Mongouin fut le premier maire institué par ordonnance de Louis XIV, avec le titre de *conseiller du roi*. Une émeute pour la cherté du pain, en 1709, un règlement pour l'administration municipale, en 1764, l'acquisition du nouvel hôtel de ville, en 1771, enfin la victoire du maire de Lisieux, qui, malgré l'opposition du bailli de l'évêque, fut déclaré *juge des manufactures* le 24 décembre 1787, tels sont les seuls faits de l'histoire de Lisieux jusqu'au moment où éclata la Révolution. Lisieux s'associa avec modération au mouvement régénérateur de 1789. L'organisation des gardes nationales, la fédération, la formation d'une société populaire, remplirent les années 1789 et 1790. On eut à déplorer, le 16 août 1791, l'assassinat de l'huissier Girard, qui, pour quelques paroles imrpudentes, fut égorgé par la populace. Lisieux sympathisa avec les girondins, et accueillit le général Wimpfen qui marchait sur Paris (juillet 1793). Mais la défaite des fédéralistes, l'arrivée de l'armée de la Convention à Lisieux, l'établissement dans cette ville d'un tribunal révolutionnaire, y firent régner quelque temps la *terreur*. Elle n'eut pas, du reste, à Lisieux, un caractère sanguinaire.

Après le 9 thermidor, les agitations royalistes inquiétèrent le Lieuvin. Les chouans exercèrent de cruelles vengeances sur des prêtres assermentés et sur des cultivateurs que leurs opinions prononcées signalaient à la haine de « *messieurs les chasseurs du roi* ». L'abbé Marais, curé constitutionnel de Saint-Germain-de-Livet, fut arraché de son domicile dans la nuit du 24 février 1795 et conduit dans un bois voisin, où les chouans le fusillèrent. L'arrestation de quelques-uns des principaux insurgés amena la dispersion du reste : on passa par les armes les frères Cottereau, Le Suble, Hellouin, Boucher, etc... Sous la Restauration, la ville de Lisieux ne prit point une part ostensible au mouvement des esprits. Mais, après la Révolution de 1830, l'espèce de solidarité qui s'établit entre elle et les actes politiques de l'un des ministres du roi Louis-Philippe, lui fit jouer un rôle tout exceptionnel dans nos annales parlementaires. Guizot, nommé député de l'arrondissement de Lisieux, se complut, comme on sait, à entretenir de fréquentes relations avec ses commettants: il leur adressa, sous forme de discours, quelques-uns des manifestes les plus fameux de sa longue administration. Les habitudes et les intérêts resserrant ces liens, les électeurs de Lisieux élurent Guizot député jusqu'à quatorze fois, et il était encore leur représentant, lorsque la révolution de février 1848 mit fin à l'existence de la monarchie.

BAYEUX. — LA CATHÉDRALE.
(Extrait de *Sites et Monuments*, du Touring-Club de France.)

Lisieux était, avant la Révolution de 1789, le siège d'un gouvernement particulier, d'une recette et d'une élection. On comptait dans cette ville trois paroisses : la cathédrale ou Saint-Pierre, qui date du XIe siècle, mais qui n'a été terminée qu'en 1200; Saint-Jacques, dédié en 1540; et Saint-Germain, démoli en 1798. Les trois chapelles de Saint-Aignan, Saint-Clair et Saint-Roch ont été détruites pendant la Révolution. Lisieux n'avait qu'une seule abbaye bénédictine, Notre-Dame-du-Pré ou Saint-Désir, occupée par des religieuses. L'église de cette abbaye a été conservée et est aujourd'hui une des paroisses de la ville. Les trois monastères des Mathurins, des Dominicains et des Capucins ont été supprimés. Toutes les abbayes du diocèse, y compris le fameux monastère de Saint-Évroul, eurent le même sort...

PAUL DECHARME (1)

Tableau de la Ville de Honfleur au XVIIe siècle

« La ville, dit une délibération de la Maison commune, est située au pied de deux montagnes qui la commandent puissamment. » La réalité était de moindres dimensions. Jusqu'aux dernières années du xviie siècle, Honfleur présentait au voyageur venant de Caen par la côte de Grâce ou débouchant de la forêt de Touques par la côte Vassal, l'aspect d'une sorte d'îlot bâti et fortifié, ceint par la mer et par des fossés, et flanqué au-delà

(1) Né à Nancy, le 4 juillet 1874. Ancien élève de l'Ecole des Sciences politiques, docteur en droit, puis successivement : chef du Secrétariat particulier du Sous-Secrétaire d'Etat des Postes et Télégraphes, sous-préfet d'Ambert, secrétaire générale de la préfecture du Calvados, sous-préfet de Cambrai, secrétaire général de la préfecture du Puy-de-Dôme, sous-préfet de Compiègne. Dans les instants de loisir que lui laisse la carrière administrative, et qu'il consacre à des travaux littéraires, M. Paul DECHARME a donné ce livre précieux à consulter pour l'histoire de la société provinciale : *Le Comptoir d'un Marchand au XVIIe siècle, d'après une correspondance inédite, avec une introduction sur la ville et les gens de Honfleur* (Paris, Hachette, 1910, in-8°). La place nous manque pour analyser comme il conviendrait cet ouvrage savoureux où l'anecdote abonde, en marge du document; mais nous en recommandons vivement la lecture à quiconque ne recherche point, en histoire, une sèche énumération de faits et préfère à des commentaires sur des événements sans cesse étudiés, l'évocation des anciennes classes sociales. On trouvera là un tableau largement brossé de l'activité humaine dans un de nos vieux ports marchands qui, en facilitant l'accès des milieux les plus divers, donnera une idée exacte de ce qu'offraient de ressources la vie bourgeoise et le commerce maritime d'autrefois. Types et décors populaires, scènes d'intérieur, visions de la rue se présentent à nos yeux dans *le Comptoir d'un Marchand du XVIIe siècle*, et nous permettent de mieux connaître le caractère d'une race que tant d'écrivains et de « maîtres » de la « Grande Histoire » invoquent sans la connaître et sans la pénétrer jamais. On trouvera ci-dessus un fragment de l'introduction de ce livre instructif et divertissant. M. Paul Decharme qui a tout d'abord publié séparément les deux parties dont se compose son ouvrage, a fait paraître en outre, une étude sur *Goethe et Frédérique Brion* (Paris, Hachette, 1910, in-8°).

VUE DU PORT ET DE LA VILLE D'HONFLEUR, AU DÉBUT DU XIXᵉ SIÈCLE. (D'après une aquatinte de Garneray.)

des ouvrages de défense, au delà de ses tours et de ses portes, de deux longs faubourgs orientés au sud et à l'ouest. « L'enclos », comme on l'appelait, faisait face à la mer sur une longueur d'une centaine de toises, lui opposant le bastion de la Porte de Caen à l'entrée du « havre d'entre les deux jetées », la Tour Carrée à l'entrée du havre d'échouage ou vieux bassin, enfin la Tour Ronde qui dominait l'entrée du havre neuf. La ligne d'enceinte, de la Tour Ronde, rejoignait au sud la porte de Rouen et revenait à la porte de Caen après la brisure du bastion de la Barre. La porte de Caen, qui était le seul accès de l'enclos à l'ouest, avait un air imposant et pittoresque, avec ses hautes et épaisses murailles, son horloge au « frontispice » et son pont-levis où d'usage ancien s'installaient des loges de marchands (1). En face, au delà du pertuis qui mettait en communication le havre d'échouage avec la mer, la Tour Carrée se dressait très haute, couverte en ardoises, armée sur la plate-forme et dans la guérite du ras de l'eau de canons moins offensifs sans doute que nombreux (2) ; elle communiquait par une galerie avec le corps principal du « logis du Roi », résidence du gouverneur. Ce « logis » donnait sur un jardin parant le rempart et sur la mer. La porte principale, aux armes du Roi et de Mademoiselle, s'ouvrait sur la place d'armes. A l'extrémité du jardin, les écuries, remises de carrosses et communs formaient la « basse-cour » (3), à l'ombre de la Tour Ronde, qu'on appelait aussi la Tour des Poudres, parce que les navires étaient tenus d'y déposer au retour leurs munitions (4) : un gros canon de fonte verte de 35 veillait sur la terrasse, au bas des trois étages qu'un parapet de pierre de taille couronnait, avec mâchicoulis et corbeaux. Et de là une ruelle courait vers la porte de Rouen, en longeant le rempart, le havre-neuf, le bastion des vases, les casernes (5).

La rue la plus animée de l'enclos, c'était la « grande rue », qui le traversait en entier, de la porte de Rouen à la rue de la Basse-Cour. La plupart des hôtelleries s'y trouvaient, notamment celle du Grand Dauphin, qui devait être convertie en 1670 en magasin à sel. Et un peu plus loin l'église Notre-Dame donnait à la rue son nom. Mais Notre-Dame, église principale, vraisemblablement

---

(1) Délibér., 5 mars 1554, 1635-1638. (Ch. Bréard, *Arch.*, p. 79, 90.
(2) *Ibid.*, 17 juin 1638, 12 avril 1640. (Catherine, *Hist. de la ville et du canton de Honfleur*, 1864. p. 343.)
(3) Délibér., 24 nov. 1627, 3 oct. 1683, (Thomas, *Hist. de la ville de Honfleur*, 1840.)
(4) *Ibid.*, 6 mars 1688.
(5) Ch. Bréard, *Vieilles rues et vieilles maisons de Honfleur*, 1900, p. 254. Nous ne saurions trop conseiller la lecture de ce très remarquable ouvrage. (*Note des Éditeurs.*)

contemporaine (1) de la formation de l'enceinte fortifiée, n'était pas l'église officielle. C'est Saint-Étienne, transporté jadis des prairies du faubourg Sainte-Catherine sur les bords du Vieux-Bassin, qui possédait les bancs du gouverneur et du lieutenant de Roi. C'est à Saint-Étienne que les capitaines des navires venaient offrir le pain bénit au retour de leurs campagnes de Terre-Neuve (2). Contre

HONFLEUR. — LA LIEUTENANCE.
(Extrait de *Sites et Monuments* du Touring-Club de France.)

ses murs, presque, Champlain s'était embarqué avec son fidèle François du Pont-Gravé, en 1608, pour le voyage au cours duquel il fonda Québec (3). De Saint-Étienne à la place d'armes, centre de l'enclos, il n'y avait que quelques pas, le long du Vieux-Bassin. Sur la place d'armes se massaient les troupes qui venaient loger dans la ville : à l'occasion des naissances royales, des victoires des armées, des fêtes populaires, des traités de paix, elle était le théâtre des transports et des liesses de la population, des illuminations, des feux de joie, du fracas des pistolets et des fusils (4).

(1) Cf. Catherine, p. 174; Ch. Bréard, p. 246.
(2) Cf. Thomas, p. 164.
(3) A. Sorel : *Pages normandes*, 1908, p. 159; Ch. de la Roncière, *Hist. de la marine française*, IV, p. 324.
(4) Cf. Bréard, *Vieilles rues*, etc.

La grande rue de l'enclos constituait avec la grande rue du faubourg Saint-Léonard, d'une part, et la rue Haute du faubourg Sainte-Catherine, de l'autre, l'ancien « chemin et pavement du roi », utilisé par les voyageurs qui, ayant traversé la Seine vers l'embouchure de la Risle, se dirigeaient vers Dives, Caen, Vire et Rennes. A l'époque qui nous intéresse, ce quartier de Saint-Léonard se relevait à peine des ruines où l'avaient mis en 1590 les calvinistes. L'église du même nom avait subi aussi plusieurs incendies, au XIVe, au XVe, au XVIe siècle, et, reconstruite au début du XVIIe, elle ne conservait du gothique flamboyant, que son beau portail où avait niché une foule de petites statues. C'était le quartier des constructeurs de navires dont les chantiers s'élevaient sur plus de 500 mètres entre le hameau de la Rivière-Saint-Sauveur et le havre neuf, et des tanneurs, qui tous, ou presque, habitaient, au XVIIe siècle, la rue des Buttes. Par la rue de la Chaussée, qui longeait les fossés, et traversait la rivière de Claire, on gagnait le quartier de Sainte-Catherine, c'est-à-dire le vrai et peut-être le vieux Honfleur, qui s'étalait sur les flancs du coteau de Grâce, et où résidaient, rue Haute, la plupart des armateurs et marins de la ville. Les maisons avaient une façade sur la rue et l'autre sur la mer, et les navires pouvaient à marée haute s'amarrer à leurs pieds en quelque sorte. C'est la rue la plus pittoresque : maisons de bois, étages en saillies, poutres à figurines, statuettes, armoiries, colonnettes, chapiteaux, escaliers à rampes majestueuses, mille vestiges rappellent encore et évoquent le passé. Quelques passages reliaient la rue à la mer, la rue de Seraine, les ruettes Vastel, de Pétiville, Sorel, mais n'accédaient à la grève, en contre-bas, que par un mur à pic contre lequel était fixée une échelle. Et de solides portes verrouillées ne les mettaient pas toujours à l'abri des dévastations de la tempête. L'hôpital, à l'extrémité de la rue, pouvait craindre d'autres attaques : aux époques critiques, on y plaçait un corps de garde, une batterie d'artillerie et un parc à boulets.

A deux pas du quai des Passagers, où la fameuse hôtellerie des Trois-Marchands et le débarquement des voyageurs venant du Havre ou de Rouen mettaient une singulière animation, l'église Sainte-Catherine montrait ses formes curieuses, dont Albert Sorel a dit si joliment : « Pour élever un temple à leur Dieu, ces architectes naïfs et croyants ne trouvèrent pas de combinaison plus digne ni plus juste que de renverser la nef de leurs navires et de la planter hardiment sur les arbres équarris, dont ils faisaient ailleurs des mâts pour cueillir le vent et maîtriser les mers (1). »

---

(1) A. Sorel, *Pages normandes*, p. 91.

Le quartier et notamment le carrefour de Sainte-Catherine concentrent alors le mouvement de la ville. Là se tiennent le marché aux poissons et le marché aux légumes. Et l'animation, à en croire les délibérations de l'Hôtel de Ville, ne cesse même pas la nuit. Ce sont les lavandières qui, au mois de juillet, battent leur linge « à des heures indues » « sur les ceintures de pierre étant autour des fontaines », si bien qu'il faut le leur défendre « après que le pardon appelé vulgairement la retraite aura sonné sur les neuf heures du soir ». Ce sont les campagnards des environs qui viennent « tous les jours » exposer « dès le minuit » des cerises et autres fruits à noyaux pour les vendre et débiter aux marchands, « ce qu'ils ne peuvent faire qu'en troublant par leur grand bruit dans une heure indue le repos de tous les voisins ». Aussi leur interdit-on d'étaler sinon aux « heures compétentes »; et aux jours « que la marée ne sera pas trop du matin », ils ne pourront apporter leurs marchandises « que quatre heures du matin aient frappé ».

(*Le Comptoir d'un Marchand au* XVIIe *siècle*. Paris, HACHETTE, 1910, in-8°)

CHARLES VESQUE

Tableau physique et moral des anciennes rues du Havre (1)

... Si la ville (du Havre) ne présentait (au XVIIe siècle) aucun aspect agréable, au point de vue de ses maisons, les rues n'étaient pas mieux partagées pour la propreté et la salubrité. En 1671,

---

(1) L'auteur de cet édifiant tableau, extrait d'un des livres les plus pittoresques qu'on ait jamais écrits sur une ville de province. Charles-Théodore VESQUE, naquit au Havre, le 18 janvier 1830. Journaliste et auteur non dépourvu d'humour, il débuta à la *Revue du Havre* (1852), fut successivement rédacteur au *Journal de l'arr^t. du Havre* (1853-1855) et à *L'Echo du Havre* (1857), puis dirigea le *Passe-Temps du Havre* (1873-1875) et le *Courrier du Havre* (1878). On lui doit plusieurs ouvrages inspirés par l'amour du pays natal : *Notice histor. sur les Fortifications du Havre*. Le Havre, 1854, in-8°; (*Etude Historique sur la Ville de Montivilliers*. Le Havre, 1857, in-8°; *L'Ancien Hôtel de Ville du Havre*. Le Havre, 1865, in-8°; *L'Ancien Collège du Havre (1579-1865)*. Le Havre, 1865, in-8°; *Not. sur la Citadelle du Havre*. Le Havre, 1865, in-8°; *Ephémérides havraises*. Le Havre, 1866, in-8°; *Notices sur quelques enfants du Havre qui ont illustré leur pays*. Le Havre, 1867, in-8°; *Hist. des Théâtres du Havre (1717-1872)*. Le Havre, 1875, 2 vol. in-8°; *Histoire de Rues du Havre*. Le Havre, 1876, 3 vol. in-8°. Chales-Théod. Vesque a été un des principaux collaborateurs de l'*Almanach du Courrier du Havre*.

la police sanitaire y était si mal faite, il en était résulté de si graves maladies que Louis XIV envoya, au mois de septembre, le marquis de la Galissonnière pour décider, avec la municipalité, les mesures à prendre. Il en résulta la mise à exécution de plusieurs arrêtés, dont nous donnerons les plus intéressants :

Le 29 septembre 1671, création de lieux d'aisances sur les places publiques (il n'y en avait donc pas alors !) avec côté spécial pour les hommes et côté destiné aux femmes, avec défense aux uns de pénétrer dans le côté réservé aux autres. En cas de contravention, il s'agissait de l'exposition sur le carcan pour la première fois et de la peine du fouet pour la seconde. Toutefois, dans ce temps-là, l'argent était, comme aujourd'hui, le mobile qui gouvernait les États ; on pouvait éviter la punition en payant l'amende, qui était de vingt livres. Un carcan cependant fut établi sur le marché pour exposer ceux qui feraient des immondices hors des lieux d'aisances. Lorsque des voisins (1672) se plaindront qu'une personne aura logé chez elle une ou plusieurs filles de mauvaise vie, le commissaire de ville donnera l'ordre à l'archer de service de se transporter dans la maison, d'enlever les filles et leur hôtesse pour les conduire hors de la ville.

Le procureur-syndic arrêta (janvier 1681) que les habitants fermeront les portes de leurs allées à six heures du soir. Défense est faite aux femmes de sortir de chez elles quand on poursuivra des voleurs, sous peine d'amende, pour celles qui pourront payer, et de la prison pour les autres. Défense aux débitants de donner à boire aux soldats après quatre heures du soir. Défense d'entrer au cabaret ni dans les lieux publics, pendant l'heure des offices

Ces règlements étaient-ils strictement exécutés ? Nous en doutons fort, car la ville n'avait d'autre police que de ses propres habitants. Huit bourgeois, dits *policiers*, étaient répartis dans les quatre quartiers de la ville et avaient le droit de pénétrer partout, pour voir si la propreté était observée. Ils faisaient, le samedi, leur rapport à l'assemblée de ville. Leurs fonctions duraient un mois, après quoi ils étaient remplacés par d'autres bourgeois. La garde bourgeoise fournissait les patrouilles et prêtait main forte au besoin. Ceci n'était guère sérieux.

En 1769, M. Oursel, procureur syndic, dans son rapport sur l'établissement d'une brigade de maréchaussée à Ingouville, constatait que cette brigade ramassait journellement au Havre une quantité de vagabonds et de mendiants, qui étaient d'abord incarcérés dans la prison de cette ville ; puis, lorsqu'ils étaient trop nombreux, transférés à Caudebec.

Sous Louis XVI, la police n'était pas encore très redoutable, car du 1er octobre au 31 décembre 1787, les rôdeurs de nuit cassèrent 52 carreaux de réverbères.

Dans un temps plus rapproché de nous, il n'y avait pour toute police que deux commissaires et six agents; ce n'est qu'en 1837 qu'un troisième commissaire fut ajouté et le nombre des agents doublé...

Mais revenons à l'aspect passé de nos rues. Un énorme ruisseau les traversait dans leur parcours et servait de réceptacle aux immondices de toutes sortes. A chaque heure de la matinée, même dans la rue de Paris, les ménagères vidaient leurs vases dans ces ruisseaux. Il n'y avait point alors de service pour l'enlè-

LE HAVRE DE GRACE
Plan de 1657, par Jacques Gomboust.

vement des vidanges, ou du moins ce service laissait beaucoup à désirer.

C'est sous le premier Empire que M. Sery, maire, fit créer la première entreprise pour l'enlèvement des ordures; le nom de « serinettes » resta aux tombereaux pour ce destinés.

Sous Louis-Philippe même, l'enlèvement des vidanges était pitoyable. Les banneaux n'étaient pas couverts et laissaient voir aux habitants leur contenu. Souvent les cahotements du chariot causaient des jets qui se répandaient sur la voie publique. Chaque banneau portait une sonnette aux tintements de laquelle chaque ménagère accourait porter au banneau ses ordures. Une d'elles arrivait-elle après le passage du banneau, force lui était de courir, son vase à la main, jusqu'à la rue voisine. A Ingouville, on n'enlevait les ordures que dans le bourg. Dans les autres quartiers, qui ne comportaient en majeure partie que des jardins, on avait pratiqué de grands fossés, où les habitants déposaient leurs ordures, que les jardiniers enlevaient ensuite pour engraisser leurs terres...

. . . .

En 1700, la ville n'était encore éclairée, en totalité, que par *six lanternes.* Nous ne parlons pas des quais, dont on ne réclama l'éclairage que soixante-dix-neuf ans plus tard. A cette époque, on voulut en augmenter le nombre, mais la municipalité s'y opposa. Elle adressa au gouverneur, le duc de Saint-Aignan, la pétition suivante : « Il a plu à Votre Grandeur, en l'année 1697, de bien vouloir s'employer pour préserver cette ville de l'établissement des lanternes, et lorsqu'elle s'en voit inopinément menacée, elle recourt à la même protection. Veuillez nous en faire exempter; il y a impossibilité d'établir des lanternes dans une ville dans la situation de celle-ci, car quand même on voudrait la placer au nombre des plus grandes du royaume par l'honneur qu'elle a d'être sous votre gouvernement, elle doit être regardée comme la plus pauvre, la plus accablée et la plus dévastée qu'il y ait. »

C'est seulement en 1785 qu'on établit des réverbères, au nombre de *trois,* mais on supprima trois lanternes, ce qui faisait toujours six becs d'éclairage, ce qui coûtait au budget 46 livres 6 sols par an.

En 1795, il y avait déjà progrès. On comptait 111 lanternes donnant 288 becs et 12 autres fournissant 35 becs. En 1824, il y avait 127 lanternes fournissant 421 becs; en 1830, 450 lanternes, coûtant 2.000 livres et représentant une dépense de 23.200 francs et employant 8 allumeurs.

Le gaz fit son apparition en 1835; mais ce n'est qu'en 1864 que les derniers réverbères disparurent des rues.

Ce qui était pénible à voir dans nos rues, c'était les enterrements. Jusqu'en 1838, la ville n'avait pas de service de pompes funèbres. Le clergé était obligé d'avoir recours à des porteurs à bras qu'il prenait comme on prend aujourd'hui un homme au pont. On voyait se diriger vers le cimetière Saint-Roch quatre ou cinq cercueils, portés péniblement par des hommes quelquefois avinés. Un journal, la *Revue du Havre,* disait dans son numéro du 11 août 1833 :

« Il est un usage qui étonne les étrangers parce qu'il contraste fortement avec d'autres habitudes des grandes villes que nous sentons quelques répugnances à adopter; nous voulons parler des convois funèbres qui attristent souvent les regards par leur disposition. Il est reçu chez nous que le clergé de nos églises accompagne à leur dernière demeure, en un seul cortège, jusqu'à *cinq cadavres* péniblement portés à bras d'hommes et formant une lugubre file dans une partie de la longueur de notre plus belle rue. L'éloignement du cimetière et l'insuffisance du nombre de prêtres chargés de ce service expliquent assez les motifs de ces réunions funèbres. » Après avoir constaté que déjà les protestants se servaient de chars, que les catholiques s'y étaient refusés, ne trouvant pas convenable que nos dépouilles mortelles soient confiées à une voiture traînée par des animaux, le rédacteur du journal invite le conseil municipal à revenir sur sa détermination et à suivre l'exemple de Dieppe et de Darnétal, qui venaient d'adopter un service de pompes funèbres. Mais, comme nous le disons plus haut, ce ne fut que cinq ans plus tard que la municipalité havraise accepta le transport des morts par les chars...

Un des plus anciens usages de la ville, le plus ancien même, a été supprimée en 1870, par mesure économique : nous voulons parler du *couvre-feu*. On sait que Guillaume-le-Conquérant ordonna que dans chaque ville, bourg ou village de Normandie, les habitants éteindraient leur lumière quand sonnerait la cloche des églises. Au Havre, on sonnait à neuf heures du soir dans l'hiver et à dix heures dans l'été. Cela s'appelait la *retraite*. Depuis plus de trois cents ans, on avait respecté religieusement cette vieille coutume qui rappelait les premiers jours de notre histoire normande ; mais cela coûtait 1.200 francs par an au budget municipal, et il fallait économiser les deniers de la Ville. Un auteur normand, M. Eugène Noël, écrivait précisément, à peu près à la même époque, après avoir relaté l'origine de la sonnerie du *couvre-feu* : « Il sonne encore à Rouen, et les Rouennais croiraient les astres dérangés dans leurs cours, si le soir, à neuf heures, ils n'entendaient pas sonner leur cloche. »

Au Havre, dans les premiers jours de l'abolition de la retraite, il manqua quelque chose dans les habitudes de la population, mais il fallait bien s'y résigner...

Jusqu'en 1833, la ville n'eut pas d'abbatoirs municipaux ; les bouchers, réunis pour la plupart dans le même quartier, tuaient dans leurs boutiques même. Les habitants avaient donc, en plus du spectacle des tueries des animaux, les oreilles abasourdies par les cris des pauvres bêtes qu'on immolait. La vente des bestiaux avait lieu sur la voie publique, près les anciennes boucheries de la rue de ce nom et les bêtes gisaient çà et là le long des maisons du quartier, hurlant, bêlant, etc.

Ce n'est qu'en 1836 que notre marché reçut des hallettes ; jusqu'alors les marchands étalaient sur la place et étaient exposés aux intempéries de toute saison. La poissonnerie se tenait sur les côtés du marché et quelque peu dans la rue de Paris. Mais écoutons messire de Clieu, dont les remarquables mémoires ont été publiés par M. l'abbé Lecomte. Le respectable curé qui administra Notre-Dame pendant cinquante ans, écrit, il est vrai, au point de vue du manque de respect pour le repos du dimanche, mais son tableau n'en est pas moins vrai pour cela. « Ne voit-on pas (1700) une nuée de femmes de la campagne, assises en plein marché avec d'énormes cruches de lait; les meuniers se tenir publiquement avec leurs juments chargées de sacs de farine; les boucheries sont ouvertes; les marchands de légumes et de fruits étalent des deux côtés de la place; les barberies, les officines des apothicaires frappent les regards des passants. Les diverses denrées de la campagne, le blé, l'orge, l'avoine; çà et là des tas de bois, du foin, de la paille, etc., des pommes, des fruits de toutes sortes, et puis le va et vient des nombreux déchargeurs de navires, que vous rencontrez à chaque pas avec leur fardeau. »

De Clieu ne parle pas des disputes entre les marchandes et les acheteurs qui dégénéraient souvent en grossièreté de la part des premières, à tel point qu'on éleva sur la place du marché un pilori (1674) pour y exposer les marchandes qui insulteraient les acheteurs. En 1793, les rôles étaient changés, car les marchandes, à leur tour, réclamèrent un piquet de garde nationale pour les protéger contre les injures des acheteurs.

Pendant longtemps le langage de Vadé fut en usage sur notre marché; mais ces temps sont passés et le type poissard a disparu de nos mœurs.

(*Histoire des Rues du Havre*, Le Havre, 1876, in-8º, ch. III.)

CHARLES MERKI (1)

Dieppe et l'Armateur Jean Angot

L'aspect de Dieppe, lorsqu'on y arrive par le train, est assez peu engageant, et après la délicieuse campagne normande, les moulins caquetant au bord des ruisseaux, la grasse plaine vallonnée où paissent par bandes les bonnes vaches laitières, —

---

(1) Né au Havre, le 13 avril 1862. Fondateur, avec Alfred Vallette, Albert Samain, Pierre Quillard, etc., du *Mercure de France*, il a fait paraître jusqu'à ce jour : *L'Eléphant* (en collaboration avec Jean Court.) Paris, Savine, 1891, in-18; *Margot d'Eté*, (Paris, *Mercure de France*, 1898, in-18), charmante histoire sentimentale, empruntant le décor de Granville ; *Chonchon ou l'Amour expérimental*, Paris, Chamuel

presqu'au sortir d'un tunnel, on débarque parmi des bassins stagnants, où sont amarrés quelques vapeurs, sur des quais presque déserts, commandés par de lourds ponts de ferraille et au delà des-

DIEPPE. — L'AVANT-PORT.

quels se dressent la misérable église en briques et les maisonnettes basses du Pollet. L'animation ne prend qu'un peu plus loin, lorsqu'on arrive à l'avant-port, et en même temps que se développe

---

et Cie, 1902, in-18, et enfin, ces livres remarquables, dans lesquels on trouve, scrupuleusement reconstituée, la vie et les intrigues de cour, au XVIe siècle : *La Reine Margot et les Valois*, Paris, Plon, 1905, in-8°; *L'Amiral de Coligny* (Ibid., 1909, in-8°), et *La Marquise de Verneuil* (Ibid., 1912, in-8°). On lui doit, en outre, de nombreuses chroniques d'archéologie et de géographie pittoresque, insérées au *Mercure de France* et au *Tour de France*, ainsi que des articles sur des questions actuelles, des nouvelles et des variétés publiés au *Grand Journal*, aux *Écrits de Combat*, au *Gil-Blas illustré*, au *Fin de Siècle*, au *Don Juan*, à la *Revue Hebdomadaire*, au *Mois*, etc. Écrivain probe et sincère, doublé d'un érudit et d'un artiste, M. Charles MERKI est un des plus fervents défenseurs de nos sites et monuments. Nul mieux que lui n'a dit le charme des vieilles villes provinciales et fait connaître les richesses d'art de nos provinces.

le décor des maisons sauries, enfumées, qui bordent le quai Henri IV, — dans l'Ouest les tours de Saint-Jacques et de Saint-Rémi par delà lesquelles s'élèvent, sur la falaise, les défenses encore respectables du château. — Il faut ainsi remonter par la Grande-Rue et la Place Nationale vers l'église Saint-Jacques, qui dresse en fond de décor les pinacles de ses chapelles et la masse lourde de son campanile; gagner à l'occident le quartier Saint-Rémi et s'élever sur les premières rampes où s'étagent les bastions et les tours si souvent remaniés de la citadelle. On peut alors saisir d'un coup d'œil l'ensemble de la ville; au Nord les constructions en carton-pâte du Casino et l'étendue de la plage se prolongeant jusqu'aux jetées que dominent les falaises de l'Ouest, creusées de cavernes rappelant le vieil âge des troglodytes, et au-dessus desquelles on a placé pour les marins une chapelle de Bon-Secours; dans l'Est, au delà des bassins et du port, les maisons basses et la médiocre église du Pollet; en contre-bas, la masse des toitures du vieux Dieppe, dominées par les lourdes coupoles de Saint-Rémi et de Saint-Jacques; — et pour peu qu'on ait en mémoire un des vieux plans panoramiques de la ville ou une vue générale comme celle de 1699, que possède la Bibliothèque Nationale, — facile à examiner encore au Musée Municipal qui en détient une reproduction, — on constate qu'à des époques relativement récentes, le port, et ainsi l'orientation de la vie maritime à Dieppe, a été déplacé. — Avant de redescendre et d'étudier en détail ce qui reste de l'ancienne ville, qui remonte, dit-on, à Charlemagne, — selon d'autres seulement au Xe siècle, — il y a là un curieux problème de topographie à examiner.

Au XVIIe siècle encore, on le sait de façon certaine, le port s'ouvrait au pied du château et s'enfonçait au sud-est, tandis qu'il se développe maintenant en contre-bas de la falaise orientale, tournant le dos à la vieille ville, et si la configuration du terrain le permettait, la laisserait définitivement à l'écart. Constatation aussi curieuse à faire : si l'entrée du port de Dieppe a dû être reportée de l'Ouest à l'Est, le site historique de la ville n'est lui-même qu'une conquête de terrain faite sur la mer. La grande « valleuse » normande qui débouche ici n'est pas une simple échancrure dans le rempart de craie qui s'étend depuis Le Havre jusqu'au bourg d'Ault et à Saint-Valéry. C'était, il y a quelques siècles à peine, constate ainsi M. Lenthéric dans ses études sur les *Côtes et ports français de la Manche*, un véritable golfe s'enfonçant à près de 10 kilomètres bien en avant d'Arques, où la Béthune et l'Eaulne joignent maintenant leurs eaux, et forment une rade sûre, protégée des coups de vent et des coups de mer du large par deux rangées de collines d'une hauteur moyenne de 100 mètres.

Au Nord-Est du site de Dieppe, s'était élevée la vieille cité de Limes, dont la ligne de remparts est aux trois quarts disparue dans la mer avec la falaise qui lui servait de base et dont il reste à peine un angle de retranchement. A l'Ouest, le promontoire d'Ailly était également occupé. Les habitations qui avaient d'abord été élevées sur le sommet, puis sur les versants des deux collines, vinrent bientôt s'étaler sur les rives de l'ancien golfe comblé par les atterissements, se rapprochant de plus en plus de la ligne tracée actuellement par la côte. Au vieil oppidum celtique, au castrum romain, à la cité gallo-romaine, avait succédé la ville normande marchant graduellement vers la mer. La ville du Moyen Age — *deep*, profond, Dieppe — finit par s'établir sur le banc de galets qui avait comblé le golfe, — complètement transformé et atterri par les alluvions des deux rivières, barré en aval par un énorme banc de cailloux roulés, toujours menaçant et contre lequel il fallait lutter sans cesse. — Toutefois, on a très bien remarqué que le banc de galets qui s'était formé au pied de la falaise, sur laquelle se dresse le château, constitua pendant longtemps une sorte de mur d'abri pour les bateaux mouillés dans le golfe. Le rétrécissement de l'entrée avait même l'avantage d'amortir les coups de mer. Mais à force de s'avancer à l'Est, le banc de galets finissait par gagner la passe elle-même. Toute la partie aval du golfe s'était comblée. Avec le chenal entretenu par le flot et le jusant, la marée se faisait encore sentir jusqu'à Arques et en se retirant, avec l'appui des eaux de l'Eaulne et de la Béthune, elle formait au goulot une chute qui maintenait le chenal à une profondeur suffisante pour permettre l'entrée de navires allant jusqu'à 600 ou 700 tonneaux. La poussée des galets continuant à boucher ce « port de l'Ouest », il fallut enfin l'abandonner, ouvrir à l'Est un nouveau chenal qui longea l'ancienne « Tour aux Crabes » et les remparts, sur l'avant-port actuel. Mais les premières jetées, de construction médiocre, furent disloquées avec chaque tempête. En 1449, déjà, Charles VII en avait décidé la réfection et le prolongement. En 1616, une marée les emporta et fit crouler une partie de la falaise de l'Est. — Le chenal fut rejeté ainsi contre les escarpements qui dominent la chapelle de Bon-Secours et les travaux entrepris depuis Colbert et Vauban ont eu surtout pour but de le fixer.

L'importance historique de Dieppe s'était surtout développée avec les facilités d'accès de son port; elle devait diminuer peu à peu. Dès 1195, sous Philippe-Auguste, la ville avait été pillée par les bandes de Richard-Cœur-de-Lion. En 1339, sous Philippe de Valois, un heureux coup de main mit à la disposition des Dieppois le port de Southampton, tant qu'à leur retour, ce roi, par précaution, fit fortifier la ville. Avec Charles V, les pêcheurs de Dieppe se transformèrent en navigateurs, et, en 1364, ils faisaient voile pour l'Afrique. Vers le milieu du xive siècle, bien avant que les Portugais eussent signalé les côtes de Guinée, deux bateaux de Dieppe découvraient les Canaries, longeaient tout le littoral de l'Afrique, y créaient une station qui fut longtemps appelée le Petit-Dieppe, cherchaient à s'orienter pour trouver la route des Indes, doublaient le Cap Vert et rapportaient en Europe les premiers chargements de poivre et d'ivoire qui aient paru. Un Dieppois, corsaire entreprenant, homme de guerre et de commerce, fut même pendant quelque temps le maître absolu des Canaries. Ce fut aussi un marin de Dieppe, le célèbre capitaine Cousin, qui, devançant de quatre années Colomb en Amérique et de neuf années Vasco de Gama au cap de Bonne-Espérance, vint reconnaître, en 1488, l'embouchure du fleuve des Amazones et traversant tout l'Atlantique explora l'extrémité méridionale de la côte d'Afrique. Quelques années plus tard, deux autres bateaux naviguant de conserve, l'un de Dieppe, l'autre de Saint-Malo, mouillaient bord à bord dans les eaux de Terre-Neuve. — En 1420, cependant, les Anglais avaient pris Dieppe après la sanglante bataille d'Azincourt, puis, en 1435, en avaient été chassés par le chevalier des Marets, aidé des habitants. En 1442, Talbot s'empara du Pollet et y construisit une bastille, que le Dauphin, ensuite Louis XI, prit et rasa. C'était quand même une époque d'extraordinaire prospérité. Les Dieppois n'avaient guère d'autres rivaux que les Malouins sur cette côte de la Manche. Parmi eux se trouvaient toujours des corsaires entreprenants, des pêcheurs qui allaient courir la morue jusqu'en Islande et aux côtes de Norvège. — Ce fut bientôt la peste qui enleva dans la ville, de 1668 à 1670, environ 10.000 hommes; ce furent les guerres de religion; ce fut enfin, en 1694, une flotte anglo-hollandaise qui vint bombarder Dieppe, dont le port fut comblé, les bateaux détruits ou dispersés, la ville presque anéantie, la ruine presque complète, — et dont il ne resta, avec quelques rares maisons, que trois édifices : le château, les églises Saint-Remi et Saint-Jacques.

On s'explique ainsi pourquoi Dieppe, qui est une vieille ville, a quand même l'aspect d'une ville neuve. Les transformations ailleurs sont rarement si radicales. Les difficultés soulevées entre l'architecte chargé par Louis XIV de la rebâtir et les habitants qui ne voulaient pas accepter l'emplacement nouveau qu'on leur proposait, découragèrent les plus riches commerçants et les principaux industriels. Dieppe fut bien rebâti, mais combien d'entre eux transportèrent ailleurs leurs établissements? — Du port, on gagne de suite la grande église Saint-Jacques, située au fond d'une place que décore la statue en pied d'Abraham Duquesne. C'est un vaisseau long et, peut-être, la plus délicieuse église de Dieppe, avec son portail escorté d'une haute tour, son transept et son déambulatoire flanqué de chapelles rayonnantes. On la fait remonter au XIIIe siècle, — peut-être au XIIe, à cause des portails latéraux, de pierre toute effritée — et le portail principal commencé au XIVe siècle, est dominé, à droite, par une haute tour du XVIe siècle qui est bien la plus jolie chose qu'on puisse voir dans toute la ville. Tout cela fait un ensemble précieux et d'une grande harmonie de tons. Au tympan de la porte principale, qui devait sans doute représenter le Jugement dernier, sont restées avec des arrachements de personnages, des traces de coloration et de dorure. Des fermetures de chapelles d'une délicieuse sculpture, toutes dissemblables, toutes différentes, ont été refaites de nos jours et viennent ainsi compléter la décoration intérieure du monument. A l'entrée de la nef de droite, une des chapelles comporte un Saint-Sépulcre moulé sur celui d'Eu (XVIe s.) et un vitrail des Anges portant les Instruments de la Passion. La chapelle des fonts s'ouvre également du côté opposé par une jolie porte de bois, à pinacles et volutes. Mais des barbares ont coupé avec un tuyau de poêle une petite entrée en accolade qui donne accès aux parties hautes de l'église. Des clefs d'un art compliqué et charmant tracent leur couronne à la voûte des chapelles et à la grande voûte du chœur, — et dans le chœur encore on remarque que le triforium comporte une balustrade, tandis que dans la nef, les meneaux portent directement sur la corniche, sauf aux deux premières travées. — Mais dans un coin d'ombre, au pourtour du chœur, voici encore le portail de la chapelle de l'armateur Ango, fouillé, plein de rinceaux et de feuillages, décoré à la frise d'une suite de scènes où figurent des hommes nus, des sauvages, tandis qu'en bas s'ouvre une délicieuse porte encadrée de rinceaux; qu'à l'intérieur, se voit un bel escalier de chêne près duquel, en 1859, fut retrouvé le tombeau du célèbre armateur de Dieppe, caché sous une dalle de marbre bleu, — mais vide.

En remontant la rue Saint-Jacques, puis la rue de la Barre, on arrive par une traverse à l'église Saint-Rémi. C'est la seconde église de la ville, mentionnée dès 1030, rebâtie de 1522 à 1540, et le chœur élevé aux frais d'un riche marchand nommé Thomas Bouchard, de 1522 à 1531, — en somme presque aussi grande que Saint-Jacques, mais très remaniée, la construction ayant surtout souffert pendant le bombardement de 1694. — C'était, d'ailleurs, l'époque où l'on plaquait sur une église gothique des morceaux en style classique, et Saint-Rémi, sous ce rapport, offre de curieux arrangements. L'intérieur donne ainsi un mélange des deux genres, avec de lourds piliers et de hautes voûtes, et seules intéressent la décoration en arcatures des fausses balustrades de la Trésorerie, et celles, peut-être pas très authentiques, qui ferment, à droite et à gauche, deux chapelles de fond. A la chapelle absidiale on remarque pourtant de jolis détails de sculpture, les frises, dais et pinacles des statues, et deux tombeaux des anciens gouverneurs de Dieppe, dont l'un est celui de Sigogne et de son fils Charles-Timoléon, — qui servent à supporter des vases de fausses fleurs. — Dans le chœur, on peut remarquer les amours placés sur des chapiteaux, mais disposés si haut qu'il faut une grande bonne volonté pour y distinguer quoique ce soit.

Cependant, nous remontons vers la citadelle qui domine ici l'ensemble occidental de la ville. Le château de Dieppe a été construit au xve siècle, lorsque les gouverneurs eurent repris la cité sur les Anglais et pour donner asile à un grand nombre de Cauchois, pareillement soulevés. — Aujourd'hui, abandonné par l'autorité militaire, c'est un ensemble de tours, de courtines et de casemates ouvrant d'une part sur la cité, de l'autre sur la campagne avec laquelle il communique à l'aide d'un pont, — des tours coiffées en poivrière, des bâtiments de destination vague, des portes et poternes dominées à l'Orient par la vieille tour quadrangulaire (xive s.) qui était primitivement le clocher de l'église Saint-Rémi. Le gardien, un vieil homme affable qui nous conduit dans ce dédale de cours, de courettes, de passages, nous fait remarquer les plates-formes couvertes pour y placer de l'artillerie et battre la ville; la porte déjà restaurée où se trouvait autrefois le pont-levis et par où, croit-on, s'échappa la duchesse de Longueville qui essayait de soulever la Normandie contre l'autorité royale; la décoration des couloirs et des salles peintes à la détrempe, pour donner vaguement l'illusion d'une tenture; plus loin, l'entrée d'un souterrain creusé au xvie siècle, dans le faubourg de la Barre et qui conduisait directement au Petit-Appeville.

En contre-bas, lorsqu'on est redescendu de la butte, il est bon de gagner la plage où se dressent encore les deux tours qui gardaient la *porte du Port d'Ouest*, — deux tours coiffées en poivrière, un peu de guingois, qui ont été respectées comme une curiosité parmi les constructions plus vastes des hôtels, des caranvansérails de la vie moderne. C'est ici que s'ouvrait le port avant les transformations actuelles, sous le feu même des canons qui défendaient le château. — En 1853, l'empereur Napoléon III et l'impératrice Eugénie firent enlever les vieux retranchements, les corps de garde, les batteries élevées sous la République et sous l'Empire. Des bosquets furent plantés, taillés et retaillés jusqu'au niveau du sol. On démolit aussi trois tours rondes qui dataient de 1744 et avaient servi de batteries pendant la guerre de Sept Ans, et de poudrières pendant la Révolution. On les vendit au prix de 5 francs l'une. — Les anciens murs de quatre mètres d'épaisseur qui fermaient la ville vers la mer étaient déjà tombés; en 1843, on avait démoli la porte Sailly; en 1855, celle d'Estouteville; en 1848, on avait enlevé la Butte du Moulin à Vent, et en 1841, la Tour aux Crabes. En 1850, on vendit la Porte du Port d'Ouest et c'est miracle qu'elle n'ait pas été démolie. — Lorsqu'on remonte quai Henri IV, sur le port, on trouve encore des débris de la *Tour aux Crabes*, dont le soubassement paraît seul authentique et sert à soutenir des jardins. A main gauche, était la fameuse maison d'Ango, détruite par les bombes anglaises en 1694, et qui était devenue, à la fin du XVIe siècle, la demeure du commandeur de Chottes, gouverneur de la ville. En 1614, par un traité passé entre le cardinal de Joyeuse, archevêque de Rouen, et le père de Béruelle, elle devint le premier collège enseignant de l'Oratoire de Jésus. A côté, l'ancienne vicomté de Dieppe, appelée également l'archevêché, parce que, depuis 1197, les archevêques de Rouen étaient seigneurs et comtes de Dieppe. — Passé les ponts, enfin, et bien déchu dans son pittoresque, se développe encore le quartier des marins, le Pollet, où subsistent quelques vieilles maisons, comme le coin dit du « Vieux-Paris », les bicoques de la rue « Tête-de-Bœuf », en somme peu de chose lorsqu'on songe qu'il y avait là les endroits peut-être les plus pittoresques de la ville. On a sapé dans les bicoques pour établir les ponts tournants, et, gâtée par les touristes, la marmaille apprend à mendier pour apitoyer les âmes charitables.

C'est au musée surtout qu'on pourrait retrouver quelques bribes du vieux Dieppe, avec ses vues anciennes dont quelques-unes sont curieuses, — la plupart fort mal placées, d'ailleurs, — des costumes du Pollet qui, du reste, ne se portent plus, une collection de vieilles cartes, — 1541, 1546, 1553, 1631, — une étonnante côte du Brésil, par J. Van de Claye, 1597; la mappemonde dite de Henri II, par Pierre Desceliers, 1546. — Mais y il a mieux dans les salles de l'Hôtel de Ville, près desquelles se trouve la Bibliothèque : chroniques manuscrites, ouvrages d'hydrographie, cartes publiées par le Dépôt de la Marine, voyages maritimes; c'est un buste du célèbre armateur dieppois Jean Ango, œuvre de M. Eugène Benet, qui aida puissamment à faire revivre la face même de l'explorateur dont nous avons trouvé le tombeau vide, la maison saccagée, à peine un nom de rue le rappelant à lui-même, ou ses pilotes, les Jean Parmentier, les Jean Fleury. — Il y a quelques années, sur l'initiative de M. Ch. Normant, on fouilla la maison du quai Henri IV détruite par le bombardement de 1694 et qui portait le nom de maison « de la Pensée ». Lorsque François Ier vint à Dieppe en 1534, pour passer une revue des nouvelles troupes d'infanterie de marine qu'il venait de créer, ce fut Ango qui obtint le coûteux honneur de recevoir le roi, frappé d'admiration avec la Cour devant l'architecture et les sculptures de sa maison même, devant les richesses inouïes de la vaisselle d'argent dont on avait chargé les buffets. « Ce n'était que dentelures en bois de chêne, avec figurines en bois sculpté; on y voyait des cours, des jardins encadrés de mille chefs-d'œuvre en bois avec fontaines jaillissantes. Le soubassement de pierre sur lequel reposait le bâtiment était sculpté ainsi que tout le reste de l'édifice, jusqu'à la corniche et jusqu'aux grandes lucarnes presque aussi hautes que le toit. » Mais Ango avait fait construire à l'intention du Roi « six petits bateaux légers, sculptés et dorés dans toute leur longueur supérieure au niveau de l'eau. François Ier ainsi que les seigneurs de sa suite et les officiers de sa maison s'y embarquèrent différents jours et purent se promener à deux ou trois lieues sur la mer. » Le roi fit dès lors donner à Ango la place de capitaine commandant la ville et château de Dieppe, et nommé vicomte, Ango prit pour armes « de sable au champ d'argent chargé d'un lion marchant avec une molette d'éperon ». — D'origine scandinave, Jean Ango, dont le père s'était établi à Dieppe comme armateur, avait fait lui-même de grands voyages aux Indes comme officier et ensuite comme capitaine de vaisseau. Ses navires formaient une véritable flotte. Il monopolisait presque tout le commerce maritime de la France septentrionale et se battait pour la liberté des mers, pour avoir le droit de pousser ses navires et de mener son trafic sur toutes les côtes et dans tous les pays où il pouvait atteindre. Les Portugais, s'appuyant sur une bulle du pape Nicolas V, et les Espagnols sur une bulle d'Alexandre VI, prétendaient se réserver le commerce des Indes orientales et occidentales, s'en arrogeaient la souveraineté, traitaient en ennemis et même en pirates les navigateurs étrangers : ils brûlaient les comptoirs et les nefs, massacraient et torturaient les équipages; on citait des bâtiments bretons et normands venus au Brésil pour commercer, qui furent attaqués et coulés, leurs marins livrés aux sauvages pour être dépecés et mangés, d'autres enterrés jusqu'aux épaules et servant de cibles aux arquebuses des Portugais (1516). — Les Normands se levèrent aussitôt pour venger les leurs et de tous les ports de la côte sortirent des flottes de corsaires; les armateurs, dont les établissements et les navires étaient détruits, s'associèrent pour les représailles, et Jean Ango prit la tête du mouvement, secondé par les Jean Fleury, les Parmentier, les Jean Verrazano, vingt autres capitaines ou pilotes, comme lui âpres, déterminés, audacieux et pratiques, qui croisèrent au large du Cap Vert, sur la route des galions et des caravelles, et mirent la main sur les vaisseaux chargés d'or, d'épices, de peaux, de perles, de toutes les marchandises fabuleuses que les conquérants envoyaient d'Amérique ou d'Asie. On a conservé, d'après les réclamations des adversaires, une liste des prises

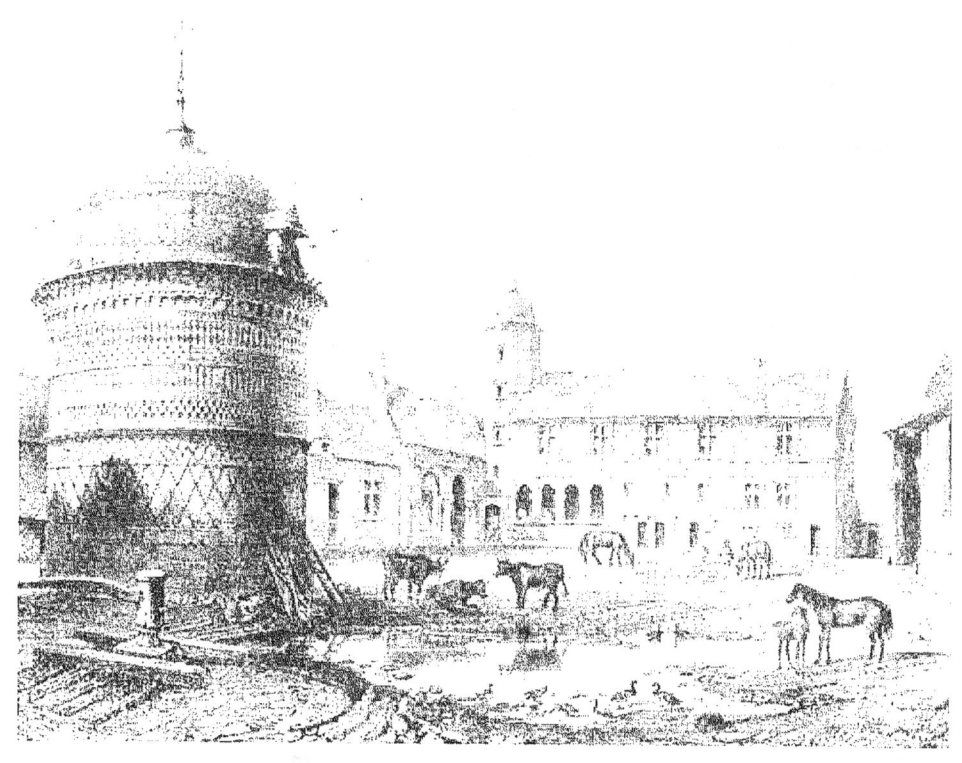

MANOIR D'ANGO, A VARENGEVILLE, PRÈS DE DIEPPE.
(Dessin et lithographie de F. Benoist.).

opérées par Jean Fleury et les corsaires de Honfleur; c'était toute la richesse du Portugal et de l'Espagne, les galions apportant à Charles-Quint les dépouilles du Mexique, qu'ils capturaient à mi-route et ramenaient en Normandie, tandis que se morfondait l'empereur attendant l'argent qui devait lui servir à combattre la France. Il lui fallut à la fin équiper des escadres pour escorter et protéger les galions. Deux fois Ango obtint de François Iᵉʳ des lettres de marque l'autorisant à saisir les biens et bâtiments des Portugais, et deux fois le roi Jean III, trafiquant et voleur, monarque sans scrupule doublé d'un commerçant d'une loyauté plus douteuse encore, se répandit en protestations hypocrites, dut négocier, acheta les complaisances de l'amiral Chabot, paya même à l'armateur Ango la remise de ses lettres. En 1531, Charles-Quint dut intervenir et le roi Jean III, dont les officiers avaient saisi et confisqué une barque de Dieppe, ne s'en tira qu'en versant 60.000 ducats. — Ce fut l'origine de la légende. La lutte d'un simple particulier, si riche et si puissant qu'il fût, contre tout un royaume dont il amenait le gouvernement à composition, était trop étonnante pour ne pas émouvoir ses contemporains. On nous raconta bientôt qu'il avait envoyé ses navires bloquer Lisbonne, dévaster les rives du Tage et reçu les ambassadeurs de Jean III, que lui envoyait le roi de France.

« Sa Majesté leur répondit, affirme David Asseline, dans ses *Antiquités et Chroniques de la ville de Dieppe,* qu'il ne leur faisait point la guerre, mais son vicomte Ango, et qu'ils allassent traiter de paix avec lui.»— Au reste, la gloire et la fortune de ces expéditions lointaines furent assez courtes, et elles ne se trouvèrent exemptes ni de revers, ni d'épisodes tragiques. La guerre maritime avec l'Angleterre, en 1544, où Ango dut faire des avances énormes pour le ravitaillement de la flotte, et où sa participation fut telle que ses compatriotes lui attribuèrent le succès tout entier fut aussi en grande partie cause de sa perte. Le roi mort, quelques mois plus tard, le parti espagnol triomphant avec le dauphin devenu Henri II, n'avait aucune hâte de rembourser l'homme qui l'avait tant combattu. Ango resta gouverneur de Dieppe, mais jusqu'à son dernier jour, il se débattit dans d'interminables procès. Il mourut à soixante et onze ans et fut enseveli dans cette église Saint-Jacques où son cercueil a été retrouvé vide. — Tout ce qu'on peut voir aujourd'hui, c'est, aux environs, le manoir de Varangeville, et sous les arcades de la Chambre de Commerce, le portrait en pied dont la réplique décore une des salles de l'Hôtel de Ville. C'est à peu près tout ce que conserve Dieppe de l'armateur Jean Ango.

GABRIEL DU MOULIN (1)

Mœurs des Normands

...Outre la vaillance, la gentillesse et la courtoisie est tellement née avec les Gentilshommes Normands, que c'est comme un prodige d'en voir un mal gracieux et peu civil. Je veux bien que ceux qui ont esté eslevez dans le grand monde de la Cour de France, ou y font leur demeure quelque partie de l'année, accompagnans le Roy en ses chasses et cavalcades, soient un peu plus polis que ceux qui demeurent aux champs, toutefois il s'en trouve par tout de si bien nés, que sans avoir pratiqué la Cour, ils ne doivent rien à la gentillesse de ceux qui la fréquentent, et cela vient des visites assez communes en ce pays, et des bonnes compagnies, où ceux qui font leur profit des choses qu'ils voyent se peuvent dresser, veu que par tout on rencontre quelqu'un, lequel ayant reçu la Cour, sçait bien son monde, et sert d'exemple aux actions des autres qui n'ont point eu ce bon-heur.

Les Normands sont naturellement d'un esprit subtil et doüé de prudence. Aussi, à la vérité, ne sont-ils pas si aisez à séduire, qu'ils croyent chacun qui leur parle, et ainsi très-difficilement les déçoit-on, et ne se laissent, sans y penser, envelopper et empiéger dans des affaires et entreprises de quelque conséquence qu'elles puissent estre. Que s'ils ont des ombrages et prennent quelque caprice, ils deviennent soupçonneux et s'obstinent en leurs fanfaisies. De là vient que les François les accusent d'estre savants au possible en matière de procez, et cognoistre parfaitement tous les destours, toutes les ruses et surprises que la chiquannerie peut inventer. Il est vray que les Bessins et Costentinois, comme aussi

---

(1) Savant historien et ecclésiastique, né à Bernay (Eure), vers 1575, mort vers 1660, curé de Menneval. Il est l'auteur des deux ouvrages suivants, encore recherchés pour leur style naïf et les curieux détails qu'ils renferment : *Histoire générale de Normandie contenant les choses mémorables advenues depuis les premières courses des Normands payens, tant en France qu'aux autres pays, de ceux qui s'emparèrent du pays de Neustrie sous Charles-le-Simple, avec l'histoire de leurs ducs, leur généalogie et leurs conquestes tant en France, Italie, Angleterre, qu'en Orient, jusques à la réunion de la Normandie à la Couronne de France.* Rouen, Jean Osmont, 1631, in-fol.; *Les Conquêtes et les trophées des Norman-François aux royaumes de Naples et de Sicile, aux duchez de Calabre, d'Antioche, de Galilée et autres principautés d'Italie et d'Orient.* Rouen, 1658, in-fol. (Voyez : Louis de Masseville, *Hist. somm. de Normandie*, VI. — Moreri, *Dictionn. histor.* — *Biogr. Univers.*)

les Cauchois, voisins d'Eu, s'obstinent assez dans les procez ; mais ce vice ne leur est particulier, puisque dans les autres provinces de France, le barreau est aussi bien suivy que par deçà. Ceste créance néantmoins donne sujet à beaucoup d'estrangers de n'oser s'associer avec les Normands, qui vivent selon leurs loix et coustumes, lesquelles ils défendent avec leur vie. Quelques-uns leur reprochent aussi la liberté de se dédire de leurs offres quand ils traffiquent, et quelquefois de leurs promesses ; ce qui ne se rencontre que parmy la lie du peuple et non entre les personnes relevées et de mérite, qui maintiennent leur parole aussi bien que les meilleurs peuples de l'univers...

Un advocat du Parlement de France (1) n'a pas mauvaise grâce de confesser que les Normands ont l'esprit fort bon, puisque la commune pratique et les ouvrages des plus grands personnages de ce siècle l'ont fait voir et le montrent encor tous les jours. Passeray-je sous silence cet autant admirable qu'inimitable Cardinal du Perron, et le docte Feu Ardent, fléaux des hérétiques et l'honneur de la Théologie ? Combien l'Europe a-t-elle de Professeurs en toutes sciences qui doivent leur estre à la Normandie ?

Je veux bien que dans tous les cantons de la Normandie viennent des personnes qui se montrent exceller en leur profession, mais toutefois il faut confesser que celuy de Caen et de Lisieux, qui semble le plus froid, ont ce bon-heur par-dessus les autres, puisque la meilleure partie des beaux esprits qui ont paru depuis cent ans et paroissent encore sur l'horizon de la France, en sont sortis et des places voisines ; et à ce sujet un ancien donnoit la gloire de l'éloquence à ceux de l'Evesché de Lisieux...

Presque tous les Normands sont laborieux, diligens et capables de s'adonner à tout faire, et imiter assez promptement tout ce qu'ils voyent. Le peuple des villes, et quelques-uns des champs, s'adonnent au traffic, à cause de la commodité de la mer, et ce qui donne plus de richesses au pays, outre les grains et les cidres, sont les marchandises de draps, sarges, frocs et frises, comme aussi de toiles, de fer et de cordages, dont les estrangers font grande emplète, pour les transporter par les flottes de Séville et Lisbonne.

Les Dames et Damoiselles y sont vestües à la françoise, et suivent en leurs actions et habits les complimens et les modes de la Cour. Les femmes des villes, principalement les bourgeoises, désirent à paroistre et estre beaucoup mieux vestües que leur condition ne porte. Elles sont sobres, fort actives et soigneuses ;

---

(1) Jean Papire Masson, historien né en 1544, à Saint-Germain-Laval, dans le Forez, mort à Paris, en 1611.

JEAN-FRANÇOIS MILLET (1). — LA RENTRÉE DU TROUPEAU.
Eau forte de G. Greux.

se mêlent non seulement des affaires domestiques, desquelles elles ont toute la charge, mais aussi bien souvent vont acheter et vendre les marchandises, et si mettent la main et la langue aux affaires propres aux hommes, et bien souvent avec telle dextérité d'esprit et éloquence, que les marys leur laissent la charge de beaucoup de choses; ce qui bien souvent les rend impérieuses et dédaigneuses. Pour les femmes des champs et autres

---

(1) JEAN-FRANÇOIS MILLET, né à Gruchy, canton de Gréville (Manche), le 4 oct. 1814, mort à Barbison, le 20 janvier 1785. Parmi les principales toiles de ce maître du paysage au XIXe siècle, on cite : *Le Semeur*; *Les Botteleurs*; *Bergers*, *Moissonneurs*, *Tondeurs de mouton*; *Glaneuse*; *Femme faisant paître sa vache*; *Berger ramenant ses moutons*; *Le village de Gréville*; *La Mort et le Bûcheron*; *L'Angélus*; *Les Glaneuses*; *L'Homme à la houe*; *L'Église de Gréville*, etc. Les musées normands ne possèdent guère d'œuvres de cet artiste en qui s'exaltent les vertus du terroir. (Voyez : A. Sensier, *La vie et l'œuvre de J.-F. Millet*, manuser. publié par P. Mantz (ouvrage capital); H. Marcel, *J.-F. Millet*, Paris, 1903, in-4°; Ch. Yriarte, *J.-F. Millet*, Paris, 1885, in-8°.)

de basse condition, elles passent le temps à filer du lin, du chanvre, et quelquefois de la laine, et de leur mesnagerie entretiennent leurs familles, pendant que les marys veillent au labeur et affaires de dehors.

Le vivre des Normands, dans leur ordinaire, est assez eschars (1) et modeste ; ils se traitent toutefois assez bien. Les visites chez la noblesse sont ordinaires, et leurs repas alors sont comme des festins. Leur boire plus commun est le cidre et le poiré, pour la populace et serviteurs. Les femmes, pour la plupart, au moins les nobles, n'y boivent que du petit cidre, ou quelquefois du gros, bien trempé. Le vin ne laisse pas d'estre commun dans les bonnes maisons. Aux festes des parroisses, au carnaval et autres occasions, comme aux nopces, baptesmes des enfans, relevées de couches et don du pain bénit, les Normands font ordinairement des festins, et y invitant tous leurs parens et amis font grande chère. Il est bien vray que la misère du temps, et les grands subsides dont le peuple est chargé, en rabatent maintenant beaucoup du passé.

Sans cela on diroit (à cause de la fertilité du terroir, et qu'aisément on se peut passer de ce qui vient de dehors) que l'abondance marcheroit par tout à l'envy, et que le profit avec la beauté des contrées feroit regorger le pays de peuples et de biens. Mais si Henry le Grand, qui voyoit la paix asseurée dans ses estats, y levoit pour l'entretien de son particulier, l'an mil six cens neuf, outre les gabelles, quastriesmes des vins et boires, impositions et autres, et ce seulement pour la taille de la généralité de Rouen, un million soixante et douze mille livres, et pour les gages des officiers onze mil livres, et de celle de Caen six cens trente huit mil deux cens quatre vingts livres, et pour les gages des officiers neuf mille sept cens vingt livres, combien en a-t-on levé davantage, sans mettre en nombre les décimes de beaucoup augmentées, depuis que notre bon Roy monté au throsne a veu ses finances espuisées, debellé les hérétiques, et, contre les ennemis de sa couronne et de ses alliez, employé ses armes et son bien ? Cela se peut moins dire que penser. Mais toutefois sommes-nous bien-heureux que ce n'est pas pour amasser des trésors, qu'il fait tant de levées de deniers, et crée de nouveaux offices, mais seulement pour nous acquérir la paix et nous faire vivre heureux à l'ombre de ses lauriers et de ses palmes.

(*Histoire générale de Normandie*, 1631, in-fol.)

---

(1) Lisez : assez simple, sans faste.

JULIEN LE PAULMIER DE GRENTEMESNIL (1)

Ce que c'est que Cidre et Poiré et de la manière de faire le Cidre

Traduit du latin par Jacques de Cahaignes (2)

Les habitans de Paris, de Brie et de la Haute-Normandie, qui confine tant à l'Isle de France qu'à la Picardie et au pays Chartrain, appellent cidre tout breuvage fait de jus de pommes ou de poires, separément ou en confus. Mais en Costentin, et au reste de la Basse-Normandie, on nomme proprement Cidre, celuy qui est fait du suc de pommes. Quelques-uns l'appellent aussi Pommé, les Biscain Pommade. Car celuy qui est fait de jus de poires est par eux peculierement nommé Poiré. C'est donc Cidre, ou Pommé, ou Pommade, une espece de breuvage usitée et familiere aux Normans, et Biscains : laquelle degoutte de soymesme, ou est tirée à la presse, de pommes bien pilées par les meules du pressoir.

Or le pressoir a une ou deux meules de bois, lesquelles se tournent en rond, par bœufs ou chevaux, dans un auge de cinquante

---

(1) Julien LE PAULMIER DE GRENTEMESNIL, en latin Palmarius, célèbre médecin, né près de Saint-Lô, en 1520, mort à Caen, en décembre 1588. On dit qu'après avoir guéri Charles IX d'une maladie grave, il suivit, dans les Pays-Bas, le duc d'Anjou et devint son médecin en titre lorsque celui-ci régna sous le nom de Henri III. Il est l'auteur des ouvrages suivants: *Traicté de la nature et curation des playes de pistolles, harquebouses et autres bastons à feu*. Paris, 1569, in-8º; *Discours des harquebousades en forme d'epistre pour répondre à certaine apologie publiée par Ambroyse Paré*. Lyon, 1572, in-8º; *De morbis contagiosis*. Paris, 1578, in-4º : *Brief discours de la préservation de la peste*, traduit du latin par Jacques de Cahaignes, Caen, 1580, in-8º; *Juliani Palmarii de Vino et pomaceo*. Paris, 1588, in-8º, traduit par Jacques de Cahaignes. Caen 1589, in-8º, 1607, in-8º, et Rouen, H. Lestringant, 1896, in-8º. On lit encore avec plaisir ce dernier traité dont nous donnons ci-dessus une des meilleures pages. (Voyez sur Julien Le Paulmier: l'*Hist. somm. de la Normandie*, de Masseville, t. VI; D. HUET, *Origines de Caen*; E. PILLET, *Notice* dans l'*Annuaire de la Manche*, 1850; et EM. TRAVERS, Introd. à la dernière édit. du *Traité du vin et du cidre*. Rouen, 1896).

(2) Jacques de CAHAIGNES ou Cahagnes — professeur de médecine et recteur de l'Université de Caen, sa patrie, né en 1518, mort en 1612. Outre les traductions de divers ouvrages de Julien LE PAULMIER, il a laissé plusieurs traités sur les maladies, et ce livre que l'on consulte encore de nos jours : *Elogiorum civium Cadomensium, centuria prima*, traduit sous ce titre par le Vicomte de Blangy : *Eloges des citoyens de la Ville de Caen. Première centurie*. Caen, Impr. Le Blanc-Hardel, 1880, in-4º.

ou soixante pieds de tour en rond, ou viron, d'un pied de large par bas, et d'un pied et demy par haut, les costez de laquelle ont en hauteur pied et demy. On fait tomber du grenier, qui est ordinairement sur le pressoir, quantité de pommes dans le rond que ceste auge environne, par un trou qui est au plancher, au droit dudit rond, duquel on en met en l'auge, avec une pelle, ou autrement, telle quantité que les meules en peuvent commodément piler à la fois, remuant à chasque tour des meules, et rejettant sous icelles ce qu'elles n'attoucheroyent assez, afin que tout soit exactement pilé.

Les pommes ainsi pilées sont mises en une cuve, où elles demeurent plus ou moins à la volonté et discretion du pere de famille; toutefois l'ordinaire est de ne les y laisser plus de vingt-quatre heures. Les autres estiment que le cidre qui a tant cuvé est moins delicat, et moins coloré, et partant ne le font cuver que douze heures au plus. Mais j'estime la premiere opinion meilleure.

Le reste de la façon est de mesme qu'au vin, car de la cuve le marc est mis sur la platte-forme du pressoir, et reduit par couche en quarré, entrelaçant entre chasque couche un petit lict de foirre, pour empescher que le marc ne s'escoule de costé ou d'autre sous la presse: et de là distille par un esgout, et coule à travers un panier ou faz, pendu à cest esgout, le suc des pommes dont est fait le cidre, dans une cuve de laquelle il est mis au vaisseau, où il s'eschauffe tellement en peu de jours, qu'il se cuit et purifie de toute escume, et de ses feces, par longue ebulition, devenant par apres breuvage salutaire, plaisant et delectable à l'homme qui est accoustumé : l'un toutes fois plustost que l'autre, selon l'espece des pommes, le terroir où elles ont creu, la façon et la temperature de l'année.

Le cidre estant mis en vaisseau, tant qu'il soit plein, quelques-uns en retirent trois seaux de chacun tonneau, afin qu'il bouille sous la bonde pour en estre meilleur et plus vertueux, et ne le remplissent jamais: d'autant que de ce qui se fust purgé par la bonde en forme d'escume, il se fait une crouste au-dessus, sous laquelle il se garde sans esvent. Les autres le laissent bouillir plein, afin qu'il se purge par la bonde, ce qui le rend beaucoup moins fumeux, et partant plus salubre à ceux qui ont le cerveau de bile et catharreux. Or tant plus le vaisseau est grand, tant plus le cidre est excellent, tellement qu'on trouve en ceste province des tonnes de trois ou quatre cens muys. Et dit-on que celle de la Houbelonnière tient six cens cinquante muys, ou plus.

Apres le premier effort de la presse, on la releve pour retailler le marc par les bords, comme l'on fait le marc de vin, et ayant pouis sous ladite presse le rebattillement, on en tire tout le reste du jus.

Ce fait, on remet tout le marc en l'auge, pour le repiler sous les meules, l'arrousant suffisamment d'eau, et estant ainsi pilé, derechef on le remet en la cuve pour y tremper vingt quatre heures, ou plus. Finalement on en tire toute l'humidité, dont est fait le petit cidre, pour l'ordinaire des serviteurs et des hommes de peine.

D'autres ne rebattillent le marc du gros cidre, mais par après que par le premier effort de la presse ils ont tiré ce qu'ils ont pu de jus, remettent petit marc dans la cuve, avec telle quantité d'eau qu'ils veulent avoir de petit cidre, puis l'ayant fait piler avec que les pieds assez longuement, le laissent tremper vingt ou trente heures, pour en tirer le petit cidre, comme il a esté dit.

Du marc de trois tonneaux de cidre pur, on en tire après uniment, un tonneau de petit, et pour le faire meilleur, quelques-uns y adjoustent six ou sept

FABRICANTS DE DRAP D'ELBEUF,
AUX XVᵉ ET XVIᵉ SIÈCLES.
(Lith. de Bouderitter.)

corbeilles de pommes pilées dont on n'a encores rien tiré du jus. Mais ceux qui ne rebattillent le marc du pur, se contentans de ce qu'ils ont tiré par le premier effort de la presse, n'ont besoin de ceste addition.

Les plus advisez, et plus curieux de leur santé, meslent le gros cidre et le petit ensemble, pour leur provision des six ou huict premiers mois de l'année, lors principalement que les vieux cidres sont rares, ou surs, mettant environ une pipe d'eau sur le marc de deux tonneaux du pur. Et n'y a doute que ce cidre ne soit bien plustost defequé, et plus salubre que le pur, pour les complexions choleriques, subjettes à obstructions et catharres.

Pour faire excellent cidre, les pommes ne doyvent estre pilées, qu'elles ne soyent en parfaite maturité. Celles qui ne sont que demy mures, font cidre petit et verd, encores qu'elles soyent douces : ainsi que les raisins qui n'ont atteint parfaite maturité, rendent vins verds et cruds, de quelque bon comptant que soyent les vignes. Or les pommes meurissent en l'arbre, et au grenier où l'on les garde, tant qu'elles soyent jaunes et odoriférantes. Combien que je confesse, qu'il soit tousjours meilleur qu'elles ayent leur saoul de l'arbre, si la constitution de l'air et la saison le permettent; voire qu'elles tombent de soymesmes, si les pommiers sont tellement fermez et enclos de murailles, ou fossez, que les pommes tombantes ne soyent mangées par le bestail.

On cognoist qu'il est temps de les cueillir, quand elles tombent de soymesmes sans grand effort des vents et tempestes, et sans estre vermoulées. Et outre qu'elles sont odoriferantes, et jaunes ou rouges, ou bazanées, selon le naturel de leur espece, on ne doit donc cueillir toutes sortes de pommes au mesme temps, mais chaque espece en sa saison et meureté, plustost en beau temps et sec, de peur que l'humidité ne les corrompe et pourrise au grenier, et si elles tombent de soymesmes, on ne les doit recueillir pour porter au grenier, que le soleil n'ait donné dessus, ou pour le moins qu'elles ne soyent seches.

On les doit aussi mettre en divers monceaux, selon leurs especes, sur foirre qui n'ait aucune mauvaise qualité, par ce qu'elles tireroyent promptement à soy le vice du lieu, ou du foirre (1), sur lequel elles seroyent gardées.

C'est donc une réigle generale, que les pommes sont prestes à cidrer, lorsqu'elles sont en leur perfection d'odeur et de maturité. Si on attend davantage, on en trouve grand nombre de pourries, qui rendent le cidre plus debile, plus aqueux, et plus enclin au vice de sureur.

D'autre part, qui veut avoir bon cidre, le doit faire de pommes douces ou ameres, parce que les sures ne le peuvent faire autre que verd et crud.

Toutes sortes de pommes douces, meslées ensemble, font bon cidre, mais il s'en trouve plusieurs especes, lesquelles separément cidrées, le font tres excellent.

---

(1) Fourrage, paille.

Davantage, plusieurs ont observé certaine proportion de meslange en quelques especes, qui rend le cidre admirable.

Le cidre fait de pommes sures et douces meslées ensemble, n'est si excellent que celuy qui est fait de bonnes pommes d'eslite toutes douces : mais il ne laisse pour cela d'être bon pour les serviteurs et manouvriers. Il est certain que meslant quelque peu de pommes sures avec grande quantité de douces, on empesche le cidre de s'aigrir, et de noircir au voirre : ce qui se pratique en certaines especes de pommes douces, qui font cidre subject à tels vices.

Il est bien requis que les pommes soyent bien meures et en bonne odeur, lors qu'on en tire le cidre, mais si seroit-il plus tollerable de les prendre au commencement de leur maturité que d'attendre qu'elles commencent à se pourrir et corrompre, par ce que le cidre rend grande quantité de lie, et est plus faible et moins de garde, encores qu'il soit peu délicat.

Il advient souvent, d'autant que la plupart des bonnes pommes ne sont en maturité qu'après la Toussaints, les autres après Noel, que la gelée les surprend ès arbres ou au grenier, et les penetre tellement qu'elles perdent leur odeur et vertu, comme si elles estoyent pourries (comme de vray elle se pourrissent incontinent, si on les garde davantage), qui est cause que le cidre qui en provient, est si debile et si aqueux qu'il semble estre à demy d'eau, et ne se garde longuement sans surir, pour ceste cause on doit, en temps de gelée, bien couvrir tous les monceaux de pommes de bonne qualité de foirre frais battu, qui n'ait aucune mauvaise qualité, et par dessus de toile, ou draps de lict mouïllez en eau lesquels s'endurciront tellement par la gelée, qu'il empescheront que l'air ne penetre aux pommes : autrement grande quantité de foirre suffira, ou les couettes pleines de plume. En tel cas il est meilleur que le grenier soit couvert de foirre, que l'ardoise ou thuyle, par ce que le foirre rend le grenier plus chaud : les fenestres doyvent estre si bien jointes et estouppées que l'air froid n'y penetre, mesme les huis. En ceste façon on les gardera entieres jusques à leur maturité, et si lors il y en a de pourries on les séparera, pour faire le cidre plus exquis et de plus longue garde.

Tout bon mesnages cognoist par longue expérience le temps et la saison de la maturité et cueillette de chasque espece de ses pommes, sans qu'il soit besoin d'en estre enseigné. Il suffira donc d'avoir résolu que les pommes parvenues en bonne maturité doyvent estres mises au pressoir, et pilées chasque espece separée, si on veut avoir de bons et excellens cidres.

Ce n'est pas assez que les pommes soyent bonnes, bien meures, et bien gardées en lieu qui ne leur ait donné mauvaise odeur, on doit aussi prendre garde que l'auge dont nous avons parlé ci-dessus, le pressoir, le feurre dont on use, et le vaisseau où l'on met le cidre n'ayent aucune mauvaise qualité puante, ou remugle et chanci(1), par ce qu'on voit ordinairement de bon cidre gasté par tels inconvéniens.

On mouille communément ledit feurre en eau, ce qui affoiblit le cidre, parquoy on le mouillera au mesme jus des pommes, où on le mettra sec en usage.

Les pommes douces rendent communément beaucoup moins de suc que les sures et acides : lequel, ainsi qu'il est plus espais et plus visqueux, tarde aussi beaucoup plus à se purifier, et nourrit bien davantage que celuy des sures.

Toute pomme seche fait moins de cidre, et plus tardif à se purifier, mais plus excellent et de plus longue garde, et de plus grande nourriture que celuy des succulentes. Si les succulentes sont aigre-douces, comme Renette, le cidre est délicat tost à boire, de facile digestion, et de prompte distribution, et toutefois de peu de garde; mais si elles sont sures et acides, il est verd et aqueux : et partant difficile à digérer, comme vin verd, et de peu de nourriture.

Quant à la façon, celuy qui est fait sans eau, qu'ils appellent pur, ou gros, tarde trop plus à se cuire et purifier que celuy où l'on en met quelque portion : mais aussi garde-t-il plus longuement sa bonté et perfection. Car l'eau le fait le plus souvent surir, dans les cinq ou six premiers mois, s'il y en a quantité, ou pour le moins dans la première année, encores qu'il y en ait peu, et qu'il soit tiré de pommes douces. Et pour ceste cause, on n'en doit mettre qu'à celuy qu'on veut boire dans les six premiers mois et encores en moyenne quantité : si la santé de quelqu'un requiert cidre trempé d'eau le reste de l'année, il sera meilleur y en adjouster en le buvant, comme l'on fait au vin. J'en ay souvent gousté néantmoins, qui se sont gardez deux ou trois ans sans surir, encores qu'il y eust quelque quantité d'eau, principalement en de bien grans vaisseaux, comme moyennes tonnes, et autres, qui estoit pour la pluspart de pommes douces.

(*Traité du Vin et du Cidre. De Vino et Pomœeo*. Rouen, H. LESTRINGANT 1896, in-8°.)

---

(1) Moisi.

LÉOPOLD DELISLE (1)

Des Jardins et Vergers Normands au Moyen Age

Le jardin s'appelait gardin ou courtil. On donnait souvent le nom de jardin à des champs cultivés en blé, en lin ou en chanvre, mais qui sans doute étaient situés autour de la maison d'habitation.

GÉRARD DAVID. — *La Vierge et les Saints.*
(Musée de Rouen.)

Les tènements de certains tenanciers ne se composaient guère que d'un jardin, et nous voyons des seigneurs vendre ou donner les jardiniers, c'est-à-dire les redevances et les services auxquels la jouissance de ce terrain les assujettissait.

---

(1) Léopold-Victor DELISLE, historien et savant paléographe, né à Valognes, le 24 octobre 1826, mort à Paris, en 1911. Fils du Dr Victor Delisle, il manifesta de bonne heure un goût très vif pour les études historiques et entra à l'École des Chartes. Attaché à la publication des Grands Cartulaires de France, puis à la Bibliothèque Nationale, il profita de cette dernière situation pour étendre le domaine de ses travaux. Il donna successivement un grand nombre de publications parmi lesquelles il faut distinguer ce livre si précieux à consulter pour la connaissance de la vie provinciale dans les premiers siècles de notre histoire : *Étude*

En général, chaque maison avait son jardin, non seulement dans les campagnes et les bourgs, mais encore dans les grandes villes. Ainsi, les mentions des jardins de Rouen sont assez communes au XIIe et au XIIIe siècle.

...Une partie importante des jardins d'agrément était le préau, vaste pelouse qu'on renouvelait assez souvent, s'il faut s'en rapporter aux comptes des dépenses des archevêques de Rouen. Ils faisaient prendre, à cet effet, sur le Mont Sainte-Catherine, des mottes de gazon appelées tourbes; ce travail se faisait ordinairement au mois d'avril ou de mai. En 1324, les religieux du Mont-Saint-Michel se faisaient apporter des mottes de gazon pour le préau de leur monastère. Des sièges étaient disposés près de ces pelouses. Les allées destinées à la promenade étaient garnies de buis.

On était heureux de pouvoir amener dans le jardin un filet d'eau, pour y entretenir la fraîcheur et ajouter aux agréments de la promenade. Afin de se procurer cette jouissance, les Cordeliers de Rouen, en 1408, ne craignirent point de percer la chaussée d'Aubette, mais la ville s'opposa à leur entreprise.

Si la position permettait d'avoir une pièce d'eau, on la peuplait de poissons et d'oiseaux. Nos ancêtres étaient fort sensibles à ce dernier mode d'ornement de leurs domaines. Dans son joli poème sur la parure du monde, Hildebert n'oublie pas de peindre le charme qu'ajoute aux jardins la présence des paons et des cygnes. Ces oiseaux n'étaient pas de purs objets d'agrément. On les servait alors sur les tables les plus splendides.

Un économiste du XIIIe siècle recommande aux intendants de mettre des cygnes dans les terres des seigneurs. Robert de Meulan donne aux moines de Préaux la dîme des cygnes qu'il prendra. — En 1219, Henri Mauconduit s'accorde avec l'abbé de Fécamp

---

sur la condition de la classe agricole et l'état de l'agriculture en Normandie, au moyen âge (Evreux, imprim. A. Hérissey, 1851, in-8°). On trouvera ici un court extrait de cet ouvrage. Elu membre de l'Académie des Inscriptions et Belles-Lettres, en 1857, puis nommé conservateur du département des Manuscrits et administrateur général de la Bibliothèque Nationale, Léopold Delisle, pendant plus d'un demi-siècle, étonna le monde savant par la variété de son érudition et la puissance de son activité. Son œuvre est considérable. La place nous manque pour rappeler les immenses services qu'il rendit aux études historiques, en augmentant la source de nos connaissances et en contribuant à renouveler nos méthodes de travail. Qu'il nous suffise de dire qu'au cours de son existence laborieuse, il n'oublia jamais la petite patrie à laquelle, il a consacré pieusement le fruit de ses premières recherches. La bibliographie de ses travaux se trouve dans l'Inventaire des Imprimés mis à la disposition du public à la Bibliothèque Nationale. Nous y renvoyons le lecteur soucieux de connaître l'énorme production de cet enfant illustre de la terre normande.

au sujet des oiseaux, et particulièrement des cygnes qui seront pris avec des filets sur la rivière de Vittefleur. Au XIIIe et au XIVe siècle, les moines de Troarn veillaient, avec la plus vive sollicitude, à conserver leurs droits sur les cygnes des marais de la Dive.— En 1366, quand Guillaume de la Haie vend sa baronnie de Néhou, il n'oublie pas d'énumérer les oiseaux sauvages qui nichent dans l'aunai, sous son château.— Dans les jardins du manoir archiépiscopal de Déville, les viviers étaient animés par la présence de cygnes, de canards et de « bourres » sauvages. On y nourrissait les cygnes avec de l'avoine, et on prenait les précautions les plus délicates pour les faire couver. On élevait aussi des cygnes dans les domaines de l'évêque de Bayeux.

Les paons n'étaient pas moins recherchés que les cygnes. Les intendants de Charlemagne devaient en nourrir dans ses domaines. Au XVe siècle, nous en remarquons dans les manoirs des archevêques de Rouen et des évêques de Bayeux. Les plumes de cet oiseau servaient à garnir certaines flèches, et à recouvrir une espèce de chapeaux, qui jouit longtemps d'une grande vogue. L'usage de manger la chair du paon persista jusqu'au XVIe siècle, puisque Champier parle encore de troupes de paons qu'il vit engraisser avec du marc de pommes aux environs de Lisieux...

...A Caen, diverses maisons étaient fieffées pour des glanes de lavande. Un coin du jardin de l'archevêque de Rouen à Gaillon était, au XVe siècle, consacré à la culture de cette plante, et connu sous le nom de « lavendier. »

Nos pères avaient un goût très prononcé pour les roses ; afin de le satisfaire, ils avaient trouvé moyen de conserver ces fleurs pendant l'hiver. Au Homme-sous-Rouen, la culture des rosiers avait pris assez de développement pour que le curé en perçût la dîme. Il faut cependant nous tenir en garde contre un penchant à l'exagération. Autrement, nous pourrions, avec quelques-uns de nos devanciers, transformer en plants de rosiers, des marécages couverts de roseaux, et appelés pour cette raison « roseraies » ou « rosières ». Les femmes surtout se plaisaient à soigner leurs rosiers. Eude Rigaud a consigné dans son journal la vengeance d'une femme qui coupa ceux de sa rivale. « Et sachiez, dit un bourgeois de Paris à sa femme, que je ne prend, pas desplaisir, mais plaisir, en ce que vous aurez à labourer rosiers, à garder violettes, faire chappeaulx. »

Au XIVe et au XVe siècle, les mentions des redevances de chapeaux de roses sont très communes. Elles s'acquittaient le plus souvent à la Saint-Jean. Au XVe siècle, nous voyons des chapeaux de roses estimés six deniers, et d'autres deux sous...

Passons aux jardins potagers, sur lesquels nous n'avons malheureusement que de très rares renseignements. Sans nous arrêter aux jardins de Charlemagne, remarquons que Jean de Garlande faisait cultiver à son jardinier le chou, la bette, le poireau, l'ail le sénevé, la porée, la ciboule et l'échalote. Cet auteur signale aussi dans les rues de Paris la vente de la laitue et du cresson.

L'auteur du *Ménagier de Paris* distingue quatre espèces de choux : les choux blancs ou cabus, les choux pommés, les choux romains et les choux de Pâques. Un aveu de 1415 mentionne l'obligation où les vassaux du seigneur de Flamanville étaient de planter ses choux et ses poirées.

Le tarif de la prévôté de Caen, au XIIe siècle, et l'ancien commentaire de notre coutume mentionnent la porée. On la cultivait en 1281, dans les terrains nouvellement défrichés de la forêt de Neubourg. A Dieppe, les marchands donnaient au bourreau une glane de poireaux par chaque somme qu'on mettait en vente.

Les mentions de l'ail sont assez communes. On les rencontre principalement dans les titres relatifs au Bessin.

L'oignon est encore plus souvent cité que l'ail. A côté de la forme latine « cepa », nous signalerons l'emploi de la forme française « oignon », non seulement dans les actes en langue vulgaire du XIIIe siècle et des suivants, mais même dans un texte latin remontant à l'année 1131.

Nous avons deux mentions de l'échalote ; la première se tire du tarif de la prévôté de Caen ; la seconde, d'un accord fait, en novembre 1261, par Eude Rigaud, sur les dîmes de Chars dans le Vexin, entre le curé de la paroisse et les moines de Saint-Denys.

La rave est également citée dans la Coutume de la prévôté de Caen, au XIIe siècle.

Le céleri figure dans un ancien compte de l'Hôtel-Dieu d'Evreux...

...Quant aux jardins consacrés à la culture des plantes médicinales, tout ce que nous observons, c'est que, sous le règne de Charles VI, dans une place vide près de la porte du pont de Seine, Jean le Telier, apothicaire et bourgeois de Rouen, avait fait « planter aucunes entes et semer et labourer plusieurs herbes servans au fait d'apothicaire... »

Au moyen âge, le verger se disait en latin « virgultum » ou « pomarium ». Nos textes français nous fournissent indifféremment les deux formes « verger » et « verdier ».

Les jardiniers de cette époque ne négligèrent pas l'art de greffer. Mais, en l'exerçant, ils avaient surtout pour but d'arriver à des résultats singuliers et bizarres. Ainsi, sur un tronc de chêne, ils aimaient à greffer dix ou douze espèces d'arbres différents. Ils avaient même la prétention de réaliser des prodiges dont la science moderne n'admet point la possibilité. Par exemple, un horticulteur du XIXᵉ siècle trace les règles à suivre pour enter la vigne sur le cerisier, pour greffer le cerisier et le prunier sur la vigne, pour obtenir des raisins sans pépin.

(*Études sur la condition de la classe agricole et l'état de l'agriculture en Normandie au moyen âge*. Évreux, impr. A. HÉRISSEY, 1851, in-8°).

VIEUX MOULIN SUR L'ORNE.
D'après la peinture de Georges Moteley (1).

───────────

(1) Georges MOTELEY, paysagiste et peintre de marine, né à Caen, le 14 juillet 1865. Élève de Jules Lefebvre, Antoine Guillemet et Gabriel Guay. Il débuta au Salon des Artistes Français, en 1887, avec un tableau représentant un paysage de Clécy (Calvados). Hors concours depuis 1902. M. Georges Moteley est un artiste du terroir dans toute l'acception du terme; tout à la fois un peintre des grèves, de la maison et des pommiers. Son champ d'études s'étend sur la côte normande, de Cherbourg à Barfleur et à Port-en-Bessin, ainsi que dans la campagne de Caen et le Cotentin. On trouvera quelques-unes de ses toiles aux musées de Rouen, de Caen, et de Cherbourg.

G.-S. TRÉBUTIEN (1)

Histoire de l'Industrie et du Commerce à Caen

Chez un peuple entièrement adonné aux armes et presque toujours occupé de guerres intestines, les progrès des arts et le développement de l'industrie ne durent pas être rapides. Le commerce maritime auquel il se livra dès les premiers temps de l'invasion, n'était qu'une véritable piraterie. Tout était encore à créer sous Guillaume; mais d'une volonté forte et d'une grande persévérance dans ses projets, Guillaume était capable de tout entreprendre et de tout exécuter. Le concile qu'il assembla à Caen, en 1061, sanctionna des institutions favorables au commerce et à l'agriculture. L'expédition d'Angleterre, qui eut lieu cinq ans après, exigea d'immences ressources qu'on ne put trouver que dans un état florissant. La conquête ouvrit nécessairement aux entreprises mercantiles de vastes débouchés. Deux nouvelles foires furent établies à Caen vers cette époque : celle de Saint-Laurent, remise dans la suite au jour Saint-Michel, et celle de la Trinité. On voit dans les chartes du Conquérant que le marché de cette ville était déjà fréquenté par les étrangers. La Tour de Londres et plusieurs autres édifices de ce temps qui subsistent encore aujourd'hui, furent bâtis avec des pierres extraites de nos carrières. On peut juger de la réputation dont jouissaient la ville et le port de Caen, par les éloges qu'en faisaient, au commence-

---

(1) Guillaume-Stanislas TRÉBUTIEN, né à Fresnay-le-Puceux (Calvados), le 9 octobre 1800, mort à Caen, le 25 mai 1870. Savant orientaliste, historien et littérateur, conservateur-adjoint à la Bibliothèque de Caen. Parmi ses travaux et ses publications, dont la liste serait longue à établir, nous citerons : *Les Recherches et Antiquités de la province de Neustrie*, par Ch. de BOURGUEVILLE, réimpr. avec une notice sur l'auteur (Caen, 1833, in-8°); *Le Roman de Robert le Diable* (Paris, 1837, in-8°); *Le Mont-Saint-Michel-en-Péril-de-Mer* (Caen, 1841, in-8°); *L'Etablissement de la Fête de la Conception N.-D.*, poème de Wace (Caen, 1842, in-8°); *Notes sur Claude Fauchet, évêque Constitutionnel...* (Caen, 1842, in-8°); *Chansons de Maurice et de Pierre de Craon, poètes anglo-norm. du XIIe s...*, (Caen, 1843, in-16); *La Mort du roi Sweyne, en vers du XIVe s... d'après le Manuscrit de la Biblioth. d'Avranches* (Caen, 1846, in-16), enfin ce livre utile à consulter pour l'histoire normande, le modèle des ouvrages du genre : *Caen, précis de son histoire, de ses monuments* (Caen, 1847, in-18 et 1855, in-12). On n'ignore pas que Tébutien s'est fait, avec Barbey d'Aurevilly, son ami, l'éditeur des *Reliquiae* de Maurice de Guérin (1855), ainsi que du *Journal* et des *Lettres d'Eugénie Guérin*. (Voyez la correspondance que Barbey d'Aurevilly lui adresse : *Lettres à Trébutien*. Paris, Blazot, 1908, in-8°.)

ment du xiiᵉ siècle, le moine Raoul Tortaire, et au commencement du xiiiᵉ, le poète Guillaume-le-Breton (1).

La résidence des ducs dans nos murs exerça une heureuse influence sur les progrès des arts de l'industrie, en favorisant le luxe et multipliant les consommations de tout genre. Il en fut de même des grands établissements de justice et de finance.

Caen devint l'entrepôt du commerce des blés et des vins. Des haras furent établis dans les environs pour perpétuer les belles races de chevaux. La pêche du hareng présentait, indépendamment de ses produits qui étaient alors très considérables, l'avantage de former des marins et d'entretenir en pleine activité les salines qu'on avait établies à Varaville, à Dives, à Touques et dans plusieurs autres paroisses. D'habiles ouvriers travaillaient le fer; Caen était réputé pour ses fabriques d'armes, comme il l'a été depuis pour sa coutellerie. Plusieurs quartiers de cette ville conservent encore aujourd'hui des restes de l'industrie qui s'y exerçait autrefois. La rue Froide a encore ses imprimeurs, la rue Ecuyère, ses teinturiers, et le Bourg-l'Abbé, ses tanneurs établis sur les bords de l'Odon. Les habitants de Saint-Gilles sont toujours adonnés à la culture des fleurs, comme au temps où leurs ancêtres stipulaient dans leurs contrats des redevances en *glane de lavende et en chapelets de roses*.

Dès le xiᵉ siècle on fabriquait dans le Vaugueux des tissus de laine. L'art de teindre les étoffes, qui est aujourd'hui si négligé parmi nous, formait alors une branche importante de notre industrie nationale. La culture de la vouède (2) était si répandue, qu'on trouve, dans plusieurs communes des environs, des champs qui portent encore le nom des moulins où elle était préparée.

La ville de Caen était si florissante au commencement du xiiiᵉ siècle, que le dernier de nos ducs, le roi Jean-sans-Terre, oublia dans les délices de son séjour les soins pressants de la défense de la cité, que Philippe-Auguste lui enleva en 1204, au milieu des fêtes que lui donnaient les habitants.

La réunion de la Normandie à la couronne de France ne fut pas d'abord favorable au commerce de Caen. Le parti du vainqueur fit violemment sentir sa domination à celui qui tenait encore à l'Angleterre, et pilla ses magasins; on usa de représailles de l'autre côté de la Manche. L'éloignement de la cour et la perte de quelques institutions, telle que celle de l'Échiquier, eurent d'ailleurs, pour l'industrie, des conséquences fâcheuses qui aug-

---

(1) Le premier, dans son *Voyage de Caen à Bayeux*, le second, dans sa *Philippide*.

(2) Sorte de pastel, qui servait à la teinture.

mentèrent encore par les entraves que la politique de Philippe-Auguste crut devoir apporter à notre commerce maritime, en faveur des habitants de Rouen dont il achetait la servitude par des privilèges.

Le commerce reprit de l'activité sous Louis VIII et sous saint Louis. Nos draperies, favorisées par le gouvernement, jouirent d'une grande réputation ; nos navires trafiquaient dans les mers du Nord, et nos marchands fréquentaient les foires de la Flandre, du Brabant et de l'Angleterre.

La prise de Caen par Édouard III, en 1346, porta un coup terrible à nos établissements industriels. Les détails du pillage, conservé par Froissart et quelques autres historiens, donne une haute idée de la prospérité à laquelle ces établissements étaient parvenus.

Il faut penser avec M. de Bras (1), qu'après de *tels saccagements, meurtres et combustions, la ville demeura pour un long temps fort désolée*. Son premier soin fut de s'entourer de nouvelles fortifications, pour se mettre à l'abri de l'invasion des partis anglais qui tenaient la campagne. Elle s'occupa ensuite à relever ses manufactures, et s'en occupa avec fruit, puisque les actes du xive siècle font mention de ses fabriques de draps, de serges, de toiles, de bourses (2), de cuirs, et des halles où l'on en vendait les produits. On trouve dans d'autres titres de cette époque la preuve d'un commencement de commerce d'importation et d'exportation avec les Basques, les Espagnols, les Florentins et les Génois.

Malheureusement, l'année 1417 vint arrêter ces progrès. La confiscation des propriétés, l'exil volontaire ou forcé d'un grand nombre de fabricants et d'ouvriers porta à notre industrie le coup le plus funeste qu'elle eût encore reçu. La Bretagne hérita du secret de leur art, et Henri V n'établit sa domination que sur les ruines de nos manufactures. Trentre-trois ans d'une possession plus ou moins paisible ne suffirent pas pour les relever.

Sous Charles VII, les propriétaires dépossédés rentrèrent dans leurs biens et ne tardèrent pas à se livrer de nouveau aux spéculations mercantiles. C'est à cette époque qu'il faut placer le projet de rendre l'Orne navigable dans sa partie supérieure. On commença par en élargir le lit sous les coteaux d'Allemagne ; mais

---

(1) Charles de Bourgueville, un des plus intéressants historiens de Caen.
(2) Ces bourses, alors très recherchées, s'appelaient *Tasques*, d'où est venu le nom de Tasquière, donné anciennement à une des rues du Vaugueux.

les troubles suscités par la guerre du *Bien Public* suspendirent les travaux.

Le bien avisé roi Louis XI, comme l'appelle M. de Bras, voulant récompenser la ville de Caen de la conduite qu'elle tint pendant cette guerre, y établit deux foires générales, par lettres

NICOLAS POUSSIN (1). — *Vénus et Énée*
(Musée de Rouen.)

patentes du mois de novembre 1470. Elles duraient quinze jours chacune. La première commençait après la Pentecôte, la seconde après la Notre-Dame de septembre.

---

(1) Nicolas POUSSIN, né à Villers-en-Vexin (Eure), près des Andelys, le 15 juin 1594, mort à Rome, le 19 novembre 1665. Il fut certainement le moins attaché de tous les Normands à son pays d'origine. On sait qu'il peignit la plupart de ses tableaux à Rome où il vécut presque toute sa vie. Le Musée du Louvre possède un grand nombre de ses œuvres ; on en trouvera néanmoins une, peu connue, à l'Hôtel de Ville des Andelys. On consultera sur la vie de cet illustre artiste : N. Guibal, *Éloge de N. Poussin*, Paris, 1783, in-8°; C. Lecarpentier, *Éloge histor. de N. Poussin*, Rouen, 1805, in-8°; Maria Graham, *Mém. sur la vie de N. Poussin*, trad. de l'angl., Paris, 1821, in-8°; H. Bouchitté : *Le Poussin, sa vie et son œuvre*, Paris, 1858, in-18; E. Gandar, *Souvenirs de la jeunesse de N. Poussin*, Paris, 1858, in-18; Le même, *Les Andelys et N. Poussin*, Mém. de l'Acad. des Sc., Arts... de Caen, 1860; V. Advielle, *Recherches sur N. Poussin et sa famille*, Arras, 1902, in-8°.

Ces foires franches, qui rivalisèrent bientôt avec celles de Lyon, de Bruges et d'Anvers, firent de notre ville un des premiers marchés de l'Europe. Malheureusement, elles furent transférées à Rouen dès l'année 1477, soit par suite des intrigues de l'abbesse de Caen, qui se plaignait du tort que la première de ces foires faisait à celle de la Trinité, dont elle avait les revenus, soit plutôt, comme le dit notre vieil historien, par suite des remontrances adressées à ce *bon roi* par les habitants de la métropole. La translation de ces foires fut d'autant plus fâcheuse qu'on ne rétablit pas celle du *Pré*, qui avait été supprimée à leur occasion. Celle-ci commençait le 9 octobre et durait huit jours. Elle était fort ancienne, puisque dès l'année 1024, Richard II en donna la dîme à l'abbaye de Saint-Wandrille.

Sous François Iᵉʳ, le commerce de Caen s'étendit jusqu'en Afrique, et même jusque dans le Nouveau-Monde, grâce au génie d'Étienne Duval, seigneur de Mondrainville. Il tirait annuellement de la Barbarie des quantités considérables de blé qui lui procurèrent d'immenses bénéfices et en même temps l'occasion d'être utile à ses concitoyens; car il le leur vendait toujours au-dessous du prix courant.

La présence des protestants en armes dans notre province, et les désordres de toute espèce qui en furent la suite, n'eurent pas heureusement sur l'industrie de la ville des conséquences très fâcheuses. Il faut en savoir gré au bon esprit des habitants qui ne voulurent pas prendre parti dans ces querelles religieuses.

A cette époque elle comptait plus de huit mille ouvriers employés dans ses fabriques de lingettes et de toiles. Ces dernières, déjà très réputées, acquirent une grande perfection. « Il n'y a ville en Europe, dit M. de Bras, où il se fasse de plus beau et singulier linge de table que l'on appelle *haute lice*, sur lequel les artisans telliers représentent toutes sortes de fleurs, bustes, oyseaux, arbres, médailles et armoiries de rois, princes et seigneurs, voire aussi naïfvement et proprement que le plus estimé peintre pourroit rapporter avecques son pinceau. »

Le même écrivain nous fait connaître que de son temps le marché du lundi pouvait être considéré comme une foire par l'affluence des marchands qui s'y transportaient, non seulement des autres villes de la province, mais même de la Bretagne.

Peu de temps après, le tort que la suppression des foires de Louis XI avait fait à notre commerce, fut réparé en partie par Henri IV qui, par lettres patentes du mois de mai 1594, créa la *foire franche* qui dure quinze jours. On l'établit dans l'emplacement qu'elle occupe encore aujourd'hui, en achetant des Jacobins le champ de *la Cercle*. (1) Les loges ne furent bâties qu'au commencement du siècle suivant.

Cette prospérité, encouragée quelque temps par Colbert, dura jusqu'à la révocation de l'Édit de Nantes. Près d'un tiers de la population de la ville se composait alors de protestants adonnés pour la plupart au commerce. On sait avec quelle rigueur on poursuivit l'exécution de ces édits si impolitiques. Les réformés portèrent à l'étranger leurs richesses et leur industrie. Avec eux s'éloigna le goût des entreprises commerciales qui avait résisté aux catastrophes précédentes. Caen cessa d'être considéré comme une ville manufacturière. Ses fabriques, moins celles des toiles, perdirent en partie leur réputation avec leur importance, et lorsqu'au XVIIIe siècle, les progrès des sciences commencèrent à s'appliquer avec tant de succès aux établissements industriels, notre commerce, stationnaire, fit à peine quelques malheureux essais pour en profiter. Les filatures qui s'y établirent ont été successivement fermées, à l'exception de celle de Montaigu. Il en a été de même d'une manufacture de porcelaine, ouverte il y a une quarantaine d'années, sous des auspices qui paraissaient favorables. La fabrique de toiles est tombée, les produits qu'on retire de la plupart des autres n'ont pas à beaucoup près l'importance qu'ils pourraient avoir. Il faut toutefois en excepter la bonneterie et surtout nos manufactures de dentelles qui forment aujourd'hui une branche de commerce fort étendue.

(*Caen, précis de son histoire, ses monuments, son commerce et ses environs*, Caen, impr. de F. Poisson fils, 1847, in-12.)

CHARLES DE ROBILLARD DE BEAUREPAIRE (2)

Notes sur les Tavernes de Rouen au XVIe siècle

Au XIVe siècle, à Rouen, les hôtelleries étant encore peu communes, les tavernes étaient déjà singulièrement multipliées. Les bourgeois, sans distinction de qualité, s'y procuraient la bière

---

(1) Elle avait été fixée d'abord au 1er juillet; et, après avoir été successivement reportée à la première semaine de Carême, au premier et au second lundi de *Quasimodo*, elle ouvre maintenant le second dimanche après Pâques. Le déballage a lieu le jeudi qui précède (*Note de l'auteur.*)

(2) Charles-Marie de Robillard de Beaurepaire, né à Avranches, le 24 mars 1828, mort le 13 août 1908. Il fut l'un des plus féconds et des plus remarquables historiens de la Normandie. Ancien élève de l'Ecole des Chartes, licencié en droit, archiviste de la Seine Infre, Inspecteur

qu'ils consommaient pendant l'été, le vin au détail ou au demi-gros, et même les vins de *choix* qu'on donnait en présent aux personnages les plus élevés en dignité. On offrait du vin aux prédicateurs pour prix de leurs sermons; on en offrait aux juges pour se concilier leur bienveillance; l'archevêque, le chapitre de la cathédrale, les échevins en offraient aux rois et aux princes et à leurs conseillers pour fêter leur bienvenue; et généralement c'était à la taverne que tous l'envoyaient quérir. Au XIVe siècle, la taverne n'avait encore rien de malséant. On allait y boire, pour y traiter de ses affaires, avec les sergents, avec les avocats, parfois même avec les juges.

Ouvrons en effet les comptes du *clerc de ville*, sorte de receveur chargé par les chanoines de la cathédrale de percevoir les revenus qui leur appartenaient à l'intérieur de la ville. Dans les comptes de 1377 à 1381, il est très fréquemment fait mention des petites dépenses faites par lui à dîner, à souper et à boire à la taverne avec les sergents ou les avocats.

« M. Symon Valeran et moi fumes parmy la ville pour dyner avec lui ès Ballances, en la rue S. Ouen, 2 sols avec M. Jehan Delamarre, qui fut clerc de la ville, à l'Escu de France, emprès la Madeleine, le darrenier jour de septembre, 2 sols » 1377-1378. — « Pour boire au matin avec les advocats, chiez Jehan de Bucher, 4 sols 6 deniers — Pour boire avec le lieutenant du maire. — Pour boire de matin avec les gens de la veue. — 22e jour de novembre que les plaids du maire furent, avec le lieutenant du maire Regnaud Boissel, Guillaume Osmont, chiez Jehan de Bucher, 3 sols 4 deniers. » On trouve dans ces comptes les noms des quinze tavernes où le *clerc de ville* va boire, pour y causer des procès de ses maîtres. Ce sont l'*Asne roye*, les *Chapeles* ou les *Capeles*, le *Chevalier au Cygne*, le *Lion d'argent*, en la rue S. Martin, les *Petits Souliers*, le *Singe*, près de la Madeleine, les *Tourelles*, près du pont, les *Trois Moutons*, en la

---

des Archives communales, correspondant de l'Académie des Inscriptions et Belles-Lettres, Président de l'Académie des Sciences, Belles-Lettres et Arts de Rouen et de la Société des Bibliophiles normands, membre d'un grand nombre de sociétés savantes, etc., etc., il eut une carrière bien remplie. Les titres seuls de ses ouvrages suffisent à nous donner une idée de son immense labeur. Nous citerons parmi ces derniers : *Anciens Inventaires du Trésor de l'abbaye de Fécamp* (Paris, 1851, in-8°); *Entrée et séjour du roi Charles VIII à Rouen en 1845* (Caen, 1854, in-8°); *Notes sur six voyages de Louis XI à Rouen* (Rouen, 1857, in-8°); *Les Etats de Normandie sous la domination anglaise* (Evreux, 1859, in-8°); *De l'administrat. de la Normandie sous la domination anglaise aux années 1424, 1425, 1439, etc.* (Caen, 1859, in-4°); *Notes et documents concernant l'état des campagnes de la Haute-Normandie dans les derniers temps du moyen âge* (Evreux, 1865, in-8°); *De la Vicomté de l'Eau et de ses coutumes à Rouen aux XIIIe et XIVe s.* (Evreux, 1856, in-8°); *Mémoire sur le lieu du*

rue S. Ouen; toutes tavernes tombées peut-être antérieurement au xvie siècle; et celles-ci que notre opuscule mentionne encore : les *Balances,* en la rue S. Ouen, la *Croix d'Or,* l'*Ecu de France,* près de la Madeleine, la *Fleur de Lys,* devant S. Maclou, la *Fleur de Lys,* près de Notre-Dame, la *Fleur de Lys,* sur le Robec, le *Cygne* devant S. Martin-sur-Renelle.

A l'époque de l'occupation anglaise, les religieux de Fécamp eurent un procès avec un chevalier du pays, messire de Calleville. A quel sujet, il n'importe. Le seul point à noter ici est que ce procès donna lieu à de sérieuses difficultés, et qu'il fallut consulter, dans des enquêtes d'une forme particulière désignées sous le nom de *tourbes,* un grand nombre d'avocats et d'officiers du Roi de toute la province.

Tant que dura l'instruction de la cause par des commissaires du Roi, il n'y eut point de jour où le religieux chargé de surveiller l'affaire n'eût à traiter à la taverne les clercs et les avocats, ce qui fait naturellement songer à ce Vau-de-Vire de Jean le Houx :

> Les advocats n'en meurent guère
> Qui boivent avec leurs clients;
> Ayant une bonne matière
> Ils s'en lavent fort bien les dents.
> Oh! que cet estat m'agréeroit !
> Car si on n'y gagne, on y boit.

Avec les commissaires, il fallut plus de façons. On ne les invita pas à la taverne. Mais les religieux de Fécamp n'y gagnèrent pas. Leur procureur se crut obligé par les convenances d'approvisionner la table des juges avec tout le soin que comportaient les habitudes gastronomiques de l'époque. Paons, chapons,

---

supplice de Jeanne d'Arc (Rouen, 1867, in-8º); *Recherches sur le procès et la Condamnation de Jeanne d'Arc* (Rouen, 1869, in-8º); *Séjour de Henri III à Rouen aux mois de juin et juill.* 1588 (Rouen, 1870, in-4º); *Recherches sur l'Instruction publ. dans le diocèse de Rouen avant 1789* (Caen et Rouen, 1872, 3 vol. in-8º); *Recherches sur la population et la généralité du diocèse de Rouen avant 1789* (Rouen, 1872, in-4º); *Les Cahiers des Etats de Normandie sous les règnes de Louis XIII et de Louis XIV* (Rouen, 1876 à 1878, 3 vol. in-8º); *Cahiers des Etats de Normandie sous le règne de Henri IV* (Rouen, 1880-1882, 2 vol. in-8º); *Notes histor. et archéol. concernant le départ. de la Seine-Inf[re] et spécialement la ville de Rouen* (Rouen, 1883, in-8º); *Louis XIII et l'assemblée des Notables à Rouen 1617* (Rouen, 1883, in-4º;) *Nouv. Recueil de notes hist. et arch. concernant le dép. de la Seine-Inf.* (Rouen, 1888, in-8º); *Mélange histor. et arch. concern. le dép. de la Seine-Inf. et plus spécial. la ville de Rouen* (Rouen, 1897, in-8º), etc., etc. Charles-Marie de ROBILLARD DE BEAUREPAIRE était le frère de cet autre savant : Eugène-Hippolyte de Robillard de Beaurepaire, à qui l'on doit aussi de remarquables travaux d'histoire locale.

alouettes, pinsonnets, perdrix, vitecoqs, brochets, barbeaux, brêmes, éperlans, huîtres par centaines, pipreneaux, connins leur sont successivemennt envoyés, sans compter je ne sais combien de galons de vins et même d'hypocras, qui furent acceptés sans cérémonie, comme le reste. Un jour, comme le procès touchait à sa fin, on se décida à les inviter à l'hôtel S. Gervais, dépendant, comme on sait, de l'abbaye de Fécamp, et l'on eut à acquitter pour eux la carte qui suit : « En poisson, 35 sols. — Pour une XII^{ne} de harens caque, 20 deniers. — Pour 14 harens saurs, 20 deniers. — Pour un gallon d'hypocras, 16 sols, 8 deniers. — Pour deux plas de mestier, 20 deniers. — Pour 7 pots de vin pris en la ville, 9 sols, 4 deniers — Pour buirre, 20 deniers. — Pour un quarteron de gingembre, 5 sols. — Pour une once de canelle, 12 deniers. — Pour demie livre d'affaitement, 10 deniers. — Pour un cent d'oystres (huîtres), 15 deniers. — Pour poires, 5 deniers. — Pour cresson, 1 denier. — Pour demy quarteron de chucre, 20 deniers. »

Enfin, au moment du départ, on leur donna à emporter deux connins et deux oiseaux de rivière du prix de 8 s.

Mieux eût valu que ces juges eussent pris la peine d'indiquer les gracieusetés qu'on pourrait leur offrir. C'est ce que fit en 1380 Sire Guerout de Maromme, maire de Rouen, à la suite d'un procès qui avait été jugé aux plaids de la mairie, au profit du chapitre. Il demanda au *clerc de ville* de lui payer 15 chapeaux de roses, tant pour lui maire que pour son clerc, pour le chapelain, messire Gautier, et pour les avocats. La dépense ne fut pas lourde : le chapitre en fut quitte pour la somme de 11 sols, 8 deniers.

Les maîtres des tavernes, aussi bien que ceux des hôtelleries s'appelaient seigneurs, les maîtresses s'appelaient dames. Cet usage, s'il n'était pas signalé, pourrait donner lieu à d'assez étranges confusions. *Le seigneur de l'Ours*, mentionné au procès de condamnation et de réhabilitation de Jeanne d'Arc, a mis, un instant, en défaut la sagacité bien connue du savant Quicherat, qui pourtant, après quelque hésitation, ne tarda pas à reconnaître sous ce titre un hôtelier de Paris à l'enseigne de l'Ours. Cette qualification se rencontre très fréquemment dans les comptes. Compte de l'Archevêché, 1403 : « Pour avoir donné à disner aux boutelliers et priseurs du Roy à Rouen et avec eux le Gouverneur de la Vicomté, et fut chés le seigneur de la *Fleur de Lys*, en la rue de la Vicomté, 25 s. — *Item*, despendu chés le Seigneur de la *Croys d'Or*, avec le Vicomte de l'Eaue de Rouen, et avec un sergent, lequel avoit arresté un pouchon de vin de choys pour une amende, 5 sols. » — Compte de l'Archevêché, 1458-1459 : « La dame des *Trois Signes* (Cygnes). » — Les comptes de la paroisse

S. Sauveur mentionnent, à la fin du xvie siècle, les dames du *Mouton Blanc*, du *Franc-Archer*, du *Chevalier Blanc*, de la *Croix Rouge*. Mais, à cette époque, il n'est plus question de seigneurs, mais de maîtres : les maîtres du *Pilier Vert*, des *Trois Rois*, de l'*Ecrevisse*.

Bien que les tavernes, à la différence des hôtelleries et des cabarets, fussent principalement des boutiques (c'est le sens propre du mot latin (*taberna*), où l'on achetait le vin en détail, ce serait une erreur de supposer qu'il leur fût interdit de loger des voyageurs. Ainsi nous voyons dans un contrat d'association conclu, en 1395, pour l'exploitation d'une taverne entre le propriétaire Guillaume Blancbaston, lieutenant du bailli de Rouen, et un nommé Guillaume Marc, chargé de la faire valoir, Blancbaston s'engage à fournir, en premier lieu, « livrée de vin quant le cas escherra et offerra, et comme avances 4 queues de vin du prix de 10 livres, ensuite, entre autres estorements, 12 lits fournis et 24 paires de drap. » Le contrat donne du reste peu de renseignements sur l'aspect intérieur de cette taverne qui ne devait pas être une des moins bien famées de Rouen, à en juger par le nom du propriétaire. Nous citerons seulement, dans la liste des objets mobiliers fournis au tavernier, huit tasses et un gobelet à pied d'argent, une douzaine de hanaps de madre. Les chopines, les pots, les écuelles et les plats étaient d'étain.

La liberté des tavernes fut maintenue jusqu'au milieu du xvie siècle.

(*Les Tavernes de Rouen au* xvie *siècle*. Introduction. Rouen, Boissel, 1867, in-8°.)

M. E. GOSSELIN (1)

Les Arts et Métiers en Normandie

LES ANCIENS POTIERS DE ROUEN

Avant que, par imitation des faïences de Toscane et d'Italie, on eût essayé en France, et surtout en Normandie, d'appliquer

---

(1) Nous n'avons pu trouver jusqu'ici aucun renseignement sur cet écrivain contemporain à qui l'on doit, outre l'intéressante étude sur les potiers, tuiliers et briquetiers normands, — dont nous donnons un court fragment, — la publication de plusieurs ouvrages, notamment : *Relation*

l'émail sur la terre cuite, la poterie avait atteint une perfection remarquable. Cette industrie s'était, pour ainsi dire, concentrée dans le pays du Beauvoisis, et y avait pris, dès le XVe siècle, un développement extraordinaire. Les produits en étaient très recherchés et fort chers. Aussi n'en voyait-on guère que chez les grands seigneurs et les riches bourgeois, dont ils décoraient les beaux dressoirs. Par le luxe des décors dont elle enrichissait ses produits, elle était devenue plus qu'une industrie, elle avait atteint véritablement à la hauteur d'un art. Elle ornait ses vases de tant de figures, de fleurs, de festons, de torsades, qu'encore aujourd'hui, ceux qui ont pu être conservés font l'admiration des amateurs.

Mais, au-dessous de cette luxueuse poterie, il en existait une autre beaucoup plus commune, dont les produits étaient fort recherchés aussi, à cause de leur utilité dans les ménages. Les potiers de ce genre étaient très nombreux, et leurs ateliers n'étaient point, comme ceux de la poterie de luxe, concentrés dans une seule contrée. Il en existait un peu partout, dans les campagnes, surtout, beaucoup plus que dans les villes. A Rouen, par exemple, c'est à peine si, durant le XVe siècle, on en trouve trois ou quatre. Par suite, la manière de faire était plus capricieuse, la forme et les dessins de leurs vases plus variés, et si chacun d'eux porte le cachet de son époque, le nom du potier, aussi bien que celui du lieu où l'objet a été fabriqué, échappent aux plus minutieuses investigations.

D'un autre côté, avant le XVIe siècle, les actes publics ne faisaient connaître habituellement que le nom des individus, le lieu de leur domicile, et presque jamais leur *profession*, à moins qu'ils ne fussent écuyers, prêtres, magistrats, bourgeois ou de quelque état considérable, comme drapier, boucher, boulanger; c'est à cette mauvaise habitude que l'on doit de ne connaître qu'un bien petit nombre d'anciens potiers. Cependant, on dit que le nom de l'une de nos rues, la rue Potart, a pour origine les fabriques de poteries qui s'y seraient établies très anciennement. Si ce fait est exact, il y aurait peut-être lieu de rechercher la cause de leur disparition et de vérifier si ce ne serait pas dans le Beauvoisis que ces fabriques auraient transféré leur nouvel établissement. Quoi qu'il en soit, vers la fin du XVe siècle, on ne fabriquait déjà plus de poterie à Rouen; presque tous les potiers étaient établis dans les campagnes.

---

du siège de Rouen en 1591, par Guillaume Vallory (Rouen, Impr. Poissel, pour la Société rouennaise des Bibliophiles, 1871, in-4°); *Docum. authentiques pour servir à l'hist. de la Marine normande et du Commerce Rouennais pendant les XVIe et XVIIe siècles* (Rouen, 1876, in-8°.)

CAEN. — L'ÉGLISE SAINT-PIERRE, VERS 1830.
(Dessin de Félix Thorigny.)

...Nous avons dit que les potiers de Beauvais ne se livraient qu'à la fabrication de la poterie de luxe ou artistique, mais que, au-dessous de celle-là, il y avait la poterie commune ou usuelle employée dans les ménages. La faïence n'existant pas alors, la vaisselle ordinaire était, ou en étain, ou en bois, ou en terre. La vaisselle d'argent se rencontrait très rarement, quoique l'orfèvrerie et la bijouterie fussent assez répandues. En fait de vaisselle en terre, on avait les pots à mettre au feu, les fesseles, les hanaps à boire, les jattes, les tasses à boire, puis les pots de Talvende pour mettre le beurre, les écuelles, les pots de Gers près Mortain, et la poterie plus commune encore des environs de Valognes et de Néhou.

Mais les potiers des environs de Rouen ne se bornaient pas à fabriquer les ustensiles de ménage. Ils fournissaient les tuyaux et canaux en terre cuite, pour la conduite des eaux; ils connaissaient le vernis vert et le vernis jaune, et l'appliquaient à l'intérieur de ces canaux. Ainsi, en 1543, Michel et Loys Vigot, potiers de terre, demeurant, l'un à Brémontier, et l'autre à Bieucourt, vendirent, à un sieur Demestre, cinq mille tuyaux de terre cuite, à faire fontaines, longs chacun de deux pieds huit pouces, *plombés et vernis en dedans de couleur jaune*, à raison de huit sols six deniers par toise, compris les emboîtements. En 1549, un autre Vigot (Pierre), demeurant à Esclavelles, vendit, au même Demestre, six mille tuyaux de terre cuite, à faire fontaines, plombés et vernis dedans de couleur jaune ou verte, pour le prix de sept sols six deniers la toise. On ne saurait dire si les Vigot avaient la spécialité des tuyaux en terre; mais il est probable qu'ils fabriquaient également des pots, puisqu'ils prennent la qualité de potiers. Outre les pots, jattes, hanaps, tasses, etc., les potiers fabriquaient aussi des bouteilles, car on trouve, vers le milieu du XVIe siècle, une vente de *cent douzaines de bouteilles en terre*, faite par Michel Gadouet et Symon Leguert, potiers à Bully, à raison de dix sols la douzaine.

Voici quelques autres noms de potiers que nous avons recueillis : en 1510, Pierre Annette était établi à Rouen, en la paroisse Saint-Maclou ; Guillaume Annette, potier à Quiévreville-Saint-Ouen ; Cardin Framboisier, potier au même lieu ; Cordet Hélot, potier à Saint-Aubin-d'Ymare ; Jehan Andrieu, faiseur de pots de terre, à Saint-Aubin-la-Campagne ; Robert Lesaas, potier au même lieu ; Guillaume Ducreux, potier à Verclives, et Pierre Roullart.

Il y avait aussi des potiers à Belbeuf, *au hamel* de la Poterie, entre autres, une famille du nom de *Durand*, dont il sera parlé ci-après.

On a vu que les potiers qui fabriquaient les canaux, les *vernissaient en dedans*. Il en était de même pour certaine vaisselle en terre, tels que les pots à feu, les hanaps, les tasses à boire. Tous les vases normands en terre étaient, en effet, vernis, tant à l'intérieur qu'à l'extérieur ; on employait le vernis vert, le brun, le jaune, pour les dessins extérieurs et pour les devises dont les potiers aimaient à enrichir les hanaps, les tasses à boire et surtout les plats. (Voir le musée Thaurin.) Donc, aux époques indiquées, on connaissait et on appliquait le vernis sur la poterie en terre cuite. Ce n'était point encore l'émail, mais ce pouvait être un acheminement pour y conduire.

On connaissait alors les belles faïences de Toscane et d'Italie. Quelques hauts personnages en avaient décoré leurs palais, et François Ier avait confié au fameux Girolamo della Robbia la décoration de son château de Madrid, près Paris, au moyen de ses belles faïences émaillées.

Tout près de Rouen, à Boos, Guillemette Dassy, décédée en 1531, abbesse de Saint-Amand, avait fait construire un colombier décoré de carreaux émaillés « analogues (dit M. Pottier) aux carreaux d'Écouen (1) ».

Vers 1543, François Donteville, évêque d'Auxerre, ambassadeur de François Ier, faisait faire à son château de Polissy (Champagne) un magnifique carrelage en terre émaillée qui porte la date de 1545.

En 1546, le connétable de Montmorency, tombé en disgrâce, s'étant retiré d'abord à Chantilly, puis à Écouen, y vécut jusqu'à l'avènement de Henri II. Ce fut alors que, pour occuper ses loisirs, il entreprit de diriger et de surveiller l'achèvement de son château d'Écouen. Il n'eut garde d'oublier les riches décorations, tant recherchées à ce moment, des carreaux de faïence émaillée. Entre autres magnificences de ce genre, il y fit faire deux tableaux peints sur carreaux de faïence, représentant Mutius Scœvola et Curtius (2). Il y fit peindre également ses armoiries sur carreaux émaillés, et c'est sur l'un de ces carreaux, conservé jusqu'à nos jours, que sont écrits ce nom et cette date : *Rouen* 1542.

Les carreaux émaillés, au XVIe siècle, étaient fort en vogue, et, dans la plupart des constructions un peu somptueuses de cette époque, on les employait pour le carrelage des pièces principales. On employa d'abord les pavés d'Italie, dont l'émail blanc était ordinairement enrichi de dessins de fleurs en bleu, en jaune et en vert.

Toutes ces merveilles du goût de ce temps sont attribuées, par tous les écrivains qui les ont étudiées, à des Italiens ou à des Toscans, et, malgré la date de 1542, qui semble rendre la supposition impossible, on a fait honneur à Palissy des pavés émaillés de Rouen...

On sait quelle était l'importance de nos relations commerciales aux XVe et XVIe siècles ; le port de Rouen se voyait encombré

---

(1) A. POTTIER, *Histoire de la faïence de Rouen*.
(2) Ces tableaux sont aujourd'hui à Chantilly.

de navires étrangers. Les Espagnols, les Portugais, les Hollandais, les Anglais, les Italiens y étaient toujours en grand nombre.

Nos échanges continuels avec tous les peuples avaient fini par amener, au milieu de nous, une population d'étrangers qui y avaient établi leurs comptoirs. Leurs mœurs, aussi bien que leur industrie, tendaient sans cesse à s'assimiler aux nôtres. Les Italiens apportaient chez nous leurs peintures, leurs miroirs, leurs faïences émaillées; les échanges entre les étrangers et nous ne consistaient pas seulement en marchandises; les négociants rouennais envoyaient leurs fils en Angleterre, en Hollande, en Espagne, en Italie, pour y apprendre « le langaige », tandis qu'ils recevaient chez eux les fils de ces étrangers pour leur apprendre le commerce.

De ce frottement continuel avec les autres nations, nos fins négociants rouennais retiraient de nombreux avantages, et surtout des connaissances qui devaient, tôt ou tard, tourner au profit de notre industrie. C'était de ces relations qu'était né déjà l'établissement des premières verreries en France et en Normandie, c'était d'elles aussi que pouvait naître la fabrication de la faïence ou de la terre émaillée.

(*Glanes historiques normandes à travers les* XVe, XVIe, XVIIe *et* XVIIIe *siècles Documents inédits*. Rouen. Impr. de E. Cagnard, s. d. in-8º.)

ÉMILE MAGNE (1)

La Foire de Rouen et la « Fierte (2) » de Saint Romain au XVIIe siècle

Sortant de Rouen par la porte Neuve, François Le Metel, sieur de Boisrobert, s'engage sur le pont de bateaux qui relie les deux

---

(1) Les savoureuses pages qu'on trouvera ici, sont extraites de ce beau livre de M. Emile MAGNE: *Le plaisant abbé de Boisrobert* (Paris, *Mercure de France*, 1909, in-18). Non seulement elles apportent une contribution utile à l'histoire des mœurs normandes, mais elles constituent un des tableaux les plus vivants, les plus pittoresques, que nous connaissions de la vie provinciale au XVIIe siècle. Né à Dax, le 29 juillet 1877, M. Emile Magne est un de nos jeunes historiens les mieux doués. Collaborateur au *Gaulois littéraire*, à l'*Echo de Paris*, au *Figaro*, à *Paris-Journal*, au *Temps*, à la *Grande Revue*, à la *Revue Hebdomadaire*, au *Mercure de France*, il est encore l'auteur des ouvrages suivants, très remarqués de

ROUEN. — LA CATHÉDRALE (LE GRAND PORTAIL).

rives de la Seine et s'attarde un instant à contempler le paysage. Derrière lui les murailles de la ville forment une carapace sinueuse et grisâtre au-dessus de laquelle les clochers innombrables des églises et des couvents, dominés par les tours de Notre-Dame, fixent l'horizon. La rivière, obstruée d'un côté par l'île de la Moucque, de l'autre par les ruines du pont de pierre, charrie, en masses compactes, les batelleries plates et lave la coque noire des vaisseaux venus d'Angleterre et de Hollande. En face se déroulent les perspectives vertes du faubourg Saint-Sever, les belles rangées d'arbres du Cours, la Gabelle et les maisons de Claquedent.

Contre son habitude, François Le Metel (1) se sent en humeur de rêverie. Il tente de s'absorber en lui-même, mais renonce bientôt à cette tâche pénible. Les cloches de Rouen, conduites, dans leur mission sonore, par Georges d'Amboise, leur mâle bourdon, annoncent, à toutes volées, les offices de l'Ascension et la procession de la Fierte. Le coche de La Bouille débarque un chargement hurlant de campagnards et de filles. Et le pont de bateaux tremble d'une course de couples hilares descendus des faubourgs environnants.

Le jeune homme se ressouvient alors que, là-bas, en plein faubourg Saint-Sever, devant le prieuré de Bonnes Nouvelles, s'ouvre la foire du Pré. Là, chaque année, les caillettes de Sotteville ou

---

la critique et recherchés du public littéraire : *Les Erreurs de documentation de Cyrano de Bergerac* (Paris, Ed. de la *Revue de France*, 1898, in-16, réimpr. sous ce titre : *Le Cyrano de l'Histoire*, Paris, Dujarric, 1903, in-18); *Bertran de Born* (Paris, Lechevalier, 1904, in-18); *Scarron et son milieu* (Paris, *Mercure de France*, 1905, in-18); *Mme de Villedieu* (*Ibid.*, 1907, in-18); *Mme de la Suze et la Société précieuse* (*Ibid.*, 1908, in-18); *L'Esthétique des Villes* (*Ibid.*, 1908, in-18); *Mme de Chatillon Ibid.*, 1910, in-18); *Gaultier-Garguille* (Paris, Louis-Michaud, 1911, n-16); *Voiture et les Origines de l'Hôtel de Rambouillet* (Paris, *Mercure de France*, 1911, in-18); *Voiture et les années de gloire de l'Hôtel de Rambouillet* (*Ibid.* 1912, in-18); *Ninon de Lanclos* (Paris, Ed. d'art et de littér., 1912, in-12). Abandonnant la méthode historique traditionnelle, pour appliquer les procédés du roman, M. Emile Magne, sans rien sacrifier d'une scrupuleuse et abondante documentation, a pris à tâche, semble-t-il, de faire revivre ses personnages dans l'atmosphère et le décor du temps. Sa tentative de mise en scène rationnelle, son talent probe d'écrivain lui ont valu une place honorable dans la littérature contemporaine.

(2 de la page 360) Vieux mot qui signifie châsse. Il servait encore à désigner l'usage en faveur duquel le chapitre de Rouen obtenait, annuellement, la grâce d'un prisonnier. Cet usage remontait à Saint Romain, archevêque de Rouen. (Voyez : A. Floquet, *Histoire du privilège de saint Romain*, 1833, in-8º.)

(1) François LE METEL DE BOISROBERT, poète français, protégé du cardinal de Richelieu; né à Caen en 1592, mort le 30 mars 1662. Fondateur de l'Académie française. (Voyez la notice consacrée à cet auteur dans notre éd. des *Poètes du terroir*, t. III, p. 454.)

bien les godinettes d'Elbeuf, corsage tendu, cuisse allègre et pied poupin, lui fournissent, pour ses délices, un bavolet de dentelle. Assurément aux attraits enfarinés des duchesses, il préfère les blonds cheveux, le cœur ingénu, la grâce un peu lourde sans doute mais dépourvue de maniérisme de ces filles qu'une bouffonnerie adroite, un galand inusité, un pot de cervoise rendent à sa merci. Durant quelques jours ou quelques mois, selon la persistance de son appétit, il savoure le plat épicé que lui sert la coquette prodigue, pour lui plaire, de blanches brassières et qui consent, sans qu'il l'en prie, à se décrasser à la fontaine. Nulle gêne, nuls soupirs ni larmes. Point de muguets et de cajoleurs autour d'elle. *Peau d'Ane*, tandis qu'elle file sa quenouille, la distrait davantage qu'*Astrée*. Ainsi coulent agréablement les heures.

Tandis que, mêlé à la foule, Boisrobert se dirige vers les prés de Claquedent, il se rappelle que ces amours villageoises comportent aussi leurs inconvénients... Il chasse vivement cette pensée qui lui détruirait le charme de l'après-midi ensoleillé. Et, tout souriant, il pénètre dans la foire.

Des chanteurs s'égosillent parmi les cercles de badauds. Pinot, burlesquement coiffé de crapaudaille, et la Pinotte, sa femme, affublée d'un domino rouge, non plus que le Gaillard boiteux ne l'intéressent. Souventes fois, place de la Calende, devant la cathédrale fleurie de verrières, il les entendit clamer à voix de fausset leurs sornettes. D'ailleurs, surmontant le tumulte affreux des tambours et des trompettes, un cri strident éraille ses oreilles :

— A cinq sols toute la boutique !...

Le cri vient d'une baraque lointaine, environnée d'une foule compacte. Boisrobert, curieux de connaître l'être doué d'un si sonore organe, essaie de traverser les groupes. Mais, portant comme des trophées leurs rats de Barbarie, des hommes l'en empêchent.

— Mort aux rats et aux souris !

Puis, ce sont, chargés de leurs boîtes peintes, d'autres fripons en multitude.

— Je guéris la goutte ! Qui veut de mon baume ?
— Eschaudés, gâteaux, pastés chauds !...

Deux nigauds de campagne rossent un coupeur de bourses.

— Coquin, je te tiens, rends gorge !...

Des marchands d'oublies passent, brandissant leurs tourniquets. Un gagnant invective le blanquiste qui lui délivre un lot endommagé. Une grappe d'ivrognes tournoie un instant et s'abat. Des chaperons volent, enlevés par des poings brutaux, et des mufles rougissent. Entre les hommes acharnés à s'entre-gourmer, les cottes des femmes oscillent sous des claques violentes...

Un moment, Boisrobert admire la dextérité d'un arracheur de dents qui, du bout de son épée, extirpe la molaire d'un lourdaud de Martinville. Mais, de nouveau, le même cri l'appelle :

— A cinq sols toute la boutique !...

Il fend la presse les coudes en avant. Et brusquement il voit, au milieu de ses cagnes dansant des pantalonnades et, d'un troussement expert, montrant leurs culs pointus, la grande robe noire, la médaille magique et la barbe hirsute de l'opérateur Bary. Sa voix de « canne enrouée » clame encore :

— A cinq sols toute la boutique !...

Et comme les coquefredouilles ne se hâtent point de sortir leurs testons, Nicolas Tuyau, musicien unique de la baraque, de son archet baroque, gratte le boyau de sa viole. Il en sort un miaulement aigu et son visage se distend en une grimace de hideur si phénoménale qu'un rire secoue l'assistance. Cette grimace déchaîne les générosités. Cent bras tendent des monnaies et les pots de baume, les boîtes d'onguent, les paquets de savonnettes s'engouffrent dans les poches.

Cependant les danses redoublent.... Bientôt, d'un geste souverain, Bary les arrête. Vers sa baraque convergent de nouvelles foules. Un boniment s'impose. Il racle énergiquement sa gorge et, tonitruant :

— Vous voyez, mesdames et messieurs, vous voyez, dis-je, le plus grand personnage du monde, un virtuose, un phénix pour sa profession, le parangon de la médecine, le successeur d'Hippocrate et l'héritier de ses aphorismes, le scrutateur de la Nature, le vainqueur des maladies et le fléau de toutes les Facultés. Vous voyez, dis-je, de vos propres yeux un médecin méthodique, galénique, hippocratique, pathologique, chimique, spagirique, empirique.

« Je suis, mesdames et messieurs, ce fameux Melchissedech Bary. Comme il n'y a qu'un soleil dans le ciel, il n'y a aussi qu'un Bary sur la terre. En quel lieu de l'Univers n'ai-je point été? Quelle cure n'ai-je point faite? Informez-vous de moi à Siam : on vous dira que j'ai guéri l'Éléphant blanc d'une colique néphrétique ! Qu'on écrive en Italie : on saura que j'ai délivré la république de Raguse d'un cancer qu'elle avait à la mamelle gauche ! Qu'on demande au Grand Mogol qui l'a sauvé de sa dernière petite vérole? C'est Bary? Qui est-ce qui a arraché onze dents mâchelières et quinze cors aux pieds à l'infante Atabalippa? Quel autre pourrait-ce être que le fameux Bary? Je suis l'universel bienfaiteur. Je retape les estomachs, je chasse les pâles couleurs, j'extrais la cataracte!... Et cela n'est rien encore, car, défiant le destin, je ressuscite les morts!...

« Mais, me direz-vous, je n'ai que faire de vos remèdes. Je me porte bien. Je ne suis, Dieu merci, ni pulmonique, ni asthmatique. Je n'ai ni pierre, ni gravelle, ni fluxion, ni catarrhe, ni rhumatisme. » Hé ! tant mieux ! Le Ciel en soit loué ! C'est ce que

ROUEN. — LE PALAIS DE JUSTICE

je demande ! Est-ce l'intérêt qui me fait agir ? Non, signori, non ! J'ai plou de bien que je n'en veux. Mais j'ai d'autres secrets où le beau sexe ne sera peut-être pas insensible ! Je vous apporte, mesdames... Hé ! quoi ? Le trésor de la beauté, le magasin des agréments, l'arsenal de l'Amour ! Je vous apporte de quoi pousser la jeunesse jusque par delà la décrépitude. Je vous apporte un baume du Japon qui noircit les cheveux gris et dément les extraits baptistères ; une pommade du Pérou qui rend le teint uni comme un miroir et recrépit les trous de la petite vérole ; une quintessence de la Chine qui agrandit les yeux et rapproche les coins de la bouche, fait sortir le nez à celles qui n'en ont guère et le fait rentrer à celles qui en ont trop ; enfin un élixir que je puis appeler le supplément de la beauté, le réparateur des visages et l'abrégé de tous les charmes qui ont été refusés par la Nature !

« Hâtez-vous, mesdames, d'en profiter, car demain je serai en Angleterre et après-demain en Espagne. Ne perdez pas l'occasion. Aujourd'hui tout est pour rien. Qu'est-ce que je demande en effet. Une misère, mesdames. Les onguents, les baumes, les essences, les élixirs, avec la manière de s'en servir, non point une livre, non point un écu, non point même un teston, mais la somme dérisoire de cinq sols !... Approchez, mesdames, approchez, à cinq sols toute la boutique !...»

Boisrobert, prodigieusement amusé par la verve de ce matamore, achète un pot d'onguent pour la brûlure. Les bateleurs, tous les bouffons de la rue, arrêtent sa curiosité. Inconsciemment, à les écouter, il apprend un métier qu'il affinera, dans la suite, jusqu'à la perfection.

Poursuivant sa promenade, il espère rencontrer un fou plus réjouissant encore. Les tambours de basque du théâtre des marionnettes le sollicitent. Là, la parade tourne tout à fait à la farce. Un singe, le justaucorps chamarré de galands, les chausses ballantes, effectue sauts, gambades et cabrioles cependant qu'un personnage grotesque, la mine charbonnée, énumère aux badauds gueule bée les merveilles de sa baraque.

Furieusement tenté, Boisrobert se décide à entrer. Un à un les spectateurs sont admis. Il dépose son décime et passe derrière la toile peinte. Là, un compère pérore devant une table où se dresse un vase élégant. On l'invite à plonger un doigt dans ce vase. Il obéit :

— Sentez ! lui dit le bon apôtre.

— Mais, c'est de la......

— Vous avez deviné. N'en dites-rien afin que ceux qui viennent après n'aient pas à rire de vous !...

Le jeune homme en colère s'enfuit, franchit rapidement la ligne des guéridons des passe-filous, chargés de gobelets et de tasses. Sous des feuillards en pente, parmi des tonnelles, les cabarets s'ouvrent comme des gueules puantes. Silhouettés sur les fonds qu'éclairent les vastes cheminées aux triples rôtissoires, les ripailleurs, autour des plats et des pots, gesticulent et braillent. Des servantes distribuent les cervelas, les épaules de veau, les jambons parfumés d'épices, toutes les mangeailles qui stimulent la soif et la luxure. Des béjaunes, déjà ivres, s'en vont en « chignollant ». D'autres, la tête couverte de leurs serviettes comme de chaperons, éclatent en rires idiots. Parfois les servantes, palpées au passage, éclaboussent de ragoût au jus d'orange les robes environnantes. Ce sont alors des : — Morbleu ! femelle, paieras-tu le dommage ! et des disputes dont les chanteurs de couplets bachiques accroissent le tintamarre. Des buveurs de bière et des fumeurs de pétun, gravement, accompagnent du cliquetis de leurs verres les *Lampons* des gens à rapière à demi écroulés sur leurs catins fardées de graisse. Aux sons aigrelets des flûtes, des couples dansent des courantes en brouillant les figures. De temps à autre, quittant les cabarets, les yeux brillants, les pommettes émerillonnées, les cheveux et les vêtements en désordre, hommes et femmes vont, dans les blés voisins, clore leurs marchés de dupes. Boisrobert contemple ces champs de blés agités d'un mouvement perpétuel et pense que lui aussi aida la brise à les onduler.

Un adolescent que chatouillent deux pécores lui adresse un salut. Au visage poupin, au gros rire qui l'illumine, il reconnaît Marc Antoine de Gérard, sieur de Saint-Amant, que la saison chaude ramène en sa maison proche de la Seine. Il rend le salut et presse le pas, avide de gagner un lieu de tranquillité. Deux filles, en un coin, devisent. Il leur jette une galanterie. Elles rient. Mais il n'insiste point. Deux filles, c'est trop d'une pour ses désirs du moment et la légèreté de sa bourse.

Il débouche, soudain morose, dans les quartiers galants de la foire. Là, s'assemblent les godelureaux et les coquettes. Autour des boutiques, c'est un afflux continuel d'amants en expectative et d'amants comblés. Un bijou, un ruban, quelque pâtisserie aident au consentement des belles ou les récompensent des faveurs reçues....

Et voici qu'interrompant ses réflexions, les cloches de Rouen, depuis quelques heures muettes, reprennent leurs bombements aériens. C'est comme un avertissement et comme un appel jeté sur les foules en joie. La foire s'emplit de silence. Les baraques, soudain désertées, se closent. Les cabarets vomissent leurs ripailleurs. Hâtivement les couples regagnent la ville lointaine. Boisrobert pense qu'à ce moment la procession de la Fierte quitte, par la porte des libraires, la cathédrale.

Comme il se dispose à partir, un étranger, le feutre à la main, s'enquiert auprès de lui des causes importantes qui provoquent l'abandon de la foire.

— Chaque année, explique Boisrobert, le chapitre de Rouen exerce le privilège antique de saint Romain qui lui donne le droit de délivrer un prisonnier méritoire. Après entente avec le Parlement, il organise une procession dans le but de prendre livraison dudit prisonnier auquel l'archevêque accorde l'absolution de ses fautes. Cette procession attire un populaire considérable venu de tous les points de la Normandie. L'Ascension n'est plus l'Ascension, mais le jour du Prisonnier.

L'étranger renseigné s'incline et Boisrobert reprend sa promenade. Bien que huguenot, il assiste d'ordinaire à ces fêtes catholiques. La religion d'ailleurs ne le tourmente guère. En un jour, s'il ne tenait qu'à lui, le royaume serait pacifié de ses querelles confessionnelles.

Traversant à nouveau le pont de bateaux, il longe les quais, rentre dans la ville par la porte du Bac, s'engage dans la rue des Tapissiers et atteint la place de la vieille Tour. Une multitude extraordinaire moutonne dans les voies étroites qui environnent cette place. A toutes les fenêtres s'écrasent des spectateurs. Boisrobert en aperçoit accrochés aux anfractuosités des murailles, juchés sur les auvents et les toits des maisons. Parmi la foule bariolée, il distingue, à ses coiffures pittoresques, un groupe bruyant de Cauchoises. Mais son regard enveloppe particulièrement la chapelle Saint-Romain, édifice composite élevant des campaniles aigus sur six corps superposés en pyramide, aux péristyles, portiques et frontons sculptés. Des huissiers et des conseillers au Parlement y forment un parterre de robes violettes et rouges.

A peine Boisrobert s'est-il établi sur une haute borne que de la rue de l'Épicerie des cantiques montent. Lentement la procession s'avance. Des croix fleuries débouchent sur la place et, comme une onde claire, déferlent les cent vingt enfants des écoles pauvres, chargés de leurs pains de charité. Puis ce sont les croix et les bannières des diverses paroisses environnées de leurs porteurs de chandeliers et de torches. Les chasses viennent ensuite, contexturées d'or, argent, cuivre, cristaux et émaux. Des prêtres et des bourgeois notables portent les minces édifices surélevés de clochetons gothiques où sourient les élus et les saintes en extase. La compagnie de la cinquantaine, renforcée de la confrérie des sergents, les encadre d'un cercle de casaques vertes et de hallebardes aux aciers damasquinés.

Déjà la place palpite d'une animation colorée. Les chants tonitruent entre les quatre façades de ses maisons. Un bedeau, habillé d'une robe violette, surgit, brandissant au bout d'un bâton le serpent symbolique dont Marie vainquit les maléfices. Et brusquement cornets, trompettes, fifres, tambours, précédant la précieuse châsse de Notre-Dame, emplissent l'air de leurs fredons. Le cœur du cortège approche. Car, suivant la croix cathédrale, les bannières en masse défilent, dans la fumée des encens et la lumière des cierges, et le chapitre afflue, deux cents prêtres couverts de l'aube et de l'étole.

Un moment la procession semble terminée. Mais les rues avoisinantes frémissent. Les attentions se tendent. Voici Mgr de Harlay, le visage éclairé, sous la mitre, par sa merveilleuse barbe

ROUEN AU XVIIe SIÈCLE.

1. *Vieux Palais.* — 2. *Hôpital général.* — 3. *Porte cauchoise.* — 4. *Paroisse Saint-Michel.* — 5. *Gros Horloge.* — 6. *Prieuré de Saint-Lô.* — 7. *Cathédrale Notre-Dame.* — 8. *Saint-Maclou.* — 9. *Abbaye de Saint-Ouen.* — 10. *Les Célestins.* — 11. *Porte Martinville.* — 12. *Prieuré de Saint-Paul* — 13. *Halle au vin.* — 14. *Le Quai et la Bourse.* — 15. *Le Cours.*

blonde. Des acclamations éclatent. Elles ne répondent point aux bénédictions qu'épand sa belle main baguée d'améthyste. Elles saluent, jusqu'à l'irrévérence, le dragon volant qui, derrière lui, chemine, entouré de la confrérie des gargouillards (1).

Et enfin, comme la châsse de saint Romain arrive, toute de velours incarnat et d'or, abritant sous ses colonnettes ciselées la benoîte statue du héros légendaire, l'enthousiasme s'apaise. Accompagnée de son cortège d'élite, elle circule entre la haie dorée des châsses et des dévots agenouillés. Boisrobert la voit, cahotante, gravir, à la suite de l'archevêque, les escaliers de la chapelle et s'encadrer entre les fûts du péristyle.

Les chants et les musiques maintenant se taisent. Un silence solennel plane un instant. Puis un murmure naît, s'amplifie jusqu'à devenir une hurlée unanime. Mille bras agitent des chaperons et des feutres. Le prisonnier, chargé de fers, vient d'apparaître. C'est un jeune gentilhomme de bonne mine. On oublie ses crimes, ses débauches, ses impiétés. Les femmes braquent vers lui des yeux de désir.

Cependant qu'il s'agenouille humblement, Mgr de Harlay, avec des gestes onctueux, l'exhorte à la pénitence. Sa harangue, dont nul ne perçoit les termes, tient les curiosités en haleine. Enfin elle s'achève. On délivre de ses fers l'élu du chapitre. Avec circonspection il s'approche de la châsse et par trois fois la soulève de ses mains meurtrières. Le rite accompli, l'archevêque peut absoudre.

— Noël ! Noël !...

Le cri d'allégresse étouffe le *Felix dies mortalibus* que les chanteurs et les musiques entonnent. Les rangs processionnaires, en route pour la cathédrale, se reforment. Le prisonnier, couronné de fleurs, magnifié par l'adoration de la ville, retourne vers la vie, approvisionné d'indulgences et prémuni contre le péché...

(*Le plaisant abbé de Boisrobert.* Paris, MERCURE DE FRANCE, 1909, in-8º.)

(1) Cet enthousiame venait de ce que le dragon représentait celui que saint Romain, assisté d'un criminel, vainquit dans les temps légendaires. La figuration était monstrueuse et tenait en sa gueule un renard, un lapin ou un cochon de lait vivant.

A.-E. BORÉLY (1)

Le port du Havre à la fin du XVIIIe siècle

...A la fin de la guerre pour l'indépendance américaine, la France atteignait à la prépondérance sur toutes les mers et le commerce voyait s'ouvrir devant lui un avenir immense, en rapport même avec le développement de nos forces navales. Tout semblait dès lors annoncer pour le Havre une ère incomparable de prospérité.

La paix pourtant ne porta pas tout d'abord les fruits qu'on en avait espérés; le commerce resta quelque temps fort languissant, celui des îles surtout. Les grands approvisionnements qui y avaient été accumulés pendant la guerre n'avaient pas encore été épuisés; les denrées et produits de France y étaient tombés au plus bas prix. En conséquence, on armait très peu de navires pour ces colonies et plus de cinq cents ouvriers du port étaient sans ouvrage. En outre, depuis la paix, les mers étaient rendues libres, toutes les nations avaient repris leurs armements et une foule de navires étrangers avaient apporté aux îles des quantités de produits de toute nature.

---

(1) A.-E. BORÉLY, l'auteur de cet incomparable ouvrage : *Histoire de la ville du Havre et de son ancien gouvernement*, suivi de *Le Havre sous la Révolution* (Le Havre, Lepelletier, 1880-1881, 3 vol. in-8°, et 1884-1885, 2 vol. in-8°), naquit à Montpellier, en 1815, et mourut au Havre, le 2 février 1887. Il se destina à l'enseignement, débuta comme professeur à Saint-Quentin, puis fut envoyé au collège du Havre. Les hasards de sa carrière l'éloignèrent d'abord de la Normandie, mais il y revint après avoir séjourné à Morlaix et à Versailles. Désigné pour les fonctions de principal au collège de Dieppe, il prit sa retraite deux ans après et vint habiter le Havre où il s'était créé un foyer. Nommé conservateur des archives municipales de cette ville, il consacra ses loisirs et ses soins à l'étude de l'histoire locale et donna l'œuvre citée plus haut qui constitue le plus beau témoignage de piété et d'amour qu'ait jamais inspiré une patrie d'élection. On sait le succès qu'obtint ce livre capital, en lequel se trouvent non seulement consignés les menus incidents de la vie havraise d'autrefois, mais étudiés avec une scrupuleuse conscience les grands événements de la politique normande des XVIe, XVIIe et XVIIIe siècles. A.-E Borély, par son talent, eût mérité de laisser un nom respecté dans les fastes de la terre normande si l'estime et la considération dont il avait joui durant sa vie ne lui eussent assuré déjà un souvenir durable dans la cité qu'il a si hautement célébrée.

Les magistrats de la cité voyaient avec d'autant plus d'inquiétude la stagnation du commerce qu'il était impossible de prévoir le moment où ce malaise viendrait à cesser et que, d'autre part, la cherté du pain excitait fréquemment des manifestations hostiles de la part d'une multitude pauvre et sans travail. Des placards affichés à l'église Notre-Dame et sur divers points de la ville menaçaient tantôt les négociants qui faisaient le commerce du blé, les accusant de la cherté et de vouloir affamer le peuple, tantôt les officiers municipaux coupables, suivant les émeutiers, « de pactiser avec les marchands et de négliger intentionnellement d'abaisser le tarif ». Les difficultés de tout genre ne firent pas défaut au corps de ville en cette malheureuse année de 1784.

Les armements ne reprirent qu'en octobre, où un grand nombre de bâtiments furent équipés pour diverses destinations, et plusieurs pour la côte de Guinée et la traite des nègres.

C'est ici le lieu de reporter une fois encore notre attention sur ces questions de commerce, d'industrie et de finances qui tiennent tant de place dans l'histoire de la cité.

Les colonies n'étaient, aux yeux de toutes les nations maritimes, que des champs d'exploitation au profit de la métropole. Dans les instructions données par Louis XV au comte d'Ennery, envoyé en 1775 comme gouverneur de la Martinique, on lit que « les colonies sont établies pour l'utilité de leurs métropoles et qu'elles en doivent consommer les produits »; en conséquence, tout commerce avec l'étranger leur était interdit.

Mais on tirait le plus possible des colonies et on leur apportait peu. Par des causes diverses, au nombre desquelles il faut mettre en première ligne les guerres et les années de disette, les îles étaient généralement fort mal pourvues par la métropole des objets de première nécessité et la famine y eût régné souvent sans les vaisseaux étrangers, les hollandais surtout, qui fournissaient à leur ravitaillement, de telle sorte que le commerce des îles, restreint en droit, fut à peu près constamment libre de fait et profita longtemps plus aux étrangers et aux neutres qu'à nos propres nationaux.

La guerre de Sept ans une fois terminée, cette situation se modifia sensiblement. Les négociants du Havre se mirent dès lors à faire de nombreux armements qui s'accrurent encore aux approches de la guerre de l'Indépendance ; ils portèrent aux îles des produits de toute nature, en même temps que par la traite des nègres il les approvisionnaient de travailleurs, des bras qui leur faisaient défaut.

De tous les commerces, celui des esclaves était peut-être le plus lucratif, celui où l'on s'enrichissait le plus rapidement. En neuf

Phot. Neurdein frères

HARFLEUR. — LE CLOCHER, VUE PRISE DE LA LÉZARDE.

années, les maisons du Havre qui se livraient à ce trafic avaient exporté d'Afrique pour les îles, particulièrement pour Saint-Domingue, plus de vingt-trois mille esclaves, ainsi que le montre le relevé suivant :

DÉPARTS POUR LA GUINÉE. — TRAITE DES NÈGRES ET SON PRODUIT. — DE 1768 A 1777

Années	Pour Guinée		Traités	Vendus	Montant	Ress^t chacun
	Navires	Tonnes	Noirs	Noirs		
1768	6	1.400	2.134	2.012	3.034.000	1.507
1769	5	1.170	1.946	1.738	3.057.000	1.760
1770	4	1.110	1.079	1.030	1.860.000	1.805
1771	5	820	2.299	2.097	3.845.000	1.833
1772	5	1.070	2.124	2.059	3.608.000	1.748
1773	15	940	4.335	3.996	6.439.000	1.611
1774	13	2.860	3.255	3.047	4.919.000	1.616
1775	13	2.390	3.495	2.824	4.663.000	1.651
1776	14	2.390	2.613	2.235	3.270.000	1.463
1777	14	3.670	—	—	—	—
		Totaux.	23.280	21.038	34.695.000	

Ainsi, en neuf années, quatre-vingts navires, équipés pour la côte de Guinée, en tirent 23,280 *têtes*, comme le portent les bordereaux des capitaines ; sur ce nombre, 21.038 de ces malheureux arrivent à destination, y sont vendus, et la vente produit 34.695.000 livres. Cet odieux trafic, qui était considéré alors par le commerce comme indispensable et parfaitement légitime, laissait des bénéfices énormes et il fut l'origine de la fortune des plus importantes maisons havraises avant la Révolution (1).

Les trois petits tableaux qui suivent peuvent donner une idée du mouvement maritime avec les îles et des produits qui en furent importés dans la même période décennale de 1768 à 1777.

Les produits coloniaux importés au Havre pouvaient y rester une année en entrepôt et ils n'étaient astreints à payer les droits de douanes qu'à leur sortie, soit pour l'intérieur, soit pour l'étranger. Ils s'expédiaient : par la Seine, sur des bateaux plats de 80 à 130 tonneaux qu'on appelait *Heux*; par les cabo-

---

(1) Les bénéfices énormes que produisait la traite expliquent en partie l'ardeur avec laquelle plusieurs des grands négociants du Havre protestèrent, en 1790, contre le projet qui venait d'être présenté à l'Assemblée nationale pour l'abolition de l'esclavage dans les colonies. Le commerce des nègres étant étroitement lié à celui des îles, plaçait au premier rang les maisons qui s'y livraient, comme il en a été depuis pour l'importation du coton, ce dernier article étant bien loin d'avoir alors l'importance qu'il a eu de nos jours.

DÉPARTS POUR LES ILES

Navires partis en	Pour Saint-Domingue		Pour La Martinique		Pour La Guadeloupe	
	Navires	Tonneaux	Navires	Tonneaux	Navires	Tonneaux
1768	26	6.780	21	3.800	8	1.570
1769	23	5.760	19	3.700	9	1.770
1770	26	6.530	18	4.000	8	1.860
1771	17	4.750	16	3.200	10	1.880
1772	40	10.290	26	5.220	9	1.810
1773	27	7.200	28	5.060	12	2.320
1774	43	11.460	32	6.390	14	2.800
1775	33	8.300	30	5.980	19	4.130
1776	52	14.010	24	5.200	15	3.230
1777	45	11.350	31	6.550	7	1.480

ENTRÉES ET PRINCIPALES MARCHANDISES

Années	Navires	Tonneaux	Sucre brut			Sucre terré			Cafés			
			Bq	Tier.	Qu.	Bq.	Tier.	Qu.	Bouc.	Bq.	Tierc.	Qu. Secs
1768	70	14.310	3.324	55	180	6.012	255	301	1.993	7.428	1.404	8.804
1769	67	14.100	2.500	67	184	6.785	262	292	1.741	2.936	1.406	9.088
1770	65	13.700	1.798	40	160	7.726	241	342	2.776	2.256	1.460	10.052
1771	61	13.670	2.253	20	18	6.893	223	296	2.664	2.216	1.699	16.672
1772	68	15.300	2.538	27	42	7.422	373	314	4.025	3.810	2.194	25.281
1773	84	17.780	3.550	45	156	7.537	260	243	4.383	3.503	1.978	26.112
1774	79	17.130	2.279	30	39	8.307	243	281	4.979	3.354	2.269	30.376
1775	96	21.190	2.983	35	40	9.619	329	383	8.487	3.091	2.058	31.987
1776	97	21.970	4.589	55	64	10.013	381	402	7.731	2.180	2.327	34.475
1777	103	23.340	3.697	33	47	6.863	259	431	9.624	2.241	2.271	24.238

Années	Cacao			Indigo				Coton		Cuirs	Campêche	Tafia. Bq.
	Bq.	Tier.	Qu. Sacs	Bou	Bq.	Tier.	Qu.	B.lles	Ballots			
1768	59	16	88 504	59	325	65	327	6.794	3.036	3.197	430.600	152
1769	25	27	166 516	34	440	41	480	7.117	2.429	826	348.900	125
1770	19	34	148 1.712	42	198	59	345	7.180	1.530	183	91.800	45
1771	23	4	92 1.347	7	191	197	410	6.590	1.081	94	70.000	»
1772	26	11	32 1.190	24	277	20	238	6.387	452	225	188.675	»
1773	1	10	23 1.146	39	205	152	360	7.699	873	220	55.000	»
1774	14	14	118 3.176	26	280	21	255	8.573	404	260	10.000	»
1775	9	39	209 1.789	104	345	61	459	9.294	685	801	»	»
1776	34	12	37 2.401	45	343	61	427	7.553	2.115	964	»	184
1777	43	26	28 2.264	39	286	119	469	6.454	1.791	232	»	71

teurs, constamment en mouvement pour tous les petits ports de la baie et les côtes de Normandie et de Bretagne; par les navires anglais et hollandais qui les répandaient dans tout le Nord; par le grand cabotage et par les navires qui trafiquaient avec le Portugal, l'Espagne, les rivages de la Méditerranée et le Levant. Un roulage très actif pour l'époque mettait aussi Le Havre en communication avec l'intérieur et avec l'étranger. Ainsi, en 1776, plus de 500 rouliers, portant depuis 4.000 pesant jusqu'à 11.000, partirent du Havre pour la Suisse, l'Allemagne, l'intérieur de la France et même pour Marseille. Leur chargement consistait principalement en café, sucre, indigo, cochenille, coton et laines.

Au moment de se déclarer ouvertement pour les colonies anglaises contre leur métropole, les hésitations et les scrupules de Louis XVI, avons-nous dit déjà, firent essuyer de grandes pertes aux armateurs du Havre. Dès 1777, en effet, les Anglais commencèrent à faire la chasse à nos navires de commerce sur toutes les mers. Sur 97 navires expédiés du Havre, cette année, pour les îles et la côte de Guinée, 16 furent capturés. L'année suivante, les expéditions ne s'élevèrent qu'au chiffre de 40 bâtiments, et, sur ce nombre, 25 furent pris. Ceux qui, dans l'une et l'autre année, échappèrent aux escadres anglaises, s'étaient réfugiés pour la plupart dans des ports étrangers, ou dans ceux de France qui, l'éveil une fois donné, se trouvaient le plus à proximité de leur point de navigation ; un très petit nombre seulement purent rentrer dans leur port d'armement.

Le mouvement commercial et maritime reprend après la paix, ainsi que le montre le relevé suivant :

DÉPARTS DU HAVRE POUR LES ILES ET LA COTE DE GUINÉE
(Principalement Côte d'Or et Côte d'Angola)
NAVIRES *venant des Colonies Françaises*

Années	Navires	Tonneaux	Navires	Tonneaux
1783	66	13.680 dont 13 nav. pour la traite	43	8.320
1784	106	24.280 — 14 —	83	17.630
1785	109	24.680 — 20 —	110	25.170
1786	91	21.740 — 14 —	107	25.800
1787	98	24.790 — 18 —	110	25.446
1788	120	31.700 — 25 —	109	26.370
1789	92	22.000 — 21 (1) —	134	32.020

(1) La traite augmente, pour ainsi dire, d'année en année. Les principales maisons qui font ce commerce, arment à la fois pour la côte d'Afrique et pour le Cap ; les navires, après avoir écoulé leur chargement de nègres à Saint-Domingue, rapportent au Havre des produits coloniaux. Le plus grand nombre des maisons importantes du Havre font ce commerce : les Foache, les Bégouen, les Homberg, Feray, Delarbre, Blanche, Grégoire, Lebouis, Lemasurier, Ruellan, Poulet, Delannoy, Beaufils, Pouchet, etc.

L'esprit de commerce était tellement répandu dans la population du Havre que chaque habitant, à quelque condition sociale qu'il appartînt, indépendamment de son état, se livrait plus ou moins à l'exportation et à l'importation. Il n'était pas une maison qui n'expédiât régulièrement quelque pacotille, soit aux îles, soit à la côte de Guinée, au Sénégal ou à la côte de Mozambique, etc. Cet esprit de spéculation et de gain donnait lieu à l'association des plus petites bourses, et on voyait ainsi de simples

Phot. Neurdein frères.

LE HAVRE. — LE BASSIN DU COMMERCE ET LA PLACE GAMBE.

ouvriers, des domestiques, de pauvres journaliers se grouper pour la formation d'une pacotille, s'y intéresser pour les plus modiques sommes. La pacotille avait fini par constituer au Havre un commerce d'une certaine importance que les habitants entendaient très bien et qui généralement leur réussissait.

Les briqueteries, les tuileries, les faïenceries produisaient de grandes quantités pour l'exportation; les premiers de ces produits surtout étaient embarqués en guise de lest et se plaçaient avantageusement dans les colonies. Un juif allemand, nommé Eichof, après avoir fait longtemps un commerce intime dans la rue Percanville, avait fondé une petite raffinerie de sucre dans la rue Beauverger. Plus récemment, d'autres Allemands s'étaient établis sur le grand chemin d'Ingouville, en face de l'Hôpital, et y avaient créé la grande raffinerie qui a existé jusqu'à nos jours.

Les ouvrages de femme tenaient une grande place dans l'indus-

TROUVILLE. — LES JETÉES.
(Extrait de « *Sites et Monuments* », du Touring-Club de France.)

trie locale : les dentelles blanches du Havre et plus tard les broderies, le lin filé, s'exportaient en quantités considérables pour les îles françaises, les colonies espagnoles, pour Cadix, et étaient partout fort recherchés. Dans la seconde moitié du siècle dernier, la broderie était devenue de mode ; ce fut une des causes du ralentissement de cette industrie qui avait depuis plus de deux siècles occupé un si grand nombre d'ouvrières dans la ville et dans sa banlieue (1). Les toiles unies ou ouvrées, fabriquées avec le très

(1) L'ingénieur Gourdon de l'Eglissière estimait à 15.000 le nombre des ouvrières dentellières du Havre ; le premier duc de Saint-Aignan avait trouvé que 22.000 personnes s'appliquaient à cette industrie, chiffres énormes dont on a peine à se rendre compte, en admettant même

beau lin récolté dans le gouvernement, se vendaient à la halle du Prétoire où elles étaient classées en raison de leur finesse et de leur couleur. Les grandes blanchisseries se trouvaient à Honfleur, à Montivilliers et à Fécamp. C'était là encore une industrie qui occupait beaucoup de bras et qui fournissait au commerce un de ses aliments importants.

L'ouverture des ports des États-Unis, la paix garantissant la liberté des mers, le traité de commerce fait avec l'Angleterre (1786), dont les dispositions renfermaient le germe de la liberté des échanges entre deux grandes nations manufacturières, et premier acte de cette nature qui se soit inspiré ainsi d'un sincère libéralisme, tout semblait annoncer pour le Havre une ère incomparable de prospérité...

(*Histoire de la Ville du Havre et de son ancien gouvernement.* Le Havre, 1880-1881, t. III).

que la population du Havre était alors beaucoup plus considérable qu'au siècle dernier. Il est vrai que toutes les femmes s'appliquaient à cette industrie; les demoiselles des familles les plus riches y travaillaient avec goût et y réussissaient également bien. Les dentelles du Havre se vendaient depuis 5 sols l'aune jusqu'à 25 fr.; les plus fines et les plus belles atteignaient jusqu'à 50 et 60 livres l'aune; mais les ouvrières y gagnaient moins qu'aux dentelles communes. Ce genre d'industrie exigeait beaucoup d'application et d'assiduité; on s'y livrait pourtant avec ardeur et nul travail ne convenait mieux aux femmes. L'ouvrage terminé était livré à une couturière qui allait le présenter aux marchands. En une demi-heure, l'affaire était faite, la dentelle acceptée à tel ou tel prix et soldée. Les marchands donnaient même des à-comptes sur une dentelle commencée. Quand la broderie fut devenue de mode, un grand nombre d'ouvrières s'y livrèrent de préférence, cet ouvrage étant plus facile que celui de la dentelle. On brodait, au Havre, fichus, manchettes, tabliers de luxe, et ces articles trouvaient un facile écoulement en province, en Espagne, dans les îles; la Cour et les marchands de Paris faisaient pour cet article de nombreuses commandes au Havre. (Voir *Mémoires* de Mlle Legoff.)

FIN

TABLE DES MATIÈRES [1]

	Pages
Préface	5

ARCHÉOLOGIE :

Cochet (Désiré) : *Usages et croyances religieuses des païens*	231

CONTES ET NOUVELLES :

Lavalley (G.) : *Le compte de l'adjudant*, nouvelle	123
Lorrain (Jean) : *La Marjolaine*, conte	159
Le Metel, sieur d'Ouville : *Contes Normands*	9
Maupassant (Guy de) : *La Ficelle*, nouvelle	146
Mirbeau (Octave) : *Hé! Père Nicolas!* nouvelle	168
Vautier (Paul) : *En Diligence*, nouvelle	186

CHANSONS POPULAIRES :

Chanson guernesiaise	79
Chanson jersiaise	76
Chanson polletaise	270
Femme qui a perdu son mari (La)	181
Jeanneton (musique)	183
Noël (musique)	179
Renaud ou le retour du mari	184
Romance de Marianson	33
Ronde de la Saint-Jean à Jumièges (musique)	180

HISTOIRE GÉNÉRALE ET PITTORESQUE :

*** : *Une vieille cité normande. Lisieux*	302
*** : *Supplice et mort de Jeanne d'Arc à Rouen*	219
Bourgueville : *La cité de Caen au XVIe siècle*	238
Chéruel (P.-A.) : *Le Mont Saint-Michel*	291
Corday (Charlotte) : *Lettre à Barbaroux*	251
Decharme (Paul) : *Tableau de Honfleur au XVIIe siècle*	310
Floquet (A.) : *La Boîse de Saint-Nicolas*	95
Guilbert (Aristide) : *La légende des rois d'Yvetot*	286
La Sicotière (L. de) : *Le siège de Granville en 1793*	255
Merki (Charles) : *Dieppe et l'Armateur Jean Ango*	320

(1) Les auteurs sont classés alphabétiquement dans chacune des parties. La même méthode a été observée pour les titres des morceaux lorsque ces derniers sont anonymes.

Nagerel (Jean) : *Chroniques normandes*........... 204
Taillepied (Noël): *Du Pont de Seine et autres ponts à Rouen* 235
Thierry (Augustin) : *La Conquête du sol*......... 208

TRADITIONS POPULAIRES :

Bosquet (Amélie) : *Légendes de la Haute-Normandie*. 21
Lecœur (Jules) : *Les Jeux populaires dans le Bocage normand* 47
Pluquet (Frédéric): *Contes populaires de l'arr. de Bayeux* 64

MŒURS ET COUTUMES :

Barbey d'Aurevilly (J.) : *Notes sur la Normandie*.. 114
Du Moulin (Gabriel) : *Mœurs des Normands*....... 331
Farin (François) : *Divers usages touchant les Moulins, les Boulangers, etc., de Rouen au XVIᵉ siècle*..... 243
Flaubert (Gustave) : *Une noce normande vers 1850*.. 142
Liquet (Théodore) : *Caractère des Normands* 226
Magne (Émile) : *La Foire de Rouen et la Fierte de Saint Romain au XVIIᵉ siècle*........................ 360
Robillard de Beaurepaire (Ch. de) : *Les Tavernes de Rouen au XVIᵉ siècle*........................... 351
Vesque (Charles) : *Tableau des anciennes rues de Havre*. 315
Vitet (Ludovic) : *Dieppe en 1832*................ 264

MUSIQUE :

Boieldieu (F.-A.) : *Le Soldat et le Troubadour*...... 155

PHILOLOGIE :

Le Héricher (Ed.) : *Du dialecte normand*......... 196

POÉSIES :

Basselin (Olivier) : *L'Amour de Moy*, chanson avec musique....................................... 16
Basselin (Olivier) : *Chanson rustique*............. 18
Bérat (Frédéric) : *Ma Normandie*, chanson....... 107
Chaulieu (Abbé de) : *Sur la retraite*............. 69
Chenedollé (Ch.-J.) : *Le Val de Vire*............ 83
Corneille (Pierre) : *Chanson*................... 59
Delavigne (Casimir) : *Adieu à la Madeleine*...... 92
Féret (Ch.) : *Le cimetière de Quillebeuf*......... 172
— *Sainte-Opportune* 175
— *Bayeux. — Le Point d'Alençon*........ 177
David-Ferrand : *Chant rial*...................... 46
Le Houx (Jean) : *Le cidre à vil prix*, vau-de-vire... 18
Le Houx (Jean) : *Les Chants biberons*, vau-de-vire.. 20
Le Vavasseur (Gustave) : *Les Tripes*............ 110
Régnier (Henri de) : *Le Beau Pays*............. 141
Saint-Amant : *Le Cidre*........................ 62

    Sarasin (J.-F.) : *Ballade du pays de Cocagne*....... 44
    Vauquelin de la Fresnaye : *Les Filles de Normandie*. 37

SOCIOLOGIE. INDUSTRIE LOCALE ET COMMERCE :
    Borély (A.-E.) : *Le Port du Havre à la fin du XVIIIe s.* 371
    Delisle (Léopold) : *Des Jardins et Vergers normands au moyen âge*.................................. 341
    Gosselin (M.-E.) : *Les anciens potiers de Rouen*.... 355
    Huet (Daniel) : *Foires et Marchés de Caen au XVIIe s.* 246
    Paulmier de Grentemesnil (J.) : *Ce que c'est que Cidre et Poirée*... 335
    Trébutien (G.-S.) : *Histoire de l'industrie et du commerce à Caen*.. 346

VARIÉTÉS LITTÉRAIRES. NOTES ET VOYAGES :
    Dibdin (Thomas) : *Voyage d'un Anglais à Rouen en 1820.* 259
    Gourmont (Remy de) : *Le Mont Saint-Michel*...... 163
    Hugo (François-Victor) : *Où est née la poésie française (Jersey)*... 71
    Hugo (Victor) : *Les Iles de la Manche*............ 108
    Janin (Jules) : *Le Diocèse de Bayeux*............. 280
    Segrais (Jean Renaud de) : *Anecdotes normandes*... 38
    Stendhal : *Un voyage au Havre en 1830*........... 85

TABLE DES ILLUSTRATIONS

COSTUMES :
    Cauchoise de Saint-Valéry, par Lanté............. 189
    Femme des environs d'Argentan, par H. Lalaisse.... 57
    Femmes de Coutances et d'Avranches, par H. Lalaisse. 169
    Femmes de Luc-sur-Mer, par H. Lalaisse......... 171
    Femme du Polet, dessin de Lanté................ 279
    Jeune fille de Bayeux (1825), par Lanté.......... 65

CURIOSITÉS :
    Combat naval représenté à Rouen devant Henri IV (1596). 235
    Fabricants de drap d'Elbeuf (xve et xvie s.), lith. de Benderitter... 337
    Maison d'Olivier Basselin, dessin de T. de Jolimont.. 17

MONUMENTS ET SITES :
    Alençon: Le château et la ville (1742), dessin de J.-J. Le Queu d'Alençon..................................... 33
    Alençon. Notre-Dame, dessin de F. Benoist........ 13
    Andely (Petit) et *Château-Gaillard* (1850), dessin de F. Benoist... 93
    Argentan. Eglise Saint-Germain, par F. Benoist et Gaildrau 201

TABLE DES ILLUSTRATIONS

Arques (Château d'), dessin de F. Benoist...	277
Bayeux. La cathédrale...	309
Bernay (Eure). Rue du Commerce et église Sainte-Croix en 1850, dessin de F. Benoist...	73
Caen (Plan de), au XVIIe siècle...	39
— (XVIIe s.), gravure de Jollain...	237
— (Vue du port de), au début du XIXe siècle, d'après J. Garneray...	137
— (Château de). Porte de secours (1851), dessin F. Benoist...	129
— Eglise Saint-Pierre vers 1830, dessin de F. Thorigny...	357
Cherbourg. Vue générale...	125
— Vue du port au début du XIXe siècle, par J. Garneray...	81
Coutances. La cathédrale...	177
— d'après Chapuy...	241
Dieppe. L'avant-port...	321
Domfront (Orne), dessin de F. Benoist...	11
Elbeuf. Eglise Saint-Jean (1840), dess. de Moret...	213
Etrétat. La Manneporte...	161
Eu. Eglise et château (1850), dess. de F. Benoist...	269
Evreux. Un bras de l'Iton...	221
Falaise. Le château (1850), dessin de E. Sagot...	289
Fontaine-Henry (Château de), dess. de F. Benoist...	133
Gisors (Château de). Vue prise sur les remparts (1848), dess. de F. Benoist...	205
Granville (1850), dessin de F. Benoist...	257
Harfleur. Le clocher. Vue prise de la Lézarde...	373
Honfleur. La Lieutenance...	313
— Vue du port et de la ville au début du XIXe s., d'après J. Garneray...	311
Jersey. Saint-Hélier...	77
Jumièges (Ruines de l'Abbaye de), dess. de J. Lefranc.	25
Laigle. Eglise Saint-Martin (1850), dess. de F. Benoist.	209
Le Havre de Grâce en 1657, d'après le plan de J. Gomboust...	317
Le Havre. Bassin du Commerce et place Gambetta...	377
— — d'après J.-M.-W. Turner...	89
Lisieux. La cathédrale en 1850, dess. de F. Benoist...	301
— Vieilles maisons, rue aux Fèves...	305
Mont-Saint-Michel...	295
— d'après N. de Fer (1705)...	293
— Le Cloître...	297
— Grande rue (1842), dess. de Séchan	167
Mortain (Cascade de). Saut du Puits, dess. de F. Benoist.	29
Pont-Audemer. Maisons sur la Risle...	153
Pont-L'Evêque, en 1842, dessin de Hubert...	53
Rouen (XVIIe siècle)...	369
— (1830), d'après un dessin de Joly...	97

Rouen La cathédrale (le grand portail)............. 361
— Eglise Saint-Maclou.................... 105
— Eglise Saint-Ouen (côté sud)............ 101
— Eau-de-Robec (1830), lith. de Eug. Isabey... 273
— Hôtel du Bourgtheroulde................. 264
— Palais de Justice....................... 365
— Palais de Justice. Entrée de la salle de Procureurs, d'après une estampe satirique de 1774. 233
— Pont de bateaux (1828), par E.-H. Langlois.. 261
— Porte et fontaine de la Grosse Horloge...... 228
Saint-Lô. Bords de la Vire...................... 59
Saint-Wandrille (Ruines de)..................... 249
Torigni-sur-Vire 31
Tourlaville (Château de) en 1850, dess. de F. Benoist. 121
Tréport (Le). Le Port........................... 197
Trouville. Les jetées........................... 378
Varengeville, près de Dieppe. Manoir d'Ango, dess. de F. Benoist.................................. 329
Verneuil (Eure). Maison du XVIe siècle, lith. de D. Lancelot 216

ŒUVRES D'ART ET CURIOSITÉS :

Fragment de la tapisserie de la reine Mathilde (Musée de Bayeux)................................. 281-283
Gérard David. La Vierge et les Saints (Musée de Rouen). 341
La Touche. Décembre (Musée de Rouen).......... 113
Ch. Léandre. Paysans normands................. 193
Millet (J.-F.). Rentrée du troupeau, d'après l'eau-forte de G. Greux...................................... 333
Moteley. Vieux moulin sur l'Orne................ 345
Poussin (Nicolas). Vénus et Enée (Musée de Rouen).. 349
Swebach-Desfontaines. Siège de Granville en 1793... 255

PORTRAITS :

Barbey d'Aurevilly (J.), d'après une photographie... 117
Bérat (Frédéric), lith. de Benjamin.............. 107
Boieldieu (F.-A.), d'après Boilly................. 154
Corday (Charlotte), par Maurin.................. 253
Corneille (Statue de Pierre), d'après David d'Angers.. 61
Flaubert (Gustave), d'après une photographie...... 145
Géricault (T.), d'après David d'Angers............ 49
Gourmont (Remy de), d'après le bois P.-E. Vibert... 165
Guillaume-le-Conquérant (Cabinet des estampes)..... 285
Jeanne-d'Arc (Cabinet des estampes)............. 225
Maupassant (Buste de Guy de).................. 149
Sarasin (J.-F.), par Nanteuil.................... 45
Segrais (J. Renaud de)......................... 41

CE QU'IL FAUT VOIR
en Normandie

GUIDE PRATIQUE

Monuments et Curiosités
Hôtels
Excursions
:: Renseignements divers ::

CE QU'IL FAUT VOIR

en Normandie (1)

AGON (Manche), comm. de 1644 h., à 13 k. de Coutances (chem. de fer de Coutances à Lessay). G. et P. T. T. Petite station balnéaire médiocre.

Hôtel. — Hôt. Burnel.

Excursions. — *Coutainville* (2 k.); *Blainville* (5 k.); *Gouville* (8 k.); *Anneville* (11 k.).

ALENÇON (Orne), ch.-l. de dép., de 17.270 h., à 284 k. de Paris (208 k. par la voie ferrée). G. et P. T. T. Au confluent de la Sarthe et de la Briilante. Patrie de Desgenettes, de Valazé et d'Odolant Desnos. Ancien lieu de résidence de Marguerite de Valois, sœur de François 1er.

Monuments et curiosités. — *Egl. Notre-Dame* (XVe s.) goth., beau portail, verrières (XVIe et XVIIe s.). — *Maison d'Ozé*, logis histor. (Henri IV y séjourna) près de *Notre-Dame* (XVe s.), conten. un petit musée local, belles dentelles en point d'Alençon. — *Château des Ducs*, belles tours, édifice imposant et plein de pittoresque affecté aujourd'hui au *Palais de Justice* et à la *Prison.* — *Hôtel de Ville* et *Musée* (ouv. tous les jours et dim. et fêtes, de 1 à 4 h.), édifié au XVIIIe siècle; quelques tableaux intéressants, notamment : Le Mariage de la Vierge, de *Jouvenet*, bonnes toiles de *Boudin, Géricault, Restout, Oudry, Boucher, Chardin*, Mme *Vigée-Le Brun, Lanoyer*, etc. — *Tribunal de Commerce* (ancien Bureau des Finances, XVIIe s.). — *Eglise Saint-Léonard* (XVe et XVIe s.). — *Bibliothèque* (20.000 vol.). — *Buste de Léon de la Sicotière* dans le *Jardin public*. — *Belle promenade*, sur l'anc. parc du château.

Hôtel. — Hôt. du Grand Cerf.

---

(1) Indépendamment des ouvrages mentionnés sous la rubrique : *A consulter*, nous croyons devoir renvoyer le lecteur aux recueils collectifs et aux publications suivantes qui constituent des références de premier ordre : *La Normandie illustrée, monuments sites et costumes...* Nantes, Charpentier, 1852, 2 vol. in-fol.; *Le Calvados, pittoresque et monument.* Caen, Rupalley, 1846-1847, in-fol.; *La Normandie en 1834 (Eure).* Paris, Fain, 1834, in-4º; Dom Michel Toussaint Duplessis, *Description géogr. et histor. de la Haute-Normandie.* Paris, 1740, 2 vol. in-4º; J. Morlent, *Le Havre et son arr.* Le Havre, 1841, in-4º; A. de Caumont, *Statist. monum. du Calvados.* Paris. 1850, 10 vol. in-8º; Abbé Cochet, *La Seine-Inférieure histor. et arch.* Paris, 1864, in-4º; Léchaudé d'Anisy, *Hist. des Abbayes de la Normandie.* Caen, 1834-38, 2 vol. in-8º; L. de la Sicotière et A. Poulet-Malassis, *Le Dép. de l'Orne, arch. et pittor.* Laigle, 1845, in-fol.; *Journal du Sire de Gouberville*, publié par l'abbé Tollemer. Caen, 1892, in-4º; *La Normandie monumentale et pittoresque. Edifices publics, églises, châteaux, manoirs,* etc. Héliogr. de P. Dujardin, d'après les photogr. de E. Letellier. Texte par les écrivains normands. Le Havre, Lemâle, 10 vol. in-fol. (ouvrage capital); J. Sion, *Les pays de la Normandie orientale.* Paris, Colin, 1909, in-8º, etc.

Spécialité. — Point d'Alençon.

Excursions. — Les Gatey (8 k.); Forêt d'Ecouves; Croix de Médavy (6 kil.); Ruines de Bourg-le-Roi, XIIe siècle (10 k.); St-Cénery, église XIIe siècle, ruines d'un château féod. (13 k.); Sées (8 k.).

A consulter. — L. de la Sicotière et Poulet-Malassis, Le dép. de l'Orne arch. et pittor. Alençon, 1845, in-fol.; G. Bry, sieur de la Clergerie, Hist. des Pays et Comté de Perche et Duché d'Alençon. Paris, 1620 et 1621, in-4°; P.-J. Odolant Desnos, Mémoires histor. sur la ville d'Alençon. Alençon, 1872, 2 volumes in-8°; Mme Gérasime Despierres, Hist. du point d'Alençon depuis son origine jusqu'à nos jours. Alençon, 1886, in-8°; L. Duval, Doc. pour serv. à l'hist. de la fabrication du point d'Alençon. Alençon, 1883, in-8°; L. de la Sicotière, La Cour de la reine de Navarre à Alençon. Caen, 1844, in-4°; Arist. Guilbert, Hist. des v. de France. Paris, 1848, V (Notice de A. Billard).

ANDELYS (Les) (Eure), chef-l. d'arrt. de 5.715 h., à 88 k. de Paris, (123 par la voie ferrée). G. et P. T. T. Comprenant deux localités distinctes le *Petit Andely* et le *Grand Andely*, éloignées l'une de l'autre de 1 k. environ, et reliées par un boulevard sur lequel s'ouvre la place de la gare. Le Petit Andely est bâti sur le bord de la Seine et le Grand Andely au fond d'une large vallée, située à l'extrémité méridionale du Vexin Normand. Les Andelys doivent leur origine à un monastère fondé au VIe siècle par la reine Clotilde. Pris par Louis-le-Gros, en 1119, le Grand Andely appartint ensuite à Richard Cœur-de-Lion, lequel fit construire, sur un rocher dominant la Seine et les habitations du Petit Andely, la redoutable forteresse de Château-Gaillard. Philippe-Auguste s'empara de Château-Gaillard, le 6 mai 1204. Pendant les guerres contre les Anglais, au XVe siècle, les Andelys et Chateau-Gaillard furent pris par Henry V (1419), repris par La Hire (1249) et enlevé de nouveau aux Français. Charles VII s'en empara définitivement (23 novembre 1449). Louis XI y fit décapiter, en 1468, Charles de Melun. Les Andelys ont donné naissance à Adrien Turnèbe, savant helléniste du XVIe siècle, Nicolas Poussin (né au hameau de Villers), l'aéronaute Blanchard et le peintre Chaplin. Le roi de Navarre, Antoine de Bourbon, et Thomas Corneille, y moururent, l'un en 1562, l'autre en 1709.

Monuments. — *Eglise Notre-Dame* (Grand Andely) surmontée de deux tours (XIIe, XIIIe, XVe s. et Renaissance). Restaurée en 1860. Belle rosace au Nord. A l'intérieur, verrière et buffet d'orgue Renaissance. Quelques toiles attribuées à Quentin Varin, premier maître du Poussin. — A gauche de l'église, et séparée par la rue Général-Fontanges de Couzan, *Chapelle de Sainte-Clotilde*, XVIIe s. (on ne visite pas). — *Fontaine dite de Sainte-Clotilde* (entrée 30 c.), à ombre d'un tilleul séculaire, lieu de pèlerinage annuel le 2 juin; source dite miraculeuse, très limpide et très froide, piscine partagée en deux parties, afin de permettre aux hommes et aux femmes de se baigner séparément. — *Hospice Saint-Jacques*, relevé en 1784 par le duc de Penthièvre (Petit Andely). — *Hôtel-de-Ville* (Gr. Andely), construit sur l'emplacement de la maison de Thomas Corneille; on y voit un tableau du Poussin : *Coriolan fléchi par sa mère*, et quelques curiosités provenant en partie de Château-Gaillard. — *Hôtel du Grand Cerf* (Grand Andely), XVIe siècle, façade en bois sculpté. — *Eglise St-Sauveur* (XIIe s.) ayant la forme d'une croix grecque; vitraux et pierres tumulaires (Petit Andely). — *Statue de Nicolas Poussin*, par Brian, et de *Chaplin*, par Leroux. *Château-Gaillard* (près du Petit Andely), spécimen en ruines de l'architecture militaire du XIIe s. (on visite librement). Débris des trois enceintes, belles grottes taillées dans le roc et s'ouvrant dans un des côtés du fossé qui protégeait la première enceinte. Site pittoresque, magnifique panorama de la Seine se déroulant vers Rouen. En face, dans l'*île Contant*, ruines du fort de *Boutavant*, construit par Richard Cœur-de-Lion.

Hôtels. — Hôtel du Grand Cerf (Grand Andely); Hôtel de la Chaîne d'Or (Petit Andely)

Excursions. — *Vallée d'Andelle*; *Lyons-la-Forêt*; *Côte des Deux Amants*; *Eglise d'Ecouis* (8 k.); *Gaillon* (12 k.); *Vernon* (22 k.); *Gisors* (28 k.).

A consulter. — Brossard de Ruville, *Hist. de la Ville des Andelis*, etc. Paris, 1863, 2 vol. in-8º; La Rochefoucauld-Liancourt, *Hist. de l'arr. des Andelys*, Les Andelys, 1833, in-8º; Achille Deville, *Histoire du Château-Gaillard*, etc. Rouen, 1829, gr. in-4º; Chanoine Porée, *Guide du touriste aux Andelys*. Les Andelys, 1893, in-12; *Les Andelys*, livret-guide publié par le Syndicat d'initiative des Andelys, 1912, in-8º.

ARGENTAN (Orne), ch.-l. d'arr., de 7.000 h., à 185 k. de Paris (192 par la voie ferrée). G. et P. T. T. Sur l'Orne.

Monuments et curiosités. — *Eglise Saint-Germain* (XVe et XVIe s.); deux tours, l'une de 53 m. de h. (inachevée), l'autre de 40 m.; beau porche. — *Château* (XVe s.) transformé en *Palais de Justice*. — Ancienne *Chapelle Saint-Nicolas*. — *Eglise Saint-Martin* (XVe s.), tour octogonale avec flèche, verrières. — *Hôtel de Raveton*. — Bustes de *Mézeray*, par Lahirvel-Durocher et du poète *Le Vavasseur*, par E. Leroux.

Hôtel. — Hôt. du Cheval-Blanc; Hôt. des Trois Maries.

Spécialités. — Pieds de porc grillés; timbale de ris de veau aux champignons; camembert, livarot, sablé, croquettes argentanaises, cidre.

Excursions. — *Ecouché* (10 k.); *Château de Rânes*, parc de Le Nôtre, XVIIIe siècle, et *Château de Sérans*, XVIIIe siècle (13 k.); *Manoir des Yveteaux* (21 k.); *Haras du Pin* 14 k.).

A consulter. — V. des Diguères, *La vie de nos pères en Basse-Norm. Notes histor., biogr... sur la v. d'Argentan*. Argentan, 1879, in-8º; E. Vimont, *Le vieil Argentan*, Argentan, 1889, in-8º; Arist. Guilbert, *Hist. des villes de France*, t. V.; J.-A. Germain. *Hist. d'Argentan et de ses envir*. Alençon, 1846, in-12; L.-J. Chrétien, *Usages préjugés, superstitions dans l'arr. d'Argentan*. Alençon, 1835, in-12.

ARQUES-LA-BATAILLE (Seine-Inférieure), village de 1.200 h., sur la rivière du même nom, à 155 k. de Paris (162 k. par la voie ferrée) et à 6 k. de Dieppe. Lieu célèbre par la victoire que Henri IV remporta sur les ligueurs commandés par le duc de Mayenne (21 septembre 1589). — Magnifiques ruines d'un *Château féodal* édifié au XIe s. par Guillaume d'Arc, oncle de Guillaume-le-Conquérant (sonner à la porte pour visiter). Tours imposantes; courtines; vue admirable sur la vallée. — *Eglise* (XVIe s.), portail du XVIIIe siècle. — *Chapelle Saint-Nicolas*. Ancien Couvent des Bernardines — *Vieilles maisons* (XVIe et XVIIIe s.). — *Croix* (XVIe et XVIIe siècle), au cimetière.

Hôtel. — Hôt. de l'Entente Cordiale.

Excursions. — *Vallée d'Arques*. Belles promenades en forêt. *Dieppe*.

A consulter. — Abbé Tougard, *Arques, sites, monum. hist*. Rouen, 1877, in-18; A. Deville, *Hist. du Château d'Arques*. Rouen, 1839, in-8º; F. Féret, *Notice sur Dieppe, Arques. etc*. Dieppe. 1824, in-8º; Dom Michel du Plessis, *Descript. géogr. et histor. de la Hte Normandie*. Paris, 1740, 2 vol. in-8º.

ARROMANCHES (Calvados), comm. de 445 h., à 254 k. de Paris (252 par la voie ferrée) et à 10 k. de Bayeux (chem. de f. du Calvados). G. et P. T. T. Station balnéaire et petit port de pêche bien approvisionné. Plage de sable.

Hôtels. — Grand Hôtel; Hôt. du Nord,

Spécialités. — Homards, grande variété de poissons de mer.

Excursions. — *Eglise de Manvieux*, XIIIe siècle (3 k.); *Fontenailles*, église, clocher du XIIIe s.; *Eglise de Marigny* (6 k.); *Longues*, ruines de *l'Abbaye de Sainte-Marie* (6 k.); Rocher dit *Mademoiselle de Fontenailles* (4 k.); *Port-en-Bessin* (10 k.).

A consulter. — G. Lavalley, *Arromanches*. Caen, 1867, in-8°; R. de Najac, *Arromanches*. Paris, 1881, in-12.

AUMALE (Seine-Inférieure), ch.-l. de cant. de 2.383 h., à 122 k. de Paris (à 137 k. par la voie ferrée). G. et P. T. T. — *Eglise* (XVIe s.), portail attribué à Jean Goujon. — *Hôtel de Ville* (XVIIe s.).

Hôtel. — Hôtel du Chapeau-Rouge.

Spécialité. — Truites de la Bresle.

Excursions. — *Le Petit-Mail*; *Château de Bois-Robin* (XIIIe s.) et *Vieux Château* (XVe s.), à 1 k. 5;

A consulter. — E. Semichon, *Hist. de la V. d'Aumale*, Paris, 1862, in-8°; P.-A. Marteau, *Dissertations sur les eaux nouv. découv. à Aumale*. Paris, 1759, in-12; E. Pape, *Notice histor. sur la ville et le cant. d'Aumale*, Aumale, 1849, in-8°.

AVRANCHES (Manche), ch.-l. d'arr., de 7.384 h., à 304 k. de Paris par la route et à 35 k. de Granville (voie ferrée). G. et P. T. T. Ville admirablement située sur une colline pittoresque (104 m. d'altit.) dominant la Sée et découvrant le magnifique panorama de la baie du Mont Saint-Michel. Avranches fut le lieu où prit naissance l'héroïque révolte des *Nu-Pieds*, réprimée par les soudards de Gassion.

Monuments, sites et curiosités. — *Eglise Notre-Dame-des-Champs*, moderne (style du XIIIe s.). — *Palais de Justice* (anc. évêché), reconstr. en partie; tourelle d'escalier, et anc. chapelle (XIVe et XVIe s.). — *Basilique Saint-Gervais*, moderne. — *Eglise Saint-Etienne*, moderne. — Restes du *Donjon* et *Tour des fortifications*. — Anciens remparts et tourelle, proven. d'une porte fortifiée. — *Jardin des Plantes*. Magnifique panorama du Mont-Saint-Michel.

Hôtels. — Hôt. Bonneau (recommandé); Hôt. d'Angleterre.

Excursions. — Le *Mont Saint-Michel*, par *Pontorson* (23 k.); *Abbaye de la Lucerne* (16 k.); *Saint-James* (21 k.); *Villedieu* (22 k.).

A consulter. — E. Le Héricher, *Avranches, ses environs, son hist. et ses fêtes*. Paris, s. d., in-18; Fulgence Girard, *Annuaire d'Avranches*, 1re année, Avranches, 1842. in-12; A. Motet. *Avranches, ses rues et ses environs*. Avranches, 1841, in-8°; F. Jourdan, *Hist. de l'Hospice d'Avranches*. Avranches, 1904, in-8°; Ch. de Beaurepaire, *Notice sur l'hospice d'Avranches*. Avranches, 1858, in-18; A. Guilbert, *Hist. des Villes de France*. Paris, 1848, t. V.; Abbé Em. Pigeon, *Le diocèse d'Avranches, sa topogr.; ses orig., ses évêques, sa cathédrale, ses églises*, etc. Coutances, 1888, 2 vol. in-8°.

BAGNOLES-DE-L'ORNE (Orne), comm. de Tessé-la-Madeleine (1 k.5), à 230 k. de Paris. et à 248 k. par Argentan et Briouze (voie ferrée). G. et P. T. T. Station thermale très renommée, sur la Vée, affluent de la Mayenne, à l'orée des forêts d'Andaine et de la Ferté-Macé. Traitement des affections du système veineux, et en particulier des phlébites et rhumatismes. Etablissement thermal ouvert du 1er juin au 1er octobre. — *Parc*.

Hôtels. — Nouvel Hôtel des Bains; Hôt. de Paris; Hôt. de la Terrasse; Villa des Buards.

Excursions. — *Forêts de la Ferté et d'Andaine; Château de Couterne* (3 k.); *Chapelle de Lignon* (5 k.); *Antoigny, gorges de Villiers, Chap. Saint-Antoine; Château de Monceaux* (9 k.); *La Ferté-Macé* (8 k.).

A consulter. — A.-R. de Liesville,

Guide du voyag. à Bagnoles-les-Eaux. Paris, 1858, in-12; Louis Dubois, *Notice sur les Bains de Bagnoles*. Alençon, 1813, in-8°; L. D., *Notice topogr. et médic. sur les eaux de Bagnoles*. Paris, s, d., in-8°; L. de la Sicotière et Poulet-Malassis, *Le dép. de l'Orne arch. et pittor.* Alençon, 1845, in-fol.

BARFLEUR (Manche), comm. de 1.200 h., à 341 k. de Paris (et à 343 par la voie ferrée). G. et P. T. T. Port maritime et station balnéaire médiocre. — *Phare* du Raz de Gatteville et vieille *Eglise* de Gatteville.

Hôtels. — Hôt. du Phare; Auberge du Port.

Excursions. — *Saint-Vaast-la-Hougue* (12 k.); *Le Val-de-Saire*.

BARNEVILLE-SUR-MER (Manche), ch.-l. de cant. de 928 h., à 355 k. de Paris (ligne de Carentan à Carteret) et à 2 k. de Carteret. G. et P. T. T. Station balnéaire. Eglise romane (XII° et XV° s.).

Hôtel. — Hôt. des Voyageurs et des Baigneurs.

Excursions. — *Carteret* (2 k.); *Ile de Jersey* (par Carteret); *Port Bail* (7 k.); *La Haye-du-Puits* (18 k.).

BAYEUX (Calvados), ch.-l. d'arr. de 7.800 h., anc. capitale du Bessin, à 269 k. de Paris, par la voie ferrée (244 p. la route). G., P. T. T. Dans une plaine fertile arrosée par la jolie rivière d'Aure. Ville d'origine gauloise, envahie par une colonie saxonne, puis par les Normands qui s'y fixèrent dès le commencement du X° s. et y firent prédominer leur langue et leurs usages. Lieu de résidence des ducs de Normandie. Très éprouvée au moyen âge et pendant les guerres de religion. Siège d'un évêché célèbre; patrie d'*Alain Chartier*, d'*Arcisse de Caumont* et de *F. Pluquet*.

Monuments et curiosités. — *Cathédrale Notre-Dame* (XIII° et XV° s.), un des plus anciens et des plus beaux édifices de la province, type du style ogival normand (120 mètres sur 23); tours du grand portail de 75 et 78 m. de haut, tourelles et escalier élégants, magnifique chœur; *crypte* (s'adresser au sacristain) du XI° s. restaurée au XV°, renfermant les tombeaux des évêques de Bayeux; salle capitulaire (XIII° et XVI° s.). — *Eglise Saint-Patrice* (XIX° s.) avec une tour de six étages (XIV° s.). — *Bibliothèque* (30.000 vol.) et *Musée*, rue du Général-de-Dais, 37 (ouv. tous les jours, s'adresser au concierge pour visiter le Musée); y voir: *La Tapisserie de la Reine Mathilde*, broderie en laine de couleurs. sur fond blanc, de 70m 34 sur 0 m. 50 c. de haut, représentant la conquête de l'Angleterre par Guillaume le Bâtard, ouvrage attribué à la reine Mathilde; cotte de maille trouvée sur le champ de bataille de Formigny; dentelles de Bayeux; collection lapidaire (dans la cour). — *Palais de Justice*, dans les anciens bâtiments de l'Evêché; Salle du Conseil (ancienne chapelle), style Renaissance italienne; bâtiments de l'évêché. — *Musée de peinture*, dans une partie de l'ancien évêché (XVIII° s.), peu intéressant. — *Lanterne des Morts*, angle de la rue des Chanoines. — *Chapelle de l'ancien Séminaire* (XIII° s.), rue de Nesmond. — *Vieilles maisons*, rue Saint-Martin, rue Bienvenue, rue de la Poterie, rue Franche, rue Saint-Malo (*Hôtel du Fresne*), rue Alain Chartier (*maison où naquit Alain Chartier*), rue Montfiquet, rue des Bouchers, rue Saint-Malo (*Manoir d'Argouges-Gratot*), rue du Général-de-Dais, rue Bourbesneur (*Manoir du Gouverneur*). — Statues d'*Arcisse de Caumont*, par Leharivel-Durocher, dans un jardin public; d'*Alain Chartier*, par Tony Noël et Le Duc, rue du Général-de-Dais, etc.

Hôtels: — Hôt. du Luxembourg; Hôt. de la Gare (restaurant).

Spécialités. — Dentelle de Bayeux; Porcelaine à feu.

Excursions. — *Eglise abbatiale de Monday* (8 k.), *Château de Balleroy*, construits par Mansard (16 k.); *Château de Creully* (14 k.); *Formigny* (29 k.), lieu historique célèbre (tram.); *Asnelles*, station balnéaire, rochers (13 k.); *Arromanches* (13 k.); *Port-en-Bessin* (11 k.). — Chemin de fer du Calvados, desservant : Asnelles, Arromanches, Port-en-Bessin, etc.

A consulter. — Jean Hermand, *Hist. du diocèse de Bayeux*. Caen, 1705, in-4°; Michel Béziers, *Hist. somm. de la v. de Bayeux*. Caen, 1773, in-8°; F. Pluquet, *Essai histor. sur la v. de Bayeux et son arr*. Caen, 1829, in-8°; E. Chigouesnel, *Nouv. Histoire de Bayeux*. Bayeux, 1866, in-8°; R. Postel, *Siège et capitul. de Bayeux* en 1417. Caen, 1873, in-8°; E. Anquetil, *Les Francs Bouchers de Bayeux, 1480*. Caen, 1883, in-8°; R. Pezet, *Bayeux à la fin du XVIIIe siècle*. Bayeux, 1857, in-8°; H. de Dion et L. Lasvigne, *Cathédr. de Bayeux*. Paris, 1861, in-4°; R. de Gomiecourt, *Essai d'un catal. du Musée de Bayeux par le Biblioph. Esaü*. Bayeux, 1901, in-8°; *Notice historique sur la tapisserie de la Reine Mathilde*. Bayeux, Delarue, 1854, in-12; Smart Le Thieullier, *Descr. de la tapisserie cons. à la cath. de Bayeux*, trad. par Léchaudé d'Anisy. Caen, 1824, in-4°; Abbé G. de la Rue, *Recherches sur la tapiss.*, app. à l'égl. cath. de Bayeux. Caen, 1827, in-8°; A. Marignan, *La Tapisserie de Bayeux*. Leroux, 1902, in-12; A. Jubinal, *Les anc. tapisseries hist.* Paris, 1838, in-4°; Em. Travers, *La Tapisserie de Bayeux*. Moniteur du Calvados, 7 fév. 1910; Arist. Guilbert, *Hist. des Villes de France*. Paris, 1848, t. V, p. 658; H. Prentout, *Les Villes d'art célèbres, Caen et Bayeux*. Paris, Laurens, s. d., in-4°.

BEAUMONT (Manche), ch.-l. de cant. de 600 h., à 17 k. de Cherbourg (voie ferrée). G. et P. T. T. 163 m. d'alt. *Eglise* (XVe s.).

Hôtels. — Hôt. des Voyageurs; Hôt. de la Poste.

Excursions. — *Vauville, prieuré de St-Hermel*, chapelle du XIIIe s. et *manoir*, XVe et XVIe siècle, site charmant (3 k.); *Eglise de Biville* (7 k.).

BEAUMONT-LE-ROGER (Eure), ch.-l. de cant. de 2.000 h., à 119 k. de Paris (144 par la voie ferrée). G. et P. T. T. — *Eglise Saint-Nicolas* (XIVe, XVe et XVIe s.), pierre tombale; ruines de l'*Eglise Notre-Dame* (XVIe s.); ruines de l'*Abbaye de la Trinité*, église abbatiale, site intéressant; *Vieilles maisons*.

Hôtel. — Hôt. du Lion d'Or.

Excursions. — *Eglise de Beaumontel* (2 k.); *Eglise de Goupillières* (6 k.); *Serquigny* (5 k.); *Bernay* (15 k.); *Conches* (18 k.).

BEC-HELLOUIN(Le) (Eure), à 43 k. d'Evreux et à 6 k. de la station de Glos-Monfort (ligne de Serquigny à Rouen), lieu célèbre par son ancienne abbaye (*l'abbaye du Bec*) fondée au XIe siècle et dont on peut voir encore des ruines, occupées par un dépôt de remonte; ancien réfectoire de 75 m. de longueur; Cloître de 1666; belle Tour et Porte du XVe siècle; *Eglise paroissiale* (XIVe s.).

A consulter. — Jean Bourget, *Hist. de l'abbaye du Bec*. Caen, 1841, in-8°; Chanoine Porée, *Hist. de l'abbaye du Bec*. Evreux, 1901, 2 vol. in-8°.

BÉNERVILLE (Calvados), comm. de 336 h., à 188 k. de Paris (par la route). G. et P. T. T., à Trouville-Deauville (2 k.); tramway. Petite station balnéaire. — *Eglise* (XIe s.).

Excursions. — (Voyez: *Trouville*.)

BERNAY (Eure), ch.-l. d'arr. de 8.160 h., à 140 k. de Paris (159, voie ferrée). G. et P. T. T. Sur la rive g. de la Charentonne. Ville manufacturière.

Monuments et curiosités. — *Eglise Sainte-Croix* (XIVe et XVe s.), belle tour du XVe siècle, richement sculptée dans sa partie supérieure; verrières, statues et décoration du chœur provenant de l'abbaye du Bec. — *Ancien monastère des Bénédictins* (XIe s.), actuellement occupé par la Mairie, la Sous-Préfecture, la Prison, les Tribunaux et la *Bibliothèque publique* (10.000 vol.); l'*Eglise abbatiale*, qui a subi des mutilations, sert de halle au blé. — Statue de *Jacques Daviel*, chirurgien oculiste né à Bernay, par Alphonse Guilloux. — *Eglise Notre-Dame-de-la-Couture* (XVe et XVIe s.), au milieu du cimetière, lieu de pèlerinage célèbre. — *Ancien Musée*. — *Hôtel du Receveur des Gabelles*, belle entrée (XVIIIe s.). — *Vieilles maisons de bois*; *Logis* où naquit *Aug. Le Prévost*, historien normand du XIXe siècle.

Hôtel. — Hôt. du Lion d'Or.

Excursions. — *Monument* érigé sur la route de Broglie en souvenir de la défense de Bernay (janv. 1871). — *Eglise* (XIe s.) et *Château de Broglie* (XVIIIe s.); *Eglise de Montreuil-l'Argillé* (10 k.); *Château fortifié du Blanc-Buisson*, à Saint-Pierre-du-Mesnil (XVIe s.); *Eglise de la Barre* (XIVe s.); *Château de Beaumesnil* (13 k.), magnifique construction en brique et pierre du XVIIe s.; *Eglise d'Epinay* (XIVe et XVe s.); *Ruines de l'ancien prieuré des Bénédictins de Maupas* (5 k.).

A consulter. — A. Goujon, *Hist. de Bernay et de son canton*. Evreux, 1875, in-8°; Arist. Guilbert, *Hist. des Villes de France*. Paris, 1848, t. V (Notice de Ch. Mévil); A. Blais, *Notice histor... sur N.-D. de la Couture*. Evreux, 1852, in-8°; E. Veuclin, *Quelques notes inéd. sur les cloches de Bernay*. Bernay, 1888, in-8°.

BERNEVAL-SUR-MER (Seine-Inférieure), petite stat. balnéaire dépendant de Berneval-le-Grand, commune de 450 h., à 10 k. de Dieppe (voie ferrée). G. à Dieppe et à Sauchay-Bellengreville, et P. T. T. à Dieppe. Plage très étendue (2 k. environ), sable et galets.

Hôtel. — Grand-Hôtel.

BERNIÈRES-SUR-MER (Calvados), comm. de 864 h., à 267 k. de Paris et à 28 k. de Caen (chem. de fer de Caen à la mer). G. et P. T. T. Station balnéaire. *Eglise romane* (XIIe et XIIIe s.), très remarquable; tour de 67 m. de haut. — *Château Renaissance* sur la route de Courselle.

Hôtel. — Hôt. Belle-Plage.

Excursions. — Toute la côte normande (chem. de f. du Calvados); *Châteaux* de *Fontaine-Henry* (8 k.) et de *Creully* (15 k.), par *Bény-sur-Mer*.

A consulter. — E. Liot, *Bernières-sur-Mer*. Caen, 1897, in-8°.

BLANGY (Seine-Inférieure), ch.-l. de cant. de 1890 h., à 144 k. de Paris (159 k. par la voie ferrée). Sur la Bresle. G. et P. T. T. *Eglise Notre-Dame* (XIIIe et XVIe s.), beau portail. — *Hôpital* (XVIIe s.). — *Vieille maison*.

Hôtel. — Hôt. de la Poste.

Excursions. — *Château de Sery*, anc. abbaye (1 k. 5); *Eglise de Gamaches* (8 k.); restes de *l'abbaye du Lieu-Dieu* (XIIe s.) et *Château de Grousseauville* (9 k.); *Eu* (21 k.).

A consulter. — Abbé J.-E. Decorde, *Essai histor. et arch. sur le cant. de Blangy*. Neufchâtel, 1850, in-8°; J.-A. de Lérue, *Hist. de Blangy-sur-Bresle*. Rouen, 1860, in-12.

BRETEUIL (Eure), ch.-l. de cant. de 2.400 h., à 119 k. de Paris (par la route) et à 39 k. d'Evreux (ligne d'Evreux à la Loupe). G. et P. T. T. Sur la rive droite de l'Iton. — *Eglise romane* et *Château* Renaissance. — *Monument* du peintre *Théodule Ribot*, par Auscher et Decorchemont.

Hôtel — Hôt. du Paradis.

Excursions. — *Château de Condé-sur-Iton* (XVIe s.), parc dessiné par Le Nôtre; *Château de Mauny* (XVe s.); *Menhir* (3 k.).

A consulter. — A.-J. Devoisins, *Notes sur l'hist. de Breteuil.* Evreux, 1900, in-8°.

BRICQUEBEC (Manche), ch.-l. de cant. de 2.778 h., à 330 k. de Paris (par la route) et à 27 k. de Cherbourg (ligne de Coutances à Cherbourg). G. et P. T. T. — Restes d'un ancien *Château* (XIVe s.). *Donjon* (beau panorama) et *Tour de l'Horloge*. — Anc. *Eglise de Bricquebec* (XIe s.).

Hôtel. — Hôt. du Vieux-Château.

Excursions. — *Prieuré de N.-D. de Grâce de la Trappe* (2 k.); *Saint-Sauveur-le-Vicomte* (14 k.); *Forêt de Bricquebec*.

A consulter. — Em. Le Chanteur de Pontaumont, *Notice sur les Rosières de Bricquebec*, Cherbourg, 1851, in-8°.

BRIOUZE (Orne), ch.-l. de cant. de 1.648 h., à 226 k. de Paris (voie ferrée). G. et P. T. T. — *Eglise Saint-Gervais* (XIe s.), pilier extér. portant un if. — Restes d'un ancien *Château*; chapelle servant d'écurie.

Hôtel. — Hôt. de la Poste.

Excursions. — *Hêtre de la Cannetruche* (4 k.); le *Mont Charlemagne*, forêt du *Mont d'Hère* et de *Dieufit* (8 k.); *Manoir des Yveteaux* (8 k.); *Flers* (17 k.); *Ecouché* (19 k.); *Château de Messei* (12 k.).

A consulter. — L. de la Sicotière et Poulet-Malassis, *Le dép. de l'Orne arch. et pittoresque*, Alençon, 1845, in-fol.

CABOURG (Calvados), comm. de 1.645 h., à 217 k. de Paris, et à 243 k. par Trouville. Gare : Dives-Cabourg (1 k.), près de l'embouchure de la Dive. P. T. T. Station balnéaire, plage mondaine. *Champ de courses.* — *Casino*.

Hôtels. — Hôt. du Casino; Hôte du Nord.

Excursions. — *Le Hôme* (3 k.); *Colline de Caumont*; *Colonne et Château de Foucher de Careil*; *Ferme de Sarlabote* (3 k.); *Brucourt* (5 k.); *Croix d'Heuland* (Voyez : Dives et Houlgate.)

CAEN (Calvados), ch.-l. de départ. de 44.794 hab. (anc. cap. du Calvados), situé sur la rive gauche de l'Orne, au confluent de l'Orne et de l'Odon, au milieu de prairies, à 216 k. de Paris, par la route (239 k. par la voie ferrée) et à 16 k. de la mer (Canal de Caen à la mer). Port de communication important. — *Gare de l'Etat*, av. de la Gare; *Gare Saint-Martin* (chem. de fer de Caen à la mer), avenue de Courseulles, et *Gare des Chemins de fer du Calvados*, quai de la Londe. — Bateaux à vapeur de Caen au Havre, dép. tous les j. au quai de Juillet, promenade intéressante. — P. T. T. (26, rue Singer; 41, rue Guillaume-le-Conquérant; 65, rue de Vaucelles; La Maladurie). — L'histoire des origines de Caen est indissolublement liée à celle de quelques-uns de ses monuments. Guillaume-le-Conquérant, qui y fut inhumé avec sa femme Mathilde, y fit construire un château fort (sa résidence favorite) et y édifia les deux abbayes des Bénédictins de Saint-Etienne et de la Sainte-Trinité, plus connue sous le nom d'*Abbaye aux hommes* et d'*Abbaye aux Dames*. Le sort de Caen fut par la suite celui de toutes les villes normandes fortifiées, pendant l'occupation anglaise et les guerres de Religion. Cette ville, célèbre par les événements qui s'y déroulèrent à l'époque révolutionnaire, a vu naître : *Robert Angot de l'Esperonnière*, *Ch. de Bourgueville*, sieur de *Bras*, *Jean Bertaut*, *Malherbe*, *Boisrobert*, *F. de Colomby*, *Segrais*, *Daniel Huet*, évêque d'Avranches, le sieur de *Cahaignes*, *Massieu*, le capitaine *Vauquelin*, *Restout*, *Dumesnil*, *Malfilâtre*, *G. de la Rue*, *Gabr. Porée*, *D.-F. Auber*, *André Graindorge*, etc.

Monuments religieux. — *Eglise Saint-Pierre*, magnifique monument commencé au XIIIe siècle sur l'emplacement d'une église romane, terminé au XVIe siècle; voir le chœur. — *Saint-Etienne*, anc. église du monastère de *l'Abbaye aux hommes* (XIe et XIIIe s.), édifice de premier ordre, type parfait de l'architect. normande (125 m. de long.), surmonté de trois tours. Une dalle devant le maître-autel désigne l'endroit où était le tombeau de Guillaume-le-Conquérant, profané au XVIe siècle par les protestants. Les bâtiments de l'abbaye, réédifiés aux XVIIe et XVIIIe s., sont occupés par le *Lycée Malherbe*. — *La Trinité*, anc. église de l'*Abbaye aux Dames*, fondée par Mathilde de Flandres, épouse de Guillaume-le-Conquérant, monument remarquable par sa grandeur et sa simplicité; Tours massives, façade imposante. Dans le chœur (réservé aux religieuses de l'Hôtel-Dieu), tombeau de la reine Mathilde. Crypte sous le chœur (s'adr. au concierge de l'Hôt.-Dieu, 50 c.). — *Saint-Etienne le Vieux* (XVe s.), église désaffectée et souillée par le service de la voirie municipale (*authentique* spécimen de l'architect. anglo-norm. du XVe siècle. Portails intéressants, tour octogon. (s'adr. au concierge). — *Eglise Saint-Nicolas* (XIe s.) désaffectée, et servant de magasin à fourrage. — *Eglise Saint-Gilles* (XIIIe et XVe s.) désaffectée et ruinée, joli portail du XVIe siècle. — *Eglise Saint-Jean* (XIVe et XVe s.), tour du portail fortement inclinée, en raison du fléchissement du sol marécageux sur lequel l'édifice est construit; tour centrale Renaissance, inachevée. — *Eglise Saint-Sauveur* jadis *N.-D.-de-Froide-Rue*, rue Froide (XVe et XVIe s.); à l'extérieur, curieuse monstrance. — *Eglise Saint-Michel-de-Vaucelles* (XIIe, XIVe et XVe s.), située au delà de l'Orne, dans un quartier qui, autrefois, formait une localité distincte de la ville. — *Anc. Eglise Saint-Sauveur du Marché*, actuellement *Halle aux grains*, piliers du XIIe s., nef du XVe s., chœur et portail du XVIe s. — *Eglise Notre-Dame* ou *la Gloriette* (XVIIe s) bâtie par les Jésuites, style italien.

Monuments civils et curiosités. — Le *Château* (s'adresser pour visiter au bureau de l'Etat major de la Place, place Alexandre III), fondé par Guillaume-le-Conquérant (XIe s.), actuellement *Caserne Lefèvre*; tours rondes, courtines, Porte de secours, *Petite église Saint-Georges*, dans l'enceinte, etc. — *Hôtel de Ville*, ancien séminaire des Eudistes (XVIIe s.) conten. le Musée de peinture, la Bibliothèque et la Grande Poste. — *Musée de peinture* (entrée grat. dim. et jeudis, de 10 h. à midi et de 1 h. à 4 h.; les autres jours, 50 c.). Voir : *G. Courbet*, Marine; *E. Boudin*, Bœufs au pâturage; *Moteley*, paysages ; *Tattegrain*, Grande marée d'octobre; *L. Melingue*, Henri II au château de Blois; *K. Daubigny*, L'Embarquement des filets; *Th. Ribot*, Nature morte, L'Huître et les plaideurs; *Snyders*, Intérieur d'office; *A. del Sarto*, Saint-Sébastien; *Le Perugin*, Mariage de la Vierge; *Em. Perrin*, Mort de Malfilâtre; *Drouais*, Portr. de Femme; *Tournière*, Portr. du grav. Audran; *Anonyme*, Portr. de Malherbe; *Collection de Montaran*, etc. — *Bibliothèque* (120.000 v.). Nombreux ouvrages relatifs à la Normandie; Ms. et autogr., portr., belles éditions; *Collection Mancel*, léguée en 1872, par l'anc. libraire de ce nom, collection unique d'ouvrages, Ms, grav. et docum. propres à l'histoire de la Normandie. — *Musée de la Soc. des Antiquaires et de la Soc. française d'archéologie* (33, rue de Caumont, ouvert dim. et jeudis, de 2 à 4 h., les autres jours s'adr. au concierge). — *Hôtel-Dieu* (XVIIIe s.), dans les bâtiments (reconstruits) de l'anc. *Abbaye aux Dames*, jolie vue, du parc. — *Lycée Malherbe*, bâtiments de l'anc. *Abbaye aux Hommes*. — *Palais de l'Université* (XVIIIe et XIXe s.). — *Musée d'Histoire naturelle*. — *Musée Langlois*, place Gambetta. — Ancien *Hôtel Le Valois* ou *d'Escoville* (XVIe s.) actuellement *Bourse et Tribunal de Commerce* (place Saint-Pierre), magnifique spécimen de l'archit. de la Renaissance. — *Hôtel de Than*, et *Hôtel d'Aubigné* (XVIe s.), rue Saint-Jean; *Hôtel de Mondrainville* et *Cour de la Monnaie* (XVIe s.), rue de la Monnaie. — *Hôtel de Beuvron*, rue Saint-Jean. — *Hôtel Colomby*. — *Tour Guillaume-le-Roy*, reste des fortifications, près de la Poissonnerie. — Le *Manoir des Gens d'armes*, maison de plaisance construite au début du XVIe siècle, pour Gérard de Nollent (faub. de Calix), aux portes de la ville; curieuse tour. *Vieilles maisons* intéressantes, rues Saint-Jean (*Maison de Daniel Huet*, au n° 144), dans la cour du Grand-Manoir, de l'Engannerie, de l'Oratoire, de Geôle (*Maison des Quatrains*), Saint-Pierre, Montoir du Château et Montoir Poissonnerie, place Malherbe (*Maison natale de Malherbe*); rues Écuyère, Caponière, Arcisse de Caumont, Froide, du Carel, etc. — *Statues* de *Demolombe*, par E. de Lahendrie; de *Louis XIV*, par Petitot; de *Malherbe* (au Jardin des Plantes) ; de *Laplace*, par Barre ; d'*Elie de Beaumont*, par Louis Rochet, etc. — Voir en outre : le *Port* et ses *Bassins*.

Hôtels. — Hôt. d'Angleterre; Hôt. de la Place Royale.

Spécialités. — Andouilllettes, tripes.

Excursions. — *Ardennes* (5 k.); *Mondeville* (4 k.); *Ifs*, église et tour (5 k.); *Château de Louvigny* (6 k.); *Château de Fontaine-Étoupefour* (8 k.); *Vallée de l'Orne*; *Langrune*; *Luc-sur-Mer*; *Riva-Bella*; *Ouistreham*, etc.

A consulter. — Ch. de Bourgueville, *Recherches et antiquités de la prov. de Neustrie... mais plus spécialement de la Ville et Université de Caen*. Caen, 1588 et 187., in-4°; Daniel Huet, *Les Origines de la Ville de Caen*. Caen, 1706, in-8°; F. Vaultier, *Hist. de la Ville de Caen*, 1843, in-8°; Abbé G. de la Rue, *Mém. sur le commerce de Caen depuis le XIe siècle jusqu'à la prise de cette ville par les Anglais en 1417 et dep. la révoc. de l'Édit de Nantes*, etc. Caen, 1805 et 1807, in-8°; Le même, *Essais histor. sur la V. de Caen*. Caen, 1820, 2 vol. in-8°, *Nouv. essais hist. sur la V. de Caen*. Caen, 1842, 2 vol. in-8°; G. Lavalley, *Caen. son hist. et ses monum.*, Guide. Caen, 1877, in-12; Le même, *Notice histor. sur la Bibl. de Caen*. Paris, s. d., in-8°; Le même, *Les Compagnies du Papeguay...* Paris, s. d., in-16; Trébutien, *Caen, précis de son hist., ses monum.* Caen, 1848, in-18 (Ed. considérablement augmentée); Dr Ch. Fayel, *La Faculté de Médecine de Caen de 1436 à 1808*. Caen, Impr. Delesque. 1896, in-8°; H. Prentout, *Les villes d'art célèbre. Caen et Bayeux*. Paris, Laurens, s. d., in-4°; J.-B. Mancel, *Hist. de la V. de Caen*, Caen, 1836, in-8°; Aristide Guilbert, *Hist. des Villes de France*. Paris, 1848, t. V (Notice de C. Richard et A. Chéruel).

CANY (Seine-Inférieure), ch.-l. de cant. de 1.790 h., à 177 k. de Paris. (197 par la voie ferrée). G. et P. T. T. Sur la jolie rivière de la Durdent.

Monuments et curiosités. — *Eglise Saint-Martin* (XVIe s.). — *Buste en marbre*, par E. Devaux, du poète *Louis Bouilhet*, né à Cany, le 27 mai 1822. — *Château* (à 2 k. en suivant le fond de la vallée), magnifique édifice (XVIIe s.) attribué à Mansart et ayant appartenu aux Becdelièvre et aux Montmorency-Luxembourg; parc merveilleux (seul ouvert au public), belles prairies, lac, cascade et eaux courantes.

Hôtel. — Hôtel du Commerce.

Excursions. — *Eglise de Barville*, XVIe siècle (2 k.); suivre la pittoresque vallée de la *Durdent* et voir: *Fontaine du Hanouard* (7 k. 5); *Eglise de Oherville* (9 k. 5); *Château d'Auffay*; *Château et Abbaye de Valmont*, etc.

A consulter. — *Saint-Valery-en-Caux et le Pays de Caux*, livret-guide publ. par le Syndicat d'Initiative de Saint-Valéry-en-Caux (Voir ce nom), 1911, plaq. in-8°; J. Michel, *Causerie sur Fécamp*, etc. Fécamp, 1858, in-32; Noël de la Morinière, *Essai sur le dép. de la*

Seine-Inf. Rouen, 1795, in-8°; Comte d'Estaintot, *Excursion arch. à Valmont et Cany.* Caen, 1879, in-8°; C. Romain, *Le District de Cany, pend. la Révolut.* Yvetot, 1899, in-4°;

CARENTAN (Manche), ch.-l. de cant. de 4.000 h., à 287 k. de Paris (314 par la voie ferrée), au confluent de la Douve et de la Taute. G. et P. T. T. Port de commerce. — *Eglise* (XVe s.), surmontée d'une tour gothique; tourelles élégantes. *Vieilles maisons à arcades*, place de la République.

Hôtel. — Hôt. d'Angleterre.

Excursions. — *Isigny* (10 k.); *Sainte-Marie-du-Mont*, station balnéaire, église du XVe siècle, restes d'un château, XVe siècle (16 k.); *Montebourg* (21 k.).

A consulter. — Em. Le Chanteur de Pontaumont, *Hist. de la V. de Carentan.* Paris, 1863, in-8°.

CAROLLES (Manche), comm. de 468 h., à 341 k. de Paris et à 13 k. de Granville (voie ferrée). G. et P. T. T. Station balnéaire. — *Eglise* (XIIe et XIIIe s.).

Hôtel. — Hôt. de la Plage.

Excursions. — *Saint-Pair* (6 k.); *Saint-Jean-le-Thomas* (12 k.); *Avranches* (28 k.).

CARTERET (Manche), comm. de 520 h., à 347 k. de Paris, voie ferrée (359 par la route), et à 43 k. de Carentan (ligne de Paris-Cherbourg). G. et P. T. T. A l'embouchure de la Gerfleur. Station balnéaire abritée des vents d'Ouest et du Nord-Ouest; température très douce. Belle végétation. Voir : *Cap de Carteret; Phare et Sémaphore.*

Hôtels. — Hôtel de la Mer; Hôtel d'Angleterre.

Excursions — *Ile de Jersey* (bâteaux à vapeur pour *Gorey*); *Port-Bail* (10 k.); *Bricquebec* (17 k.).

A consulter. — *Carteret*, guide du touriste, publié par le Syndicat d'Initiat. de Carteret, 1912, in-8°.

CAUDEBEC-EN-CAUX (Seine-Inférieure), ch.-l. de cant. de 2.145 h., à 154 k. de Paris (186 par la voie ferrée). G. et P. T. T. Sur la rive droite de la Seine (bac à vapeur), dans un vallon arrosé par un ruisseau. Ancienne station gallo-romaine.; cap. du pays de Caux; cité industrielle autrefois renommée par la fabrication de ses chapeaux (Caudebecs). Caudebec est la patrie de Thomas Basin, évêque de Lisieux.

Monuments et curiosités. — *Egl. Notre-Dame* (XVe s.), bel édifice, style gothique flamboyant, en forme de tiare, restauré au XIXe s. Portail nord et balustrade du haut, triforium, fonts bapt.; vitraux, XVe et XVIe siècles ; portrait de Thomas Basin. — Vieux logis: *Maison des Templiers*; maisons de la rue des Boucheries, de la rue Sainte-Catherine et de la rue de la Cordonnerie. — *Musée*, à l'Hôtel de Ville. A Caudebec on vient surtout observer le *Mascaret*, ou la *Barre*. courant très puissant remontant la Seine, lors du flux de la mer.

Hôtels. — Hôt. de a Marine Hôt. du Havre.

Excursions. — *Sainte-Gertrude* (3 k.), belle égl.; *Saint-Wandrille* (3 k.2); *Villequier* (4 k.), sur le quai, maison où naquit Aug. Vacquerie; au cimetière, tombes de Léopoldine Vacquerie, fille de Victor Hugo, et de son mari, morts victimes d'un naufrage en Seine (1843), ainsi que celle d'Adèle Hugo, femme du grand poète; belle église (XIIe et XVIe s.); *Forêt de Maulévrier*.

A consulter. — A. Saulnier, *Essai histor. et art. sur Caudebec et ses envir.* Rouen, 1841, in-8°; G. Rondel, *Guide compl. à Caudebec et ses envir.* Caudebec, s. d., in-8°; Abbé Sauvage, *Descr... de l'église N.-D. de Caudebec*, Rouen, s. d., in-16; R. de Maulde, *Une vieille ville normande*. Paris, 1879, in-fol.; A. Fromentin, *Essais histo-*

rique sur Yvetot... Caudebec. Rouen, 1844, in-8º; Arist. Guilbert. *Hist. des V. de France*. Paris, 1848, t. V (Notice de Chéruel).

CHATEAU-GAILLARD.
— Voyez **Andelys (Les)**

CHAUSEY (Iles), comm. de Granville. Télégr. au Sémaphore. Groupe d'îlots ou d'écueils dont le plus important, *La Grande Ile*, mesurant 2 k. de long, est situé à 16 k. N.-O. de Granville. Les autres îlots sont : *Grenetaie, la Houllée, la Meule, l'Enseigne, l'Ile aux Oiseaux, l'Ile Plate, le Grand Romont, l'Ile Longue, l'Ile d'Ancre*, ou *d'Anneret, les Huguenans, la Conchée*. Départ de Granville: bateau du 1er juill, au 30 sept. — Voir surtout la *Grande Ile*.

Hôtel. — Hôt. des Iles (Grande Ile).

A consulter. — A. de Quatrefages, *Souvenirs d'un Naturaliste*; J. de Banche, *Les Iles Chausey et les Minquiers*.

CHERBOURG (Manche), ch.-l. d'arr. de 43.000 h., à 337 k. de Paris (371 k. par la voie ferrée). A l'embouchure de la Divette; port de guerre, port de commerce et stat. balnéaire. G. et P. T. T. Ville peu intéressante pour le touriste.

Monuments et curiosités. — *Eglise de la Sainte-Trinité* (XVe s.) restaurée. — *Musée Henry* (ouv. de midi à 4 h.), à l'Hôtel de Ville ; tableaux de *Patel le Père, Chardin, D. Teniers, Poussin, Murillo, Van der Meulen, J.-B. Oudry, Fra Angelico, Van Dyck, L. Cranach, Hubert-Robert, Léonard de Vinci* (?), *E. Lesueur, Mlle Gérard, Girodet-Trioson, R. Van der Weyden, Lefèvre, Boilly, Largillière* (?), *Lepicier, Van Loo, Motteley*, etc. — *Musée Levéel* (dans le pavillon ouest du théâtre). — *Musée de Céramique*, en face du Musée Henry. — *Parc Emmanuel Liais*. — *Port militaire* ou *Arsenal* (Permis de visiter délivré de 2 h. à 3, sur présentation de pièces établissant la qualité de Français). — *Statue équestre de Napoléon*, par A. Le Vée, sur la place du même nom, belle vue sur la rade. — *Casino*. — *Jardin public*, monum. du peintre Millet. — *Buste de Bricqueville*, par David d'Angers, place de l'avant-port.

Hôtels. — Grand Hôt. des Bains; Hôt. de France; Hôt. Moderne; Hôt. des Négociants et de l'Agriculture.

Excursions. — *Montagne du Roule; Digue de Cherbourg; Château de Martinvast* (8 k.); *Château de Tourlaville* (4 k.) restauré (on ne visite pas); *Château de Bretteville* (7 k.); *Saint-Pierre*. — *Eglise* (18 k.); *Urville-Hague*, st. balnéaire (10 k.); *Landemer*, st. balnéaire (11 k.); *Gréville-Hague*, patrie de J.-F. Millet, statue du peintre, grottes de la falaise (15 k.); *Iles de Guernesey et d'Aurigny* (bateaux).

A consulter. — Mme Ratau-Dufresne, *Hist. de la Ville de Cherbourg*. Paris, 1750, in-12 ; Ed. Avoine de Chantereyne, *Etudes histor. sur Cherbourg*. Lisieux, 1873, in-8º; Em. Le Chanteur de Pontaumont, *Hist. anecdot. du vieux Cherbourg et de ses envir*. Cherbourg, 1867, in-8º; A. Berruyer, *Le Guide du voyageur à Cherbourg*, Cherbourg, 1833, in-12; J. Fleury et H. Vallée, *Cherbourg et ses environs*, nouv. guide... Cherbourg, s. d., in-12; Abbé N. Leroy, *Le Vieux Cherbourg* Cherbourg, 1884, in-8º; Vauban, *Mém. sur les fortific. de Cherbourg*. (1686). Paris, 1851, in-8º; E. Liais, *Cherbourg*, etc. Paris, 1867, in-8º; Arist. Guilbert, *Hist. des villes de France*. Paris, 1848, t. V (Notice intéressante de A. de Tocqueville, en partie consacrée à l'hist. de la digue); *Cherbourg*, guide du touriste, publié par le Syndic. d'initiat. de Cherbourg, 1912, in-8º.

CLÉCY (Calvados), comm. de 1.757 h., à 235 k. de Paris (route) et à 37 k. de Caen (ligne de Caen à Laval). Halte de Clécy-Bourg et P. T. T. Sur la rive droite de l'Orne, dans une des régions les plus accidentées de la Normandie.

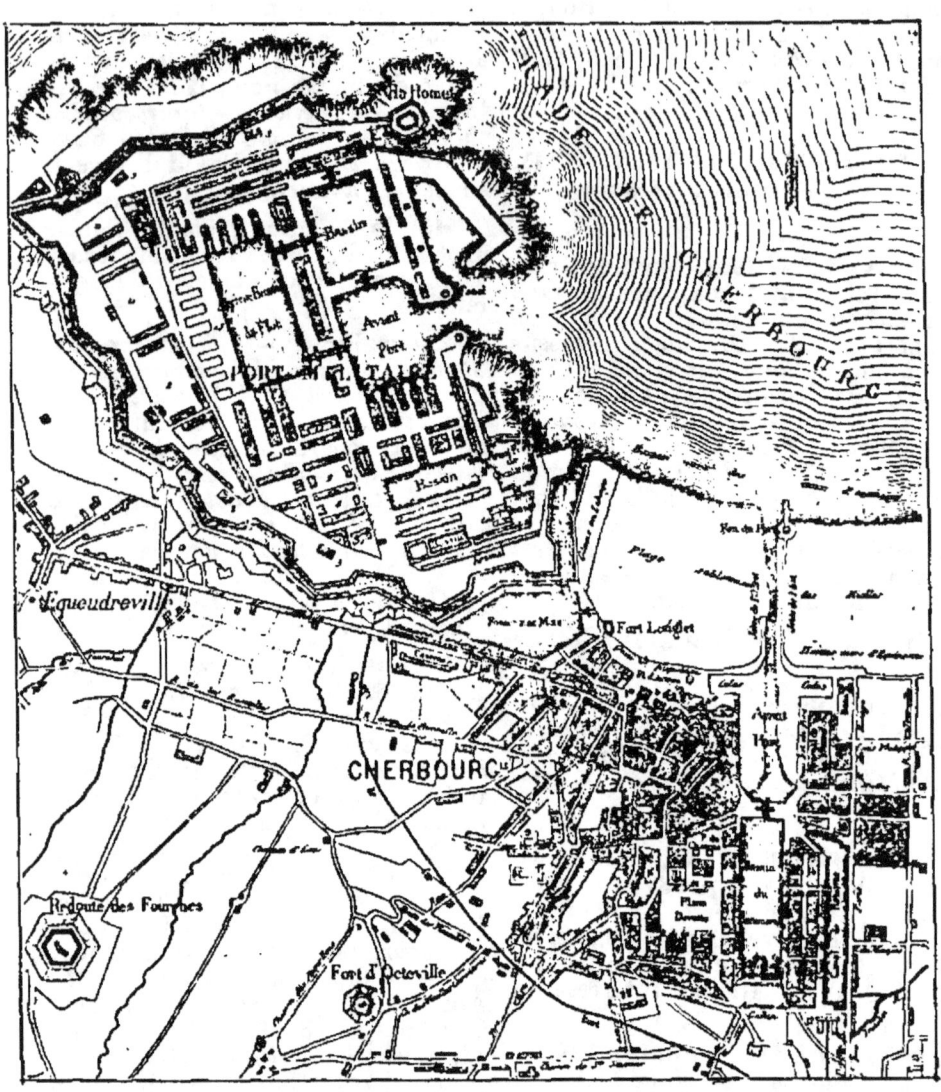

PLAN DE LA VILLE ET DU PORT DE CHERBOURG.

Suisse normande, 81 m. d'altitude. Sites pittoresques. — *Eglise* (XVe s.). — *Manoir de Placy* (XVIe s.).

Hôtel. — Hôt. de la Place.

Excursions. — *Les Bruyères des Gouttes*, etc. Ascension du *Pain de Sucre* (5 k.); *Viaduc et Rochers de la Lande* (3 k.); *Saint-Clair, la Pommeraye* (18 k.); *L'Eminence* (14 k.); *Bellevue* (11 k.), beau panorama; *Condé-sur-Noireau* (11 k.).

COLLEVILLE-SUR-MER (Calvados), comm. de 360 h., à 255 k. de Paris. G. à Saint-Laurent-sur-Mer (chem. de f. du Calvados, 1 k.). P. T. T., à Vierville. Station balnéaire. — *Château* XVIIIe siècle. Paysage pittoresque.

CONCHES (Eure), ch.-l. de cant. de 2.200 h., à 113 k. de Paris (126, voie ferrée). G. et P.T.T. — *Eglise Sainte-*

Foy (XVᵉ s.), jolie tour, vitraux. — *Donjon.* — *Vieilles maisons.*

Hôtel. — Hôtel de la Croix-Blanche.

Excursions. — *Le Vieux Conches* et les *Sources du Rouloir* (environs); ruines de l'*Abbaye de Beaumont-le-Roger* (18 k.).

A consulter. — A. Gardin, *Notice histor. sur la ville de Conches*. Evreux 1865, in-8°.

CONDÉ-SUR-NOIREAU (Calvados), ch.-l. de cant. de 6.550 h., à 235 k. de Paris (256 par la voie ferrée), à 53 k. de Caen et à 13 k. de Flers (ligne de Caen à Laval). G. et P. T. T. Au confluent du Noireau et de la Durance. Cité industrielle et commerçante, située au centre d'une contrée pittoresque.

Monuments et curiosités. — *Egl. Saint-Martin*, restaurée, chœur des XIIᵉ et XVᵉ siècles, verrière; *Eglise Saint-Sauveur.*—*Château* (XIIIᵉ s.). — *Tour du donjon.* — *Statue de Dumont d'Urville*, né à Condé-sur-Noireau, en 1790.

Hôtel. — Hôt. du Lion d'Or.

Excursions. — *Pont-Errembourg; Berjou; Vallée de la Vère; Saint-Germain du Crioult*, belle église XIIIᵉ et XVIᵉ siècle (4 k.); *Vassy, Saint-Pierre du Regard; Pontécoulant*, château du XVIIᵉ siècle (5 k.); *Roche-aux-Renards; Cerisy-Belle-Etoile*, ruines de l'*Abbaye de la Belle-Etoile* (XVᵉ s.); *Mont de Cerisy* (264 m. d'alt.), château, vue pittoresque (9 k.); *Falaise* (33 k.).

A consulter. — Abbé G. Marie, *Essai sur l'hist. de Condé-sur-Noireau*. Amsterdam, 1785, in-18; Abbé J. Barette, *Hist. de la V. de Condé-sur-Noireau*. Condé-sur-Noireau, 1844, in-18; Abbé L. Huet. *Histoire de Condé-sur-Noireau*. Caen, 1883, in-8°; J. Lecœur, *Esquisses du Bocage normand*. Condé-sur-Noireau.

COURSEULLES (Calvados), comm. de 1.315 h., à 235 k. de Paris (270 par voie ferrée) et à 31 k. de Caen (chem. de fer de Caen à la mer). Station balnéaire et parc-aux-huîtres, à l'embouchure de la Seulles. G. et P. T. T. *Château* (XVIIᵉ s.).—*Port de pêche.*

Spécialité. — Huîtres de Courseulles.

Hôtel. — Hôtel de Paris.

Excursions. — Toute la côte normande (chem. de f. du Calvados); *Bois des Roches* (1 k. 5); *Ver-sur-Mer* (4 k.); *Château de Fontaine-Henry* (6 k.); *Château de Creully* (10 k.); *Prieuré de Saint-Gabriel, Ferme de Brécy* et *Château de Lantheuil* (12 k. environ).

A consulter. — E. Liot, *Courseulles-sur-Mer*. Caen, 1894, in-18

COUTAINVILLE (Manche), petite station balnéaire (très médiocre) de 240 h., dépendant de la comm. d'Agon (voir ce nom), à 341 k. de Paris et à 15 k. de Coutances (chemin de f. de Coutances à Lessay). G. et P. T. T. — *Château* (XVᵉ s.) et *Chapelle* (XIIIᵉ s.).

Hôtel. — Grand Hôt. Beau-Rivage.

Excursions.—Toute la côte normande (chem. de f. de la Manche).

COUTANCES (Manche), ch.-l. d'arr. de 7.000 h., à 318 k. de Paris (par la route) et à 29 k. de Granville (voie ferrée), sur un coteau verdoyant. G. et P. T. T.

Monuments et curiosités.— La *Cathédrale*, une des plus belles basiliques de France (XIᵉ s.), édifice gothique, flanqué de deux tours romanes (surélevées au XIIIᵉ s.), remarquables par leur élégance (78 m. de haut); flèches élancées; tour octogonale placée sur le transept et surmontée d'une terrasse d'où l'on découvre un magnifique panorama sur les campagnes et sur la mer. — *Palais Épiscopal.* — *Eglise Saint-Pierre*, jolie tour et dôme formant lanterne (XVIᵉ s.). — *Eglise Saint-Nicolas* (XVIᵉ et

XVIIᵉ s.) flanquée d'une tour carrée. — *Jardin public*, joli point de vue. — *Musée*, dans l'hôtel de J.-J. Quesnel Morinière (peu intéressant). — Reste d'un *Ancien Acqueduc* (XIVᵉ siècle).

Hôtel. — Hôt. de la Gare; Hôt. de France.

Excursions. — *Chapelle de la Roquelle*, XVIᵉ siècle (1 k.); *Saint-Malo-de-la-Lande* (3 k.); *Château de Gratot*, XVᵉ et XVIᵉ siècle, Vieille église (XIIIᵉ et XVIᵉ s.), *Ermitage de Saint-Gerbold* (5 k.); *Agon* (13 k.); *Coutainville*, station balnéaire (15 k.); *Granville*.

A consulter. — Em. Travers, *Excursions arch. dans les environs de Coutances...* Caen, 1886, in-8°; L. Quenault, *Recherches arch., hist. et statist. sur la V. de Coutances*, Coutances, 1862, in-8°; *Catal. des tableaux, dessins... du Musée de Coutances*, Coutances, 1886, in-8°; E. Didier, *La Cathédr. de Coutances*, Saint-Lô, 1863, in-8°; J.-M. Renault, *Revue monum. et histor. de l'arr. de Coutances*, Saint-Lô, 1840, gr. in-8°; Arist. Guilbert, *Hist. des V. de France*, Paris, 1848, t. V (Notice par A. Chevalier).

———

CRIEL (Seine-Inférieure), comm. de 1.050 h., à 22 k. de Dieppe, 8 k. du Tréport et 2 k. de la plage. G. à Touffreville-Criel (3 k.). P. T. T. Sur l'Yère. — *Eglise* (XVᵉ s.). — *Anc. Château de Briançon* (XVIIIᵉ s.), actuell. *Hospice*. Du *Mont Criel* au *Mont Jolibois*, vue pittoresque sur la mer.

Hôtel. — Hôt. Plage et Casino; Hôt. Bellevue.

Excursions. — Ruines du *Château* et de l'*Eglise du Baile*; *Gorge de Parfonval* (6 k.).

———

CRIQUEBEUF (Calvados). à 6 k. de Honfleur. *Eglise* du XIIIᵉ s. (très pittoresque).

———

DEAUVILLE (Calvados), comm. de 2.874 h., à 220 k. de Paris, voie ferrée (197 k. par la route), séparée de Trouville, sa voisine, par la Touques et le Port. Station balnéaire. *Champ de Courses*.

Hôtel. — Hôt. de la Terrasse.

Excursions. — (Voyez: *Trouville*).

A consulter. — H. Létang, E. Morel et P. Gibert, *Guide annuaire à Trouville-Deauville*, Paris, 1866, in-8°.

———

DIEPPE (Seine-Inférieure), ch.-l. d'arr., de 23.630 h., à 163 k. de Paris (168 par la voie ferrée). G. et P. T. T. T. Port de pêche, station maritime et balnéaire, à l'embouchure de la rivière d'Arques, entre deux falaises. Dieppe se divise en deux parties, l'une, la *ville*, sur la rive gauche, l'autre, le faubourg du *Pollet*, sur la rive droite. Son origine est ancienne, mais ce n'est qu'à partir du XIIIᵉ s. que commence son histoire. Pendant la seconde moitié du XIVᵉ s., ses navigateurs vont jusqu'à la côte occident. d'Afrique, fondent sur le golfe de Guinée notre premier établissement français, le « Petit Dieppe ». En 1419, les Anglais la conquièrent, mais, en 1435, elle redevient française. Au XVIᵉ siècle, elle connaît l'apogée de sa puissance maritime. C'est de Dieppe que part l'armateur Samuel Champlain pour aller fonder sur les rives du Saint-Laurent la colonie de la Nouvelle France. Très éprouvée par la peste de 1668 et par la révocation de l'Edit de Nantes, elle est ruinée en 1694 par le bombardement que lui inflige une flotte anglo-hollandaise. Rien ne subsiste de ce qui faisait sa gloire, sauf son *château* et les *Eglises Saint-Jacques* et *Saint-Rémy*. Reconstr. en partie, Dieppe ne se releva que très incomplètement de ce désastre. Ce n'est que depuis la Restauration qu'elle est parvenue à regagner un peu de son ancienne splendeur. L'industrie de la pêche, le trafic avec l'Angleterre et l'exploitation de la plage y ont pris de nos jours un développement considérable et sont pour elle une source de prospérité.

Dieppe est la patrie du fameux armateur Jean Ango, des navigateurs Jean Cousin, Jean Parmentier, Jean de Ribault, Gabriel de Clieu, de Charles Lemoyne, de Longueil, de l'amiral Duquesne, Noël de la Morinière, Bruzen de la Martinière, Salomon de Caus, David Asseline, Ch. Timothée de Sigognes, Groulard, Victor Langlois, etc.

Monuments. — Le *Château* (on visite t. les jours de 8 à 11 h. 30 et de 1 h. 30 à 5 h., entrée par la rue de Chastes), bâti sur la falaise; en 1435, par les communes du pays de Caux, révoltées contre les Anglais. Belle vue sur la mer et sur la vallée d'Arques. — *Eglise Saint-Jacques* (XIIIe et XIVe s.), style normand. Beau portail. Chapelle Saint-Yves, ancien oratoire d'Ango et tombeau de ce dernier. Ex-votos. — *Eglise Saint-Rémy* (XVIe et XVIIe s.). Clocher de style Renaissance. Façade du temps de Louis XIII. Tombeaux de René de Sigogne, de son fils, Charles Timothée, poète, d'Emar de Chastes et de Ph. de Montigny, anciens gouverneurs de Dieppe. — *Bibliothèque*, à l'Hôtel de Ville, (27.000 vol.) et *Musée* (ouvert du 15 mai au 30 septembre, le lundi excepté; en hiver, les mardi, jeudi, samedi et dim. de 11 à 3 h.). Voir: Buste de l'abbé Cochet (*Th. Blard*); Buste d'Alex. Dumas (*Clésinger*); Présents d'Eliezer à Rebecca (*A. Coypel*); Poissons de mer (*A. Vollon*); Débarquement du poisson au faub. du Pollet et bénédiction de la mer (*G. Haquette*); Le Bassin de la retenue à Dieppe (*Lambinet*); Collection Cam. Saint-Saens; *Œuvres de Pissaro, Fritz Thaulow, Fantin-Latour, Boudin*, etc. — Casino, ouv. du 15 juin au 30 sept. — *Le Port*. Voir le nouveau *chenal* et le pittoresque faub. du *Pollet*. — *La Plage* (1.200 m. de long sur 200 m. de large, sans compter la bordure de galets et de sable que la mer laisse à découvert). — *Statue de Duquesne* (1610-1688), le célèbre marin dieppois, par Dantan aîné.

Hôtels. — Grand Hôtel; Hôt. Terminus; Hôtel du Soleil d'Or; Hôtel de la Paix; Hôtel des Voyageurs.

Spécialités. — *Mets*: Poisson de mer, petits maquereaux de Dieppe, truites de la rivière d'Arques. — *Industrie locale*: Dentelles, ivoire.

Excursions. — *Arques* (6 k.); *Puys et Cité de Limes* (4 k.; par la plage, 2 k.); *Berneval* (7 k.); *Pourville* (4 k. 5); *Varengeville-sur-Mer, Manoir d'Ango* (8 k.); *Phare d'Ailly* (12 k.); *Sainte-Marguerite* (15 k.); *Quiberville* (16 k.).

A consulter. — Ludovic Vitet, *Hist. de Dieppe*, Paris, 1844, in-12; Ch. Vasselin, *Précis de l'hist. de Dieppe*, Dieppe, 1904, in-8°; Le même, *Récits histor. Dieppois et Norm.*, Dieppe, 1905, in-8°; Guill. et J. Daval, *Histoire de la Réformation à Dieppe*, 1557-1657, Rouen, 1878-1879, et 1902-1903, 4 vol. in-8°; A. Samson Desmarquets, *Mémoires chronol. pour s. à l'h. de Dieppe*, Paris et Dieppe, 1875, 2 vol. in-12; Ambr. Milet, *Cat. du Musée de Dieppe*, 1904, in-8°; Le même, *Ivoires et ivoiriers de Dieppe*, Paris, 1906, in-4°; Abbé Cochet, *Guide du Baigneur dans Dieppe*, Dieppe, 1865, in-8°; Le même, *Histoire de l'Imprimerie à Dieppe*, Dieppe, 1848, in-8°; P.-J. Féret, *Hist. des Bains de Dieppe*, Dieppe, 1856, in-8°; Le même, *La Maison de Henri IV, près du Polet*, Dieppe, 1862, in-8°; G. Lebas, *Les Palinods et les Poètes Dieppois*, Dieppe, 1904, in-8°; Ar. Guilbert, *Hist. des Villes de France*, Paris, 1848, t. V.

DIVES (Calvados), comm. de 4.500 h., à 243 k. de Paris, par Trouville, sur la rivière de ce nom, et à 2 k. de son embouchure. G. et P. T. T. Vieille cité restée célèbre: Guillaume-le-Conquérant s'y embarqua pour la conquête de l'Angleterre. Station balnéaire.

Monuments et curiosités. — *Eg. Notre-Dame* (XIVe et XVe s.). — *Vieilles halles* (XIVe et XVIe s.). — Restes de l'anc. *Eglise abbatiale de Sainte-Marie-du-Hibou* (XIIe s.). — *Vieilles maisons*, notamment *l'Hos-*

tellerie de Guillaume-le-Conquérant (quelques parties remont. au XVIe s.)

Hôtel. — Hostellerie de Guillaume-le-Conquérant.

Excursions. — Colline de *Caumont*; *Ferme de Sarlabot* (2 k.); *Grangues*, église (XIVe s.) et château (XVIIIe s.) (1 k. 5); *Merville*, reste d'un château (8 k.). (Voyez : *Cabourg*.)

DOMFRONT (Orne), ch.-l. d'arr. de 4.800 h., à 244 k. de Paris (254 par la voie ferrée). G. et P. T. T. Anc. cap. du Passais, sur une colline rocheuse, à 70 m. au-dessus du cours de la Varenne. Ancienne place forte. Site très pittoresque. — *Château* (XIe s.), bâti sur un promontoire de rochers, lieu de retraite de la reine Mathilde, remparts, restes du donjon, dominant la vallée. - *Fortifications* (tours à demi ruinées). — *Tour de Godras*, — *Eglise Notre-Dame-sur-l'Eau* (XIe s.) — *Vieilles maisons*.

Hôtel. — Hôt. de la Poste.

Excursions. — *Lonlay-l'Abbaye* (9 k.); *Mont-Margantin* (7 k.); *Fosse Arthur* (12 k.); *Tour de Bonvouloir* (12 k.).

A consulter. — Et. Le Royer de la Tournerie, *Hist. de Domfront*, Vire, 1806, in-12 ; Caillebotte le jeune, *Essai sur l'hist. de Domfront*, 4e éd., Domfront, 1840, in-18; P. F. Liard, *Hist. de Domfront*, Domfront, Liard, 1864, in-8º; E. Crestey, *Hist. de Domfront*. Domfront, 1862, in-18; L. Blanchetière, *Le Donjon ou Château féod. de Domfront*, Domfront, 1829, in-8º ; L. Duval, *Le collège de Domfront*, Domfront, 1908, in-8º; A. Guilbert, *Hist. des V. de France*, t. V (Notice de J. de Vaucelles).

DONVILLE (Manche), comm. de 1.000 h., à 330 k. de Paris et à 2 k. de Granville. G. et P. T. T. Petite station balnéaire.

Hôtels. — Hôt. de la Plage; Hôt. « A ma Campagne ».

Excursions. — *Mont Saint-Michel* (par Granville); *Saint-Pair* (5 k.); *Saint-Jean-le-Thomas* (17 k.); *Avranches* (33 k.). (Voir: *Granville*.)

DOUVRES (Calvados). ch.-l. de cant. de 1.670 h., à 228 k. de Paris (par route) et à 20 k. de Caen (ligne de Caen à Courseulles). G. à Douvres et P. T. T. à la Délivrance. — *Eglise*, flèche du XIIIe s., chœur, XIVe s. — *La Baronnie*, anc. habit. des évêques de Bayeux. — *Chapelle de la Délivrance*. — Sanctuaire célèbre de Notre-Dame, moderne.

Restaurant. - Restaur. maritime.

Excursions. - *Luc-sur-Mer* (3 k.); *Langrune* (4 k.); *Saint-Aubin-sur-Mer* (6 k.); *Courseulles* (11 k.); *Château de Fontaine-Henry*.

ELBEUF (Seine-Inférieure), ch.-l. de cant. de 19.000 h., à 114 k. de Paris (par le chem. de fer). G. et P. T. T. Sur la rive gauche de la Seine. Centre industriel renommé pour la fabrication des draps, dont l'origine remonte aux premiers temps de l'occupation normande. Elbeuf occupe actuellement plus de 10.000 ouvriers. Ville moderne.

Monuments et curiosités. — *Egl. Saint-Etienne* (XVIe et XVIIe s.), chœur ogival et Renaissance; belles verrières du XVIe siècle représent. des scènes bibliques dont les éléments sont empruntés à l'industrie locale ; voyez: Saint-Roch occupé à tisser du drap sur un métier. — *Eglise Saint-Jean* (XVIe, XVIIe et XIXe s.), façade Renaissance. — *Musée d'histoire naturelle* (sans intérêt). Anc. *Château des ducs d'Elbeuf* (reconstr. au XVIIIe s.).— *Buste de Grandin* (1817-1849), manufacturier.

Hôtels. — Gr. Hôtel.

Spécialités. — Sole normande; caneton à la rouennaise; fricassée de poulet.

Excursions. — *Roches d'Orival. Ruines du Château Fouet* (XIIIe s.)

(tram. électrique) ; *Chêne de la Vierge* (4 k. 5) ; *Forêt de la Londe* (8 k.) ; *Église de Tourville-la-Rivière*, tableau de Jouvenet (1662) ; *Château de Tourville*, à Bédane (XVIIe s.) ; *Manoir des Le Lieur* ; *Cimetière romain* ; *Église de Freneuse* (XVIe s.), etc.

A consulter. — H. Saint-Denis, *Hist. d'Elbeuf, depuis les temps les plus reculés jusqu'à nos jours*, Elbeuf, 1894-1903, 10 vol. in-12 ; Parfait-Maille, *Recherches sur Elbeuf*, Elbeuf, 1862-1863, 3 vol. in-8° ; A. Guilmeth, *Hist. de la V. et des environs d'Elbeuf*. Rouen, 1842, in-8°.

ETRÉTAT (Seine-Inférieure), comm. de 1940 h., à 210 k. de Paris (230 par la voie ferrée). G. et P. T. T. Port de pêche et station balnéaire situés dans une verdoyante vallée, entre de hautes et pittoresques falaises déchiquetées par le flot (digue en maçonnerie protégeant la ville construite au-dessous du niveau de la mer). Ancien village de pêcheurs mis à la mode, au XIXe siècle, par des artistes et des écrivains, Alph. Karr et Guy de Maupassant, entre autres. Plage de galets.

Monuments, sites et curiosités. — *Église Notre-Dame* (XIe et XIIIe s.), joli portail roman. — *Chapelle de Saint-Vallery*, un des plus anc. monum. de la Seine-Inférieure (IXe et Xe s.) — *Les Falaises* : voir l'arche dénommée la *Porte d'Amont*, puis la *Porte d'Aval*, le *Trou de l'Homme*, l'*Aiguille d'Etretat* (90 m. de haut.), le *Trou au Chien*, la *Manneporte*, enfin la *Chambre aux Demoiselles*, grotte légendaire. — *L'Aiguille de Belval*, monolithe. — *La Fontaine aux Mousses*.

Hôtels. — Hôt. Hauville ; Hôt. Omont.

Excursions. — *Benouville* (4 k.) ; *La Passée* ; *Bois des Loges* (4 k.) ; *Beaurepaire* (6 k.) ; *Saint-Jouin* (10 k.) ; *Bruneval* (7 k.) ; *Cap d'Antifer* ; *Phare Gonneville* (11 k.) ; *Yport* (11 k.) ; *Fécamp* (17 k.).

A consulter. — Abbé Cochet, *Etrétat, son passé, son présent, son aven.*, 5e éd., Dieppe, 1869, in-8° ; J. Morlent, *Le Havre et son arr.*, Le Havre, 1841, in-8° ; J. Michel, *Causeries sur Fécamp... Etrétat*, etc., Fécamp, 1852 et 1858, in-12 ; E. Parmentier, *Etrétat, son origine, ses légendes...* Paris, 1890, in-8° ; Mary Osborne, *Légendes d'Etrétat*, Paris, 1875, in-8° ; A. Cecille, *Etrétat... et ses environs*, Fécamp, 1883, in-18 ; Arist. Guilbert, *Hist. des Villes de France*, t. V ; etc. ; *Etrétat et ses environs*, Livret-guide off. aux baigneurs par le Syndic. d'initiative d'Etrétat et des environs, s. d., in-8°.

EU (Seine-Inférieure), ch.-l. de cant., de 5.400 hab., à 160 k. de Paris (180 par voie ferrée) et à 45 k. de Dieppe. Jolie cité bâtie en amphith. sur une colline dominant la vallée de la Bresle, à 4 k. environ de la mer. G., P. T. T. Anc. capit. d'un comté rattaché à la couronne d'Angleterre après la conquête de Guillaume-le-Conquérant. Son histoire, comme celle de Dieppe, n'est qu'une longue suite de sièges et de luttes contre l'envahisseur. Brûlée presque entièrement sur l'ordre de Louis XI, qui voulait empêcher Edouard IV d'Angleterre de s'en emparer ; assiégée et prise par Henri IV, 6 sept. 1589. Son dernier comte fut le duc de Penthièvre, dont la fille épousa le duc d'Orléans, Philippe-Egalité, père de Louis-Philippe Ier. Le Château d'Eu appartient actuellement à la famille d'Orléans. Eu est la patrie de François et Michel Anguier, sculpt. du XVIIe siècle.

Monuments. — Le *Château*, construit en 1578, terminé en 1661, restauré au XIXe siècle, en partie détruit par un incendie en 1902. Seules l'aile droite et la chapelle ont été préservées. Parc de 46 hect., dessiné par Le Nôtre ; magnifiques points de vue, jusqu'à la mer. (Interdit au public ainsi que le château.) — *Église Saint-Laurent* ou *Notre-Dame* (XIIe s.), sur une terrasse dominant la ville, reconstr. en partie au XVe siècle, restaurée au XIXe siècle. Style ogival, superbe abside. Façade extrêmement gracieuse. À l'intérieur, sculptures, châsse de Saint-Laurent; peintures; sous le chœur, crypte renfermant dix sarcophages des membres de la famille d'Artois (pour visiter s'adress. au sacristain) — *Chapelle du Collège* (XVIIe s.), édifiée par les Jésuites, contenant les mausolées de Henri de Guise le Balafré (mort en 1588) et de Catherine de Clèves, sa femme. Statues et bas-reliefs.

Hôtels. — Hôt. du Commerce; Hôt. de la Gare.

Excursions. — *Le Tréport* (4 k.); *Chapelle Saint-Laurent* (1 k. 8); *Château de Rambures*; plages *d'Ault, Onival, Mers*; *Forêt d'Eu* (9.400 hec.).

A consulter. — L. Froland, *Mémoires concern. le Comté-Pairie d'Eu*, Paris, 1722, in-4°; C. Cida, *Statist. et précis histor. du canton d'Eu*, Versailles, 1832, in-8°; J Vatout, *Le Château d'Eu. Notices histor.*, Paris, Didier, 1856, in-8°

ÉVREUX (Eure), ch.-l. de départ. de 19.000 h., à 95 k. de Paris (108 par la voie ferrée). G. et P. T. T. Ville agréablement située sur l'Iton, qui s'y partage en trois bras, et à proximité d'une belle forêt.

Monuments et curiosités. — *Cathédrale Notre-Dame*, magnifique spécimen de tous les styles du XIe au XVIIe siècle, intéressant à observer pour l'étude de l'architecture religieuse en Normandie; grand portail Renaissance; beau portail latéral; tour avec flèche (XVe) formant lanterne. — *Palais épiscopal* (XVIe s.), on ne visite pas. — *Église abbatiale de Saint-Taurin*; dans la crypte (s'adresser au sacristain), châsse de saint Taurin (XIIIe s.). — *Cloître du Couvent des Capucins* (XVIIe s.) appart. au *Lycée*. — *Tour de l'Horloge* ou *Beffroi* (44 m. de h.), XVe siècle. — *Maison dite du grand Veneur* (voir la cour). — *Fontaine*, représentant l'Eure, le Rouloir et l'Iton, par Decorchemont. — *Musée* (public dim. et jeudi de midi à 4 h., les autres jours, 50 c. par personne). — *Jardin des Plantes*. — *Anciennes Murailles*. — *Belles promenades* au bord de l'Iton.

Hôtels — Hôt. Moderne; Hostellerie du Grand Cerf; Hôt. de la Biche.

Excursions. — *Bois de Saint-Michel*; *Chapelle de Saint-Michel-des-Vignes* (1 k. 5); *Château de Garambouville*. XVIe siècle (1 k. 5); *Manoir dit Le Buisson* (XVe s.); *Navarre* (2 k.), site pittoresque.

A consulter. — P. Le Brasseur, *Hist. civile et ecclésiast. du Comté d'Evreux*, Paris, 1722, in-4°; A.-C. Masson de Saint-Amand, *Essais histor. et anecdot. sur l'anc. Comté, les Comtes et la V. d'Evreux*, etc., Evreux, 1813-1815, 2 vol. in-8°; Th. Bonnin, *Opuscules et mélanges hist. sur la Ville d'Evreux*. Evreux, 1845, in-8°; Le même, *Notes, fragm. et doc. pour serv. à l'hist. de la V. d'Evreux*, Evreux, 1847, in-8°; L. T. Corde, *La Châsse de saint Taurin, prem. évêque d'Evreux*. Evreux, 1866, in-4°; Leroy-Beaulieu, *Cathédr. d'Evreux*. Paris, 1875, in-8°; Nicol.-Pierre Chr. Rogue, *Souvenirs et journ. d'un bourgeois d'Evreux*, 1740-1830. Evreux, 1850, in-12; A. Guilmeth, *Notice histor. sur la V. d'Evreux*, Rouen, 1849, in-8°; A. Blot, *Notice histor. et descript. sur Evreux...* Evreux, 1880, in-8°; Arist. Guilbert, *Hist. des V. de France*, Paris, 1848, t. V (Notice de Chéruel).

FALAISE (Calvados), chef-l. d'arr. de 7.657 h., à 204 k. de Paris (par la route), à 49 k. de Flers (ligne de Falaise à Flers) et à 46 k. de Caen (ligne de Caen à Falaise). G. et P. T. T. Dans une région pittoresque, et, en partie, sur une sorte de promontoire rocheux. Lieu célèbre par son château où naquit, en 1027, *Guillaume-le-Conquérant*, et sa foire de Guibray. Falaise est la patrie des frères *Lefèvre de la Boderie*, de *Vauquelin de la Fresnaye*, *Vauquelin des Yveteaux* et *Ant. de Montchrestien*.

Monuments et curiosités. — Le *Château* (XIe s.), un des spécimens les plus importants de l'architecture militaire normande du moyen âge. Magnifique point de vue. (S'adres. au gardien, pour visiter); tours d'enceinte (au nombre de douze); Porte d'entrée, ombragée par un tilleul; Donjon, à ciel ouvert; Tour Talbot, XIV⁰ s. (35 m. de haut.), construite pendant l'occupation anglaise. — *Porte des Cordeliers*, au pied du rocher portant le château. — *Eglise Saint-Gervais*, commencée au XVI⁰ siècle. — *Eglise de la Trinité* (XIII⁰, XV⁰ et XVI⁰ s.). — *Eglise romane*, faub. de Guibray. — *Statue équestre de Guillaume-le-Conquérant*, par Rochet (1851), sur la place de ce nom. — *Vieilles maisons*, notamment dans le faub. de Guibray.

Hôtels. — Hôt. du Grand Cerf; Hôt. de Normandie.

Excursions. — *Château de Longpré* (1 k.); *Château de Versainville* (4 k.); *Tombeau de Marie Joly* (actrice de la Comédie-Française, morte en 1798), site intéressant (8 k. 5); *Pont d'Ouilly*; *Clécy*; *Saint-Clair-la-Pommeraye*; *Abbaye de Villers*, etc.

A consulter. — Arist. Guilbert, *Hist. des Villes de France*, Paris, 1848, t. V, p. 636; P.-G. Langevin, *Recherches histor. sur Falaise* et *Supplém.*, Falaise, 1814, et 1826, 2 vol. in-12; F. Galeron, *Hist. et descript. de Falaise*, Falaise, 1830, in-8°; Le même, *Hist. de Falaise, Abbayes et maisons hospitalières*, Ibid., 1891, in-18; Le même, *Hist. de Falaise, Antiquités, gouvern. militaire, fortifications*, Ibid., 1889, in-18; J.-M. Hurel, *Le Château de Falaise*, Falaise, 1885, in-8°; A. Mériel, *Hist. de Falaise. Foire de Guibray*, Bellême, 1889, in-8°; Le même, *Hist. de Falaise*, (Guide, Ibid. 1889, in-8°.

FÉCAMP (Seine-Inférieure), ch. l. de cant. de 17.300 h., à 188 k. de Paris (222 par la voie ferrée). G. et P. T. T., Port de pêche et de comm.; station balnéaire, plage de galets, à l'embouchure de la rivière de Fécamp. Cité aritime, très ancienne, d'origine celtique. Siège d'un monastère de femmes, fondé au VII⁰ siècle par saint Vaneng et remplacé, quatre siècles plus tard, par une abbaye de moines bénédictins restée célèbre. La ville et le monastère, détruits par les Normands, avaient été réédifiés par Guillaume Longue-Epée. Philippe-Auguste s'en empara en 1204. Pillée par les Anglais, reconquise par les Français en 1450. Très éprouvée par les guerres de religion. Aujourd'hui lieu de départ des pêcheurs de morue. Fécamp est la patrie de Jean Lorrain.

Monuments, sites et curiosités. — *Eglise Saint-Etienne* (XVI⁰ s.), beau portail ogival, entre deux tourelles octogonales. — Restes de l'*Abbaye de la Trinité*, moulin et bâtiments occupés par la mairie (XVII⁰ s.). *Eglise de l'Abbaye* ou de la *Trinité* (XI⁰ et XII⁰ s.), bel édifice de 130 m. de longueur, nef de 23 m. de haut., porche latéral et tour octogonale de 65 m. (XV⁰ s.), s'adress. au sacristain pour visiter; tabernacle en marbre (XVI⁰ s.), contenant le *Précieux-Sang*; verrières Renaissance; sculpt.; horloge (XVII⁰ s.). — *Musée* (sans intérêt) et *Bibliothèque* (18.000 vol.) à l'Hôtel de Ville. — *Fontaine du Précieux-Sang*. — *Maison dite de Saint « Waninge »* (porte du XIII⁰ s.). *Distillerie et Musée de la Bénédictine* (ouv. tous les j. de 9 h. à midi et de 2 à 6 h., entrée: 25 c.).

Hôtels. — Gr. Hôt. des Bains et de Londres (sur la place); Hôt. du Chariot d'Or; Hôt. Cauchy.

Excursions. — *Côte de la Vierge* ou *Cap Faguet* (126 m. d'altit.); *Notre-Dame du Salut*; *Le Trou-au-Chien*; Promenades de l'*Epinay*, du *Val-aux-Clercs*, de *Grainval*, etc.; Château et ruines de l'*Abbaye de Valmont* (11 k.); *Vallée de Ganzeville*; *Yport* (8 k.); *Etretat* (7 k.); *GrandesDalles* et *Petites Dalles* (15 k.).

Spécialités. — Bouquet de Senneville (crevettes); homards; bénédictine.

A consulter. — L. Fallue, *Hist. de la V. et de l'Abbaye de Fécamp*, Rouen, 1841, in-8°; C. Marette, *Esquisses hist. sur Fécamp*, Rouen,

1839, in-18; Mme E. de Busserolle, *Recherches hist. sur Fécamp*, Fécamp 1859, in-12; A. Martin, *Hist. de Fécamp*, ill., Fécamp, 1893-1894, 2 vol. in-8º; Renaud, *Essai sur le port de Fécamp*, Paris, 1906, in-8º; E. Marchand, *Climatologie de Fécamp*, Le Havre, 1887, in-8; Dom G. Le Hule, *Le Thrésor ou abr. de l'hist. de la noble et royale Abbaye de Fécamp*, 1684, Fécamp, 1893, in-8º; Leroux de Lincy, *Essai hist. et litt. sur l'abb. de Fécamp*, Rouen, 1840, in-8º; Ch. Hue, *Histor. du Musée de Peinture*, etc., Fécamp, 1880, in-4º; H. Gourdon de Genouillac, *Hist. de l'abb. de Fécamp*, Fécamp, 1872, in-8º; J. Morlent, *Le Havre et son arr.*, Le Havre, 1841, in-8º; J. Michel, *Notice sur le port de Fécamp*, Le Havre, 1865, in-12.

FERTÉ-MACÉ (La) (Orne), ch.-l. de cant. de 6.467 h., à 213 k. de Paris (240, voie ferrée). G. et P.T.T. Ville manufacturière. — *Eglise moderne*, style roman, tour du XIe siècle. — *Logis Pinson* (XVe s.). — *Hôtel de Ville*, petit *Musée*.

Hôtels. — Hôt. du Cheval-Noir; Hôt. du Grand-Turc.

Excursions. — *Bagnoles-de-l'Orne* (6 k.;) *Bois de Dieufit* et du *Mont Hère*.

A consulter. — Laisné de Néel, *Hist. des antiquités de la baronnie de la Ferté-Macé*, Vire, 1875, in-8º; L. de la Sicotière et Poulet-Malassis, *Le dép. de l'Orne arch. et pittor.*, Alençon, 1845, in-fol.

FLERS (Orne), ch.-l. de cant. de 13.680 h., à 227 k. de Paris (243, voie ferrée), sur un coteau. Ville industrielle. G. et P. T. T.

Monuments et Curiosités. — *Eglise Saint-Jean-Baptiste* (XIXe s.). — *Château* (XVe et XVIIIe s.), actuel. mairie. *Chambre de commerce. Bibliothèque* et *Musée local* (ce dernier sans intérêt). Beau parc arrosé par un affluent du Noireau.

Hôtels. — Hôt. de l'Ouest; Hôt. du Gros-Chêne.

Excursions. — Anc. *Château Ganne*, à la Lande-Patry (3 k.); le *Mont-Cerisy* (8 k.); *Roches du Chatellier* (7 k.); Vallée de *la Vère* et *Pont-Erembourg*; *Château de Vassy* (13 k.); *Vire* (28 k.).

A consulter. — Cte Hector de la Ferrière, *Hist. de Flers, ses seign., son industrie*, Caen, 1855, in-8º; A. Laisné de Néel, *Essais hist. sur la V. de Flers*, Bellême, 1884, in-18.

FLEURY-SUR-ANDELLE (Eure), ch.-l. de cant. de 1.500 h., à 96 k. de Paris (par la route) et à 36 k. de Rouen (ligne de Rouen à Gisors). G. et P. T. T. Site charmant. — *Eglise mod.*, toile de Courbet. Centre d'excursion.

Hôtel. — Hôt. du Vexin.

Excursions. — *Charleval* (2 k.); *Lyons-la-Forêt* (6 k.).

FORGES-LES-EAUX (S.-Inférieure), ch.-l. de cant., 2.000 h., à 110 k. de Paris (116, voie ferrée); G. et P.T.T.; à 161 m. d'altit.; st. therm. au centre du Pays de Bray, source de l'Andelle. Eaux minérales ferrugineuses, toniques et reconstituantes, découvertes en 1573. Louis XIII, Anne d'Autriche, le cardinal de Richelieu y séjournèrent, ainsi que Mlle de Montpensier, la duchesse de Bourbon, Madame de Sévigné, Voltaire, Buffon, Marivaux, la marquise du Deffant, Mme de Genlis, Napoléon, Louis-Philippe, etc. Sarasin a célébré ce lieu dans un de ses poèmes. — *Etablis. thermal* (ouv. du 1er juin au 30 sept.), dans un parc de 10 hect., traversé par l'Andelle et planté de beaux arbres. Cabinets de bains, salles de douches, piscines; quatre sources : *Royale, Reinette, Cardinale* et *Saint-Antoine*, d'une température moyenne de 6 à 7º 1/2; eaux employées en boisson, bains ou douches. Durée de la cure: 30 jours.

Hôtels. — Hôtel Continental; Hôtel du Mouton d'Or (ouverts du 1er juin au 30 septembre.)

Excursions. — Forêts de *Brayat* et de *l'Epinay* (1 k.); *Riberpré*, vieux château (2 k. 5); *Abbaye de Beaubec* (7 k.); *Gaillefontaine* (8 k.); *Argueil*, château (10 k.); *Sigy*. égl. (12 k.); *Château du Héron* (8 k.); *Anc. monastère de Clair-Ruissel.*

A consulter. — Abbé J. Decorde, *Essai hist. sur le canton de Forges-les-Eaux*, Neufchâtel, 1856, in-8º; Dieudonné Dergny, *Le Pays de Bray*, Paris, 1869-1872, 2 vol. in-8º; F. Célembray. *Le Mystère de Forges-les-Eaux*, Rouen, 1891, in-8º.

FORMIGNY (Calvados), comm. de 540 h.. à 27 k. d'Isigny (ligne d'Isigny à Balleroy-le-Bourg). G. et P. .T T. Lieu célèbre par la victoire remportée par les Français sur les Anglais, le 18 avr. 1450. — *Eglise* (XIIIᵉ et XIVᵉ s.). — *Chapelle commémorative.*

Hôtel. — Hôt. du Lion d'Or.

Excursion. — *Vierville-sur-Mer* (6 k.).

A consulter. — J. Lair, *La Bataille de Formigny*, Paris, 1903, in-8º; C. Joret, *La Bataille de F.*, Paris, 1903.

GACÉ (Orne), ch.-l. de cant., de 1750 h., à 159 k. de Paris (route) et à 17 k. de Sainte-Gauburge (ligne de Sainte-Gauburge à Mesnil-Mauger). G. et P. T. T. — Restes *Château* (XVIᵉ s.).

Hôtel. — Hôt. de l'Etoile d'Or.

Excursions. — *Château de Cisai-Saint-Aubin* (5 k.); *Vimoutiers* (22 k.).

A consulter. — L. de la Sicotière et Poulet-Malassis, *Le dép. de l'Orne arch. et pittoresque*, Alençon, 1845, in-fol.

GAILLON (Eure), chef.-l. de cant. 2.800 h., à 86 k. de Paris (94, voie ferrée) — (à 2 k. de la station). — Magnifique *Château* constr. en 1515, par Georges d'Amboise, ministre de Louis XII, sur l'emplacement d'une forteresse gallo-romaine (ruinée par les Anglais en 1424), devenu en 1812 une maison centrale, actuellement converti en caserne. Porche d'entrée, tour d'entrée, beffroi, ancien cachot et chambre du cardinal d'Amboise, (s'address. au commandant d'armes pour visiter). — *Vieille église* dans la ville. — *Maisons de bois*, du XVᵉ siècle.

Hôtel. — Hôt. du Soleil d'Or.

A consulter. — A. Deville, *Hist. du Château-Gaillard*, 1829, 4º; A. Leprévost, *Dictinn. des Comm., hameaux, châteaux*, 1837, in-12; A. Deville, *Comptes de dépense de la construct. du chât. de Gaillon*, Paris, 1850, in-4º.

GENÊTS (Manche), comm. de 600 h., à 25 k. de Granville (ligne de Granville-Sourdeval). G. et P. T. T. Petite station balnéaire, à 1 k. de la mer.

Hôtel. — Hôt. des Voyageurs.

Excursions. — *Mont Saint-Michel*; *Saint-Jean-le-Thomas* (6 k.); *Avranches* (10 k.); *Saint-Pair* (18 k.).

GISORS (Eure), ch.-l. de cant., de 4.860 h., à 63 k. de Paris (69 par la voie ferrée). G. et P. T. T. T. Jolie ville arrosée par l'Epte, la Troesne et le Réveillon, célèbre par les ruines d'un vaste château féodal construit vers la fin du XIᵉ siècle, sur l'ordre de Guillaume-le-Roux, gouverneur du Vexin français. Appartint successivement aux Français et aux Anglais. Philippe-Auguste faillit y perdre la vie, en traversant, près d'une porte de la ville, un pont qui s'écroula sous lui. Voyez ce pont, restauré depuis peu, et décoré d'une statue de la Vierge.

Monuments. — *Eglise Saint-Gervais* (XIIIᵉ, XIVᵉ et XVIᵉ s.), admirable édifice; grand portail flanqué de deux tours inachevées à colonnades; portail sud, richement orné, un des plus beaux spécimens de l'architecture de la Renaissance qu'on trouve en Normandie. A l'intérieur, sculptures; dans la chapelle des fonts baptismaux un bel arbre de Jessé, sculpté en ronde bosse et, dans la troisième chapelle, statue funéraire, en pierre (1526), représentant un cadavre décharné couché dans un cercueil. Pilier des marchands. Panneaux peints (XVIe siècle).—*Hôtel de Ville* (XVIIe s.).— *Vieilles maisons.*— *Porte romane de l'anc. Maladrerie.*— *Statue du général de Blanmont* (1770-1846), par Desbœufs. — *Château fort*, magnifiques restes (s'adresser au concierge pour visiter les tours). Enceinte, XIe s., avec tours rondes ou carrées, au centre, le *donjon* ou *tour Saint-Thomas*. Grosse tour, dite *Tour des prisonniers*, ancienne prison d'Etat.

Hôtels. — Hôt. Moderne; Hôt. de l'Ecu de France; Hôt. des Trois-Poissons.

Excursions. — *Chaumont-en-Vexin*, égl. (10 k.); *Dangu*, château XVIe s.; *Vallée de l'Epte*.

A consulter. — P.-F. Hersan, *Hist. de la V. de Gisors*, Gisors, 1858, in-12; Charpillon, *Gisors et son canton*, Paris et Les Andelys, 1867, in-8°; A. Deville, *Notice hist. sur le Château de Gisors*, Caen, 1835, in-8°; Potin de la Mairie, *Lettres sur Gisors*, Gisors, 1848, in-8°. — L.-N. Blangis, *Le Prisonnier de la Tour de Gisors*, Elbeuf, 1872, in-8°; G. Dubreuil, *Gisors et ses environs*, Paris, 1857, 8°; *Journal d'un bourgeois de Gisors* (1588-1617), publié par H. Le Charpentier et A. Fitan, 1878, in-8°; Arist. Guilbert, *Hist. des V. de France*, Paris, 1848, t. V.

GOURNAY (Seine-Inférieure), ch.-l. de cant. de 4.209 h., à 90 k. de Paris (94 k. par la voie ferrée). G. sur le territoire de la comm. de Ferrières. P. T. T. — *Eglise Saint-Hildevert* (XIe XIIe, XIIIe s.). — *Fontaine* (XVIIIe s.). — *Cascade*.

Hôtels. — Nouvel Hôtel (recom.); Hôt. du Nord.

Spécialité. — Fromages de Gournay.

Excursions — *Fontaine de Jouvence* (2 k.); *Eglise de Saint-Germer* (7 k.); *Forges-les-Eaux* (20 k.).

A consulter. — Potin de la Mairie, *Recherches histor. sur les possess. des sires de Gournay*, etc. Gournay, 1852, in-8°; Dieudonné Dergny, *Le Pays de Bray*, Paris, 1869-1872, 2 vol. in-8°; Abbé J.-E. Decorde, *Essai hist. sur le cant. de Gournay*, Neufchâtel, 1861, in-8°; Abbé Cochet, *Notice... sur l'égl. collégiale de St-Hildevert...* Rouen, 1851, in-8°.

GRANDCAMP - LES - BAINS (Calvados), comm. de 1840 h., à 278 k. de Paris (273 k. par la voie ferrée) et à 11 k. d'Isigny (chemin de fer du Calvados). G. et P. T. T. Petit port de pêche et station balnéaire. Casino.

Hôtels. — Hôtel Grandcamp ; Hôt. de la Croix-Blanche.

Excursions. — *Cricqueville-en-Bessin*, église (XIIIe s.), château (XVIe), ruines de l'*Abbaye de Royal-Pré* (3 k.); *Maisy*, église (XIIIe s., tour avec flèche, XIVe s.) (5 k.); *Château de la Tonnellerie*, constr. au XVIIe s. (1 k.); *Vierville-sur-Mer* (10 k.).

GRANDES - DALLES (Les) (Seine-Inférieure), station balnéaire, 202 kilomètres de Paris (route), à 9 k. de Cany et à 15 k. de Fécamp (voie ferrée); dépendant de la comm. de Sassetot-le-Mauconduit. Gare à Cany et à Valmond. P. T. T. Plage de galets. Falaises.

Hôtel. — Hôt. de la Plage.

Excursions. — *Château de Cany* (Voir ce nom); *Château et Abbaye de Valmont*.

GRANVILLE (Manche), ch.-l. de cant. de 11.667 h., à 312 k. de Paris (328 k. par la voie ferrée). G. et P. T. T., Divisé en deux parties; l'une, *Ville-haute*, ou *Vieux-*

Granville, bâtie sur un rocher abrupt s'avançant dans la mer, et l'autre, *Ville-Basse*, constituant une cité plus moderne, avec le *port*, les *bains de mer* et les *faubourgs*. Granville est resté célèbre pour la résistance qu'il opposa aux Anglais, puis à l'armée vendéenne.

Monuments, et curiosités. — *Eglise Notre-Dame*, du XVe et XVIe siècle (ville haute). — *Porte du Moulin à vent*. — *Grande porte*. — *Roc de Granville*, vue splendide sur la mer et sur les rochers du *Cap Lihou*. — *Anciens remparts*. — *Saint-Paul* (ville basse). — *Monument du Souvenir français*, par E. Delteil. — *Statue en bronze de l'Amiral Pléville*. — *La Tranchée aux Anglais*. — *Casino*.

Hôtels. — Hôt. du Nord et des Trois Couronnes; Grand-Hôtel; Hôt. Houllegate.

Spécialités. — Potage normand; coquillages et poissons.

Excursions. — *Jersey, Guernesey* et *Chausey* (bateaux à vapeur); *Donville* (3 k.); *Saint-Pair* (4 k.); *Jullouville* (8 k.); *Abbaye de la Lucerne* (12 k.); *Carolles* (13 k.); *Saint-Jean-le-Thomas* (19 k.); *Abbaye d'Hambye* (22 k.); *Avranches* (26 k.); *Coutances* (29 k.); chem. de f. de la Manche de Granville à Sourdeval, desservant le littoral.

A consulter. — Guidelou, *Notice sur la V. de Granville*, etc., éd. revue, Granville, 1858, in-8°; L. J. B. Mayeux-Douai, *Mém. histor., nautiques et stat. sur la v., le port et le canton de Granville*, Caen, 1876, in-8°; Ar. Guilbert, *Hist. de la V. de France*, Paris, 1848, t. V (Notice de J. de Vaucelles); L. de la Sicotière, *Les Insurrections normandes*, Paris, 1889, in-8°; *Granville, livret-guide du touriste*, édité par le Synd. d'initiative de Granville, 1912, in-8°.

HAMBYE (Manche), comm. de 1.950 h., à 34 k. de Granville (ligne de Granville à Condé-sur-Vire). G. et P. T. T. — *Ruines de l'Abbaye d'Hambye*, de l'ordre de saint Benoît, fondée au XIIe siècle par Guill. Pesnel; *Eglise*; *Salle des Morts* et *Salle capitulaire*. Visite intéressante.

Hôtel. — Hôt. du Cheval-Blanc.

Excursion. — *Garray* (8 k.).

HARCOURT ou THURY-HARCOURT (Calvados), ch.-l. de cant. de 1.100 h., à 231 k. de Paris (par la route) et à 28 k. de Caen (ligne de Caen à Laval). Gare de Croisilles-Harcourt. P. T. T. Sur un promontoire dominant le confluent de l'Orne, au centre d'un pays d'excursions (*Vallée de l'Orne*). — *Eglise* (XIIIe s.). — *Château d'Harcourt* (XVIIe s.).

Hôtel. — Auberge Bunel, à Saint-Martin de Sallen (2 k.).

Excursions. — *Boucle du Hom* et *Roche-Bouquet* (6 k.); *Saint-Benin*, la *Maison d'Enfer* et le *Mont-Aigu* (9 k.); *Esson, Bonne-Nouvelle* (12 k.); *Martinbosq. Neumer, Troismonts, Cinglais* (20 k.); *Rochers et Chapelle de Sainte-Anne* (17 k.); *Le Plessis Grimoult* et le *Mont-Pinçon* (30 k.).

A consulter. — (Boscher), *Essai histor. et stat. sur Thury-Harcourt*, Caen, 1831, in-8°.

HARFLEUR (Seine-Inférieure), comm. de 2.686 h., à 199 k. de Paris (route) et à 6 k. du Havre. G. et P. T. T. Sur la Lézarde, près de la rive droite de la Seine. Ancien port maritime de Normandie dont les fortifications commandaient l'embouchure de la Seine; cité très éprouvée par l'invasion anglaise. Situation pittoresque. — Voir: *Eglise Saint-Martin* (XVe et XVIe s.) de style ogival, surmontée d'un beau clocher à flèche en pierre (83 m.); portail nord enrichi de belles sculpt. *Statue de Jean de Grouchy*, défenseur de la ville. — *Château* (XVIIe siècle), restauré par Viollet-le-Duc. — *Vieilles maisons de bois*, rue Thiers. — Vue charmante sur la Lézarde.

Hôtel. — Hôtel du Trianon.

Excursions. — Ferme de *Buinvilliers*; manoir de la Renaissance (1 k. 5); *Eglise abbatiale et cloître de Montivilliers* (6 k.); *Graville Sainte-Honorine*, restes d'une anc. abbaye, vue splendide; *Berville-sur-Mer*; *Fatouville*; *Carbec*, etc.

A consulter. — E. Dumont et A. Léger, *Hist. de la ville d'Harfleur*, Le Havre, 1868, in-8º; F. de la Motte, *Antiquités de la V. d'Harfleur*. Rouen, 1888, in-4º ; E. Dumont, *Un demi-siècle de l'Hist. d'Harfleur*, 1350-1400, Paris, 1897, in-8º; Abbé Sauvage, *Harfleur au XIVe siècle*. Rouen, 1875, in-8º.

LA HAYE-DU-PUITS (Manche), ch.-l. de cant. de 1.420 h., à 334 k. de Paris (route) et à 39 kilom. de Coutances (ligne de Granville à Coutances). G. et P.T.T. — Ruines d'un *Château fort* (XIe s.). — *Chêne séculaire*.

Hôtel. — Hôt. du Commerce.

Excursions. — *Eglises de Saint-Sauveur de Pierrepont et de Saint-Nicolas de Pierrepont*, XIe et XVe siècle (6 k.); *Lande de Lessay* (9 k.).

HERMANVILLE-SUR-MER (Calvados), petite commune à 255 k. de Paris et à 12 k. de Caen (chem. de f. du Calvados). G. et P. T. T. Station balnéaire (à 2 k. du bourg), voisine de Lion-sur-Mer avec laquelle on confond ses villas. — *Casino.* — Hermanville-sur-Mer a donné naissance au poète Sarasin.

Excursions. — Toute la côte normande (chem. de f. du Calvados); *Chapelle de la Délivrande* (3 k.).

A consulter. — E. Liot, *Lion-sur-Mer*, *Hermanville*, Caen, 1896, in-8º; F.-G. Fossard, *L'ancienne fondation de la Chapelle de la Délivrande*, nouv. éd., Caen, s. d., in-12.

HONFLEUR (Calvados), ch.-l. de cant., de 9.487 h., à 186 k. de Paris, par la route, et 235 k., voie ferrée. G. et P. T. T. Sur la rive sud de la baie de la Seine, dans une situation charmante et pittoresque. Ville maritime très ancienne, éprouvée par l'invasion anglaise (XIVe et XVe s.), célèbre par ses marins. C'est d'Honfleur que Samuel de Champlain partit pour ses explorations au Canada. Accroissement successif de la cité maritime et du port sous Louis XIV, Louis-Philippe et la Troisième République. Honfleur a donné naissance aux navigateurs *Paulmier de Gonneville*, *Pierre Berthelot*, au corsaire *Doublet*, aux amiraux *Motard* et *Hamelin*, à *Le Play*, au peintre *Boudin*, à *Albert Sorel*, *Alphonse Allais*, etc.

Monuments et curiosités. — Anc. *Eglise Saint-Etienne* (XVe s.), acquise par la *Soc. Normande d'art populaire* et convertie (ainsi qu'une *vieille maison* située au flanc droit de l'église) en Musée d'histoire et d'ethnographie normandes dit *Musée du Vieux Honfleur* (ouv. tous les jours, entrée 25 c.); costumes et intérieurs normands. — *Eglise Saint-Léonard* (XVIIe s.), beau portail (XVIe s.) et tour octogonale (XVIIIe s.), peintures murales par Krug. — *Eglise Sainte-Catherine*, clocher de bois, édifice unique, à l'int. tableaux de Jordaens, Zurbaran et Quellyn le Vieux. — *La Lieutenance*, restes d'un château du XVIe siècle, ancienne résidence du lieutenant du roi, et ancienne porte de Caen. — *Musée* (ouv. dim. et jeudi de 1 h. 1/2 à 4 h. 1/2), à l'Hôtel de Ville. Voir : tableaux de *Boudin*; *Hamelin*, La Récureuse; *Dubourg*, Fenaison; *Marais*, Retour du pâturage; *Paul Sain*, Bords de rivière; *Ribot*, Vieille Normande; *Michel Lévy*, Laveuses de Trouville; *Dupérelle*, La Lieutenance à Honfleur; *F. de Montholon*, Village de pêcheurs; *Tattegrain*, Verotières au petit jour; *Dützschold*, Environs de Honfleur, etc. Dessins, aquarelles d'artistes honfleurais. — *Bibliothèque.* — *Musée maritime* et *Ecole des Marins de la Basse-Seine.* — *Vieilles maisons*, notamment quai Sainte-Catherine, rues Gambetta (maison nat. de l'*amiral Hamelin*) et de l'*Homme de Bois*. — *Port*. — *Buste d'Eugène Boudin*, par Gilbert, dans un square. — *Côte de Grâce* (site admirable, 90 m. d'altit.) et *Chapelle Notre-Dame de Grâce*, lieu de pèlerinage et d'excursion fort célèbre; Calvaire; vue panoramique, *Table d'orientation* (T. C. F.), etc.

Hôtels. — Hôt. Saint-Siméon; Hôt. du Cheval-Blanc; Hôt. du Mont-Joli.

Spécialités. — Crevettes; soles normandes; matelote honfleuraise.

Excursions. — *Grestain* (8 k. 5), ruines d'une abbaye bénédictine (XIe s.); *Cricquebeuf*, église romane XIIe s.), couverte de lierre, au bord d'un étang, site pittoresque 7 k. 5); *Trouville* (15 k.); *Pont-Audemer* (28 k.); *Pont l'Evêque*; *Saint-André d'Hébertot*, château du XVIIe siècle, église curieuse; *Saint-Pierre du Val*; *Le Havre* (bateaux de Honfleur au Havre, départ chaque jour).

A consulter. — Poulet-Malassis, *Honfleur* (C. f. *Hist. des Villes de France*, d'Arist. Guilbert, 1848, t. V); Abbé P. Vastel, *Essai sur l'hist. de la v. de Honfleur*, Honfleur, 1834, in-12; A. Catherine, *Hist. de la v. et du canton d'Honfleur*, Honfleur, 1864, in-8º; Abbé Vastel, *Notice histor. sur l'anc. et la nouv. chap. de N.-D. de Grâce*. Le Havre, 1833, in-12; Charles Bréard, *Vieilles rues et vieilles maisons de Honfleur du XVe siècle à nos jours*, Mâcon, 1900, in-8º (très intéressant); Paul Decharme, *Le Comptoir d'un marchand au XVIIe s.* d'après une correspondance inéd. avec une introduct. sur la ville et les gens de Honfleur, Paris, 1910, in-8º (ouvrage important).

HOULGATE (Calvados), comm. de *Beuzeval-Houlgate*, 1274 h., à 199 k. de Paris (route) et à 240 kilomètres par Lisieux et Trouville (voie ferrée). G. et P.T.T.A l'extrémité de la vallée arrosée par le Douet-Drochon. Station balnéaire très fréquentée. — *Casino et Kursaal*.

Hôtels. — Grand-Hôtel; Hôt. Beauséjour; Hôt. Bellevue.

Excursions. — Au *Vieux Beuzeval*; au *Sémaphore*; *Butte Caumont*, *Colonne* et *Château de Foucher de Careil*; *Route de la Corniche*, vue pittoresque (9 k.); *Croix d'Heuland*, etc.

A consulter. — Marchal, *Excursion à Houlgate-Beuzeval*, Paris, 1865, in-8º; G.-R. de Salles, *Hist. de Houlgate et de ses envir.*, Paris, s. d., in-12.

ISIGNY (Calvados), ch.-l. de cant. de 2.600 h., à 276 k. de Paris (283 k. par la voie ferrée). G. et P. T. T., au fond d'un golfe, à 8 k. de la baie de Veys, et à l'embouchure de la Vire et de l'Aure inférieure. Petit port marchand. — *Eglise* (XIIIe s.), en partie reconstruite, tour (XVIIe s.) et chapelle Saint Joseph. — *Hôtel de Ville*, installé dans un vaste château (XVIIIe s.), mutilé.

Hôtel. — Hôt. de France.

Spécialité. — Beurre d'Isigny.

Excursions. — *Osmanville*, église romane, château (2 k.); *Maisy*, église (XIIIe et XIVe s.); *Château de la Tonnellerie* construit sous Louis XIV (10 k.); *Grandcamp-les-Bains* (11 k.); *Saint-Laurent-sur-Mer* (23 k.); *Formigny* (27 k.).

A consulter. — Abbé L. Huet, *Hist. civile, relig. et comm. d'Isigny*, Bayeux, 1909, in-8º.

JULLOUVILLE (Manche), com. de Bouillon, 500 h., à 327 k. de Paris (route) et 17 k. de Granville (voie ferrée). G. et P. T. T. Petite station balnéaire. *Mare de Bouillon*; *Eglise* (XVIIe s.).

Hôtel. — Casino-Hôtel.

Excursions. — *Menhir de la Pierre au Diable*, à *Vaumoison*; *Saint-Pair* (4 k.); *Carolles* (2 k.); *Genets* (14 k.); *Saint-Jean-le-Thomas* (8 k.); *Avranches* (24 k.).

JUMIÈGES

JUMIÈGES (Seine-Inférieure), comm. de 995 h., à 146 k. de Paris (route), à 2 k. de la station de Yainville-Jumièges et à 37 k. de Rouen par le chem. de fer. P. T. T. Lieu célèbre par les restes d'une abbaye fondée au VIIe siècle, saccagée par les Normands vers 840, relevée en 958 et détruite presque complètement en 1790. Les ruines de l'*Abbaye* que la propriétaire actuelle, Mme Eric Lepel-Cointet, permet gracieusement de visiter (sonner à la grille d'entrée), sont plus imposantes par le cadre qui les entoure que par leur caractère architectonique. — Voir: *Le Portail de l'Église Notre-Dame* (XIe s.) flanquée de deux tours carrées à la base, octogon. à la partie supérieure (52 m. de haut.); *nef romane*, privée de ses voûtes; *deux chapelles*, à droite; *portail, avec arcatures*, provenant de l'Église Saint-Pierre; *Salle capitulaire*, contenant des tombeaux monolithes de prieurs; *Salle des Hôtes*, caves voûtées; murs d'enceinte. *Musée lapidaire* renfermant: la pierre tombale de Nicolas Leroux, un des juges de Jeanne d'Arc, une table de marbre noir, provenant de la sépulture d'Agnès Sorel, une clef de voûte, des meubles, armures et objets divers. - Site très pittoresque.

Hôtel. — Hôt. de l'Abbaye.

Excursion. — Ruines d'un manoir, à *Mesnil-sous-Jumièges*, où Agnès Sorel mourut en 1450.

A consulter. — C. Deshayes, *Hist. de l'Abb. roy. de Jumièges*. Rouen, 1829, in-8°; Abbé Tougard, *Jumièges...* Rouen, 1879, in-8°; Abbé J. Loth, *Hist. de l'Abbaye roy. de Saint-Pierre de Jumièges, par un Relig. bénédict...* Rouen, 1882, 3 vol. in-8°; C. Antoine, *Hist. de l'abb. roy. de Jumièges*, Rouen, 1829, in-8°; E.-H. Langlois, *Essai sur les Enervés de Jumièges*, Rouen, 1838, in-8°; U. Guttinger, *Jumièges*. Rouen, 1839, in-18; R. Martin du Gard, *L'abbaye de Jumièges*, Montdidier 1900, in-8°; Amélie Bosquet, *La Normandie merveilleuse*, etc.

LAIGLE (Orne). ch.-l. de cant. de 5.200 h., à 128 k. de Paris (141 k. par la voie ferrée). G. et P. T. T. Sur le versant d'un coteau et dans la vallée de la Risle. Petite ville pittoresque, 209 m. d'alt.

Monuments et curiosités. — *Egl. Saint-Martin* (XVe et XVIe s.), tour du XIIe siècle, vitraux. — *Église Saint-Jean-Baptiste* (XVe s.). — *Église Saint-Barthélemy* (XIIe s.), au cimetière. — *Château* (XVIIe s.), attribué à Mansart.

Hôtel. — Hôt. du Dauphin.

Excursions. — *Forêt de Laigle*; *Église d'Autheuil* et *Château de Bellegarde* (XVIe s.); *Longny, Église Saint-Martin et Château*, XVIIe s. (12 k.); *Abbaye de la Trappe* (10 k.); *Rugles* (8 k.).

A consulter. — L. de la Sicotière et Poulet-Malassis, *Le dép. de l'Orne arch. et pittor.*, Alençon, 1845, in-fol.; J.-F. Gabriel, *Hist. des antiq. de la v. de Laigle...* Laigle, 1841, in-8°.

LANGRUNE (Calvados), comm. de 800 h., à 232 k. de Paris (263 k. par la voie ferrée) et à 24 k. de Caen (chem. de f. de Caen à la mer). G. et P. T. T. Station balnéaire. *Église* (XIIIe s.) restaurée; surmontée d'une tour centrale, flèche ajourée. — *Ferme des Templiers.* — *Rochers.*

Hôtel. — Grand-Hôtel.

Excursions. — Toute la côte normande (chem. de f. du Calvados); *N.-D. de la Délivrande* (3 k.); *Châteaux de Fontaine-Henry* (10 k.) et *de Creully* (17 k.), par *Tailleville*, (château) et *Beny-sur-Mer*.

A consulter. — E. Liot, *Langrune, Saint-Aubin*, etc., Caen, 1845, in-8°.

LE HAVRE (Seine-Inférieure), ch.-l. d'arr. de 132.430 h., à 206 k. de Paris (à 228 k. par la voie ferrée). P. T. T. (108, boulevard Strasbourg; 1, rue de Paris; 20, rue de la Fontaine; 2, rue Foubert;

143 et 332, rue de Normandie; 12, rue Champ-de-Foire; 24, Cours de la République; 14, rue Dicquemare; rue Amiral-Courbet). — Ville fondée par François Ier; port agrandi par Richelieu et rendu accessible aux grands navires, grâce à Vauban. Embellissements successifs, sous Louis XVI, Napoléon III et la Troisième République. Station maritime de premier ordre. Le Havre a vu naître Georges de Scudéry, Madeleine de Scudéry, Dubocage de Bléville, Bernardin de Saint-Pierre, Casimir Delavigne, Dumé d'Aplemont, Nicolas Dumé, le général Rouelles, Ancelot, Frédérick-Lemaître, Léon Gautier, etc.

Bateaux à vapeur. — Départs du Grand-Quai pour : *Honfleur*, tous les jours ; *Trouville-Deauville*, plusieurs départs par jour ; *Dives*, en été ; *Caen*, tous les jours; *Pont-Audemer*, tous les 2 jours. — Départs du quai Notre-Dame pour *Rouen*, tous les 2 jours (1er juin au 30 septembre). Excursions à *Tancarville* et à *Fécamp*, en été. — . Nombreuses lignes régulières pour les ports de France et de l'étranger. — Départ des « Transatlantiques » pour New-York, le samedi.

Tramways électriques — Dans la ville. — Ligne de *Montivilliers*, de la jetée à *Graville, Harfleur et Montivilliers*.

Curiosités et Promenades — Voir les *Jetées*, et principalement la *Jetée du Nord*, où l'on assiste à l'arrivée et à la sortie, des bateaux (pour visiter un transatlantique, demander une carte à l'Exploitation, de 9 h. à midi ou de 2 h. à 4 h. 1|2; 50 c. par personne). — Les *Phares*. — Le *Port* : dix bass., savoir: Bassin du Roi; Bassin du Commerce; Bassin de la Barre, Bassin de l'Eure, Bassin de la Citadelle, Bassin Vauban, Bassin Bellot, Bassin à pétrole etc. — *Place Gambetta*, maison à arcades. — Statues de *Bernardin de Saint-Pierre* et de *Casimir-Delavigne*, par David d'Angers. — *Square Saint-Roch*. — *Boulevard Maritime*; *Casino*. — Plage de galets.

Monuments. — *Eglise Notre-Dame* (XVIIe, XVIIIe et XIXe s.), peu intéressante. *Hôtel de Ville*, moderne. *La Bourse. Palais de Justice*.

Musées. — *Muséum d'histoire naturelle*, place du Vieux-Marché (dim. et jeudi, de 10 h. à 4 h., en hiver; dim., mardi et jeudi, de 10 h. à 5 h., en été; gratuit; 1 fr. les jours de fermeture). — *Musée dit de Peinture*, Grand-Quai (dim., lundi et jeudi, de 10 h. à 5 h. 1/2, en été; dim. et jeudi de 10 h. à 4 h., en hiver; gratuit; 1 fr. les jours de fermeture). Voir : *Collection Boudin*, 240 études et 8 tableaux de l'artiste; *Collection des œuvres d'Alph. Lamotte*; *Plafond de Mignard*; *Études d'artistes havrais*; *Saint-Jérôme*, par Le Corrège; *Saint-Sébastien*, par Van Dyck; *Tête de Jeune Homme*, par Fragonard; *Jeune fille*, par J. Clouet; *Incendie à Rome*, par Hubert-Robert; *Paysage*, par Troyon; *Clairière aux Cerfs*, par Courbet; *Deux dessins*, de Boucher; *Une aquarelle*, de Th. Rousseau; *Collection archéologique*, formée par l'abbé Cochet, etc.

Hôtels. — Hôt. Continental; Grand Hôtel Moderne; Hôt. de Normandie; Hôt. Terminus; Hôt. d'Angleterre.

Spécialités. — Moulines au cidre; soles; vol-au-vent; sauvagines; poulet sauté; galets du Havre.

Excursions. — *Côte d'Ingouville*; *Phares de la Hève*; *Sainte-Adresse*; *Sanvic* (2 k.); *Eglise*, restes d'une abbaye, à *Graville-Sainte-Honorine*, site très pittoresque (3 k.); *Harfleur* (6 k.); château de *Gonfreville-l'Orcher*, XVIIIe siècle (9 k.); château Renaissance de *Colmoulins*; *Rouelles*, châteaux d'*Epremesnil* et de *Mongeon*; Eglise abbatiale, ancien charnier, calvaire et Musée-Bibliothèque de *Montivilliers* (10 k.) (voir ce nom). Promenades à *Trouville* et à *Honfleur* (très recommandées).

A consulter. — Abbé J. Pleuvri, *Hist., antiquités et descrip. de la ville et du port du Havre*, Le Havre, 1796, in-12; A.-E. Borély, *Hist. de la ville du Havre et de son anc. gouvernement*, Le Havre, 1880-1885.

5 vol. in-8º (ouvrage capital); A.-P. Legros, *Descript. du Havre.* etc. Paris, 1825, in-8º; A.-J. Morlent, *Le Havre anc. et moderne,* Paris et Le Havre, 1825, 2 vol. in-12; Le même, *Le Havre et son arr.*, Le Havre, 1841, gr. in-8º; F. Santallier, *Guide du Touriste au Havre,* Le Havre, 1860, in-8º; F. de Coninck, *Le Havre, son passé, son prés., son avenir,* Le Havre, 1869, in-8º; Alph. Martin, *Les Origines du Havre,* etc., Fécamp, 1882-1883-1885, 3 vol. in-8º; Le même, *Les Anc. communautés d'Arts et Métiers du Havre,* Fécamp, 1880, in-12; C.-E. Gaucher, *Voyage au Havre,* Paris, an VI, in-12; Ch. Vesque, *Hist. des rues du Havre,* Le Havre, 1876, 3 vol. in-8º; Le même, *Hist. des Théâtres du Havre,* Le Havre, 1875-77, 2 vol. in-8º; A. Le Roy; *Le Havre et la Seine-Inférieure pendant la guerre de 1870-1871,* Paris, 1887, in-8º; Ch. Le Goffic, *Morceaux choisis des écrivains Havrais,* Le Havre, 1894, in-18; anony., *Rouen et la H^te Norm.* Guide du Syndicat d'initiat. de Rouen et la Hte Norm., Rouen, 1909, in-8º; Arist. Guilbert; *Hist. des Villes de France,* 1848, t. V (Notice de A. Billard); P. Frissard, *Hist. du Port du Havre,* 1837, in-4º; *Le Havre d'autrefois,* texte de Ch. Roessler, Le Havre, 1883, in-4º.

LE NEUBOURG (Eure), ch.-l. de cant. de 2.563 h., à 120 k. de Paris (route) et à 25 k. d'Elbeuf (ligne d'Elbeuf à Glos-Montfort). G. et P. T. T. Petite ville réputée pour ses foires (marché aux bestiaux, le lundi).

Monuments et curiosités. — *Egl.* (XVIe s.), édifice intéressant, dont les collatéraux se rejoignent derrière le maître-autel; restes d'un *Château fort* (actuellement école pratique d'agriculture) où furent donnés sous Louis XIV quelques-uns de nos premiers opéras; hautes murailles, tours et mâchicoulis. — *Statue de Dupont-de-l'Eure,* par Decorchemont.

Hôtel. — Hôtel de la Poste.

Excursions. — Château du *Champ de Bataille,* XVIIe siècle (4 k.); *Le Bec-Hellouin* (18 k.); ruines de *l'Abbaye du Bec; Eglise de Bec-Thomas* (XIIIe et XIVe s.), etc.

LESSAY (Manche), ch.-l. de cant. de 1.179 h., à 37 k. de Coutances (ligne de Coutances à Lessay). G. et P. T. T. — Restes de l'*Abbaye de Lessay,* église XIVe siècle.

Hôtel. — Hôt. de Manautines.

Excursions. — *Lande de Lessay* (5.000 hect.); port de *Saint-Germain-sur-Ay* (5 k.); *La Haye-du-Puits* (9 k.).

A consulter. — J.-M. Renault, *Essai histor. sur l'Abbaye de Lessay,* Caen, 1848, in-8º, et Saint-Lô, 1851, in-8º.

LILLEBONNE (Seine-Inférieure), ch.-l. de cant. de 6.180 h., à 169 k. de Paris (par route), à 35 k. du Havre et à 6 k. de la Seine, au pied de coteaux boisés, dans un vallon arrosé par le Bolbec. G. et P. T. T. Situation charmante. Ville très ancienne, restes de voies romaines.

Monuments, sites et curiosités. — *Egl. Notre-Dame* (XVIe et XIXe s.), beau clocher, flèche dentelée. — *Ruines d'un château fort,* époque romane; fondé par Guillaume-le-Conquérant, reconstr. en partie au XIIIe siècle; enceinte formant terrasse, tour, donjon, surmonté d'une plateforme (beau panorama). — *Théâtre antique,* ruine superbe. — *Bains romains.* — *Buste du poète Albert Glatigny* (né à Lillebonne, le 21 mai 1839), par Albert Guilloux.

Hôtel. — Hôt. de France.

Excursions. — *Château de Tancarville* (7 k.) (s'adresser au concierge), édifié au Xe siècle sur un rocher de 50 m. de haut. Site exceptionnel. Vieille forteresse (XIIIe s.) et château reconstr. au XVIIIe siècle (app. au comte H. de Lambertye); terrasse (belle vue), courtines; Tours de l'Aigle, du Diable, Coquesart, et Tour Carrée; Chapelle, Salle des Gardes ou des Trois-Cheminées.

Dans le fond du ravin, ancienne *Eglise de Tancarville* (actuellement rendez-vous de chasse).

A consulter. — F. Rever, *Mém. sur les ruines de Lillebonne*, Evreux, 1821, in-8°; Le même, *Mémoires sur le balnéaire de Lillebonne*, Caen, 1834, in-8°; J. Morlent, *Le Havre et son arrt.* Le Havre, 1841, in-8°; A. Guilmeth, *Hist. de la V. et des envir. de Lillebonne*, Paris, 1842, in-8°; A. Deville, *Hist. du Château et des Sires de Tancarvillle*. Rouen, 1834, in-8°.

LION-SUR-MER (Calvados), comm. de 1.057 h., à 230 k. de Paris (256 k. par la voie ferrée) et à 11 k. de Caen (chem. de f. du Calvados et de Caen à la mer). Jolie station balnéaire, plage de sable et de galets. G. et P. T. T. Lion-sur-Mer est divisé en deux parties : le *Haut-Lion*, sur une colline à l'Ouest, et le *Bas-Lion*, près de la mer. — *Eglise* avec tour romane; vieux château (Haut-Lion), belle construction Renaissance, remarquable par l'élégance de ses hautes toitures.

Hôtel — Hôt. de la Plage.

Excursions. — Toute la côte normande (ligne des chemins de fer du Calvados); *Châteaux* de *Fontaine-Henry* (13 k.) et de *Creully* (20 k.); *Bény-sur-Mer*.

A consulter. — E. Liot, *Lion-sur-Mer*, etc., Caen, 1896, in-8°.

LISIEUX (Calvados), ch.-l. d'arr., de 16.084 h., à 167 k. de Paris, par la route, et à 191 k. par la voie ferrée. G. et P. T. T. Jolie ville située au fond d'une vallée verdoyante et à la jonction de l'Orbiquet et de la Touques. Bien qu'elle ait subi pendant l'occupation anglaise et les guerres de religion la fortune des armes, Lisieux n'eut pas trop à souffrir des exactions des partis qui tour à tour s'en emparèrent. On y retrouve encore de nombreux groupes de vieilles maisons qui donnent à cette cité, industrielle et commerçante, l'aspect d'un véritable musée rétrospectif de l'habitation normande.

Monuments et curiosités — Ancienne *Cathédrale Saint-Pierre* (XIIe, XIIIe, XIVe et XVIe s.), remarquable par la pureté de ses différents styles et la beauté de sa nef; tours, flèche dentelée à jour (70 m. de haut.). Chap. de la Vierge, bâtie par l'évêque Cauchon, en expiation de la mort de Jeanne d'Arc. — *Eglise Saint-Jacques* (1496-1501), verrières (XVIIe s.). — *Eglise Saint-Désir*, ancienne égl. abbatiale (XVIIIe s.). — Anc. *Palais épiscopal*, XVIIe et XVIIIe s. (occupé actuellement par le *Musée*, la *Bibliothèque*, le *Palais de Justice* et la *Prison*); escalier monumental; belle rampe en fer forgé, aux initiales de Léonor de Matignon, évêque de Lisieux; *Chambre dorée*, magnifiquement décorée, anc. salle de réception des évêques. — *Musée* (ouv. le dim. et le jeudi, de 1 h. à 4 h.); voir: *Collection Augustin Delaporte* (antiquités) et quelques peintures, notamment: A. Carrache, *Les Pestiférés*; Rook, *sur la Falaise*; P. Colin, *Ferme à Cricquebeuf*; E. Duchesne, *Charlotte Corday*; Gosse, *Jean Le Hennuyer, évêque de Lisieux, sauvant les protestants*, etc. — *Bibliothèque* (25.000 v). — *Palais de Justice.* — Cour de l'ancienne Gendarmerie. — *Tour Lambert*, XVe siècle, reste des fortifications de la ville (boulev. Louis Pasteur). — La *Rue aux Fèvres*, une des curiosités de la Normandie; *Vieilles maisons* à pignons et à façades sculptés, des XIVe, XVe et XVIe siècles; voir notamment: le *Manoir de la Salamandre*, le *Manoir de Formeville*, le *Manoir Carrey*, siège de la Société du Vieux Lisieux (s'adresser pour visiter au secrétariat, 15, rue Condorcet). — *Rue de la Paix*, vieux manoirs; visiter le *Doyenné*, ancienne résidence du Haut Doyen du chapitre de la Cathédrale. — *Place Victor-Hugo*, groupe de vieilles maisons, des plus curieuses de Lisieux. — Voir encore la *Rue Pont-Mortain*, vieux logis, notamment le *Manoir du Lys* ou de la *Fleur de Lys*; la *Grande Rue*, maisons gothiques, le *Manoir*

Choppin; la *Rue de Caen*, ancien logis et vieilles auberges, maisons sur la Touques; l'*Allée de la Ronce*; l'*Allée de l'Image*; le *Coin Mauduit*; la *Place Gambetta*; la *Rue Petite-Couture*; la *Rue au Char*, etc., etc.

Hôtels. — Hôt. de Normandie; Hôt. de France et d'Espagne réunis; Hôt. Moderne.

Excursions. — *Château d'Cuilly-du-Houlley*, XVe siècle; *Château fort des Evêques de Lisieux*, à Courtonne-la-Meurdrac; *Porte de l'ancien château de Beuvillers*, près de Grais; *Norolles*, église, XVIe siècle, château du Malon, XVIe s. (7 k.); *Le Val Richer*, restes de l'abbaye du Val-Richer, château (11 k.); *Château de Mailloc*, à Saint-Pierre-de-Mailloc (11 k.), très intéressant; *Orbec*, Eglise (XVe s.) et vieux hôtels et maisons de bois (18 k.).

A consulter. — Arist. Guilbert, *Hist des Villes de France*, Paris, 1848, t. V, p. 574; L. du Bois, *Hist. de Lisieux*, Lisieux, 1845, 2 vol. in-8°; A. Guilmeth, *Notices sur div. local. du Calvados*, Rouen, s. d., in-8°; A.-J. Dingremont, *Origine des noms de quelques rues de Lisieux*, Lisieux, 1854, 8°; *Catalogue du Musée de peint., sculpt., etc.*, en vente au Musée; *Guide illustré publié par le Syndicat d'Initiative de Lisieux*, 1909, in-8°, en vente au Touring-Club, 25 c. (ouvrage très utile pour quiconque veut visiter les vieilles rues de Lisieux); *Guide du Touriste dans le Calvados*, publié par le *Syndicat d'Initiative du Calvados*, Caen, 10, rue Bernière, in-8° (25 c.).

LIVAROT (Calvados), ch.-l. de canton de 1.800 h., à 180 k. de Paris (par route) et à 48 k. de Sainte-Gauburge (ligne de Ste Gauburge à Mesnil-Mauger). G. et P.T.T. — *Eglise* (XVIe s.). — *Manoir de la Pipardière* (XVe s.). — *Vieilles maisons*.

Hôtel. — Hôt. de Paris.

Spécialités. — Poulet et canard vallée d'Auge; lapereaux à la normande; canetons rôtis en salmis; fromage de Livarot; cidre; eau-de-vie de cidre.

Excursion. — *Vimoutiers* (9 k.).

A consulter. — Decauville-Lachênée, *Top. du Calvados*; *Vallée de Livarot*. Caen, 1883, in-8°.

LOUVIERS (Eure), ch.-l. d'arr. de 10.300 h., à 99 k. de Paris (110 k. par la voie ferrée). G. et P. T. T. Cité manufacturière très ancienne.

Monuments et curiosités. — *Eglise Notre-Dame* (XIIIe et XVe s.); édifice remarquable; magnifique portail de style gothique flamboyant; vitraux des XVe et XVIe s.; statues en pierre XVIe s; chaire bois sculpt., XVIIe s. Restes de l'*Ancien couvent des Pénitents* (converti en prison). — *Hôtel de Ville*, contenant le *Musée* (peu intéressant) et la *Bibliothèque* (14.000 vol.). — *Vieilles maisons* à pans de bois et à corniches sculptées.

Hôtel. — Hôt. du Mouton.

Spécialités. — Pieds de mouton panés. Cidre bouché.

Industrie locale. — Fabriques de draps.

Excursions. — *Vallées de la Seine et de l'Andelle*; *Pont de l'Arche*; *Abbaye de Bonport*; *Les Ecluses de Poses*; *Léry*; *N.-D. du Vaudreuil*, etc.

A consulter. — L.-R. Morin, *Histoire de Louviers*. Rouen, 1822, 2 parties in-12; Charpillon, *Notice sur la v. de Louviers*, Les Andelys, 1881, in-8°; H. Guilbert, *Louviers pend. la Guerre de Cent Ans*. Paris, 1895, in-18; P. Dibon, *Essai histor. sur Louviers*. Rouen, 1836, in-8°; Arist. Guilbert, *Hist. des Villes de France*, Paris, 1848, t. V (Notice de Chéruel).

LUC-SUR-MER (Calvados), com. de 1.277 h., à 230 k. de Paris (262, par la voie ferrée) et à 16 k. de Caen (chem. de fer de Caen à la mer). G. et P. T. T. Station balnéaire très fréquentée. — *Casino*.

— *Laboratoire de Zoologie maritime* (Faculté des sciences de Caen).

Hôtels. — Hôtel des Familles; Hôtel du Soleil Levant.

Excursions. — Toute la côte normande (chem. de f. du Calvados); *N.-D. de la Délivrance* (3 k); *Châteaux de Fontaine-Henry* (11 k. et de *Creully* (18 k.) par *Tailleville* (château); et *Bény-sur-Mer*.

A consulter. — A. de Caumont, *Promenades arch. dans les comm. du littor. de l'arr. de Caen*. Caen, Impr. Hardel, s. d., in-8°; E. Liot. *Luc-sur-Mer*, Caen, 1891, in-8°.

LYONS-LA-FORÊT (Eure). ch.-l. de cant. de 1.157 h., à 98 k. de Paris (route) et 32 k. de Gisors. Gare de Menesqueville (ligne de Rouen à Gisors). Centre d'excursions célèbre. — Eglise (XIIe siècle), remaniée.

Hôtel. — Hôt. de la Licorne (recommandé).

Excursions. — *Forêt de Lyons*; *Manoir de Fontaine du Houx*, XVIe siècle, intéressant (14 k.); *Abbaye de Mortemer* (5 k.).

MONTIVILLIERS (Seine-Inf.). com. de 5.490 h., à 204 k. de Paris (route) et à 10 k. du Havre. G. et P. T. T.. Sur la Lézarde, entre deux collines boisées. — *Eglise abbatiale*, style goth., défigurée au XVIe siècle par des remaniements; portail roman ; clocher du XVIe siècle; tour du XVe siècle; cloître et calvaire, au cimetière, XVIe siècle. *Musée* et *Bibliothèque* (10.000 vol,).

Hôtel. — Hôtel Fontaine.

Excursions. — *Château de Réauté* (XVIe s.).

A consulter. — E. Dumont et A. Martin. *Hist. de la v. de Montivilliers*. Fécamp, 1886. 2 vol. in-8°; J. Morlent, *Le Havre et son arr.*, Le Havre, 1881, in-8°; *Souvenirs de la Marquise de Créqui*, Paris, 1840, t. I.; Ch. Vesque, *Etude hist. sur la v. de Montivilliers*, Le Havre, 1857, in-8°.

MONTMARTIN-SUR-MER (Manche), comm. de 1.027 h., à 339 k. de Paris et 13 k. de Coutances (chem. de fer d'Orval à Regnéville). G. et P. T. T. Petite station balnéaire à 3 k. de la ville.

Hôtel. — Hôt. de la Gare.

Excursion. — *Regnéville*.

MONT-SAINT-MICHEL (Le) (Manche), comm. de 235 h., à 360 k. de Paris et à 11 k. de *Pontorson* (tramways départem.). P. T. Une des principales curiosités monumentales et pittoresques de la France; 900 m. de circuit, 78 m. de haut (plateforme de l'Eglise). Voir : l'*Entrée du Mont*; la *Porte de Barbacane*; la *Porte du Roy*; les *Remparts* : *Tours d'enceinte* dites : *du Guet*; *de l'Arcade*, *de la Liberté*, *Barbette*, *Boucle*, *de l'Est*, *du Nord*, *Claudine* et le *Châtelet*; l'*Ancienne Abbaye* (on visite de 8 h. du mat. à 6 h. du soir, en été, et de 9 h. à 4 h., en hiver) ; porte du *Châtelet* ou *Donjon*; les *Bâtiments abbatiaux*, le *Grand Degré*, la plate-forme de *Beauregard* et celle du *Saut-Gaultier* (75 m. de h.); l'*Eglise* (XIIe s.); la *Chapelle* de la Vierge; l'*Escalier Vis de Saint Gilles*; le *Clocher central*; la *Tour des fous*; la *Chapelle St-Michel*; la *Plate-forme de l'Ouest*; le *Cloître*, dit la *Merveille*, véritable bijou architectural (XIIIe s.), restauré au XIXe siècle; le *Dortoir* et l'*Ancien Réfectoire des moines*; la *Crypte de l'Aquilon*; les *Prisons*; le *Charnier*; les *Chapelles Saint-Etienne*, *des Trente Cierges* et de *Saint Martin* (cette dernière souterraine); la *Crypte*, dite des *Gros Piliers*; la *Salle des Hôtes*; la *Salle des Chevaliers*; la *Salle des Gardes*; le *Cellier*; l'*Aumônerie*, etc. — *Musée privé* (1 fr. par personne). — Visiter en outre le Village du Mont-Saint-Michel : *église paroissiale* (XVe s.); *Vieilles maisons*.

Hôtels. — Hôtels des Etablissements Poulard; Hôt. du Cheval-Blanc.

Excursion. — *Tombelaine* (3 k. (guide nécessaire).

A consulter. — Dom Jean Huynes, *Histoire générale de l'abbaye du Mont Saint-Michel*, publiée par E. de Robillard de Beaurepaire. Rouen, 1872-1873, 2 vol. in-8°; Abbé J.-J. Desroches, *Hist. du Mont Saint-Michel... depuis les temps les plus reculés jusqu'à nos jours*, Caen, 1838, 2 vol. in-8°; Fulgence Girard, *Histoire du Mont Saint-Michel comme prison d'Etat...* Paris, 1849, in-8°; Louis Blondel, *Notice hist. du Mont St-Michel et de Tombelaine*, Avranches, 1823, in-12; Ed. Le Héricher, *Hist. et descript. du Mont Saint-Michel*, Caen, 1848, in-fol.; Le même, *Itinéraire descript. et histor. du voyageur au Mont Saint-Michel*, Paris, 1877, in-8°; Paul Féval, *Les Merveilles du Mont Saint-Michel*, Paris, 1879, in-8°; Vicomte de Ptoiche, *La Baie du Mont Saint-Michel*, Paris, 1891, gr. in-8°, Paul Gout, *Le Mont Saint-Michel*. Paris, Colin, 1910, 2 vol. in-8° (ouvrage capital); Marcel Monmarché, *Le Mont Saint-Michel*, Ed. des chemins de fer de l'Ouest, 1902, in-8°.

MORTAGNE (Orne), ch.-l. d'ar. de 4.000 h., à 146 k. de Paris (par la route) et à 182 par Laigle (voie ferrée). G. et P. T. T. Sur une colline, 202 m. d'alt.

Monuments et curiosités. — *Eglise Notre-Dame*, boiseries (XVe et XVIe s.), portail latéral. — *Palais de justice*. — Crypte de *l'Eglise Saint-André*; *Musée Percheron* (tous les jours, de 10 h. à midi et de 2 h. à 5 h.; le dim. de 1 h. à 4 h.), peu intéressant. — *Portail Saint-Denis*, restes d'un *Château* du XVe siècle. — Restes d'un ancien fort (XVe s.). — *Vieilles maisons*. — *Groupe de Frémiet*, etc.

Hôtel. — Hôt. du Grand-Cerf.

Excursions. — *Monastère de la Trappe*, à Soligny (14 k.); *Bellême* (18 k.); *Chapelle Montligeau* (12 k.).

A consulter. — L. de la Sicotière, *Notice sur l'arr. de Mortagne*, Caen, 1837, in-8°.

MORTAIN (Manche), ch.-l. d'arr. de 2.200 h., à 269 k. de Paris (à 308 k. par la voie ferrée) et à 37 k. de Vire, sur le penchant d'une montagne (232 m. d'altit.) au pied de laquelle coule la jolie rivière de la Cance; station, à Mortain-le-Neufbourg. P. T. T.

Monuments, sites et curiosités. — *Eglise Saint-Evroult* (XIIIe), bel édifice, tour du XIVe siècle; à l'intérieur, stalles sculptées (XVe s.). — *Chapelle Saint-Michel*, située sur une montagne, magnifique point de vue. — Restes de l'*Abbaye Blanche*, actuellement petit séminaire (s'adresser au concierge pour visiter), anc. salle capitulaire, cloître, chapelle romane et crypte (XIIe et XIIIe s.); parc très accidenté, rochers. — *Cascades du Canson* et de la *Cance*. — *Rochers des Fresnaies* et petite *Eglise* romane de *Neufbourg*.

Hôtel. — Hôt. de la Poste.

Excursions. — *Saint-Hilaire du Harcouet* (15 k.); *Sourdeval* (13 k.); *Romagny* (8 k.).

A consulter. — J.-L. Talagrand, *Mortain pittoresque*, Paris, s. d., in-4°; Hippol. Sauvage, *Le Mortinais histor. et monumental. La Corporation des Barbiers, perruquiers, étuvistes de Mortain*, Mortain, 1867, in-8°; Le même, *Recherches histor. sur l'arr. de Mortain*. Mortain, 1851, in-8°; Le même, *Rev. histor., arch., et monument. de l'arr. de Mortain*, St-Lô, 1881, in-8°; Le même, *Légendes norm. rec. dans l'arr. de Mortain*, Mortain, 1898, in-12.

MORTRÉE (Orne), ch.-l. de cant. de 1.128 h., à 192 k. de Paris, station à Almenêches (6 k.). P. T. T. *Château d'O*, Renaissance (on peut visiter).

Hôtel. — Hôt. de Commerce.

Excursions. — *Château de Clérai*, XVIIe siècle (3 k.); *Argentan*.

A consulter. — L. de la Sicotière et Poulet-Malassis, *Le Départ. de l'Orne, arch. et pittoresque*, Alençon, 1845; in-fol.

NEUFCHATEL-EN-BRAY (S.-Inf.), ch.-l. d'arr. de 4180 h., à 127 k. de Paris (134, par la voie ferrée). G. et P. T. T.

Monuments et curiosités. — *Eglise Notre-Dame* (XIIe XIIIe, XVe et XVIe s.), beau portail. — *Hôtel de Ville* (anc. Abbaye des Bernardines) renfermant un petit *Musée* et la *Bibliothèque* (10.000 vol.) — *Donjon* de l'ancien château, promenade publique. — Quelques vestiges des *Eglises Saint-Pierre* et *Saint-Jacques*, détruites au XVe et au XVIe siècle. — *Vieilles maisons de bois.*

Hôtels. — Hôt. du Lion d'Or, Hôt. du Grand Cerf.

Spécialité. — Fromage de Neufchâtel.

Excursions. — *Château de Mesnières*, superbe édifice de la Renaissance (on peut visiter); *Eglise* et *Château de Saint-Germain-sur-Eaulne*; *Forges-les-Eaux* (20 k.); *Eglise* et *Château d'Arqueil* (25 k.).

A consulter. — Dom R. Bodin, *Hist. civ. et milit. de Neufchâtel*, Rouen, 1885, in-8º; F. Bouquet, *Doc. concernant l'Hist. de Neufchâtel-en-Bray et de ses environs*, Rouen, 1884, in-8º; Abbé J. Bunel, *Géogr. de la Seine-Inf.*, Rouen, 1875, in-8º; Dieudonné Dergny, *Le Pays de Bray*, Paris, 1869-1872, 2 vol. in-8º; Abbé J.-E. Decorde, *Essai hist. sur le Cant. de Neufchâtel*, Neufchâtel, 1848, in-8º.

OFFRANVILLE (S.-Inf.), ch.-l. de cant. de 1.700 h., à 8 k. de Dieppe. G. et P. T. T. — *Eglise* (XVIe s.), verrières. — *Château* (XVIIIe s.).

Hôtels. — Voir Dieppe.

Excursion. — *Château d'Ouville-la-Rivière* (7 k.).

A consulter. — H. Langlois, *Eglise d'Offranville*, Rouen, 1882, in-8º.

OISSEL (Seine-Inf.), comm. de 4.280 h., à 126 k. de Paris. G. P. T. T. Cité industrielle (filatures de coton, teintureries et usines de tissage). *Manoir de la Chapelle* (XVIe siècle) avec pyramide Renaissance, haute de 8 m., colonnes, recouvrant la margelle d'un puits.

Hôtel. — Hôt. du Chemin de fer.

Excursions. — *Orival*, village situé à 11 k., sur la rive g. de la Seine; roches pittoresques, creusées d'excavations habitées par une partie de la population. — Ruines du *Château du Fouet* (XIIe et XIIIe s.).

A consulter — Ed. Turgis, *Oissel, glanes, traditions, souvenirs*, Evreux, 1886, in-8º.

ORBEC (Calvados), ch.-l. de cant. de 3.000 h., à 159 k. de Paris (par la route), à 19 k. de Lisieux (voie ferrée). G. et P. T. T. Sur une colline au bas de laquelle coule l'Orbiquet. — *Eglise Notre-Dame* (XVIe s.). — *Vieilles maisons.*

Hôtel. — Hôt. de Lisieux.

Excursions. — *La Folletière* (2 k.); *Château de Mailloc* (8 k.).

A consulter. — Raym. Bordeaux, *Excursion arch. dans la vallée d'Orbec*, Paris, 1853, in-18.

OUISTREHAM (Calv.), comm. de 1.688 h., à 229 k. de Paris (à 247 k. par la voie ferrée) et à 16 k. de Caen (chem. de fer du Calvados). G. et P. T. T. Petit port de pêche, chasse: stat. balnéaire à *Riva-Bella* (1 k.), (voir ce nom). — *Eglise Saint-Samson* (XIIe s.), de style anglo-normand; haute tour.

Hôtels. — Hôt. de la Plage; Hôt. de l'Univers.

Excursions. — *Riva-Bella* (1 k.); *Hermanville-sur-Mer* (5 k.); *Lion-sur-Mer* (6 k.); *Luc-sur-Mer* (9 k.); *Saint-Aubin* (12 k.); *Courseulles* (17 k.). Chem. de fer du Calvados.

A consulter. — E. Liot, *Ouistreham*, Caen, 1893, in-18.

LES PETITES DALLES (S.-Inf.), petite stat. balnéaire de 217 hab., à 202 k. de Paris (par la route) et à 12 k. de Cany (voie ferrée), dépendant des communes de St-Martin-aux-Buneaux et de Sassetot-le-Mauconduit. Gare à Cany. P. T. du 1er juin au 30 sept. Plage de galets.

Hôtels. — Hôt. des Pavillons; Hôt. des Bains.

Excursions. — *Château de Cany* (voir ce nom); château et ruines de l'abbaye de *Valmont*.

A consulter. — *Saint-Valéry-en-Caux et le Pays de Caux*, livret-guide publié par le Syndicat d'initiat. de Saint-Valéry-en-Caux (voir ce nom), 1911, plaq. in-8°.

PIROU (Manche), comm. de 1.248 h., à 314 k. de Paris (par la route) et à 20 k. de Coutances (chem. de f. de la Manche). G. et P. T. T. Petite station balnéaire.

Excursions. — Toute la côte de la Manche (ligne de Coutances à Lessay).

A consulter. — V. Brunet, *Notice sur les seigneurs de Pirou*, Vire, 1885, in-8°.

PONT-AUDEMER (Eure), ch.-l. d'arr. de 6.000 h., à 162 k. de Paris (171 k. par Serquigny, voie ferrée). et à 50 k. de Rouen : service de bateaux à vapeur de Pont-Audemer au Havre. G. et P. T. T. Ancienne place de guerre, puis centre industriel (toiles, tanneries, etc.), port sur la Risle. Lieu d'excursion recommandé. Pont-Audemer est la patrie de A. Canel.

Monuments et curiosités. — *Eglise Saint-Ouen* (XIe, XVe et XVIe s.) inachevée; beaux vitraux Renaissance; buste de François Ier. — *Eglise Saint-Germain* (XIIIe et XVe s.); intérieur voûté en bois; beau vitrail. — Ruines de l'*Eglise N.-D. du Pré* ou du *Saint-Sépulcre* (XIIe s.). — *Hospice*, ou *Maison de Dieu* (XIIe siècle). — Anc. *Eglise de Carmes*, actuellement salle de spectacle. — *Cour des Carmes*, faub. St-Aignan, vestige d'un couvent du XIIIe siècle. — *Bibliothèque* (7.000 vol.), legs A. Canel, collection d'ouvrages relatifs à la Normandie, buste du donateur. — *Musée Gérus.* — *Palais de Justice.* — *Monument aux Morts*, par E. Leroux, dans un square. — *Vieilles maisons*, rues pittoresques.

Hôtel. — Hôt. du Pot-d'Étain.

Excursions. — *Saint-Germain-Village*; *Campigny*, dans les environs; *Condé-sur-Risle* (8 k.). — *Corneville-sur-Risle* (5 k.), lieu célèbre par une légende locale qui servit à l'auteur des *Cloches de Corneville*; église du XVe s., restes d'une abbaye, manoir Renaissance (ferme) et du château d'Origny (XVIIe s.). — *Toutainville*, joli site (4 k.). — *Saint-Maclou* (3 k.), église (XIe s.) et château (XVIIe s.). — *Montfort-sur-Risle* (12 k.), site pittoresque. — *Beuzeville* (13 k.), château, Halle et église, style ogival. — *Quillebeuf* (14 k.).

A consulter. — A. Guilmeth, *Hist. comm. de l'arr. de Pont-Audemer*, Rouen, 1832, in-8°; A. Canel, *Essai hist., arch. et statist. sur l'arr. de Pont-Audemer*, Rouen, 1833-1834, 2 vol. in-8°; Le même, *Légendes*, etc.; Arist. Guilbert, *Histoire des Villes de France*. Paris, 1848, t. V (Notice de Chéruel).

PONT-DE-L'ARCHE (Eure), ch.-l. de canton, 1.900 h., à 110 k. de Paris (119 k. par voie ferrée), sur la rive gauche de la Seine que traverse un pont de pierre. Stat. du ch. de f. à 2 k. P. T. T. Vestiges de fortifications. Village très pittoresque aux rues étroites, dominé par l'*Eglise*, édifice inachevé du XVe s. Voir : verrières du XVIe et du XVIIe s., sculpt., fonds baptismaux attribués à Jean Goujon. — *Tour de Charles-le-Chauve*, dernier reste d'un château occupé par ce prince. — Jolie promenade sur l'emplacement des fossés du *Château*. *Vieilles maisons.* — *Buste en bronze d'Eustache Hyacinthe*

Langlois, archéologue, dessinateur et graveur.

Hôtel. — Hôt. de Normandie.

Excursions. — Restes de *l'abbaye de Bon-Port* (à 2 h. environ), fondée en 1190, par Richard-Cœur-de-Lion; *Forêt de Bord*.

A consulter. — Thomas Corneille *Dictionn. univers. et histor.* etc ; L. Duranville, *Essai histor. sur la ville du Pont-de-l'Arche et sur l'abbaye de N.-D. de Bon Port*, Rouen, s. d. in-8º; C. Jobey, *Entre Pont-de-l'Arche et Gisors*, Rouen, 1875, in-8.

PONT-D'OUILLY (Calvados), comm. de 800 h., à 222 k. de Paris (par route) et à 24 k. de Falaise. Gare au Ménil-Hubert (ligne de Falaise à Flers). Au confluent de l'Orne et de Noireau, dans une des régions les plus pittoresques de la *Suisse normande*. P. T. T. — *Vieux pont sur l'Orne*.

Hôtel. Hôt. de la Grâce de Dieu.

Excursions. — *La Tête de Lion*, roche très curieuse (route du Pont-de-Vers); *Rochers de Cosseville*; *Ruines du Château Ganne* (XIe s.); *Manoir d'Arclais* (XIVe s.); le *Cul-de-Rouvre* (à Rouvrou); les *Roches d'Oêtre*; la *Forêt d'Auvray*; *Château de Rabodanges*; *Mesnil-Hermey*; les *Iles Bardel*; le moulin de Danet, etc.

PONT-L'ÉVÊQUE (Calvados), ch.-l. d'arr. de 2.956 h., à 185 k. de Paris (208, par la voie ferrée). G. et P. T. T. Sur la Touques. Ville pittoresque.

Monuments et curiosités — *Eglise Saint-Michel* (XVe s.) restaurée. — *Hôtel de Montpensier* (XVIIe s.). — *Vieilles maisons de bois*.

Hôtels. — Hôt. du Bras d'Or; Hôt. du Lion d'Or.

Spécialité. — Fromages.

Excursions. — *Beaumont-en-Auge*, restes d'un prieuré (6 k.); *Touques* (8 k.); *Trouville* (12 k.) *Honfleur* (16 k.); *Lisieux* (17 k.)

A consulter. — A. de Caumont *Guide des Baigneurs aux envir. de Trouville*, Caen, 1853, in-8º; A Labutte, *Etude histor. sur Honfleur et l'arr. de Pont-l'Evêque*, Paris, 1840, in-8e

PONTORSON (Manche), ch.-l. de cant de 2.585 h., à 320 k. de Paris (355. k. par la voie ferrée). G. et P. T. T. — *Eglise*. (XIIIe s.).

Hôtels. — Hôt. de Bretagne; Hôtel de l'Ouest.

Excursions. — *Le Mont Saint-Michel*, à 9 k. (tramway à vapeur de Pontorson au Mont Saint-Michel); *Avranches* (22 k.); *Dol* (19 k.).

A consulter. — Ed. Le Héricher, *L'Avranchin monumental*, etc.

PORTBAIL (Manche), comm. de 1.550 h., à 348 k. de Paris et à 34 k. de Carentan (ligne de Paris-Carentan). G. et P. T. T. Station balnéaire.

Monuments et curiosités. — *Eglise Saint-Martin* ou de *Gouey* (XIIe, XIVe et XVe s.). — *Eglise Notre-Dame*, tour carrée (XVe s.).

Hôtel. — Hôt. des Voyageurs.

Excursions. — *Carteret* (9 k.); *Ile de Jersey* (par Carteret); *Barneville* (10 k.); *La Haye-du-Puits* (11 k.).

PORT-EN-BESSIN (Calvados), comm. de 1.445 h., à 262 k. de Paris et à 9 k. de Bayeux (chem. de f. du Calvados). G. et P. T. T. Port de pêche et de commerce très pittoresque, à l'embouchure de la Drome. — *Tour Vauban*, ancien fort (aujourd'hui propriété privée). Joli panorama de la falaise.

Hôtel. — Hôt. de l'Europe.

Excursions. — *Sainte-Honorine-des Perthes*, station balnéaire église du XIIIe s., château, XVIIIe s.

(4 k.); *Colleville-sur-Mer*, église et château (8 k.); *Saint-Laurent-sur-Mer* (10 k. 6).

A consulter. — L. Aubourg, *Notice sur Port-en-Bessin*, Caen, 1894, in-18; Bouniceau, *Etude histor. sur le Port de Port-en-Bassin*, Bayeux, 1843, in-8°; Aristide Guilbert, *Hist. des Villes de France*, Paris, 1848, t. V, p. 658 et ss.

PUYS (Seine-Inf.), à 172 k. de Paris, 2 k. de Dieppe, par la plage, et 4 k. par la route. Gare et P. T. T. à Dieppe. Station balnéaire, mise à la mode par A. Dumas fils, et située dans une jolie vallée dépendant des communes de Braquemont et de Neuville-les-Dieppe.

Hôtel. — Hôt. Château-de-Puys.

Excursions. — *Belleville-sur-Mer* (4 k. 2); Enceinte de la cité de *Limes*, ancien camp retranché des Gallo-Belges.

QUETTEHOU (Manche), ch.-l. de cant. de 1.186 hab., à 20 k. de Valognes (chem. de fer de Montebourg à Barfleur). G. et P. T. T. Station balnéaire. *Eglise* (XIIIᵉ s.).

Hôtel. — Hôt. du Soleil Levant.

Excursions. — *Saint-Vaast-la-Hougue* (2 k.); *Ile Tatihou*; *Le Val de Sair*, *Barfleur* (14 k.).

QUIBERVILLE (Seine-Infér.), comm. de 280 h., à 14 k. de Dieppe. G. et P. T. à Ouville-la-Rivière (5 k.). A l'embouchure de la Saâne. Petite station balnéaire.

Hôtels. — Hôt. du Casino; Hôt. des Bains et de la Plage.

Excursions — *Sainte-Marguerite* (1 k.); *Le Phare d'Ailly* (4 k.); *Varengeville* (7 k.); *Dieppe* (16 k.).

QUILLEBEUF (Eure), ch.-l. de cant. de 1.265 h., ancienne cap. du Roumois, à 176 k. de Paris (par route), à 6 k. de Lillebonne (bac à vapeur pour Port-Jérôme) et à 14 k. de Pont-Audemer (voie ferrée). Sur la rive g. de la Seine. P. T. T. Port de pêche et principale station des pilotes de la Basse-Seine. — *Eglise* romane (XIIᵉ s.), dédiée à N.-D. de Bon-Port; portail et grosse tour centrale; curieuse verrière, représentant une procession de confrères de la Charité. — *Vieilles maisons* (XVᵉ s.).

Hôtel. — Hôt. d'Angleterre.

Excursions. — *Château de Tancarville*; *Notre-Dame de Gravanchon*, église (XIIIᵉ s.); *Lillebonne*; *Pont-Audemer*.

A consulter. — Th. Féret, *Contes de Quillebeuf et du Roumois*.

QUINÉVILLE (Manche), comm. de 346 h., à 348 k. de Paris. G. à Lestre-Quinéville (ligne de Valognes à Barfleur) (2 k.). P. T. T. Station balnéaire. — *Chapelle de Saint-Michel* (XIIIᵉ s.), en ruines. — *Château* (XVIIIᵉ s.) — *Vieux moulin*.

Hôtel. — Hôt. Villa-Moderne.

Excursions. — *Château de Tourville*; *Château de Fontenay*; *Iles de Saint-Marcouf*.

RADEPONT (Eure), comm. de 740 h., à 40 k. de Gisors. G. et P.T.T. — Jolie localité dans la vallée de l'Andelle. — *Eglise* (XVIIᵉ s.). — *Ruines de l'abbaye de Fontaine-Guérard*.

Excursions. — *Fleury-sur-Andelle* (2 k.); *Charleval* (4 k.); *Lyons-la-Forêt* (8 k.).

A consulter. — L. Fallue, *Hist. du château de Radepont et de l'abbaye de Fontaine-Guérard*, in-8°.

REGNÉVILLE (Manche), com. de 1.527 h., à 327 k. de Paris (par route) et 16 k. de Coutances. (chem. de f. d'Orval à Regnéville). G. et P. T. T. Parc aux huîtres, Plage de sable. — *Château* en ruines (XIIIᵉ s.). — *Eglise* (XIVᵉ s.).

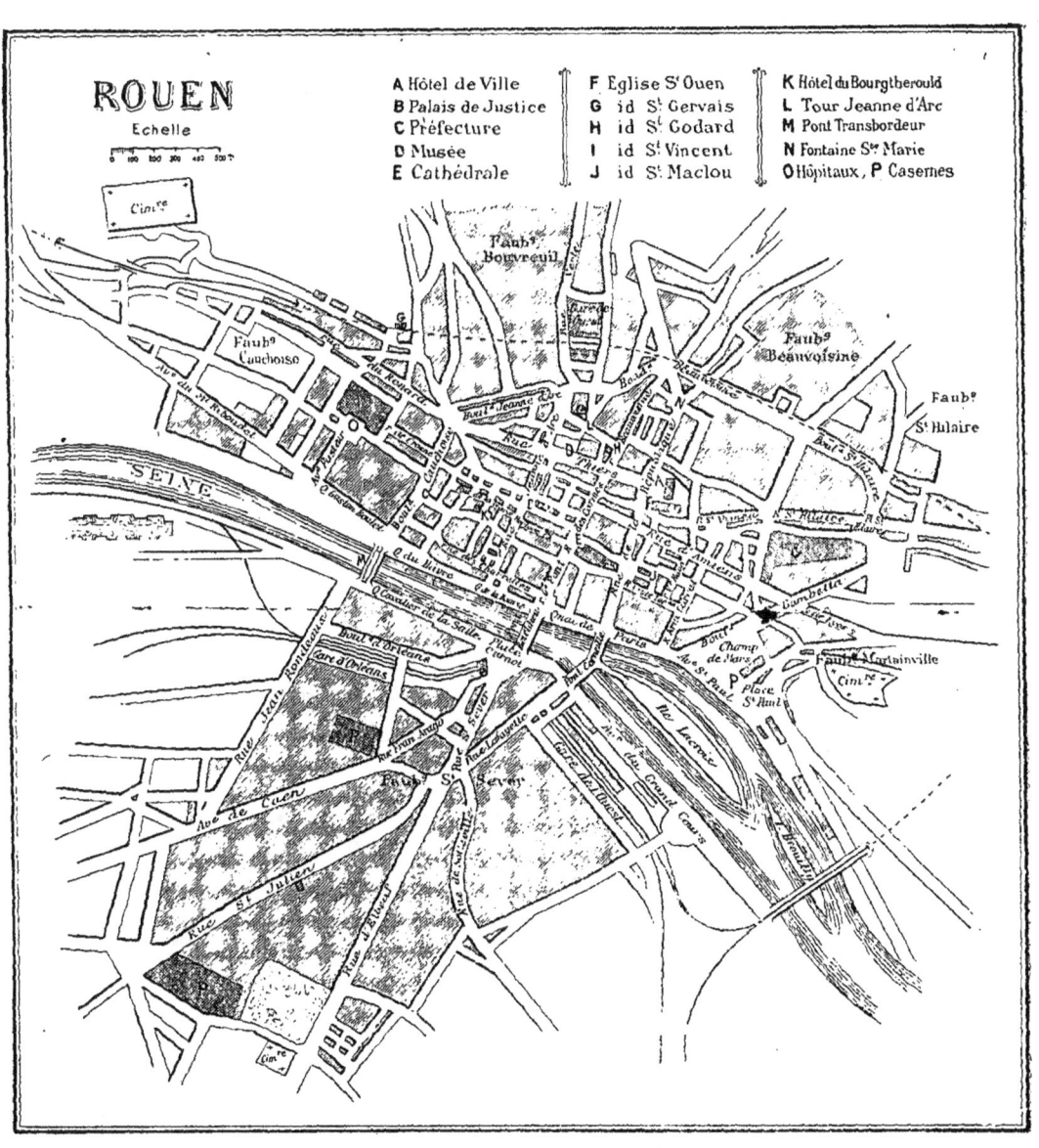

PLAN DE ROUEN

Dressé pour « la France pittoresque et artistique ».

Hôtel. — Hôt. Tasse.

Excursion. — *Montmartin-sur-Mer* (3 k.).

RIVA-BELLA (Calvados), station balnéaire dépendant de la commune de Ouistreham (voir ce nom), à 231 k. de Paris par la route) et à 17 k. de Caen (chem. de fer du Calvados). Bateaux de Caen au Havre. P. T. T. à Ouistreham. *Kursaal.*

Hôtels. — Hôt. de la Plage; Hôt. du Chalet.

Excursions. — Toute la côte normande (Chemin de fer du Calvados).

ROUEN (Seine-Inf.).ch.-l. du dép. 118.459 h., à 136 k. de Paris, par la voie ferrée, et à 118 k. par la route. — P. T. T. (45, rue Jeanne d'Arc; Cours Boieldieu, palais des Consuls; Place de l'Hôtel-de-Ville; 22 bis, boulev. Cauchoise; 109, rue Lafayette; 2, rue Pouchet, près la gare; 48, rue Armand-Carrel). — Ville très ancienne. Saint Mellon, premier évêque de Rouen, vers 260. Les Normands s'emparent de la ville en 841. En 859, les ducs de Normandie s'y fixèrent. En 876, Rollon, devenu maître de la région, y exerça de tels ravages que Charles le Simple dut se résigner à signer le traité de Saint-Clair-sur-Epte qui donnait à la terre normande un nouveau maître. En 1204, Philippe-Auguste enleva Rouen aux Anglais et fit construire un château fort au N.-O. de la ville. En 1419, les Rouennais, laissés sans secours, se soumettent à Henry V. roi d'Angleterre. Supplice et mort de Jeanne d'Arc, à Rouen, en 1431. En 1449, Charles VII chasse définitivement les Anglais de la région. Guerres de religion. Rouen pris par les huguenots et repris par François de Guise, à la tête des catholiques. Siège de la ville à la fin du XVIe s. Entrée de Henri IV en 1596. — Rouen est la patrie de Pierre et de Thomas Corneille, de Fontenelle, Pradon, Marie de Champmeslé, Cavelier de la Salle, Guy de la Brosse, Jean Letellier. Jean Jouvenet, Boieldieu, Armand Carrel, Géricault, Gustave Flaubert, etc.

Tramways et autres moyens de communication. — Tramways dans la ville et à l'extérieur: pour *Bonsecours* et *Mesnil-Esnard*, la *Forêt du Rouvray*. Funiculaire de *Rouen à Bonsecours*. — Pont transbordeur.

Bateaux à vapeur — Embarcadère près le pont Boieldieu (rive droite). *Rouen à La Bouille* (tous les jours), avec escales au port des *Yachts*, *Croisset*, *Petit-Quevilly*, *Dieppedalle*, *Biessard*, *Val-de-la-Haye*, *Hautot* et *Sahurs*. — Prix variable, suivant les stations. — Du 1er mai au 31 octobre, billets d'aller et retour pour *La Bouille*: *aller par bateau*; retour, par chemin de fer, de *la Londe* ou *Moulineaux* (Prix : 2 fr. 25; 1 fr. 60; 1 fr). — *Rouen au Havre*. Trois fois par semaine, du 1er juin au 30 septembre (Prix : 6 fr.; 4 fr.). *Voir les horaires au bureau des bateaux.*

Monuments religieux — *Notre-Dame*, une de nos plus belles cathédrales gothiques; commencée au XIIIe siècle, achevée au XIVe; façade ouest admirablement décorée, flanquée de deux tours dont une seule, celle de droite, dite la *Tour de beurre* (construite avec le produit des dispenses accordées aux fidèles faisant usage de beurre pendant le carême), a été achevée: celle de gauche, *Tour Saint-Romain*, couverte d'un toit aigu, contient l'horloge et le bourdon; *Portails* dits de la *Calende* (au sud) et des *Libraires* (au nord); tour centrale terminée par une flèche ajourée, en fonte, formant lanterne (148 m. de haut). A l'intérieur (136 m. de longueur sur 51 m. 60 au transept, et 28 m. de hauteur), voir : *Tombeau des Cardinaux d'Amboise*, statue par Jean Goujon et *Tombeau de Louis de Brézé*, élevé par Diane de Poitiers à la mémoire de son mari, œuvre émouvante, attribuée à Jean Cousin ou à Jean Goujon. *Bibliothèque* *capitulaire*, contenant entre autres richesses la fameuse *Fierte* ou *Châsse de Saint-Romain*. — *Cour d'Albane*, au pied de la tour Saint-Romain. — *Église paroissiale de Saint-Maclou*, située derrière la Cathédrale et l'Archevêché, admirable spécimen du style gothique normand (XVe et XVIe s.). Façade précédée d'un porche à trois pans. *Portes en bois*, bien conservées et attribuées à Jean Goujon. *Tour centrale*, formant lanterne au-dessus du transept. *Buffet d'orgues*, tribune supportée par des colonnes dont les chapiteaux ont été sculptés par Jean Goujon. — *L'Aître Saint-Maclou* (n° 188, rue Martinville), ancien cimetière de la paroisse transformé en école, galerie de bois. — *Église de Saint-Ouen* (place de l'Hôtel-de-Ville), édifice du style ogival (XIVe s.). *Portail du Croisillon nord*, dit des *Marmousets*, flanqué de deux tours de 86 m. de haut. *Tour centrale* (82 m. de haut). — *Église Saint-Vincent* (XVIe s.), clocher du XVIIe siècle. Joli porche de style gothique flamboyant. Admirables vitraux du XVIe siècle. — *Église Saint-Godard* (fin du XVe s.), beaux vitraux. — *Église Saint-Gervais*, reconstruite au XIXe s. — *Église Saint-Vivien* (XIVe et XVe s.). — *Église Saint-Patrice* (XVIe s.), célèbre par ses vitraux; tableau du Poussin. — *Église Saint-Pierre-du-Châtel* (XVIe s.), convertie en écurie. — Ancienne *Église Saint-Laurent*, convertie en magasin, belle tour de la fin du XVIe siècle. — *Église Saint-Éloi*, place du même nom, aujourd'hui temple protestant. — *Église Saint-Romain*, anc. chap. des Carmes (XVIIe s.). — Portail de l'anc. *Église Saint-Lô*, près du Palais de Justice. — Anc. *Église des Minimes*, rue Bourg-l'Abbé.

Monuments civils — *Palais de Justice*, merveille de l'architecture gothique et de la Renaissance; façade principale rue des Juifs, jolie tourelle octogonale; à l'intérieur: *Salle des Procureurs*, ou des Pas perdus, restaurée en 1876; ancienne Salle des séances du Parlement de Normandie, aujourd'hui Cour d'assises. — *Tour et Porte de la Grosse-Horloge* (XIVe et XVIe s.), à l'ancien Hôtel de Ville. Cadran de l'Horloge principale de la ville; *Fontaine* (XVIIIe s.). — *Hôtel du Bourgtheroulde*, place de la Pucelle (XVe s.), occupé actuellement par le Comptoir d'Escompte de Rouen; jolie tourelle, magnifiques bas-reliefs représentant le Camp du Drap d'or. — *Hôtel de Ville* (XVIIe s.); peintures. — *Ancien Bureau des Finances* (XVIe s.), place de la Cathédrale, façade joliment décorée. — *Hôtel de la Chambre des Comptes* (XVIe s.), entrée dans la cour du n° 14 de la rue des Carmes. — *Fontaine Sainte-Marie*, ou *Château d'Eau*, œuvre médiocre de Perthes et Falguière. — *Tour dite de Jeanne d'Arc*, rue Jeanne d'Arc, reste du donjon d'un château fort construit sous Philippe-Auguste en 1204 (on sait que Jeanne d'Arc n'y fut jamais enfermée). Petit musée relatif à Jeanne d'Arc. — *Fontaine de la Pucelle*, par P. Slodtz, place du Vieux-Marché. — *Porte Guillaume Lion* (XVIIe s.), quai de la Bourse. *Tour St-André*, style ogival (XVIe s.), rue Jeanne-d'Arc. — *Fontaine de la Crosse*, rue de l'Hôpital. — *Lycée Corneille*, anc. coll. des Jésuites (XVIIe et XVIIIe s.).

Statues. — Monument de *Pouyer-Quertier*, par Guilloux et J. Adeline, place Cauchoise; Monument des chansonniers *F. et E. Bérat*, par A. Guilloux, squ. Solférino; Buste de *Guy de Maupassant*, par Verlet, square Solférino; Médaillon de *G. Flaubert*, par Chapu, contre le mur du Musée; Buste de *Louis Bouilhet*, et *Fontaine*, par Guillaume, rue de la Bibliothèque et rue Thiers; Statue équestre de *Napoléon Ier*, par Vital Dubray, pl. de l'Hôtel-de-Ville; Statue d'*Armand Carrel*, par A. Lefeuve, rue Verte; Buste du sauveteur *Louis Brun*; par F. Devaux et J. Adeline, près de la Douane; Statue de *Boieldieu*, par Dantan jeune, cours Boieldieu; Statue de *Pierre Corneille*, d'après David d'Angers, terre-plein du Pont-

Corneille; Statue de *G. Flaubert*, par Bernstamm.

Curiosités. — *Maison du Gouvernement* (XVIIIᵉ s.), 73, pass. d'Estancourt; anc. *Hôtel des Monnaies* (XIVᵉ s.), rue Saint-Éloi; *Maison* dite *de Diane de Poitiers*, rue Jeanne-d'Arc; *Hôtel des Douanes, Fontaine Lisieux*, rue de la Savonnerie; *Maison des Fours Banaux* (1585): rue Louis-Brune; *Halle aux Grains* (XVIIᵉ s.); *Cour de l'Hôtel des Augustins*, rue des Augustins. — Voir en outre : le *Port*; les *Quais*; la *Place de la Haute-Vieille-Tour*; la *Place du Vieux-Marché*; la *Rue Eau-de-Rebec*. — *Vieux logis*, rues Percière, Eau-de-Rebec, Saint-Patrice, Étoupée, de Crosne, de la Vicomté, aux Ours, de la Savonnerie, Saint-Étienne-des-Tonneliers, de l'Épicerie, du Bac, des Fourchettes, Saint-Romain, de la Grosse-Horloge, des Bons-Enfants, etc., etc. — *Maisons* natales de *Jouvenet*, rue aux Juifs; de *J. de Blosseville*, derrière Saint-Godard; de *Fontenelle*, rue Jeanne-d'Arc, 132; de *Boïeldieu*, rue aux Ours; lieu natal de *G. Flaubert* (Hôtel-Dieu); plaque commémor. relative au lieu de naissance de *P.* et *Th. Corneille*, 4, rue Pierre-Corneille.

Musées. — *Musée des Beaux-Arts* (*Peinture et Sculpture*), square Solférino; ouvert au public tous les j., de 10 h. du matin à 5 h. du soir, du 1ᵉʳ avril au 30 septembre, et seulement jusqu'à 4 h., le reste de l'année. — L'ouverture n'a lieu qu'à midi, le lundi; Entrée gratuite les jeudis, dim. et j. fériés; les autres jours, 1 fr. Voir : SALLES DE PEINTURE ANCIENNE : *Huysmans*, Ravins dans une forêt; *J. Ruysdaël*, Un Torrent; *Pater le Jeune*, Paysage; *Pater le Jeune*, L'Été; *Fragonard*, Les Blanchisseuses; *De Troy*, Suzanne et les Vieillards; *Porbus le Jeune*, Fête chez le Duc de Mantoue; *Restout*, Un Chartreux; *Jouvenet*, Mort de saint François; *Poussin*, Vénus et Énée; *Louis David*, Mme Vigée-Lebrun; *Jouvenet*, Portr. du peintre; *De Keyser*, Leçon de musique; *Gérard David*, La Vierge et l'Enfant Jésus; *P. Véronèse*, Saint Barnabé guérissant les malades; *Perugin*, Triptyque; *Ribera*, Le Bon Samaritain; *Vélasquez*, L'Homme à la Mappemonde; *Hubert-Robert*, Cascades de Tivoli; Monuments et ruines; *Lancret*, Baigneuses; *Voiriot*, Fontenelle; *Oudry*, Chevreuil poursuivi par les chiens; *Largillière*, Portrait; *Boilly*, Scène de la Vie publique; *Cochin*, Vue de Rouen; *Mignard*, Mme de Maintenon; *Mme Vigée-Lebrun*, Portrait de Mme Grassini; *Annibal Carrache*, Saint François d'Assise. — SALLES DE PEINTURE MODERNE : *Géricault*, Les Suppliciés, et Cheval arrêté par des esclaves; *Chaplin*, Partie de loto; *Daubigny*, Bords de l'Oise et Écluse dans la vallée d'Optevoz; *G. Courbet*, Paysage; *Ribot*, Suppl. d'Alonzo Cano; *Troyon*, Vaches à l'abreuvoir; *Cibot*, Mort de Prétextat, évêque de Rouen; *Stevens*, Métier de Chien; *Ziem*, Trinquetaille au crépuscule; Environs de la Haye; *J.-Fr. Millet*, Portr. d'un off. de marine; *E. Delacroix*, la Justice de Trajan; *Corot*, Étangs de Ville-d'Avray et Vue de Ville-d'Avray; *Ingres*, La Belle Zélie; *Boulanger*, Supplice de Mazeppa; *Emile Minet*, Vues de Rouen; *Morel-Fatio*, Incendie de la « Gorgone »; *Le Poittevin*, Montée de Bénouville; *Ch. Mozin*, Entrée et sortie du Port de Trouville; *Rochegrosse*, Andromaque. — Sculptures. — *Musée de céramique rouennaise*, square Solférino. Ce musée est attenant au Musée de Peinture et de Sculpture (Voir ci-dessus les conditions d'entrée à ce dernier). Fresque de *Puvis de Chavannes*. Salles de peinture. Voir : *La Touche*, Décembre (Normandie); *Court*, Le Prince de Croy, archev. de Rouen; *Cabat*, Lac en Italie; *Viollet-le-Duc*, Vallée de Jouy; *Joy*, Jeanne d'Arc; *Ary Scheffer*, Arm. Carrel mort; *Bellangé*, Gustave de Maupassant, père de l'écrivain; *Schntz*, Inondation; *Le Poittevin*, Lever de Lune; *Fourié*, Repas de noce, à Yport; *Diéterle*, Le Calvaire de Criqueboeuf, La Valeuse; *Binet*

Matinée de septembre à Saint-Aubin; Hillmacher, Les assiégés de Rouen en 1418; Glaize, Aug. Vacquerie; Lavieille, Une crue de la Corbionne à Bretoncelles; Dubourg, Marché de Sainte-Catherine, à Honfleur, etc. — *Muséum d'Histoire naturelle*, rue Beauvoisine, enclave Sainte-Marie, ouv. de 10 h. du m.(lundi, ouv. à midi) à 5 h. en été, à 4 h. du 1er octobre au 1er avril; gratuit les dim., jeudis et jours fériés; 0 fr. 50 les autres jours. — *Musée de Dessin industriel*, rue Ampère, 2. ouv. de 10 h. à 6 h., sauf le dim. et jours fériés (gratuit). — *Musée d'Antiquités*, rue Beauvoisine, enclave Sainte-Marie, tous les jours, sauf le lundi, de 10 heures du matin à 5 h. en été, et de 10 h. du m. à 4 h. en hiver (gratuit). — *Musée de la Tour Jeanne-d'Arc*, rue Douvreuil, gratuit, mêmes heures que le précédent. — *Musée Commercial* (bureau provisoire du Syndicat d'initiative), rue Saint-Lô, 40, tous les jours de 9 h. à 6 h., sauf dim. et fêtes (gratuit).

Bibliothèque municipale (attenante au Musée de peinture), 110.000 vol. (de 10 h. du m. à midi; de 1 h. 1/2 à 5 h.; de 7 h. 1/2 à 10 h. du soir. La séance du soir n'a pas lieu du 1er juillet au 30 septembre. — Le dimanche, la Bibl. est ouverte de 1 h. à 5 h.) Voir un grand nombre d'ouvrages et ms. précieux enrichis de miniatures, notamment: un *Coutumier de Normandie*; *Le Livre des Fontaines*, de Jacques Le Lieur; la collection de portr. normands du Dr *Baratte*, et les dons *Dutuit* et *Hédou*.

Hôtels. — Hôt. de la Poste; Hôt. de Dieppe; Hôt. du Nord; Hôt. du Vieux-Palais.

Spécialités. — Canard rouennais; sole normande; pieds rouennais; camembert; sucre de pommes; cidre bouché.

Excursions. — *Bonsecours* (3 k. 250), tram. et funiculaire; Église de *Bonsecours* (XIXe s.), odieusement peinturlurée à l'intérieur; *Monument de Jeanne d'Arc*, statue très médiocre de Jeanne d'Arc, par Barrias; *Chap. N.-D. des Soldats*. magnifique vue panoramique. — *Côte Sainte-Catherine*. — *Saint-Adrien* et *Port Saint-Ouen* (7 k. 5), jolie promenade; *Source du Becquet*. — *Croisset*, pavillon et petit musée Gustave Flaubert. — *Diepedalle*, vieille maison, et *Val de la Haye*, vieille maison de bois, ferme du XIIIe siècle et colonne de Napoléon Ier. — *La Bouille*, site charmant; dans les environs *Château de Robert-le-Diable* (trajet en bateau et en chem. de fer, de Rouen à la Bouille); *Église*. — *Petit-Couronne* (8 k. 5), maison de Pierre Corneille. petit musée cornélien. — *Darnétal* (4 k.), église de Long-Paon (XVIe s.). — *Château de Martinville* (XVe et XVIe s.), à Épreville-Martinville (16 k.), très intéressant, s'adresser au propriétaire pour visiter; *Église*. — *Boisguillaume* (4 k.), jolie promenade. — *Mont Saint-Aignan* (4 k.). — *Canteleu* (6 k.), château bâti par Mansard. — *Forêt de Roumare*. — *Saint-Martin-de-Boscherville* (12 k.), église abbatiale, dite de Saint-Georges-de-Boscherville, XIIe s., magnifique spécimen de l'architecture romane, salle capitulaire; hameau de Genetey. — *Forêt de la Londe*. — *Abbaye de Jumièges* (37 k.), voir ce nom. — *Descente de Rouen à la mer*.

A consulter. — J. Gomboust, *Descript. des antiquités et singul. de la v. de Rouen*, 1655. Rouen, 1875, in-4°; Noël Taillepied, *Rec. des antiquités et singular. de la v. de Rouen*, 1587. Rouen, 1901, in-4°; F. Farin, *Hist. de la v. de Rouen*. Rouen, 1668, 3 vol. in-12; Ant. N. Servin, *Hist. de la v. de Rouen*. Rouen, 1775. 2 vol. in-12; Ch. Lecarpentier, *Lettres sur la V. de Rouen*. Rouen, Périaux, 1826, in-8°; Th. Licquet et Ed. Frère; *Rouen, son histoire, ses monum., son commerc.*, etc., 8e éd., Rouen, 1871, in-18; Le même, *Descr. hist. de Rouen et des princip. v. de la Seine-Inf.*, Rouen, 1854, in-32; N. Periaux, *Hist. somm. et chr. de Rouen*, Rouen, 1874, in-8°; Abbé D. Cochet, *Les origines de Rouen...* Rouen, 1865, in-8°;

C. Enlart, *Les Villes d'Art célèbres. Rouen*, Paris, 1904. in-8°; *Deux chroniques de Rouen des orig. à 1569*, Rouen, 1900, in-8°; Ad. Chéruel, *Hist. de Rouen pend. l'époque comm. 1152-1382*, Rouen, 1843, 2 vol. in-8°; Le même, *Hist. de Rouen sous la domination anglaise au XVe siècle*. Rouen, 1840, in-8°; L. de Duranville, *Essai sur l'hist. de la Côte Sainte-Catherine et des fortific. de Rouen*, Rouen, 1857, in-8°; A. Floquet, *Hist. du privilège de Saint-Romain*. Rouen, 1833, 2 vol. in-8°; L. Fouquet, *Hist. de Rouen*. Rouen, 1876, 2 vol., in-8°; André Pottier, *Hist. de la faïence de Rouen*, Evreux, Hérissey, 1870, in-4°; Ris-Paquot, *Hist. des faïences de Rouen*, Amiens, s. d. in-4°; A. Floquet, *Hist. du Parlement de Normandie*, Rouen, 1840-1842, 7 vol. in-8°; le même, *Essai histor. sur l'Echiquier de Norm.*, Rouen, 1840, 7 vol. in-8°; Le même, *Anecdotes normandes*; nouv. éd., Rouen, 1883, in-8°; Ch. de Beaurepaire, *De la Vicomté de l'Eau de Rouen et de ses coutumes au XIIIe et au XIVe siècle*, Evreux, 1856, in-8°; E. de Fréville, *Mém. sur le Commerce marit. de Rouen depuis les temps les plus reculés jusqu'à la fin du XVIe siècle*, Rouen, 1857, 2 vol. in-8°; A. Le Corbeiller, *Hist. du Port de Rouen et de son Commerce depuis les temps les plus reculés jusqu'à nos jours*. Rouen, 1902, in-8°; Ch. Ouin-Lacroix, *Hist. des anc. corporations d'arts et métiers, etc., de la capit. de la Norm.*, Rouen, 1850, in-8°; Le même, *Hist. de l'Eglise et de la paroisse de Saint-Maclou*, Rouen, 1864, in-8°; Dom. J. F. Pommeraye, *Hist. de l'abbaye roy. de St-Ouen*. Rouen, 1662, in-fol; G. Dubosc, *Rouen monument. au XVIIe et au XVIIIe siècle*. Rouen, 1897, in-8°; J.-M. Thaurin, *Le vieux Rouen et ses monum.* Caen, 1860, in-4°; Hellis, *La prison de Jeanne d'Arc.* Rouen, 1865, in-8°; A. Durville, *La Tour de la Pucelle du château de Rouen*. Rouen, 1866, in-8°; E. de la Querière, *Descript. histor. des maisons de Rouen les plus remarquables par leur décoration extérieure et par leur an- cienneté*, etc. Rouen, 1821-1841, 2 vol. in-8°; Le même, *Notice histor. et descr. sur l'anc. Hôt. de V., le Beffroi et la Grosse Horl.* Rouen, 1864, in-4°; A.-P. Gilbert, *Descript. histor. de l'église métropolitaine de Rouen*, Rouen, 1816, in-8°; Edm. Lebel, *Musée de Rouen, Catalogue des ouvrages de peinture, dessin, sculpture*, etc. Rouen, 1890, in-12; P.-J. Adeline, *Le Musée d'antiquités et le Musée Céramique de Rouen*, eaux-fortes, Rouen, 1882, in-4°; Le même, *Rouen disparu*, eaux-fortes, *Ibid.*, 1876, in-8°; Le même, *Les Quais de Rouen, autrefois, aujourd'hui*, eaux-fortes. Rouen, 1880, in-fol.; J. Le Lieur, *Le Livre Enchaîné ou Le Livre de la Biblioth. de Rouen*, 1524-1525, Rouen, 1911, in-fol.; N. Periaux, *Diction. indicat. histor. des rues et places de Rouen...* Rouen, 1870-1871, in-8°; Ad. Joanne, *Itinér. génér. de la France, Normandie*, Paris, 1866, in-12; *Rouen aux princip. époques de son hist. jusqu'au XIXe s.*, descript. des monum. par G. Dubosc, 1886, in-4°; E. Gosselin. *Docum. authent. pour servir à l'hist. de la marine norm. et du commerce rouennais (XVIe et XVIIe s.)*, Rouen, 1876, in-8°; Gustave Flaubert, *Madame Bovary*, etc.

SAINT-AUBIN-SUR-MER (Calvados), commune de 727 h., à 265 k. de Paris et à 26 k. de Caen (chem. de f. de Caen à la mer). G. et P. T. T. T. Petit port de pêche. Station balnéaire très fréquentée. — *Falaise* dite le *Castel*; anc. camp romain; rochers.

Hôtel. — Hôt. Bellevue.

Excursions. — Toute la côte normande (chem. de f. du Calvados); *N.-D. de la Délivrande*; *Châteaux de Fontaine-Henry* (9 k.) et de *Creully* (16 k.), par *Tailleville* (château) et *Beny-sur-Mer*.

A consulter. — E. Liot, *Langrune, Saint-Aubin*, etc., Caen, 1845, in-8°; H. Lumière, *Plages norm., St-Aubin-sur-Mer*, Caen, 1880, in-32.

SAINT-HILAIRE-DU-HAR-COUET (Manche), ch.-l. cant. de 3.775 h., à 284 k. de Paris (par la route) et à 52 k. de Caen. G. et P. T. T. Eglise moderne, restes d'un Prieuré.

Hôtel. — Hôt. de la Poste.

Excursions. — *Mortain* (15 k.).

A consulter. — H. Sauvage, *Notices sur Saint-Hilaire du Harcouet*, Caen, 1871, in-8º.

SAINT-JEAN-LE-THOMAS (Manche), comm. de 264 h., à 324 h. de Paris et à 19 k. de Granville. G. et P. T. T. Petite station balnéaire, exposée en plein midi et abritée des vents du nord. Végétation luxuriante. — Ruines d'un château fort.

Hôtels. — Hôt. Touche.

Excursions. — Plage de *Carolles* (6 k.); *Saint-Pair* (12 k.); *Jullouville* (8 k.); *Avranches* (16 k.).

A consulter. — Ch. Lebreton, *Le Château de Saint-Jean-le-Thomas, son histoire*, Avranches, 1864, in-8º.

SAINT-LAURENT-SUR-MER (Calvados), comm. de 236 h., à 256 k. de Paris et à 23 k. d'Isigny; G. et P. T. T. à Vierville-sur-Mer 2 k.). Station balnéaire très fréquentée. Pêche et chasse. Site agréable.

Hôtels. — Hôt. de la Plage; Hôt. des Bains.

Excursions. — *Colleville-sur-Mer*, station balnéaire (1 k.); *Louvières*, église du XIIIº siècle (6 k.); *Vierville*, *Port-en-Bessin* (10 k. 6).

SAINT-LO (Manche), ch.-l. de départ. de 11.000 h., à 289 k. de Paris (par la route), à 19 k. de Lison, à 35 k. de Bayeux et à 28 k. de Coutances (voie ferrée). G. et P. T. T. Sur une colline rocheuse, bordant la rive droite de la Vire;

33 m. d'altit.; situation pittoresque.

Monuments et curiosités. — *Eglise Notre-Dame*, anc. collégiale, style gothique (XIIIe, XVe, XVIe et XVIIe s.); chaire extérieure, en pierre sculptée (XVº s.). — *Maison-Dieu* (XVº s.), anc. hôpital, occupé par une librairie. — *Eglise Sainte-Croix*, moderne, vieille porte. — *Hôtel de Ville*, conten. la *Bibliothèque*. — *Musée*, rue des Halles (peu intéressant). — *Buste de Le Verrier*.

Hôtel. — Hôt. de l'Univers.

Excursions. — *Vallée de la Vire*; *Torigni-sur-Vire*, château du maréchal de Matignon, servant actuellement d'Hôtel de Ville, petit musée (18 k.). — *Condé-sur-Vire*. — *Coutances*, *Bayeux*, jolies promenades.

A consulter. — Gabriel Houel du Hamel, *Hist. de la v. de St-Lô*. Caen, 1825 in-8º; *Notice sur la v. de St-Lô* (par Labrasserie). Saint-Lô, 1859, in-8º; *Notices, mémoires et docum.* publ. par la Soc. d'Agric., d'Arch. et d'Hist. nat. du dép. de la Manche, XXIIe vol. 1904; Arist. Guilbert, *Hist. des villes de France*. Paris, 1848, t. V (Notice de A. Chevalier).

SAINT-MARCOUF (Iles). Voyez: **Saint-Vaast-la-Hougue** (Excursions).

SAINT-MARTIN-DE-BOSCHERVILLE. Voyez : **Rouen** (Excursions).

SAINT-PAIR (Manche), comm. de 1.425 h., à 7 k. de Granville. G. et P. T. T. Petite station balnéaire.

Hôtels. — Hôt. des Bains et de la Plage; Hôt. de France.

Excursions. — *Mont Saint-Michel* (par Granville); *Jullouville* (4 k.); *Saint-Jean-le-Thomas* (12 k.); *Avranches* (28 k.).

A consulter. — Jʳ C. D. M.,

Saint-Pair et ses alentours, Avranches, 1861, in-8º.

SAINT-PIERRE-DU-VAUVRAY

(Eure), comm. de 662 h., à 98 k. de Paris (à 107 k. par la voie ferrée). Ville pittoresque où se trouve la gorge de la Vèze.

Hôtel. — Hôt. du Chemin de Fer.

Excursions. — *Pont-de-l'Arche* (12 k.); *Louviers, Les Andelys*. etc.

SAINT-PIERRE-EN-PORT

(Seine-Inf.)), comm. de 1.255 h., à 200 k. de Paris (par la route), à 12 k. de Fécamp et 13 k. de Cany (par la voie ferrée). G. à Fécamp, à Cany, à Valmont. P. T. Située à 90 m. d'altitude et à 1.500 m. de la mer. Plage de galets. Eglise moderne, cloches du XIIIᵉ s.

Hôtel. — Hôt. des Terrasses et de la Plage.

Excursions. — Criques pittor. d'*Elétot* et de *Senneville*; *Fécamp*; Château et Abbaye de *Valmont* (Voir ces noms).

SAINT-PIERRE-SUR-DIVES

(Calvados), ch.-l. de cant. de 2.500 h., à 206 k. de Paris (par la route) et à 31 k. de Caen (ligne de Caen au Mans). G. et P. T. T. — Anc. *Eglise abbatiale*, un des plus beaux monum. de la Normandie (XIIᵉ s.). — *Vieilles Halles* (XIVᵉ s.).

Hôtel. — Hôt. du Dauphin.

Excursions. — *Eglise et Château de Vandeuvre* (6 k.); *Falaise* (20 k.).

A consulter. — Abbé J. Denis, *L'Eglise et l'Abbaye de Saint-Pierre-sur-Dives en 1145*. Caen, 1867, in-8º; Florent Richomme, *Notice sur l'Egl. et l'abb. de St-Pierre-sur-Dives*. Falaise, 1858, in-8º.

ST-SAUVEUR-LE-VICOMTE

(Manche), ch.-l. de cant. de 2.500 h., à 344 k. de Paris (par la route) et à 40 k. de Cherbourg (ligne de Cherbourg à Coutances). G. et P. T. T. Patrie de Barbey d'Aurevilly. — *Vieux château*. actuell. Hospice. — *Ancienne Abbaye*, logis abbatial. — *Eglise* (XVᵉ s.)

Hôtel. — Hôt. des Voyageurs.

Excursions. — *Rauville-la-Plage*, chapelle (1 k.). — *La Haye du Puits* (13 k.).

A consulter. — Dʳ B., *Recherches histor. sur Saint-Sauveur-le-Vicomte*, Valognes, 1849, in-8º; L. Delisle, *Hist. du Château et des sires de Valognes*, 1867, in-8º.

SAINT-SEVER

(Calvados), ch.-l. de cant. de 1.387 h., à 273 k. de Paris (285 k. par la voie ferrée). G. et P. T. T. Sur la lisière de la forêt de ce nom. — *Eglise* (restes d'une anc. abbaye, XIIIᵉ et XIVᵉ s.).

Hôtels. — Hôt. Moderne; Hôt. des Voyageurs;

Excursions. — *Saint-Aubin-des-Bois* (5 k.); *Villedieu-les-Poêles* (13 k.); *Vir* (15 k.).

SAINT-VAAST-LA-HOUGUE

(Manche), comm. de 2.830 h., à 336 k. de Paris (359 k. par la voie ferrée) et à 23 k. de Montebourg (chem. de fer de Valognes à Barfleur). G. et P. T. T. Lieu tristement célèbre par une défaite navale qu'infligea à l'amiral Tourville une flotte anglo-hollandaise supérieure en nombre à la flotte française (1692). — Port très pittoresque. — Voir *l'Ile Tatihou*, donjon du XVIIᵉ siècle, converti en musée de zoologie maritime. — *Fort de la Hougue*.

Hôtels. — Hôt. de Normandie; Hôt. de France.

Excursions. — *Morsaline*, anc. *Moulin du Dic* (3 k.); *la Pernelle* (7 k.); *Rideauville*, église ruinée (4 k.); *Le Val de Saire*, site charmant; *Iles Saint-Marcouf* (*Ile du Large*, *île de Terre*, *Rocher Bastien*);

on peut se rendre à l'*Ile du Large* par le cotre affecté au service du pilotage (prix à débattre). L'*Ile du Large* est occupée par un fort circulaire qu'on peut visiter, site pittoresque.

SAINT-VALÉRY-EN-CAUX
(Seine-Inf.), ch.-l. de cant., de 3.550 h., à 175 k. de Paris (à 202 k. par la voie ferrée). G. et P. T. T. Station balnéaire très pittoresque et port de pêche et de de commerce. Cette ville prit naissance autour d'un monastère fondé au VIIe siècle par saint Valéry. Elle eut à souffrir de l'occupation anglaise (XVe s.) et des guerres de religion. Travaux importants effectués dès 1660. Saint-Valéry était considérée, au XVIIe siècle, comme un des premiers ports de pêche de la Manche. Son influence a diminué au profit de Fécamp.

Monuments, sites et curiosités. — *Eglise paroissiale* (XVe et XVIe s.). — *Chapelle de Bon Port* (XVIe s.) autrefois destinée aux marins. — *Maison dite de Henri IV* (1540). — *Ancien cloître* du Couvent des Pénitents (aujourd'hui hospice commun). — Plage de galets. — Vue pittoresque de la falaise de l'ouest.

Hôtels. — Hôt. de la Paix; Hôt. des Bains.

Excursions. — Clocher de *Saint-Léger*, reste d'une ancienne chapelle; *Bois d'Etennemare*; *Calvaire d'Ingouville*, belle vue; *Bois de Manneville* (4 k.): *Veules* (8 k.); *Saint-Sylvain*, église des XIIIe et XIVe siècles (4 k.). — Bateaux à vapeur de Saint-Valéry au Tréport, pendant la belle saison.

A consulter. — Comte d'Estaintot, *Saint-Valéry-en-Caux, et ses capit. garde-costes du XVIe et XVIIIe s.*, Rouen, 1885, in-8°; Dr Leloutre, *Saint-Valéry-en-Caux*, Paris, 1895, in-18; J. Michel, *Causeries sur Fécamp*, etc., Fécamp, 1858, in-32; A. Guilmeth; *Notice histor. sur la v. et les envir. de St-Valéry-en-Caux*, Rouen, 1849, in-8°; *Saint-Valéry-en-Caux et le pays de Caux*, Livret-guide publ. par le Syndic. d'intiat., 1911, in-8°.

SAINT-WANDRILLE
(Seine-Inf.), comm. de 711 hab., à 1 k. 5 de la station et à 45 k. de Rouen (voie ferrée): restes d'une abbaye fondée au VIIe s., par saint Wandrégisile ou Wandrille, et dénommée primitivement : Abbaye de Fontenelle. Détruite en 1252 par un incendie; reconstruite au XVe s., elle fut occupée au XVIIe siècle par la congrégation de Saint-Maur qui y fit construire de nouveaux bâtiments. Abandonnée par les moines et pillée en 1792, elle est habitée de nos jours par le poète Maurice Maeterlinck. — Visiter (lundi et jeudi) : le *Cloître* (XIVe et XVIe s.) donnant accès dans l'*Eglise*; belle porte et lavabo Renaissance; *Le Réfectoire* (37 m. de long); l'*Ancienne salle du Chapitre*, la *Cuisine* (XVIIIe s.) et les ruines de l'ancienne *Eglise abbatiale*. Dans le parc, la *Chapelle*, ou *Oratoire de Saint-Saturnin*, et la *Fontaine vénérée de Caillouville*. — Voir, en outre, l'*Eglise* du bourg (XIe et XIIe s.).

A consulter. — H. Langlois, *Essai histor. et descript. sur l'abbaye de Fontenelle ou de Saint-Wandrille*. Paris, 1827, in-8°; A. Fromentin, *Essai histor. sur Yvetot... Saint-Wandrille*, etc., Rouen, 1844, in-8°.

SAINTE-ADRESSE
(Seine-Inf.), comm. de 3.200 h., à 2 k. du Havre (tramway du Havre à Sainte-Adresse). P. T. T. Située dans un vallon boisé et arrosée par un petit cours d'eau. Station balnéaire. Casino (ancienne villa de la reine Marie-Christine). — Voir: *Chapelle de N.-D. des Flots*, moderne, lieu de pélerinage. — *Le Pain de Sucre*, monument fort laid. élevé par la veuve du général comte Lefebvre-Desnouettes, à la mémoire de son mari, naufragé sur les côtes d'Irlande en 1822. — Les deux *Phares de la Hève*.

Hôtels. — Grand Hôtel des

Régates; Manoir-Hôtel; Hôtel des Phares.

Excursions. — *Rouelles; Montivilliers.* (Voyez : Le Havre.)

A consulter. — Alph. Martin, *Hist. du Chef de Caux et de Sainte-Adresse*, Fécamp, 1881, in-8°; J. Morlent, *Le Havre et son arrt.* Le Havre, 1841, in-8°.

SAINTE-GAUBURGE (Orne), petite localité, à 157 k. de Paris (voie ferrée). G. et P. T. T. Restes d'un ancien Prieuré (XV° et XVI° siècle).

Excursions. — *Mont Saléon,* dolmen; *Abbaye de la Trappe* (4 k.).

A consulter. — Abbé Barret, *Le Prieuré de Ste-Gaubeurge*, Alençon, in-8°.

SAINTE-MARGUERITE-SUR-MER (Seine-Inf.), comm. de 350 h. P. T. à Varengeville. G. à Ouville-la-Rivière (5 k.); à l'embouchure de la Seine.

Hôtel. — Hôt. des Sapins.

Excursion. — *Pointe d'Ailly,* sémaphore (1 k.).

SÉES ou SÉEZ (Orne), ch.-l. de cant. de 4.165 h., à 191 k. de Paris (par Surdon). G. et P. T. T. Siège d'un évêché célèbre, occupé par les poètes Bertaut et C. de Morennes.

Monuments et curiosités. — *Cathédrale Saint-Gervais et Saint-Protais* (XIII° et XIV° s.), magnifique édifice, un des plus intéressants de la Normandie; *Palais épiscopal* (XVIII° s.).

Hôtel. — Hôt. du Cheval-Blanc.

Excursions. — *Forêt d'Ecouves; Château d'O*, à Mortrées (10 k.).

A consulter. — L. de la Sicotière et Poulet-Malassis, *Le Dép. de l'Orne arch. et pittor.*, Alençon, 1845, in-fol.; Abbé Dumaine, *Cath. de Séez*, Séez, 1892, 8°; Abbé L. Hommey, *Hist. génér. ecclésiast. et civ. de Séez*, Alençon, 1899-1900, 5 vol. in-8°; Ar. Guilbert, *Hist. des v. de France*. Paris, 1848, in-8°, V (Notice de J. de Manne).

TORIGNI-SUR-VIRE (Manche), ch.-l. de cant, de 1.931 h., à 17 k. de St-Lô. G. à Torigni-Saint-Amand. P.T.T. Charmante localité.

Monuments et curiosités. — *Eglises Saint-Laurent et Notre-Dame* (XII° et XV° s.), remaniées. — *Château* (actuellement *Hôtel de Ville*) ayant appartenu au maréchal de Matignon (XVI° s.); quelques toiles.

Hôtel. — Hôt. Saint-Pierre.

Excursions. — *Guilberville* (8 k.); *Le Bény-Bocage* (10 k.); *Vallée de la Vire.*

A consulter. — F. Deschamps, *Notice sur Torigni-sur-Vire...* Saint-Lô, s. d., in-8°.

TANCARVILLE. — Voyez : **Lillebonne** (Excursions).

TRAPPES (Abbaye de La) (Orne), à 14 k. de Mortagne (voyez ce nom); visible tous les j., sauf dim. et fêtes.

A consulter. — L. Dubois, *Hist. civ., relig. et litt. de la Trappe*, Paris, 1852, in-12.

LE TRÉPORT (Seine - Inf.), ville de 5.000 h., à 164 k. de Paris (183 k. par la voie ferrée). G. et P.T.T. Port de pêche et de commerce adossé à la falaise et à l'embouchure de la Bresle. Station balnéaire. Contemporaine de la ville d'Eu et, comme cette dernière, très éprouvée par l'invasion anglaise; conquit ses libertés communales sous François Ier. Le Tréport est divisé en Ville haute et en Ville basse.

Monuments et curiosités. — *Eglise Saint-Jacques* (XVIe s.). — Restes de l'*Abbaye de Saint-Michel* (au square Papin). — *Musée et Bibliothèque à l'Hôtel de Ville*; on y voit une toile de Nonclero : *Entrée du Port du Tréport à marée basse*, et un tableau de Pernot, représentant es anciens édifices du Tréport. — *Maison du XVe siècle*, en bois sculpté, servant de Presbytère. — *Casino*. — Vue très pittoresque du Calvaire de la falaise.

Hôtels. — Hôt. des Bains et de France; Hôt. Bellevue; Hôt. Moderne; Hôt. Mathieu.

Excursions. — *Mers* (dans la Somme); *Forêt d'Eu* (8 k.); *Eu* (4 k.); *Criel* (7 k. 250); *Ault* et le *Bois de Cise*.

A consulter. — Abbé Cochet, *Notice histor. et arch. sur la v., l'abbaye et l'église du Tréport*, Dieppe, 1861, in-8º; P. Dergny, *Du Tréport à Abancourt*, guide, Eu, 1879, in-16; F.-B. Coquelin, *Hist. de l'abb. de St-Michel-du-Tréport*, Rouen, 1879-1888, 2 vol. in-8º.

TROUVILLE (Calvados), ch.-l. de cant. de 6.137 h., à 220 k. de Paris, par la voie ferrée (à 197 k. par la route); à l'embouchure de la Touques. G. et P. T. T. Station balnéaire très réputée, port de pêche et de commerce. — *Eglises N.-D.-des-Victoires* et *N.-D.-de-Bonsecours* (modernes). — *Casino* (Voir Deauville).

Hôtels. — Hôt. Tivoli; Touring-Hôtel; Hôt. du Louvre; Hôt. Régina.

Excursions. — *Le Havre* (bateaux à vapeur, plusieurs départs chaque jour); *Honfleur; Villers; Pont-l'Evêque; Château de Lassay; Prieuré de Saint-Arnoult* (7 k.); *Château de Gatigny* (3 k.); *Château de Bonneville-Hennequille; Villerville; Saint-André-d'Hebertot*, château (16 k.); *Forêt de Touques*.

A consulter. — *Trouville et ses environs. Guide du voyageur*. Honfleur, 1844, in-8º; Tissot de Merona, *Trouville et ses environs*. Trouville, 1862, in-8º; Caumont, *Guide des Baigneurs aux environs de Trouville*. Caen, 1835, in-8º; H. Létang, E. Morel et P. Gibert, *Guide-annuaire à Trouville-Deauville*, Paris, 1866, in-8º; *Trouville-sur-Mer*, plaq. publiée par le Syndicat d'initiative de Trouville, 1912; Dr C. Auber, *Notice sur Trouville*. Paris, 1851, in-18.

VALMONT (Seine-Inf.) ch.-l. de cant. de 809 h., à 181 k. (route), à 11 k. de Fécamp et à 61 k. de Dieppe (ligne de Dieppe-Le Havre), G. et P. T. T. Dans une pittoresque vallée, sur les bords d'une gracieuse rivière qui la traverse.

Monuments, sites et curiosités. — *Château des sieurs d'Estouteville*, reconstr. au XVIe siècle et présentant, tout à la fois, de curieux spécimens de l'architecture féodale et de la Renaissance (on ne visite que l'anc. prison, les oubliettes et e donjon); la partie anc. remonte à l'époque de Guillaume-le-Conquérant. — *Beau parc*, vestiges intéressants, eaux vives. — Restes d'une *Anc. Abbaye* fondée au XIIe siècle par Nicol. d'Estouteville; retable attribué à Germain Pilon, verrières, tombeaux des sieurs d'Estouteville; ruines magnifiques.

Hôtel. — Hôt. de France.

Excursions. — Jolies promenades dans la vallée de *Valmont*.

A consulter. — Voyez l'ouvr. de H. Langlois, *Essai histor. et descript. de l'abbaye de Fontenelle ou de Saint-Wandrille*, Paris, 1827, in-8º; J. Michel, *Causeries sur Fécamp*, etc. Fécamp, 1852, in-32; Cte d'Estaintot, *Excursion arch.* Caen, 1879, in-8º; Alexandre L***, *Notice hist., statist., etc., sur Valmont...* Darnétal, s. d., in-12.

VALOGNES (Manche), ch.-l. d'arr. de 6.000 h., à 343 k. de Paris, par la voie ferrée, et à 317 k. par la route. Sur le Merderet. G. et P. T. T. Ancienne ville de hobereaux affectant de montrer au

XVIIIe siècle les grands airs de la Cour et singeant la société de Versailles. Valognes a donné naissance à *Vicq d'Azyr*, à *Dacier*, à *Julien Travers*, à *Emile Burnouf*, à *Pelouze* et à *Léopold Delisle*.

Monuments, sites et curiosités. — *Eglise St-Malo* (XVe, XVIe et XVIIe s.), curieux édifice; clocher à flèche de pierre, dôme gothique, beau portail. — *Château de Beaumont* (XVIIe s.). — *Bibliothèque*. — *Vieux Château*, ruines intéressantes, église (XIVe s.), au faub. d'Alleaume. — *Vieux hôtels* (XVIIe et XVIIIe s.). — *Hospice* (XVIIe s.).

Hôtels. — Hôt. du Louvre; Hôt. Saint-Michel.

Excursions. — *Tamerville*, église (3 kilom.); *Mont-Rouyoux*; *Quinéville*, station balnéaire (14 k.); *Château de Tourville* (14 k.); *Iles Saint-Marcouf*; *Saint-Waast-la-Hougue* (24 k.); *Cherbourg* (28 k.).

A consulter. — L.T. Hérissant, *Mém. histor. sur la v. de Valognes* (*Nouvelles Recherches sur la France*), Caen, 1826, in-8°; Abbé J.-L. Adam, *Valognes*, Cherbourg, 1905, in-8°; Barbey d'Aurevilly, *Notes sur la Normandie* (Voyez le présent ouvrage. p. 114); Saint-Gilles, *Le Mercure Normand* (dans la *Muse Mousquetaire*, de cet auteur); Arist. Guilbert, *Hist. des v. de France*, Paris, 1848, t. V (Notice de J. de Gaulle); Lesage, *Turcaret*.

VAREZGEVILLE-SUR-MER (Seine-Inf.), comm. de 1.000 h., à 10 k. de Dieppe. P. T. G. à Ouville-la-Rivière (6 k.); 83 m. d'altitud. Station balnéaire. — Visiter le *Manoir d'Ango*, construit vers 1540, occupé aujourd'hui par une ferme. Médaillon de François Ier et de Diane de Poitiers.

Hôtel. — Hôt. Muzard.

Excursions. — Le *Phare* d'Ailly (12 k.); *Sainte-Marguerite* (6 k.); *Quiberville* (7 k.); *Pourville* (5 k.).

A consulter. — Voir: *Dieppe*.

F VER-SUR-MER (Calvados), comm. de 727 h., à 38 k. de Caen (chem. de f. du Calvados et de Caen à la mer). G. et P. T. T. Station balnéaire. — *Eglise*, beau clocher du XIe s. — *Ferme de la Jurée* (XIVe s.).

Hôtel. — Hôt. de la Plage.

Excursions. — Toute la côte normande (chem. de f. du Calvados); *Châteaux de Fontaine-Henry* et de *Creully*.

VERNEUIL (Eure), ch.-l. de cant. de 4.400 h., à 106 k. de Paris (118 k. par la voie ferrée). Sur l'Avre. G. et P. T. T. Une des plus charmantes villes du département, 175 m. d'alt.

Monuments et curiosités. — *Eglise de la Madeleine* (XIIe XIIIe, XVe et XVIe s., magnifique tour gothique (XVIe s.), rappelant la *Tour de Beurre*, de Rouen. — Ancienne *Eglise Saint-Laurent* et *Tour grise*, donjon édifié par Henri Ier d'Angleterre, renfermant un petit musée local. — *Eglise Notre-Dame* (XIIe s.) remaniée et restaurée. — Ancienne *Eglise Saint-Nicolas* (XVIIe s.). — *Tour Saint-Jean* (XVe s.), reste de l'ancienne église de ce nom, surmontée d'une lanterne et transformée en *Musée*. — *Tour Gelée*, vestige des anciennes fortifications de la ville. — *Vieilles maisons*.

Hôtel. — Hôt. du Saumon.

Excursions. — *Ecole des Roches* (3 k.); *Sources de l'Avre* (3 k.); *Château de la Ferté-Vidame*, ayant appartenu au duc de Saint-Simon (13 k.); *Laigle* (23 k.); *Restes du Château de Nonancourt* (21 k.).

A consulter. — A. Guilmeth, *Notice histor. sur la Ville de Verneuil*, Louviers, 1834, in-8°; Abbé P.-L. Dubois, *Eglise N.-D. de Verneuil*, Rouen, 1894, in-4°.

VERNON (Eure), ch.-l. de cant. de 8.757 h., à 72 k. de Paris (87 k. par la voie ferrée), agréablement située sur la rive gauche de la Seine, au sud de la forêt de Bizy. G. P. T. T. Patrie de Michel de la Vigne, médecin de Louis XIII (?-1468); Anne de la Vigne (?-1648), sa fille, poétesse; Suzanne Brohan (1807-1887), actrice de la Comédie-Française.

Monuments et curiosités. — *Eglise Notre-Dame* (XVe siècle), riche façade et tourelles, tour centrale du XIIIe siècle; à l'intérieur, vitraux, tableaux, sculpt. diverses, tapisseries du XVIIe s. — *Tour dite des Archives*, datant de 1123 (Pour visiter, s'adresser au concierge de l'Hôtel de Ville). — *Hôtel de Ville* moderne. — *Hôtel-Dieu* et *Monument des Gardes mobiles de l'Ardèche*, élevé à la mémoire des soldats morts pour la défense de Vernon en 1870. — Près de l'Eglise, rue Carnot, vieilles maisons de bois. — Sur le pont qui franchit la Seine, réunissant Vernon à Vernonnet (jolie vue), restes d'un *Ancien pont* défendu sur la rive droite par un fortin du XIVe siècle, flanqué de deux tourelles. Sur la rive droite, à Vernonnet, *Château de la Madeleine* (site ravissant), ayant appartenu à Casimir Delavigne. (Voyez, dans notre recueil, le poème que ce dernier lui consacra.)

Hôtels. — Hôt. de Paris; Hôt. du Soleil d'Or; Hôt. Saint-Pierre.

Excursions. — *Château de la Roche-Guyon* (S.-et-O.); forêt de Bizy et *Château de Bizy* (ce dernier ayant appartenu, au XVIIIe s., au duc de Bourbon-Penthièvre et au maréchal de Belle-Isle); village de *Port-Mort* (menhir haut de 3 m.); *Giverny*.

A consulter. — Ed. Meyer, *Hist. de la Ville de Vernon et de son ancienne châtellenie*, ornée de 30 dess. hors texte, par Ad. Meyer. Paris, Impr. L. Edmonds, et Les Andelys, Libr. Delcroix, 1874-76, 2 vol. 8º; Th. Michel, *Hist. de la Ville et du cant. de Vernon*. Vernon, Leroy, 1851.

VEULES-LES-ROSES (Seine-Inf.), comm. de 760 h., à 174 k. de Paris (par la route) et à 7 k. de Saint-Valéry-en-Caux. P. T. T. Gare à Saint-Valéry et à Saint-Pierre-le-Viger-Fontaine-le-Dun; anc. port de pêche, aujourd'hui station balnéaire agréablement située et arrosée par un joli ruisseau.

Monuments, sites et curiosités — *Eglise Saint-Martin* (XIIIe et XVe s.); *Petit manoir* (XVIe s.), appelé *le Presbytère*. — *Chapelle du Val* (XIIe et XIIIe s.), restaurée. — *Ruines de l'Eglise Saint-Nicolas*. — Jolies villas. Cressionnières renommées. — *Casino*.

Hôtels. — Gr. Hôt. des Bains et de la Plage; Hôt. des Familles.

Excursions. — Belles promenades aux environs. — *Eglise de Blosseville-ès-Plains* (2 k.); *Manoir de Silleron* (XVIe s.) (4 k.); *Le Bourg-Dun* (7 k.).

VEULETTES (Seine-Inf.), comm. de 318 h. (à 206 k. de Paris). P. T. T. Gare à Cany (9 k.), à l'ouest de Saint-Valéry. Station balnéaire et port de pêche, à l'embouchure de la Durdent. Plage de galets et hautes falaises.

Monuments, sites et curiosités. — *Eglise* (XIIe et XIIIe s.), restaurée et agrandie au XVIe et au XIXe siècles. — *Grottes* dites du *Catelier*, creusées dans la falaise.

Hôtel. — Hôt. de la Plage.

Spécialité. — Truites de la Durdent.

Excursions. — *Château de Cany* (voir ce nom); *Château de Sassetot-le-Mauconduit* (1 k. 1/2); *Ruines de l'abbaye de Valmont* (entrée interdite); *Grottes Susselles* et *Trou Mirbau* (3 k.); *Vallée de la Durdent* (très pittoresque).

A consulter. — A. Monnier, *Veulettes et ses envir.*, Le Havre, 1863, in-8º; A. Hellot, *Les travaux des ports (St-Valéry-en-Caux et Veulettes)*, Paris, 1891, in-16.

VIERVILLE-SUR-MER (Calvados), comm. de 383 h., à 261 k.

de Paris et à 21 k. d'Isigny. G. et P. T. T. Station balnéaire. — *Eglise* (XIVe s.), mutilée, tour surmontée d'une flèche; *Château* (XVIIIe s.); *Manoir dit de Vomicel* (XVIIe s.); *Grotte de la Percée*.

Hôtel. — Hôt. de la Plage.

Excursions. — *Saint-Laurent-sur-Mer* (2 k.); *Louvières*, église (2 k.); *Saint-Pierre-du-Mont*, église (XIIe et XIVe s.), château, XVIe s., (5 k.); *Ruines du Prieuré de Royal-Pré*, à Cricqueville-en-Bessin (7 k.).

VILLEDIEU ou VILLEDIEU-LES-POÊLES (Manche), ch.-l. de cant. de 3.262 h., à 287 k. de Paris (298, voie ferrée). G. et P. T. T. — *Eglise* (XVIe s.). — *Vieilles maisons*.

Hôtel. — Hôt. du Louvre.

Spécialité. — *Cuivreries*.

Excursions. — Ruines de l'*Abbaye d'Hambye*; *Saint-Sever*.

A consulter. — J. Grente et Osc. Havard, *Villedieu-les-Poêles, sa Commanderie, sa bourgeoisie, ses métiers*. Paris, 1898, 2 vol. in-8°.

VILLERS-SUR-MER (Calvados), comm. de 1.400 h., à 231 k. de Paris (205 k. par la route) et à 11 k. de Trouville. G. et P. T. T. Station balnéaire.

Hôtels. — Hôt. de France et Beauséjour; William's Hôtel.

Excursions. — *La Croix d'Heuland* (6 k.); *Saint-Pierre d'Azif et Beaumont-sur-Auge* (10 k.); *Beuzeval-Houlgate* (7 k.); *Falaises d'Auberville*.

A consulter. — A. Avlis, *Villers-sur-Mer et ses environs*. Paris, 1897, in-8°.

VILLERVILLE (Calvados), com. de 1.100 h., à 202 k. de Paris (226, par voie ferrée) et 6 k. d'Honfleur. Gare à Trouville (6 k.). P. T. T. Station balnéaire. — *Casino*.

Hôtel. — Hôt. des Parisiens.

Excursions. — *Château et Eglise de Fourneville* (8 k. 5); *Forêt de Touques*; *Cricquebeuf*.

VIMOUTIERS (Orne), ch.-l. de cant. de 3.456 h., à 177 k. de Paris (route) et à 39 k. de Sainte-Gauburge (ligne de Ste-Gauburge à Mesnil-Mauger). G. et P. T. T. Sur la rive g. de la Vie. — *Eglise*. — *Vieilles maisons*.

Hôtel. — Hôt. du Soleil d'Or.

Spécialité. — Fromage de camembert.

Excursions. — *Ferme du Ronceray*, au village des Champeaux, où naquit *Charlotte Corday* (27 juillet 1768); *Livarot* (9 k.).

A consulter. — L. de la Sicotière et Poulet-Malassis, *Le Dépt. de l'Orne arch. et pittoresque*, Alençon, 1845, in-fol.

VIRE (Calvados), ch.-l. d'arr. de 6.500 h., à 260 k. de Paris (27 k. par voie ferrée). Anc. capitale de Bocage, construite en amphithéâtre sur une colline, que contourne la Vire. G. et P. T. T. Vieille ville célèbre par ses fabriques de drap et son exploitation de granit. Patrie d'Olivier Basselin, de Jean Le Houx, de Courval Sonnet et de Chênedollé.

Monuments et curiosités. — *Eglise Notre-Dame* (XIIIe, XIVe et XVe s.), tour carrée, porte dite de la Petite Poissonnerie. — *Eglise Sainte-Anne*, moderne, porte ancienne. — *Ruines du Vieux Donjon* (XIIe s.), joli site, à l'extrémité d'un promontoire dominant le vallon de la Vire. — *Tour aux Raines* (XIIIe s.). — *Tour de l'Horloge* (33 m. de h.), jolie construction du XVe siècle flanquée de deux autres tours masquées par des constructions. - *Hôtel de Ville* (XVIIe et XVIIIe siècle), renfermant la *Bibliothèque* (50.000 vol.) et le *Musée* (jeud., dim. et jours fériés); toiles et études de *Subleyras, Van der Ner, Martin de Vos, Poussin, Nattier, Daubigny, Troyon, Corot,*

T. Rousseau; sculpt.; coiffures et chaussures viroises, etc. — *Hôtel d'Aigneaux* (rue du Neufbourg); *Vieilles maisons*. — Buste de Chênedollé, par Le Harivel-Durocher, place Nationale, etc. — *Jardin public*, etc.

Hôtel. — Hôt. Saint-Pierre.

Spécialités. — Andouilles de Vire; eau-de-vie de cidre.

Excursion . — *Les Vaux-de-Vire* (2 k. 9), maison dite d'*Olivier Basselin*; *Le Pont ès Retours. les Cascades* (6 k. 5); *Sourdeval-Mortain* (24 k.); *Tinchebyra* (29 k.)

A consulter. — Dubourg d'Isigny, *Recherches arch. sur l'hist. milit. du château et de la ville de Vire*. Caen, 1837, in-8°; D¹ Pelvet, *Les anciennes confréries et corporations de la Ville de Vire*, etc. Flers-de-l'Orne, 1900, in-8° (ouvrage très intéressant); Richard Séguin, *Essai sur l'hist. de l'industrie du Bocage... et de la v. de Vire*, Vire, 1810, in-18; A. Gasté, *Etude sur Olivier Basselin et les compagnons du Vau-de-Vire*, Caen, 1866, in-8°; Le même, *Les Insurrections pop. en Basse-Normandie au XV° siècle*, etc., Caen, 1889, in-8°; Le même, *Olivier Basselin et le Vau-de-Vire*. Paris, 1887, in-18; A. Gasté, *Jean Le Houx et le Vau-de-Vire à la fin du XVI° siècle*, Paris et Caen, 1874, in-8°; P. Butet-Hamel, *Catal. somm. des p intures, sculpt., etc., exposées au Musée de Vire*. Caen, 1908, in-12; Arist. Guilbert, *Hist. des Villes de France*, Paris, 1848, t. V (Notice par Ed. de Manne).

YPORT (Seine-Inf.), comm. de 1.856 h., à 196 k. de Paris (voie ferrée) et à 7 k. de Fécamp, gare à Froberville-Yport (2 k. 5). P. T. T. Petit port d'échouage, protégé par une jetée et stat. balnéaire. Plage de galets. Site pittoresque. *Eglise* construite par les habit. en 1838.

Hôtel. — Hôt. Duboc.

Excursions. - Belles promenades pans les environs; pays très accidenté; *Bois de Hogues*; *Vaucotte*. (3 k.); *Vatetot-sur-Mer*. belle égl. lieu de pèlerinage; *Bénouville*; *Château d'Angerville-Bailleul*, XVI° et XVII° siècles, etc., etc.

A consulter. — Brianchon, *Yport et Etrétat*, trad. de l'allem. de J. Venedey, Etrétat, 1861, in-12.

YVETOT (Seine-Inf.), ch.-l. d'arr. 7.350 h., à 154 k. de Paris (178 k. par voie ferrée). Gare et P. T. T. En plein pays de Caux; 144 m. d'altit. Yvetot fut autrefois le siège d'une seigneurie. Selon une légende encore accréditée dans le peuple, (et dont on trouvera le récit dans le présent ouvrage), Clotaire I⁰ʳ, après avoir injustement châtié un seigneur de ce pays, se trouva contraint d'ériger les terres du défunt en royaume, vers 534. C'est ainsi que les seigneurs de ce lieu portèrent, dit-on, le titre de rois d'Yvetot. Ce titre persista jusqu'au milieu du XVI° siècle, époque à laquelle Yvetot appartint aux Du Bellay. — *Eglise* du XVIII° siècle.

Hôtel. — Hôt. des Victoires.

Spécialités. — Allumettes à la crème; moutarde.

Excursions. — *Chêne d'Allouville* (6 k.), arbre séculaire dont le tronc complètement creux, et mesurant 9 m. 80 de circonférence, contient deux chapelles superposées; *Valliquerville*, clocher goth. etc.

A consulter. — A. Fromentin, *Essai histor. sur Yvetot*. Rouen, 1844, in-8°; A. Labutte, *Hist. des rois d'Yvetot*. Dole, 1871, in-8°; L.-A. Beaucousin, *Hist. de la principauté d'Yvetot*. Rouen, 1884, in-8°; Arist. Guilbert, *Hist. des v. de Franc*, 1848, t. V; Abbé Cochet, *Eglises de l'arr. d'Yvetot*. Paris. 1852, 2 vol., in-8°.

LES ILES DE LA MANCHE

ILE DE JERSEY, 61.050 h.; la plus grande des îles anglo-normandes (16 k. sur 6 k. de large environ), à 55 k. de Granville (Excursion par Granville et Saint-Malo). — Voir à **Saint-Hélier** (capitale de l'Ile de Jersey, 31.000 hab.): *La Cohue*, vaste édifice affecté aux tribunaux. *Eglise de Saint-Thomas* (moderne); l'*Hotel de Ville*, le *Musée* (même bâtiment); l'*Obélisque Harwey*; *Marine-Terrace*, maison de Victor-Hugo, etc.

Hôtels (à *Saint-Hélier*). — Royal David; Hôt. de l'Europe; Hôt. Continental; Hôt. pension « Tudor-House ». — (A Gorey). Hôt. Elfine.

Excursions. — *Gorey*, château de *Montorgueil*; *Les Ecrehous*; *Le Trou du Diable*; *La Corbière*; *Sainte-Brelade*; *Saint-Aubin*; *Vallée de Saint-Pierre*; *les Winchelez*; *Plémont*; *Manoir Saint-Ouen*; *Baie de l'Etacq*; *Grève de Lecq*; *Baie de Rozel*; *Corbière* (phare), etc.

ILE DE GUERNESEY, 33.470 h.; la plus import. des îles anglo-norm. après Jersey (15 k. sur 8 k.), à 18 k. N.-O. de Jersey. Excursion par Cherbourg et Saint-Brieuc. Voir dans **Saint-Pierre**, ville principale, 16.430 h.: *Tour Victoria* et *Elizabeth Collège*; le *Fort Cornet*; l'*Eglise paroissiale*; la maison, dite *Hauteville-House*, qui fut habitée par Victor Hugo de 1856 à 1870.

Hôtels. — Channel-Island; Hôt. Esplanade; Hôt. de France, à la Plaiderie; Gardner's Royal Hôtel; Old Government House Hôtel.

Excursions. — *Route de la Grange*; *Creux Mahié*; *Torteval*; *Pointe de Plainmont*; *Baie de Rocquaine*; *l'Erée*; *Baie de Pérelle*; *Baie de Vazon*; *Baie de Cobo*; *Fort Saint-Georges*; *Baie de Fermain*; *Saint-Martin*; *Baie de Lancresse*; *Saint-Sampson*; *Ile de Serck* (voyez ce nom).

ILE DE SERCK. — A 11 k. de Guernesey et à 18 k. de Jersey; la plus pittoresque des îles anglo-normandes (5 k. sur 1 k. 8). Service de bateaux à *Saint-Pierre* (Ile de Guernesey).

Hôtel. — Dixcart Hôtel.

Excursions. — *La Coupée*; grottes de l'île; magnifiques promenades

A consulter. — Ph. Falle, *Hist. détaillée des Iles de Jersey et Guernesey*, trad. par M. Le Rouge. Paris, 1757, in-12; George S. Syvret, *Chronique des îles de Jersey, Guernesey, Aurégny et Serck*. Guernesey, 1832, in-8°; Th. Le Cerf, *L'Archipel des Iles normandes*... Caen, 1863, in-8°; Pegot-Ogier, *Histoire des Iles de la Manche*. Paris, Plon, 1881, in-8° (ouvrage important); Ardouin Dumazet, *Voyage en France* (5ᵉ série). *Iles de la Manche et Bretagne péninsulaire*. Paris, 1896, in-8°; Robinet de Cléry, *Les Iles Normandes*... Paris, 1898, in-18; H. Boland, *Les Iles de la Manche*. Paris, 1904, in-16; W.-L. Gruchy, *L'anc. coutume de Normandie*, Jersey, 1881, in-8°; Warburton, *Traité sur l'hist., les lois et coutumes de l'Ile de Guernesey*, Guernesey, 1831, in-8°; F. Robiou de la Trehonnais, *Essai sur l'hist., la topogr., la constitut., les mœurs et langage de... Jersey*. Jersey, 1843, in-12; La Croix, *Jersey, ses antiquités, ses instit., son hist.*, Jersey, 1859-1863, 3 vol. in-8°; Ed. Le Héricher, *Jersey monument. et histor.* Jersey, 1862, in-12; Victor Hugo, *Les Iles normandes*; Abel Hugo, *La Normandie inconnue*, Paris, Pagnerre 1857, in-8°.

FIN DU GUIDE PRATIQUE

CHEMINS DE FER DE L'ÉTAT

VOYAGES A PRIX RÉDUITS

1º — Sur les Lignes de Normandie et de Bretagne

BAINS DE MER DE LA MANCHE

Plages de Dieppe, Fécamp, Étretat, Le Havre, Honfleur, Trouville, Deauville, Cabourg, Cherbourg, Carteret, Granville, Saint-Malo, Dinard, Roscoff, Brest, etc.

Billets d'aller et retour individuels, dits de « **Bains de mer** », délivrés du jeudi précédant la Fête des Rameaux au 31 octobre, valables selon la distance 3, 4 et 10 jours (1re et 2e classes) et 33 jours (1re, 2e et 3e classes).

Les billets de 33 jours peuvent être prolongés d'une ou deux périodes de 30 jours, moyennant supplément de 10 0/0 par période, et donnent droit à un arrêt, à l'aller et au retour, à une gare au choix de l'itinéraire suivi.

EXCURSION AU MONT SAINT-MICHEL

Billets d'aller et retour individuels de 1re, 2e et 3e classes, délivrés du jeudi précédant la Fête des Rameaux au 31 octobre, valables de 3 à 8 jours selon la distance.

EXCURSIONS SUR LES COTES DE NORMANDIE EN BRETAGNE & A L'ILE DE JERSEY

Billets circulaires valables un mois, délivrés du 1er mai au 31 octobre et pouvant être prolongés d'un nouveau mois moyennant supplément de 10 0/0.

(*Arrêts facultatifs aux gares intermédiaires.*)

ONZE ITINÉRAIRES différents dont les prix varient entre 50 et 115 francs, en 1re classe, et entre 40 et **100 francs**, en 2e classe, permettent de visiter les points les plus intéressants de la **Normandie**, de la **Bretagne** et **l'Ile de Jersey**.

VOYAGE CIRCULAIRE EN BRETAGNE

Billets circulaires de 1re et 2e classes délivrés TOUTE L'ANNÉE avec billets d'aller et retour complémentaires à prix réduits, permettant de rejoindre et de quitter l'itinéraire.

ITINÉRAIRE. — Rennes, Saint-Malo, Saint-Servan, Dinard-Saint-Enogat, Dinan, Saint-Brieuc, Guingamp, Lannion, Morlaix, Roscoff, Brest, Quimper, Douarnenez, Pont-l'Abbé, Concarneau, Lorient, Auray, Quiberon, Vannes, Savenay, Le Croisic, Guérande, Saint-Nazaire, Pont-Château, Redon, Rennes.

EXCURSIONS SUR LES COTES NORD ET SUD DE BRETAGNE

Facilités accordées par cartes d'abonnement individuelles et de famille délivrées du jeudi précédant la Fête des Rameaux au 31 octobre, valables pendant 33 jours et pouvant être prolongées moyennant supplément.

2° — **Sur les Lignes du Sud-Ouest**

BAINS DE MER DE L'OCÉAN

Plages de Royan, Les Sables-d'Olonne, La Rochelle, Pornic, Saint-Gilles-Croix-de-Vie, Chatelaillon, Fouras, Iles d'Yeu, de Noirmoutier, de Ré, d'Oléron, etc.

Billets de Bains de Mer délivrés du jeudi précédant la Fête des Rameaux au 31 Octobre.

A. — Billets d'aller et retour individuels de 1re, 2e et 3e classes, valables 33 jours, avec faculté de prolongation de deux fois 30 jours, moyennant un supplément de 10 0/0 pour chaque prolongation.

B. — Billets d'aller et retour individuels de 1re, 2e et 3e classes, valables 5 jours, du vendredi de chaque semaine au mardi suivant ou de l'avant-veille au surlendemain d'un jour férié.

C. — Billets d'aller et retour individuels de 2e et 3e classes, valables un jour (le dimanche ou un jour férié), délivrés par les gares situées au sud de la Loire seulement.

VOYAGE CIRCULAIRE AU LITTORAL DE L'OCÉAN

Billets individuels et de famille délivrés du jeudi précédant la Fête des Rameaux jusqu'au 31 octobre, valables 33 jours, non compris le jour de la délivrance, avec faculté de prolongation de trois fois 20 jours, moyennant un supplément de 10 0/0 pour chaque prolongation.

ITINÉRAIRE. — Bordeaux, Blaye, Royan, La Grève, Le Chapus, Fouras, La Rochelle-Ville, La Rochelle-Pallice, Les Sables-d'Olonne, Saint-Gilles-Croix-de-Vie, Pornic, Paimbœuf, Nantes, Clisson, Cholet, Bressuire, Niort, Bordeaux ou inversement. (*Faculté d'arrêt aux gares intermédiaires*).

PRIX. — 1° Billets individuels : 1re cl., **60 fr.**; 2e cl., **45 fr.**; 3e cl., **30 fr.**

2° Billets de famille: Prix ci-dessus réduits de 10 0/0 pour une famille de 3 personnes, jusqu'à 25 0/0 pour un nombre de six personnes ou plus.

Billets spéciaux individuels et collectifs de parcours complémentaires pour rejoindre ou quitter l'itinéraire du voyage d'excursion.

EXCURSION EN TOURAINE

Billets délivrés toute l'année, valables 15 jours (non compris le jour de la délivrance) avec faculté de prolongation de deux fois 15 jours moyennant un supplément de 10 0/0 pour chaque prolongation.

ITINÉRAIRE. — Saumur, Montreuil-Bellay, Thouars, Loudun, Chinon, Azay-le-Rideau, Tours, Chateaurenault, Montoire-sur-le-Loir, Vendôme, Blois, Pont-de-Braye, Saumur. (*Faculté d'arrêt aux gares intermédiaires*).

PRIX : 1re classe, **26 fr.**; 2e classe, **20 fr.**; 3e classe, **13 fr.**

Billets spéciaux de parcours complémentaires pour rejoindre ou quitter l'itinéraire.

Billets d'excursion aux Iles de Noirmoutier, d'Yeu, de Ré, d'Aix et d'Oléron.

AVIS IMPORTANT. — Pour plus de renseignements consulter les Livrets-Guides illustrés des Chemins de Fer de l'Etat (Lignes de Normandie et de Bretagne et Lignes du Sud-Ouest), vendus d'Avril à Octobre, dans toutes les bibliothèques des gares du réseau de l'Etat.

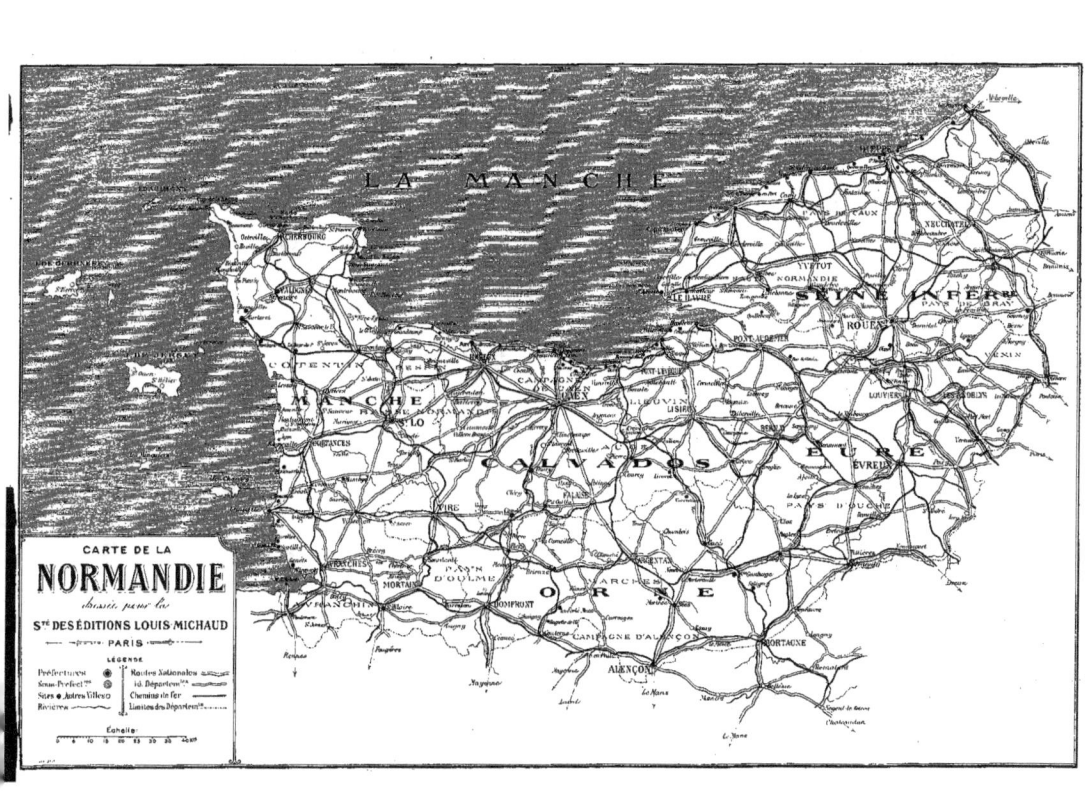

ŒUVRES COMPLETES
de GUY DE MAUPASSANT

Société d'Éditions Littéraires et Artistiques
Librairie OLLENDORFF, 50, chaussée d'Antin, Paris.

29 vol. in 16, illustrés. — Le vol. broché : **3 fr. 50**.

BEL-AMI	MONSIEUR PARENT
UNE VIE	YVETTE
MONT-ORIOL	LES SŒURS RONDOLI
NOTRE CŒUR	MADEMOISELLE FIFI
FORT COMME LA MORT	LA PETITE ROQUE
PIERRE ET JEAN	L'INUTILE BEAUTÉ
LES DIMANCHES D'UN BOURGEOIS DE PARIS	TOINE
	CONTES DU JOUR ET DE LA NUIT
LA MAISON TELLIER	
CONTES DE LA BÉCASSE	LE ROSIER DE Mme HUSSON
MISS HARRIET	LE PÈRE MILON
BOULE DE SUIF	LA VIE ERRANTE
CLAIR DE LUNE	AU SOLEIL
LE HORLA	SUR L'EAU
LA MAIN GAUCHE	DES VERS

THÉATRE

Imp. PIERRE LANDAIS, 16, passage des Petites-Écuries, Paris

www.ingramcontent.com/pod-product-compliance
Lightning Source LLC
Chambersburg PA
CBHW071108230426
43666CB00009B/1869